斗武谷

진식태극권

권술 소개

　진식태극권으로 불리는 진(陳)씨 권술은 중국 하남성(河南省) 진가구(陳家溝) 일대에서만 전해왔으며, 원래의 권술 명칭은 장권(長拳)과 포추권(砲捶拳)이었다. 진(陳)씨 권술에서 나온 양(楊)씨 권술이 19세기 중엽에 북경(北京)에 전해져, 처음에는 소수의 귀족들이 배운 이래 점차 하북(河北)·산서(山西) 지방에 전해졌으나, 널리 보급되지는 못했다. 1910년대에 이르러 북경(北京)에서 양(楊)씨 권술이 태극권(太極拳)이란 명칭으로 불리며, 부드럽고 느린 동작의 양생보건(養生保健) 운동으로서 각광받아 성행하기 시작하였고, 특히 북경 각 대학의 지식인들이 수련하였다. 국민당 정부의 북벌전쟁(北伐戰爭:1926-1927) 이후에 북방의 태극권 명인들이 남방으로 많이 내려와 전수하여, 이윽고 양자강 남북에 성행하여 중국 각지에 전해졌다.

　태극권이 일반인들의 양생보건 운동이 되면서 대중화에 따른 변화가 불가피하였다. 가장 널리 보급된 양식(楊式)태극권은 진(陳)씨 권술을 일반인들이 익히기 비교적 용이하도록 변화시킨 권술이라 볼 수 있으며, 외견상 다양한 태극권이 생겨 각기 특색을 갖추어 있으나, 그 기본적인 내용은 대동소이(大同小異)하다.

　진(陳)씨 권술은 모든 태극권의 모태(母胎)이나, 1928년 진발과(陳發科)가 북경에 와서 공개하여 비로소 그 진면목이 드러났다. 그는 수련을 많이 하여 무공이 심후(深厚)하였으며, 그가 전한 이 권술은 진식(陳式)태극권 노가식(老架式)의 전통을 보존한 가장 대표적인 원형(原型)이다.

목 차

머리말 9

제1장 진식태극권의 8개 특징 17

제1특징 대뇌(大腦)가 지배하는 의기운동(意氣運動) 19
1. 내기(內氣)와 용의(用意) 20
2. 의기(意氣)운동의 실현 22

제2특징 몸과 사지를 이완시켜 늘이는 탄성(彈性)운동 25
1. 몸과 사지를 이완시켜 늘인다 26
2. 몸과 사지를 이완시켜 늘이는 것의 생리작용 28
3. 여덟 가지 경(勁)의 구별과 탄성적인 붕경(掤勁) 29
4. 탄성운동과 붕경(掤勁)의 파악 30

제3특징 순역전사(順逆纏絲)의 나선형(螺旋形) 운동 32
1. 경(勁)을 운용함이 마치 실을 감는 듯하는 본질(本質) 33
2. 전사식(纏絲式) 나선형으로 운행하는 경(勁)의 작용 34
3. 전사경(纏絲勁)의 종류와 그 요점 36
4. 나선형으로 운행하는 경(勁)의 파악 38

제4특징 "몸을 치우침 없이 바르게 세우고(立身中正)",
"상하가 서로 호응하여 따르는(上下相隨)"
허실(虛實)운동 42
1. 허실의 비례(比例) 44
2. 세 종류의 기본 허실 46
3. 허실의 파악 48
4. 경중부침(輕重浮沉)과 허실 49

제5특징 허리와 척추가 동작을 이끌어 가며,
   내외(內外)가 서로 합하는 절절관천(節節貫串)운동 ·············· 53

   1. 절절관천(節節貫串)의 본질 ·············· 54
   2. 움직이기만 하면 전신이 같이 움직이는 것과 허리・척추의 관계 ·············· 55
   3. 절절관천(節節貫串)과 관절의 증강 ·············· 56
   4. 관절이 움직이는 정도의 조절 ·············· 57
   5. 절절관천(節節貫串)의 파악 ·············· 58

제6특징 서로 이어져 끊어지지 않고 도도(滔滔)히 연결되어
   시종(始終) 한 기세로서 끊어짐이 없는 운동 ·············· 60

   1. 일기가성(一氣呵成)의 실현 ·············· 62
   2. 태극권 명인(名人)들의 시범(示範) 실례(實例) ·············· 64
   3. 신기가 요동하여 떨치고, 시종 한 기세로 이어진다.
      (神氣動蕩, 一氣呵成) ·············· 65
   4. 경(勁)의 종류와 일기가성(一氣呵成) ·············· 66

제7특징 유(柔)로부터 강(剛)에 이르고, 강(剛)으로부터
   유(柔)에 이르는 강유상제(剛柔相濟) 운동 ·············· 68

   1. 강유상제(剛柔相濟)의 권술 ·············· 70
   2. 굳고 딱딱함을 없애고 유연함을 추구하는 시기 ·············· 70
   3. 부드러움을 단련하여 강(剛)함을 이루는 시기 ·············· 71
   4. 강유(剛柔)의 변환 ·············· 72
   5. 강유상제(剛柔相濟)의 파악 ·············· 73

제8특징 느리다가 빠르고 빠르다가 느린 쾌만(快慢)이
   서로 번갈아 일어나는 운동 ·············· 76

   1. 쾌만(快慢)의 발전 순서 ·············· 78
   2. 느리다가 빨라지는 시간과 조건 ·············· 79
   3. 쾌만(快慢)이 서로 번갈음이 균일하고 경(勁)을 구별한다. ·············· 80

4. 쾌만상간(快慢相間)의 습득 ·· 82
　결어(結語) ·· 84

제2장 진식태극권(陳式太極拳) 제1로 도해(圖解) ············ 87
　진식태극권 제1로 권식 명칭 순서 ···································· 87
　도해(圖解)에 관한 설명 ·· 89
　진식태극권 제1로(陳式太極拳 第一路) ···························· 91

제3장 진식태극권(陳式太極拳) 제2로 도해(圖解) ············ 229
　진식태극권 제2로 권식 명칭 순서 ···································· 229
　진식태극권 제2로 (陳式太極拳 第二路) ·························· 231

제4장 진식 태극권 퇴수(推手) ·· 311
　퇴수(推手)의 일반적인 요지(要旨) ·································· 312
　진식(陳式) 퇴수방법 ·· 314
　　1. 4정(四正) 기본퇴수 : 붕리제안(掤攦擠按) ·············· 314
　　2. 사우(四隅) 보조(輔助) 퇴수 : 채열주고(採挒肘靠) ··· 320
　진식(陳式) 퇴수의 두 가지 변천 ······································ 324
　태극권 퇴수는 음양(陰陽)을 겸비한다 ···························· 325
　퇴수의 동작 요령 ·· 326
　　1. 신법(身法) ·· 326
　　2. 수법(手法) ·· 328
　　3. 보법(步法) ·· 330
　　4. 안법(眼法) ·· 332
　　5. 첨연점수(沾連粘隨) ·· 333
　　6. 몸은 다섯 개의 활(弓)을 갖추어 있다(一身備五弓) ··· 335
　　7. 발경(發勁)의 제합축(提合蓄)과 방개발(放開發) ········ 338

8. 호흡과 방원(方圓) 강유(剛柔) ·· 340
   9. 퇴수 중 내경(內勁)의 작용 ·· 341

 퇴수(推手)에 대한「태극권론(太極拳論)」의 원칙 ································· 345
   1. 태극권 퇴수 공부의 네 가지 기본 원칙 ···································· 345
   2. 어떻게 자신을 안배(安排)하여 네 가지 기본원칙을 운용하는가 ············ 348
   3. 태극권 퇴수는 인력(人力)이 자연(自然)을 극복한다 ························ 351
   4. 어떻게 쌍중병(雙重病)을 방지하는가 ·· 352
   5. 쌍중병(雙重病)을 모면하는 중 동경(懂勁)에 도달해야 한다 ··············· 353
   6. 동경(懂勁) 후의 신명(神明) 단계와 나를 버리고 상대방을 따르는 것의
      경계선 ·· 354

제5장 진식(陳式) 태극권 권론 ·· 357

 진흠(陳鑫) 약전(略傳) ··· 358
   1. 태극권경보(太極拳經譜) ·· 360
   2. 태극권권보(太極拳拳譜) ·· 362
   3. 진흠(陳鑫) 태극권론의 종류별 어록(語錄) ·································· 363
   4. 신체 13 부위에 관한 진흠(陳鑫)의 어록 ···································· 394
   5. 갈수(擖手 : 推手) 권론 ·· 403
      갈수론(擖手論) / 갈수(擖手) 16항목
      갈수(擖手)의 36가지 결점 / 갈수가(擖手歌) 2수(首)
   6. 진흠(陳鑫) 등 권론 단문선(短文選) ·· 411
      영태극권 (詠太極拳) / 태극권 전사법 시 (太極拳 纏絲法 詩)
      태극권 발몽 전사경론 (太極拳 發蒙 纏絲勁論) / 태극권 퇴원해 (太極拳 推原解)
      태극권 체용 (太極拳 體用) / 태극권총론(太極拳總論)과 권경(拳經)
      진복원(陳復元)의 태극권론(太極拳論) / 태극권의 요점

 역자후기 ·· 423

머리말

  태극권은 명(明)대 말기의 장수 진왕정(陳王庭)이 창시하였다. 진왕정은 하남 온현 진가구(河南 溫縣 陳家溝)의 진씨(陳氏) 제9세(第九世 : 시조는 陳卜)이며, 명나라 조정을 위해 전공을 세워 일찍이 산동(山東)·직예(直隷 : 河北省)·요동(遼東)의 순안어사(巡安御史) 겸 감군어사(監軍御史)를 역임하여 만주군대의 남침을 방어하기를 4년 동안 하였고, 또한 누르하치와 교제하여 왕래가 있었다. 명나라 조정이 망하기 즈음하여 진왕정은 이미 늙어서 은거하며 권법을 만드니, 당시 각 문파의 권법을 종합하여 태극권을 만들었다. 그가 만든 권법 종류는 태극권5로(太極拳五路)·포추1로(砲捶一路)·장권일백팔세1로(長拳一百八勢一路)이다. 진왕정 보다 30여 년 전의 명장 척계광(戚繼光)이 병사를 훈련시키기 위해 만든 「권경(拳經)」32세(勢)도 태극권의 투로(套路 : 첫 초식부터 마지막 초식까지 권술 전체를 한 套路라고 한다) 중에 29세가 흡수되었다. 태극권은 또한 도인토납(導引吐納)을 종합하고 복식호흡(腹式呼吸)을 채용하여 권법을 수련할 때 땀은 흘리나 호흡은 가쁘지 않게 할 수 있고, 또한 폭발적인 힘을 증강하며 동작이 기혈(氣血)을 원활히 통하게 하니, 이것은 즉 음양(陰陽)을 기초로 하는 경락학설{經絡學說 : 예를 들어 역경(易經)·도덕경(道德經)·황제영추(黃帝靈樞) 등등}을 융합하여 내외(內外)를 같이 닦으며 심신(心身)을 같이 수련하여, 의식·호흡 그리고 동작 등을 결합한 내공권(內功拳)이다.

  상대방에 붙여 따라가서 벗어나지 않고 힘을 축적하여 발출(發出)함이 서로 변화하는 두 사람 간의 퇴수(推手)방법과 두 사람이 창(槍)을 붙여 수련하는 방법은 독창적인 업적으로서, 보호기구나 특별히 만든 복장을 사용하지 않고서도 실용적인 기격(技擊)을 연습할 수 있는 문제를 해결하였다.

  진가구의 진씨는 대대로 진왕정이 만든 태극권을 전해오며 수련하여 많은 명수를 배출하여 풍부한 단련방법을 축적해서 몇 가지 단련요령을 종합해 내었다. 5대(代)째 전해와 제14세 진장흥(陳長興)·진유본(陳有本) 대에 이르러, 진씨가의 사람들은 여러 잡다한 권법 중 그 정수만을 정리하여 다만 태극권 제1로와 제2로(砲捶)에 전념하였다. 진유본은 또한 시대적 요구에 적응하기 위해 동작을 간략화하고, 어렵거나 뛰어오르는 동작들을 생략하여 신가(新架) 일투(一套)를 편성하였다. 이 신가의 가식(架式)은 여전히 노가(老架)와 마찬가지로 동작이 크다. {진왕정이 전수한 투로는 노가(老架)라 부르며, 이 책에 나오는 투로는 노가의 원본이다.} 그 밖에 진청평{陳淸萍 : 진장흥으로부터 배웠으며, 양로선(楊露禪)과 동배(同輩)이다}이 또한 자세가 긴밀히 이어지는 소가(小架) 일투(一套)를 만들었으며, 이것은 투로의 동작을 바꾸지 않는 원칙하에 점차로 둥글게 휘감는 동작을 첨가하였다.

　진청평이 진가구에서 가까운 조보진(趙堡鎭)에서 데릴사위로 있으면서 권술을 가르쳤으므로, 그가 만든 소가를 조보가(趙堡架)라고 불렀다. 이리하여 진씨태극권은 노가·신가 그리고 조보가로 나눠지게 되었다. {진청평이 무우양(武禹襄)에게 전하였고, 무우양은 또한 양로선으로부터 노가를 배웠으며, 무우양은 학위진(郝爲眞)에게 전하였고, 학위진은 손록당(孫祿堂)에게 전하였으니, 이것이 손식(孫式)태극권의 원류이다.}

　진장흥은 노가계통(老架系統)으로서 진가구의 저명한 권사(拳師)이며, 일찍이 표사(鏢師 : 鏢局에서 운송품과 여행인을 보호하는 경호원)로서 산동(山東)에서 활동하여 그의 무술에 대한 명성이 높았다. 그는 권술을 수련할 때는 물론이고 길을 가거나 앉을 때도 항상 몸을 곧고 바르게 세워, 당시의 사람들이 "패위대왕(牌位大王 : 몸가짐을 마치 위패처럼 곧고 바르게 세움)"이라고 불렀다. 영년현(永年縣) 출신의 양로선이 그로부터 20~30년간 배운 후에 북경으로 가서 전하여 발전한 것이 현대에 이르러 저명한 양식(楊式)태극권이다. 같은 영년현 출신의 무우양은 양로선으로부터 노가(老架)를 배우고, 다시 진청평으로부터 신가(新架)를 배워, 이로부터 가식(架式)이 긴밀히 이어지는 무식(武式)태극권을 만들었으며, 또한 태극권의 이법(理法)을 종합하였다. 이처럼 보편적으로 널리 가르침이 퍼지고 또한 문자(文字)로 소개하여, 태극권이 점차로 각지에 풍미하게 되었다.

　진장흥이 전한 진식노가(陳式老架) 태극권은 제1로와 제2로가 있다. {직접 진식(陳式)으로부터 발전한 것은 양식(楊式)과 무식(武式)이며, 간접적으로 진식(陳式)으로부터 발전한 것은 오식(吳式)과 손식(孫式)이고, 모든 태극권이 진식제1로(陳式第一路)로부터 발전해 나온 것이다. 이러한 태극권들이 비록 형식은 각기 다른 점이 있으나 투로의 과정은 일치한다.} 이 두 투로 권식(拳式)의 일관되게 연결되는 모든 동작은 용의주도하게 편성되었으며, 운동의 속도(速度)와 강도(強度) 또한 다르다. 큰 신법(身法)과 작은 신법의 운동량과 난이도(難易度) 또한 다르므로, 순서에 따라 점차로 수련 진도를 나가고 강유(剛柔)가 서로 보완적인 원칙에 극히 부합한다.

    제1로의 동작은 비교적 간단하다. 유(柔)가 많고 강(剛)이 적으며 붕리제안(掤攦擠按)[1] 4정경(四正勁 : 제4장에 상세한 설명이 나옴)의 운용이 위주가 되고 채열주고(採挒肘靠) 4우수(四隅手)의 운용이 부차적이며, 전사경(纏絲勁 : 설명은 뒤에 나옴)의 단련이 위주가 되고 발경(發勁)의 단련은 부차적이며, 특히 내면적으로는 유연함을 추구한다. 유연함은 화경(化勁 : 상대방의 힘을 변화시킴)의 기초이다. 유연함을 운용하여 강(剛)함을 맞이하니, 상대방의 강함을 변화시켜 무력화(無力化)시킬 수 있다. 수련 초기에는 동작을 가능한 느리게 하도록 주의한다. 느리게 수련해야만 비로소 자신의 경(勁)을 면밀히 연구할 수 있어, 세(勢 : 기세 혹은 자세)를 잃지 않는다. 발경(發勁)의 운용은 상대방을 끌어당기지 않는 동작이면 곧 발경하는 것을 원칙으로 하나, 먼저 전사경의 훈련에 중점을 둔다. 왜냐하면 전사경은 상대방에 접하여 상대방의 공세를 무력화시키거나 상대방을 끌어당기는 핵심이기 때문이다. 전사경의 훈련으로부터 점차로 일종의 강(剛)인 듯하나 강(剛)이 아니며 유(柔)인 듯하나 유(柔)가 아닌, 극히 침중(沈重)하고 또한 극히 민첩한 내경(內勁)이 만들어진다. 이것은 태극권 퇴수(推手)를 할 때 위력적인 힘을 갖추는 기본조건이다. 제1로는 "몸으로써 손을 이끌어가는 (以身領手)" 동작이 위주가 되므로, 신법(身法)으로써 수법(手法)을 이끌어가는 데 중점을 두며, "움직이면 나누어지고(動分 : 원심력)" "정지하면 합해져서(靜合 : 구심력)" 부단히 변화하는 작용이 이루어지도록 한다. 비교적 느린 속도로 수련하여 일반적으로 제1로를 한번 연습하는데 약 8분가량의 시간이 걸리도록 하며, 정(靜)으로써 동(動)을 제압하고 "상대방보다 후에 발출하여 먼저 도달하는(後發先至)" 원칙을 채택하면 비교적 쉽게 배워 익힐 수 있다. 가자(架子 : 자세)를 고중저(高中低)로 나누면 운동량을 조절할 수 있으므로, 이 자세의 높낮이는 각각 병을 고치고 건강을 지키거나 체질을 증강시키거나 그리고 기격(技擊)을 익히는 데 적당하다.

    제2로(砲捶)의 동작은 비교적 복잡하고 빠르며 자세가 긴밀히 이어지고 강(剛)이 많고 유(柔)가 적다. 채열주고(採挒肘靠) 4종류의 공격수법을 위주로 운동하고, 붕리제안(掤攦擠按) 4종류의 공격수법은 보조적이다. 공격훈련은 채열(採挒)을 먼저하고, 주고

---

[1] 역자註 : 붕(掤)은 원래 화살통 뚜껑이란 뜻이나, 여기서는 다른 뜻이다. 리(攦)는 태극권에서 만들어낸 글자이며 사전에 없다. 그 의미는 각 초식의 동작을 익히는 중에 저절로 알 수 있다.

(肘靠)가 후에 보조하며, 내면적으로는 견강(堅剛)함을 추구한다. 부드러움이 강함을 만나면 곧 접혀지게 되어 틈이 보이니, 이것은 "나는 순조롭고 상대방은 궁지에 빠지는(我順人背)" 관건이 되는 것이다.

동작은 신속하여 기선을 점하고, 신속하기 때문에 틈을 만나면 곧 공격하여 그 기회를 잃지 않는다. 빈틈이 없으면 공격하지 않는 것이 공격의 운용원칙이며, 탄성경(彈性勁)의 훈련에 중점을 둔다. 왜냐하면 공격하는 경(勁)은 반드시 이완시켜야 하며, 이완되어야만 비로소 즉각 튕겨낼 수 있기 때문이다. 동시에 제2로의 권식(拳式)은 "손으로써 몸을 이끌어가는(以手領身)" 동작이 위주가 되므로, 신법(身法)은 수법(手法)의 변동에 따라서 변동한다. 이것은 상대방의 공세에 순응하는 요령이며, 자신의 수법이 상대에게 붙잡히는 데서 벗어나 반격하기가 유리하게 되는 원칙이다.

제2로는 솟구쳐 뛰어오르며 이동하고 순간적으로 회전하는 동작이 있으므로 그 속도가 비교적 빨라서 한번 연습하는데 약 3분가량이 걸리며, 틈이 보이면 곧 공격하고 먼저 발(發)하여 상대를 제압하는 원칙을 채택한다. 속도가 빠르므로 폭발력이 강하여 병약자가 연습하기에는 적합지 않다. 그러므로 양(楊)·무(武) 두 계통의 태극권은 근대에 이르러 이미 이 투로를 전해 익히지 않는다. 외형상으로 제1로는 느리고(緩) 부드러우며(柔) 온건한(穩) 특색이 있고, 제2로는 빠르고(快) 강하며(剛) 뛰어오르는(躍) 특색을 갖추어 있다. 느리고 부드러우며 온건한 것은 태극권만의 특색이며, 빠르고 강하며 뛰어오르는 것은 다른 무술과 같이 공통적으로 갖추고 있는 것이다. 그러나 본질적으로는 여전히 기타 무술과는 매우 큰 차이가 있다. 태극권은 운동 시에 허리와 척추를 부단히 선회하며, 손목을 선회하여 어깨와 상박부를 돌리고 발목을 선회하여 무릎을 돌리므로, 그리하여 한 부위가 움직이면 전체가 움직이게 되어, 온몸을 관통하여 한 계열로 연결하여 무한히 연장되는 나선(螺旋)형 동작을 이루는 것이다. 이러한 나선형 동작은 바른(正) 방향으로 선회할 시에는 자세를 전개하여 힘을 방출할 수 있고, 반대로(反) 선회할 시에는 합해져서 수렴할 수 있다. 반(反)하고자 하면 반드시 먼저 정(正)에 그 뜻이 깃들어 있어야 하고, 정(正)하고자 하면 반드시 반(反)에 먼저 그 뜻이 깃들어 있어야 한다. 그리하여 거두어들임(收)이 곧 방출함(放)이고 방출함(放)이 곧 거두어들임(收)이 형성되도록 하여 탄성(彈性)이 풍부한 폭발력이 만들어지면, 전개함(開) 중에 합해짐(合)이 깃들어 있고 합해짐(合) 중에 전개함(開)이 깃들어 있는 통일된 효용을 온몸 전체에 갖출 수 있다. 형태상으로는 이것이 바로 태극권의 "형(形)"이라 부르는 것이다.

실질적인 내용상으로는, 태극권은 유(柔) 중에 강(剛)을 감추어 있고 강(剛) 중에 유(柔)를 감추어 있어, 홀연히 숨었다가 홀연히 나타나는 강유(剛柔)가 서로 보완적인 것이다. 태극권의 동작은 느린 중에 빠름으로 바뀌고 빠른 중에 느림으로 바뀐다. 그리하여 상대가 급하게 움직이면 자신도 급하게 대응하고, 상대가 느리게 움직이면 자신도 느리게 따르므로, 빠르고 느림이 서로 교대로 섞이게 한다. 궁극적으로는 "상대방에 붙어 놓치지 않는(粘)" 것이 곧 자신이 "상대에 따라 움직이는(走)" 것이고, 자신이 움직이는 것이 곧 상대에 붙어 따르는 것이 되어 공격과 수비의 점주(粘走)가 서로 호응하도록 한다. 내면적으로는 이것이 곧 태극경(太極勁)이라 부르는 것이다.

진식태극권의 훈련은 먼저 자신을 알도록 추구한다. 자기 자신을 아는 공부(功夫)는 가자(架子 : 초식 혹은 자세)를 연습하는 것으로부터 얻을 수 있다. 동시에, 상대를 알고 또한 첨(沾 : 제4장에 설명이 있음)·연(連)·점(粘)·수(隨)를 운용하여 동경(懂勁)을 추구해 얻기 위해서 상대방과 대항하여 연습하는 퇴수(推手)를 만들었다. 퇴수를 통하여 상대방 경(勁)의 상태를 추측하여 아는 기능을 훈련할 수 있다. 이러한 첨(沾)·연(連)·점(粘)·수(隨)는 자기를 버리고 상대를 따르는 전제하에, 자기 자신이 주도하는 바가 조금도 없도록 한다. 왜냐하면 자신이 주도하는 것은 주관적이기 때문에 객관적인 조건에 일치하지 않으며, 이로부터 정(頂)·변(匾)·주(丟)·항(抗)의 네 가지 결점이 생긴다. 그러므로 반드시 상대방에 따라야 하며, 상대방에 따른즉 객관적 조건의 변화에 적응할 수 있어, 상대가 급하게 움직이면 자신도 급하게 응하고 상대가 느리게 움직이면 자신도 느리게 따라간다. 이처럼 급하게 응하고 느리게 따르는 것으로부터 상대방 경로(勁路)가 가고자 하는 방향과 그 강약을 바로 탐지할 수 있으니, 이것이 상대방을 아는 공부이다. 그러므로 자세를 갖추어 투로를 연습하면서 또한 퇴수를 번갈아 수련하면, 자신을 알고 상대방을 아는 동경(懂勁) 공부에 도달할 수 있다. 두 투로(套路)의 자세 중에서 호흡과 동작은 모두 밀접하게 배합해야 하며, 호흡에 동작의 완급(緩急)이 따르도록 하니, 즉 강도(强度)가 다른 들숨과 날숨의 기복(起伏)에 동작의 완급을 맞추는 것이다. 이것은 투로를 연습할 때 호흡을 이용하여 운동의 강도(强度)를 높이는 구체적인 방법이다. 그러므로 또한 "4기(氣)"{ 호흡 시에 허(呵), 선

(哂), 쉬(噓), 츄이(吹) 네 글자를 마음속으로 읽는다)의 연습법을 운용하며, 이러한 호흡은 단전내전법(丹田內轉法)과 기침단전법(氣沈丹田法)이 밀접하게 집합된 공부이다.

진식태극권은 부드러움 중에 강함을 내재하니, 이것은 단순히 부드러움만 위주로 하는 태극권과는 서로 다르다. 동작이 나선형으로서 그 폭이 비교적 크며, 작은 동작이 비교적 많고 전사경(纏絲勁)의 훈련에 치중하므로, 이것은 동작이 아치형(弧形)을 나타내고 그 폭이 비교적 작으며, 작은 동작이 비교적 적은 추사경(抽絲勁) 연습법과는 서로 다른 바가 있다. 연습방법상으로는 빠르고 느림이 서로 교대로 섞이는 연습법과 속도가 균일한 연습법 또한 서로 다르다. 단전내전(丹田內轉 : 복부가 아치형으로 회전한다)과 기침단전(氣沈丹田 : 횡격막을 상하로 움직인다)을 서로 결합하는 것은 단순한 기침단전과는 다르다. 허리를 선회하여 척추를 돌리는 복부운동을 통하여, 위로 운행하면 곧 손목을 선회하여 상박과 어깨를 회전하며, 아래로 운행하면 발목을 선회하여 무릎을 돌려서, 사지(四肢)를 이끌어 움직여 감아 돌아 회전한다. 의식(意識)이 손끝과 발끝까지 관통하며, 온몸이 조화를 이루어 하나의 기세로 관통하여 이어지도록 하여, 한 계열로 무한히 연장된 나선형 운동이 이루어지게 한다. 이것은 전사경 연습법의 특징이며, 병을 치료하고 건강을 지키며 체질을 증강하고 기교를 향상시키는 등의 모든 방면에 양호한 작용을 일으킬 수 있다.

진식태극권은 연대가 오래된 권술로서, 동작상 부드러움으로 상대의 힘을 변화시키고 강함을 발산하는 기격(技擊)적인 특징을 비교적 많이 보존해 있다. 이것을 배워 익혀서 연구하면 무술의 계승과 새로운 것을 창조해 내는 데에도 장점이 있다.

진장흥의 아들 진경운(陳耕耘)은 가업(家業)을 계승하여 표사(鏢師)로서 산동(山東) 일대에서 활동하였다. 산동 사람들이 비(碑)를 세워 그의 무예를 기록하였으며, 말년에는 고향에서 권술을 가르쳤다. 진경운의 아들 진연년(陳延年)·진연희(陳延熙) 모두 태극권에 정통하였으며, 원세개(袁世凱)가 진경운의 비문을 보고서 진연희를 초청하여 그의 아들과 조카를 가르치게 했다. 진연희는 산동에서 6년 동안 권술을 가르쳤으며, 그의 모친이 늙어 고향으로 돌아가 의원으로 일하며 고향에서 생을 마쳤다. 진연희의 아들 진발과(陳發科)는 20년을 하루같이 매일 권술 연습을 30회나 하였다. 1928년 초청에 응하여 북경으로 가서 권술을 가르쳤는데, 여전히 매일 20회나 연습했다. 그런고로 그의 공부는 심후(深厚)하여 당시 독보적이었다. 퇴수 시에 금(擒)·나(拿)·질(跌)

・타(打)・척방(擲放)을 함께 발휘하여 사용하니, 진식태극권의 진면목이 처음으로 세상에 알려지게 되었다. 현재 각처에서 태극권이 풍미하며, 그 종류가 다양하고 각기 나름의 장점이 있다. 그러나 진가태극권을 이해하는 사람은 극히 희소하며, 또한 제2로 포추(砲捶)를 이해하는 사람은 구경조차 할 수 없다. 얼마 전에 어느 연로한 분이 이 제2로 포추를 할 줄 안다는 소문을 듣게 되어 여러 방면으로 부탁하였으나, 그는 홀로 고결함을 자처하여 결국 배울 기회를 얻지 못했다. 더욱 깊이 있게 공부하고자 하는 우리 후배들은 인연이 없다고 간주하여 우리 스스로가 기꺼이 노력하기로 했다. 우리가 열심히 연구하여 진가태극권을 공개하는 것은 태극권을 좋아하는 사람들로 하여금 즐기도록 하기 위함이다. 앞에 언급한 선배처럼 스스로 감추어 우리나라 고유의 이 우수한 국가적 문화를 단절시키지 말아야 한다. 이 책은 황(黃)군의 승낙을 얻어 그의 가문에 전해오는 것을 근본으로 삼았다. 이것은 진발과(陳發科)가 북경에서 가르친 가식(架式) 전부이다. 또한 소(蕭)군이 그림을 담당하였다. 진(陳)군이 제공한 당호(唐豪)가 기록한 진가태극실록(陳家太極實錄)・태극종횡담(太極縱橫談)・진씨태극도설(陳氏太極圖說 : 陳鑫)・진씨세전태극권술(陳氏世傳太極拳術 : 陳子明著)・진씨태극권회종(陳氏太極拳滙宗)・진씨양의당본권보(陳氏兩儀堂本拳譜) 등 10여 권의 책을 참고하였으며, 한해 여름휴가를 소비하여 이 책을 편성해 내니, 그 감회를 몇 자 적는 바이다.

제1장 진식태극권의 8개 특징

　태극권은 장기간 전해오는 중에 창조되고 점점 발전해온 우수한 권술의 일종이다. 수백 년의 반복된 경험과 단련을 거쳐, 사람들은 비로소 태극권에 내재된 의미와 운동규율(運動規律)을 점차 인식하게 되었다. 선배들이 남긴 권보(拳譜)는 바로 이러한 경험의 결정체이다. 이 권보는 태극권을 연구하는 우리들에게 귀중한 실마리를 제공하여 더욱 잘 배워 익히도록 도와준다. 그러나 이론 중에는 쓸데없는 잡동사니 또한 적지 않다. 그러므로 우리들은 새로 알게 된 것을 응당 수련 중에 결합하고 검증(檢證)하여, 그 잡동사니는 골라서 버리고 그 정화(精華)는 흡수하며, 진일보하여 그 정확한 이론을 파악해야 한다. 그러므로 태극권을 배울 때 처음부터 반드시 이러한 태극권 권보 중의 정확한 이론을 잘 파악해야 한다. 태극권을 익혀 익숙해지는 관건은 바로 여러 이론을 참고하여 철저히 깨달은 후에 다시 이러한 기초 위에서 발전하여 점차 깊이 들어가는 것이다.

　태극권의 전체 운동과정 중 처음부터 끝까지 "음양(陰陽)"과 "허실(虛實)"을 일관되게 갖추도록 한다. 이것을 태극권 동작에서 표현하면 각 하나의 권식(拳式) 모두 다음과 같은 것을 갖추어야 하니, "벌림(開)과 합함(合)"·"둥금(圓)과 모남(方)"·"말아 휘감음(捲)과 방출함(放)"·"허(虛)와 실(實)"·"날렵함(輕)과 침중함(沈)"·"부드러움(柔)과 강함(剛)" 그리고 "느림(慢)과 빠름(快)" 등이며 또한 동작 중에는 좌우(左右)·상하(上下)·안팎(裡外)·대소(大小) 그리고 진퇴(進退) 등의 대립하여 통일되는 독특한 형식이 있다. 이것은 태극권을 구성하는 기본원칙이다.

　태극권은 외형상으로 독특할 뿐만 아니라, 더욱이 내공(內功)상으로도 그 특수한 요구사항이 있다. 진식태극권을 수련할 때, 먼저 의식(意識)을 사용하고 졸력(拙力)은 사용하지 않는다. 그러므로 태극권은 안으로는 의기(意氣) 운동이며, 밖으로는 신기(神氣)[2]가 울려 퍼지는 운동이다. 이것은 의식을 수련해야 할 뿐만 아니라 또한 기(氣)도 수련해야 함을 말한다. 이러한 의기(意氣)운동의 특징은 태극권의 정수이며, 또한 태극권의 기타 각종 특징을 주도한다. 그 외 태극권을 수련할 때 전신을 이완시켜 늘이고

---

2) 역자註 : 신기(神氣)는 표정(表情)·기색(氣色)·기분상태 등을 말하며, 온몸의 일거수일투족에 정신이 집중되어 있음이 겉으로 드러나는 것이다.

순역(順逆) 전사(纏絲)가 교대로 변환하면서, 그 동작은 능히 유(柔)하고 능히 강(剛)하며 또한 탄성(彈性)을 풍부하게 나타내야 한다. 태극권의 동작 형태는 "몸의 한 부분이 움직이면 온몸이 움직이며(一動全動)", "모든 관절이 관통하여 일관되게 연결되며(節節貫串)", "동작이 서로 연결되어 끊어지지 않고(相連不斷)", "시종 하나의 기세로 끊어짐이 없도록(一氣呵成)" 하여야 한다. 운동 속도는 느림과 빠름을 갖추어 서로 교대로 느리고 빠르게 한다. 힘은 유(柔)도 있고 강(剛)도 있어, 강유(剛柔)가 서로 도와 보완해야 한다. 몸을 세우는 자세와 그 동작은, "치우치지 않고 곧고 바르게 서서 기울지 않아야 하며(中正不偏)", "허한 중에 실을 갖추며(虛中有實)", "실한 중에 허를 갖추며(實中有虛)", "전개함 중에 합함을 내재하며(開中寓合)", "합한 중에 전개함을 내재하도록(合中寓開)" 한다. 이러한 조건을 갖추어야 비로소 태극권은 그 특수한 작용을 충분히 발휘할 수 있다. 체육과 보건(保健)상으로는 운동기관과 내장기관을 증강할 수 있을 뿐만 아니라 또한 의식의 지휘능력을 단련하여 증강할 수 있다. 이것은 즉 "의식을 사용하고 졸력은 사용하지 않는(用意不用力)" 능력이며, 이로써 기(氣)가 전신에 활발하게 운행될 수 있다. 이처럼 기(氣)를 수련할 수 있고 또한 의(意)도 수련하여 의기(意氣)가 서로 증강되어 왕성하니, 신체는 자연히 강건해진다. 마찬가지로 기격(技擊)상에도 그 독특한 작용이 있다. "가벼움으로 무거움을 제압하고(以輕制重)", "느림으로 빠름을 제압하여(以慢制快)", 자연스럽게 상대방을 억제하고 장악하며, 동작을 하여 몸의 한 부분이 움직이면 전신이 따라 움직여서 "온몸이 하나의 기세(氣勢)를 이루며(周身一家)", 자신을 알고 상대를 알아 그 기세(機勢)[3] 를 감지하는 동경(懂勁) 공부의 경지에 도달한다. 진식태극권의 이론은 기타 각파 태극권과 서로 같은 점도 있고 또한 서로 다른 점도 있다. 진식태극권의 특징을 설명하면 다음과 같다.

---

3) 註 : 기(機)를 아는 것은 시간(時間)을 알아 시간을 장악하는 것이며, 세(勢)를 아는 것은 공간(空間)을 알아 공간을 장악하는 것이다.

제1특징 대뇌(大腦)가 지배하는 의기운동(意氣運動)

권보(拳譜)의 규정

(1) "마음으로 기(氣)를 운행하며, 반드시 침착(沈着)해야만 비로소 뼛속으로 거두어 들일 수 있다.(以心行氣, 務令沈着, 乃能收斂入骨)"
(2) "기(氣)로써 몸을 움직여 반드시 순조로이 유통되어야 비로소 마음대로 이용할 수 있다.(以氣運身, 務令順遂, 乃能便利從心)"
(3) "마음이 지휘하며 기(氣)는 이에 따른다.(心爲令, 氣爲旗)" "기(氣)는 줄곧 양성하여도 해로움이 없다.(氣以直養而無害)"
(4) "전신의 의식은 신태(神態)에 있고, 기(氣)에 있지 않으며, 기(氣)에 있으면 곧 정체된다. (全身意在神, 不在氣, 在氣則滯)"

이상의 네 가지 규정으로부터 알 수 있는 바, 태극권은 의식(意識)을 사용하고 의식을 수련하는 권술이며, 또한 기(氣)를 행사하고 기(氣)를 수련하는 권술이다. 그러나 태극권을 수련할 때 마음으로 기(氣)를 운행해야 하므로, 마음은 명령을 내리는 자이고, 기(氣)는 명령을 받아 수행하는 "전달자"이다. 일거일동(一擧一動) 모두가 의식을 사용하고 졸력(拙力)은 사용하지 않으며, 먼저 의(意)가 움직이고 그 뒤 형(形 : 몸 또는 자세)이 움직인다. 이처럼 하여야만 능히 "의식을 갖추면 기(氣)가 갖추어지고(意到氣到)", "기(氣)가 갖추어지면 경(勁)이 갖추어져(氣到勁到)", 동작이 비로소 침착(沈着)할 수 있다. 오래 수련한 후에 기(氣)가 비로소 수렴하여 뼈로 들어갈 수 있으며, "기를 운행하는(行氣)" 가장 심오한 공부에 도달한다. 그러므로 태극권은 일종의 의기(意氣)운동이라고 말할 수 있다. "마음으로 기를 운행하고 기로써 몸을 움직이는(以心行氣, 以氣運身)" 것과 의식을 사용하고 졸력(拙力)은 사용하지 않는 것이 태극권의 제1특징이다.

1. 내기(內氣)와 용의(用意)

위에서 말한 바와 같이, 기(氣)는 의(意)의 지휘를 받으며, 이 기(氣)는 일반적으로 말하는 폐호흡의 공기 같은 종류가 아니라 일종의 "내기(內氣)"이다. 이러한 기(氣)는 의학이론 중에서 "원기(元氣)"·"정기(正氣)"·"경락(經絡) 중에서 통행하는 기(氣)"·"선천기(先天氣)" 등이라 부르며, 모태(母胎)로부터 천성적으로 받아 나온 것으로 여긴다. 침구(鍼灸)와 기공요법(氣功療法) 중에는 오늘날도 이러한 설을 그대로 쓰고 있다. 무술가들은 이러한 종류의 기(氣)를 "중기(中氣)"·"내기(內氣)"·"내경(內勁)" 등이라 부르며, 수련하여 이러한 기(氣)가 나타나고 또한 이 기(氣)를 습득하면 공부(功夫)가 비로소 완성되었다고 여긴다.

요컨대, 예로부터 의학이론이나 혹은 무술계·종교계 모두 이러한 기(氣)가 존재한다고 여겼으며, 각종 실험 또한 확실히 이러한 일종의 기(氣)가 존재함을 증명했다. 그러나 근대과학이 아직도 이러한 기(氣)의 실질이 무엇인지를 조사해 밝히지 못했으며, 의학 경락학설을 연구하는 학자들이 이 기(氣)에 대해 설명하는 것도 일치하지 않아 갈피를 잡을 수 없다. 예를 들어 어떤 사람은 이 기(氣)가 바로 신경이라 말하고, 혹은 생물전기(生物電氣), 혹은 인체 내의 일종의 특수 분비물, 혹은 인체 내의 일종의 특수 기능계통 등등 말하는 사람마다 모두 다르다. 그러나 인체의 생리현상은 총체적인 것이므로, 의식이 움직이고 신경과 생물전기 등은 움직이지 않는다고 말할 수는 없다. 그러므로 우리들이 권론(拳論) 중에서 말하는 기(氣)를 나타낼 때는 잠시 이 기(氣)가 신경·생물전기·혈액 중의 기(氣) 등으로 조성된 일종의 종합물로 가정하며, 또한 여전히 조사해 밝혀야 할 일종의 인체 공능(功能)으로 가정한다. 이처럼 가정하는 목적은 먼저 선배들의 이론을 계승하여 우리들이 더욱 발전하기 위함이다.

태극권을 수련할 때, 마치 "의식체조(意識體操)"를 하고 있는 듯이 시종 의식을 사용하도록 주의해야 하며, 지체(肢體)의 동작은 다만 의식의 외부적 표현에 불과하다. 이러한 "의식체조"가 안에 감추어진 것이 내기(內氣)의 활동과정이며, 밖으로 드러난 것이 바로 신태(神態 : 동작에 정신이 깃들어 있어 神氣가 드러나는 자태)와 출렁이듯 리듬 있게 움직이는 외기(外氣)로 나타나는 것이다. 그러므로 내기는 안에서 밖으로 발출할 수 있고, 또한 밖에서 안으로 수렴할 수 있다.

또한, 태극권의 수련은 "기로써 몸을 움직여야 한다(以氣運身)". 그러나 수련 시에 다만 기(氣)를 체내에서 어떻게 운행할지만 생각해서는 안 되고, 의식을 동작 중에 집중해야 한다. 그렇지 않으면 곧 신태(神態)가 둔하게 정체되며, 기(氣)가 유창히 통하지 못할 뿐 아니라 기세(氣勢)가 산만해지는 결점이 생길 수 있어, 의(意)와 기(氣)가 모두 그 해를 입게 된다. 그러므로 권보에서 말하기를 "의식은 신태에 있고, 기(氣)에 있지 않으며, 기(氣)에 있으면 곧 정체된다(意在神, 不在氣, 在氣則滯)"라고 한다. 바로 이러하기 때문에, 수련할 때 외부적인 신태(神態)의 표현에 대하여 특히 중시해야 한다. 왜냐하면 외부적인 신태(神態) 또한 바로 내재적인 심의(心意)가 밖으로 드러나는 것이기 때문이다. '내부적 의식(內意)'과 외부적 신태(神態)는 잠시라도 분리될 수 없다. 내부 의식이 잠시만 느슨해지면 곧 외부 신태가 바로 산만해진다. 이러한 점은 수련시 반드시 알아야 한다.

진식태극권은 동작에 유(柔)와 강(剛)·원(圓)과 방(方)·만(慢)과 쾌(快)·개(開)와 합(合)이 있도록 주장한다. 우리들은 이러한 것이 인체생리규율에 합치하는 것으로 여긴다. 주지하는 바와 같이, 인체가 움직이면 생물전위(生物電位)가 올라가고, 인체가 정지하면 전위가 내려간다. 그리고 태극권 동작의 강유·개합·쾌만 등은 전위(電位)가 따라서 오르내리도록 촉진하기에 꼭 알맞다. 전위가 올라가면 혈액순환이 빨라져 혈압(血壓)이 내려가며 기(氣)와 혈홍단백(血紅蛋白 : 헤모글로빈)도 신속히 분리되어, 사람이 곧 기(氣)가 있음을 느끼게 된다. 정상적인 상황하에서 신경은 장시간 동안 같은 상태로 흥분을 유지할 수 없다. 그러므로 생물전기는 일반적으로 모두 기복(起伏) 상태를 나타낸다. 그리고 태극권 동작의 강유(剛柔)·쾌만(快慢)·방원(方圓) 등 도도히 이어지는 기복(起伏) 또한 이 규율에 꼭 합치한다.

의기(意氣)로부터 말하면, 이 또한 위에 말한 규율에 합치한다. 위에서 말한 바와 같이, 외부적인 신태(神態)와 외기(外氣)의 활동은 의기(意氣)가 밖으로 드러난 것이며, 내재적인 의기(意氣)를 대표한다. 이러한 신기(神氣)가 밖으로 드러나는 요점은, 내재적인 의식을 외부의 동작 중에 일관되게 주입하는 것이며, 또한 동작 중에 주의력이 집중되며, 굳세면서도 활발하여 정체되지 않음을 표현하도록 촉진하는 것이다. 그러나 의식을 주입하는 강도(强度)는 내부의 신경활동과 똑같이 높아졌다 낮아졌다 하는 특징이 있다. 그러므로 태극권 수련은 반드시 이러한 특징에 적응해야 비로소 주의력(注意力)을 안정시킬 수 있다. 동시에, 주의력을 침착하게 안정시켜야만 비로소 생각이 조금이라도 벗어나지 않게 된다. 그러나 수련 중에 오랜 시간 동안 같은 강도의 주의력을 유지하는 것은 쉽게 되는 일이 아니다. 실제로 가령 아주 짧은 시간이라 할지라도 주의력이 흔들리는 정도 또한 높고 낮음이 있다. 그러므로 운동과정 중에서 만약 기복 없이 흔들리지 않는 운동을 채택하면 위에서 말한 생리규율을 위배할 뿐만 아니라, 동시에 주의력의 안정성을 깨뜨릴 수 있다. 그러므로 태극권은 주의력을 안정시키기 위해 원칙규정을 채택하며{예를 들어 쾌만(快慢)이 서로 교대로 섞이며, 개합(開合)이 서로 내재하며, 방원(方圓)이 상생하며, 강유(剛柔)가 서로 도와 보완하는 등등}, 또한 이러한 것들이 하나의 운동 중에 통일되게 한다.

이러한 규정은 의기(意氣)운동이 매우 자연스럽게 높고 낮은 리듬이 생기도록 하며, 또한 외부의 신기(神氣)와 내부의 의기(意氣)가 리듬을 갖추어 조화되도록 한다. 이로부터 내재적인 의기운동을 향상시키고, 역으로 외부의 동작을 촉진시킨다.

태극권은 의기운동(意氣運動)이기 때문에 오랜 기간 태극권을 수련한 사람은 다만 어느 한 부위를 생각하기만 하면 곧 그 부위에 기(氣)의 활동을 생기게 할 수 있다. 그러므로 많은 사람들이 시간을 아끼지 않고 아침저녁으로 투로(套路)를 연습하고 또한 항상 자세를 교정하니, 이것은 바로 이러한 경지에 이르기 위함이다. 태극권 동작을 수련하여 자세가 바로잡힌 이후, 대뇌피층(大腦皮層) 중 흥분과 억제 과정이 곧 일정한 순서에 따라서 정확하게 교체활동을 할 수 있다. 동시에 근육도 이에 협조하여 수축과 이완을 할 수 있고, 가령 우연히 돌발적인 자극을 받게 되어도 이러한 협조 동작이 손해를 받지 않게 한다. 이처럼 할 수 있는 것은, 근육의 활동과 내장기관 사이에 극히 공고한 협조관계를 수립했음을 나타내며, 다만 의식을 갖기만 하면 기(氣)가 곧 나타나고 기(氣)를 갖추면 경(勁) 또한 나타난다.

2. 의기(意氣)운동의 실현

의기(意氣)를 사용하는 점에서 태극권과 정공(靜功 : 坐功·站功 그리고 臥功)은 서로 같은 것이니, 모두 의(意)를 수련하고 기(氣)를 수련하는 데 주중한다. 그러나 태극권은 움직이는 중에 수련하므로 동(動) 중에 정(靜)을 추구한다. 의기운동(意氣運動)이라 부르나, 정공(靜功)은 움직임이 없이 정(靜)만 추구하므로 이 둘은 분간해야 한다.

태극권은 내외(內外)를 함께 수련하고 동(動) 중에 정(靜)을 추구하므로, 내재적인 의기운동을 잘 하려면 반드시 외부의 신기(神氣)가 출렁이듯 리듬 있게 울려 퍼짐이 잘 드러나야 한다. 이것이 바로 「행공심해(行功心解)」에서 말하는 "형(形)은 마치 토끼를 덮치는 매와 같고, 신태(神態)는 마치 쥐를 잡는 고양이 같다(形如搏兎之鷹, 神似捕鼠之貓)"는 것이다. 이러한 종류의 내외(內外)가 서로 합하고 또한 서로 교섭하며 단련하는 공부에 도달하려면 아래에 말하는 일곱 가지 특징에서 요구하는 바에 반드시 도달해야 한다. 또한 아래에서 말하는 일곱 가지 특징을 실현해야만 태극권이 의기운동이라는 이 특징을 비로소 실현할 수 있다. 바꾸어 말하면, 특징이 비록 8가지로 나눠지나 실제로는 한 개의 통일체 중에 같이 처해 있어 내재적인 연관이 있으며, 나누어서 말하는 것은 다만 방편일 뿐이다.

나머지 일곱 가지 특징을 상세히 말하기 전에, 먼저 의기운동을 실현시키는 데 대한 이 일곱 가지 특징의 작용을 간단히 밝힌다.

특징 2 : 탄성운동(彈性運動) : 이것은 곧 몸체와 사지를 이완시켜 늘이는 것이며, 이완시켜 늘이기 때문에 그 결과로 탄성이 생긴다고 말할 수 있다. 그 결과로 부드러운 탄성은 몸과 사지가 함께 공명하여 움직이도록 촉진하는 내재적 요소이다. 만약 탄성이 없으면 동작이 딱딱하게 굳어지며, 또한 밖으로 드러나는 신기(神氣)가 온몸에서 고취되게 할 수 없고, 당연히 내재적인 의기(意氣)와 서로 같이 공명하여 조화될 수 없다.

특징 3 : 나선형(螺旋形) 운동 : 나선형 운동은 동작의 기복(起伏)이 번갈아 일어날 수 있도록 한다. 만약 동작이 곧바로 오고 가기만 하고, 높고 낮으며 안과 밖으로 교대로 전환함이 없으면, 정신과 의기(意氣) 그리고 신법(身法)의 기복이 번갈아 일어나게 할 수 없다. 그러므로 반드시 순역(順逆) 나선형 운동을 결합하여 팔목을 선회하여 어깨와 팔을 회전하고, 발목을 선회하여 다리를 회전하며 그리고 허리를 선회하여 척추를 회전하며, 이러한 나선형이 이어져 관통함이 마치 한 가닥을 이룬 것 같은 태극경(太極勁)이 모든 동작 중에 관통하여 주입되도록 한다. 이처럼 하여 움직이면 곧 자연히 기세를 고취하여 의기(意氣)운동의 동작핵심을 잘 해낼 수 있다.

특징 4 : 허실(虛實)의 조정 : 이것은 의기(意氣)를 민첩하게 변환하여 사람으로 하여금 원활한 감각을 만들어 내는 근본이며, 또한 기세를 고취하는 동력의 근원이다. 위가 아래를 따르고 아래가 위를 따라서 허실이 변환하면, 능히 신기(神氣)와 신법(身法)이 활발하여 정체됨이 없게 하며, 신기(神氣)가 고취되는 것도 이로부터 생긴다. 만약 상하(上下)가 서로 따를 수 없으면 허실을 조정할 수 없으니, 곧 내경(內勁)이 적당하고 바르며 한쪽으로 치우치지 않게 할 수 없다. 내경이 한쪽으로 치우치면 내경(內勁)과 신법(身法)이 한쪽으로 기울게 되어, 사방 온 주위를 지탱할 수 없다. 내경이 한쪽으로 기운 자세하에서는 신기(神氣)가 고취되도록 하기 어렵다.

특징 5 : "모든 관절이 관통하여 하나로 이어진다(節節貫串)"와 **특징 6** : "처음부터 끝까지 하나의 기세가 끊어지지 않는다(一氣呵成)" : 두 특징은 실질적으로 한 특징의 두 가지 단계이다. 전자는 한 권식 내에서 전신의 주요 관절이 한 가닥으로 관통하여 이어져서 한 마디 한 마디씩 순서에 따라 통과하도록 요구하는 것이며, 후자는 전체 투로(套路)를 연습할 때 권가(拳架 : 拳式)의 가식(架式) 하나하나가 서로 연결되어 끊어지지 않도록 시종 하나의 기세를 유지하는 것이며, 이로써 운동량을 확대하여 온몸의 기세를 고취하는 구체적인 방법이다. 만약 모든 관절이 관통하여 이어지지 못하면 곧 경(勁)이 끊어질 수 있고, 경이 끊어지면 기세를 고취시킬 수 없다. 만약 한 기세를 계속하여 유지하지 못하면 곧 끊어져 연결되지 않으며, 연결되지 않으면 곧 각 하나의 권식(拳式)이 고립되어 한 기세로 고취시킬 수 없다. 그러므로 이 두 가지 특징을 잘 하지 못하면 신기(神氣)가 고취되게 할 수 없으므로, 이 두 특징은 서로 밀접한 관계가 있다.

특징 7 : "강유가 서로 보조한다(剛柔相濟)"와 **특징 8** : "빠르고 느림이 서로 교대한다(快慢相間)" : 이것은 두 개의 대립된 모순이 통일되는 특징이며, 또한 신기(神氣)가 고취되도록 하려면 기술상으로 반드시 갖추어야 하는 특징이다. 이러한 쾌만(快慢)과 강유(剛柔)가 어우러져 일체가 됨이 없으면 곧 앞의 몇 가지 특징이 밀접하게 배합되어 기복(起伏)이 자연스럽게 형성되기 어렵다. 이 두 가지 특징은 "부드럽고 느리며(柔而慢)" "강하고 빠름(剛而快)"을 요구한다. 강하고 빠른 것은 마치 밀려오는 파도의 머리와 같으며, 부드럽고 느린 것은 마치 물러나는 파도의 꼬리와 같아야 한다. 그러므로 이처럼 서로 어우러지면 곧 도도히 끊어지지 않는 추진작용을 이룰 수 있다. 이러한 강유상제(剛柔相濟)와 쾌만상간(快慢相間)의 작용은, 운동과정상에서는 기(氣)를 운행하며 부드럽고 느리다가, 동작이 끝나는 시점에는 강하고 빨라지도록 할 수 있어, 기(氣)가 온몸에 고르게 유통하여 조금도 둔한 자태가 없게 한다. 기격(技擊)상으로는 능히 "상대의 움직임이 급하면 나도 급하게 응하고, 움직임이 느리면 나도 느리게 따르니(動急則急應, 動緩則緩隨)", 상대가 강(剛)하면 나는 유(柔)하게 응하는 주(走)와 상대가 유(柔)하면 나는 강(剛)하게 응하는 점(粘)이 되게 할 수 있다. 이 두 특징은 내부의 의기운동을 촉진하고, 밖으로 드러나는 신기(神氣)를 고취시켜 동작의 기복이 제대로 일어나게 한다. 이상으로부터 알 수 있는 바, 특징 1은 기타 일곱 가지 특징을 주관하지만 동시에 이것은 반드시 기타 일곱 가지 특징의 도움에 의지해서만 비로소 실현될 수 있다. 특징들 사이의 관계는 서로 보완되고 서로 어울리며, 또한 서로 제약(制約)하며 서로 촉진한다. 이것은 처음 권술을 배울 때 반드시 알아야 하는 것이다.

　제1특징을 쉽게 파악하기 위해 그 요령을 개괄하면 다음과 같다.
　(1) 권술수련 시에 의식을 동작에 집중시켜 의식으로 기(氣)를 운행해야 하며, 오로지 내기(內氣)를 어떻게 운행할지 생각에만 열중해서는 안 된다.
　(2) 수련할 때 동작은 ①순조롭고 ②침착하며 ③동작의 마지막 시점에 왔을 때 경(勁)을 나타내니, 이것은 의기(意氣)가 고취되도록 하는 구체적인 세 가지 방법이다.
　(3) 밖으로 나타나는 신기(神氣)가 고취되도록 분명히 파악하여 동작이 둔해지지 않도록 하며, 또한 역으로 내재적인 의기운동을 촉진한다.
　(4) 기타 일곱 가지 특징을 잘 운용하여 서로 협조시켜 의기운동을 향상시킨다.

제2특징 몸과 사지를 이완시켜 늘이는 탄성(彈性)운동

권보(拳譜)의 규정

　(1) "정수리를 위로 자연스럽게 이끌어 올리며, 기는 단전으로 가라앉힌다.(虛領頂勁, 氣沈丹田)"
　(2) "가슴을 내밀지 말고 몸의 배면은 위로 뽑아 올리며, 어깨를 내리고 팔꿈치를 내려뜨린다.(含胸拔背, 沉肩墜肘)"
　(3) "허리를 이완시키고 사타구니를 벌리며, 과(胯)4)를 벌리고 무릎을 굽힌다.(鬆腰圓

---
4) 역자註 : 과(胯)는 원래 사타구니를 가리키나, 당(襠)과는 다른 의미이다. 과(胯)는 허벅지와 허리 사이의 고(股)관절 부위 즉 허벅지와 허리가 만나는 부위 전체를 가리킨다. 이 과(胯)는 태극권뿐만 아니라 다른 운동에서도 힘을 내는 근원이며, 허벅지에서 골반과 허리에 이르는 부분이다. 이 부분에서부터 모든 동작과 힘 그리고 가속력이 나와야 한다. 태극권에서는 특히 모

襠, 開胯屈膝)"

(4) "정신을 집중하여 기를 수렴하며, 전신을 이완시켜 늘인다.(神聚氣斂, 身手放長)"

위에 열거한 네 가지 규정에서 알 수 있는 바, 허령정경(虛領頂勁)과 기침단전(氣沈丹田)은 몸을 이완시켜 늘이는 것이며, 합흉발배(合胸拔背)는 앞가슴을 지주로 삼아 몸의 배면을 이완시켜 늘이는 것이며, 침견추주(沉肩墜肘)는 손과 팔을 이완시켜 늘이는 것이며, 송요원당(鬆腰圓襠)과 개과굴슬(開胯屈膝)은 다리 부분을 원활하게 회전할 수 있도록 하며, 이것은 다리 부분을 이러한 종류의 특정한 자세하에 이완시켜 늘인 결과이다. 그러므로 태극권의 보법(步法)은 반드시 원당송요(圓襠鬆腰)와 개과굴슬(開胯屈膝)의 자세하에, 발목을 선회하여 다리를 회전함으로써 허실(虛實)을 변환시킨다. 외면상으로 보면, 이것은 다리의 전사경(纏絲勁)의 표현이지만, 사실은 내부적으로 다리를 이완시켜 늘이도록 촉진하는 것이다. 이러한 몸의 각 부위를 이완시켜 늘이는 것은 전신을 이완시켜 늘이도록 촉진하여, 몸과 사지에 탄성이 생겨서 붕경(掤勁)을 형성케 할 뿐만 아니라, 또한 전신을 이완시켜 늘이므로 정신도 자연스럽게 분발할 수 있도록 촉진한다. 그러므로 다만 이완시켜 늘이는 자세만 갖추면 곧 졸력(拙力)을 사용하는 결점이 쉽게 생기지 않으며, 이것은 전신을 자연스럽게 이완시켜 늘이기 위한 조건을 제공하는 것이다. 그러므로 전신을 이완시켜 늘이는 탄성운동은 곧 태극권의 제2특징이 된다.

1. 몸과 사지를 이완시켜 늘인다

위에서 말한 바와 같이, 태극권 수련은 전신을 반드시 이완시켜 늘여서 전신의 탄성을 증강시키며, 탄성이 있어야만 비로소 더 나아가 붕경(掤勁)을 이룰 수 있다. 이것은 말하자면, 붕경은 탄성에서 생기며 탄성은 전신을 이완시켜 늘이는 데서 생기는 것이다. 신체 각 부위를 어떻게 이완시켜 늘이는가를 권보(拳譜)에 의거하여 서술하면 아래와 같다.

든 자세에서 좌우(左右) 과(胯)가 수평이 되어야만 바른 자세를 취해 힘을 양성할 수 있다고 하여도 과언이 아니다. 좌우(左右) 과(胯)가 수평을 유지하고, 어깨를 아래로 내리며(沈肩), 엉덩이가 뒤로 빠지지 않아(斂臀), 몸을 곧고 바르게 세우며, 모든 동작 즉 손과 발의 동작조차도 과(胯)로써 함을 항상 명심하기 바란다.

(1) **허령정경(虛領頂勁)과 기침단전(氣沈丹田)** : 정경(頂勁)은 경(勁)을 정수리까지 이르게 하는 것이며, 허령(虛領)은 이 정경을 허허(虛虛 : 무리한 힘을 주지 않고 자연스럽게)롭게 이끌어 일으키는 것이다. 기침단전은 기(氣)를 아래로 향해 가라앉혀 단전으로 주입하는 것이다. 이 둘을 종합하면 의식적으로 곧 서로 상반되는 방향으로 향하여 당겨 벌리는 의도(意圖)가 있게 되며, 이것은 곧 몸체가 이완시켜 늘이는 감각을 갖게 한다.

(2) **함흉발배(含胸拔背)** : 함흉은 흉부가 돌출해 나오지 않고 또한 오목하게 들어가지도 않도록 하며, 가슴이 지주가 되게 하여 몸 뒷면 척추를 뽑아 늘인다. 왜냐하면 역학(力學)상의 압축대는 굽은 곳이 없어야 하기 때문이다. 몸의 뒷면 척추는 곧 이 지주에 의지하여 뽑아 늘이며, 이것이 바로 뒷면 척추를 뽑아 늘이는 것이다. 이 점에 관하여, 처음 배울 때는 곱사등처럼 하는 것을 발배(拔背)로 오인하지 않아야 한다. 곱사등처럼 하면 곧 앞가슴이 오목하게 들어가서 앞가슴의 지주작용을 잃게 되어, 몸의 뒷면이 뽑아 늘이는 탄성을 잃게 할 뿐만 아니라 또한 건강에도 해롭다.

(3) **침견추주(沉肩墜肘)** : 침견(沉肩)의 주요 작용은 팔 부위와 어깨 부위를 아래로 늘어뜨려서 견고하게 잇는 것이다. 팔과 어깨를 견고하게 이어야만 비로소 팔에 뿌리가 생기게 할 수 있다. 동시에 팔꿈치를 내려뜨림으로서 팔꿈치와 어깨 부위 사이를 이완시켜 늘일 수 있다. 손과 팔이 나선형의 전사(纏絲)운동을 진행할 때, 이 운동은 추주(墜肘)로써 그 중심(中心)을 삼는다. 동시에 추주(墜肘)와 좌완(坐腕 : 손목을 아래로 꺾음) 또한 팔꿈치와 손목 사이가 이완되어 늘어지게 할 수 있다. 그러므로 침견추주와 좌완은 손과 팔 전체를 이완시켜 늘이는 것이다.

(4) **개과굴슬(開胯屈膝)하여 회전한다** : 이것은 다리 부위를 이완시켜 늘이는 것이다. 다리는 땅위에 서 있는 것이므로 이완시켜 늘이려면 비교적 곤란하다. 그러므로 다리 부위에 대하여 과(胯 : 샅 : 허리와 다리 사이)를 벌리고 무릎을 굽히도록 요구한다. 이처럼 특정한 자세하에 나선형 운동을 이용하여 허실(虛實)을 변환하며, 그 주된 동작은 무릎의 회전에 표현된다. 이처럼 다리 부위가 밖을 향해 회전할 때, 다리의 바깥쪽은 이완시켜 늘이고 안쪽은 수축되게 한다. 이러한 다리의 회전은 손·팔·몸의 회전과 조화되어 전신의 회전을 이루며, 점차 수련하여 진보하면 곧 "그 뿌리는 발에 있고 다리에서 발출하며 허리가 주도하여 손가락에서 나타나는(其根在脚, 發于腿, 主宰於

腰, 形於手指)" 완정하게 일체가 된 경(勁)에 도달할 수 있다.

위에 열거한 네 가지 규정을 종합하면, 태극권은 몸체·손·발에 대해 모두 이완시켜 늘이도록 요구함을 알 수 있다. 이처럼 이완시켜 늘이기 때문에 탄성이 생겨서 태극권의 기본적인 붕경(掤勁)을 이룰 뿐만 아니라, 또한 정신이 자연스럽게 고양되게 하며, 기운을 무리하게 북돋우어 긴장된 경(勁)이 생겨 졸력(拙力)이 형성되는 결점을 예방한다.5)

2. 몸과 사지를 이완시켜 늘이는 것의 생리작용

근육이 힘을 받을 때 일정한 정도 늘어날 수 있으나, 그 늘어나게 한 외부 요인을 없앤 후 근육은 곧 바로 원상태로 회복한다. 이것은 근육 자체의 고유한 탄성이다. 일반적으로 항상 볼 수 있는 운동은 이러한 탄성을 단련하여 향상시킨다. 인체생리학에 의거하면, 근육의 이러한 탄성적인 수축과 이완은 아래의 네 가지 작용을 일으킬 수 있다.

(1) 근육 자체의 수축과 이완 능력이 잘 단련되게 하며, 근육 내부에 밀집된 미세혈관망이 잘 통하게 한다.
(2) 조직세포의 신진대사를 증강시키며, 신체 내의 모든 생명과정을 자극한다.
(3) 근육과 기타 모든 조직기관의 기체(氣體) 교환작용을 증강시킨다.
(4) 신체 내부에서 더 많은 기(氣)를 획득하게 하며, 동시에 각 조직기관의 산소에 대한 이용률을 향상시킨다.

태극권은 단순한 지체운동이 아니다. 태극권이 외부적으로 표현해내는 것은 정신이 깃든 신태(神態)가 물결치듯 넘실거리며 극히 복잡하고 변화 많은 자세이며, 안으로 감추어 있는 것은 바로 정신을 집중하고 기(氣)를 수렴하여 "마음으로 기를 운행하는 (以心行氣)" 것이다. 이것은 이미 제1특징 중에 상세히 설명하였다. 그 외, 태극권 탄

---

5) 註 : "이완시켜 늘이는(放長)" 것은 전신의 내부에 가늘고 긴 감각을 갖추도록 하는 것이며, 졸력(拙力)이 생기는 것은 긴장된 경(勁)으로부터 몸의 내부에 굵고 짧은 감각을 갖추기 때문이다. 그러므로 전신을 이완시켜 늘이는 것은 긴장된 경(勁)의 발생으로 인해 졸력이 형성되는 결점을 예방한다.

성운동이 혈압을 내리는 데 현저한 효력이 있다. 왜냐하면 근육의 수축과 이완과정 중에 삼인산(三磷酸 : 아데노신 : 생체 내에서 에너지의 획득과 이용에 중요한 작용을 하는 물질)과 선감산(腺苷酸 : 아데닌) 등 혈관을 확장하는 작용을 가진 물질이 생기기 때문이다. 동시에 "관절 모두 관통하여 연결되는(節節貫串)" 활동을 진행하는 중에 근육 내의 개방된 미세혈관의 수량을 현저히 증가시켜 혈관의 직경을 확대시키므로 혈압을 내릴 수 있다. 또한 수련 시에 근육은 반복하여 늘이고 줄이므로 혈관이 경화되기 어렵다. 더욱이 비틀면서 나가고 비틀면서 돌아오는 나선형 운동을 배합하므로 더욱 혈관경화를 방지할 수 있다. 오랜 기간 태극권을 수련한 사람은 수련 시에 몸의 배면과 사지 내의 혈관이 마치 확대되는 듯함을 느낄 수 있으며, 운동함에 따라 경쾌하고 편안함을 느낀다. 만약 한동안 수련하지 않으면 곧 일종의 막힌 듯한 감각이 있을 수 있다. 이러한 현상이 생기는 것은 개방된 미세혈관의 수가 증감하기 때문이다.

3. 여덟 가지 경(勁)의 구별과 탄성적인 붕경(掤勁)

태극권은 의식을 사용하고 졸력(拙力)을 사용하지 않도록 요구하지만, 의식을 사용하고 경(勁)을 사용하지 않는다는 것은 아니다. 왜냐하면 태극권은 여덟 가지 경(勁)으로 구성되었기 때문이다. 여덟 가지 경(勁) 모두 이완하여 늘인 탄성(彈性)을 갖추어 있으므로 경(勁)이라 부르며, 역(力)이라 부르지 않는다. 여덟 가지 경(勁)의 명칭이 비록 다르나 실질적으로는 다만 하나의 붕경(掤勁)이며, 기타 일곱 가지 경은 다만 방위와 작용이 달라서 다르게 부를 뿐이다. 그러므로 태극권을 붕경권(掤勁拳)이라 부를 수도 있다. 여덟 가지 경의 내용을 분석하면 아래와 같다.

(1) 전신이 움직이는 중에 장심(掌心)이 안에서 밖으로 전사(纏絲 : 실을 감듯이 감아 돌린다는 뜻이며, 손과 팔을 안쪽이나 바깥쪽으로 감아 돌리는 동작을 말한다)하는 것을 붕경(掤勁)이라 부른다.
(2) 전신이 움직이는 중에 장심이 밖에서 안으로 전사하는 것을 리경(攦勁)이라 부른다.
(3) 양손이 동시에 붕경으로 교차하여 밖으로 붕출(掤出 : 밀어내다)하는 것을 제경(擠勁)이라 부른다.

(4) 장심(掌心)이 아래로 곡선을 그리며 상대에 조금 붙여 떨어지지 않으며 아래로 향한 붕경(掤勁)을 안경(按勁)이라 부른다.

(5) 양손을 교차하여 좌우전후로 향하여 양손이 분리되며 잡아채는 붕경(掤勁)을 채경(採勁)이라 부른다.

(6) 붕경(掤勁)을 말아 모았다가 짧은 거리 내에서 돌연히 몸을 한번 떨치면서 맹렬히 탄출(彈出)하는 경(勁)을 열경(挒勁)이라 부른다.

(7) 상대방이 가까이 접근해 있어 팔꿈치의 붕경(掤勁)으로 붕출(掤出)해내는 경(勁)을 주경(肘勁)이라 부른다.

(8) 상대방이 아주 가까이 접근해 있어 몸통의 붕경으로 붕출해내는 경을 고경(靠勁)이라 부른다.

위에 열거한 바를 종합하면 결국 태극권에서 주로 수련하는 것은 붕경(掤勁)이다. 붕경은 일종의 솜처럼 부드러우며 끊어지지 않는 "용수철 같은 경(勁)"이다.

4. 탄성운동과 붕경(掤勁)의 파악

(1) **붕경(掤勁)을 수련코자 하면 먼저 몸에 원래 있는 딱딱하게 굳은 것을 철저히 타파하여 없애야 한다** : 예를 들어 무거운 물건을 들어올리는 것과 같은 딱딱하고 굳은 동작은 모두 힘을 사용해야 하며, 사람이 유년기부터 세월이 지남에 따라 힘을 추슬러서 무거운 것을 잡거나 들어올리는 습관이 양성된다. 무리하게 추슬러 사용하는 힘은 졸경(拙勁)이라 부르며, 태극권에서 필요로 하는 모든 힘은 전신을 이완시켜 늘인 용수철 같은 경(勁)이다. 그러므로 태극권 수련은 응당 두 단계로 나누어야 한다. 먼저 힘을 추슬러 쓰는 졸경(拙勁)을 제거하는 단계를 거친 후에 새로운 용수철 같은 경(勁)을 양성하는 단계이다. 오랜 습관적인 경(勁)을 없애지 않으면 새로운 경(勁)이 생기지 않으므로, 권론(拳論)에서 말하기를 "경(勁)을 운용함은 강철을 수없이 제련하는 것과 같으니, 아무리 견고함도 쳐부순다(運勁如百煉鋼, 何堅不摧)"[6] 하니, 이것은 말하자면 반드시 졸력을 조금도 쓰지 않는 수련을 수없이 거듭하고 또한 이완하여 늘인 각종의 서로 다른 자세하에 비틀면서 가고 오는 동작을 진행해야만 비로소 극히 유연(柔軟)한

---

6) 역자註 : 何堅不摧는 또한 몸에 있는 모든 굳은 경(勁)을 없앤다는 뜻으로 해석할 수도 있다.

상태에 도달하며, 비로소 몸에 전부터 있던 굳은 경(勁)을 없앨 수 있다. 그러므로 강철을 수없이 단련하듯이 수련을 거듭해야만 굳은 경(勁)을 남김없이 모두 없앨 수 있다. 이것은 선배 권사(拳師)들이 쌓은 경험의 결정이니, 이러한 종류의 딱딱하게 굳음을 부드러움으로 변화시키는 것은 반드시 거쳐야 하는 단계이므로 처음 배울 때 주의해야 한다. 이 단계를 거치는 시간은 길수록 좋으며, 이처럼 하여야만 비로소 더욱 철저하게 유연해질 수 있다. 그렇지 않으면 유연함이 철저하지 못해 곧 강유(剛柔)가 균형을 이루지 못하여, 장래에 유(柔)가 적고 강(剛)이 많은 결점에서 벗어나기 어렵다.

(2) **붕경(掤勁)은 사람 몸에 원래부터 있는 경(勁)이 아니다** : 앞에서 이미 말한 바와 같이, 여덟 가지 경(勁) 중에서 붕경(掤勁)은 그 기본이다. 붕경은 탄성에서 생기고, 이러한 종류의 탄성경(彈性勁)은 근육 자체의 탄성일 뿐만 아니라 또한 근육 탄성의 기초 위에 골격인대(骨骼靭帶) 등과 근육이 연합하여 이완시켜 늘인 중에 단련해 나오는 것이다. 그러므로 붕경(掤勁)은 사람이 나면서 원래 갖춘 경(勁)이 아니라, 반드시 오랜 수련을 경과해야만 비로소 생기는 경(勁)이라 말할 수 있다. 붕경(掤勁)의 발전은 이처럼 무(無)에서 유(有)가 되며, 유(有)에서 강(强)에 이른다. 이러한 탄성적인 붕경(掤勁)을 연습하려면 반드시 앞에서 말한 권보의 네 가지 규정에 의거하여 수련해야 한다. 그 관건이 되는 요령은 역시 먼저 "의식을 사용하는(用意)"데서부터 착수하여, 생각상으로 이완하여 늘이는 의사를 갖는 것이다. 이처럼 운용하여 오래 수련하고 더욱이 전신을 구체적으로 이완시켜 대체로 붕경을 이룰 수 있다.

(3) **"정신을 집중하여 기를 수렴하는(神聚氣斂)" 것은 탄성을 증강하고 붕경(掤勁)을 향상시키는 기초이다** : 몸과 사지를 이완하여 늘인 상태하에 정신을 제기(提起)하여 집중하면, 기(氣)를 침착시켜 안으로 수렴되게 한다. 이것은 일종의 자연적으로 생기는 현상이다. 바꾸어 말하자면 다만 신취기렴(神聚氣斂)하는 한 순간에 근육군(筋肉群)이 곧 더욱 더 충분히 수축될 수 있고, 동시에 반작용을 하는 근육군은 더욱 더 충분히 이완된다. 그러므로 이완과 수축의 단련을 오랜 기간 하면 곧 몸과 사지 각 부분의 탄성을 자연스레 증강하고, 동시에 체질도 향상시킨다.

제2특징을 파악하기 편하도록 그 요령을 개괄하면 아래의 다섯 가지이다.
(1) 태극권의 주된 요소는 붕경(掤勁)을 수련하여 익히는 것이며, 붕경은 탄성에서

생기고, 탄성은 몸과 사지를 이완하여 늘이는 데서 생기므로, 몸과 사지를 이완하여 늘이도록 주의한다.

(2) 몸체와 상부를 이완하여 늘이려면 반드시 허령정경(虛領頂勁)·기침단전(氣沉丹田) 그리고 함흉발배(含胸拔背)해야 한다.

(3) 손과 발을 이완하여 늘이려면 반드시 침견추주(沉肩墜肘), 송요원당(鬆腰圓襠) 그리고 개과굴슬(開胯屈膝)하여 회전한다.

(4) 붕경을 수련할 때 먼저 유연함을 추구하여 습관적인 졸력(拙力)을 없애고, 동시에 이완시켜 늘여서 탄성적인 새로운 경(勁)을 양성한다.

(5) 정신을 집중하여 기(氣)를 수렴하여 수련하는 것만이 붕경을 증강시키는 내재적 요인이다.

제3특징 순역전사(順逆纏絲)의 나선형(螺旋形) 운동

권보(拳譜)의 규정

(1) "경을 운용함은 마치 실을 뽑는 듯이 한다. (運勁如抽絲)"

(2) "경을 운용함은 마치 실을 감는 듯이 한다. (運勁如纏絲)"

(3) "자세를 전개하거나 수렴하거나 간에 결코 태극의 이치를 벗어나면 안 된다. (任君開展與收斂, 千萬不可離太極)"

(4) "묘수를 한수 운용할 때 마다 하나의 태극을 이루고, 그 형적은 모두 변화되었으니 어찌 구습(舊習)이 남아 있겠는가. (妙手一運一太極, 跡象化完舊烏有)"

위의 네 가지 규정에서 알 수 있는 바, 태극권 운동은 반드시 마치 실을 뽑는 듯한 형상이다. 누에고치에서 실을 뽑는 것은 회전하면서 뽑아 나오는 것이다. 왜냐하면 회전하는 중에 곧게 뽑아 나오므로 자연히 일종의 나선형 형상을 이루며, 이것은 곡선과 직선의 입체적인 통일이다. 전사경(纏絲勁)이나 추사경(抽絲勁) 모두 이와 같은 의미를 가리키는 것이다. 왜냐하면 전사(纏絲)의 과정 중에 사지를 신축(伸縮)하는 것은 마찬가지로 일종의 나선형 형상이 생기게 하므로, 권론 중에 말하기를 개전(開展)[7] 단계의 큰 동작이나 혹은 긴주(緊湊)[8] 단계의 작은 동작을 막론하고 이러한 대립이 통일되는 태극경(太極勁)을 결코 잃어서는 안 된다.

수련하여 익숙해진 후 이러한 전사는 수련할수록 더욱 작아져서, 동작상의 둥근 권(圈)이 있으나 그 권(圈)이 보이지 않는 경지에 이르며, 이러한 경지에 이르면 곧 순전히 의식으로 알게 된다.9) 그러므로 순역(順逆)전사가 대립하여 통일되는 나선형 운동이 태극권의 제3특징이 된다.

1. 경(勁)을 운용함이 마치 실을 감는 듯하는 본질(本質)

태극권은 반드시 경(勁)을 운용함이 마치 실을 감는 듯하거나 혹은 누에고치에서 실을 뽑는 듯이 한다. 이 두 종류 형상의 비유는 모두 경(勁)을 운용하는 형상이 나선형과 같다는 말이다. 동시에 이러한 나선형 또한 반드시 곡선으로 움직이며, 더욱이 총탄이 총강의 총열선을 통과한 후처럼 공간에서 운동할 때 이미 나선형으로 그 자체가 회전하며 또한 포물선형의 운동노선을 가진다. 태극권의 전사경(纏絲勁)은 곧 이러한 종류의 형태를 갖추어야 한다.

운동은 반드시 실을 감는 듯이 한다는 의미는 앞에서 이미 설명하였다. 그러면 실제 운동 중에 어떻게 해야 하는가? 말하자면 극히 평범하고 간단하니, 즉 몸을 움직이기만 하면 곧 몸 전체가 같이 움직여야 하며, 동작 시 장심(掌心)이 안에서 밖으로 뒤집어 나가거나 혹은 밖에서 안으로 뒤집어10) 태극도(太極圖)의 형태를 이루게 한다. (그림1)11) 나아가 장심을 안과 밖으로 뒤집어 회전함으로부터 팔에 표현되는 것은 손목

---

7) 역자註 : 태극권 수련의 첫 단계를 가리키며, 동작을 크게 하여 큰 자세를 취하고 운동 속도도 비교적 느리다.

8) 역자註 : 개전 단계를 오래 수련하여 익숙해진 후 동작은 조금 작게 하여 작은 자세로 긴밀히 이어지는 수련 단계로서 운동 속도는 비교적 빠르다.

9) 註 : 양가(楊家) 태극권의 양소후(楊少候)선생이 말년에 만들어 낸 소가자(小架子)는 다만 발경(發勁)만 나타내 보일 뿐 경(勁)을 운용함은 나타내 보이지 않는다. 이것은 곧 경(勁)을 운용하는 권(圈)의 운동 범위가 작아서 거의 드러나 보이지 않는 것이다. 단지 발경만을 구체적으로 밖으로 나타내는 것은 긴주(緊湊) 단계에서 권(圈)을 드러내지 않는 숙달된 공부이다.

10) 註 : 소위 안에서 밖으로 뒤집고 혹은 밖에서 안으로 뒤집거나 모두 다 식지(食指)를 뒤집어 회전하는 것을 표준으로 삼는다. 예를 들어 그림1 중에서 손이 점1에서 점2로 갈 때 식지의 움직임은 안에서 밖으로 뒤집으므로 순전(順纏)이 되고, 손이 점2에서 점3으로 갈 때 식지의 운동은 밖에서 안으로 뒤집으므로 역전(逆纏)이 된다.

11) 역자註 : 순역전사(順逆纏絲)의 수련은 이 그림처럼 태극도를 이룰 필요가 없이 각 초식의 동작에 따라 돌리면 되고, 또한 자신이 의도하는 공방(攻防)의 방식에 따른 동작의 해석에 따라

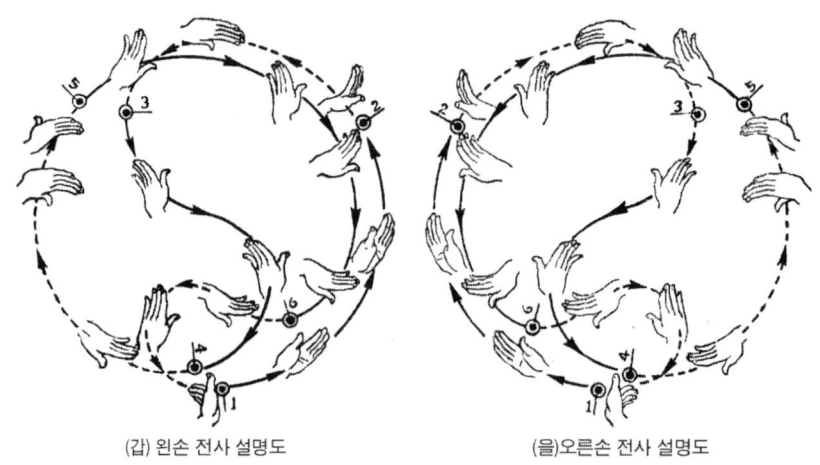

(갑) 왼손 전사 설명도   (을) 오른손 전사 설명도

설명 : 1. 실선은 순전사(順纏絲)이고, 점선은 역전사(逆纏絲)이다.
　　　2. 그림 중의 각 점은 순역전사(順逆纏絲)의 전환점이다.

(그림 1) 순역전사(順逆纏絲)의 설명도

을 돌리면서 팔을 회전하는 것이며, 다리에 표현되는 것은 발목을 선회하여 다리를 회전하는 것이며,12) 몸체에서 표현되는 것은 허리를 선회하여 척추를 회전하는 것이다. 이 세 가지를 결합하여 그 뿌리는 발에 있고 허리에서 주도하며 손가락에서 나타나는, 공간을 선회하는 한 가닥의 곡선을 형성한다. 이것은 태극권에서 반드시 달성해야 하는 요구사항이다. 수련 시에 개전(開展) 단계의 벌린 자세에서나 혹은 긴주(緊湊) 단계의 수렴한 자세 모두 장심을 뒤집어 돌리며 손목을 선회하여 팔을 돌리는 태극경(太極勁)을 잠시라도 잃지 않아야 한다. 이것은 마치 지구가 태양 주위를 돌면서 지구 자체도 자전하는 것과 같다. 그러므로 태극경(太極勁)은 평면적인 하나의 권(圈)이 아니라 입체적인 나선형으로 상승한다.

2. 전사식(纏絲式) 나선형으로 운행하는 경(勁)의 작용

수련 시에 만약 손은 곧게 펴고 곧게 움츠리기만 하고 장심을 뒤집어 회전하지 않

그 용도에 맞게 돌리면서 수련하면 된다.
12) 註 : 다리 부위 순역전사(順逆纏絲)의 구분은 무릎의 회전 방향으로써 표준을 삼는다. 즉 무릎이 사타구니 안쪽에서 앞을 향하며 밖으로 회전하여 아래로 비스듬히 향하여 감거나 혹은 사타구니 바깥에서 뒤를 향하며 안으로 회전하여 위로 비스듬히 향하여 감는 것은 모두 순전(順纏)이다. 무릎이 사타구니 바깥에서 앞을 향하며 안으로 회전하여 위로 비스듬히 향하여 감거나 혹은 사타구니 안쪽에서 뒤를 향하며 밖으로 회전하여 아래로 비스듬히 향하여 감는 것은 모두 역전(逆纏)이다.

거나, 다리는 앞쪽 다리의 무릎을 굽히며 뒤쪽 다리에는 체중을 조금 실어 펴서 앉히기만 하고 좌우로 회전하여 협조하지 않으면, 곧 서로 "버티어 저항하여(頂抗)" 힘으로 겨루는 결점이 생길 수 있다. (그림2) 이러한 결점을 바로잡기 위해 반드시 나선형의 경(勁)을 사용해야 한다. 왜냐하면 나선형의 굽은 정도에 따라 그 반지름(半徑)은 변화하므로, 어떠한 압력이 이 나선형 상에 압박해 와도 아주 자연스럽게 선회하면서 그 압력을 헛되게 하여 변화시켜 버린다. 이것은 과학적인 화경법(化勁法 : 상대방의 힘을 변화시켜 무력하게 하는 방법)이다. 그림3으로부터 그 작용을 알 수 있다.

　이러한 나선형 운동은 독특한 중국식 운동방식이며 세계적으로도 희소한 것이다. 신체를 단련하는 방면에 있어, 태극권은 전신의 모든 관절을 관통하여 잇따라 밀어 움직이므로13), 이로부터 내외(內外)가 서로 합일하여 몸의 한 부분을 움직이기만 하면 전신이 같이 움직이는 경지에 도달한다. 이것은 내장기관에 일종의 안마작용을 일으킬 수 있다. 또한 밖으로 드러나는 신기(神氣)가 생겨 고취되게 하고, 이로 인해 대뇌피질(大腦皮質)이 건강해져 전신의 모든 조직기관을 더욱 강화시킨다.

　기격(技擊)방면으로도 전사경(纏絲勁)의 작용이 크다. 태극권 기격의 핵심은 "상대를 알고 나를 아는(知彼知己)" 것과 "기세를 아는(知機知勢)" 동경(懂勁) 공부이다. 동경(懂勁)은 두 방면으로 나눌 수 있다. 첫째는 혼자 수련하는 동경(懂勁)이며, 자신의 경

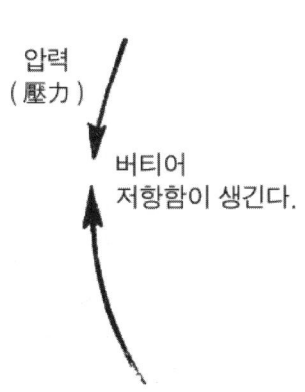

(그림 2) 단일한 방향의 곡선으로
움직일 때의 약도
압력에 버티어 저항함이 생긴다.

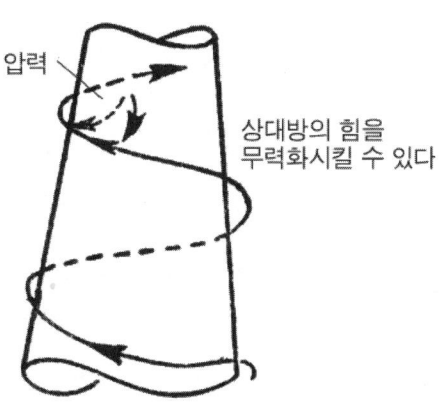

(그림 3) 나선추사(螺旋抽絲)형으로
움직일 때의 약도
상대방의 힘을 무력화시킬 수 있다.

---

13) 註 : 절절관천(節節貫串 : 모든 관절을 관통하여 연결한다)은 태극권의 제5특징이다.

(勁)을 알려면 반드시 자세를 취해 투로(套路)를 수련하는 중에 알아야 한다. 둘째는 상대방으로부터의 동경(懂勁)이며, 다른 사람의 경(勁)을 알려면 반드시 퇴수(推手 : 제4장에 설명이 나옴)의 수련 중에 알아야 한다. 상대를 알고자 하면 먼저 자신을 알아야 하니, 이것은 사물을 인식하는 과정이다. 자세를 취해 투로를 연습하여 "자기를 아는(知己)" 공부가 고도의 숙달된 경지에 도달하려면 반드시 "온몸이 한 기세를 이루는(周身一家)" 공부를 수련해 완성해야 한다. 이것은 "내외(內外)가 서로 합일(內外相合)"하고 "모든 관절을 관통하여 잇는(節節貫串)" 수련 중에 이루는 것이며, 이 두 가지는 모두 나선형의 전사동작으로부터 만들어진다. 그러므로 기격(技擊)방면에서도 전사경(纏絲勁)은 극히 중요하다.

3. 전사경(纏絲勁)의 종류와 그 요점

태극권 전사경(纏絲勁)은 그 성능에 따라서 두 종류의 기본 전사로 나눌 수 있다. 한 종류는 장심(掌心)을 안에서 밖으로 뒤집는 순전사(順纏絲)이며, 이 순전사(順纏絲)의 절대 다수는 붕경(掤勁)이다. (그림1 중의 실선부분) 다른 한 종류는 장심을 밖에서 안으로 뒤집는 역전사(逆纏絲)이며, 이 역전사의 절대 다수는 리경(攦勁)이다. (그림1 중의 점선 부분) 이 두 종류의 전사는 태극권 운동의 모든 과정 중에 존재하며, 또한 시종 관통하여 이어진다. 그러므로 모든 동작 중에 역시 붕리(掤攦) 두 경(勁)의 상호 변화를 포함하며, 이 두 경(勁)은 운동 중의 기본적인 모순이자 동시에 또한 하나의 근원 중에서 서로 전환되어 변화한다. 이 두 기본전사 하에, 방위(方位)가 다르고 변환(變換)이 또한 각기 다르므로 인해 다섯 쌍의 서로 다른 방위전사(方位纏絲)로 나뉘어 진다. (그림4) 좌우(左右)와 상하(上下)의 방위전사가 합하여 하나의 완전한 권(圈)을 이루고, 동시에 안과 밖의 전사와 결합하여 평면권(平面圈)을 변화시켜 입체권(立體圈)이 되며, 이것이 바로 태극식 나선형 운동이 반드시 갖추어야 하는 특색이다. 그 다음은, 수련할 때 동작이 순조롭기 위해서거나 상대방의 동작에 연결하여 따라가기 위해서거나 전신이 하나가 되도록 모든 관절을 관통하여 잇기 위해서는 또한 대소(大小)·진퇴(進退) 두 쌍의 방위전사(方位纏絲)가 배합되어야 하며, 이것은 몸을 건강하게 하고 기격(技擊)상의 특수한 수요를 충족시킨다. 그러므로 태극권 매 하나의 권식(拳式)은 순역 기본전사의 기초 위에 적어도 세 쌍의 방위전사가 결합하여 함께 운동을 진행

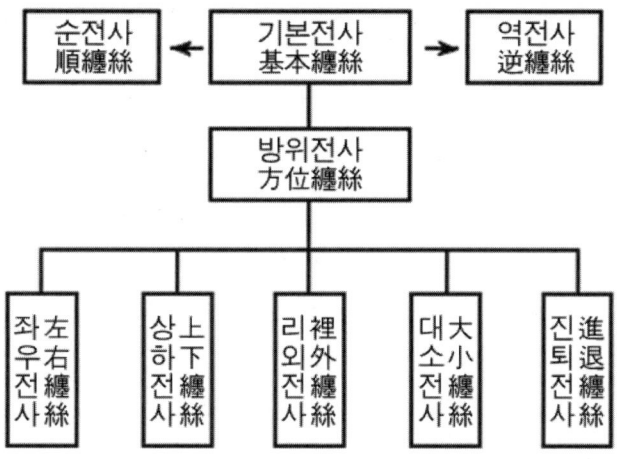

(그림 4) 12전사경의 종류별 설명도

해야 한다. 이러한 규율을 파악해야만 동작이 곡선으로 휘두르며 운동을 진행할 때 일정한 근거가 있게 하며, 권식(拳式)을 배워 익히거나 혹은 바로잡기가 매우 쉽다. 태극권 수련 시에 만약 어느 한 동작이 그 자세를 제대로 갖추지 못하여 경(勁)을 갖추지 못했다고 느끼면, 곧 전사(纏絲)가 순조롭지 못한 곳에 의거하여 허리와 다리를 조금 이동하여 전사(纏絲)가 순조롭도록 조정하여 자세가 바로잡히게 할 수 있다. 그러므로 전사(纏絲)를 파악하는 것은 곧 스스로를 바로잡는 수단이다. 권식(拳式)의 예를 들어 전사의 작용을 설명하면 다음과 같다.

(1) "운수(運手)" : 이 권식은 13세(勢)에서 유일하게 쌍순(雙順)이 쌍역(雙逆)으로 전환하는 좌우대전사(左右大纏絲)를 포함하는 권식이다. 운동할 때 양손의 기본전사는 장심(掌心)이 안에서 밖으로 순전(順纏)하다가 전환하여 밖에서 안으로 역전(逆纏)하며, 이 동작의 방위전사는 좌우(左右)·상하(上下)와 미세하게 안팎으로 향한 전사이다. 좌우(左右)·상하(上下)는 하나의 평면권(平面圈)이며, 만약 다시 미세하게 안팎(裡外)을 향해 곡선으로 움직이면 곧 한 가닥 공간적인 곡선의 입체권(立體圈)을 이루므로 "기를 배면 등에 붙이는(氣貼脊背)"[14] 효용을 달성할 수 있다.

---

14) 역자註 : 기(氣)를 배면 등에 붙인다는 말은, 예를 들어 팔 동작을 할 때, 몸 배면 등을 비비듯 꿈틀거려 팔을 이끌어 움직이도록 그 기세(氣勢)를 항상 갖추어 있는 것이다.

(2) "백학양시(白鶴亮翅)" : 이 권식의 기본전사는 한손은 순전(順纏)이고 다른 한손은 역전(逆纏)이며, 이것은 권식(拳式) 내에 비교적 많이 나오는 종류의 전사(纏絲)로서, 그 방위전사는 좌우·상하와 안팎이다. 하나는 순전(順纏)이고 다른 하나는 역전(逆纏)이므로 왼손은 안쪽 아래를 향한 역전사(逆纏絲)이고 오른손은 바깥쪽 위를 향한 순전사(順纏絲)이며, 이 둘을 합해 양팔이 서로 연결된15) 상태 하에 오른손은 올라가고 왼손은 내려가며 오른손은 순전(順纏)이고 왼손은 역전(逆纏)하며 벌려 하나의 붕권(掤圈)을 이룬다.16)

위의 예에서 보듯이 태극권 각 권식의 양식이 비록 다양하고 그 전환(轉換)이 각기 다르지만, 그 기본전사로부터 분석하면 사실상 극히 간단하다. 모든 권식은 대개 "쌍순전사(双順纏絲)"·"쌍역전사(双逆纏絲)" 그리고 "하나는 순전사이고 다른 하나는 역전사(一順一逆纏絲)" 등 세 종류로 구성된다. 자신이 취하는 가자(架子 : 자세 혹은 자세를 취한 동작)를 만약 이 방법에 의하여 항상 분석하여 곰곰이 생각하고 다른 여러 자세를 비교해 보면, 곧 스스로 연습하는 근거가 될 수 있다. 이러한 근거가 있으면 경(勁)의 차이를 분명히 구별할 수 있어, "내외가 서로 합일하고(內外相合)" 모든 관절을 관통하여 연결하여 탄성을 향상시킨 기초 위에서 정확한 자세를 갖출 수 있다.

4. 나선형으로 운행하는 경(勁)의 파악

특징3은 태극권 명칭의 유래이며, 그 작용은 이미 서술한 바와 같다. 그러므로 선배들이 후학들로 하여금 전사(纏絲)방식으로 경(勁)을 잘 운용토록 하기 위해 「태극권론(太極拳論)」에서 이에 대해 논하였으니, 이것은 경(勁)의 운용을 실천하는 핵심을 요약한 것이다. 그 중 제1부분은 전사경(纏絲勁)을 논하였다. 특징3을 파악하려면 이 부분에 의거하여 자신과 비교하여 그대로 수련해야 하며, 또한 평소 자신이 가자(架子)를

---

15) 註 : 양팔을 서로 연결하는 것은 운동 시에 양팔과 어깨가 마치 한 가닥 밧줄처럼 서로 연결되어 있는 것과 같으며, 한 팔이 움직일 때 밧줄이 기본적으로는 당겨진 상태를 유지시키는 조건하에 다른 한 팔 역시 따라서 움직인다. 이것은 말하자면 양팔 내부에 항상 전개시킨 붕경(掤勁)을 함유하는 것이다.
16) 역자註 : 백학양시의 마지막 동작에서 양손은 역전사(逆纏絲)하므로, 이 설명은 정확하다고 볼 수 없다.

연습하는 근거로 삼아 검사하면 곧 정확한 자세와 동작을 얻을 수 있다. 이 부분을 개괄적으로 설명하면 다음과 같다.

(1) 정신적 본질로부터 파악하는 세 가지 특징

(갑) "일거일동은 전신이 날렵하고 민첩해야 한다(一擧一動周身俱要輕靈)": 만약 정신을 고양시킬 수 있으면 곧 둔중함을 걱정할 필요가 없으니, 이것이 날렵함을 추구하는 방법이다. 만약 의기(意氣)를 민첩하게 바꿀 수 있으면 곧 의기는 어느 한 지점에서 정체되지 않으니, 이것이 민첩함을 추구하는 방법이다. 전사경(纏絲勁)을 파악하는 제1요점은 경(勁)을 운용하는 과정 중에 전신이 반드시 경쾌하고 민첩한 것이며, 이처럼 되어야 비로소 전사(纏絲) 동작을 잘하기 위한 유리한 조건이 될 수 있다.

(을) "동작은 반드시 모든 관절이 관통하여 이어지게 한다(動作須節節貫串)": 전사(纏絲) 형식으로 경(勁)을 운용하는 중에 날렵하고 민첩하려면 반드시 관통하여 이어져야 하며, 이 또한 경(勁)을 운용함에 있어 중요한 요점이므로 무시할 수 없다. 그 상세한 내용은 본장 제5특징을 참고할 수 있다.

(병) "정신은 고취해야 하며, 기는 안으로 수렴해야 한다(神宜鼓蕩, 氣宜內斂)"[17] : 만약 마음속에 뜻하는 바를 동작 중에 관철시킬 수 없고 또한 마음에 달리 생각하는 잡념이 있으면 그 뜻이 우둔하고 정신이 멍청해져 정신이 쉽게 고취되지 못하고, 또한 기(氣) 역시 안으로 수렴하여 마음에 따르게 할 수 없다. 그 결과 기세(氣勢)가 산만해지고 경(勁)을 품어 모을 수 없어 신법(身法)이 산만해진다. 그러므로 먼저 반드시 마음에 뜻하는 바를 물 흐르듯 끊이지 않고 기복(起伏)이 일어나 마지않는 동작 중에 철저히 실현시키면 곧 정신이 저절로 고취된다. 그 다음 반드시 폐호흡(肺呼吸)이 운동과 협조되게 한다. 정신을 고취하므로 기(氣)는 저절로 수렴되어 산만해지지 않는다. 기(氣)가 산만하지 않으면 곧 정신이 선두에서 지휘하며 동시에 고취된다.

위의 세 가지 사항을 종합하면, "경(勁)을 운용함이 날렵하고 민첩하며 관통하여 이어지고, 신기(神氣)가 고취되며 안으로 수렴하는" 것이 바로 전사경(纏絲勁)을 숙달코자 할 때 반드시 파악해야 하는 정신적 본질이다.

---

17) 註 : 정신과 기(氣)는 고취하여 울려 퍼지게 할 수 있고 또한 안으로 수렴할 수 있다. 그러므로 권론에서 말하기를 "신기가 충만하여 넘실거리듯 울려 퍼지려면 먼저 정신을 분발시켜야 하며 신(神)을 밖으로 분산하지 않는다(欲要神氣鼓蕩, 先要提起精神, 神不外散)".

(2) 경(勁)의 종류로부터 파악하는 세 가지 특징

(갑) "결함 있는 곳이 없도록 한다": 전사경(纏絲勁)을 운용할 때 순(順)·역(逆)을 막론하고 반드시 여덟 가지 경(勁)이 나선형 선(線) 상에서 운용되도록 해야 한다. 전사경이 나선형의 접촉면 위로 움직일 때, 때로는 나선형 선 상에 때로는 나선형 선 안쪽으로 빠져들어 운용되는 일이 결단코 일어나서는 안 된다. 이것은 전사(纏絲)를 운용할 때 가장 범하기 쉬운 결점이다. 만약 선 안쪽으로 빠지기만 하면, 붕경(掤勁)을 약화시킬 뿐만 아니라 동시에 전사(纏絲) 중의 마찰 특성을 잃을 수 있다. 그러므로 만약 결함이 있기만 하면 경(勁)이 곧 나선형의 접촉면에 도달할 수 없어, 전사경의 견동(牽動 : 한 곳을 움직이면 다른 모든 곳에 점차로 힘이 미쳐 이끌려 움직이는 현상)작용을 잃어버린다. (그림5)

(을) "오목하거나 볼록한 곳이 없도록 한다": 전사경(纏絲勁)의 운용노선은 모든 과정 중에 곡선이 완화되어 순조로운 자세를 형성하며, 동시에 또한 부드러우며 탄성이 풍부해야 하니, 이것은 요철(凹凸)을 없애는 방법이다. 설사 발경(發勁)할 때라도 역시 부드러운 가죽채찍처럼 휘둘러 나간다. 이처럼 전신을 이완하여 늘이기 때문에 몸과 사지는 또한 바람을 채운 타이어처럼 물체와 접촉하면 곧 그 고저(高低)에 따라 붙여가는 작용을 갖춘다. 만약 경(勁)을 운용함에 요철(凹凸)이 있기만 하면, 곧 모서리가 생겨서 버티어 저항하는 결점이 발생하므로, 이로부터 경(勁)을 운용함이 나선형으로 돌아 움직이는 작용을 잃게 된다. (그림6)

(그림 5) 전사경의 결함 설명도

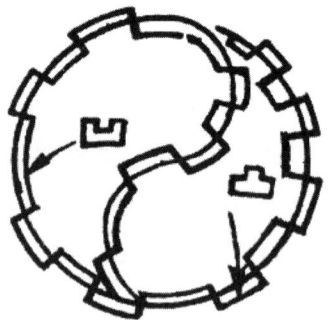

(그림 6) 추사요철(抽絲凹凸)

(병) "끊어졌다 이어지는 곳이 없도록 한다" : 전사의 모든 과정은 순전(順纏)이나 역전(逆纏)을 막론하고 반드시 하나의 전사(纏絲)가 끝까지 유지되도록 한다. 소위 끝까지 유지된다는 말의 "끝"은 하나의 권식(拳式)이 표현하는 한 종류의 경(勁)의 운용이 도달하여 그치는 지점이며, 또한 이것은 곧 그 다음 권식을 이어가는 전환점이다. 이 전환점에 도달하면 "접어 개켜서(摺疊)"18) 전환하여 그 다음 전사(纏絲)를 이어 운용하며, 경(勁)을 그 다음 권식 중에 받아서 이어온다. 경(勁)이 끊어지지 않은 이상 연결할 필요가 없다. 만약 전사(纏絲)가 반쯤 와서 경(勁)이 끊어져 버리면, 그 후 다시 경(勁)을 이어갈 도리가 없다. 왜냐하면 전사(纏絲)에 끊어지고 이어짐이 있으면, 이것은 곧 하나의 틈이며, 이 틈은 응당 있어야 할 견동(牽動)작용을 잃게 하고 또한 상대방이 기회를 얻을 수 있는 기세(機勢)를 조성한다. 그러므로 경(勁)을 운용하는 전사(纏絲)에는 틈이 없어야 한다. (그림7) 그 다음, 가령 발경(發勁) 시에 비록 끊어지고 이어짐이 있을 수 있다 할지라도, 그러나 여전히 반드시 "경은 끊어지나 의식은 끊어지지 않고, 의식은 끊어지나 정신이 이을 수 있도록(勁斷意不斷, 意斷神可接)" 해야 한다. 이것이 소위 끊어졌다 다시 잇는다는 것이다.

위의 세 가지 사항을 종합하면, 전사(纏絲)의 과정 즉 경(勁)을 운용하는 과정 중에 절대로 결함(缺陷)이나 요철(凹凸) 혹은 끊어지고 이어지는 결점이 생기지 않아야 한

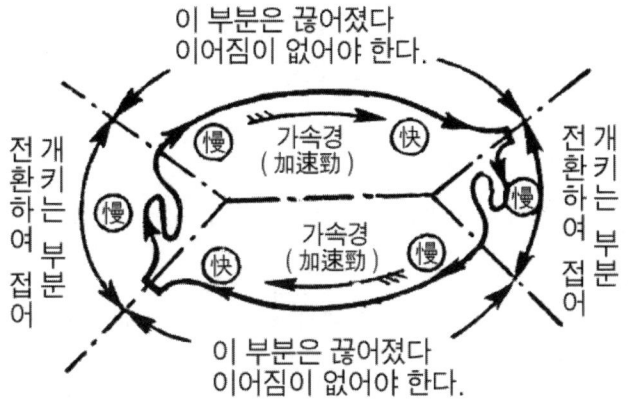

(그림 7) 전사(纏絲)는 끊어지고 이어짐이 없어야 하는 설명도

---

18) 註 : 접어 개킨다는 의미는 제6특징을 참고한다

다. 이 세 가지 결점 중 만약 하나라도 범하면 곧 전사경(纏絲勁)이 응당 갖추고 있는 작용을 다시는 발휘할 수 없다. 이것은 수련 시 소홀히 할 수 없는 문제이다.

내용파악에 도움이 되도록 요령을 개괄하면 아래와 같다.

(1) 전사경(纏絲勁)이 없으면 경(勁)이 몸과 사지를 에워 돌아 관절마다 통과하여 올라가 완정한 하나의 기세를 이룰 수 없다.

(2) 반드시 "관통하여 이어짐(貫串)"을 알아야 한다. 경(勁)을 운용하여 반드시 관절 부분을 통과할 뿐만 아니라, 또한 경(勁)이 반드시 모든 관절 아래 위의 근육 부분을 통과하도록 하니, 이것은 나선형 전사의 작용이다.

(3) 태극권은 한 쌍의 기본전사와 다섯 쌍의 방위(方位)전사가 있으며, 이것들은 태극권을 가르치거나 배우는 데 있어 가장 좋은 도구이다.

(4) "실을 감는 듯이(纏絲)"경(勁)을 운용하는 것은 다만 날렵하고 민첩하며 관통하여 이어지는 조건하에 비로소 실현할 수 있다. 또한 신기(神氣)는 반드시 고취하여 안으로 수렴한다.

(5) 전사의 운용에 결함(缺陷)·요철(凹凸) 그리고 단속(斷續 : 끊어지고 이어짐) 등 세 가지 결점이 생기지 않아야 한다.

제4특징 "몸을 치우침 없이 바르게 세우고(立身中正)", "상하가 서로 호응하여 따르는(上下相隨)" 허실(虛實)운동

권보(拳譜)의 규정

(1) "의기(意氣)는 반드시 민첩하게 변환해야 비로소 원활한 재미가 있으니, 소위 허실을 변환하여 바꾸는 데에 반드시 주의한다. (意氣須換得靈, 乃有圓活之趣, 所謂變轉虛實須留意也)"

(2) "허실은 마땅히 분명하게 구별하며, 한 곳은 그 곳의 허실이 있으므로 어디든지 모두 한쪽이 허(虛)이면 한쪽은 실(實)이 된다. (虛實宜分淸楚, 一處有一處虛實, 處處總有此一虛一實)"

(3) "몸을 세움은 반드시 치우침이 없이 바르고 편안하며 온 주위를 지탱한다. (立身須中正安舒, 支撐八面)" "상하가 서로 호응하여 따르면 상대방이 침범하기 어렵다. (上下相隨人難侵)"

　(4) "미려는 바르게 치우침 없이 유지하며 정신은 머리끝까지 관통한다. (尾閭正中神貫頂)" "상하가 한 가닥 선을 이룬다. (上下一條線)"

　위의 네 가지 규정은 태극권의 모든 동작은 반드시 허실을 분명하게 구별해야 함을 말한다. 동작에 능히 허실을 구별하여 전환하면 곧 오래 견딜 수 있어 피로하지 않으므로, 이것은 일종의 가장 경제적으로 힘을 쓰는 활동이다. 그러므로 태극권 수련 시 양손은 허실이 있어야 하고, 양발도 허실이 있어야 한다. 더욱 중요한 것은 왼손과 왼발, 오른손과 오른발은 상하가 서로 호응하며 따르도록 허실을 구별한다. 이것은 말하자면, 왼손이 실(實)이면 왼발은 허(虛)가 되고, 오른손이 허(虛)이면 오른발은 실(實)이 된다. 이것은 내경(內勁)을 조절하여 이 경(勁)을 치우침이 없이 바르게 유지시키는 가장 핵심이 되는 요점이다. 그 외 동작이 끝나는 자세의 허(虛) 중에 실(實)이 있어야 하고 실(實) 중에 허(虛)가 있어야 하며, 그리하여 어디서나 모두 이러한 한 곳은 허(虛)이고 한 곳은 실(實)이 되어 내경(內勁)이 어디서나 바르게 되어 치우침이 없도록 한다. 처음 배울 때는 동작이 크게 허(虛)하고 크게 실(實)이 될 수 있으나, 이후 점차 작게 허(虛)하고 작게 실(實)이 되도록 수련하며, 최후에는 허실이 보이지 않는 경지에 도달한다. 이것은 허실을 조정하는 가장 심오한 공부이다.

　허실을 민첩하게 변환(變換)하는 핵심은 의기(意氣)의 민첩한 변환에 있고, 동시에 몸의 중심(重心)이 양다리 사이 거리의 중간 3분의 1을 초과하지 않게 하며(그림9 참조), 그리고 내경(內勁)이 치우침이 없이 바르게 된 상태 하에서 허실을 변환한다. 이처럼 하려면 태극권 수련 시 반드시 "미려가 치우침 없이 바르게 위치하며(尾閭中正)", "편안한 기분으로 주위 모두를 지탱하고(安舒支撐八面)", "허허롭게 경을 정수리로 이끌어 올리고(虛領頂勁)", "상하가 한 가닥 선을 이루도록(上下一條線)" 하여 항상 허실을 조정한다. 그러므로 몸을 치우침 없이 바르게 세우고 상하가 서로 따르게 하여 허실을 조정하는 것이 곧 태극권의 제4특징이 된다.

1. 허실의 비례(比例)

태극권 이론에 의거하면 모든 동작 내에 반드시 허실을 분명히 구별하므로, 수련 시 동작의 어디에서나 한 곳이 허(虛)이고 한 곳은 실(實)이 되도록 주의해야 한다. 허실의 조정을 잘 하기 위해 먼저 허실의 정확한 의미를 반드시 알아야 한다. 소위 허(虛)라는 것은 전혀 힘이 없다는 것이 아니다. 소위 실(實)이라는 것 또한 힘을 전부 차지한다는 것이 아니다. 양발의 허실로써 말하자면, 허(虛)는 한쪽 다리에 전혀 하중(荷重)이 없다는 것이 아니며, 실(實) 또한 하중 전부를 한쪽 다리에 두는 것이 아니고(한쪽 다리를 드는 독립식과 금나(擒拿)를 푸는 등의 권식은 예외), 다만 허(虛)가 실(實)에 비해 하중이 좀 가볍게 하는 것이다. 허실(虛實)은 인체 총 하중의 중심(重心)이 통상적으로 한쪽으로 치우쳐 이동하는 데에서 생긴다. 중심이 오른쪽으로 치우쳐 이동하면 오른발이 실(實)이고 왼발은 허(虛)이며, 왼쪽으로 치우쳐 이동하면 왼발이 실(實)이고 오른발이 허(虛)가 된다. (그림8) 태극권의 동력(動力) 자체가 몸의 중심(重心)이 한쪽으로 치우침을 교대로 변환시키는 데에서 생긴다. 만약 이러한 한쪽으로 치우치는 차이가 없으면 중심(重心)이 중심선(中心線) 상의 정 가운데에 놓여져 곧 쌍중(雙重)이 되어 동력(動力)을 잃어, 그 결과 정체되어 둔중한 결점이 생긴다.19) 이때 만약 양손을 허허(虛虛)롭게 붕(掤)하여 일으키면 곧 쌍침(雙沉)20)의 "공력을 갖춘 손

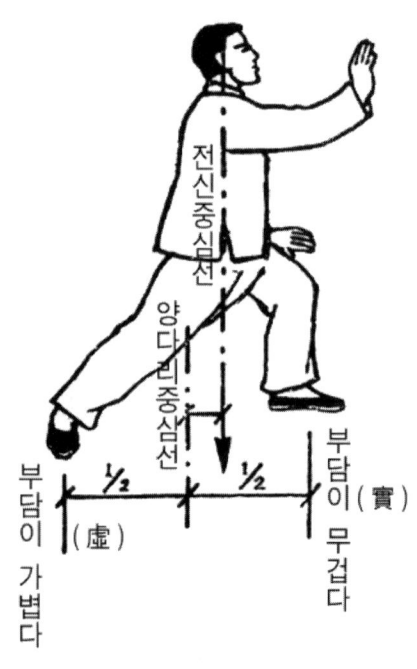

(그림 8) 중심(重心)이 치우친 자세의 설명도

---

19) 註 : 쌍중(雙重)은 양발이 허와 실로 나누어지지 않아 양발 모두 실(實)이 되며, 양손도 허와 실로 나누어지지 않아 모두 실(實)이 된다. 그러므로 쌍중이 되어 실(實)만 채워서 정체되어 버리니, 그 변환이 민첩하지 못하므로 결점이 된다.

20) 註 : 쌍침(雙沉)은 양발이 비록 허와 실로 나누어지지 않았거나 혹은 미세한 허실로서 쌍실(雙實)이지만, 양손은 모두 허(虛)이거나 혹은 미세한 허실을 이루는 경우이다. 이처럼 되면 곧 기세를 갖춘 허(虛)를 이루어, 십자수(十字手) 초식처럼 "상하가 서로 따르는(上下相隨)" 쌍

(功手)"이 되므로, 동작의 움직임으로 하여금 전환하는 동력(動力)을 새로이 획득하게 할 수 있다.

허실은 고정된 것이 아니라 권식(拳式)의 변화에 따라서 변환한다. 태극권을 배우기 시작할 때는 2대8 정도 비율의 대허대실(大虛大實)한 자세를 취해야 한다. (2대8의 비율은 양발이 부담하는 중량의 분배 비율로서, 만약 체중이 100kg인 사람을 예로 들면 한 발이 20kg을 부담하고 다른 한 발은 80kg을 부담한다.) 공부가 숙련됨에 따라서 곧 소허소실(小虛小實)의 자세로 바꾸니, 예를 들어 양발이 부담하는 중량의 분배 비율을 4대6 등으로 한다. 이러한 긴주(緊湊)단계의 공부를 경과한 후, 움직이는 정도가 작게 되어 허실의 변환이 더욱 민첩하게 된다. 변환이 민첩하게 되는 내재적인 원인은 의기(意氣)를 민첩하게 변환하는 데에 있다. 그리하여 어느 한 면에만 정체되어 버리지 않고 어느 한 지점에만 정신을 집중하지 않을 수 있다. 예를 들어 어느 한 권식에서 응당 왼손에 의식을 집중해야 하면, 곧 조금도 힘들이지 않고 즉각 왼손으로 전환해 올 수 있다.21) 이처럼 하면 곧 수련 시에 순조로운 감각을 갖게 되어 마치 구슬이 접시 위에서 자유로이 구르는 듯한 재미가 생긴다.

자세(姿勢)상으로 말하자면, 어떠한 변환(變換)하에서나 모두 몸의 중심선(重心線)이 양다리 사이 거리의 3분의 1을 초과하지 않아야만 비로소 전후좌우로 변환함에 방해를 받지 않는다. 만약 신체를 한쪽으로 치우쳐서 변환을 진행하려면, 반드시 조정을 거쳐야만 민첩하게 변환할 수 있다. 이것은 기세를 잃어버린 하나의 빈틈이며, 더욱이 조정하는 수속이 하나가 첨가되므로 인해 행동이 느리게 되어 좋은 기회를 알면서 놓치게 된다. 이것을 태극권의 용어로 말하자면 실기(失機)라고 부른다. 실기(失機)와 실세(失勢)는 태극권의 큰 결점이므로, 허실을 변환하는 것은 오직 몸을 치우침 없이 세운 상태하에서만 민첩한 전환이 가능하니, 이것은 반드시 파악해야 하는 중요한 관건이다.

실(雙實) 쌍허(雙虛)가 되니, 이것이 쌍침(雙沉)이다. 이때 양손과 양발은 비록 쌍허(雙虛)와 쌍실(雙實)이 되지만, 내부에는 여전히 위주가 되는 부분이 있으므로 결점이 되지 않는다.
21) 註 : 이것은 사람의 습관상 오른손을 많이 쓰나, 때로는 왼손에 의식을 집중해야 할 때라도 여전히 오른손에도 의식을 집중해 있음을 가리킨다.

2. 세 종류의 기본 허실

(1) **발의 허실** : 발의 허실을 나누는 것은, 곧 한 발의 부담을 좀 무겁게 하고 다른 한 발의 부담을 좀 가볍게 하는 것이다. 역학(力學)원리에 의하면 신체 중량의 중심(重心)이 만약 양다리 사이 거리의 가운데 3분의 1의 지점에 위치하면 양발이 고르게 착지하게 되며, 이것을 반경반중(半輕半重)이라 부른다.22) (그림9) 만약 중심(重心)위치가 중간 3분의 1의 범위를 벗어나면 허(虛)인 발이 과도한 허(虛)로 인하여 들떠 흔들리는 현상이 생길 수 있어 편경편중(偏輕偏重)23)의 결점이 된다. (그림10) 그 밖에, 경(勁)을 운용하거나 혹은 발경(發勁)할 때 동작은 굽혀 모아서 여유를 갖추어 있어야 한다. 설사 발경(發勁) 후라 할지라도 사지(四肢)는 여전히 아주 곧게 펴지 않는다. 왜냐하면 곧게 펴기만 하면, 허실을 변환할 때 곧 먼저 곧게 편 것을 굽혀야 하며, 그 후

(그림 9) 반경반중(半輕半重)　　　(그림 10) 편경편중(偏輕偏重)

---

22) 註 : 반(半)이라는 것은 곧 신체 중량의 중심(重心)이 양다리 사이 거리의 가운데 3분의 1 이내에 있으며, 이때 양발이 고르게 지면 위에서 아래로 밟는 경(勁)을 가지며, 다만 경중(輕重)이 다를 뿐이다. 그러므로 반(半)쯤 낙착(落着)한다고 하며, 혹은 반경반중(半輕半重)이라 부르니, 이것이 정확한 자세이다.

23) 註 : 편(偏)이라는 것은 중심(重心) 위치가 이미 중간 3분의 1의 범위를 초과하여 한쪽 발에 특별히 중량이 실리게 되며, 다른 한 발은 땅위에서 들떠 흔들리게 되어 한쪽으로 편중(偏重)된 것을 가리킨다. 그러므로 다른 한쪽은 당연히 편경(偏輕)되니, 이것은 곧 치우쳐서 낙착됨이 없는 것이며 혹은 편경편중(偏輕偏重)이라 부르는 일종의 결점이다.

비로소 신축(伸縮 : 펴고 거두어들임)을 바꿀 수 있기 때문이다. 만약 손발이 굽혀 모아져서 여유가 있는 자세를 취해 있으면, 상대가 닿기만 하면 곧 자유자재로 회전할 수 있어, 허실을 변환하는 데에 달리 마음을 쓸 필요가 없다. 이것은 동작이 자동적으로 될 수 있게 하는 기초이다.

요컨대 태극권에서 요구하는 양발의 허실은 언제 어디서나 모두 이러한 허실이 반드시 교대로 바뀌어야 한다. 더욱이 점차로 허실의 비례를 작게 해야 하므로, 허실의 변환이 더욱 빨라지게 한다. 만약 양발의 허실이 빠르게 바뀌지 않으면 곧 손의 변화에 적응할 수 없어 상하(上下)가 호응하여 따르게 할 수 없다. 그 결과 상하가 둘로 나누어져 동작이 파괴되어, 전신이 한 기세를 갖출 수 없다.

(2) **손의 허실** : 대체로 경(勁)을 손으로 운용하여 "위로 붕(上掤)"할 때, 이 손은 허(虛)가 되고, 경(勁)을 손으로 운용하여 "아래로 내릴(下沉)" 때는 이 손이 실(實)이 된다. 태극권에서 양손의 동작은 양다리의 동작과 마찬가지로 허실을 구분해야 한다. 가령 예를 들어 육봉사폐(六封四閉) 권식에서처럼 양손으로 쌍안(雙按)할 때라도 역시 4대6의 비례로 구분한다. 다만 손의 허실비례는 다리에 비해 조금 다른 점이 있다. 공부가 정진(精進)된 후 이 비례는 예외적인 권식 외에 모두 3대7에서 4대6 사이에 속하니, 이 비례는 큰 것이다. 이것은 침착(沈着)되고 이완되어 안정(安靜)되도록 하기 위해, 한 방향에 치중하여 한쪽이 주(主)가 되고 다른 한쪽이 객(客)이 되도록 규정한 것이다. 특히 중요한 것은, 지체(肢體)가 허실을 민첩하게 변환해야 할 뿐만 아니라 의기(意氣)가 더욱 민첩하게 바뀌어야 하므로, 의기가 한 손에 정체되지 않도록 하니, 특히 오른손이 그러하다.

(3) **손과 발의 허실** : 허실을 나눔에 가장 공을 들여야 하는 것은 한쪽 손과 발 상하의 허실을 나누는 것이라고 볼 수 있다. 그리고 보건체육과 기격(技擊)상 가장 효과적인 것 또한 이러한 손과 발 상하의 허실을 나누는 것이다. 이것은 보법(步法)이 이어서 따르도록 하는 핵심이다.

그 요구사항과 방법은, 예를 들어 오른손이 아래로 내려가 실(實)이 되면 오른발은 허(虛)가 되고, 오른손이 위로 붕(掤)하여 허(虛)로 전환되었을 때 오른발은 곧 위의 손을 따라 실(實)로 전환한다. 이처럼 하는 것을 상하가 호응하여 서로 따라서 허실로 나눈다고 한다. 그러므로 태극권 「타수가(打手歌)」에서 말하기를 "붕리제안은 반드시 성실히 수련하고, 상하가 서로 호응하여 따르니 상대방이 침범하기 어렵다(掤攦擠按須認眞, 上下相隨人難侵)"하니, 그 중요성을 알 수 있다.

그러므로 수련 시 매 하나의 동작이 이러한 상하상수(上下相隨)의 요구를 달성했는지의 여부를 충분히 검사해야 한다. 투로(套路) 전체를 한번 연습하는 것으로 말하자면, 투로 중의 자세는 종류가 다양하고 자세의 변환 또한 매우 빈번하므로, 상하가 호응하여 따르도록 하자면 열심히 노력해야만 익숙해질 수 있다.

이러한 종류의 변환은 "보가 크게 나갈(邁步)" 때 손이 발에 따름으로써 허실을 변환하는 것을 제외하고, 대부분 모두 발이 손을 따라감으로써 허실을 변환한다. 요컨대 한쪽 손과 발의 상하(上下) 허실(虛實)을 나눌 수 있으려면, 곧 중심(重心)위치가 양다리 사이 거리의 가운데 3분의 1의 범위를 벗어나지 않아야 하며, 좌우 다리 모두 굳건히 자리 잡게 하여 내경(內勁)이 치우침 없이 바르게 되며, 내경이 치우침 없이 바르면 비로소 온 주위를 지탱할 수 있다.24)

지면 위의 발이 착지하여 자리 잡은 경우의 허실에 대한 일반원리를 말하자면, 허(虛) 중에 실(實)이 있고 실(實) 중에 허(虛)가 있다. 오직 이처럼 상하가 호응하여 따르는 허실을 갖추어야만 보법(步法)이 비로소 경쾌하고 민첩하여 정체되지 않아 진퇴(進退)가 자유로울 수 있고, 비로소 상대방에 이어 따라갈 수 있어 상대방을 놓치거나 혹은 버티어 대항하는 결점이 생기지 않는다.

또한 익숙하게 수련한 후 퇴수(推手)를 연습할 때, 다만 상대방과 접촉하는 한쪽 손에만 주의하고 다른 한 손과 양발은 모두 이로부터 상하가 호응하여 따르는 습관을 양성할 수 있으므로, 다시 달리 마음을 쓸 필요가 없이 자동적으로 서로 호응하여 협력하는 효과를 얻을 수 있으니, 이는 곧 동(動) 중에 정(靜)을 추구하여 정(靜)을 얻게 되는 관건이다.

3. 허실의 파악

태극권은 허실을 분명히 구분하는 것과 중심(重心)을 한쪽으로 치우치게 이동하여 생기는 편심력(偏心力) 법칙을 그 동력(動力)의 원천으로 삼는다. 이것은 가장 힘을 절약

---

24) 역자註 : 온 주위를 지탱한다는 말은, 자세를 취하여 있을 때 사방 어느 곳에라도 즉시 대응할 수 있는 기세를 갖추어 있다는 뜻이다.

하는 기계작용이며 사람으로 하여금 오랫동안 피로하지 않게 한다. 수련 시 다만 중심(重心)을 조금 옮기기만 하면 곧 동작을 일으킬 수 있다. 이러한 허실을 단련하는 순서는 먼저 양발의 허실을 단련하고 그 다음은 양손의 허실을 단련하며, 최후에는 가장 중요한 한쪽 손과 발 상하의 허실을 단련한다.

태극권 전체 투로(套路)를 연습할 때, 양손이 능히 곡선으로 권(圈)을 그리며 움직이도록 하기 위해 반드시 재빨리 허와 실을 부단히 변환하며, 그리하여 양발이 반드시 손의 허실에 따라서 그 허실을 조정하도록 촉진시킨다.

마찬가지로 양발의 진퇴(進退) 시에 모두 허(虛)로써 큰 보(步)를 매진(邁進)해 나가고, 보(步)가 어느 지점에 도달하여 다시 자리 잡으면 실(實)로 변환한다. 이것은 태극권의 일반적인 큰 보법에서 요구하는 것이며, 그러므로 손은 곧 발의 허실에 따라서 그 허실을 변환해야 한다.

이러한 것들은 모두 위가 아래에 호응하여 따르고 아래가 위에 호응하여 따르는 상하상수(上下相隨)에 속하는 것으로, 태극권 수련은 반드시 이 요구에 따라야 하며 이러한 습관을 양성해야 한다. 오랫동안 수련하여 일단 습관이 양성되면, 상대방이 공격해 올 때 자동적인 "연(連)"이[25] 자연스럽게 생길 수 있고, 상대방이 나갈 때도 자동적인 "수(隨)"가[26] 자연스럽게 생길 수 있으므로, 더 이상 마음을 쓸 필요가 없이 동작을 지휘한다.

4. 경중부침(輕重浮沉)과 허실

허실을 구분하는 것은 얼핏 보면 복잡한 일이 아닌 것 같으나, 실제로는 매우 정밀하고 다양한 연습과정이다. 그러므로 허실을 더욱 잘 수련하기 위해 경중부침(輕重浮沉) 네 가지 사항과 허실의 관계를 더 나아가 이해해야 한다. 권론(拳論)에 이르기를 "만약 경중부침의 수법을 철저히 연구하지 않으면, 우물을 파되 샘에 이르지 못함과 같으니 헛수고만 했음을 탄식한다" 하니, 이것은 그 중요성을 설명하는 것이다.

이러한 허실을 자세히 파악하기 위해 당연히 매 하나의 권식 중에서 세심하게 생각하여 결점을 찾아내어 하나하나 바로잡아야 한다. 이때 여섯 가지 관건을 반드시 파악

---

25) 역자註 : 연(連)은 상대방에 따라 놓치지 않고, 동작과 경(勁)을 운용함이 연결되어 끊어짐이 없는 것이다. 동작이 연결되고 의식도 연결된다. 제4장 퇴수를 참조한다.
26) 역자註 : 수(隨)는 상대방에 버티거나 놓치지 않고, 상대방의 동작에 순응하여 붙여 따라가는 것이다. 제4장 퇴수를 참조한다.

해야 하며, 이 여섯 가지 관건을 습득하면 곧 기본적으로는 공수(功手 : 공력을 갖춘 무공)를 얻을 수 있고, 이것은 병수(病手 : 결점을 지닌 틀린 수법)가 아니다.

(1) **"반(半)"이 되어야 하며, "편(偏)"이 되지 않아야 한다** : 소위 "반(半)"이란 것은 인체 중심(重心)의 어느 한쪽으로 치우친 거리가 양다리 사이 거리의 중간 3분의 1의 범위를 벗어나지 않는 것을 가리켜 말하는 것이며, 이것은 방원권(方圓圈 : 그림 11 참조) 내부에서 어느 한쪽으로 치우쳐 위치해 있는 것이며, 허실을 정확히 구분하는 표준이다. 소위 "편(偏)"이란 것은 인체 중심(重心)의 어느 한쪽으로 치우친 거리가 위에 말한 범위를 이미 벗어난 것을 가리키며, 중심이 치우쳐서 방원권(方圓圈)을 벗어나게 되었으며, 이것은 허실을 너무 과도하게 구분했기 때문이다.

그러므로 "반(半)"은 곧 낙착(落着)되어 자리 잡음이 있어 잘못된 결점이 아니며, "편(偏)"은 이미 낙착되어 자리 잡음이 없어 결점이 된다. 그러므로 허실을 구분할 때 "반(半)"이 되어야 하며 "편(偏)"이 되지 않도록 한다. (그림11)27)

(2) **"침(沉)"이 되어야 하며, "중(重)"이 되지 않아야 한다** : 소위 "중(重)"이란 것은 너무 과도하게 실(實)로만 채워져서 정체되는 현상이 생기는 것을 가리킨다. 소위 "침(沉)"이란 것은 비록 아래로 가라앉으나, 단 여전히 스스로 허(虛)로 떠오를 수 있다. 말하자면 침(沉)은 상하상수(上下相隨) 중에 생겨나는 것으로, 만약 발이 아래로 침(沉)하여 실(實)이 되고 손은 위로 붕(掤)하여 허(虛)가 되면, 곧 능히 실(實) 중에 허(虛)가 있게 할 수 있으므로 "침(沉)"은 결점이 아니며 "중(重)"은 결점이 된다. {단,

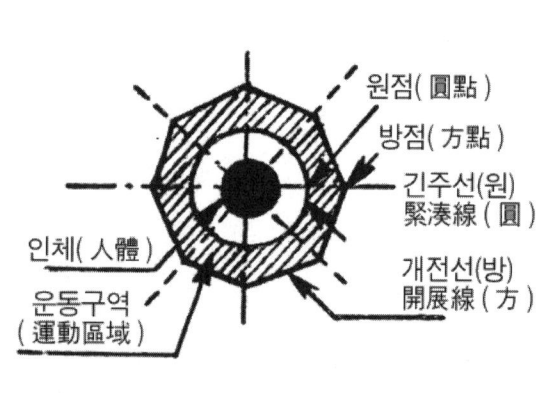

(그림11) 방원(方圓) 설명도

---

27) 역자註 : 제일 안쪽 원은 인체가 차지하는 공간을 가리킨다. 제일 바깥쪽의 개전선(開展線)은 태극권 수련의 첫 단계인 개전(開展)단계의 동작범위를 나타낸다. 개전단계는 허실의 비율을 차이가 크게 나누고 동작이 크므로 활동 범위 또한 크다. 중간 원은 2번째 단계인 긴주(緊湊) 단계의 활동 범위이다. 긴주단계에서는 허실을 나누는 비율의 차이가 작고 동작이 축소되어 속도는 조금 빨라지므로 활동 범위가 비교적 작다. 이 책에서는 허실을 나누는 방법을 복잡하게 설명하였으나, 실제 수련 시에는 조금만 주의하여 각 자세를 점검하면 쉽게 익힐 수 있다.

반경반중(半輕半重)은 제외} 그러므로 허실을 구분할 때 "침(沉)"해야 하며 "중(重)"이 되지 않도록 한다.

(3) **"경(輕)"해야 하며 "부(浮)"하지 않도록 한다** : "경(輕)"은 방원(方圓) 내에서 동작이 날렵하고 민첩하며 낙착(落着)되어 자리 잡도록 표현해내는 것이며, 부(浮)는 방원(方圓)을 벗어나 발꿈치가 떠올라 흔들려서 낙착되어 자리 잡지 못하는 것이며, 허(虛)가 너무 과도하여 결점이 된다. 그러므로 허실을 구분할 때 "경(輕)"해야 하며, "부(浮)"하지 않아야 한다.

(4) **결점이 아닌 세 가지 허실(虛實)** : 수련 시 반드시 배워 익혀서 달성해야 할 것은 "쌍경(雙輕)"[28]·"쌍침(雙沉)" 그리고 "반경반중(半輕半重)"의 결점이 아닌 세 가지 허실이다. 이 세 가지 허실 중에서 "쌍경(雙輕)"과 "쌍침(雙沉)" 공부는 비교적 세밀하여 하기 어렵고, 만약 잘하지 못하면 곧 "쌍부(雙浮)" {손이 허(虛)이고 발도 허(虛)일 경우}와 [29] "쌍중(雙重)" {손이 실(實)이고 발도 실(實)일 경우}으로 흐를 가능성이 있으니, 이것은 더욱 주의해야 한다. 특히 "쌍경(雙輕)"·"쌍침(雙沈)"의 공수(功手)와 "쌍부(雙浮)"·"쌍중(雙重)"의 병수(病手)와의 차이는, 손발의 움직임 중에 극히 미세한 차이가 있을 뿐이지만 그 결과는 큰 차이가 발생하는 것이므로, 응당 이러한 미세한 차이를 더욱 주의해야 한다.

(5) **우수(隅手)는[30] 편중(偏重)·편부(偏浮)를 보완하여 고치는 중요한 조치이다[31]** : 개인이 혼자 연습할 때는 허실을 변환하되 적정한 활동범위를 벗어나지 않게 할 수 있

---

28) 註 : 마음에 뜻하는(心意) 바가 허령불매(虛靈不昧 : 심령이 밝아 확연하다)하고, 몸은 청정(淸靜)하고 명랑한 상태 하에, 경(勁)을 정수리로 허허롭게 가벼이 이끌어 올리며, 위는 양팔을 서로 이어 연결하고 아래는 양다리를 서로 따르게 하며, 허실이 다만 극히 미세하게 나누어지나 오히려 능히 자연스레 날렵하고 민첩하게 전환할 수 있다. 이것이 쌍경(雙輕)이며, 결점이 아니다.

29) 註 : 쌍부(雙浮)는 양손이 허(虛)이고 양발은 너무 과하게 대허대실(大虛大實)인 까닭에, 운동 과정 중에 허(虛)인 한쪽 발이 떠오를 뿐만 아니라, 과도하게 실(實)인 다른 쪽 발조차도 변환 시에 견동(牽動)되어 안정되게 서 있을 수 없어 들떠 오르게 된다. 그 결과 전신이 흔들려 낙착(落着)하여 자리 잡을 수 없게 되어 쌍부(雙浮)가 되므로, 이것은 결점이 된다.

30) 역자註 : 태극권의 수법은 8괘(八卦)에 맞추어 8가지로 나뉜다. 즉 앞에 나온 8가지 경(勁)이다. 이중 붕리제안(掤攌擠按)은 4정수(四正手)라 하고 채열주고(採挒肘靠)는 4우수(四隅手)라고 한다. 개별적인 수법은 투로(套路)를 수련할 때 습득할 수 있다.

31) 註 : 소위 편중편부(偏重偏浮)는 한쪽의 손과 발 상하가 모두 허(虛)이거나 혹은 상하 모두 실(實)로서, 경(勁)이 한쪽으로 치우치게 되어 형성되는 것이다. 그러므로 상하가 서로 호응하여 따르면서 허실을 구분하는 것은 바로 이러한 편중편부가 발생하지 않도록 하기 위함이다.

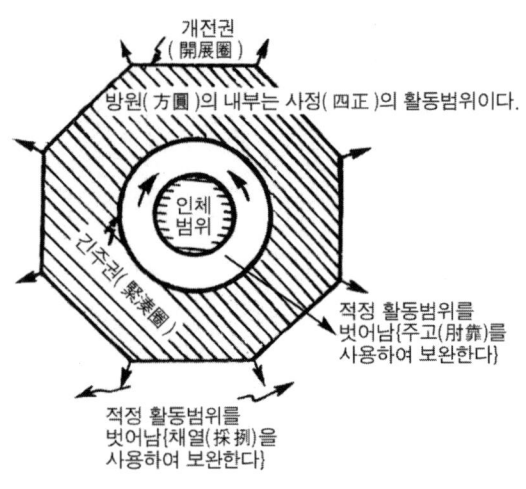

(그림12) 4정4우(四正四隅)의 운동범위 설명도

으니, 곧 방원(方圓)을 벗어나지 않아 편중(偏重)·편부(偏浮)의 허실이 발생하지 않도록 한다. 그러나 상대방과 퇴수(推手)를 연습할 때는 이미 쌍방간의 사정에 관계되므로, 결코 주관적인 자신의 의도대로 적정범위를 벗어나지 않고자 하여 곧 그 범위를 벗어나지 않을 수는 없다. 만약 상대방이 채(採)·열(挒)의 우수(隅手)를 사용하여 완강하게 잡거나 강하게 가격해 오면, 자신이 때로는 적정 활동범위를 벗어나는 결과를 피하기 어렵다. 그러므로 우수(隅手)를 사용하여 이러한 적정 활동범위를 벗어나는 허실을 보완하지 않을 수 없으니, 방원(方圓) 내로 다시 회복해 오도록 하여 반경반중(半輕半重)의 허실이 된다. 예를 들어 오른손이 적정 활동범위를 벗어나고 왼손이 가격해 나가면, 상대방이 나의 왼손을 방어한즉 나의 오른손이 다시 방원4정(方圓四正) 안으로 되돌아 올 수 있다. 이것은 자신의 허실이 적정 활동범위를 벗어나는 것을 보완하여 고치는 수법이다. (그림12)

(6) **허실을 잘 구분하려면 우수(隅手)를 소홀하지 않아야 한다** : 예를 들어 퇴수(推手)를 연습할 때 만약 상대방이 크게 전개한 자세로 몸을 숙이거나 뒤로 젖히며 혹은 옆으로 기울이는 사람이라면 항상 적정 활동범위를 벗어나는 수법을 사용하여 제압하려 하므로, 이때 만약 우수(隅手)를 과감하게 채용하여 상대방의 우수(隅手)에 대응하지 않거나 혹은 우수(隅手)를 사용하는 데에 습관이 되어있지 않으면, 여전히 4정수(四正手)를 사용하여 상대방의 4우수(四隅手)에 대응하려고 생각하여 상대방에 따라 붙여 계속 밀어붙이면, 이러한 동작은 곧 우수(隅手)로써 상대의 우수(隅手)에 대응하는 규정에 위배된다. 그 결과 자신도 모르게 편중(偏重)하고 편부(偏浮)한 허실(虛實)이 생기게 되니, 이것은 4정수(四正手)의 사용에 습관이 되어버린 일종의 결점이라고 말할 수 있다. 그러므로 권론에서 말하기를 "채열주고(採挒肘靠)는 더욱 기이하니, 행사함에 달리 마음을 쓸 필요가 없다(採挒肘靠更出奇, 行之不用費心機)"하니, 이것은

우수(隅手)의 중요성을 적절히 설명해 준다. 만약 우수(隅手)의 습득을 소홀히 하면 곧 허실의 편중(偏重)·편부(偏浮)를 바로잡을 수 없고, 더욱이 자신은 더욱더 적정 활동 범위를 벗어나게 된다. 이것은 4정수(四正手)에만 습관이 들고 4우수(四隅手)는 소홀히 하여 생기는 결점이다.

　제4특징을 파악하기 편하도록 그 요점을 개괄하면 다음과 같다.
　(1) 주요한 세 가지 허실은 발의 허실·손의 허실 그리고 한쪽 손과 발의 허실이니, 분명하게 구분한다.
　(2) 왼손과 왼발 그리고 오른손과 오른발의 허실을 주의하여 조정한다. 손과 발의 허실은 "상하가 호응하여 따르니 상대가 침범하기 어렵다(上下相隨人難侵)"고 하는 것의 주요 관건이다.
　(3) 경중부침(輕重浮沉)의 원칙에 근거하여 자신이 허실을 구분하는 중의 결점을 항상 검사해야 한다.
　(4) 쌍경(雙輕)·쌍침(雙沉) 그리고 반경반중(半輕半重)의 세 가지 결점 없는 허실을 달성하려면, 항상 주의하여 오랫동안 단련해야만 비로소 양성할 수 있다.
　(5) 퇴수(推手)를 수련할 때 "우수(隅手)로써 우수(隅手)에 대응한다"는 원칙을 잊지 않아야 한다. 4정수(四正手)와 4우수(四隅手)는 서로 전환해야 하므로, 두 가지 모두 수련해야 한다.

제5특징 허리와 척추가 동작을 이끌어 가며,
　　　　　내외(內外)가 서로 합하는 절절관천(節節貫串)운동

권보의 규정

　(1) "허리 척추는 첫째 주재자이며, 몸의 한 부분이 움직이기만 하면 전신이 모두 움직인다. (腰脊爲第一主宰, 一動無有不動)"
　(2) "전신의 모든 관절은 관통하여 이어지며, 털끝만큼도 끊어짐이 없도록 한다. (周身節節貫串, 毋使絲毫間斷)"
　(3) "온몸이 한 기세(氣勢)를 이루고자 하면, 먼저 전신에 결함이 없어야 한다. (欲

要周身一家, 先要周身無有缺陷)"

(4) "기(氣)를 운행함은 마치 둥근 구슬이 구르듯 온몸에 두루 미치지 않음이 없다. (行氣如九曲珠, 無微不到)"

이상 네 가지 규정에서 알 수 있는 바, 움직이기만 하면 전신이 같이 움직이도록 하려면 반드시 허리 척추를 중심(中心)으로 삼아야 한다. 왜냐하면 허리는 좌우가 평행으로 회전하여 움직이는 중심축이며, 척추는 상하로 굽히는 근본이기 때문이다. 태극권 동작은 움직이기만 하면 전신이 같이 움직여야 하므로, 운동노선 상에서 곧 단순히 좌우가 수평으로만 선회할 수 없고 또한 상하(上下)·전후(前後)로 굽히는 동작에만 전념할 수 없다. 반드시 허리와 척추를 연합하여 운동노선이 한 가닥을 이루게 하며, 좌우(左右)뿐만 아니라 상하(上下)·전후(前後)의 공간적 곡선을 이루어, 움직이기만 하면 전신이 모두 움직이는 기초를 만든다. 이것은 말하자면 오직 허리 척추를 중심(中心)으로 삼아야만 비로소 전신의 아홉 개 주요 운동 관절이 순서대로 관통되게 할 수 있다.32) 또한 전신에 결함이 없어야 하며, 관통하여 이어져 전신의 미세한 곳에까지 두루 통해야만 공부(功夫)가 비로소 진보하여, 온몸이 하나의 기세를 이루는 상태에 도달할 수 있다. 그러므로 허리 척추가 주도하여 내외(內外)가 서로 합하는 절절관천(節節貫串) 운동이 곧 태극권의 제5특징이 된다.

1. 절절관천(節節貫串)의 본질

절절관천의 본질을 명확히 하기 위해 하반신을 예로 들어 설명하면, 경(勁)이 발꿈치에서 일어나 발목 관절을 지나 정강이를 감아 돌아 위로 올라와서 무릎 관절에 이르며, 다시 무릎 관절에서 선회하여 위로 올라와 대퇴부를 감아 돌아서 과(胯 : 股관절) 관절에 이르도록 추호도 끊어짐이 없도록 하면, 이것이 하반신의 절절관천(節節貫串)을 일컫는 것이다. 이것은 소위 관천(貫串)이라는 것이 관절 상에서 움직이는 것뿐만 아니라, 응당 다리 전체를 감아 돌아서 위로 상승하면서 움직이도록 하는 것을 설명한다. 만약 정강이나 대퇴부를 거치지 않고 단지 발목·무릎·과(胯) 등의 관절만을 경

---

32) 註 : 아홉 개의 주요 관절은 목·척추·허리·과(胯)·무릎·발목·어깨·팔꿈치 그리고 손목이다.

유하여 움직인다면, 즉 한 관절에서 다른 한 관절로 비약하여 움직이는 것이라면, 이것은 일종의 "흩어져 끊어진 경(零斷勁)"이다. 그러므로 정강이와 대퇴를 지나 위로 상승하는 경(勁)만이 비로소 진정한 "관천경(貫串勁)"이다.33)

관천경(貫串勁)을 명확히 이해하면 곧 힘을 쓰는 지점을 찾을 수 있다. 만약 다리가 전후로 궁보(弓步)34) 자세를 취하고 좌우의 회전이 없다면, 아무리 하더라도 관절과 근육을 관통하여 이을 수 없다. 이때 다만 관절의 수축과 이완만을 나타낼 뿐이며, 근육의 이완과는 직접적인 관계가 없다. 손과 팔을 만약 곧게 펴고 곧게 수축하면, 그 상황도 이와 같다. 그러므로 이러한 종류의 관천(貫串)을 실현하려면 전사(纏絲)를 운용하는 나선형의 상승(上升) 외에는 달리 방법이 없다.

2. 움직이기만 하면 전신이 같이 움직이는 것과 허리·척추의 관계

태극권 동작은 먼저 외부의 아홉 개 주요 관절이 능히 잇따라 관통하여 이어져 운동해야 하며, 이처럼 해야만 비로소 내장에 안마(按摩)작용을 일으킬 수 있다. 수련 시에 절대로 몇 개의 관절만 움직이고 다른 몇 개의 관절을 움직이지 않아서는 안 된다. 전신의 관절을 순서대로 전부 움직이기 위해서는 반드시 몸에서 그 핵심이 되는 중요 부분을 찾아내어야 하며, 또한 그 핵심 부분을 이용하여 각 관절을 순서대로 운동하도록 이끌어 가야만 비로소 동작이 비교적 간단하게 될 수 있다. 그렇지 않고 두뇌로만 아홉 개 관절을 살펴서 순서대로 관절 모두가 함께 움직이게 하려면, 이것은 한쪽에 열중하다 보면 다른 쪽은 소홀하게 되어 마음만 바쁘니, 관통하여 이어져 전신이 움직이도록 할 수 없을 뿐만 아니라, 또한 동(動) 중에 정(靜)을 추구할 수 없게 된다.

우리들이 알고 있는 바, 허리와 척추 이 두 개의 기관은 몸의 중간 부분에 위치하여 선천적으로 중심축의 기능을 갖추고 있다. 그러므로 만약 허리와 척추가 특징3의 나선형 운동과 조화되게 하면 곧 절절관천(節節貫串)을 달성할 수 있으므로, 태극권에서 허리와 척추를 제1주재(主宰)라고 부른다. 이 중심축이 있으므로 인해 양손이 비로소

---

33) 註 : "흩어져 끊어진 경(零斷勁)"은 다만 관절운동일 뿐이며, "관천경(貫串勁)"은 근육과 관절이 함께 움직이는 것이다.
34) 역자註 : 궁보(弓步)는 앞쪽 다리를 굽혀 체중을 많이 싣고 뒤쪽 다리는 미세하게 조금만 굽혀 체중을 조금 싣는 보법이다. 허실을 크게 할 경우 앞쪽 다리에 체중을 7할 가량 싣고 상체는 곧게 세운다. 투로를 연습할 때 이 책의 그림에 따라 궁보자세를 연습한다.

원심력과 구심력을 통일시켜 운용할 수 있어, "움직이면 나누어지고, 정지하면 합해짐(動之則分, 靜之則合)"을 달성할 수 있다. (그림13)

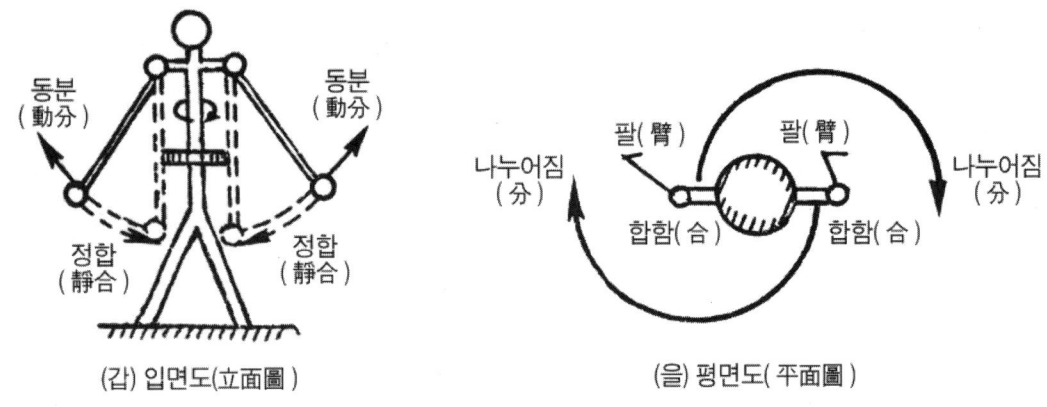

(그림13) 움직이면 나누어지고, 정지하면 합해지는 설명도

3. 절절관천(節節貫串)과 관절의 증강

태극권 수련이 절절관천(節節貫串)을 달성한 이후, 곧 온몸이 한 기세를 이루는 공부에 도달할 수 있다. 이러한 공부를 수련하여 완성하면, 다만 간단히 미미하게 움직이기만 하면 곧 전신의 내외 각 부분이 협조하여 움직이게 할 수 있다. 이처럼 각 관절을 관통하는 운동은 관절을 강화시켜, 관절에 퇴화현상이 생기는 것을 막아준다. 인체생리학에 의하면, 관절을 항상 활동시키는 것은 관절의 연골조직이 정상적인 구조를 유지하는 데에 도움이 되며, 만약 항상 활동하지 않으면 연골조직에 섬유성 병증의 퇴화작용이 생길 수 있다. 가령 장시간 활동하지 않으면 관절의 부속기관 또한 더욱 경화되어 관절이 둔하게 굳어진 상태가 된다. 이러한 병증이 생기는 원인은 관절면의 윤활작용을 하는 골액의 분비가 쇠퇴하기 때문이다.

이로부터 알 수 있는 바, 태극권에서 요구하는 절절관천(節節貫串)은 관절기능을 증강시키는 데에 중요한 작용을 한다. 일반적인 태극권 수련은 먼저 개전(開展 : 자세를 크게 전개함)을 추구하며, 동작을 크게 전개하면 인체 골격 활동의 폭을 확대시킨다. 그러므로 태극권 수련 시 관절에서 항상 일련의 소리가 날 수 있으며 수련자로 하여금 경쾌함을 느끼게 하니, 이것은 관절이 단련됨을 말해 준다. 이처럼 하면 관절의 정상적인 기능을 유지할 뿐만 아니라 또한 골격의 기능을 부단히 증강시키며, 관절과 그 주위의 혈액공급을 증가시켜 노년이 되어도 청년같이 씩씩하게 걸을 수 있다.

4. 관절이 움직이는 정도의 조절

태극권이 비록 모든 관절을 관통하여 연결해, 한 곳이 움직이면 전신이 움직여야 하나, 그 동작의 움직이는 정도는 크고 작음이 다르다. 사람의 일상적인 동작이 관절에 미치는 영향은 균등하지 않으며, 아홉 개 관절 중 움직임이 가장 쉽고 또한 많은 것은 손목 관절이며, 움직임이 가장 작고 또한 적은 것은 척추이다. (그림14)

그러나 태극권에서 모든 관절을 관통하여 잇도록 요구하는 것은 일상적인 동작과는 꼭 마침 상반되니, 손목 관절은 움직임이 작을수록 좋고, 척추는 오히려 이완해 늘여 조금 크게 움직여서, 펴고 굽히는 움직임을 조금 크게 해야 한다. 손목 관절의 움직임을 작게 하면 곧 신법(身法)을 확대함으로써 절절관천(節節貫串)이 되도록 도와줄 수밖에 없고, 허리·척추로써 동작을 이끌어 가도록 할 수밖에 없으며, 그렇지 않으면 마음대로 부드럽게 동작을 진행할 방법이 없다. 만약 손목 관절의 움직임을 작게 하지 않으면, 손목 관절을 한번 회전함으로서 하나의 동작이 척추와 무관하게 가벼이 진행되어 버린다. 이처럼 동작이 가벼이 지나쳐 버리면, 허리는 당연히 움직임이 작아진다. 그러므로 태극권의 명인들이 항상 말하는 바, "태극권 수련은 몸으로 수련해야 하며, 손으로 수련하지 않아야 한다(練太極拳要練在身上, 不要練在手上)". 손목 관절을 예로 들어 말하자면, 반드시 손목 관절의 움직이는 정도를 감소하여 일거일동이 신법(身法)을 운용하지 않을 수 없도록 하며, 허리 척추로부터 일거일동이 움직여 나오도록 한다.

필자의 한 친구는 태극권을 수년간 연습하였으나 단지 수법(手法)상으로만 주의하여 그의 운동이 몸을 운용하는 정도에는 이르지 못해, 동작 시에 다만 손과 팔이 움직이는 것만 보일 뿐이고 신체는 마치 보법(步法)에 따라서 전진과 후퇴를 하는 나무막대기 같았다. 그는 다른 사람의 지도를 받아들여서, 두 쌍의 얇은 판자

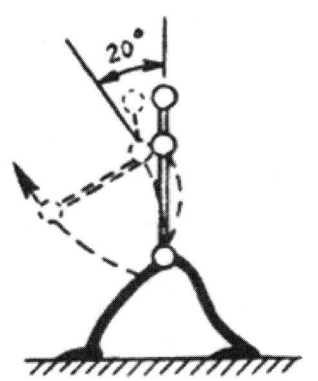

(그림14) 척추 관절이 움직이는 각도의 설명도 (움직임이 가장 작은 척추관절)

에 각각 양 팔목을 끼우고 각 판자의 양단에 홈을 파서 각각 고무줄을 잡아 매되 다만 팔목이 조금은 굽힐 수 있게 하여 수련하였다. 이렇게 하기를 오래지 않아 곧 종전의 손에서의 움직임이 몸으로 옮겨갔다. 몸에서 움직임이 나오게 되자 곧 온몸이 함께 움직일 수 있어, 모든 관절을 관통하여 잇는 방면에도 비교적 진전이 있었고 신기(神氣)도 점점 고취되어 몸과 사지에도 원활한 기분이 생기게 되었다. 이것은 곧 손목 관절이 움직이는 정도를 감소시켜 신법(身法)을 향상시킨 결과이다.

5. 절절관천(節節貫串)의 파악

경(勁)을 운용할 때 반드시 허리와 척추로써 움직임을 일으키는 중심(中心)으로 삼아야 비로소 절절관천(節節貫串)의 공부를 잘 수련할 수 있다. 허리와 척추가 몸의 움직임을 주도하게 하고, 한 가지에 열중하여 다른 것을 소홀히 하지 않고 생각을 분산시키지 않으려면, 다만 경사도(傾斜度)를 갖춘 원심력(遠心力)을 운용하여 동작을 발동시켜야만 비로소 자연스럽게 경(勁)을 허리와 척추에 운용해 올 수 있다. (그림 15)

그러므로 자세를 연습할 때 반드시 이러한 동작의 습관을 양성해야만 비로소 운동 시에 생각이 분산되지 않아 허리와 척추가 동작을 이끌어가게 할 뿐만 아니라 또한 동(動) 중에 정(靜)을 얻을 수 있다. "움직이면 나누어지고, 정지하면 합해지는(動之則分, 靜之則合)" 것은 원심력의 "동분(動分)"과 "정합(靜合)" 작용을 묘사한 것이다. 비록 원심력에 의해 양팔을 동시에 나선형으로 나누어 벌리지만 양팔은 서로 메여 경(勁)을 연결하기 때문에, 벌린 중에 여전히 거두어 합하는 내경(內勁)이 깃들어 있으니, 이것은 전신의 "전개한 중에 합해짐이 깃들어 있는(開中寓合)" 것이다. 또한 직선으로 벌리거나 직선으로 거두어 합하지 않으므로 손과 팔도 나선형으로 벌리게 되니, 이것은 팔꿈치를 합하고 손목을 벌리는 것과 손목을 합하고 팔꿈치를 벌리는 개중우합(開中寓合 : 벌린 중에 합하려는 기세를 포함해 있다)과 합중우개(合中

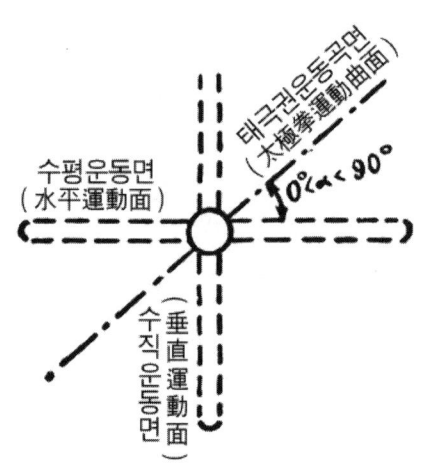

(그림 15) 태극권 운동 곡면의 경사도(傾斜度) 설명도

寓開 : 합한 중에 벌리려는 기세를 포함해 있다)이다. 전자는 전신의 개합(開合)이 서로 내포되는 것이고, 후자는 손과 팔의 개합이 서로 내포되는 것이다. 이러한 전신과 팔의 개중우합(開中寓合)과 합중우개(合中寓開)는 태극도(太極圖) 음양(陰陽)의 구체적 표현이다. 이러한 공부를 수련하여 완성하면 비로소 어느 방향으로나 자유자재로 순조롭고, 상대가 닿기만 하면 곧 마음대로 회전하여 변화가 무궁하니, 내공(內功)과 외공(外功)을 함께 단련함에 유리한 조건을 제공하며, 또한 이것은 기격(技擊)상의 "상대의 힘에 버티거나(頂), 상대의 힘에 짓눌리거나(匾), 상대를 놓치거나(丟), 상대에 부딪쳐 힘으로 겨루는(抗)" 네 종류의 결점을 해소하는 기초이다. (그림 13과 같다)

진식(陳式)태극권 제1로권(第一路拳)은 "경을 운용함(運勁)"이 위주가 된다. 운경(運勁)의 과정 중 동시에 화경(化勁 : 상대의 힘을 변화시켜 무력하게 함)이 생기고, 상대의 힘을 변화시킨 후 곧 발경(發勁)해야 하니, 이것은 운동이 발전해가는 법칙이다. 현대에 이르러 보건(保健)을 목적으로 개조한 태극권은 거의 모두가 운경(運勁)이며, 발경(發勁)에 대해서는 대부분 삭제하여 쓰지 않는 추세이다. 그러나 태극권은 원래 운경(運勁)과 발경(發勁)을 같이 쓰는 권술이므로 8문5보(八門五步)로 구성되었다.35) 그러므로 어떤 사람은 발경(發勁)의 드러나는 명경(明勁)을 드러나지 않는 암경(暗勁)으로 바꾸어, 발경의 의(意)는 있으나 발경의 형(形)은 없게 하니, 이것은 즉 발경(發勁)을 방경(放勁)으로 바꾸어 발경(發勁)의 강도(强度)를 낮추어 체육단련에 적합하게 한 것이다. 소위 발경(發勁)이란 것은 "어깨를 내리고 팔꿈치를 내려뜨린(沈肩墜肘)" 상태 하에, 각종의 굽혀서 축적하여 여유가 있는 내경(內勁)을 인도하여 몸의 배면 등으로부터 팔과 손에 전달하여 다시 발출하여 나간다는 뜻이다. 그러므로 권보(拳譜) 중에 규정하기를 "경은 척추에서 발한다(勁由脊發)" 하니, 즉 척추로부터 순간적으로 경(勁)이 풀려나오듯이 발출한다. 오직 이러한 종류의 발경(發勁)이 중정경(中正勁 : 치우침 없이 바른 경)이며, 이것은 각 관절을 합류하여 모은 전신으로부터 발출해 나오는 것이다. 그러므로 절절관천(節節貫串)의 원칙은 운경(運勁)·발경(發勁) 그리고 방경(放勁)을 막론하고 관절 모두 반드시 철저히 관통되어야 한다. 왜냐하면 절절관천(節節貫串)한 운경(運勁)이 바로 절절관천(節節貫串)한 발경(發勁)의 기초이기 때문이다. 발경

---

35) 註 : 8문은 여덟 종류의 내경(內勁)을 가리키니, 즉 붕(掤)·리(攦)·제(擠)·안(按)의 4정(四正)과 채(採)·열(挒)·주(肘)·고(靠)의 4우(四隅)이다. 5보는 다섯 종류의 보법(步法)을 가리키니, 즉 전진·후퇴·좌고(左顧)·우반(右盼)·중정(中定)이다.

(發勁)은 노인과 허약자에게는 약간 적당치 않은 외에, 청장년인 사람이 수련하여 만약 운경(運勁)과 발경(發勁) 모두를 할 수 있는 경지에 이르면, 4정(四正)·4우(四隅)의 8문공능(八門功能)을 수련하여 완성할 수 있을 뿐만 아니라 체력을 증강하는 데에도 큰 장점이 있다.

이로부터 알 수 있는 바, 모든 관절을 관통하여 연결해 운경(運勁)함은 온몸이 하나가 되는 공부의 기초를 확고하게 할 뿐만 아니라, 또한 절절관천(節節貫串)한 발경(發勁)을 위한 조건을 제공한다. 발경(發勁)이 모든 관절을 관통하여 잇도록 요구하는 것은 그 경(勁)을 증강하기 위함이며, 경(勁)을 몸의 척추 배면에 집중한 후 발출해 나간다. 동시에 역으로 또한 운경(運勁)을 촉진하므로, 운경(運勁)과 발경(發勁)은 상호간에 필요로 하며 또한 서로 증강시켜, 보건과 기격(技擊) 모두에 극히 양호한 작용이 있다.

특징5를 파악하기 편하도록 그 요령을 개괄하면 다음과 같다.

(1) 허리와 척추가 연합하여 중심축(中心軸)이 되며, 손과 팔의 동작은 경사도(傾斜度)가 있어야 한다. (약 45도)

(2) 중심축으로부터 생기는 "동분(動分)"과 "정합(靜合)"은 원심력을 운용하여 관절을 관통하여 잇도록 하는 중심 관건이다.

(3) 개중우합(開中寓合)과 합중우개(合中寓開)는 모든 관절을 관통하여 잇고 회전이 자유자재함을 구체적으로 나타내는 것이다.

(4) 발경(發勁)할 때 모든 관절을 관통하여 연결하는 것은 운경(運勁)할 때 모든 관절을 관통하여 잇도록 강화시키는 수단이다.

(5) 손목 관절이 움직이는 정도를 감소시키는 것은 신법(身法)작용을 향상시키기 위해 필요한 수단이다.

제6특징 서로 이어져 끊어지지 않고 도도(滔滔)히 연결되어 시종(始終) 한 기세로서 끊어짐이 없는 운동

권보의 규정

(1) "가고 옴에 반드시 접어 개킴이 있어야 하고, 나가고 물러남에 반드시 전환이

있어야 한다. (往復須有折迭, 進退須有轉換)"

(2) "거두어들임이 곧 방출함이고, 방출함이 곧 거두어들임이다. (收卽是放, 放卽是收)"

(3) "경이 끊어져도 그 뜻은 끊어지지 않고, 그 뜻이 끊어져도 정신이 이어갈 수 있다. (勁斷意不斷, 意斷神可接)"

(4) "장강대하처럼 도도히 흘러 끊어지지 않는 한 기세로 시종 이어진다. (如長江大河, 滔滔不絶, 一氣呵成)"

이상의 네 규정에서 알 수 있는 바, 태극권은 몸의 어느 한곳이 움직여도 전신이 같이 움직이는 것에 만족하지 않고, 또한 전체 투로(套路)를 연습할 때 더 나아가서 시종 한 기세를 이루어 내경(內勁)이 끊어지지 않아야 한다. 이것은 운동량을 증대시키는 또 하나의 방법이다. 그 구체적인 방법은 수법(手法)상 나가고 돌아올 때 접어 개키는 동작을 끼워 넣어야 하고,36) 보법(步法)상 진퇴 시에 전환(轉換)을 끼워 넣어야 하며, 전개하고(開) 합하거나(合) 거두어들이고(收) 방출할(放) 때 거두어들임이 곧 방출함이고 방출함이 곧 거두어들임이라는 의식(意識)과 경(勁)을 갖추어야 한다. 당연히 이 특징은 특징5와 마찬가지로 나선형 전사운동의 보조 하에 실현하는 것이다. 만약 발경 후에 경(勁)이 끊어진 현상이 나타나면, 곧 이러한 발경의 여분의 의식을 접속하여 간다. 만약 "의식 또한 끊어지면(意斷)" 의(意)와 경(勁)의 여분의 정신(神)을 운영하여 접속해 간다.37) 이처럼 하기 위해서는 경(勁)이 접어 개켜지듯이 전환되어야 하

---

36) 역자註 : 접어 개킨다는 절질(折迭 : 혹은 折疊·摺疊)이란 것은, 종이나 옷을 접어 개키는 손동작을 연상할 수 있으며, 진식(陳式)태극권 특유의 기본기법으로서, 한 동작이 끝나고 다음 동작으로 넘어갈 때의 독특한 연결동작이며, 그 목적은 경(勁)이 끊어지지 않고 이어가도록 하기 위함이다. 그 기법은 앞 동작이 끝났을 때, 먼저 진행하고자 하는 동작의 반대 방향으로 향해 극히 미세하게 동작을 연장시켜 하나의 작은 반원(半圓)을 그리는 동작 후에 S형의 노선을 그리며 이어서 하나의 작은 반원으로 접어 개키면서 다음 동작에 경(勁)을 이어받아 시작한다. 처음 작은 반원을 그릴 때의 연장동작은 붕경(掤勁)을 갖추고, 접어 개키는 반원 동작은 리경(攦勁)을 갖춘다. 또한 처음 작은 반원의 연장 동작은 앞 동작의 관성(慣性)이나 탄성(彈性)을 빌어서 동작을 하며, 결코 앞 동작이 끝나고 잠시 정지했다가 다시 작은 반원의 연장 동작이 시작되어서는 안 된다. 접어 개키는 반원 동작도 정지하여 끊어짐이 없도록 주의해야 전체 동작이 원활하고 연결되어 한 기세로 관통하여 경(勁)이 끊어지지 않는다. 이 접어 개키는 동작은 손으로 하는 것이 아니고, 허리 즉 몸통으로 손을 이끌어 동작시키며, 몸체는 좌우로 극히 조금 두 차례 회전하는 듯 않는 듯 몸을 추스르는 동작이 된다. 초보자에게는 당연히 익숙지 않을 것이므로 처음에는 이 동작을 생략하다가 각 초식의 동작이 익숙해 진 후 전체 투로를 연습하면서 각 초식간의 중간 연결 동작에 첨가한다.

37) 註 : 소위 의단(意斷)이란 것은 의(意)와 동작이 연관성을 잃는 것을 가리키며, 내외(內外)

며, 동작은 의식을 사용하고 힘을 사용하지 않는다. 만약 거두어들임과 방출함이 통일된 신법(身法)이 마치 장강(長江)의 물이 도도히 흘러 끊이지 않듯 움직임 중에 경(勁)이 중단되어 없어질 여지가 없고 또한 의식이 해이될 때가 없으면, 곧 그 신법은 자연히 시종 한 기세를 이루어 쭉 이어지게 할 수 있다. 그러므로 서로 이어져 도도히 끊어지지 않는 한 기세(氣勢)가 처음부터 끝까지 끊어짐이 없는 운동이 곧 태극권의 제6특징이 된다.

1. 일기가성(一氣呵成)의 실현[38]

이 특징은 특징5의 모든 움직임은 전신이 같이 움직인다는 기초 위에 다시 더 나아가 운동량을 증대하는 구체적인 조치이다. 특징5는 아홉 개의 주요 관절이 하나가 움직이기만 하면 전체가 함께 움직이도록 하는 데에 주중하며, 이에 의해 운동기관과 내장기관 내외(內外)가 서로 합일하여 매 한 권식(拳式)의 운동량을 향상시킨다. 그리고 특징6의 요점은 한 곳이 움직이기만 하면 전신이 함께 움직이는 기초 위에 전체 투로(套路)의 첫 동작부터 시작하여 마지막 동작까지 그 중간에 경(勁)이 풀어져 없어지거나 끊어지는 때가 없게 하며, 또한 신기(神氣)가 둔하게 정체되고 다른 잡념이 생기는 상태가 발생하지 않게 하며, 더욱이 기세를 느슨히 늦추어 의식이 동작에서 떠나간 자태가 나타나지 않아야 한다는 것이다.

이것은 처음부터 끝까지 서로 연결되어 끊어지지 않아 파도처럼 도도히 기복(起伏)이 끊이지 않으니, 말하자면 전체 투로(套路)를 시종여일(始終如一)한 기세로 쭉 이어져 끊어짐이 없게 하는 것이다. 이처럼 운동량을 향상시켜 전체 투로를 한 차례 연습한 후 그 움직인 정도를 계산하면 응당 아홉 개 관절의 움직임에 전체 투로의 동작을 곱해야 하니, 전체 투로의 권식(拳式)이 72식이라 가정하면 단숨에 648개의 운동량이 된다. 일단 이처럼 복잡하고 변화 많은 운동이 시종 서로 연결되어 끊어지지 않아야 하며, 큰 방면으로부터 말하자면 아래에 말하는 두 방면을 할 수 있어야 한다.

가 일치하지 못해 의식(意)은 동작과 무관하여 동작을 주도할 수 없다.
38) 역자註 : 일기가성(一氣呵成)은 원래 단숨에 이룬다는 뜻이며, 처음부터 끝까지 쭉 이어져 끊어짐이 없는 것이다.

(1) **수법(手法)상** : "경을 운용할(運勁)" 때 대체로 왕복(往復)하는 동작을 만나게 되면, 그 왕복 사이에 "접어 개키는(折迭)" 동작을 끼워 넣어 그 사이의 틈을 보충하여 전후의 두 동작이 능히 곡선을 이루며 완화되어 이어 맞추어지도록 한다. 이러한 종류의 "접어 개키는(折迭)" 방법은 한 동작이 완료되어 경(勁)의 운용이 막바지에 이르러 장차 다음 동작을 하기에 앞서 끼워 넣는 동작이다. 예를 들어 다음 동작이 아래로 향하고 또한 앞으로 가는 동작이라면 먼저 위로 한번 접고(折) 다시 뒤로 한번 개킨(迭) 연후에 다시 다음 권식을 이어서 하며, 이처럼 하면 다음 동작의 경(勁)과는 매우 자연스럽고 또한 곡선을 이루며 완화되어 이어 맞추어진다. 이것이 곧 권보에서 규정하는 "위로 향하고자 하면 반드시 먼저 아래에 그 뜻이 깃들어 있어야 하고, 앞으로 향하고자 하면 반드시 먼저 뒤에 그 뜻이 깃들어 있어야 한다. (意欲向上必先寓下, 意欲向前必先寓後)"는 것이다.

이처럼 하면 앞 권식과 뒤 권식의 경(勁)이 접해질뿐만 아니라 또한 뒤 권식이 앞 권식의 가속력(加速力)으로부터 영향을 받게 하여 더욱 침착(沈着)되고 강화되어지며, 이것은 곧 마치 붓으로 큰 글자를 쓸 때의 회봉필법(回鋒筆法)과[39] 같은 것이다. 그러므로 태극권 운동은 하나의 동작을 하나의 권(圈) 내에서 다 할 수 있는 외에, 만약 동작 중에 왕복(往復 : 예를 들어 두 권식이 이어져 접하는 곳)이 있으면 곧 반드시 접어 개키는 동작을 첨가해야만 비로소 앞 동작의 경(勁)을 조금도 사이가 끊어짐이 없이 다음 동작 중으로 관통하여 이어갈 수 있다. 이것은 수법(手法)상 접어 개키는 동작이 있기 때문에 동작이 서로 연결되어 끊어지지 않게 되는 방법이다.

(2) **보법(步法)상** : 대체로 보(步)를 움직여 진퇴(進退)할 때, 그 진퇴 사이에 하나의 "전환(轉換)"을 사용하여 그 틈이 생긴 결함을 보충하며, 전후의 보법도 곡선을 이루며 완화되어 이어갈 수 있게 한다. 이러한 전환을 하는 방법은 큰 걸음으로 앞으로 향하거나 혹은 뒤로 물러나는 보법은 직선으로 곧장 나가거나 물러나서는 안 되고, 반드시 전보(前步)와 후보(後步) 중에 하나의 전환(轉換)을 끼워 넣는다. 이러한 전환이 바로 태극권 5보 중의 고반(顧盼) 2보이다.[40] 고반(顧盼) 두 보(步)의 전환보법은 다리

---

39) 역자註 : 회봉필법(回鋒筆法)이란 예를 들어 일(一)자를 쓸 때 붓이 一자의 오른쪽 끝 부분에 다다라서 잠시 멈추는 듯이 하며 점을 찍듯이 한 후 붓끝을 왼쪽으로 돌려 거두어들이는 필법이다. 회봉필법을 쓰면 글이 흩날리거나 좁속함을 면할 수 있다.
40) 註 : 고반보법(顧盼步法)을 목광(目光 : 시선)이 돌아본다는 고반(顧盼) 두 글자로 형용하는

의 경(勁)을 강하고 힘있게 이어 가도록 할 수 있을 뿐만 아니라, 다리에 전사(纏絲)가 떠나지 않게 하여 능히 양팔의 전사와 상하(上下)가 일치되도록 연합하며, 경(勁)이 발꿈치에서 일어나 손가락에까지 나타나도록 모든 관절을 관통하여 이어지게 하는 효용을 일으킨다. 태극권 전체 투로(套路) 내에 끊이지 않고 왕복(往復) 동작이 있으므로 접어 개키는(摺疊) 동작 또한 끊이지 않고 있다. 동작 중에 접어 개키는 동작을 끼워 넣어서 수련하면 곧 일종의 미련이 있어 헤어지기 싫은 듯한 감각이 나타나고, 느슨히 이완된 것 같으나 이완되지 않고, 자세를 전개(展開)할 것 같으나 아직 전개하지 않은 듯한 신태(神態)가 생기며, 또한 파도가 도도히 기복(起伏)을 이루는 듯한 형상이 나타나니 마치 한 물결이 지나가면 또 다음 물결이 치듯이 굽이침이 끊이지 않는다. 태극권 투로(套路) 내에 끊이지 않고 진퇴(進退)가 있으므로 또한 끊이지 않고 전환(轉換)이 있다. 진퇴 사이에 전환 동작을 끼워 넣으면, 곧 진퇴가 다시는 직선으로 곧장 나가거나 물러나지 않게 되어, 빙 두르는 듯 완곡히 선회하며 끊임없이 이어짐을 나타낼 수 있다. 우리들이 진흙땅 위에서 수련할 때, 전체 투로(套路)를 한 차례 수련한 후 진흙땅 위에 발꿈치가 그려낸 무수한 권(圈)을 남길 수 있으니, 이것이 곧 이러한 전환(轉換)의 고반(顧盼) 두 종류의 보가 남긴 정확한 흔적이다. 요컨대 왕복(往復) 사이에 손과 팔이 접어 개키는 동작을 하고 진퇴(進退) 사이에 다리가 전환 동작을 하면, 곧 전후의 내경(內勁)이 이어지게 할 뿐만 아니라 왕복 진퇴의 과정에서 사용하는 경(勁) 모두가 원활한 경(勁)이 되게 하여 상대방에 버티어 대항하거나 상대방을 놓치거나 상대에게 짓눌리는 결점이 생기지 않게 되며, 또한 왕복과 진퇴 양자가 대립하여 통일되게 할 수 있다.

2. 태극권 명인(名人)들의 시범(示範) 실례(實例)

1914년경 전(前) 북경체육연구사(北京體育硏究社)의 년차 회의가 끝날 무렵 북경의 각 파 무술가들, 예컨대 기자수(紀子修)·장책(張策)·상운상(尙云祥)·왕무재(王茂齋)·허우생(許禹生) 등이 여흥삼아 하는 시범에 참가하였다. 당시 태극권 방면에는 양징보

이유는, 태극권은 몸의 전환에 보(步)가 따라가는 것과 눈의 움직임에 몸이 따라가는 것을 원칙으로 삼아 진행하는 운동이기 때문에 좌측으로 나가는 것을 고(顧)라 하고 우측으로 나가는 것을 반(盼)이라 한다.

(楊澄甫)와 오감천(吳鑑泉)이 함께 태극권을 실연하였다. 그들이 채용한 것은 모두 대가자(大架子 : 크게 전개한 자세)였고, 두 사람이 실연할 때 관중들은 다만 느끼기에 순조로운 중에 전진후퇴가 도도히 끊어지지 않고 기복이 마지않아 마치 노 젓는 작은 배 위에 서서 장강(長江)을 건너가는 것 같았다. 그들의 동작은 표면상 극도로 힘이 빠져 흐느적거리는 것 같으나 내면에는 오히려 굳고 강함을 함유하고 있음을 드러내며, 느리다가 모서리(方)에 이르면 빨라지고 빠르다가 원(圓)에 이르면 느려져서 그 개합(開合)을 조화시킴이 극히 균형 잡혀 명료하고 흠잡을 데 없이 원활하여 어디에서 동작을 연결시키는지가 똑똑히 보이지 않았다. 그들이 진퇴 시에 결코 진퇴하고 있음을 나타내지 않고 단지 느끼기에 점차 자세를 변환하고 있는 듯 하였으며, 실연을 끝낸 시간은 약 8분이 넘었고, 그곳에 있던 사람 모두 감탄하여 마지않았다.

명인들이 투로(套路)를 실연할 때 이처럼 깊이 통달하여 정확할 수 있는 주된 이유는 당연히 그들이 열심히 배우고 애써 수련하여 그 공부가 경지에 오른 결과이다. 그러나 만약 왕복 동작의 접어 개키는 것과 진퇴의 전환이 결여되고서 이처럼 굽이쳐 움직임이 마지않고 시종 한 기세를 이루는 경지에 도달코자 생각한다면, 이것은 곤란한 일이다.

3. 신기가 요동하여 떨치고, 시종 한 기세로 이어진다.
   (神氣動蕩, 一氣呵成)41) 42)

자세(姿勢)가 어떻게 서로 이어져 끊어지지 않도록 하는지는 이미 위에서 말한 바와 같다. 여기서는 신기(神氣)가 응당 어떻게 서로 이어져 끊어지지 않도록 하는지를 서술하는 데에 중점을 두며, 만약 내외가 일치하면 진정으로 서로 이어져 끊어지지 않게

---

41) 註 : 여기서 말하는 "신기동탕(神氣動蕩)"과 제1특징인 "신기고탕(神氣鼓蕩)"은 조금 다른 점이 있다. 신기고탕(神氣鼓蕩)은 경(勁)을 운용할 때 그 신기(神氣)가 8종류 경(勁)의 개별적인 운용 중에 고탕(鼓蕩)되어야 하고, 또한 돌이켜서 내재적인 의기운동(意氣運動)의 강화를 촉진시킴을 설명하는 것이다. 신기동탕(神氣動蕩)은 일반적인 운동 시에 신기가 요동하여 떨치도록 하는 습관을 양성하는 것을 가리키며, 움직이지 않으면 그뿐이지만 움직인즉 신기는 동작에 따라서 요동하여 떨친다. 이것은 내재적인 의식이 동작에서 떠나지 않아 밖으로 달아나 버리지 않음을 설명하는 것이다.

42) 역자註 : 고탕(鼓蕩)에서 탕(蕩)은 요동(搖動)하며 흔들린다는 뜻이다. 鼓는 북, 북을 치다, 고취(鼓吹)시키다는 뜻이다. 북은 리듬이 있게 치는 것이므로 고탕(鼓蕩)이란 말은 리듬이 있게 요동친다는 뜻이다. 마치 물 위에 배가 뜬 상태에서 넘실거리는 물결에 따라 리드미컬하게 오르내리며 끊임없이 흘러가는 양태이다.

된다. 신기(神氣)가 끊어졌는가의 여부를 검사하려면, 다만 수련하는 사람의 신기가 둔하고 정체되었는지 아니면 신기가 떨치는지를 보는 수밖에 없다. 바꾸어 말하자면 다만 수련하는 사람의 신기가 동작에 따라서 요동하여 떨치는 신태(神態)가 겉으로 드러나면, 곧 이때 이 사람은 이미 의식을 동작 내에 집중하고 의식을 운용하여 수련하고 있음을 증명한다. 가령 표면상으로 보기에는 마치 경(勁)이 끊어진 것 같으나 만약 의식이 여전히 동작 내에 머물러 있으면, 이는 다만 그의 내경(內勁)이 운동 중에 감소되어 약해졌다고만 말할 수 있을 뿐이지 경(勁)이 이미 끊어졌다고는 말할 수 없다. 그러므로 투로(套路 : 첫 초식부터 마지막 초식까지 권술 전체를 한 투로라고 한다)를 연습할 때 신기가 요동하여 떨치는 특성을 습득하도록 주의해야 하며, 이것은 내경(內勁)이 끊어지지 않았음을 겉으로 드러내는 유일한 표식이기 때문이다. 그러므로 태극권 수련을 시작하면 곧 당연히 "내부의 의식(內意)"과 "외부의 신기(神氣)"가 동작 중에 내포되어 조금도 끊어짐이 없도록 주의하며, 이처럼 오래 수련하면 습관이 양성될 수 있어 자세를 취해 움직이기만 하면 신기(神氣)가 반드시 요동하여 떨치기를 마지않고 생각은 조그만 착오도 생길 여가가 없게 된다. 이처럼 하면 설사 만약 생각이 동작 밖으로 조금 벗어나더라도 여전히 가능한 충분하게 신(神)이 머물러 있도록 유지할 수 있어, 경(勁)이 끊어지고 의식이 달아나 버리는 현상을 빨리 제거할 수 있다.

4. 경(勁)의 종류와 일기가성(一氣呵成)

태극권 「정공해(正功解)」에서 말하는 바, "태극은 원(圓)이니 상하좌우를 막론하고 이 원을 떠나지 않는다. 태극은 방(方)이니 상하좌우를 막론하고 이 방(方)을 떠나지 않는다. 원(圓)으로 출입하고 방(方)으로 진퇴(進退)하며, 원(圓)에 따르고 방(方)에 의거하여 왕래하며, 방(方)으로 개전(開展)하고 원(圓)으로 긴주(繁湊)하니, 방원(方圓)은 규구(規矩 : 규율, 규범)의 지극함이므로 아무도 이 도리를 벗어날 수 없다.(太極者圓也, 無論上下左右, 不離此圓也. 太極者方也, 無論上下左右, 不離此方也. 圓之出入, 方之進退, 隨圓就方之往來, 方爲開展, 圓爲繁湊, 方圓規矩之至, 孰能出此以外哉)"[43] 이것은 태극권에

---

43) 註 : 여기서 말하는 "方爲開展, 圓爲繁湊" 중의 개전(開展)과 긴주(繁湊)는 「行功心解」에서 말하는 "먼저 개전을 추구하고 후에 긴주를 추구한다 (先求開展, 後求繁湊)" 중의 개전(開展)과 긴주(繁湊)와는 서로 다르다. 후자는 태극권 수련에서 먼저 그 원(圓)을 확대해야 하며, 그 후

서 방원(方圓)이 상생(相生)하도록 요구하는 내력이다. 처음 태극권을 배울 때는 일체의 동작 모두가 "둥글도록(圓)" 요구하며, 설사 극히 작게 회전하는 동작이라도 모두 둥글게 움직이도록 한다. 꾸준히 공부를 수련하여 상당히 익숙해진 후, 경(勁)을 운용하여 한 동작의 종점에 도달할 때 응당 이 한 권식(拳式)이 규정한 경(勁)의 종류를 표현해내어야 하며, 그리고 경(勁)의 종류별 차이를 표현해내려면 반드시 둥글게 움직이는 중에 "모서리(方)"를 나타내어야 한다. 바꾸어 말하자면, 경(勁)을 운용하는 과정 중에 그 경(勁)의 종류를 표현해내려면 곧 반드시 방(方)이 있어야 한다. 그러므로 권론에서 말하는 바, "둥글기만 하고 모남이 없으면 매끄럽기만 한 권술이고, 모나기만 하고 둥글지 않으면 딱딱하기만 한 권술이다(只圓無方是滑拳, 只方無圓是硬拳)".

권론에서 또한 말하는 바, "경을 말아 감고 방출함에 그 시기(時機)가 들어맞는 것은 문(文)의 본체이고, 경을 축적하고 발출함을 적당하게 할 수 있는 것은 무(武)의 근본이다 (捲放得其時中, 文體之本. 蓄發適當其可, 武事之根)" 또한 "숨을 내쉬면서 자세를 벌리며 경(勁)을 발(發)하고, 숨을 들이마시면서 자세를 합하며 경(勁)을 축적한다. 대체로 숨을 들이마신즉 자연히 분발할 수 있어 상대를 잡아 일으킬 수 있다. 숨을 내쉰즉 자연히 가라앉을 수 있어 상대방을 방출시켜 낼 수 있다. 이것은 의식으로 기(氣)를 운용함이지, 결코 힘으로 기(氣)를 행사하는 것이 아니다". 이것은 말하자면 공부가 심오한 경지에 도달했을 때, 다시는 크게 벌리고 크게 합하는 자세를 운용하여 경(勁)을 축적하거나 발출하지 않고, 다만 근육과 피부의 늘어남과 줄어듦을 운용하여 곧 상대를 잡거나 방출할 수 있는 것이다. 태극권의 기술용어로써 말하자면, 이것은 "촌경(寸勁)"의 공력이며 또한 기공(氣功)의 기초이다. 이러한 공부에 도달하면 경(勁)이 끊어지는 경우가 생기는 것을 걱정할 필요가 없다. 왜냐하면 이때는 이미 방원(方圓)이 상생(相生)하는 고도의 경지에 도달했기 때문이다.

이 특징6을 파악하기 편리하도록 그 요령을 개괄하면 다음과 같다.
(1) 왕복이 있는 동작 시에는 반드시 접어 개키는 동작을 끼워 넣어야 한다. 이것은

공부가 정진함에 따라 그 원(圓)을 빈틈없이 긴밀히 이어가는 것을 가리켜 말한 것이다. 한편 전자가 가리키는 것은 "숨을 내쉴 때 몸과 사지가 팽창되어 전개한 자세를 형성하여 방형(方形)의 방경(放勁)을 완성한다"와 "숨을 들이쉬며 몸과 사지가 수축되어 긴주(繁湊)된 자세를 형성하여 원형(圓形)의 권경(捲勁)을 완성한다"는 것이다.

수법(手法)상으로 서로 이어져 끊어지지 않게 하는 데에 필요한 조치이다.

(2) 신체가 진퇴(進退) 시에는 반드시 전환(轉換)하는 동작을 끼워 넣어야 한다. 이것은 보법(步法)상으로 서로 이어져 끊어지지 않게 하는 데에 필요한 조치이다.

(3) 경(勁)이 끊어지면 의(意)가 남아있어야 하고, 의(意)가 도달하지 못했을 때는 신(神)이 남아있어야 하니, 이것은 경(勁)이 끊어진 것을 보완하는 방법이다.

(4) 신기(神氣)가 요동하여 떨칠 수 있도록 자세를 갖추어 움직이면, 이것은 곧 이미 의식이 동작에 집중되어 있음을 증명한다. 의식이 존재하는 것은 내경(內勁)이 끊어지지 않았다는 표지가 된다.

(5) 태극경(太極勁)의 방원상생(方圓相生)은 숨을 내쉬면서 자세를 전개하여 방(方)이 되는 것과 숨을 들이쉬면서 긴주(緊湊)하여 원(圓)이 되는 것으로부터 생겨 나오는 것이다.

제7특징 유(柔)로부터 강(剛)에 이르고, 강(剛)으로부터 유(柔)에 이르는 강유상제(剛柔相濟) 운동

권보의 규정

(1) "경을 운용함은 마치 강철을 수없이 단련하는 것 같으니, 아무리 견고해도 쳐부순다.(運勁如百煉鋼, 何堅不摧)" "극히 유연한 후에 극히 견강해진다.(極柔軟, 然後極堅剛)"

(2) "겉으로는 유연함을 유지하며 운행하나 안으로는 견강함을 함유하며, 유연함이 겉으로 드러나게 항상 추구하여 오래되면 저절로 내면의 견강함을 얻을 수 있으니, 이것은 고의적인 견강함이 아니라 사실은 고의적인 유연함이다. (外操柔軟, 內含堅剛, 常求柔軟之于外, 久之自可得內之堅剛, 非有心之堅剛, 實有心之柔軟也)"

(3) "태극권은 절대로 그 힘이 없는 듯한 부드러움을 잃지 않아야 한다. 온몸을 운행함은 정신(精神)과 의기(意氣)를 근본으로 삼고, 오래 노력하면 저절로 통달한다. (太極拳決不可失之綿軟. 周身往復, 以精神意氣爲本, 用久自然貫通焉)"

(4) "운경(運勁)하는 공부는 먼저 굳고 단단함을 변화시켜 부드럽게 한 후 그 부드러움을 단련하여 강(剛)하게 한다. 그 지극함에 이르면 부드러우면서 강하다. 강유가 적당하면 비로소 음양이 나타난다. 그러므로 이 권술은 강(剛)으로 이름 지을 수 없고

또한 유(柔)로 이름 지을 수 없으니, 다만 태극의 이름 없음으로 그 이름을 삼는다. (運勁之功夫, 先化硬爲柔, 然後練柔成剛. 及其至也, 亦柔亦剛. 剛柔得中, 方見陰陽. 故此拳不可以剛名, 亦不可以柔名, 直以太極之無名名之)"

위의 네 가지 규정으로부터 알 수 있는 바, 태극권을 배워 익히려면 먼저 동작 중에 원래 있던 굳고 단단한 경(勁)을 철저히 파괴하여 변화시켜 유연(柔軟)하게 만들어야 하며, 이것이 "부드럽게 변화시키는(化柔)" 시기이다. 이 시기가 길수록 딱딱하게 굳은 경(勁)을 더욱 철저히 파괴할 수 있다. 이 시기에 주의할 점은 여전히 반드시 힘이 빠진 듯한 유연함을 잃지 않는 것이며, 유연(柔然)한 전제하에 탄성이 있는 견강(堅剛)함을 향해 더욱 매진해 가야 한다. 이러한 강(剛)은 무리하게 힘을 쓰거나 분발시켜 생겨나는 무쇠 같은 강(剛)이 아니라, 이것은 이완시켜 늘여서 생기는 탄성적인 강(剛)이다. 왜냐하면 몸과 사지를 이완하여 늘이고 끊임없이 나선형으로 비틀면서 오고 비틀면서 가면 곧 이러한 종류의 탄성이 생길 수 있기 때문이다.

그러므로 이것을 또한 "붕경강(掤勁剛)"이라 부를 수 있다. 이처럼 이완되었으나 탄성을 갖추어 팽팽하게 당겨진 중에 비벼 문지르는 듯한 동작이 더욱 유연할수록 내재적인 품질 또한 더욱 견강(堅剛)해질 수 있다.44) 오직 이러한 종류의 탄성을 갖춘 강(剛)함만이 외면적으로 유연함을 유지하며 움직이나 내면적으로는 견강(堅剛)함을 함유할 수 있다. 이러한 강유(剛柔)의 변환은 정신(精神)과 의기(意氣)의 드러나지 않음과 드러나 나타남으로부터 습득하는 것이다. 소위 "드러나지 않은즉 부드럽고, 드러난즉 강하다(隱則柔, 顯則剛)"는 것이 바로 이러한 이치이다.

공부가 정진된 후 경(勁)은 안으로 깊이 감출 수 있어 외형상으로 극히 유연함을 드러나게 하며, 사람으로 하여금 마치 다시 유연함으로 되돌아간 것처럼 느끼게 하지만 사실상 내재적인 품질은 오히려 더욱 강(剛)함이 증가된 것이다. 그러므로 유(柔)로부터 강(剛)에 이르고 강(剛)으로부터 유(柔)에 이르는 "강유가 서로 보완적인(剛柔相濟)" 운동이 곧 태극권의 제7특징이다.

---

44) 註 : 마치 시계의 태엽처럼 가장 유연한 탄성을 갖춘 강(剛)함이 또한 품질이 가장 견고한 강(剛)함이다.

1. 강유상제(剛柔相濟)의 권술

태극권의 강유(剛柔)에 대한 정확한 견해가 무엇인지는 모두가 알고자 희망하는 문제이다. 이 문제에 해답하기 위해서는 태극권이 발전해온 환경으로부터 고찰해야 할 것이다. 황하(黃河)유역의 사람들 다수가 경공권(硬功拳)을 애호한지라, 이 지역에 전해온 진식(陳式) 권술 또한 견강(堅剛)한 쪽으로 발전하는 추세였다. 그러나 진씨(陳氏) 가문에 전해온 것은 오히려 여전히 태극 음양의 원칙을 유지하여 강유(剛柔)가 서로 보완적인 특색을 나타내었다. 장강(長江 : 양자강)유역에서는 보건(保健)을 위하여 태극권을 배워 익히는 지식인들이 큰 비중을 차지하였다. 그들은 체질에 적응하기 위한 필요 때문에 점차로 유연(柔軟)한 방면으로 태극권을 발전시켰다. 그러나 양씨(楊氏) 가문에 전해오는 것도 태극권의 "부드러운 중에 강함이 깃들어 있어 솜 안에 철침을 감추어 있는(柔中寓剛, 綿裡藏針)" 격식을 여전히 유지하고 있다. 현재 유행하는 각종 태극권은 동작 자세의 편성으로부터 본다면 대체적으로 서로 같으나, 강유(剛柔)와 쾌만(快慢)상으로부터 본다면 각기 특색을 갖추고 있다. 그러므로 일반적으로 태극권을 배워 익히는 사람은 각기 그 수요에 따라 그가 좋아하는 것을 배울 수 있다. 부드럽기만 하고 강(剛)함이 없거나 혹은 강하기만 하고 부드러움이 없는 경우는 어떠한 무술이라도 채택하지 않으며, 가령 일반적으로 경공권(硬功拳)이라 부르는 것도 그 내면에는 역시 여전히 강(剛)도 있고 유(柔)도 있다. 하물며 태극권은 음양이 서로 보조함으로서 생기는 일련의 서로 보조적이면서 또한 대립하는 특색을 지닌 권술이다. 그러므로 소위 유공태극권(柔功太極拳) 혹은 강공태극권(剛功太極拳) 등의 말은 존재할 수 없다.

2. 굳고 딱딱함을 없애고 유연함을 추구하는 시기

어떤 사람이 무술이나 기타 운동을 수련한 적이 있는지의 여부를 막론하고, 그의 일상생활 중 평소에 무거운 물건을 들어올린 적이 있고 기력을 사용한 적이 있을 것이다. 이처럼 모든 사람의 동작 중에 굳어져 딱딱한 고경(鼓勁 : 억지로 분발시킨 힘, 혹은 졸력)을 띠게 됨을 면할 수 없다. 만약 태극권 경(勁)의 운용을 잘 배우고자 하면, 수없이 제련하여 강철을 만들듯이 이러한 원래 갖추어 있는 고경(鼓勁)을 반드시 제거한다. 이것이 태극권의 초기 수련에서 요구하는 것이다.

이 시기에는 응당 유연함을 추구하니, 반드시 투로를 연습하며 단련에 단련을 거듭하는 과정 중에 사람의 동작 중 원래 있는 굳어져 딱딱한 경(勁)을 변화시켜 유연(柔軟)한 경(勁)이 되게 하며, 이러한 유연함이 습관이 되도록 양성한다. 이것은 원래 있던 굳어져 딱딱함을 없애고 새로운 유연함을 수립하는 시기이다. 이 시기의 특색은 정성을 다하여 부드러움을 추구하며, 조금도 힘을 쓰지 않는 원칙하에 천천히 동작한다. 이때 힘을 쓰지 않을수록 수련자로 하여금 동작 중의 결점을 더욱 쉽게 발견케 하며, 또한 동작 중의 굳어져 단단한 경(勁)을 더욱 빨리 파괴해 없앨 수 있다. 그러므로 이것은 가장 좋은 수련방법이라 말할 수 있으며, 이처럼 수련하면 경(勁)이 모든 관절을 유연하게 관통하여 이어지게 할 수 있다.

3. 부드러움을 단련하여 강(剛)함을 이루는 시기

위에서 말한 딱딱함을 제거하여 부드러움을 추구하는 시기는 딱딱함을 변화시켜 부드러움으로 전환하는 초기의 수련내용이었고, 여기서 말하는 시기는 부드러움을 전환하여 강(剛)함을 이루는 시기이다. 이 시기는 먼저 반드시 강(剛)이 어떤 종류의 성질을 가진 강(剛)이며 그리고 어떻게 해야만 비로소 부드러움을 운용하여 강(剛)을 이룰 수 있는지를 명확히 알아야 한다. 권보에서 말하기를 권술을 수련함에 "고의로 부드러움을 추구하고, 강함을 이루려 하지 않는다 (有心求柔, 無意成剛)"하니, 동작은 힘을 사용해서는 안 되고 전신을 이완시켜야 한다. 이러한 종류의 "송(鬆 : 이완시킴)"은 의식적인 느슨한 이완이지만, 그러나 고요하기만 하고 아무런 의도(意圖)가 없는 송(鬆)은 아니다. 또한 이러한 송(鬆)과 무리하게 힘을 내어 분발시킨 고경(鼓勁) 역시 전혀 공통점이 없다. "송(鬆)"의 의미는 몸과 사지를 풀어 늘임으로서 느슨히 이완시켜 펴는 것이며, 느슨히 이완시켜 펴는 풀어 늘임으로부터 몸과 사지에 탄성이 생기게 한다. 이 탄성을 증강한즉 붕경(掤勁)이 이루어지고, 이 붕경이 바로 태극권에서 요구하는 "용수철 같은 경(彈簧勁)"이다. 이러한 종류의 탄황경(彈簧勁)을 증강시킨 것이 바로 태극권에서 요구하는 강(剛)이다.

강(剛)의 성질을 이해했으니, 이제 어떻게 하면 유(柔)를 운용하여 강(剛)을 이룰 수 있는가를 다시 말해보자. 강성(剛性)의 증강은 내기(內氣)가 관통하여 이어지는 것에 의지하여 실현된다. 강성(剛性)의 질을 향상시키는 것은 전사경(纏絲勁)이 비틀며 오고 비틀며 나감으로서 이에 의해 탄성적인 "질김(韌)"의 정도를 강화함에 의지하여 실현되는 것이다. 그러므로 "감아 돌리며(纏絲)" 경(勁)을 운용하는 것과 전신을 이완하여 늘이는 것이 바로 가장 부드럽고 또한 가장 강(剛)하게 되는 관건이다. 이것이 바로 권보에서 말하는 바, "유연함이 겉으로 드러나게 항상 추구하여 오래 되면 안으로는 견강함을 저절로 얻으며(常求柔軟之於外, 久之自得堅剛之於內)", "이것은 고의적인 견강함이 아니라, 사실은 고의적인 유연함이다 (非有心之堅剛, 實有心之柔軟)". 태극권은 이처럼 유연함에서 견강함으로 변하며, 오직 이러한 유연함으로부터 변화시켜 이룬 견강(堅剛)함이 있어야만 홀연히 부드럽다가 홀연히 강해지고 부드럽기도 하고 강하기도 한 숙련된 경지에 도달할 수 있다.

4. 강유(剛柔)의 변환

강유(剛柔)를 변환하는 것은 신기(神氣)상에서 말하자면, 이것은 은(隱 : 드러나지 않고 숨음)과 현(顯 : 밖으로 드러남)을 거쳐서 표현해 나오는 것이며, 드러나지 않은즉 부드럽고 드러난즉 강(剛)하다. 자세(姿勢)상에서 말하자면, 개(開)와 합(合)을 거쳐서 경(勁)을 운용하는 과정 중에는 부드러움으로 표현되고, 경(勁)을 운용하여 동작이 그치는 지점에 도달할 때는 강(剛)하게 표현된다. 신기(神氣)의 은현(隱顯)과 경세(勁勢)의 개합(開合)이 호응하여 조화됨으로서 강유(剛柔)가 곧 충분히 표현되어 나온다. 동작이 그치는 지점은 경(勁)을 운용하여 막바지에 도달하는 지점이며 결국 신(神)이 드러나고 기(氣)가 모이는 곳이므로, 이때 이곳에서 강법(剛法)을 운용하는 것은 마침 그 절정에 도달했다고 말할 수 있다. 이것 이외의 모든 개합(開合)과 전환의 과정 중에는 모든 동작이 신기(神氣)가 고취되어 떨치고 원활히 전환하여 변화하는 과정이기 때문에 이때는 모두 당연히 유법(柔法)을 사용해야 한다.

개괄하여 말하자면, 매 한 권식의 동작 모두 개합(開合)이 있고 매 한 개합과정 중에는 모두 경(勁)을 운용하는 동작이 그치는 지점이 있어, 이 동작이 그치는 지점은 강경(剛勁)을 사용해야 하고 기타 모두는 유경(柔勁)을 사용하여 강유(剛柔)가 서로 호응하여 조화되게 한다. 이것이 곧 강유(剛柔)가 호응하여 조화되게 운용하는 정확한 지점이며, 반드시 실행해야 하는 원칙이자 또한 여덟 종류의 경(勁)을 수련해내는 기초이다. 강유의 전환을 요약하면 다음과 같다.45)

(1) 만약 강(剛)한 수법만 사용하면 곧 기(氣)가 전신에 들어차서 얽매여 순조롭지 못하니, 동작이 그치는 지점에 도달해도 견강(堅剛)함을 나타낼 수 없다.

(2) 만약 부드러운 수법만 사용하면 곧 기(氣)가 흩어져 모이지 않으므로 귀착(歸着)시킬 수 없으니, 동작이 그치는 지점에 도달해도 견강함을 나타낼 수 없다.

(3) 응당 강(剛)해야 할 경우에 부드러움을 사용하면 곧 기(氣)가 응당 모여야 할 때 모이지 않으며, 응당 부드러워야 할 경우에 강함을 사용하면 곧 기(氣)가 응당 흩어져야 할 때 흩어지지 않으니, 이는 모두 강유상제(剛柔相濟)의 묘용(妙用)을 얻지 못한 것이다.

(4) 그러므로 강유(剛柔)를 잘 운용하는 사람은 동작이 그치는 지점에 도달할 때 강함을 사용하니, 이는 마치 잠자리가 물위를 살짝 스쳐 날듯이 물에 닿자마자 곧 일으키는 것과 같으며, 이것은 강한 부분을 나타내는 정확한 동작모습이다. 경(勁)을 운용하며 전환하는 모든 동작은 부드러움을 사용하니, 이는 마치 차바퀴가 돌면서 굴러가듯 멈추지 않는다. 이것은 유연한 부분을 나타내는 정확한 동작모습이다.

(5) 반드시 이상에 말한 것처럼 되어야만 강유상제(剛柔相濟)의 묘용(妙用)을 얻고, 비로소 기(氣)가 부족하여 부실하거나 정체되어 둔해지는 결점을 제거할 수 있다.

5. 강유상제(剛柔相濟)의 파악

(1) **유연함을 추구한다** : 처음 투로(套路)를 배울 때 필수적으로 각종 자세를 배워 익힌다. 이러한 서로 다른 자세를 배워 익히면, 먼저 몸에 원래 있던 굳고 딱딱한 경(勁)을 변화시켜 없애니, 이러한 종류의 굳고 딱딱한 경(勁)은 사람마다 모두 가지고 있는 것이다. 그러므로 이 단계에서는 응당 필요 없는 여분의 힘을 조금도 남기지 않고 철저하게 유연함을 추구하며, 이것은 이전에 경공권(硬功拳)을 배운 적이 있으나 후에 태극권으로 바꾸어 배우는 사람에 대하여 말하자면 더욱 더 중요한 사항이다.

(2) **몸과 사지를 이완하여 늘여서 탄성적인 강(剛)함이 생기게 한다** : 이처럼 매우 부드럽고 매우 느리게 연습하기를 1·2년 한 후, 만약 동작 중에 이미 굳고 딱딱함이 모두 없어져 힘이 빠진 듯 흐느적거리는 정도에 도달하고 또한 이미 이러한 습관을 양성했으면, 곧 다음 단계의 연습으로 들어갈 수 있다. 이때 제일 먼저 마음속에 전신의

---

45) 註 : 이 5개항의 요약은 장내주씨권보(萇乃周氏拳譜) 내의 강유상제론(剛柔相濟論)에서 옮긴 것이다.

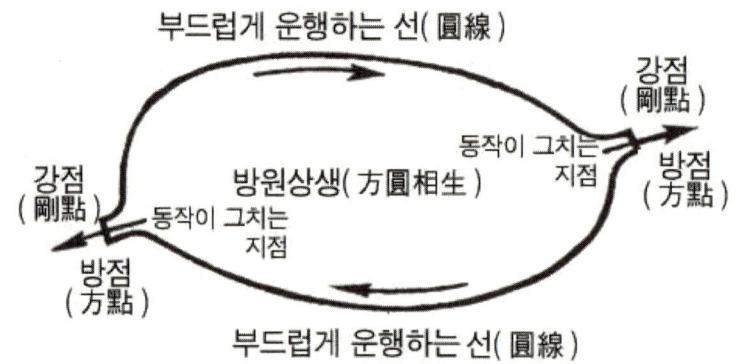

(그림 16) 강유상제(剛柔相濟) 설명도

어디든지 이완하여 늘이는 의념(意念)이 당연히 있어야 하고, 또한 자세를 취해 동작하는 중에 권론(拳論)의 규정에 따라 이완하여 늘이는 전문적인 연습을 열심히 한다.46) 만약 몸과 마음이 긴밀히 호응하여 조화된 상태하에 전신을 이완시켜 늘이도록 전념하여 연습하면 탄성적인 강(剛)을 구하여 얻는다.

초보 단계의 수련 시에는 각종의 이완하여 늘이는 방법에 대한 규정들, 예를 들어 함흉발배(含胸拔背) 등은 다만 의념(意念)을 사용하면 되지만, 이 단계에 이르면 강(剛)함은 당연히 의식(意識)상은 물론이고 몸과 사지에서 공동으로 진행한다. 왜냐하면 이때에 이르면 이미 이완하여 늘이기 때문에 다시는 상반되는 고경(鼓勁) 같은 폐해가 잘못 형성되지 않기 때문이다.

(3) **부드럽게 기세를 운행하다가 동작이 그치는 지점에서 강(剛)해진다** : 전신을 이완하여 늘이는 공부가 이루어진 후 곧 더 나아가 매 하나의 개합(開合)동작이 그치는 지점에서 신기(神氣)가 겉으로 드러나게 하여 방점(方點 : 동작 중 상대방을 가격하는 순간의 동작지점)을 형성하며, 이때 4정(四正)과 4우(四隅)의 경(勁) 중에서 어떤 한 경(勁)을 표현해내니, 이것이 태극권의 "방원상생(方圓相生)" 중 방(方)의 연습이다. 방점(方點)에서는 지극히 견강(堅剛)한 강(剛)을 표현해내어야 하며,47) 그리고 강(剛)함이 경과한 후 곧 전체 운동과정 중에 극히 유연하게 기세(氣勢)를 운행함을 겉으로 나타

---

46) 註 : 예를 들어 "허허롭게 경(勁)을 정수리로 이끌어 올리며(虛領頂勁)", "기(氣)를 단전으로 가라앉히고(氣沈丹田)", "가슴을 앞으로 내밀지 않고 배면을 뽑아 올리듯 하는(含胸拔背)" 등등
47) 註 : 이때 몸과 사지가 극히 팽팽하게 당겨지고 또한 길게 늘여져야 한다.

내어야 한다. 권술 전체 투로(套路) 처음부터 끝까지 당연히 이러한 강유(剛柔)가 서로 도움이 되도록 보완하는 상황하에 동작을 진행한다. 그러므로 수련 시 "부드럽게 기세를 운행하다가, 동작이 그치는 지점에서 강함을 나타낸다 (柔行氣, 剛落點)"는 요령을 확실히 기억해야 한다.

(4) **강유(剛柔)의 운용과 의기풍발(意氣風發 : 기세가 고양되다)** : 강유의 운용은 반드시 심의(心意)·신기(神氣) 그리고 호흡의 운용과 결합해야 한다. 즉 기세(氣勢)가 고양된 기초 위에 깊고 강한 숨을 내쉬면서 몸과 사지를 아래로 가라앉히며 길게 늘이고, 이에 의해 탄성을 증강하여 탄성강(彈性剛)이 이루어진다. {예를 들어 발경(發勁) 등} 의식을 고요히 하여 기(氣)를 수렴하는 기초 위에 몸과 사지의 근육을 서로 연결시켜 이완하며, 이로부터 활발하여 정체됨이 없는 유연함을 형성하여 이 유연함으로부터 모든 변화가 나온다. 이 강유(剛柔)는 생리상 모두 일종의 자연현상이다.

요컨대 태극권의 강(剛)은 "힘을 분발하여 고취시킨(鼓勁)" 강(剛)이 아니고, 태극권의 유(柔)는 탄성이 없는 유(柔)가 아니다. 이것은 기세(氣勢)가 고양되어 활발함이 밖으로 드러나면 강(剛)을 이루고, 의식을 고요히 하고 기(氣)를 수렴하여 안으로 감추면 유(柔)를 이룬다. 마음속의 의식이 움직이기만 하면 신기(神氣)가 이에 따르니, 신기(神氣)가 안으로 감추어지거나 밖으로 드러남에 따라 강유(剛柔)가 변환한다. 그러므로 투로(套路)를 연습하는 중에 신기(神氣)는 응당 홀연히 숨고 홀연히 드러나며, 심의(心意)는 응당 끊임없이 이를 지휘하고, 신기(神氣)는 끊임없이 감추어졌다 드러나며 또한 고취되어 떨쳐야 하며, 이처럼 되어야 근육이 끊임없이 강유(剛柔)를 변환할 수 있다. 이것은 강유(剛柔)의 변환을 파악하고 연습하려면 반드시 거쳐야 하는 길이다.

특징7을 파악하기 편하도록 그 요령을 개괄하면 아래와 같다.
(1) 초기에는 원래 있는 굳어져 딱딱한 경(勁)을 변화시켜 없애 유연해질수록 좋으며, 이 단계의 시간은 길수록 좋으니 일반적으로 1·2년의 시간을 요한다.
(2) 전신이 부드러워 흐느적거릴 정도에 이르도록 수련한 후, 더 나아가 전신을 이완하여 늘이는 구체적인 연습을 하며, 이로써 강경(剛勁)을 수련하여 익힌다.
(3) 행기(行氣 : 동작 중 기세의 운행)는 부드러움을 사용하고 동작이 그치는 지점에는 강(剛)을 사용하니, 이것은 태극권에서 강유(剛柔)를 구분하는 경계이다.

(4) 마음이 뜻하는 바에 따라 신기(神氣)가 홀연히 숨고 홀연히 드러나게 하는 것과 호흡은 태극권 강유(剛柔)의 변환에 대한 법칙이다.

(5) 강유(剛柔)가 같이 높은 수준에 도달하는 것은 태극권의 묘수(妙手)를 구분지어 부르는 표준이다.48)

제8특징 느리다가 빠르고 빠르다가 느린 쾌만(快慢)이 서로 번갈아 일어나는 운동

권보의 규정49)

(1) "상대의 움직임이 급하면 나도 급하게 응하고, 느리게 움직이면 나도 느리게 따른다. (動急則急應, 動緩則緩隨)"

(2) "상대가 움직이지 않으면 나도 움직이지 않고, 상대가 움직이려 하면 나는 먼저 움직인다. (彼不動, 己不動. 彼微動, 己先動)"

(3) "처음 배울 때는 마땅히 느려야 하나 그 느림이 둔하지 않아야 하며, 익숙해진 뒤 빨라지나 그 빠름이 어지럽지 않아야 한다. (初學宜慢, 慢不可癡呆. 習而後快,

---

48) 註 : 진흠(陳鑫)의 「총론발명(總論發明)」에서 말하는 바, "순수한 음(陰)만 있고 양(陽)이 없으면 연수(軟手)이고, 순수한 양(陽)만 있고 음(陰)이 없으면 경수(硬手)이다. 음(陰)이 1할이고 양(陽)이 9할이면 막대기 같고, 음(陰)이 2할이고 양(陽)이 8할이면 산수(散手)이다. 음(陰)이 3할이고 양(陽)이 7할이면 여전히 느끼기에 딱딱하고, 양(陽)이 4할이고 음(陰)이 6할이면 대체로 좋은 편(好手)이나, 오직 양(陽)이 5할이고 또한 음(陰)도 5할이면 음양(陰陽)이 치우침이 없으니 묘수(妙手)라 부른다. 묘수가 한번 움직이면 하나의 태극이니, 그 형적이 변화를 다하면 무(無)로 돌아간다." 이것은 진식태극권의 강유의 정도에 대한 표준이다. 진가구(陳家溝)는 황하 유역에 위치하기 때문에 경공권(硬功拳)을 수련하는 사람이 많다. 그러므로 아마도 환경의 영향을 받아 점차 견고하고 굳음으로 기울게 될까 염려하여, 경수(硬手)·산수(散手)·호수(好手)·묘수(妙手)의 호칭으로써 수련자가 견고하고 굳음으로 기우는 추세를 제한하는 표준으로 삼는다.

49) 註 : 권보 중 쾌만(快慢)에 대한 의미는 두 가지 내용이 있다. 첫째 의미는 투로 전체를 연습할 때 소요되는 시간의 장단(長短)을 가리킨다. 만약 갑(甲)이 투로를 1회 연습하는데 소요되는 시간이 12분이고 을(乙)은 15분이면, 우리는 갑이 빠르고 을이 느리다고 말한다. 둘째 의미는 매 한 권식(拳式 즉 招式) 중 운동의 속도를 가리킨다. 이 속도는 동작이 전환과정에서 느리고 전환한 이후는 점차 빨라지며, 동작이 그치는 지점에 오면 가장 빠르고, 빠르게 발출한 이후 다시 느리게 전환한다. 여기서 인용하는 네 가지 규정 중 처음 두 규정은 둘째 의미를 가리키고, 나머지 뒤의 두 규정은 첫째 의미를 가리킨다. 이것은 수련 시에 반드시 분명하게 구분해야 하는 문제이다.

快不可錯亂)"

(4) "형상은 태산에 대항하는 듯하고 기세는 산봉우리를 누르며, 느리다가 빨라지고 얕다가 깊어진다. (形抗五岳, 勢壓三峰, 由徐入疾, 由淺入深)"

위의 네 가지 규정으로부터 알 수 있는 바, 처음 태극권 투로를 수련할 때 동작은 반드시 느릴수록 좋으므로 시간을 길게 늘린다. 동작을 느리게 해야만 수정하여 고칠 기회가 있어 순조롭지 못한 곳을 검사해낼 수 있다.

그러나 느리더라도 얼굴에 멍청히 둔함이 나타날 정도로 느려서는 안 되며, 이것은 느린 한도이다. 그 후 숙련의 정도가 향상됨에 따라서 점차 빨라질 수 있으며, 투로를 한번 하는데 소요되는 시간을 단축한다. 그러나 느리다가 빠르게 바뀌는 것도 역시 한도가 있으니, 즉 비록 빨라져야 하지만 동작은 여전히 침착할 수 있고 여전히 경(勁)의 종류별 차이를 표현해낼 수 있어야 하며, 또한 기세(氣勢)가 떠올라 흩날리거나 난잡하여 혼란해지는 현상이 생기지 않아야 한다. 이것은 투로를 연습할 때 소요되는 시간의 장단을 가리켜 말한 것이다. 이처럼 능히 느리고 능히 빠를 수 있는 전제하에, 매 한 권식에 이 쾌만(快慢)을 사용할 때는 반드시 이러한 쾌만이 한 권식 중에 대립하며 통일된다. 즉 전환과정에서는 느려야 하고 전환지점을 지나서는 곧 점차 빨라져서 동작이 그치는 지점에 도달할 때 가장 빠르며, 그 후 다시 느리게 전환하여 이와

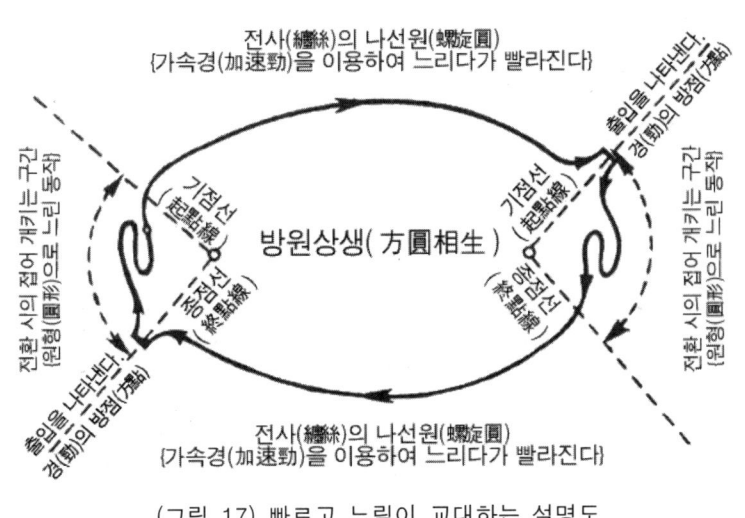

(그림 17) 빠르고 느림이 교대하는 설명도

같이 순환하여 다시 시작한다. (그림17)

그러므로 태극권의 매 한 권식 모두 능히 느리고 능히 빠를 수 있는 단련을 거쳐야만 비로소 퇴수(推手) 시에 "상대방이 움직이고자 미동하면 나는 먼저 움직이고", "상대가 급히 움직이면 나도 급히 응하고, 상대가 느리게 움직이면 나도 느리게 따름으로서" 자신에게 유리한 조건을 만들어내며 또한 쾌만(快慢)이 서로 교대하여 통일되게 할 수 있다. 그러므로 느리다가 빨라지고 빠르다가 느려지는 쾌만(快慢)이 서로 교대로 일어나는 운동이 태극권의 제8특징이 된다.

1. 쾌만(快慢)의 발전 순서

태극권을 처음 배우는 단계에서는 절대 빠르지 않아야 하며, 반드시 정성을 다하여 느림을 추구하여 느릴수록 좋다. 왜냐하면 느리면 자세의 정확성을 세밀히 연구할 수 있어 그 대략적인 자세로부터 정밀한 자세를 갖출 수 있으며, 매 한 동작의 전후 경위나 상태 모두에 대하여 상세하게 살펴볼 충분한 시간을 가지게 되어 자세를 바로잡기가 쉽고, 또한 동작의 전환과정이 순조로운지 여부를 검사할 수 있다. 그러나 느리다고 하여 아무런 기한이 없이 느린 것이 아니고, 일반적으로 1·2년의 수련을 거쳐 배워 익히고 모방하며 검사하여 바로잡으면 될 것이다. 이 점은 처음 배울 때 정확한 개념이 있어야 한다. 이것은 다만 자세의 정확함을 추구하는 시기이며, 경(勁)의 종류별 차이를 명백히 하도록 추구하는 시기는 아니다.

이 시기의 만(慢)은 또한 조건이 있으니, 말하자면 정신을 고양하고 또한 밖으로 분산하지 않는 전제하에 느림을 추구하는 것이다. 만약 동작이 느려서 신기(神氣)상으로 둔하며 융통성 없는 단조로움이 겉으로 드러나고, 행동상으로 무겁게 정체되고 민첩하지 못함이 나타나면 곧 태극권 의기(意氣) 운동이 요구하는 것과는 상반된다. 그러므로 느릴지라도 반드시 신기(神氣)가 고취되어 떨치고 의기(意氣)가 민첩하게 변환되는 전제하에 느림을 추구하니, 이것은 태극권의 만(慢)에 대한 표준이다. 이런 까닭에 처음 배울 때는 의식(意識)이 정체되고 신기(神氣)가 둔해지는 습관이 절대로 들지 않도록 하며, 이후의 발전에 곤란이 없도록 한다.

그 후 숙련 정도가 향상됨에 따라서 점차로 속도를 빨리 할 수 있지만, 빠르다고 하여 어수선하여 혼란스러워서는 안 되며, 이것은 경(勁)의 종류별로 단련하는 시기이다.

마지막으로는 공부가 정진된 후 권식(拳式)이 개전(開展)단계로부터 발전하여 긴주(緊湊)단계가 되면, 운경(運勁 : 경을 운행하는 동작)의 선속도(線速度) 또한 점차로 완화시키며, 한편 전환 지점의 각속도(角速度)는 오히려 더욱 빨라진다. 이것은 먼저 느리고 후에 빠르며 다시 완화시키는 3단계의 공부이며, 또한 쾌만(快慢)이 발전하는 세 가지 순서이다.

2. 느리다가 빨라지는 시간과 조건

느리다가 빨라지는 것이 가장 적합한 것은 언제 어떠한 조건하에서 인가? 이 문제에 답하기 위해서는 먼저 느리다가 빨라지는 두 가지 표준을 분명히 알아야 한다.

(1) **동작이 침착(沈着)하다** : 전체 투로(套路) 내에서 가령 움직임이 원래보다 조금 빠르나 여전히 원래 운동의 침착성이 달라지지 않을 수 있다면 이것은 정확하게 빨라지는 것이다. 만약 이렇게 할 수 없으면 곧 기세가 들떠 흔들림이 나타나니, 즉 동작이 너무 빨라졌음을 설명하는 것이므로 응당 즉시 좀 느리게 늦추어야 한다. 이 표준의 지도하에 숙련정도의 향상에 따라서 점차 빨라질 수 있다.

(2) **경(勁)의 종류별 차이를 나타낼 수 있다** : 태극권은 8문5보(八門五步)로써 편성된 것이다. 경(勁)을 운용할 때 반드시 8경(勁) 중의 하나를 충분히 표현해내어야 한다. {예를 들어 4정(正)의 붕리제안(掤攦擠按) 혹은 4우(四隅)의 채열주고(採挒肘靠)} 만약 동작이 너무 빠를 시에는 회전하자마자 곧 미끄러지듯 지나가 버려서, 그 동작에서 요구하는 경(勁)의 종류를 표현해내기가 쉽지 않다. 그러므로 만약 경(勁)의 종류를 다시 표현해내기 매우 어려움을 자신이 느끼게 되면, 이것은 곧 동작이 이미 너무 빨라졌음을 설명하므로 응당 좀 느리게 늦추어야 한다. 이것 또한 느리다가 빨라지는 것의 표준이다.[50]

위에서 말한 두 사항이 바로 느리다가 빨라질 때 적용하는 두 가지 표준이다. 이 두 표준은 느리다가 빠르게 동작하는 시간과 조건을 정확히 파악하도록 지도할 수 있고,

---

50) 註 : 어떻게 빠르게 하는가를 막론하고, 침착함과 경(勁)의 종류를 표현해내기 위해 제1로 전체 투로는 가장 빨라야 8, 9분을 넘지 않는다. 이것은 양징보(楊澄甫) 노사(老師)가 1914년 북경체육연구사(北京體育研究社)의 년회(年會)에서 공개한 태극권 시범에서 보여준 속도이다.

느린 운동으로부터 빠른 운동으로 바뀌는 운동속도가 꼭 들어맞게 한다. 여기서 가리키는 쾌(快)는 결코 태극권 전체 동작 모두를 빠른 동작으로 바꾼다는 것이 아니라, 매 한 권식의 개합(開合) 중 전환동작의 접어 개키는 곳 모두는 이완시킨 것 같으나 이완되지 않고, 장차 자세를 전개할 것 같으나 아직 전개하지 않은 듯이 미련이 있어 서로 떨어지기 싫은 듯하며 흐느적거리듯 부드러운 느린 동작을 표현해내어야 한다.51) 그러므로 소위 쾌(快)라는 것은 단지 원(圓)으로부터 모서리(方)로 향해 방향을 바꾸는 과정 중에 표현해내는 것이다. (그림17과 같다) 이러한 종류의 가속운동은 8문경(八門勁)의 종류가 생기는 기초이며, 만약 이러한 종류의 각가속력(角加速力)이 없으면 곧 4정(四正)과 4우(四隅)의 경(勁)의 종류별 차이를 표현해낼 방법이 없고 또한 "상대가 급하게 움직이면 나도 급하게 이에 응하는" 요구에 적합할 방법이 없다.

태극권의 발경(發勁)은 곧 이러한 종류의 가속 과정을 이용하여 실현하는 것이며, "자세를 전개한 중에 합함이 깃들어 있고(開中寓合)" 또한 내경(內勁)이 굽혀져 축적된 조건하에서 목표물 부근에 도달했을 때 마치 활시위를 벗어나듯이 돌연히 떨쳐 발하여 내경(內勁)을 짧은 거리 내에서 발출해 나간다. 무술가들은 이것을 "촌경(寸勁)"이라 부른다.52)

3. 쾌만(快慢)이 서로 번갈음이 균일하고 경(勁)을 구별한다

위에서 말한 이론에 근거하여 알 수 있는 바, 대체로 단독적인 느린 동작이나 혹은 단독적인 빠른 동작 모두 태극의 음양이 서로 보조하는 원리에 맞지 않는다. 또한 사람의 주의력(注意力)의 안정성에 대하여 말하자면 심리적인 생리기초로부터 알 수 있는 바, 주의력을 장기간 동등한 강도로 유지하여 그 안정성을 깨뜨리지 않는 것은 불가능한 일이다. 만약 주의력을 안정시키고 정신이 흐트러지지 않게 하려면 반드시 주의력의 강도에 고저(高低)가 있어야 한다. 태극권은 의기(意氣)운동으로서 의식을 동작에 집중해야 한다. 그러므로 정신이 흐트러지지 않도록 하기 위해 동작이 빠르고 느림

---

51) 역자註 : 설명으로 봐서는 복잡한 동작 같으나 사실상 극히 작은 반원을 S자 형식으로 연속 동작하는 것이며, 몸통을 좌우로 극히 조금 회전하여 손동작을 이끌어 반원을 2차례 그리는 것이다. 이후 투로를 수련할 때 자연스럽게 익힐 수 있다. 이 동작은 한 동작이 끝날 때 그 동작이 주로 상대방을 가격하는 끝 동작이므로 이 접어 개키는 동작으로써 경(勁)이 끊어지지 않게 새로이 이끄는 것이다.
52) 註 : 대략 1척(尺) 이내 거리에서 축적하여 발경하는 것 모두를 촌경이라 부른다.

이 번갈아야만 비로소 의기(意氣)의 기복(起伏)이 일어나는 특징과 조화될 수 있어, 주의력이 안정을 얻고 신기(神氣)를 고취시킨다. 사실상 동작의 쾌만(快慢)이 번갈아 일어나는 것은 또한 사람의 자연적인 본능이며, 이것은 보건상 필수적인 것일 뿐만 아니라 또한 기격(技擊)상으로도 없어서는 안 되는 것이다. 그러므로 하나의 권식(拳式)으로 말하자면 쾌만(快慢)이 서로 번갈아 일어나야 한다. (그림17 참조)

그런데 투로(套路) 전체로부터 말하자면 이러한 매 한 권식의 쾌만(快慢)이 서로 번갈아 일어나는 것 또한 균일한 변화의 폭을 갖추어야 한다. 이것은 말하자면 운동을 시작하여 끝날 때까지 느린 동작은 모두 꼭 같이 느리고 빠른 동작도 모두 꼭 같이 빨라야 하며, 이것을 태극권 용어로 말하자면 "균청(勻淸)"이53) 되어야 한다는 것이다. 가령 이러한 요구에 도달할 수 있으면 호흡이 반드시 고르게 균형을 이루도록 조절할 수 있어, 호흡이 점점 가쁘지는 현상이 생기지 않는다. 동작과 호흡 두 가지가 같이 "균청(勻淸)"에 도달하게 하는 이러한 종류의 공부는 태극권 수양을 항상 쌓아온 결과로서 나타나는 구체적인 성과이며, 오랜 수련으로 얻은 진정한 공부이다. 그러므로 느리다가 빠르게 동작을 시작할 때 결코 호흡이 가쁠까 두려워 감히 빠르게 동작을 못해서는 안 되니, 이것은 마치 목이 멜 것 같아 밥을 먹지 않는 것과 같다. 요컨대 태극권은 마치 장강대하(長江大河)의 파도처럼 도도히 끊이지 않을 뿐만 아니라 또한 균등하게 기복이 일어나는 운동이어야 한다.

태극권은 8문5보로 구성된 것이다. 처음 배울 때는 몸과 사지에 원래 있는 굳고 딱딱한 졸력(拙力)을 변화시켜 없애기 위해, 잠시 동안은 경(勁)의 종류를 표현해낼 수 없고 다만 둥글기만 하고 모(方)가 나지 않는다. 이 시기에 경(勁)의 종류를 표현해내지 않는 이유는 연습이 부족하여 공부가 깊지 못하고 습관이 아직 양성되지 않았기 때문이며, 또한 이 시기에 만약 경(勁)의 종류를 표현해내고자 하면 곧 무리하게 힘을 추스르는 결점이 쉽게 생겨서 다시는 몸과 사지를 이완해 늘이는 탄성경(彈性勁)이 생기게 할 수 없기 때문이다.

딱딱함을 없애고 유연함을 추구하는 공부를 1・2년 수련한 이후, 굳고 딱딱한 경(勁)이 이미 깨끗이 제거되었다고 스스로 느끼면, 곧 투로(套路)를 연습할 때 경(勁)의

---

53) 역자註 : 고르게 균형을 잘 이루는 것이 분명하다는 정도로 이해하면 된다. 이 말은 태극권에서 일반적으로 쓰는 말은 아니다.

종류를 표현해낼 수 있다. 경(勁)의 차이를 표현해내는 것은 바로 태극권 연습에서 없어서는 안 되는 것이며, 또한 8경(八勁)이 요구하는 바로서, 즉 힘을 가속(加速)하여 동작이 그치는 지점에 도달할 때 아래의 경(勁)을 표현해내어야 한다.

(1) 밖으로 향하는 붕경(掤勁), 안으로 향하는 리경(攦勁), 양손을 합하여 미는 제경(擠勁).

(2) 아래로 향하는 안경(按勁), 양손을 나누는 채경(採勁), 발출하는 열경(挒勁).

(3) 손과 손목이 방원(方圓)을 벗어나는 주경(肘勁), 팔꿈치와 팔이 다시 방원을 벗어나는 고경(靠勁).54)

이처럼 운동하면 비로소 8문5보(八門五步)로 구성된 태극권이라 말할 수 있다. 그러므로 수련하여 일정한 시기가 지난 이후 투로를 연습할 때 응당 이러한 "빠르고 느림이 서로 번갈아 일어나는(快慢相間)" 동작을 완전하게 잘 해야 한다. 이 쾌만상간(快慢相間)을 오래 연습하여 습관이 되면 곧 8문경(八門勁)이 생기며 또한 증강되어, 명실상부한 8문5보(八門五步)가 이루어진다.

4. 쾌만상간(快慢相間)의 습득

(1) **처음 배울 때 정성을 다하여 만(慢)을 추구한다** : 처음 배울 때 매 한 동작을 검사하여 바로잡기 편리하도록 반드시 동작이 느려야 한다. 이 느림을 추구하는 시기에는 순서에 따라 점차로 나아가 연습하며, 절대로 조급하지 않아야만 더욱 향상하는 데에 곤란함이 생기지 않는다.

(2) **반드시 정신을 분발하고 의기(意氣)를 민첩하게 변환하는 상태하에서 만(慢)을 추구한다** : 처음 배울 때 자세를 검사하고 바로잡기 위해서는 동작이 느리지 않으면 안 된다. 그러나 위에서 말한 바와 같이 느림에도 그 한도가 있어야 하니, 말하자면 그 느림이 움직이는 듯 정지한 듯하고 눈이 고정되어 정신이 둔한 듯하여 마치 그곳에서 무슨 생각을 하는 듯해서는 안 된다. 이러한 종류의 만(慢)은 자세를 취해 멈추어 있는 참공(站功)에 가까운 것이며, 움직이는 권술에서 필요로 하는 것이 아니다. 그러므로 만(慢)은 반드시 정신을 분발시키고 의기(意氣)를 민첩히 변환하는 전제하에 느림을 추구하는

---

54) 역자註 : 여기서 벗어난다는 것은 방원(方圓)의 안쪽으로 벗어나는 경우이며, 즉 상대방이 자신에게 근접한 때이다.

것이며, 이처럼 되어야 멍청히 둔해지거나 정신이 흐트러지는 결점이 생기지 않는다.

(3) 반드시 동작이 침착(沈着)되고 경(勁)의 종류를 능히 표현해낼 수 있는 상황하에서 쾌(快)를 추구한다 : 빠름을 추구하는 것도 느림을 추구하는 것과 마찬가지로 아무런 제한 없이 빠르기만 한 것이 아니라, 마찬가지로 그 한도가 있어야 한다. 비록 빠르지만 동작은 여전히 침착해야 한다. 침착한 빠름이 태극권에서 요구하는 쾌(快)이며, 침착하지 않은 것은 곧 결점이다. 또한 반드시 경(勁)의 종류별 차이를 표현해낼 수 있는 상황하에서 쾌(快)를 추구해야 한다. 그 이유는 경(勁)마다 그 쾌(快)가 다르기 때문이다. 이러한 쾌(快)는 이롭기만 하고 해(害)가 없는 빠름이다. 이러한 쾌(快)는 기세가 떠올라 흔들려 가라앉지 않거나 경(勁)의 종류를 분별치 못하는 결과를 가져오지 않으며, 방원상생(方圓相生)의 공능(功能)을 잃지 않게 한다.

(4) 전환과정에서 느리고, 방향을 바꾸어 "모서리 지점(方點)"으로 향할 때 빨라진다 : 위의 세 항목은 투로(套路)를 연습할 때 쾌만(快慢)에 대하여 응당 파악해야 하는 세밀한 사항을 설명한 것이다. 매 한 권식의 쾌만(快慢) 원칙에 대하여 다시 말하자면, 전환할 때 접어 개키는 곳에서는 응당 느리고, 전환 지점을 지난 후 가속경(加速勁)을 운용하여 빠르게 운경(運勁)하며, 이처럼 반복하여 다시 시작하듯이 진행한다. 또한 전체 투로(套路) 중에서 이러한 빠름과 느림이 교대하는 변환 또한 "균청(勻淸)"에 도달해야 한다. 이것은 8종류의 경(勁)을 단련하는 기초이며, 이 경(勁)을 생기게 하고 증강시킨다.

특징8을 파악하기 편하도록 그 요령을 개괄하면 다음과 같다.

(1) 처음 배울 때는 동작이 느려야 하니, 이것은 검사하여 바로잡는 기회를 갖기 위해서다.

(2) 동작을 느리게 하는 것은 반드시 정신을 고취하고 의기(意氣)를 민첩하게 변환함을 전제로 한다.

(3) 숙련 정도가 향상됨에 따라 응당 전체 투로(套路)를 한번 연습하는 데에 소요되는 시간을 점차 단축해야 한다. 그러나 빠름을 추구하는 것은 반드시 동작이 침착하고 능히 경(勁)의 종류를 표현해낼 수 있음을 전제로 한다.

(4) 빠르고 느림이 서로 번갈아 일어나는 원칙은 전환 시의 접어 개키는 곳은 느리고, 전환처를 지난 후 점점 빨라지며, 모서리(方) 지점을 지난 후 다시 느리게 바뀐다. 동시

에 전환 시의 행기(行氣)는 느려야 하며, 동작이 다하여 그치는 지점은 빨라야 한다.

(5) 전체 투로(套路) 중에서 빠르고 느림이 번갈으는 변화의 폭은 균청(匀淸 : 균등함이 분명함)이 되어야 한다.

결어(結語)

태극권의 여덟 가지 특징은 태극권 권보(拳譜) 중에서 누차 추려내어 정선한 것이다. 선배들이 남긴 귀중한 수련 경험은 일찍이 태극권을 수련하여 익히는 원칙이 되어 현재에 이르렀고, 또한 태극권을 수련하는 사람들이 일치되게 준수하는 표준이다.

그 밖에 응당 지적해야 할 것은, 특징이 비록 여덟 가지로 나누어지나 그 본질은 하나이므로, 투로를 연습하거나 혹은 퇴수(推手)를 연습할 때 이 특징들을 각기 고립적으로 대하지 말고, 반드시 매 한 동작 중에 모두 적용하여 점차로 이러한 특징들에 부합되는 것이다. 어떤 한 권식(拳式)이나 동작 모두 반드시 집중된 의식(意識)을 운용하여 전체 동작과정을 지휘하며 (특징1), 정신을 고양시킨 전제하에 몸과 사지가 탄성을 갖추게 하고 (특징2), 또한 허실(虛實)의 민첩한 변환과 (특징4), 순역(順逆)의 나선형 전사(纏絲) 중에 (특징3), 내외(內外)가 서로 합일되게 촉진하여 어느 한 곳이 움직이기만 하면 전신이 함께 움직이도록 모든 관절을 관통하여 이어서 (특징5), 동작이 서로 연결되어 시종 한 기세를 이루며 (특징6), 강유(剛柔)가 서로 호응하여 보완하는 질량(質量 : 품질)과 (특징7), 운동 속도가 느릴 때도 있고 빠를 때도 있음을 표현해내니 (특징8), 이것은 태극권이 마땅히 갖추어야 할 특색이다.

위의 분석으로부터 알 수 있는 바, 이러한 특징들은 상호간에 의지하고, 상호간에 제약(制約)하고, 상호간에 촉진하고, 상호간에 전화(轉化)된다. 그러므로 만약 고립적으로 다만 한 가지 특징을 관철하고자 의도하여 다른 특징들을 포기하면, 곧 다른 특징들에게 손해를 끼칠 뿐만 아니라 동시에 관철코자 하는 그 한 특징에도 영향을 미친다. 그러므로 이러한 특징들은 하나의 특정한 동작을 위해서 특별히 있는 것이 아니고, 더욱이 어떤 한 동작이 다만 어떤 한 가지 특징만 가지는 것이 아니라, 전체 태극권 투로(套路)를 구성하는 매 한 권식 모두가 응당 갖추어야 하는 특징이다.

현재 유행하는 태극권은 어느 식(式)인지를 막론하고 또한 자세가 개전(開展)한 것인지 아니면 긴주(緊湊)한 것인지를 불문하고, 더욱이 이 투로 내에 몇 개의 권식이 더 많은지 아니면 몇 개의 권식이 적은지를 상관않고, 다만 세심하게 관찰하면 비록 외면상 차이가 있는 태극권 자세일지라도 내면적으로는 다소간 모두 이러한 공통적인 특징을 지니고 있다. 서로 다른 바는, 다만 어떤 것은 명백히 밖으로 표현되고 어떤 것은 암경(暗勁)의 방식으로 안으로 감춘다는 것이다. 이것 또한 태극권이 수백년을 유전해 오는 동안 기타 무술에 동화되지 않고 여전히 독자적인 격조를 지니고 있음을 설명하며, 이 모든 것은 이러한 공통적인 특징들이 단호하게 지켜 버티어낸 결과이다. 그러므로 태극권을 배워 익힐 때 이 특징들을 등한시할 수 없다.

그러나 처음 배울 때 이 여덟 가지 특징을 한꺼번에 습득코자 한다면, 이것은 불가능한 일이다. 처음 배울 때는 다만 이러한 특징들을 인식하고, 이것은 선배들이 남긴 경험의 총화이자 또한 태극권을 구성하는 기본요소임을 알면, 곧 선배들이 경험에 의거하여 이미 가리킨 방향을 따라서 차근차근 전진하기 쉽고, 또한 태극권에 응당 있어야 할 효과를 거두기 쉽다.

제2장 진식태극권(陳式太極拳) 제1로 도해(圖解)

진식태극권 제1로 권식 명칭 순서

제1식 예비식(預備式)
제2식 금강도대(金剛搗碓)
제3식 란찰의(懶扎衣)
제4식 육봉사폐(六封四閉)
제5식 단편(單鞭)
제6식 제2금강도대(第二金剛搗碓)
제7식 백학양시(白鶴亮翅)
제8식 사행요보(斜行拗步)
제9식 초수(初收)
제10식 전당요보(前蹚拗步)
제11식 제2사행요보(第二斜行拗步)
제12식 재수(再收)
제13식 전당요보(前蹚拗步)
제14식 엄수굉추(掩手肱捶)
제15식 제3금강도대(第三金剛搗碓)
제16식 피신추(披身捶)
제17식 배절고(背折靠)
제18식 청룡출수(靑龍出水)
제19식 쌍퇴수(雙推手)
제20식 삼환장(三換掌)
제21식 주저추(肘底捶)
제22식 도권굉(倒捲肱)
제23식 퇴보압주(退步壓肘)

제24식 중반(中盤)
제25식 백학양시(白鶴亮翅)
제26식 사행요보(斜行拗步)
제27식 섬통배(閃通背)
제28식 엄수굉추(掩手肱捶)
제29식 육봉사폐(六封四閉)
제30식 단편(單鞭)
제31식 운수(運手)
제32식 고탐마(高探馬)
제33식 우찰각(右擦脚)
제34식 좌찰각(左擦脚)
제35식 등일근(蹬一根)
제36식 전당요보(前蹚拗步)
제37식 격지추(擊地捶)
제38식 번신이기각(翻身二起脚)
제39식 수두세(獸頭勢)
제40식 선풍각(旋風脚)
제41식 등일근(蹬一根)
제42식 엄수굉추(掩手肱捶)
제43식 소금타(小擒打)
제44식 포두퇴산(抱頭推山)
제45식 삼환장(三換掌)
제46식 육봉사폐(六封四閉)

제47식 단편(單鞭)
제48식 전초(前招)
제49식 후초(後招)
제50식 야마분종(野馬分鬃)
제51식 육봉사폐(六封四閉)
제52식 단편(單鞭)
제53식 쌍진각(雙震脚)
제54식 옥녀천사(玉女穿梭)
제55식 란찰의(懶扎衣)
제56식 육봉사폐(六封四閉)
제57식 단편(單鞭)
제58식 운수(運手)
제59식 파각질차(擺脚跌叉)
제60식 좌우금계독립(左右金雞獨立)
제61식 도권굉(倒捲肱)
제62식 퇴보압주(退步壓肘)
제63식 중반(中盤)
제64식 백학양시(白鶴亮翅)
제65식 사행요보(斜行拗步)

제66식 섬통배(閃通背)
제67식 엄수굉추(掩手肱捶)
제68식 육봉사폐(六封四閉)
제69식 단편(單鞭)
제70식 운수(運手)
제71식 고탐마(高探馬)
제72식 십자파련(十字擺蓮)
제73식 지당추(指襠捶)
제74식 백원헌과(白猿獻果)
제75식 육봉사폐(六封四閉)
제76식 단편(單鞭)
제77식 작지룡(雀地龍)
제78식 상보칠성(上步七星)
제79식 퇴보과호(退步跨虎)
제80식 전신쌍파련(轉身雙擺蓮)
제81식 당두포(當頭炮)
제82식 금강도대(金剛搗碓)
제83식 수세(收勢)

도해(圖解)에 관한 설명

(1) 제1로 도해(圖解) 중의 동작 분해도(分解圖)는 진조규(陳照奎 : 1928 ~ 1981 진씨 18세손, 陳發科의 막내아들)의 권술자세 사진에 얇은 종이를 대고 본떠 그린 것이다. 제2로(砲捶) 도해 중의 동작 분해도는 진발과(陳發科) 노사(老師)의 자세 사진에 따라 그린 것이다. 그 외 동작 분해상의 필요에 의해 진조규의 체형에 비추어 일부 그림을 그렸다.

(2) 독자가 권식(拳式)의 방향을 이해하기 편리하도록 그림 중 자세의 방향은 독자를 향해 얼굴을 마주한 면을 남쪽으로 정하고 그 배면(背面)은 북쪽으로 정하며, 독자를 향해 얼굴을 마주한 그림의 우측은 동쪽이 되며 좌측은 서쪽으로 정한다. 독자가 연습하여 익숙해지면 장소의 상태에 따라 임의로 방향을 선정할 수 있으며, 「예비식」을 반드시 남쪽을 향해 서서 시작할 필요는 없다.

(3) 그림 중의 모든 실선과 점선의 화살표는 손이나 발의 동작 추세(趨勢)를 나타내며, 모든 그림의 화살표는 그 그림의 자세에서 다음 그림의 자세로 넘어가는 동작 추세를 나타낸다. 대체로 동작이 비교적 간단하여 문자로 설명이 가능한 것은 그림 중에 다시 표시하지 않으며, 그 동작의 설명과 그 다음 그림을 참고하면 곧 이해할 수 있을 것이다. 그 밖에 앞에 나온 어느 한 초식(招式)과 같은 권식(拳式)은 동작을 분해한 여러 폭의 그림을 한 두 폭의 그림으로 생략하거나, 앞에 나온 같은 권식의 분해도를 참고할 수 있으므로 생략된 한 두 폭의 그림 중에 다시 그 동작 추세를 표시하지 않는다.

(4) 실선의 화살표는 오른손이나 오른발의 동작 추세를 나타내며, 점선의 화살표는 왼손이나 왼발의 동작 추세를 나타낸다.

(5) 태극권에서 발의 동작 또한 비교적 세밀하므로, 발과 지면의 관계를 나타내기 위해 발 옆에 그림자를 그려서 구별한다. (아래 그림을 참고할 것)

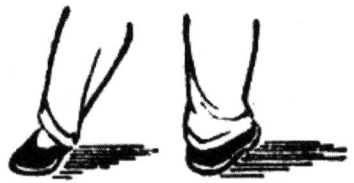

a. 발바닥 전체가
착지(着地)한 것을 나타낸다.

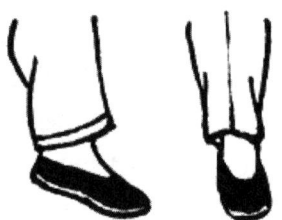

b. 발 옆에 그림자 표시가
없는 것은 발 전체가 땅에서 떨어져 있음을 나타낸다.

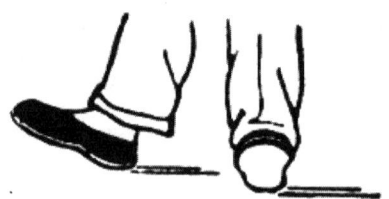

c. 발꿈치가 지면에 닿은 것을
나타낸다.

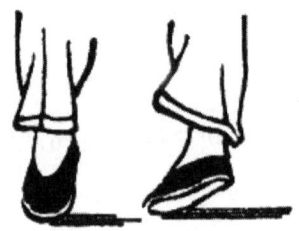

d. 발끝이 지면에 닿은
것을 나타낸다.

진식태극권 제1로(陳式太極拳 第一路)

제1식 예비식(預備式)

몸을 곧고 바르게 세워 서며, 양발 사이의 거리는 어깨 넓이보다 조금 넓고, 양 발끝은 밖을 향해 조금 벌리며, 양팔은 자연스럽게 아래로 늘어뜨리고, 시선은 앞을 향해 수평으로 바라본다. (그림 1)

그림 1

요점

「예비식」은 동작을 시작하기 전에 의식(意識)과 자세(姿勢)를 준비하는 것으로, 「예비식」에서 요구하는 것은 다음과 같다. "안으로는 정신을 집중하고, 밖으로는 편안하게 보이며(內固精神, 外示安逸)", "정수리로 경(勁)을 가벼이 이끌어 올리니(虛領頂勁)", 이것은 곧 머리를 곧고 바르게 세워 정수리를 자연스럽게[1] 이끌어 올려 마치 정수리가 허공에 매달려 있는 듯이 하여 정수리로 경(勁)을 이끌어 올리는 것이다. 입술을 가볍게 닫고, 치아를 가볍게 서로 합하여, 아래턱은 안으로 조금 당겨 거두어들인다. "어깨를 아래로 내리며(沈肩)" 극히 미세하게 앞으로 내미는[2] 동시에 긴장을 풀어 이완시켜 아래로 가라앉힌다. "가슴을 앞으로 내밀지 않고 몸의 배면(背面)은 위로 뽑아 올리는 듯하니(含胸拔背)", 즉 가슴은 안으로 들어가지 않고 밖으로 내밀지도 않는 자연스런 상태로 고정하며, 몸 배면 등은 아래위로 길게 당겨 빼는 듯하는 의식(意識)을 갖는다. 사타구니를 벌려서 둥글며 비어있는 기분이 들게 한다. 양 무릎은 곧게 펴지 않고 조금 굽혀 서서 무릎관절에 여유를 남겨둔다. 전신의 긴장을 풀어 이완시키며, 호흡은 자연스럽게 하며 의식을 단전(丹田)에 둔다.

이상에서 말한 요령은 「예비식」을 할 때 뿐만 아니라, 이 권법 투로(套路) 전 과정의 모든 동작에서도 반드시 항상 주의해야 할 사항이다. 그 밖에, 이상에서 말한 바와 같이 각 방면에는 물론 각기 그 요구사항이 있지만, 또한 피차 서로 간에 영향을 미친

---

1) 역자註 : 목을 가벼이 곧게 뽑아 세우되, 자연스럽고 부드럽게 힘을 쓰지 않고 뽑아 올린다.
2) 역자註 : 소림권(少林拳)처럼 가슴을 앞으로 내미는 정흉(挺胸)에 반대되는 함흉(含胸)을 가리키며, 고의적으로 양 어깨를 앞으로 내민다기 보다 가슴을 평상시처럼 자연스런 자세를 취하되, 등을 통하여 양팔이 서로 연결되도록 몸 배면 등을 팽팽하게 펴는 자세이다. 고의적으로 등이 둥글게 될 정도로 양 어깨를 앞으로 내밀어서는 안 된다.

다. 예를 들어 양 어깨를 앞으로 조금 내밀면서 이완시켜 아래로 가라앉히면 곧 함흉발배(含胸拔背)를 쉽게 할 수 있고, 안으로 정신을 집중하기 쉽고, "기세를 단전으로 가라앉히며(氣沉丹田)"3) 경(勁)을 정수리로 가벼이 이끌어 올리기가 쉽다. 무릎은 조금 굽히기 때문에 사타구니를 벌려서 원활해지기가 쉽다. {사타구니(襠)는 곧 양다리 사이의 회음(會陰) 부분이며, 사타구니를 벌리면 기(氣)를 이끌어 일으키는 감각이 들며, 이 부분이 아래로 쳐져 흔들리지 않음을 느낀다.}

제2식 금강도대(金剛搗碓)

동작 1

몸을 아래로 조금 앉히며, 양 팔꿈치를 조금 굽히고, 양 장심(掌心)이 아래로 향하며 {양손은 "경(勁)이 서로 합하는(合勁)" 의념(意念)을 가진다}4) 시선은 앞을 향해 수평으로 바라본다. (그림 2) 몸을 좌(左)로 조금 돌리며, 동시에 양손은 왼손이 역전(逆纏)하고 오른손은 순전(順纏)하며 좌측 앞쪽 사각(斜角)으로 어깨 높이까지 들어올리며, 양 장심(掌心)은 여전히 아래로 향한다. (그림 3) 몸을 우(右)로 돌리면서 또한 계속하

그림 2   그림 3   그림 4

---

3) 역자註 : 혹은 호흡은 단전으로 깊게 복식 심호흡을 하며
4) 역자註 : 합경(合勁)은 양손을 벌려 전개하는 개경(開勁)과 반대되는 기세를 갖추는 것을 말하며, 합경(合勁) 개경(開勁) 모두 양손이 서로 호응하는 기세를 갖춘다. 모든 자세에서 이처럼 양손이 서로 호응하는 기세를 갖추려면, 먼저 의식(意識)을 양손에 주입하여 팔과 등을 통하여 연결하며, 어느 한곳도 소홀함이 없어야 한다.

여 아래로 앉히며, 몸의 중심(重心)을 우측 다리로 모두 옮기면서 좌측 다리를 들어올린다. 몸을 우(右)로 돌릴 때, 동시에 양손은 여전히 왼손은 역전(逆纏)하고 오른손은 순전(順纏)하면서 우측 뒤쪽을 향하여 전개하며, 장심은 우측 뒤쪽을 향하고 손가락은 활짝 펴서 연약(軟弱)하지 않도록 한다. (그림 4)

동작 2

왼발 발끝을 위로 치켜세우고 발꿈치 안쪽을 땅에 붙여 좌측 앞쪽으로 향하여 땅을 가볍게 파는 듯이 뻗어 나가며, 몸의 중심(重心)을 앞으로 이동함에 따라 왼발이 점차로 땅을 디뎌 밟는다. 동시에 양 장(掌)은 여전히 왼손은 역전(逆纏)하고 오른손은 순전(順纏)하면서 우측 뒤쪽을 향하여 계속 전개하며 또한 조금 아래로 내리고, 왼발이 땅을 디뎌 밟는 동시에 양손을 체중의 이동에 따라 앞으로 이동한다. (그림 5 갑·그림 5 을) 몸의 중심(重心)을 앞으로 이동하여 좌측 다리로 옮기며, 몸은 이에 따라 좌(左)로 회전하며, 오른발이 앞으로 일보(一步) 나가서 발끝을 땅에 닿는다. 동시에 양손은 뒤로부터 앞을 향하여 왼손은 역전(逆纏)하고 오른손은 순전(順纏)하여 왼손의 장심이 아래로 향하고 팔꿈치를 굽혀 앞으로 밀어(擠)5) 내며, 오른손은 오른발이 일보 나가는 때에 따라서 앞으로 걸어 올려(撩)6) 양손이 합경(合勁)을 이룬다. (그림 6)

그림 5 갑 그림 5 을 그림 6

---

5) 역자註 : 제(擠)라고 표시한 것은 8경(勁) 중의 제(擠) 수법이며, 이후 각 경(勁)이나 수법을 표시한 바에 따라 공방(攻防)의 개념을 적용하여 수련하면 스스로 이해할 수 있다.
6) 역자註 : 료(撩)는 아래에서 위로 걸어 올리는 듯한 수법이며, 상대의 사타구니를 공격하거

동작 3

오른손 장(掌)이 주먹을 쥐어 권(拳)으로 변하면서 밖에서부터 위로 향해 순전(順纏)하며 걸어 올리고, 왼손 장(掌)은 역전(逆纏)하면서 안으로부터 아래로 내리며, 동시에 오른발을 들어 거두어들인다. (그림 7) 왼손 장(掌)을 배 앞으로 내리며,7) 이어서 오른손 권(拳)을 왼손 장심(掌心) 내로 떨어뜨리면서 동시에 오른발이 왼발 옆으로 향해 땅으로 내려차서 진각(震脚)한다. (그림 8)8)

그림 7   그림 8

요점

(1) 전사경(纏絲勁)은 곧 태극경(太極勁)이며, 태극권의 핵심을 이루는 것이다. 이것

나 위로 쳐 올리는 수법이다.

7) 역자註 : 왼손 장(掌)을 역전(逆纏)하며 배 앞으로 내려가서 순전(順纏)하며 장(掌)을 뒤집어 장심(掌心)이 위로 향한다. 이 동작은 왼손 장(掌)을 순전(順纏)하며 장(掌)을 뒤집으며 내려오기도 한다. 왼손이 내려가고 오른손이 올라올 때 반드시 등을 통하여 양손의 경(勁)이 연결되어 한 가닥을 이루어 상하(上下) 전사를 한다.

8) 역자註 : 마지막 동작인 오른손 권(拳)을 내려치는 동작은 초식의 명칭대로 "방아를 찧는(搗碓)" 절구공이처럼 내려치는 동작이나, 처음 자세를 익혀 익숙해지는 상당 기간 동안은 반드시 느린 동작으로 힘을 쓰지 않고 가볍게 내리도록 하며, 오른발이 땅으로 내려차는 진각(震脚) 동작도 반드시 느린 동작으로 가볍게 땅으로 내리도록 한다. 특히 진각 동작은 너무 무리하게 내려차면 왕왕 무릎에 이상이 올 수도 있으므로 주의해야 한다. 자세를 정확하게 체득하려면 각 한 장의 그림대로 정지된 자세를 취하여 몸 전체를 태극권 이론에 따라 점검하여 몸의 각 부위를 교정하여 몸 전체가 한 기세를 이루어 가능한 오래 참고 견딘다. 이러한 수련을 참장(站樁)이라 하며, 가장 효과적인 수련방법이다. 본문에는 호흡의 배합에 자세한 설명이 없으나, 기본적으로 발경할 때 호흡을 내쉬므로 이 권식 그림 6에서 7로 연결되는 동작 때 숨을 들이마시고 그림 7에서 8로 동작할 때 내쉰다. 그림 8의 양팔 자세는 몸에서 너무 가까이도 멀지도 않고, 등을 통하여 양팔의 경(勁)이 연결된다.

은 두 개의 대립적인 기본전사로부터 통일되어 나오는 것이다. 태극권 전체 투로(套路)의 어떤 동작이라도 시종 이 전사경을 떠날 수 없다. 그러므로 전사경은 모든 동작 과정의 처음부터 끝까지 관통하여 연결되어야 한다.

순역(順逆) 두 개의 전사는 전체 권법 투로의 동작이 보편적으로 갖추고 있는 것으로, 권식(拳式 : 招式) 내의 각 동작 모두 순역전사(順逆纏絲)를 갖추고 있다. 그러므로 순역전사는 보편적 성질의 기본전사에 속한다. 그리고 안팎(裡外)·상하(上下)·좌우(左右)·전후(前後)·대소(大小) 등 다섯 쌍은 각 동작의 전사(纏絲)가 방위(方位)나 대소(大小)에 따라서 다른 점을 형용하는 것이므로, 특수한 성질의 방위(方位)전사에 속하는 것이다. 그러나 보편적 성질의 순역(順逆)전사에 다만 단일한 한 쌍의 방위(方位)전사만을 갖추어 있는 것은 결코 아니며, 각 동작의 필요에 의하여 어떠한 것들은 단일한 것이니, 예를 들어 좌우(左右)가 순역(順逆)인 경우이며, 어떠한 것들은 상하(上下)의 전사가 다르고 또한 안팎(裡外)의 전사가 다른 경우이다. 전사경에 관하여는 특징 3을 참조하기 바란다.

(2) 이 초식은 태극권13세(太極拳十三勢)의 제1세이며, 이 초식 중에 다섯 가지 전사경(纏絲勁)의 운용을 거쳐 최후의 내려찧는 동작{진각(震脚)과 우권(右拳)을 좌장심(左掌心) 내로 내려치는 동작}은 이 한 권식이 마무리됨을 표시한다.

(3) 진각(震脚)의 작용은 전신의 기(氣)를 아래로 가라앉게 하며, 또한 혈액순환을 이롭게 한다. 예를 들어 너무 오래 서 있어 피로함을 느끼고 또한 주위 환경이 걸어서 움직임을 허용치 않을 경우에 양 발꿈치를 들어 발끝으로 서서 다시 아래로 가볍게 발꿈치를 차 내리기를 여러 차례 하면 마찬가지로 피로회복의 효과를 얻을 수 있다. 그 밖에, 진각의 경중(輕重)은 수련자의 연령과 신체의 강약에 근거하여 정할 수 있다. 그러나 경중을 막론하고 모두 아래로 가라앉히는 경(勁)이 완정(完整)해야 한다. 경정{勁整 : 온몸의 경(勁)이 혼연일체가 되어 완정(完整)함}의 여부는 진각(震脚) 동작의 소리에 근거하여 판단할 수 있다.9)

---

9) 역자註 : 진각 동작은 소림권이나 형의권(形意拳)·남권(南拳) 등 다른 종류의 권술에도 흔히 있는 동작이며, 발차기의 공력(功力)을 단련하는 좋은 방법이다. 진각 방법은 발바닥 전체를 바닥에 내려차면서 숨을 내쉬며 발성을 하기도 하며, 시멘트바닥이나 돌바닥 같은 곳에서 맹렬하게 내려찰 때는 특히 무릎에 부상을 입지 않도록 주의한다. 1928년 진발과(陳發科)가 북경에서 처음으로 진식태극권 제2로 포추(砲捶)를 공개했을 때 그가 진각한 곳의 바닥에 깔린 두꺼운 사각 전(磚 : 구운 바닥 벽돌)이 모두 깨어져, 현장에 있던 이 책의 저자 중의 한 사람인 심

(4) 태극권의 모든 동작은 "침견추주(沈肩墜肘)"를 요구한다. "침견(沈肩)"은 「예비식」의 요점에서 이미 설명한 바와 같고, "추주(墜肘)"는 모든 동작 중에서 양팔의 팔꿈치 관절이 일정하게 굽은 상태를 유지하며, 결코 곧게 펴지 않고, 팔꿈치는 또한 아래로 내려뜨린다는 뜻이다.

(5) 진식(陳式)태극권 중의 장(掌)은 손가락을 뒤로 굽히도록 요구하니, 이것은 곧 엄지손가락을 제외하고 나머지 네 손가락 모두 손등을 향해 조금 굽히는 것이다. {각 그림 중의 장(掌)의 형태를 참조할 것} 이처럼 하면 기(氣)가 손가락 전체에 집중되게 할 수 있으며, 또한 팔에 졸력(拙力)을 사용하게 되는 결점을 없애거나 경계할 수 있다.

제3식 란찰의(懶扎衣)

동작 1

몸을 먼저 좌(左)로 조금 돌리다가 다시 우(右)로 조금 돌리며 이어서 곧 정면으로 돌려온다. 동시에 양손은 아랫배 앞에서 몸의 회전에 따라 좌측 밖으로 그리고 위로 향하고 이어서 우측으로 그리고 아래로 향해 작은 권(圈)을 한 바퀴 돌린다.(여전히 다시 그림 8의 자세가 된다)[10] 이어서 몸을 다시 좌(左)로 조금 돌리다가 방향을 바꾸어 우(右)로 조금 돌린다. 동시에 양손은 왼손은 역전(逆纏)하고 오른손은 순전(順纏)하여 가슴 앞에서 교차시켜 합경(合勁)하며, 다리는 몸의 회전에 따라 좌측 다리가 실(實)이 되었다가 바뀌어 우측 다리가 실(實)이 된다.[11] (그림 9) 양손은 전사권(纏絲圈)을 확대하여, 오른손은 위로 역전(逆纏)하고 왼손은 아래로 역전(逆纏)하며 벌려서 개경(開勁 : 合勁에 반대되는 벌린 기세)을 이룬다. 양팔을 벌려 개경을 이룰 때 우측 다리의 실(實)이 변하여 좌측 다리가 실(實)이 된다. (그림 10·11)[12] 몸의 중심(重心)을 전

가정(沈家楨)과 허우생(許禹生)·이검화(李劍華) 등이 모두 놀라 그 자리에서 배사(拜師)의 예를 올리고 스승으로 삼았다고 한다.

10) 역자註 : 왼손 장(掌)이 오른손 권(拳)을 감싸 받친 자세로 작은 권(圈)을 돌리는 동작은 마치 배꼽으로 주먹크기의 원을 그리는 듯이 하며, 이때 몸의 회전에 따라 양다리의 허실을 미세하게 바꾸어 온몸이 함께 호응하도록 한다.

11) 역자註 : 다리가 실(實)이 된다는 것은 체중을 비교적 많이 싣는다는 뜻이며 좌우 다리 허실(虛實)의 비율을 높게 하면 운동량이 많아지므로 처음 배울 때는 허실의 비율을 높게 하여 명확히 한다. 제4특징 참조.

12) 역자註 : 다리의 허실(虛實)은 움직이는 과정 중에 바뀌므로 설명을 이처럼 하였으나, 그림 9에

부 좌측 다리로 옮기고 오른발을 들어 곧 발꿈치를 땅에 붙여서 우(右)로 향해 땅을 가볍게 파듯이 뻗어 나간다. 동시에 양손은 계속하여 곡선으로 휘두르며, 크게 벌린 자세를 전환하여 양손이 순전(順纏)하며 합하고 (그림 12 갑), 중심(重心)을 점점 우(右)로 이동하여 오른발 발끝이 땅을 디뎌 실(實)이 되며, 몸을 미세하게 좌(左)로 돌리면서 오른손을 조금 좌(左)로 전개한다. (그림 12 을)

그림 9   그림 10

그림 11   그림 12 갑   그림 12 을

서 몸을 왼쪽으로 미세하게 돌리면서 좌측다리가 실(實)이 되고, 이어서 그림 10에서 몸을 다시 오른쪽으로 미세하게 돌리면서 우측 다리가 실(實)이 되며, 그림 11에서 좌측 다리가 다시 실(實)이 된다.

동작 2

몸을 조금 우(右)로 돌리며, 이에 따라서 중심(重心)을 우(右)로 이동하여 점점 우측 다리가 실(實)이 된다. 동시에 양손은 합해진 상태로부터 다시 전개하며, 오른손은 크게 역전(逆纏)하면서 우측으로 팔을 돌리며 전개하고, 왼손은 작은 역전(小逆纏) 후에 장(掌)을 뒤집어 좌측 허리 앞에 위치하며, 왼손 장심(掌心)은 위로 향한다. (그림 13) 몸을 좌(左)로 돌려 정면으로 향하고, 좌측 과(胯 : 몸체와 다리 사이의 관절 부위)를 조정하며, 온몸의 긴장을 풀어 늦추면서 기(氣 : 氣勢)를 아래로 가라앉힌다. (그림 14)[13]

그림 13   그림 14

요점

(1) 오른발이 뻗어 나갈 때는, 반드시 동시에 오른손을 좌(左)로 향해 순전(順纏)하면서 아래로 내리는 때이며, 오른손이 좌측 아래로 내려가면서 오른발이 우(右)로 향해 압박하여 나가는 감각을 갖추어야 한다. 왼손이 역전(逆纏)하고 오른손이 순전(順纏)하여 다시 양손이 합해진 후, 다음 동작은 특징 5의 "몸의 어느 부분이 움직이기만

---

13) 역자註 : 자세를 취할 때 특히 주의할 점은, 몸을 곧고 바르게 세워 마치 정수리의 백회혈(百會穴)과 사타구니의 회음혈(會陰穴) 부위를 아래위로 잡아당기는 기분으로 수직을 유지한다. 이처럼 하려면 특히 둔부를 뒤로 내밀지 말고 골반 아래쪽을 미세하게 앞쪽 위로 올려 특히 허리 부위의 척추가 수직이 되어야 한다. 골반 아래를 극히 조금 앞쪽 위로 들어올리는 듯하여 척추를 곧게 펴는 것을 렴둔(斂臀 : 둔부를 거두어들인다)이라 한다. 그 반대인 엉덩이를 뒤로 내미는 자세는 몸이 아래위로 나누어져 경정(勁整)을 이룰 수 없다. 렴둔(斂臀)을 할 수 있는 관건은 원당(圓襠 : 사타구니를 가능한 벌려서 펴는 자세)에 있으며, 사타구니 안쪽이 벌려져 펴게 되면 둔부가 자연히 거두어 들여지게 되고 항문(肛門) 또한 자연히 위로 올려지게 된다. 여하튼 엉덩이를 뒤로 내미는 자세는 처음 배우는 사람들이 가장 범하기 쉬운 자세이므로 절대로 기피하여 매 자세마다 점검하여 교정한다.

하면 전신이 같이 움직이는(一動無有不動)" 요구사항을 충분히 나타낸다.

(2) 진식태극권은 매 한 권식을 시작할 때마다 모두 내부(內部)로부터 외부(外部)의 움직임을 이끌어 내어야 하며, 그러므로 외형상으로 하나의 "작은 권(小圈)"으로써 그 뒤의 동작을 이끌어 간다. 예를 들어「예비식」으로부터「금강도대」초식을 시작할 때, 양손을 사타구니 옆에서 팔꿈치를 굽히면서 조금 들어올려 장심이 아래로 향하여 조금 누르며 합경(合勁)을 이룬 후에 동작을 시작하고,「금강도대」식으로부터「란찰의」초식을 시작할 때 양손을 아랫배 앞에서 하나의 "작은 권(小圈)"으로 돌린다. (그림 8 중의 양손 동작 점선) 매 한 초식을 완성했을 때 모두 하나의 조정(調整)하는 동작이 있으니, 예를 들어「금강도대」의 마지막은 내려찧는 동작이며,「란찰의」의 마지막은 몸을 정면으로 돌리고 후과(後胯 : 여기서는 좌측 胯)를 조정하는 것이다.

(3) 이 초식은 "상하(上下 : 손과 발)가 서로 호응하여 따르는(上下相隨)" 관계를 충분히 나타낸다. 하나의 권(圈)으로 휘둘러 회전하여 위로 붕(掤)할 때, 손은 허(虛)가 되며 손 아래의 발은 곧 실(實)로 변하며, 그 반대인즉 허(虛)가 된다. 이것 또한 내경 중정(內勁中正 : 내면의 경을 치우침 없이 바르게 갖추는 것)을 추구하여 얻는 관건이다. {그러나 한쪽 다리를 들어 독립식(獨立式)이 되는 것은 예외이다. 왜냐하면 한쪽 다리로 서면, 치우침 없이 바르게 중심(重心)의 평형을 유지하기 위해서는 서있는 다리가 실(實)이 되며, 실(實)이 된 다리 위의 손도 여전히 실(實)이 되어야 한다.} 이것은 그림 10과 11 중에 가장 명확히 나타난다.

(4)「란찰의」는 진식태극권의 기본 권식의 하나로서, 이것은 왼손의 작은 안쪽(裡)의 역전(逆纏)과 오른손의 큰 바깥쪽(外)의 역전(逆纏)으로 이루어진다. 이 초식은 들쭉날쭉 하는 결함이 없고 내경(內勁)이 끊어지지 않도록 요구하며, 더욱이 작은 안쪽의 역전(逆纏)이 어려우므로 반드시 주의하여 연습해야만 비로소 요구하는 바에 도달할 수 있다. 이「란찰의」권식 중에서 특히 거두어들임{收 : 권(圈)을 축소할 때} 중에 방출하는(放) 경(勁)이 있고, 방출함{放 : 권(圈)을 크게 전개할 때} 중에 거두어들이는 경(勁)이 있도록 주의해야 하며, 그 요령은 거두고 방출하는 과정 중에 "안과 밖(裡外)" 전사(纏絲)의 성분을 많이 첨가하면 곧 이러한 요구에 쉽게 도달한다. 오직 이러한 요구에 도달해야만 비로소 "가고 오는 움직임을 견인하는 기운이 등배에 집중하여 머무르게(牽動往來氣貼背)" 할 수 있다.

(5) 양팔이 합경(合勁)이 되면, 기(氣)를 몸의 배면 등에 붙여 머물게 하고 또한 양 윗팔뚝이 서로 연계되므로, 붕경(掤勁)을 잃어버리지 않게 하여 "합해진 중에 전개함이 깃들어 있는(合中寓開)" 교묘한 작용이 생긴다. 마찬가지로 양 윗팔뚝이 서로 연계되어 이어지므로, 양팔을 벌려 개경(開勁)이 되었을 때도 그 내부에는 오히려 합경(合勁)을 갖추어 또한 "전개한 중에 합해짐이 깃들어 있는(開中寓合)" 교묘한 작용이 생긴다.

제4식 육봉사폐(六封四閉)

동작 1

몸을 좌(左)로 조금 돌리며, 중심(重心)을 좌(左)로 이동하여 좌측 다리가 실(實)로 변한다. 동시에 양손은 먼저 각각 원래 위치에서 팔을 돌려 하나의 "작은 권(小圈)"을 돌리며, 이로써 동작을 이끌어 일으킨다.14) 곧 바로 오른손은 큰 순전(順纏)하며 팔을 돌려 배 앞으로 휘감듯이 끌어오며(攦)15), 왼손은 작은 역전(逆纏)하며 붕(掤)하여 가

그림 15 갑   그림 15 을

---

14) 역자註 : 이 동작이 앞에서 말한 접어 개키는 절질(折迭) 혹은 접첩(摺疊)동작이다. 양손이 작은 권(圈)을 이루는 동작은 손목을 축으로 하되 반드시 허리가 내부에서 회전하는 동작으로써 이끌어 가야 한다. 그러므로 몸통이 좌우로 미세하게 회전하는 동작이 되어야 한다. 허리에서부터 손에 이르기까지 모든 관절을 관통하여 잇듯이 온몸이 일체가 되어서 손이 작은 권(圈)을 그리는 동작이 되어야 한다. 처음 배우는 사람은 익숙지 않겠으나 이 동작의 경우 오른손이 작은 원을 그리도록 허리를 미세하게 좌우로 회전하며 연습하면 된다. 처음 배울 때는 반드시 모든 동작을 천천히 하면서 자세를 점검하며 가다듬어야 한다.

15) 역자註 : 이 동작이 리경(攦勁)의 수법이다. 오른손과 팔이 동작하지만 그 동작의 근원은 다리의 움직임에 의한 몸통의 움직임이다.

습 앞에 이르러, 양손은 합경(合勁)을 이룬다. (그림 15 갑) 몸을 조금 우(右)로 돌려서 중심(重心)을 우(右)로 이동하며, 왼손은 엄지손가락을 기울여서 우측 옆구리 가까이에 붙여서 안으로 향해 돌려 수심(手心)이 좌(左)로 향하고, 오른손은 역전(逆纏)하여 장심(掌心)이 아래로 향하게 뒤집는다. (그림 15 을) 몸을 우(右)로 조금 돌리며 중심(重心)을 우(右)로 이동하여 우측 다리가 실(實)로 변한다. 동시에 오른손은 팔을 돌리면서 역전(逆纏)하고 왼손은 작은 순전(順纏)하며 양손이 합경(合勁) 상태를 유지하여 우측 위로 향해 호형(弧形:곡선)으로 밀어(擠)16)낸다. (그림 16)

그림 16

동작 2

몸을 다시 좌(左)로 조금 돌리며, 중심(重心)이 다시 이동하여 좌측 다리로 돌아와서 좌측 다리가 실(實)로 변한다. 동시에 오른손은 순전(順纏)하며 위로 물건을 받혀주는 듯한 자세가 되며, 경(勁)은 손바닥과 손가락을 관통하여, 손가락은 연약(軟弱)하지 않아야 한다. 왼손은 역전(逆纏)하며 팔을 돌려 손등을 기울여서 손목 관절이 굽혀져 좌

그림 17   그림 18

---

16) 역자註 : 동작을 이처럼 제(擠)로 표시하는 것은 경(勁)의 종류를 나타낸다. 이후 각 동작에서 8종류의 경(勁) 중에서 해당되는 경(勁)을 표시하므로 달리 설명이 없어도 참조하여 수련하기 바란다.

측 위로 호형(弧形)을 이루며 붕(掤)하여, 경(勁)이 손등을 관통하고 다섯 손가락은 비스듬히 아래로 향해 떨어뜨리며, 손가락은 연약(軟弱)하지 않아야 한다. (그림 17 · 18) 몸을 계속하여 좌(左)로 조금 돌리며, 동시에 양손은 순전(順纏)하다가 곧 역전(逆纏)하며 장(掌)을 뒤집어서 각각 양쪽 귀 옆에 위치하며, 장심(掌心)은 비스듬히 밖으로 향한다. (그림 19) 이어서 곧 양 장(掌)은 합경(合勁)하여 우측 아래를 향해 누른다(按). {아주 깊이 한 차례 숨을 내쉬기 시작하며, 이 깊이 내쉬는 숨을 마칠 때가 바로 양 장(掌)이 끝까지 눌러 나간(雙按) 때가 되며, 내쉬는 숨이 위주가 되고 동작은 이에 따라서 호응하여 보조(輔助)한다.} 동시에 몸은 양손을 우측으로 누르는 데 따라서 우(右)로 돌며, 중심(重心) 또한 이에 따라 우측 다리로 이동하고, 왼발은 우(右)로 향해 양발이 나란하도록 오른발 옆으로 이동하여 발끝만 땅에 닿는다. (그림 20)

그림 19   그림 20

요점

(1) 양손이 합(合)해진 상태에서 벌린(開) 상태로 전환하거나 혹은 벌린 상태에서 합해진 상태로 전환하거나 간에, 모두 허리와 척추가 그 축이 되어 이끌어 움직여야 한다. 즉 몸체의 회전이 팔 동작을 이끌어가야 한다. 좌우로 회전하여 움직일 때 상체는 여전히 반드시 곧게 세워야 하며, 앞이나 뒤로 굽히지 않아야 한다. 양 장(掌)을 아래로 누를(按) 때 "기(氣)를 몸의 배면 등에 붙이고(즉 집중하여 갖추며), 사타구니는 벌려서 공간이 생기게 하며(氣貼脊背, 襠口圓虛)", 오른손이 주(主)가 되고 왼손은 빈(賓 : 副)이 된다.

(2) 「육봉사폐」이 권식은 6할은 봉(封)하고 4할은 닫는다(閉)는 뜻을 가리킨다. 양손을 아래로 누를 때, 반드시 입을 오므려서 깊고 긴 숨을 유유하고 완만하게 서서히 내쉬며, 이것은 호흡계통을 조정하는 데 극히 큰 도움이 된다.

제5식 단편(單鞭)

동작 1

몸을 조금 우(右)로 돌리다가 곧 좌(左)로 향해 돌아오며, 동시에 오른손은 순전(順纏)하며 안으로 향하고 왼손은 순전(順纏)하며 밖으로 향해 각각 하나의 권(圈)으로 뒤집으며, 곧 이어서 오른손은 구수(勾手)로[17] 변하여 우측으로 들어올리고, 왼손 장(掌)은 호형(弧形)으로 이동하여 배 앞에 이른다. 몸을 우좌(右左)로 회전할 때, 왼발도 이에 따라서 발끝이 땅에 닿은 상태에서 같이 회전한다. (그림 21 · 22)

그림 21

그림 22

동작 2

이어서 몸의 중심(重心) 전부를 우측 다리로 이동하고 왼발을 들면서 몸을 아래로 앉히며 곧 왼발 발꿈치를 좌(左)로 향해 허허(虛虛)하게[18] 땅에 붙여서 뻗어 나간다.

---

17) 역자註 : 구수(勾手)는 다섯 손가락 끝을 모아 붙여서 손가락 끝이 아래로 향하며 손목에 가볍게 힘을 주어 굽힌다. 구수는 손가락 끝으로 상대방을 찍거나 혹은 상대방을 잡아채 걸어내는 수법이거나 혹은 손목으로 상대방 턱을 올려쳐 가격할 수도 있다. 이러한 수법은 정해진 것이 아니라 자신이 창의적으로 수련하면 된다. 수법에 따라서 전사(纏絲)의 순역(順逆) 또한 바뀔 수 있으므로, 공방(攻防)의 개념을 적용하여 수련하기 바란다.

18) 역자註 : 여기서 허허(虛虛)하다는 것은 왼발에 체중이 실리지 않은 상태, 즉 왼발이 궁보

이때 사타구니 안쪽은 더욱 벌려서 펴며19) 중심(重心)을 좌(左)로 이동함에 따라 차츰 왼발 발끝이 땅에 닿으며 좌측 다리가 실(實)로 변한다. (그림 23 · 24)

그림 23   그림 24

동작 3

왼손(左掌)은 배 앞에서부터 순전(順纏)하며 우(右)측 위로 조금 받쳐 올리다가 곧 호형(弧形)으로 좌(左)로 향해 역전(逆纏)하며 나가 좌측 방향에 이르며,20) 그 높이가 어깨와 같이 될 때 장근(掌根 : 손바닥의 팔목 쪽)으로 조금 아래로 누른다(按). 왼손

(弓步)자세가 되는 보폭으로 끝까지 나갈 때까지 체중을 우측다리에 그대로 유지하고 있는 상태에서 왼발이 가볍게 땅을 파듯이 뻗어 나가는 것을 말한다. 이처럼 하려면 우측 다리에 체중을 모두 실어 앉히므로 상당히 힘이 들 것이나, 이처럼 하지 않으면 태극권의 맛을 낼 수가 없다. 왜냐하면 태극권에서 요구하는 경제경방(輕提輕放 : 발을 가볍게 들어올리고 가볍게 땅에 내린다)이 될 수 없으며, 또한 여기서처럼 왼발이 비록 좌측으로 나가고 있으나 어느 순간에라도 다시 원래 상태로 되돌아오거나 혹은 다른 방향으로 옮길 수 있는 기세를 갖추려면 우측 다리에 체중을 그대로 싣고 있어야 한다.

19) 역자註 : 사타구니 안쪽을 벌린다는 것은 좌우 다리 대퇴부를 가능한 벌려 펴는 것을 말하며, 이것은 상체의 이동에도 관련이 있다. 즉 몸의 가운데 중심선(重心線)이 양발 사이를 직선으로 잇는 선상에서 왕래하도록 상체 자세를 바로잡을 수 있으며 또한 렴둔(斂臀)과도 관계가 있다.

20) 역자註 : 그림 24에서 이미 좌궁보(左弓步)자세를 취한 것은 몸통 좌측으로 상대방에게 고(靠)의 수법을 쓰는 것으로 이해할 수도 있다. 다른 문파의 이 권식 그림 24의 다리 자세는 아직 우궁보(右弓步)자세를 취하여 좌측 다리에 아직 체중을 싣지 않고서 좌측으로 뻗어나가 경제경방(輕提輕放)이 되도록 한다. 그림 24의 좌측 다리는 상대방의 다리 뒤나 다리 사이로 들어가서, 그림 25의 좌궁보(左弓步)가 되는 동시에 왼손을 휘둘러 나가 상대방 가슴이나 얼굴을 가격하거나 밀어서 뒤로 자빠뜨리는 수법으로 쓸 수 있다. 특히 주의할 점은, 그림 22에서 그림 24의 과정 중에 왼손을 좌측 위로 휘둘러가는 동작이 이미 동시에 진행되어야 하는 점이다. 그러므로 그림 23과 24의 왼손은 그 위치가 그림 24의 왼손 동작노선에 따라 이미 어느 정도 위로 올라와 자연스럽게 연결되어야 한다.

이 돌아 나가 좌측방향에 이르러 누를 때, 오른손은 이에 호응하여 미세하게 순전(順纏)하며 밖을 향해 개경(開勁)을 형성하며, 양다리의 허실(虛實) 비율도 동시에 차이가 크게 한다. (즉 중심을 좌로 이동한다)「단편」자세를 이룬 뒤 곧 후과(後胯 : 즉 우측 胯)를 이완시켜 벌리면서 몸을 정면으로 돌린다. (그림 25 · 26)[21]

그림 25   그림 26

요점

(1) 동작1 중 양손이 몸의 우측에서 각각 서로 반대 방향으로 하나의 권(圈)을 이루는 동작을 할 때, 반드시 허리와 척추를 활용하여 축으로 삼아 양손을 이끌어 움직여야만 비로소 경(勁)을 원만히 두루 갖추어 자연스러울 수 있다. 또한 이 동작은 경(勁)이 오른발 발꿈치로부터 몸의 배면 등을 통하여 위로 올라와 왼손 손가락에서 표현되도록 해야 한다. 그후 오른쪽 과(胯)를 이완시키며 다시 정면으로 돌아왔을 때, 또한 이 경(勁)은 왼손 손가락으로부터 몸의 배면 등을 건너와 오른손 손가락을 모아붙인 구수(勾手)에 이르렀음을 표현해야 한다. 이 동작은 왼발 발꿈치가 땅에 닿는 것으로써 실(實)로 삼는다. 그러나 주의할 점은 "허(虛)"라고 하여 완전히 힘이 없는 것이 아니고, "실(實)"이라고 하여 완전히 꽉 딛어서는 것이 아니라는 것이다. 왜냐하면 왼발 발꿈치가 땅에 닿아 돌 때, 중심(重心)은 좌측다리에서도 몸의 회전에 따라서 증감(增減)이 있기 때문이다.

---

21) 역자註 : 그림 25의 자세에서 왼팔은 동(東)쪽을 향하고, 오른팔은 서쪽을 향하되 조금 남쪽으로 치우친 자세가 되도록 한다. 그 요령은 오른손이 동쪽으로 연속하여 공격할 수 있는 기세를 갖추는 각도를 이루는 동시에 양팔이 몸의 배면 등을 통하여 경(勁)이 연결되어 한 기세를 이룰 수 있는 각도가 되어야 한다. 이후에 나오는 양팔을 벌린 자세 모두 이러한 공방(攻防)의 개념과 양팔이 한 기세를 이루는 원칙에 따라 자세를 교정한다.

(2) 동작2 중에 왼발이 좌(左)로 매진해 나갈 때 발끝을 세우고 발꿈치를 땅에 붙여 가볍게 뻗어 나가야 하며, 마치 고양이가 쥐를 잡을 때 걸음을 나가는 것과 같아야만 비로소 침착하고 안정되지만 정체되지 않고, 가벼우나 들뜨지 않을 수 있어, 침착하면 서도 날렵하고 민첩함을 드러낸다.

(3) 태극권은 의기(意氣)가 반드시 재빠르게 바뀌도록 하며, 「단편(單鞭)」은 하나의 좋은 예이다. 왼손을 좌(左)로 전사하며 나갈 때 의식을 왼손으로 집중하고, 몸을 정면으로 되돌아 왔을 때를 기다려 의식은 다시 오른손으로 전환하여 집중한다. 그러므로 그림 25와 26은 서로 다르다. 그림 25는 의식을 왼손에 집중하고, 그림 26은 이미 오른손으로 이전해 온 것이다.

(4) 이 권식은 왼손의 운동을 위주로 하여 왼손의 운동량을 크게 하니, 그 이유는 전체 투로 중에 왼손은 오른손에 비해 운동량이 적기 때문이다. 또한 왼손은 팔을 돌려 좌(左)로 향하여 마치 유연(柔軟)한 채찍처럼 휘둘러 나가야 하며, 경(勁)을 왼손 장(掌)의 가운데 손가락으로 운행해 온다(그림 25와 같음). 이 권식과 오른손 운동이 위주인 「란찰의(懶扎衣)」 권식은 상대적이므로, 「란찰의」와 「단편」은 태극권 제2세(勢)로서 이의세(二儀勢)라 부른다. 그 외, 비록 둘 다 한쪽 손의 수련이 위주가 되지만, 그러나 반드시 "한 곳이 움직이기만 하면 온몸이 따라 움직이도록(一動無有不動)" 견동(牽動)되어, 이로써 관절 모두 관통하여 연결되어야 한다. 이러한 요구는 양손이 모두 움직이는 것에 비하여 곤란한 점이 있으므로, 반드시 특징 5를 적용하도록 주의한다.

(5) 태극권의 여덟 가지 특징은 매 하나의 동작 중에 표현되어야 하며, 태극권은 여덟 가지 특징을 연합하여 운동하는 권술이라 말할 수 있다. 그러나 어떤 하나의 동작에 대하여 말하자면, 즉 어떤 하나의 특징이 주요한 내용이 되고 그 나머지 특징들은 부차적인 것이 되지만, 이것은 그 나머지 특징들을 적용하지 않는다는 것은 아니다. 그러므로 앞에서 말한 특징 5는 다만 이 권식 중에서는 이 특징을 위주로 삼는다는 것을 가리킬 뿐이다.

(6) 태극권의 모든 동작은 "경은 굽혀 축적함으로써 여유가 있도록(勁以曲蓄而有餘)" 요구하므로, 이 권식을 할 때 반드시 우측 과(胯)와 우측 무릎 관절을 조금 굽히도록 주의하고, 곧게 펴지 않는다.

제6식 제2금강도대(第二金剛搗碓)

동작 1

몸을 조금 좌(左)로 돌리면서22) 사타구니의 벌린 상태를 완화시키며, 동시에 양팔을 아래로 가라앉혀 좌(左)가 무겁고 우(右)가 가벼우며, 좌장(左掌)은 좌측에서 역전(逆纏)하며 하나의 완정한 권(圈)을 그리고, 오른손 구수(勾手)는 장(掌)으로 변하여 순전(順纏)하며 돌아서 장심이 바깥 위 방향으로 향하고, 양팔은 밖으로 붕(掤)하며 또한 경(勁)을 합한다. (그림 27)

그림 27

동작 2

양손은 전사권(纏絲圈)을 확대하여, 왼손은 역전(逆纏)하고 오른손은 순전(順纏)하며 좌(左)로부터 위로 향하며 경(勁)을 합하는 듯이 우(右)로 향해 회전하기 시작하면서 왼손은 순전(順纏)하고 오른손은 역전(逆纏)하여, 왼손이 우측 가슴 앞으로 이동하고 장심은 우(右)로 향하며, 오른손은 우측(右側)으로 회

그림 28

전해 와서 그 높이는 머리와 수평이 된다. 양손이 우(右)로 향해 움직여 회전하기 시작할 때 몸의 중심(重心)은 우(右)로 이동하여 우측 다리가 실(實)로 변한다. (그림 28) 이하는 제2식「금강도대」동작2의 후반부 설명과 동일하나, 다만 방향만 다르니, 이 권식이 완성됐을 때는 얼굴이 정동(正東) 방향으로 향한다. (그림 5·6에 이어진다)

---

22) 역자註 : 몸을 좌(左)로 돌리기 전에 먼저 그림 26에서 우측 과(胯)를 이완시켜 벌리며 몸이 정면을 향할 때 몸을 우(右)로 미세하게 돌리게 되므로, 이때 몸을 우(右)로 미세하게 돌리면서 일종의 절질(折迭)동작으로서 양손이 작은 권(圈)을 그리도록 다시 좌로 돌아가는 동작이 되어야 할 것이다.

동작 3

제2식 「금강도대」동작3과 서로 같으며, 다만 방향만 다르니, 이 권식은 얼굴이 정동(正東) 방향으로 향한다. (그림 7·8에 이어진다)

요점

(1) 동작1 중에서 양손은 각각 하나의 작은 권(圈)을 돌려서 후면의 동작을 유발해 일으키며, 이것은 이 권식의 준비동작이다.

(2) 그림27 중의 양손의 합경(合勁)과 앞에 나온 합식(合式) 자세의 합경(合勁)은 서로 다르니, 그림27의 합경은 전개한 자세 중의 합경이므로 분명히 구분해야 한다.

(3) 그림28 중의 자세는 양팔이 서로 연결된 상태로 좌순전(左順纏) 우역전(右逆纏)하며 각각 하나의 권(圈)으로 돌린 후에 형성된 것이며, 동시에 양팔이 서로 연결된 상태하에서 경(勁)이 합하며, 허리와 척추를 축으로 삼는 신법(身法)을 운용하여 완성한 것이다.

제7식 백학양시(白鶴亮翅)

동작 1

제3식「란찰의(懶扎衣)」동작1과 같으며, 다만 이 초식과「금강도대(金剛搗碓)」의 연결동작은, 양손이 아랫배 앞에서 작은 권(圈)을 돌지 않고 직접 가슴 앞에서 교차하는 동작이다.(그림 29·30·31)

동작 2

오른발이 우측(右側)을 향해 큰 걸음으로 나감에 따라서, 연이어 중심(重心)을 우측 다리로 이동하고 왼발은 오른발을 향해 접근하여 발끝이 오른발 옆에서 땅에 살짝 닿는다. 중심(重心)을 우(右)로 이동하는 동시에 양손 모두 역전(逆纏)하면서, 오른손은 우측 위로 향하고 왼손은 좌측 아래로 향해 호형(弧形)으로 휘둘러 나누어 벌린다. {그림 32 : 이 권식의 모든 동작은 정동(正東) 방향을 향해서 한다. 그림 29부터 32까지 네 폭의 그림이 나타내는 것은 모두 그 정면이다.}

그림 29 그림 30

그림 31 그림 32

요점

(1) 이 권식과 제3식 「란찰의(攔扎衣)」 모두 「금강도대(金剛搗碓)」에서 연결되나, 그 연결하는 동작은 다르다. 이 권식은 양손이 배 앞에서 작은 권을 돌리는 것으로 연결하지 않고, "기를 배면 등에 붙이고(氣貼脊背)" 양팔은 먼저 조금 벌린 후 다시 합하여 교차한다. 이처럼 하여 앞 권식의 경(勁)과 연결하며, 동시에 또한 "합하고자 하면 반드시 먼저 벌림을 내포함(意欲合必先寓開)"을 표현해내어, 특징6의 "서로 이어져 끊어지지 않음(相連不斷)"을 이룰 수 있다.

합하는 동작의 마지막 시점에서 또한 먼저 조금 합한 후에 다시 벌려야 하며, 이것은 곧 "벌리고자 하면 반드시 먼저 합함을 내포함(意欲開必先寓合)"을 또한 표현해내는 것이다. 개합(開合) 시에 모두 반드시 의식을 장근(掌根 : 손바닥의 손목 부분)에 집중해야만 요철(凹凸)이 생기는 결점을 피할 수 있다.

(2) 이 권식은 두 차례 합하고 두 차례 벌린 후 완성하는 것이다. 두 번째에 합하고 벌리는 동작의 특징은 양발을 벌릴 때 양손이 합하고 양손을 벌릴 때에 이르러 양발이 또 합하며, 양손은 쌍순전(雙順纏)하며 합하고 쌍역전(雙逆纏)하며 벌린다.

(3) 이 권식을 할 때, 허령정경(虛領頂勁)·침견추주(沈肩墜肘)·함흉발배(含胸拔背)·굴슬원당(屈膝圓襠) 등의 요구사항에 일치하는지를 검사할 수 있고, 또한 이 권식 중의 왼발 발끝이 땅에 닿고 오른발이 땅을 밟아 디딜 때 온 사방 주위를 지탱하는 기세(氣勢)를 갖추었는지 여부를 검사한다. 이 권식은 특징5와 특징6을 위주로 하여 표현해낸다.

제8식 사행요보(斜行拗步)

동작 1

몸을 조금 좌(左)로 돌리고 동시에 양손은 우순전(右順纏) 좌역전(左逆纏)으로 좌우 양측에서 각각 작은 권(圈)으로 돌아 감으며, 왼손은 팔을 돌려서 위로 들어올려 이마 앞에 이르고, 오른손은 아래로 누른다(按). 양손이 각각 반권(半圈)을 돌아 감을 때 몸은 우(右)로 향해 돌아 정면(동쪽)으로 향하며, 중심(重心)은 여전히 오른발에 있어 우측 다리가 실(實)이 되고, 몸을 회전하는 때에 따라서 왼발은 발끝이 땅에 닿아 이리저리 돈다.(그림 33·34)[23]

---

23) 역자註 : 그림 32의 왼손은 몸을 좌측으로 조금 회전함에 따라 작은 역전(逆纏)을 하면서 몸쪽 가까이 뒤쪽으로 조금 거두어 들여 그림 33의 자세가 되고, 이어서 바깥쪽 위로 순전(順纏)하며 휘감아 돌아 올려 그림 34로 연결된다. 오른손은 순전(順纏)하며 얼굴 앞을 지나 휘돌아 우(右)측 아래로 역전(逆纏)하며 내려간다. 그림 32에서 34까지의 양손의 동작은 상대방의 공격을 오른손과 왼손이 연속하여 걷어 내어 막는 공방(攻防)의 개념을 염두에 두고 이해하면 된다. 특히 그림 33에서 34로 연결되는 왼팔 동작은 왼팔 팔꿈치를 아래로 내리는 추주(墜肘)에 주의한다.

그림 33   그림 34

동작 2

몸을 계속하여 우(右)로 돌리며, 왼발을 들어 좌측 비스듬한 앞을 향해 발꿈치를 가볍게 땅에 붙여 뻗어 나간다. 동시에 오른손은 대략 우측 비스듬한 뒤쪽(西南)을 향하여 역전(逆纏)하며 위로 전개하여 어깨 높이에 이르고, 장심(掌心)은 비스듬히 우측 앞쪽을 향한다. 왼손은 순전(順纏)하며 오른쪽 어깨 앞(東南)을 향해 호형(弧形)으로 밀어(推) 나가며, 팔꿈치는 여전히 굽힌 상태를 유지한다. (그림 35)

그림 35   그림 36

동작 3

몸을 좌(左)로 돌리며 중심(重心)을 좌(左)로 이동하여 좌측 다리가 실(實)로 변한다. 동시에 왼손은 계속하여 순전(順纏)하며 아래로 내려가 배 앞을 지나 좌(左)로 향해 좌측 무릎을 지나 걷어 올리면서 곧 구수(勾手)로 변하여 좌측 위로 향해 올려 어깨 높이에 이른다. 오른손은 밖에서 안으로 순전(順纏)하며 팔을 굽혀 오른쪽 귀 옆을 지나고 장심(掌心)은 오른쪽 귀로 향한다. (그림 36)

동작 4

몸을 우(右)로 조금 돌리며, 오른손은 왼손 옆을 지나 좌측 앞에서 우(右)로 향해 역전(逆纏)하며 왼손과 갈라져 전개한다.24) (그림 37) 우측 과(胯)를 이완시키며 몸을 조금 좌(左)로 돌리고, 양 어깨를 아래로 가라앉히며 오른손은 조금 아래로 누르고(按) 왼손은 매달린 상태로 붕(掤)한다. (그림 38 : 이 권식에 나오는 모든 동작은 정동(正東)방향을 향해서 하며, 왼발의 착지점은 그림 39와 같다. 그림 33에서 38까지는 모두 그 정면 즉 동쪽에서 바라본 모습이다.)

그림 37 그림 38

요점

(1) 동작2의 오른손·왼손 그리고 왼발은 세 방향을 향해 동시에 전개한다. (방향은 동작설명에 상세히 나옴)

(2) 동작1·2 중, 양손이 동작할 때, 보기에는 마치 왼손은 몸을 지나 우(右)로 향하

---

24) 역자註 : 오른손이 오른쪽 귀 옆을 지나갈 때 순전(順纏)하다가 우(右)로 향해 돌아올 때 역전(逆纏)하며, 특히 오른손을 왼손과 갈라져 전개하기 시작할 때 손이나 팔로써 동작하지 않고, 왼팔을 지주로 삼아 지탱하는 듯하면서 먼저 좌측 어깨를 펴면서 차츰 가슴을 펴고 등을 팽팽하게 당기는 듯하며 우측 어깨를 펴서 오른팔이 우(右)로 이동하도록 한다. 즉 오른팔이 움직인다기보다, 먼저 허리와 몸통으로 동작하여 팔을 이끌어 움직인다. 이러한 방법은 이하 모든 팔 동작에도 적용하며, 이처럼 해야만 온몸이 함께 움직일 수 있으며 기(氣)를 배면 등에 붙여서 경(勁)을 완정하게 갖출 수 있다.

고 오른손은 몸을 지나 좌(左)로 향하여 감아 도는 듯하나, 사실은 양손 모두 좌우 양 방향에서 돌아 움직이며, 또한 허리를 축으로 하는 신법(身法)으로 완성하는 것이다. 그러므로 단지 팔만 휘둘러 돌아서는 안 된다.[25]

(3) 우장(右掌)이 전사(纏絲)하며 우측 귀 옆을 지나는 동력(動力)은, 왼손이 구수(勾手)가 되는 것과 좌측 다리를 굽혀 좌궁보가 되는 것으로부터 나오는 감각이 있어야 한다. 우장(右掌)이 우측 귀 옆을 지나 팔을 돌리며 역전(逆纏)으로 나가는 것은, 몸의 배면 등이 팽팽하게 당겨져서 "기(氣)가 배면 등에 붙는(氣貼脊背)" 효용이 생겨나게 한다.

(4) 그림 37과 38은 표면상으로 보면 서로 같은 듯하나, 사실상 그림 37의 내경(內勁)은 쌍개(雙開)된 것이고, 그림 38은 팔꿈치가 아래로 가라앉으므로 전신의 기(氣)가 아래로 가라앉게 하여 내경(內勁)이 곧 변하여 쌍합(雙合)이 된다.

(5) 이 권식은 왼손이 구수(勾手)이고 오른손은 장(掌)이 되어 「단편(單鞭)」 권식과 꼭 상대가 된다. 이 권식은 좌우 양쪽에서 이쪽은 순전(順纏)이고 저쪽은 역전(逆纏)이 되므로, 이 둘이 통일된 조건하에서 각자 동작하여 능히 신체로 하여금 가뿐하고 유쾌함을 느끼게 한다.

제9식 초수(初收)

동작 1

몸을 우(右)로 조금 돌리며, 이에 따라서 양 발끝이 조금 우(右)로 돌며, 동시에 왼손 구수(勾手)는 장(掌)으로 변하여 오른손과 같이 쌍순전(雙順纏)하며 좌측 가슴 앞을 향해 장근(掌根)으로 모아 합쳐서, 왼손이 앞에 있고 오른손은 왼팔 팔꿈치 옆에서 합한다. (그림 39)

동작 2

몸을 우(右)로 조금 돌리면서 우(右)로 향해 아래로 내려앉으며 중심(重心)을 전부 우측 다리로 이동하면서, 곧 몸을 회전하여 일으키며 좌측 다리를 거두어 올려 왼발 발끝을 자연스럽게 아래로 늘어뜨리고, 우측 무릎은 조금 굽혀 우독립식(右獨立式)이

---

[25] 역자註 : 이것은 앞의 역자註에서 설명한 바와 같이 허리와 몸통이 회전하여 팔 동작을 이끄는 것이며, 모든 동작에 적용해야 하는 가장 근본적인 동작 요령이다.

된다. 몸이 우(右)로 돌 때 양손은 좌역전(左逆纏) 우순전(右順纏)하며, 왼발을 위로 끌어 올리며 몸을 일으킬 때에 따라서 쌍역전(雙逆纏)으로 변하며 아래를 향해 합경(合勁)하고, 양 장심(掌心)은 비스듬히 앞쪽 아래를 향한다.26) (그림 40·41 : 그림 39부터 45까지의 그림 중 자세의 방향은 이미 동작 설명 중의 방향과 부합되게 바뀌었다.)

그림 39　　　　　　　그림 40　　　　　　　그림 41

요점

(1) 동작1 중에서 (그림 39) 양 장(掌)은 반드시 양팔이 서로 연결된 상태하에 전후로 상대(相對)하여 합경(合勁)한다. 몸이 우(右)로 돌며 양손은 좌역전(左逆纏) 우순전(右順纏)하며 우(右)로 향해 반권(半圈)을 돌 때 양 장심은 아래로 향하고,27) 동시에 우측 다리는 점차 아래로 내려앉으며, 반권(半圈)을 돌린 후 양손을 위로 들어올리기 시작하면서 양 장심(掌心)은 또 전후로 서로 마주 대한다. 왼발을 들어올리면서 몸을 일으켜 세워 우독립식(右獨立式)이 되며, 양 장심은 또 모두 비스듬히 앞쪽 아래로 향해 합경(合勁)한다. 쌍역전(雙逆纏) 시 응당 의식(意識)을 양손의 새끼손가락에 집중한다.28)

26) 역자註 : 양손의 동작을 일반 진식태극권에 의거하여 설명하자면, 그림 39에서 40으로 연결되는 손동작은 쌍역전(雙逆纏)하며 우측 아래로 거두어들이다가 휘돌아 감아 올리면서 쌍순전(雙順纏)하여 좌측 앞(즉 東쪽)으로 나간 후(그림 40), 다시 쌍역전(雙逆纏)하며 앞으로 조금 내린다. (그림 41) 이 권식의 양손 동작에서 특히 주의할 점은 양손과 양팔이 하나로 연결되어 한 기세(氣勢)를 이루는 것이며, 즉 어깨와 등을 통해 양팔이 서로 연결되도록 의식(意識)을 갖추어 경(勁)이 한 가닥을 이루어, 궁극적으로는 양다리에도 마찬가지로 경(勁)을 갖추어 온몸에 경정(勁整)을 이루어야 한다.

27) 역자註 : 양 장심(掌心)이 아래로 향하려면 양손은 쌍역전(雙逆纏)해야 한다.

(2) 이 권식은 첫 번째 수회비파(收回琵琶 : 비파를 거두어들인다)의 의미이며, 우측 다리가 아래로 내려앉은 후의 탄성경(彈性勁)과 양손의 전사경(纏絲勁)을 운용하여 몸이 회전하면서 위로 일어나게 하여 독립자세가 이루어져야 한다.

(3) 이 권식은 합경(合勁)의 독립식이며, 침착하여 안정되어야 한다. 이 합경의 독립식은 개경(開勁)으로써 안정상태에 도달하는 것과 비교하여 좀 어려우니, 그 관건은 정수리로 경(勁)을 이끌어 일으키고, 기(氣)를 단전에 가라앉히고 양손이 역전(逆纏)하며, 그리고 의식(意識)을 양손의 새끼손가락에 집중하는 데에 있으므로, 이처럼 되어야만 쉽게 안정될 수 있다.

제10식 전당요보(前蹚拗步)

동작 1

이어서 왼발을 아래로 내리기 시작하며, 동시에 양손은 우측(右側)을 향해 왼손을 순전(順纏)하고 오른손은 역전(逆纏)하며 아래로 감아 돈다. {내경(內勁)을 잃어버리지 않고, 앞의 권식에서 이어온다.} (그림 42) 왼발을 계속하여 앞(東)을 향해 아래로 내리고, 발끝은 비스듬히 좌측 앞쪽을 향하고 몸을 좌(左)로 돌린다. 동시에 왼손은 순전(順纏)하며 팔을 돌려 가슴 앞에 이르고 장심은 우측 앞쪽을 향하며, 오른손은 역전(逆纏)하며 왼팔 아래팔뚝 위에 이르고 장심은 좌측 앞쪽을 향하며, 양팔이 교차한다. 몸은 계속하여 좌(左)로 돌린다.29) (그림 43 · 44)

동작 2

중심(重心)을 좌측 다리로 이동하고 오른발은 우측 앞쪽(東南) 비스듬한 방향을 향해 가로지르듯 큰 걸음으로 나가고, 동시에 양 장(掌)은 역전(逆纏)하며 각각 좌우로 갈라져 전개하여, 양 장심(掌心)은 모두 밖을 향하고 손가락은 위로 향한다. (그림 45 : 보충그림 45는 정면도이다)

---

28) 역자註 : 여기서 말하는 쌍역전은 그림 40에서 41로 연결되는 양손 동작이다.
29) 역자註 : 그림 43에서 44의 자세가 될 때, 정수리의 백회(百會)와 사타구니의 회음(會陰)을 관통하는 선이 수직을 유지하면서 몸을 좌(左)로 최대한 돌린다.

그림 42   그림 43   그림 44

그림 45   보충그림 45

요점

(1) 양 장(掌)이 우측으로 내려갔다가 가슴 앞으로 전사(纏絲)해 오는 동작은 내경(內勁)이 끊어지지 않아야 하고, 양팔이 교차할 때는 반드시 긴밀히 합해지며, 그 후 각각 좌우로 나누어 전개한다. 전개 시에는 의식(意識)을 양 장(掌)의 엄지손가락에 집중한다.

(2) 독립식으로부터 좌(左)로 몸을 돌릴 때 보(步)는 반드시 안정되게 나가야 하며, 상하(上下)로부터 좌우(左右)로 바뀌는 전사(纏絲)의 과정 중 모두가 합경(合勁)이며, 또한 끊어졌다 이어지거나 요철(凹凸)이 생기는 곳이 없어야 한다.

제11식 제2사행요보(第二斜行拗步)

동작은 제8식 「사행요보」 동작과 같으나, 다만 연결동작이 조금 다르다. 그러나 여전히 제8식의 설명을 이용하고 그림을 참고하여 동작을 맞출 수 있다. {그림 46·47·48·다시 그림 35부터 38까지로 연결된다. 그림 46은 보충그림 45의 정면도 방향에 연결되나, 사실상 동작과 왼발이 보(步)가 나가는 방향은 여전히 제8식과 같이 동북쪽 비스듬한 방향을 향해 보(步)가 나간다.}

그림 46   그림 47   그림 48

요점은 제8식 「사행요보」의 요점과 같다.

제12식 재수(再收)

동작과 방향 그리고 요점 모두 제9식 「초수(初收)」와 같다. (그림 39~41)

제13식 전당요보(前蹚拗步)

동작과 방향 그리고 요점 모두 제10식 「전당요보(前蹚拗步)」와 같다. (그림 42~45)

제14식 엄수굉추(掩手肱捶)

그림 49

그림 50

동작 1

몸을 좌(左)로 조금 돌리면서 중심(重心)을 좌측 다리로 이동하여 우측 다리를 들어올리며, 몸을 돌리면서 중심(重心)을 좌측 다리로 이동할 때에 따라서 오른손 장(掌)은 권(拳)으로 변하여 순전(順纏)하며 가슴 앞에 이르고, 왼손 장(掌)은 역전(逆纏)하며 오른팔 상측(上側)에서 합하여 오른팔과 교차하여 장심(掌心)은 오른쪽 어깨로 향한다. (그림 49 : 남쪽에서 보이는 모습) 양손은 순전(順纏)하면서 아래로 가라앉으며 양팔의 교차점을 앞으로 이동하고, 동시에 오른발은 몸이 가라앉는 기세에 따라서 땅을 내려차는 진각(震脚) 동작을 한다. (그림 50 : 동쪽에서 보이는 모습)

동작 2

왼발이 좌측 앞쪽 비스듬한 방향(東北)을 향해 큰 걸음으로 나가고 중심(重心)을 점차 좌(左)로 이동하며, 동시에 양팔의 교차점이 계속하여 앞으로 이동하고, 이어서 양손은 왼

그림 51

그림 52

손은 역전(逆纏)하고 오른손은 순전(順纏)하며 좌측 위와 우측 아래로 호형(弧形)으로 나누어 벌리며, 우권심(右拳心)은 아래로 향하고 좌장심(左掌心)은 밖을 향한다. (그림 51·52)

동작 3

몸을 우(右)로 조금 돌리면서 전신의 기(氣)를 아래로 가라앉히며, 동시에 우권(右拳)은 순전(順纏)하며 좌(左)로 향해 위로 가서 가슴 앞을 지나 우측 옆구리 옆으로 거두어들이고, 왼손은 역전(逆纏)에서 순전(順纏)으로 변하며 가슴 앞으로 이동한다. (그림 53)

동작 4

몸을 조금 좌(左)로 돌리며, 동시에 양손은 순전(順纏)하며 가슴 앞에서 합하여 좌장심(左掌心)과 우권심(右拳心)이 모두 위로 향하고, 우권(右拳)이 좌장심(左掌心) 위에 위치한다. {정지하는 듯하나 정지하지 않고, 몸은 계속 아래로 가라앉으며 이로써 경(勁)을 축적한다.} 중심(重心)을 신속히 좌(左)로 이동하여 좌궁보(左弓步)가 되고, 우측 다리는 곧게 펴지 않고 조금 굽힌다. 동시에 우권(右拳)을 빠르고 세차게 우측 앞쪽(東쪽이지만 조금 南쪽으로 치우친다)으로 역전(逆纏)하며 발출하고, 권심(拳心)은 권(拳)의 회전에 따라서 아래로 향하며, 왼손도 역전(逆纏)하며 급히 좌측 옆구리 옆으로 거두어들인다. {그림 54 : 그림 50부터는 연결그림 45의 정면도 방향에 이어지며, 사실상 동작 중 왼발이 앞으로 나가는 방향은 동북(東北)의 비스듬한 방향이니, 그림 50부터 54까지는 모두 그 자세 자체의 정면이다.}

그림 53

그림 54

요점

(1) 이 권식은 말아 감았다가 방출하는 권방경(捲放勁)을 표현해내어야 하니, "말아 감을(捲)" 때는 사타구니를 아래로 가라앉혀야만 비로소 능히 경(勁)을 긴밀하게 말아 감을 수 있고, 방출할 때는 먼저 긴밀하게 감은 후에 나누어 벌리면서 경(勁)을 방출해야 한다. 권방경(捲放勁)은 견동경(牽動勁 : 한 부분이 움직이면 다른 모든 부분에도 영향을 미쳐 같이 연결되어 움직이는 경)이며 수족(手足)의 권역(圈域) 밖을 벗어나서는 안 되며, 또한 이것은 축적하여 방출하는 기초이다.

(2) 태극권의 축경(蓄勁)은 마치 활을 쏘는 것과 같아야 하니, 팽팽하게 말아 감아야만 비로소 축적할 수 있다. 축적은 휘어 굽어진 정도를 증대(增大)하는 것이 아니라, 장차 발출하기 전의 탄성(彈性)이 충분히 축적되며 그리고 결함이 없어야 하는 것을 가리키며, 5궁{五弓 : 5궁은 즉 척궁(脊弓)·양수궁(兩手弓) 그리고 양족궁(兩足弓)이다}이 모두 정확하게 함께 운용되어야 한다. 여기서 말하는 "결함(缺陷)"은 경(勁)이 끊어짐을 가리키는 것이 아니라, 경(勁)이 궁배(弓背 : 활등) 상에 도달하지 않은 것을 가리키며, 이로 인해 탄성이 부족하다. 오직 "모든 관절이 관통하여 연결되고(節節貫串)" "온몸이 한 기세를 이루어야만(周身一家)" 비로소 매우 강인한 활처럼 될 수 있어 강력한 탄성을 갖추게 된다.

(3) 이 권식의 오른발 진각(震脚)과 우권(右拳)을 발출하는 것은 태극권의 강경(剛勁)을 표현해내어야 한다. 태극권은 경(勁)의 운용과 경(勁)의 발출을 다같이 중요시한다. 비록 진식 제1로(陳式 第一路)는 유(柔)와 경(勁)의 운행을 위주로 하고, 제2로 포추(第二路 砲捶)는 강(剛)과 발출(發出)을 위주로 하지만, 제1로 중에도 강(剛)과 발출하는 동작이 있어 보조(輔助)하며{예를 들어 「엄수굉추(掩手肱捶)」 등}, 제2로 중에도 유(柔)와 운행하는 동작이 있어 보조한다{예를 들어 「란찰의(懶扎衣)」 등}. 이것은 강유(剛柔)가 서로 보조하고 또한 강유(剛柔)를 민첩하게 전환하기 위한 것이다.

(4) 권론(拳論)에서 "힘은 척추에서 발한다(力由脊發)", "발경은 화살을 발사하는 것과 같다(發勁如放箭)", "발경은 반드시 침착하고 느슨히 안정되어야 한다(發勁須沈着鬆靜)", "한 방향으로 집중한다(專注一方)" 등을 요구한다. 그러므로 먼저 "척궁(脊弓)"으로 경(勁)을 축적한 후 척추로부터 활시위를 벗어나듯 발출하고, 경(勁)은 화살촉 방향으로 집중하며, 최후에는 마치 과녁을 꿰뚫는 경(勁)처럼 진동하여 떨치며 이 동작을

완성한다. 자세(姿勢)상으로부터 말하자면, 발경(發勁)할 때 비록 한 손이 앞을 향하고 다른 한 손이 뒤로 향하여서(혹은 상하로 혹은 좌우로 각각 향하여서) 평형을 유지하지만, 그러나 경력(勁力)은 여전히 한 방향이 주(主 : 實)가 되고 다른 한 방향은 빈(賓 : 虛)이 되며, 쌍중(雙重)이 아니다.

제15식 제3금강도대(第三金剛搗碓)

동작 1

몸을 우(右)로 조금 돌리며, 동시에 우권(右拳)은 장(掌)으로 변하여 순전(順纏)하며 우측 뒤로 향하여 조금 거두어들이고, 좌장(左掌)은 여전히 좌측 옆구리 옆에서 미세하게 역전(逆纏)하며 호응한다. (그림 55) 이어서 몸을 좌(左)로 조금 돌리며, 동시에 양손은 오른손은 순전(順纏)하고 왼손은 역전(逆纏)하면서 호형(弧形)으로 가슴 앞을 향해 교차하여 합경(合勁)하니, 왼손이 위에 있고 장심(掌心)은 아래로 향하며, 우장심(右掌心)은 위로 향한다. (그림 56)

그림 55   그림 56

동작 2

몸을 우(右)로 돌리며 중심(重心)을 우(右)로 이동하여 우측 다리에 오고, 동시에 오른손은 역전(逆纏)하며 우측 위로 향하고 왼손은 역전(逆纏)하며 좌측 아래로 향해 전개한다.30) {그림 57·58 : 그림 55부터 57까지 중에서 왼발은 여전히 동북(東北) 비스듬한 방향에 있고, 왼발의 위치는 그림 58과 같다. 그림 58부터 76까지 중에서 자세의 방향은 이미 동작설명 중의 방향과 부합되게 바뀌었다.(즉 가슴이 남쪽으로 향한다.)} 중심(重心) 전부를 좌측 다리로 이동하며, 오른발을 끌어 올려 거두어서 발끝이 앞을 향해 왼발 앞에서 땅에 닿는다. 동시에 양손은 좌역전(左逆纏) 우순전(右順纏)하며, 왼손은 왼팔 팔꿈치를 굽혀 팔을 가로눕혀 가슴 앞에 놓고 장심(掌心)은 아래로 향하며, 오른손은 오른발이 앞으로 나갈 때에 따라서 가슴 앞으로 향해 위로 걷어 올려서(撩) 양손이 합경(合勁)을 이룬다. (그림 59)

그림 57　　　　　　　그림 58　　　　　　　그림 59

동작 3

동작3은 제2식 「금강도대」 동작3과 같다. (그림 7·8로 연결된다)

요점

(1) 앞 권식 「엄수굉추(掩手肱捶)」의 개경(開勁)과 발경(發勁)으로부터 이 권식의 합경(合勁)으로 바뀌므로, 오른손은 반드시 미세하게 안으로 거두었다가 다시 발경(發勁) 방향을 향해 앞으로 한번 붕(掤)하여서 끊어진 경(勁)을 연결하며, 이로써 내경(內勁)이 끊어지지 않게 하여 후면의 거두어들여 쌍합(雙合)하는 합경(合勁) 내로 관통하여 연결되게 한다.

(2) 이 권식 매 하나의 최대한 크게 벌리는 반권(半圈) 동작은 변하자마자 수축되어 극히

---

30) 역자註 : 몸을 우(右)로 돌릴 때 왼발 발끝을 우(右)로 돌린다.

작은 반권(半圈)으로 합하는 동작이 되므로, 온 전신에 골고루 기세(氣勢)가 충만해야 한다.

(3) 이 권식이 앞의 두 차례 「금강도대」와 다른 점은, 제1차 「금강도대」 중에는 태극권 중의 다섯 쌍의 방위전사경(方位纏絲勁)을 표현해내고, 제2차 「금강도대」는 앞의 「단편(單鞭)」 권식의 개경(開勁)을 이어 받아 전환하여 합경(合勁)이 되며, 제3차 「금강도대」의 주된 작용은 「엄수굉추(掩手肱捶)」 권식의 발경(發勁) 후에 끊어진 경(勁)을 연결시켜내는 것이다. 이것은 태극13세(太極十三勢) 중 제5세의 종결이다.

제16식 피신추(披身捶)

동작 1

양손을 좌우로 향하여 역전(逆纏)하면서 전개하며, 다섯 손가락 모두 아래로 늘어뜨리고 장심(掌心)은 안으로 향한다. (그림 60) 양손을 계속하여 위로 들어올리면서 순전(順纏)으로 바뀌며, 어깨 높이에 이를 때 장심(掌心)을 뒤집어 앞쪽 위로 향한다. (그림61) 중심(重心) 전부를 좌측 다리로 이동하고 오른발을 들어올려 곧 우측으로 향해 발꿈치를 땅에 붙여 뻗어 나가며, 이어서 곧 중심(重心)을 우(右)로 이동하여 마보(馬步)가 된다. 동시에 양손을 계속하여 조금 위로 올리고, 오른발이 우(右)로 큰 보폭으로 나갈 때에 따라서 양손이 가슴 앞을 향해 순전(順纏)하며 교차하여 모여 합하며 좌장(左掌)이 밖으로 온다.31) (그림 62·63)

그림 60   그림 61

---

31) 역자註 : 그림 63에서 양손의 장심(掌心)이 바깥 아래로 향하려면 양손이 역전(逆纏)으로 바뀌어야 다음 동작에 계속해서 역전(逆纏)으로 연결된다.

그림 62

그림 63

그림 64

동작 2

양손이 권(拳)으로 변하며, 우권(右拳)은 얼굴 앞에서 안으로부터 우(右)로 향해 역전(逆纏)하며 벌리다가 곧 우(右)로부터 앞을 향해 순전(順纏)으로 변하며 합하여 하나의 완정한 권(圈)을 이루며 돌고 권심(拳心)은 안으로 향한다. 왼손은 좌(左)로 향하여 역전(逆纏)하며 벌리고 곧 순전(順纏)으로 변하여 오른손이 합할 때에 따라서 미세하게 합하며 권심(拳心)은 우(右)로 향한다. 오른손이 우(右)로 향해 반권(半圈)을 돌 때 중심(重心)을 조금 우(右)로 이동하고 몸을 우(右)로 조금 돌리며, 오른손이 한 권(圈)을 다 돌아올 때, 중심을 되돌려 이동하여 몸을 정면으로 돌린다. (그림 64)

동작 3

몸을 좌(左)로 조금 돌리며 중심(重心)을 좌(左)로 옮겨 좌궁보(左弓步)가 된다. 동시에 양 권(拳)은 순전(順纏)하며, 우권(右拳)은 왼쪽 귀 앞으로 이동하여 머리 높이에 이르고 권심(拳心)은 안으로 향하며, 좌권(左拳)은 좌측 원래 지점에서 순전(順纏)하며 하나의 작은 권(圈)을 돌아 감아서 우권(右拳)의 합경(合勁)에 호응하며 권심(拳心)은 좌측 앞쪽으로 향한다. (그림 65) 중심(重心)을 우(右)로 이동하여 우궁보(右弓步)가 되면서 몸을 우(右)로 돌린다. 몸의 회전에 따라서 우권(右拳)은 우측 아래로 향하여 호형(弧形)으로 순전(順纏)하여 우측 다리 옆에 이르며, 권심(拳心)은 위로 향하고, 좌권(左拳)은 좌(左)로부터 우(右)로 향해 얼굴 앞을 지나 순전(順纏)하며 머리 높이에 이르러 권심(拳心)은 안으로 향하고 우권(右拳)과 합경(合勁)한다. (그림 66)

그림 65   그림 66

요점

(1) 이 권식은 앞 권식 「금강도대」의 합경(合勁)으로부터 쌍역전(雙逆纏)하여 개경(開勁)으로 바뀌며, 벌린 후 쌍순전(雙順纏)으로 변하고 장심(掌心)이 밖을 향하여 양손이 합경(合勁)하며, 이어서 곧 양손이 순전(順纏)으로 교차하여 합쳐진다. 이처럼 양손을 같은 높이로 전개하고 합할 때 응당 양손의 허실(虛實)과 양발의 허실에 주의하며, 더욱이 손과 발 사이의 허실에 주의한다. 이 점에 관해서는 특징 4를 참고할 수 있다.

(2) 동작 2·3(그림64~66)은 양 장(掌)이 권(拳)으로 변한 후의 동작이며, 반드시 연결하여 통해 한 기세가 되어야 하므로 기(氣)를 몸의 배면 등에 붙이고 허리를 축으로 삼아 동작을 진행해야 하니, 그 관건은 안팎전사(裡外纏絲)를 특별히 확대하는 데에 있고, 또한 앞의 한 전사(纏絲)가 뒤의 한 전사(纏絲)를 이끌어 가야 한다. 오직 이처럼 해야만 비로소 세 그림 중의 동작이 연결되어 하나로 되고, 또한 내경(內勁)을 잃어버리지 않게 하여 조금도 요철(凹凸)이 없는 상황 중에 변환하여 오게 되니, 이 점에 관해서는 특징 5를 참고할 수 있다.

(3) 이 권식의 전체 개합(開合)과 합개(合開)의 모든 과정 중에는 채경(採勁)이 내포되어 있으니, 이것은 4우(四隅) 중의 채경(採勁)이며 4정(四正) 권식 중의 일종의 보조 수법이다.

제17식 배절고(背折靠)

동작 1

몸을 좌(左)로 90도 돌린다. 동시에 오른손은 역전(逆纏)하며 호형(弧形)으로 위로 들어올리고 권심(拳心)은 좌(左)로 향하며,32) 왼손은 팔을 돌려 순전(順纏)하며 좌(左)로 향해 호형(弧形)으로 아래로 내려가 좌측 허리 옆에 이르며 권심(拳心)은 뒤로 향한다.33) (그림 67)34)

동작 2

몸을 계속하여 좌로 조금 돌리며, 동시에 우권(右拳)은 역전(逆纏)에서 순전(順纏)으로 바뀌며 팔을 돌리고, 오른팔은 머리 정수리 앞에서 굽히며, 좌권(左拳)은 좌측 허리 옆에서 극히 작은 역전(逆纏)으로 권(圈)을 돌린 후 권(拳)의 앞면을 좌측 허리에 긴밀하게 꽉 붙인다. 곧 이어서 몸을 우(右)로 조금 돌리며, 우측 어깨의 뒷등 부위를 우측 뒤쪽을 향해 뒤로 재낀다(靠).35) 동시에 사타구니는 더욱 아래로 가라앉히면서 시선은 왼발 쪽으로 향한다. (그림 68)

---

32) 역자註 : 오른손을 들어올릴 때, 먼저 오른팔 팔꿈치를 이끌어 올리면서 크게 역전(逆纏)하다가 아랫팔뚝을 세우기 시작하면서 순전(順纏)으로 바뀌며, 아랫팔뚝을 세우면서 손이 우측 태양혈(太陽穴) 위쪽으로 오는 동작은 마치 아랫팔뚝이 상대방의 공격을 막아내는 듯한 기세를 갖춘다.

33) 역자註 : 왼손은 앞 권식「피신추」의 마지막 동작에서 순전(順纏)하며 얼굴 앞을 지나 머리 높이에 이르는 동작에 연결되어 순전(順纏)하며 좌측 허리로 내려오다가, 거의 허리에 도달할 무렵에 역전(逆纏)으로 바뀌어 권심(拳心)이 뒤로 향한다.

34) 역자註 : 좌권(左拳)을 좌측 허리에 붙여 누르는 듯한 자세는 특별한 의미가 있다. 즉 한쪽 다리를 굽힌 궁보(弓步)나 부보(仆步) 자세일 경우 좌우의 과(胯)가 수평을 이루지 못하고, 무릎을 펴서 뻗어 있는 다리의 과(胯)가 흔히 올라오기 쉽다. 모든 자세에서 좌우의 과(胯)가 수평을 이루어야만 상반신을 곧고 바르게 세울 수 있다. 특히 독립식은 더욱 주의해야 한다. 그림 67에서 좌권(左拳)이 좌측 허리를 누르는 것은 좌측 과(胯)를 아래로 눌러 좌우 과(胯)가 수평이 되도록 하는 작용도 있다. 좌우 과(胯)가 수평을 이루려면 허리에 자연히 힘이 양성되므로 모든 자세에서 좌우 과(胯)가 수평이 되도록 특히 주의하기 바란다.

35) 역자註 : 그림 67에서 그림 68로 진행하는 오른팔 동작은 우측 등배를 먼저 움직여 오른팔을 이끌어 올리며 오른팔 팔꿈치를 위쪽 뒤로 재껴 올린다. 이때 오른손은 순전(順纏)에서 역전(逆纏)으로 바뀌며, 원위치 부근에서 우권(右拳)이 작은 권(圈)을 한차례 돌리면서 팔꿈치를 올린다.

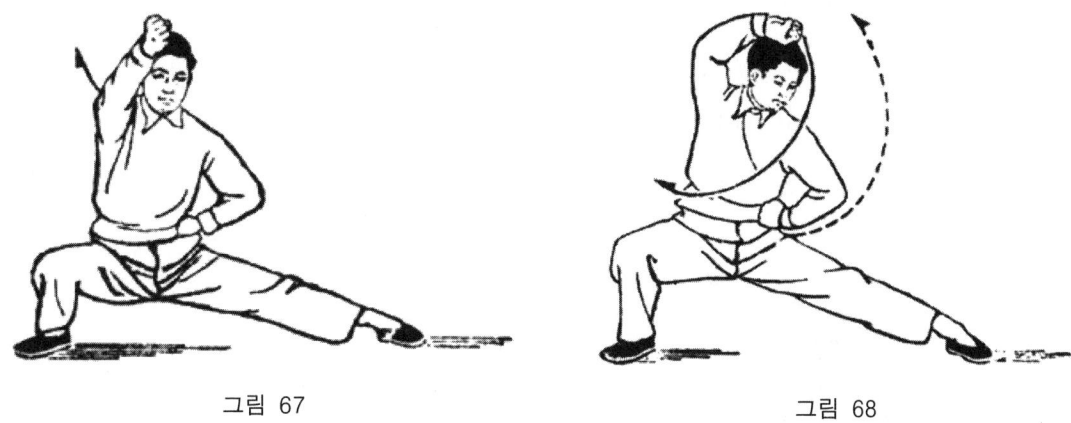

그림 67   그림 68

요점

(1) 양 윗팔뚝은 붕경(掤勁)을 갖추어 서로 견고하게 연결되어 개중우합(開中寓合 : 전개한 중에 합함이 내포되어 있는)의 경(勁)을 이룬다. 오직 허리를 중심축으로 삼아야만 우측 등배를 자연스럽게 뒤로 재껴올 수 있으므로, 한 쪽에 열중하여 다른 쪽을 소홀히 할 염려가 없다.

(2) 그림 68은 오른팔이 머리 정수리 앞에서 운용됨을 나타내며, 반드시 작은 역전(逆纏)으로써 팔이 정수리 앞으로 돌려져 오도록 하니, 이 권식의 관건은 좌권(左拳)을 좌측 허리에 꽉 붙이는 데에 있으며, 이로써 우측 등배가 더욱 팽팽하게 당겨지도록 하여 몸 배면의 고경(靠勁)이 표현되어 나오게 한다.

(3) 「배절고(背折靠)」이 권식에서 발출하는 고경(靠勁)은 제2로 포추(砲捶) 중에 비교적 많다. 이 권식은 4우수(四隅手) 중의 고경(靠勁)의 한 종류이며 4정(四正) 권식 내의 일종의 보조수법이다.

제18식 청룡출수(靑龍出水)

동작 1

몸의 중심(重心)을 좌(左)로 이동하고 몸을 우(右)로 조금 돌린다. 동시에 우권(右拳)은 팔을 돌려 순전(順纏)하며 위로부터 가슴 앞을 지나 우(右)로 향해 호형(弧形)으로 아래로 내려 우측 다리 옆에 이르고 권심(拳心)은 위로 향하며, 좌권(左拳)은 좌측 허리를 떠나 역전(逆纏)하며 좌(左)로부터 호형(弧形)으로 위로 들어올리며 권심(拳心)은

안으로 향한다.36) (그림 69)

　우권(右拳)은 역전(逆纏)으로 변하여 우(右)로부터 호형(弧形)으로 위로 들어올리고 다시 순전(順纏)으로 바뀌어 권심(拳心)이 좌(左)로 향하도록 전사(纏絲)하며, 동시에 좌권(左拳)은 순전(順纏)하며 팔꿈치를 굽혀 팔을 가로지게 하여 가슴 앞을 지나 내려와 배 앞에 오며 권심(拳心)은 위로 향한다. (그림 70)

그림 69　　　　　　　　　그림 70

동작 2

　몸을 좌(左)로 조금 돌리며, 동시에 좌권(左拳)이 장(掌)으로 변하여 역전(逆纏)하며 우측 앞쪽을 향해 내밀어 나가고 장심(掌心)은 우측 뒤로 향하며, 우권(右拳)은 순전(順纏)하며 팔꿈치를 굽혀 아래로 내려 가슴 앞에 놓아 왼팔 위쪽에 두며 권심(拳心)은 안으로 향한다. (그림 71) 중심(重心)을 조금 우(右)로 이동하며, 동시에 왼손은 순전(順纏)하며 아래로 가라앉혀 장심(掌心)이 우측 뒤로 향하고, 우권(右拳)은 순전(順纏)하며 거두어들여 가슴 아래로 와서 좌장(左掌)과 합경(合勁)이 되며, 몸의 척추 배면(등)을 팽팽하게 당긴다. (그림 72) 몸을 좌로 조금 돌리며 사타구니의 경(勁)을 아래로 가라앉히는 동시에 우권

그림 71

---

36) 역자註 : 좌권(左拳)이 역전(逆纏)하며 팔을 비틀어 축경(蓄勁)하다가, 순전(順纏)으로 바뀌면서 방경(放勁)한다.

(右拳)은 팔을 돌려 역전(逆纏)하면서 돌연히 몸의 척추 배면(등)으로부터 활시위를 벗어나듯이 우측 앞쪽을 향해 손목 부위의 척골(尺骨) 측면으로 발경(發勁)하며, 왼손은 우권(右拳)이 발경하는 것과 마찬가지 속도로 순전(順纏)하며 거두어들여 좌측 허리에 둔다. (그림 73)

그림 72   그림 73

요점

(1) 진식태극권은 양손이 전사경(纏絲勁)을 운용할 뿐만 아니라 사실상 양다리 또한 동시에 전사경을 운용한다. 이 권식은 보폭(步幅)이 크고 사타구니를 넉넉하게 벌리므로, 다리 부위가 전사경을 표현해내는 가장 뚜렷한 예이다. 다리 부위의 전사(纏絲)는 어느 다리 위의 한 손이 순전(順纏)할 때 그 다리도 일반적으로 이에 따라서 무릎을 밖으로 벌려서 순전(順纏)하며, 그 반대인즉 무릎을 안으로 오므려서 역전(逆纏)한다. {다리 부위 전사의 원칙은 제21식 「주저추(肘底捶)」의 요점 2를 참고한다} 이 권식 그림 중의 자세에서 양다리가 마치 움직인 적이 없는 듯하여 다만 양팔이 변환하는 동작만 식별되나, 사실상 다리 부위도 따라서 전사하고 있다.

(2) 태극경(太極勁)은 발꿈치에서 일어나 다리에서 발(發)하고 허리와 척추에서 좌지우지하며 손가락에서 나타내는 내경(內勁)으로서, 전사는 곧 이 내경이 지나가는 한 가닥의 상당히 긴 운동노선이다. 전신에는 이러한 노선이 모두 두 가닥이 있으니, 즉 왼발 발꿈치로부터 오른손 손가락에 이르는 것과 오른발 발꿈치로부터 왼손 손가락에 이르는 것이며, 이것들은 몸의 배면 등에서 십자(十字)로 교차한다.

(3) 전신의 각 관절을 관통하여 연결시켜 한 가닥의 선처럼 하려면 반드시 전사(纏

絲)의 나선형으로 완성해야 한다. 전사는 허리와 척추에서 주재(主宰)하여 양팔을 이끌어 움직이며, 그 기초는 양다리에 있으므로 만약 다리 부위에 전사가 없으면 "온몸이 한 기세(氣勢)를 이루는(周身一家)" 경지에 도달할 수 없으니, 이 점에 대하여 응당 주의해야 한다.

(4) 이 권식을 "출수(出水)"라고 부르는 이유는 이러한 종류의 발경(發勁) 때문이며, 이것은 "물체를 장차 쳐들어 올리려면 먼저 더욱 아래로 누른다(物將掀起而加以挫之)"는 뜻과 같으니, 말하자면 아래로 향하는 반권(半圈)이 끝나는 지점에는 위로 향하려는 경(勁)을 지니고 있으므로 또한 "물에서 솟아나는(出水)" 두경(抖勁 : 몸을 부르르 떨듯이 발출하는 경)이라고 부른다.

(5) 이 권식의 발경(發勁)은 4우수(四隅手) 중의 열경(挒勁)에 속하며, 이것을 "타(打)" 혹은 "격(擊)"이라 부르지 않는 이유는, 열경(挒勁)은 일종의 짧은 거리에서 타격하는 것이기 때문이다. 그러므로 또한 이것을 "촌경(寸勁)"이라 부르기도 한다.

제19식 쌍퇴수(雙推手)

동작 1

중심(重心)을 우(右)로 조금 이동하면서 몸을 우(右)로 조금 돌린다. 동시에 오른팔 팔꿈치를 조금 굽히고 우권(右拳)을 조금 거두어들이며 권심(拳心)은 안으로 향하고, 좌장(左掌)은 앞으로 펴서 오른손 손목 안쪽 옆에 오며, 곧 이어서 양손이 밖으로 향해 조금 붕(掤)한다. (이로써 다음 동작을 이끌어 일으킨다)[37] (그림 74) 이어서 중심(重心)을 좌측 다리로 이동하여 몸을 좌(左)로 조금 돌리며, 동시에 오른팔은 순전(順纏)하며 좌측 아래로 향해 리(攦)하여 배 앞에 이르고, 왼손은 작게 역전(逆纏)하며 오른팔을 따라서 좌(左)로 리(攦)하여 와서 붕(掤)한다. (그림 75) 다음은 제4식「육봉사폐(六封四閉)」동작 1의 후반부 설명과 동일하다. (그림 16에 이어짐)

동작 2

제4식「육봉사폐」동작 2의 전반부 설명과 동일하다. {그림 17 · 그림 76에 이어짐

---

37) 역자註 : 여기서 붕(掤)한다는 것은 일종의 절질(折迭) 동작이다.

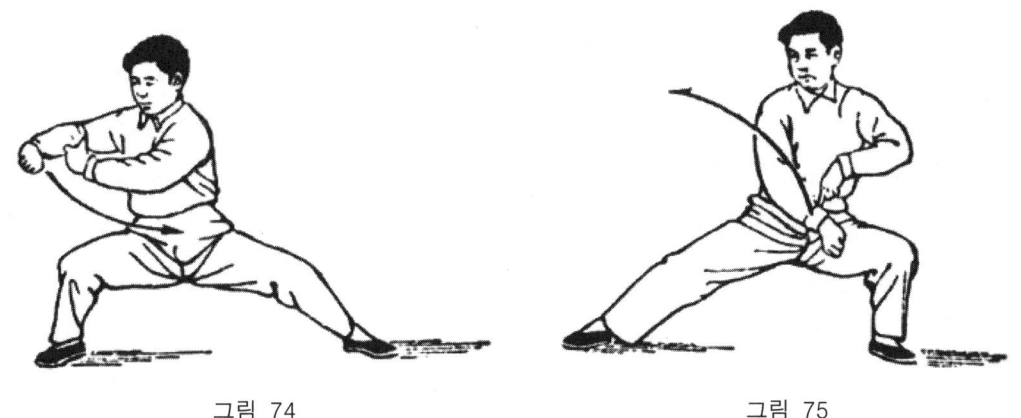

그림 74   그림 75

: 그 중 서로 다른 것은, 이 권식의 좌장(左掌)은 허리 부위를 지나 다음 동작으로 이어진다} 이어서 왼발 발끝을 밖(左)으로 돌리며 몸을 좌(左)로 돌리고(가슴이 남쪽을 향하다가 동쪽으로 향한다), 중심(重心) 전부를 좌측 다리로 이동하며 오른발을 들어 거두어서 좌측 앞쪽을 향해(남쪽으로 향하나, 조금 동쪽으로 치우침) 발끝이 땅에 닿는다. 동시에 우장(右掌)은 순전(順纏)하며 계속하여 장심(掌心)이 위로 향해 받쳐 올리고, 좌장(左掌)은 역전(逆纏)하며 좌측 옆구리 옆으로 거두면서 돌려 손등으로 붕(掤)하고 장심(掌心)은 비스듬히 위로 향한다. (그림 77 : 그림 77부터 85까지 그림 중의 동작 모두 몸을 동쪽으로 향해서 하며, 그림 중에 보이는 것은 모두 그 자체의 정면이다.)

그림 76   그림 77

동작 3

몸을 계속하여 좌(左)로 조금 돌리고, 동시에 양손은 순전(順纏)하다가 장(掌)을 뒤집어 각각 양쪽 귀 옆에 두고 장심(掌心)은 비스듬히 밖을 향하며, 오른발 발끝은 땅에 닿아 몸의 회전에 따라 같이 돌아가고, 무릎도 몸의 회전에 따라 돌아간다. (그림 78) 오른발을 조금 들어 즉시 우(右 : 南)로 향하여 성큼 나가고 중심(重心)을 즉시 우측 다리로 이동하며, 왼발은 우(右)로 향해 나가 발끝이 오른발 옆에서 땅에 닿으며, 동시에 몸을 우(右)로 돌리고 양 장(掌)은 합경(合勁)하여 몸이 돌 때에 따라서 우측 아래로 향해 누른다(按) (그림 79)

그림 78

그림 79

요점

(1) 이 권식과 「육봉사폐(六封四閉)」의 동작은 기본상 서로 같으나, 다만 보법(步法) 상의 전환과 양손으로 밀어내는 경로(勁路)는 다르다. 이 권식의 밀어내는(推) 경(勁)은 비교적 강(剛)하고, 또한 밀어내는 동작의 종점에 도달할 때 장근(掌根 : 손바닥의 손목 부위)은 반드시 아래로 향해 가라앉히는(沉) 열경(挒勁)을 표현해내어야 하므로, 가라앉는(沉) 속도상에서도 비교적 빠르다.

(2) 이 권식은 앞 권식의 발경(發勁) 후에 이어진다. 발경(發勁)할 때 경(勁)이 끊어지지 않으면 몸 밖으로 벗어나가 힘을 밖으로 가할 수 없기 때문에 발경은 경(勁)이 끊어지도록 하는 것이나, 그러나 또한 반드시 이 권식과 같이 서로 연결하여 끊어지지 않게 이어나가야 한다. 동작1(그림 74)의 전반부는 곧 발경한 경(勁)에 연결하는 작용

을 일으키며, 또한 다음 동작을 이끌어 간다. "끊어지면 다시 연결하고, 잘 끊고 잘 연결하는(斷而復連, 能斷能接)"것은 특징 6에 상세히 설명하였다.

(3) 앞 권식의 발경 후에 합(合)으로 바뀌고, 합한 후 다시 벌린다(開). 이 합개(合開) 중에서 몸을 회전하여 허리의 경(勁)을 비틀어 돌려야 하며, 왼손이 뒤에 있고 오른손이 앞에 있는 쌍탁(雙托)으로 바뀐다. 이 쌍탁(雙托)은 쌍순전(雙順纏)하는 중에 합경(合勁)이 생겨야 하며, 이것은 쌍퇴(雙推)를 위해 준비하는 것이다.

제20식 삼환장(三換掌)

동작

몸을 우(右)로 돌리며, 동시에 우장(右掌)은 안으로 향해 가슴 앞을 지나 위로 순전(順纏)하며 거두어들여 장심(掌心)이 안으로 향하고, 좌장(左掌)은 순전(順纏)하며 팔을 돌려 앞을 향해 수평으로 펴서 장심(掌心)이 위로 향하게 바뀐다. (그림 80) 몸을 좌(左)로 조금 돌리며, 동시에 우장(右掌)은 역전(逆纏)하며 붕경(掤勁)으로 밀어 나가서 장심(掌心)이 비스듬히 밖으로 향하고, 좌장(左掌)은 몸을 돌리는 데 따라서 역전(逆纏)하며 배 앞으로 거두어들여 장심(掌心)이 위로 향한다. (그림 81) 몸을 다시 우(右)로 돌리며, 동시에 우장(右掌)은 순전(順纏)하며 배 앞으로 거두어들이고, 좌장(左掌)은 배 앞에서 위로 역전(逆纏)하며 앞을 향해 오른팔 위를 지나 붕경(掤勁)으로 밀어 낸다. (그림 82) 동작 시에 몸이 돌아 움직임에 따라서 왼발 발끝은 땅에 닿은 원래 지점에서 이리저리 돌며, 좌측 무릎은 몸이 도는 방향에 따라서 돌아 움직인다.

그림 80

그림 81

그림 82

요점

 이 권식은 양 장(掌)을 교대로 뻗어 나가고 거두어들일 때 그 동작이 원활(圓活)해야 하고, 허리와 사타구니가 우(右)로 조금 돌 때 좌장(左掌)을 뻗어 나가며, 허리와 사타구니가 조금 좌(左)로 돌 때 우장(右掌)을 뻗어 나간다. 허리와 사타구니가 회전하여 두 차례 왕복하면서 좌장(左掌)을 두 차례 앞으로 뻗어 나가고 우장(右掌)이 한 차례 앞으로 뻗어 나가므로 「삼환장(三換掌)」이라 부른다. 「삼환장」은 돌려 감아서 잡는 방법이므로, 장(掌)을 앞으로 뻗어 나가는 것은 가격해 나가는 것이 아니라 둥글게 돌면서 상대방의 경로(勁路)와 골절(骨節)을 감아 잡는 것이다. 중심(重心)이 비록 모두 우측 다리에 있지만, 그러나 동작이 왕복할 때의 개합(開合)에 의하여 허리와 사타구니가 회전하고 있는 듯이 개합(開合)하며, 양다리의 무릎 관절도 이끌어 움직여서 회전하고 있는 듯이 개합(開合)하니, 이것은 여전히 "한 곳이 움직이기만 하면 몸 전체가 움직이는(一動無有不動)" 것이다.

 이 권식과 다음 권식의 동작은 긴밀히 연결되어 추호도 끊어짐이 없고 또한 두 권식의 요점은 서로 같은 점이 있기 때문에, 이 권식의 요점도 다음 권식 중에 같이 있다.

제21식 주저추(肘底捶)

동작

 곧 이어서 몸을 다시 좌(左)로 돌리며, 동시에 양손은 좌역전(左逆纏) 우순전(右順纏)하며 왼손은 좌(左)측 아래로 향하고 오른손은 우(右)측 위로 향해 각각 전개한다.38) (그림 83) 몸을 계속하여 좌(左)로 조금 돌리며, 동시에 양손은 좌역전(左逆纏) 우순전(右順纏)으로 미세하게 전사하여 어깨 높이에 이르고, 양 장심(掌心)은 모두 아래로 향한다. {「주저추(肘底捶)」가 시작되는 단계이다} (그림 84) 몸을 우(右)로 조금 돌리며, 동시에 양손은 좌역전(左逆纏) 우순전(右順纏)하며 합경(合勁)하고, 합하는 과정 중에 왼팔은 역전(逆纏)에서 순전(順纏)으로 바뀌어 전사하면서 아래팔뚝을 세우고, 장심(掌心)을 돌려 우(右)로 향하며, 우장(右掌)은 권(拳)으로 변하여 순전(順纏)하며 우측에서 앞을 향해 팔꿈치를 굽혀 좌(左)로 향하여 합경(合勁)하면서 왼팔 아래를 지

---

38) 역자註 : 양손의 전사(纏絲)는 앞 동작의 기세대로 좌역우순전(左逆右順纏)하다가 오른손은 곧 역전으로 바뀐다.

나는 하나의 작은 권(圈)을 돌린 후 왼팔 팔꿈치 아래에 두며 권심(拳心)은 안으로 향한다. (그림 85)

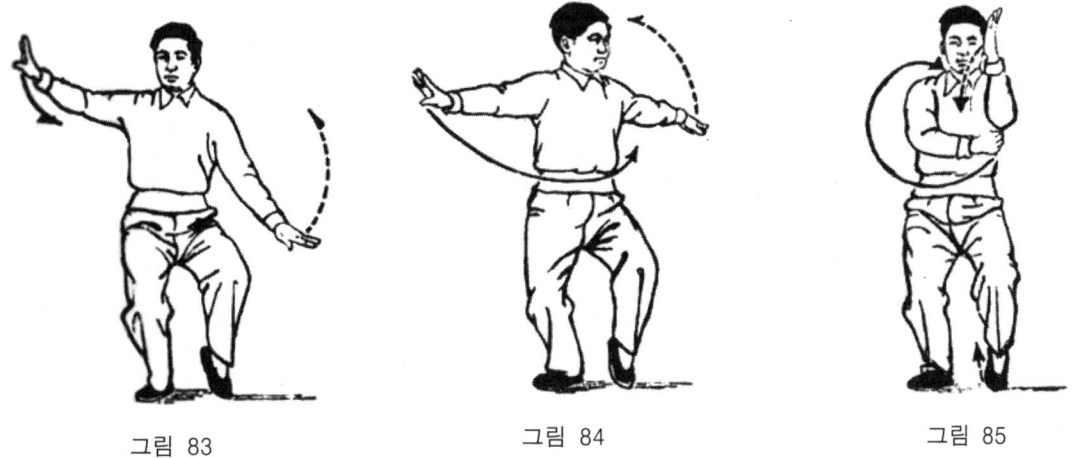

그림 83　　　　　　　　　그림 84　　　　　　　　　그림 85

요점

(1) 앞 권식과 이 권식의 특징은, "긴밀히 연결되는(緊湊)" 동작 중에 "모든 관절을 관통하여 연결하며(節節貫串)", "한 곳이 움직이기만 하면 전신이 같이 움직이도록(一動無有不動)" 하는 것이다. 그러므로 좌측 무릎도 왼발 발끝이 땅에 닿아 이리저리 도는 것을 축(軸)으로 삼아 몸의 회전에 따라서 돌린다. 그러나 반드시 주의할 점은 "허(虛)"는 완전히 힘이 없는 것이 아니고 "실(實)"은 완전히 꽉 디뎌 서는 것이 아니며, 이 점에 관하여는 제5식 「단편(單鞭)」의 요점 1을 참고할 수 있다.

(2) 모든 관절을 연결하여 온몸을 함께 움직이려면, 그 관건은 전신의 전사경(纏絲勁)을 운용하는 데에 있고, 오직 전사(纏絲)를 거쳐야만 비로소 경(勁)이 발꿈치에서 일어나 모든 관절을 관통하여 연결되어 손가락에 나타나게 할 수 있다. 그러므로 다리의 전사와 손의 전사는 동등하게 중요하며, 동작 설명 중에 다리의 전사를 언급하지 않는 이유는 다리와 팔의 전사{다리를 들어올린 독립식과 금나(擒拿) 수를 벗어나는 것은 제외} 모두 상하(上下) 일치되기 때문이다. 그 원칙은 다음과 같다.

1. 대체로 손이 순전(順纏)이면 그 손 아래의 다리(무릎)도 안에서 밖으로 향하는 순전(順纏)이다.

2. 대체로 손이 역전(逆纏)이면 그 손 아래의 다리(무릎)도 밖에서 안으로 향하는 역

전(逆纏)이다.

3. 대체로 우측 다리가 밖을 향해 순전(順纏)하면, 좌측 다리는 안으로 역전(逆纏)한다. 그 반대 또한 이와 같다.

4. 예를 들어 왼발 발꿈치에서 시작하는 역전(逆纏)이 다리로 발전해오면 당연히 역전(逆纏)이며, 상승하여 과(胯)에 도달한 후 자연히 비스듬하게 허리 척추를 통과하여 배면 등의 좌측이 팽팽하게 당겨지고 우측은 느슨히 이완되어 다시 오른팔로 전달되어 가서 오른손은 곧 순전(順纏)이 된다. 그러므로 수족(手足)의 전사는 모두 배면 등을 교차하며 통과하여, 온몸이 한 기세(氣勢)를 이루는 작용이 자연히 이루어진다.

(3) 앞 권식「삼환장(三換掌)」은 동작이 긴밀히 연결되는 쌍합(雙合) 중에서 모든 관절을 관통하여 연결시켜 전신이 함께 움직이며, 이 권식은 크게 전개하는 동작 중에서 어느 한 곳이 움직이기만 하면 전신이 움직이도록 표현해낸다. 최후에 몸을 돌려 합하며 전사권(纏絲圈)을 축소하여 긴밀하게 쌍합(雙合)하므로 내면의 경(勁)이 종류가 비록 다르지만, 그러나 "전신을 이끌어 움직여 가고 오며, 기(氣)를 배면 등에 붙이는(牽動往來, 氣貼脊背)"것은 마찬가지이다. 그러므로 응당 배면 등의 운용에 주의해야 한다.

(4) 앞 권식에서 곧장 이 권식의 마지막 쌍합(雙合)을 할 때까지 반드시 정수리가 더욱 가벼이 이끌려 올려지게 한다. 오랜 기간 수련한 후 이 권식을 하면 목 관절과 흉추(胸椎)상부 관절에서 소리가 나게 할 수 있으니, 이것은 수련을 오래 한 후 자연히 생기는 현상이므로 억지로 추구해서는 안 되며, 고의로 소리 나게 하여 폐단이 생기는 것을 피해야 한다. 오직 이러한 경지에 이르도록 해야만, 비로소 이 권식의 동작 중에 이미 전신이 함께 움직이고 관절이 이완되어 벌려진 상태에 도달했음을 이로써 족히 증명한다.

제22식 도권굉(倒捲肱)

동작 1

중심(重心)을 우(右)로 이동하며, 동시에 좌장(左掌)이 얼굴 앞을 지나 역전(逆纏)하며 내려오고, 우권(右拳)은 장(掌)으로 변하여 왼팔 팔꿈치 아래로부터 배 앞을 지나 우측 위로 향해 순전(順纏)하다가 역전(逆纏)으로 바뀌어 호형(弧形)으로 감아 오른뺨 옆에 이르며 장심(掌心)은 비스듬히 좌측 앞쪽으로 향한다. (그림 86) 왼발을 들어올

그림 86   그림 87 정면   보충그림 87

그림 88   보충그림 88

려 오른발 복사뼈 옆을 지나 좌측 뒤(西北) 비스듬한 방향을 향해 호형(弧形)으로 물러서며, 이에 따라 중심(重心)을 뒤로 이동하여 좌측 다리가 실(實)로 변한다. 동시에 우장(右掌)은 역전(逆纏)하며 앞을 향해 밀어(推) 나가고, 좌장(左掌)은 가슴 앞에서 앞으로 뻗는 오른팔 아랫팔뚝 밑을 교차하여 지나며 곧 좌측 아래를 거쳐 왼발이 뒤로 물러날 때에 따라서 좌측 뒤로 향해 호형(弧形)으로 전개한다.39) {그림 87과 그림 88, 보충그림 87과 88 : 그림 87과 88 두 그림 중 자세의 방향은 이미 동작설명 중의 방향과 부합되게 바뀌었다. 전면의 그림 86과 이후의 그림 89에서 92까지 중에 보이는

---

39) 역자註 : 보충그림 87에서 오른손을 가로눕혀서 밀어 나가며, 보충그림 88에서 왼발이 뒤로 물러나면서 오른손 손끝을 세우며 밀어 나가 동작을 완성한다.

것은 모두 그 정면이나, 사실상 모두 그림 87과 88의 보충그림 방향과 같이, 모두 가슴이 정동(正東) 방향을 향해서 동작한다.}

동작 2

양손과 양다리가 각각 하나의 작은 권(圈)으로 순전(順纏)하며, 이로써 경(勁)을 전환한다.40) 이어서 중심(重心)을 좌(左)로 이동한다. 동시에 좌장(左掌)은 좌측에서 위로 가며 순전(順纏)에서 역전(逆纏)으로 바뀌고 호형(弧形)으로 돌아 왼뺨 옆에 이르며 장심(掌心)은 비스듬히 우측 앞쪽을 향하고, 우장(右掌)은 작은 순전(順纏)을 큰 순전(順纏)으로 하여 우(右)에서 좌(左)로 감으며 가슴 앞을 지나 아래로 온다. (그림 89) 오른발을 들어올려 왼발 복사뼈 옆을 지나 우측 뒤 비스듬한 방향(西南)을 향해 호형(弧形)으로 물러나며, 중심(重心)이 뒤로 이동함에 따라서 우측 다리가 실(實)로 변한다. 동시에 좌장(左掌)은 역전(逆纏)하여 앞을 향해 밀어(推) 나가며, 우장(右掌)은 가슴 앞에서 앞으로 뻗는 왼팔의 아랫팔뚝 밑을 교차하여 지나 곧 우측 아래를 거쳐 오른발이 뒤로 물러날 때에 따라서 우측 뒤쪽을 향해 호형(弧形)으로 전개한다. (그림 90)

그림 89　　　　　　그림 90　　　　　　그림 91

---

40) 역자註 : 여기서 양다리도 순전(順纏)이라고 표현하였으나 앞의 제3식 「란찰의」나 제5식 「단편」의 마지막 동작에서 다음 초식으로 연결될 때의 절질(折迭) 동작처럼 허리가 주도하여 손이 극히 작은 권(圈)을 그리는 동작에 다리도 같이 호응하도록 하면 된다. 순전을 하는 방식은 다음 동작에 자연스럽게 연결되도록 작은 권(圈)을 감는 것이다. 즉 극히 미세하게 거두어들이는 듯하여 아래에서 위로 올리다가 다시 미세하게 앞으로 나가는 동작이 작은 권(圈)을 감는 동작이 되어 자연스럽게 다음 동작이 연결된다.

동작 3

동작 2와 같으나, 다만 좌우(左右)가 상반된다. (그림 91・다시 그림 88의 정면도에 이어진다.)

요점

(1) 이 권식은 벌렸다가 합하고 또 합했다가 벌린다. 벌린 후 다시 합하며 그리고 다시 벌린다. 이러한 종류의 특수한 개중우합(開中寓合)・합중우개(合中寓開)의 동작은 연속하여 후퇴하는 중에 완성하는 것이다.

(2) 연속하여 후퇴하는 중에 결코 곧장 미끄러지듯 후퇴하지는 않는다. "진퇴에는 반드시 전환이 있어야 한다(進退須有轉換)"는 요구에 의거하여, 두 차례 물러나는 동작 중에 하나의 쌍개(雙開)하는 자세와 내경(內勁)의 전환이 섞여 있다. 이처럼 하여야만 곧장 미끄러지듯 후퇴하는 느낌이 들지 않고, 전후의 개경(開勁)을 계속하여 운용하고 있음을 느끼게 된다. 또한 전환(轉換) 동작이 있으면 곧 물러나는 중에 앞으로 나감이 있게 되어, 나감이 곧 물러남이고 물러남이 곧 나감이니, 진퇴(進退)가 자유자재하여 사방 주위 모두를 지탱(支撐)하는 태극권의 후퇴법이 이루어진다.

(3)「도권굉(倒捲肱)」은 태극권 유일의 연속으로 후퇴하는 권식이며, 이것은 후퇴 중에 미세하고 작은 순역전사(順逆纏絲)가 포함되어야 하고, 또한 원활하고 순조롭게 동작하여 요철(凹凸)이 생기는 결함이 없고 내경(內勁)이 중단되는 결점이 없게 하여 특징 6의 요구에 합치해야 한다.

(4) 이 권식도 밖으로 나타나는 발경(發勁)을 할 수 있으니, 즉 물러서 후퇴하는 동작이 그치는 지점에 이를 때 발꿈치로 땅을 내려차서 소리를 내는 동시에 앞으로 나가는 손의 경(勁)을 밖으로 발출하며, 뒤로 가는 손은 침경(沉勁)을 사용하여 가라앉힌다.

제23식 퇴보압주(退步壓肘)

동작 1

몸을 좌(左)로 조금 돌리며, 동시에 좌장(左掌)은 팔을 돌려 순전(順纏)하며 좌측 아래로 향해 전개하여 장심(掌心)이 아래로 향하며, 우장(右掌)은 역전(逆纏)하며 비스듬히 우측 위로 향해 전개하여 장심(掌心)이 밖으로 향한다. (그림 92 : 이 그림은 그림

88의 정면도에서 연결된다. 그러므로 그림 92부터 96까지 중에 보이는 것은 모두 정면이니, 실제로는 여전히 가슴이 동쪽을 향해 동작을 진행한다.) 몸을 우(右)로 조금 돌리며, 동시에 우장(右掌)은 순전(順纏)하며 몸 앞을 향하여 안으로 오다가 역전(逆纏)으로 변하며 우(右)로 향하여 하나의 권(圈)을 돌아가고, 좌장(左掌)은 우장(右掌)이 우(右)측에서 앞으로 돌 때에 따라서 조금 좌(左)로 이동하다가 곧 우장(右掌)이 우(右)측으로 돌아갈 때에 따라서 순전(順纏)하며 우(右)로 향해 호형(弧形)으로 휘돌아와 우측 옆구리 앞에 이른다. (그림 93)

그림 92

그림 93

동작 2

중심(重心)을 좌측 다리로 이동하며 몸을 좌로 돌리고, 오른발은 발꿈치를 들어올리고 발끝은 땅에 붙여서 오른발 복사뼈 안쪽을 지나 우측 뒤쪽(南쪽이지만 조금 西쪽으로 치우침) 비스듬한 방향으로 물러나며, 물러나는 보(步)의 동작이 끝나는 시점에 발꿈치를 내려 땅을 차서 진각(震脚)하고, 또한 중심(重心)을 뒤로 이동하며 몸을 동시에 우(右)로 돌린다. 앞서 몸을 좌(左)로 돌림에 따라서 동시에 우장(右掌)은 순전(順纏)하며 호형(弧形)으로 거두어들여 손가락을 좌측 배에 붙이며, 왼팔 팔꿈치는 우장(右掌)의 안쪽을 거쳐서 위로 붕(掤)하며 좌장(左掌)은 역전(逆纏)하여 손가락의 바깥 등 부위를 우측 옆구리에 붙여서 위로 올리고, 몸을 우(右)로 돌리면서 오른발 발꿈치를 진각(震脚)할 때에 따라서 동시에 좌장(左掌)은 좌측 앞쪽을 향하여 장(掌)을 비스듬히 밀어(推) 내며, 우장(右掌)은 손가락을 몸에 붙여서 우측 배로 이동한다. (그림 94·95)[41]

---

41) 역자註 : 그림 94에서 오른발은 발끝만 땅에 닿고 발꿈치를 들어올린다.

그림 94   그림 95

요점

(1) 이 권식에서 양팔을 둘러 싸안아(그림 94) 마치 하나의 완정한 권(圈)과 같을 때, 강인한 탄성적인 제경(擠勁)을 이루어야 한다. 이 동작에서 중점을 두는 사항은 "기를 배면 등에 붙이는(氣貼脊背)" 상황하에 몸의 배면을 팽팽하게 당겨서 배면 등을 비비듯이 움직이는 것이며, 동시에 이것은 경(勁)을 축적하여 발출할 때를 기다리는 시기이다.

(2) 그림 94는 비록 이미 오른발이 뒤로 물러났으나, 아직 진각(震脚)하지 않았고, 진각은 반드시 좌장(左掌)을 발출하는 것과 서로 협조하여 일치되어 개경(開勁)을 이루어서 그림 95의 자세가 된다.

(3) 「퇴보압주(退步壓肘)」는 짧은 거리의 보조적인 발경(發勁)이며, 부드러운 중에 강(剛)함이 내포되어야 한다. 사타구니의 경(勁)을 아래로 내리고 단전경(丹田勁)을 사용하여 좌장(左掌)의 침경(沉勁)으로 발출하는 찰나(刹那)가 오른발 발꿈치가 땅을 차 소리를 내는 것과 일치되어 전신의 경력(勁力)이 완정(完整)되게 한다.

제24식 중반(中盤)

동작 1

몸을 좌(左)로 조금 돌리다가 곧 우(右)로 돌리며, 좌장(左掌)은 몸이 좌(左)로 도는 데 따라서 조금 좌(左)로 이동하다가 곧 몸이 우(右)로 도는 데 따라서 왼팔이 좌(左)로부터 우측 위로 향하여 극히 미세하게 역전(逆纏)하다 곧 순전(順纏)하며 우측 어깨 앞에 이르고 장심(掌心)은 위로 향하며, 동시에 우장(右掌)은 역전(逆纏)하며 우측 뒤로 향해 돌아 위로 쳐들어 장심이 우(右)로 향한다. 우장(右掌)을 위로 쳐들어 올리는데 따라서 오른발을 들어올린다. (그림 96)

그림 96　　　　　　　그림 97　　　　　　　보충그림 97

동작 2

몸을 좌(左)로 조금 돌리며, 오른발이 왼발 옆에 내려와 먼저 발끝이 땅에 닿고 곧바로 이어서 발꿈치로 땅을 차서 진각(震脚)하며 중심(重心)을 곧 우측 다리로 이동하면서 왼발 발꿈치를 들어올린다. 오른발을 땅에 내릴 때에 따라서 오른손은 역전(逆纏)하며{오른팔 팔꿈치를 굽혀 팔꿈치가 좌장(左掌) 위를 지난다} 위로부터 호형(弧形)으로 휘둘러 좌측 어깨 앞에 이르고, 좌장(左掌)은 순전(順纏)하며 아래로 이동하여 우측 옆구리 아래에 오고 장심(掌心)은 위로 향하며, 양팔이 가슴 앞에서 교차한다. (그림 97, 보충그림 97은 정면도이다 : 그림 96의 방향과 97 정면도의 방향은 일치한다. 그림 96도 가슴이 동쪽을 향해 동작을 진행한다.)

동작 3

몸을 좌(左)로 조금 돌리며, 왼발은 좌측 뒤 비스듬한 방향(北으로 향하나 조금 西쪽에 치우침)을 향해 옆으로 1보 벌려서 무릎을 굽혀 아래로 앉는다. 동시에 양손은 순전(順纏)하며 밖으로 붕(掤)하고 장심(掌心)을 바깥 아래로 향해 돌리며,42) 왼발이 보를 벌릴 때에 따라서 양팔이 조금 합하고, 곧 이어서 양손은 좌역전(左逆纏) 우순전(右

順纏)하며 왼손은 좌측 위로 향하고 오른손은 우측 아래로 향해 각각 전개하며, 양 장심은 모두 아래로 향한다. (그림 98과 99, 보충그림 98과 99)

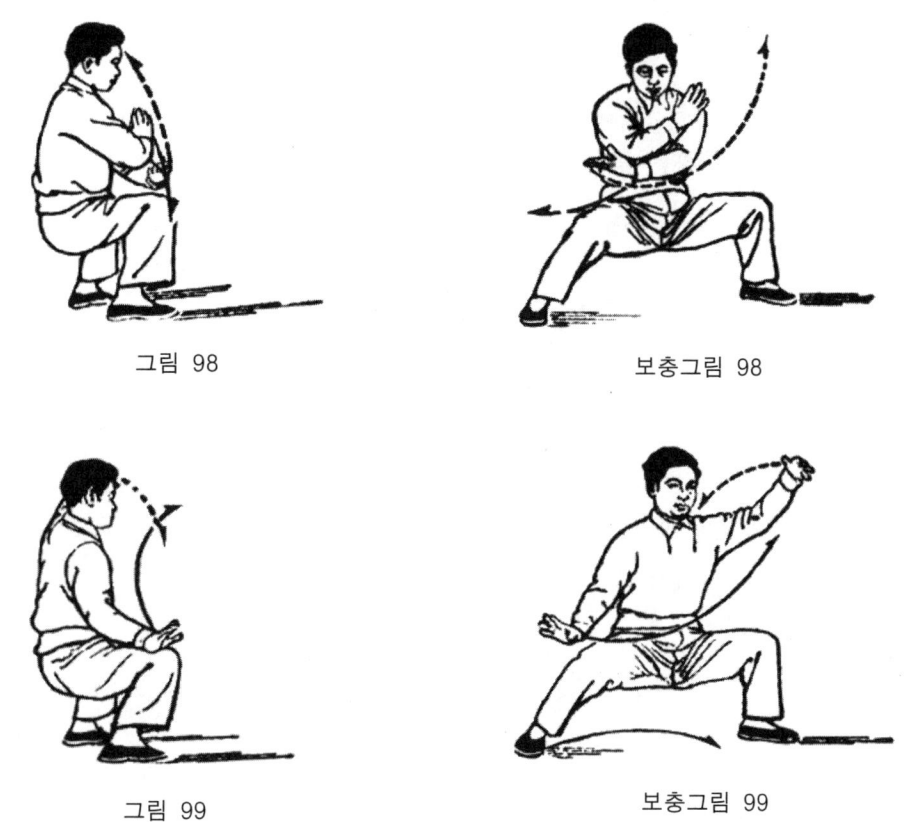

그림 98　　　　　　　　　　　보충그림 98

그림 99　　　　　　　　　　　보충그림 99

요점

(1) 이 권식이 시작될 때 순역전사(順逆纏絲)의 대소(大小)에 주의해야 한다. 동작이 기세(氣勢)와 경(勁)을 얻도록 하기 위해 좌장(左掌)이 오른팔 팔꿈치 아래를 지나갈 때 응당 권(圈)의 크기를 긴밀하게 축소하는 바, 이것 또한 대소(大小) 순역전사가 형성되기 시작하는 때이다.

양팔을 벌리기 전에 숨을 들이마시고, 양팔을 벌리기 시작할 때 숨을 내쉬어, 양손

---

42) 역자註 : 양손을 밖으로 붕(掤)하는 동작은 왼발이 보(步)를 벌리기 위해 몸을 아래로 가라앉힐 때 이 붕(掤) 동작을 하며, 몸을 가라앉힌 뒤에 왼발 보가 나간다. 순전(順纏)하며 붕(掤)하다가, 역전(逆纏)하여 양 장심이 아래로 향한다.

을 벌리는 동작이 끝나는 지점까지 줄곧 내쉬어야 한다. 이것 또한 이 동작이 신기(神氣)가 고취되게 하는 방법의 하나이다.

(2) 쌍합(雙合 : 그림 98) 때 "합하는 중에 벌림이 내포되어야(合中寓開)" 하며, 그 관건은 쌍합(雙合) 전에 반드시 "기를 몸 배면 등에 붙이고(氣貼脊背)", 양 장(掌)이 교차하여 쌍합(雙合) 시에 장심(掌心)이 반드시 바깥 아래를 향해 한번 도는 데에 있으며, 이처럼 하면 곧 합하는 중에 개경(開勁)이 내포될 수 있다. 만약 합한 중에 벌림이 내포되지 못하면 곧 경(勁)이 몸에 모여 뭉치게 되어 탄성을 잃어 반응하지 못해 짓눌리는 결점이 생긴다.

(3) 이 권식에서 몸을 치우침 없이 곧고 바르게 세워 아래로 앉을 때 사타구니는 반드시 느슨히 벌려야 한다. 이처럼 하면 곧 회음(會陰)의 기(氣)가 자연히 미려(尾閭)로부터 상승하게 할 수 있어 크게 도움이 된다. 그러나 아래로 내려앉을 때 사타구니의 높이는 무릎보다 더 내려가지 않아야만 사타구니가 처져 흔들림을 피할 수 있다. 만약 사타구니가 처져 흔들리면 양발의 바깥쪽이 들뜨게 되어 허실의 변환에 정체됨이 생긴다. 그러므로 또한 동시에 다리 부위가 쌍중(雙重 : 좌우 다리에 허실이 없다)인 결점이 되지 않도록 한다.

제25식 백학양시(白鶴亮翅)

동작 1

몸을 좌(左)로 조금 돌리며 오른발을 좌(左)로 향해 옮겨와 발끝이 왼발 발끝 옆에서 땅에 닿는다. 동시에 우장(右掌)은 팔을 돌려 순전(順纏)하며 배 앞을 지나 좌(左)로 향해 호형(弧形)으로 휘둘러 장심(掌心)이 위로 향하고, 좌장(左掌)은 역전(逆纏)하며 얼굴 앞을 지나 우(右)로 향하여 팔꿈치를 굽혀 오른팔 위에서 합한다. (그림 100, 보충그림 100은 정면도)

오른발이 우측 앞쪽 비스듬한 방향(東南)을 향해 큰 걸음으로 나간다. 이하는 제7식 「백학양시」 동작 2와 같다. (그림 31・32에 연결됨)

그림 100   보충그림 100

요점

제7식「백학양시」요점을 참고한다.

제26식 사행요보(斜行拗步)

동작과 요점 모두 제8식「사행요보」와 같다. (그림 33부터 38까지에 연결된다)

제27식 섬통배(閃通背)

동작 1

제9식「초수(初收)」동작 1과 같다. (그림 101에 연결된다)

동작 2

중심(重心)을 우측 다리로 이동하면서 오른발 발꿈치를 축으로 하여 몸을 좌측 뒤로{가슴이 북(北)쪽을 향하게 돌아간다} 돌리며, 왼발은 몸의 회전에 따라서 호형(弧形)으로 후퇴하여 오른발 옆으로 와서 발끝이 땅에 닿는다. 동시에 오른손은 순전(順纏)하여 뒤집어 장심(掌心)이 밖으로 향하고, 왼손은 순전(順纏)하며 배 앞을 지나 우(右)로 향해 합경(合勁)하며 장(掌)을 오른팔 아랫팔뚝 아

래에 붙이고 장심(掌心)은 안으로 향한다. (그림 102, 보충그림 102는 정면도)

그림 101   그림 102   보충그림 102

동작 3

몸을 아래로 조금 앉히며, 동시에 양손은 미세하게 순전(順纏)하여 조금 합하다가 곧 역전(逆纏)으로 바뀌어 좌우로 향해 각각 전개하며(의식을 새끼손가락에 집중한다), 왼손은 안으로 향해 손목을 굽혀 장심(掌心)이 안으로 향하고, 오른손은 장(掌)이 가로로 나가서 손목을 위로 세워 장심(掌心)이 밖으로 향한다. (그림 103, 보충그림 103은 정면도)

그림 103   보충그림 103

동작 4

오른발 발꿈치를 축으로 하여 몸을 우(右)로 돌리며, 왼발 발끝이 땅에 닿아 돌며, 좌측 무릎은 몸이 도는 방향으로 따라서 돈다. 동시에 오른손은 좌측 안을 향해 합하여 좌측 배 옆에 이르고 장심은 위로 향하며, 왼손은 순전(順纏)하며, 몸의 회전에 따라서 팔을 굽혀 앞을 향해 아랫팔뚝으로 밀어 나가서 장심(掌心)은 앞을 향한다. (그림 104, 보충그림 104는 다른 측면의 측면도 즉 북쪽에서 바라본 자세) 왼발이 앞으로 1보 나가고 곧 이어서 중심(重心)을 앞으로 이동하여 좌측 다리가 실(實)로 변한다. 동시에 좌장(左掌)은 가슴 앞을 지나 좌(左)로 향하다가 뒤로 가서 좌측 과(胯) 옆에 위치하며 장심(掌心)이 아래로 향하고, 우장(右掌)은 순전(順纏)하며 앞을 향해 뻗어 나가 장심(掌心)이 위로 향한다. (그림 105, 보충그림 105는 다른 측면의 측면도 즉 북쪽에서 바라본 자세)

그림 104 　　　　보충그림 104

그림 105 　　　　보충그림 105

동작 5

왼발 발꿈치를 축으로 하여 몸을 신속히 우측 뒤로 향하여 돌리며, 오른발은 발바닥 앞부분을 땅에 붙여 몸의 회전에 따라서 우측 뒤로 향하여 반권(半圈)을 돌고, 곧 발꿈치로 땅을 차내려 진각(震脚)한다. 몸의 회전에 따라서 오른손은 순전(順纏)하다가 곧 역전(逆纏)으로 바뀌며 안으로 돌아 장심이 밖을 향하고, 몸의 회전에 따라서 호형(弧形)으로 휘두르며 아래로 누르면서(按) 우측 과(胯) 옆에 이르고 장심은 아래로 향하며, 좌장(左掌)은 팔을 굽혀 위로 뒤집으며 좌측 귀 옆을 지나 앞쪽 아래로 향하여 밀어(推) 나간다. (그림 106, 보충그림 106은 북쪽에서 바라본 자세)

그림 106

보충그림 106

요점

(1) 동작 4(그림 105) 중 왼발이 보(步)가 나가는 것과 우장(右掌)이 앞으로 뻗어 나가는 것이 일치해야 하고, 동작 5(그림 106) 중 오른발 발꿈치가 땅에 내려와 진각(震脚)하는 것과 오른손이 아래로 누르고(按) 왼손이 앞으로 밀어(推) 나가는 것은 반드시 일치해야 한다.

(2) 기공(氣功) 내의 소위 "통삼관(通三關)"은 곧 기(氣)가 미려관(尾閭關), 협척관(夾脊關) 그리고 옥침관(玉枕關)을 통과하도록 요구하는 것으로, 이것은 전체 척주(脊柱 : 등심대)의 교감(交感)신경과 부교감(副交感)신경을 포함한다. 기공의 좌(坐)·와(臥)·참(站) 삼공(三功)은 정공법(靜功法)을 채용하여 자발적으로 이 삼관을 통과하도

록 되는대로 맡겨두는 것이나, 태극권의 이러한 행공(行功)은 동(動) 중에 정(靜)을 추구하는 것으로, "한 곳이 움직이기만 하면 전체가 움직이는(一動無有不動)" 과정 중에 한 곳에 전념하는 과정을 거쳐 움직여서, 의지(意志)가 집중되게 하여 이로써 동(動) 중의 정(靜)을 구하여 얻는다. 권론(拳論)에서 말하는 바, "마음이 고요하지 못하면 전념할 수 없고, 동작에 전혀 일정한 방향이 없다 (心不靜, 則不專, 動作全無定向矣)". 태극권 행공(行功)은 특정의 지향하는 동작과 의식의 상호 보조작용을 갖추어 있고, 게다가 행공과정 중 내경(內勁)과 외형(外形) 또한 미려(尾閭)가 치우침 없이 바르고 정신은 정수리로 관통하며, 기(氣)는 단전과 해저(海底) 사이에 가라앉으며, 그리고 함흉발배(含胸拔背)하며 "과를 벌려 사타구니가 원활하도록(開胯圓襠)" 해야 하므로, 이상의 이러한 점들이 기(氣)가 사타구니 중으로부터 왕성하도록 촉진시킨다. 이처럼 하면 곧 전신의 전면에서는 아래로 내려가고 후면에서는 위로 올라가는 이 한 가닥의 순환대도(循環大道)를 단련한다. 그리하여 시일이 오래 지나면 기공 중의 "통삼관(通三關)"은 통하고자 추구하지 않아도 자연히 통해진다.

　(3) 이 권식은 완전히 척배(脊背:등배)를 통하는 것을 위주로 하는 운동이다. 그림 101은 목 부위 추골(椎骨)을 통과하는 자세이고, 그림 102는 흉부 상부의 몇 마디 추골(椎骨)을 통과하는 자세이며, 그림 104는 흉부 하부의 몇 마디 추골을 통과하는 자세이며, 그림 105는 허리 부위 추골을 통과하는 자세이며, 그림 106은 꽁무니 부위 추골을 통과하는 자세이다. 이것은 단지 어떤 그림이 어떤 몇 마디 관절을 위주로 동작하는지를 말하는 것이지 결코 기타 관절은 움직이지 않는다는 말이 아니다. 왜냐하면 태극권은 한 곳이 움직이기만 하면 전체가 같이 움직이는 운동이기 때문이다.

　(4) 진흠(陳鑫)이 쓰고 진적보(陳績甫)가 펴낸 「진씨태극권회종(陳氏太極拳滙宗)」 중의 「해저침(海底針)」 권식은 양다리를 가로로 벌리고 우장(右掌)의 호구(虎口 : 엄지와 검지 사이)를 벌려서 아래로 내려 양다리 중간에 오니, 이것은 통배(通背)작용과 기(氣)가 사타구니 중으로부터 뒤로 향하고 또한 미려(尾閭)로부터 척배(脊背)로 상승하는 데 대하여 반드시 도움이 된다.

제28식 엄수굉추(掩手肱捶)

동작 1

양손을 각각 좌우로 향하여 개경(開勁)한다. (그림 107, 보충그림 107은 정면도) 이하 제14식「엄수굉추」동작 1·2·3·4와 동일하나 다만 방향만 다르며, 제14식이 완성될 때는 왼발이 동북(東北)에 있고 오른발은 서남(西南)에 있으나, 이 권식이 완성될 때는 왼발이 서남(西南)에 있고 오른발은 동북(東北)에 있다. (그림 108·109, 다시 그림 52·53·54에 연결된다.)

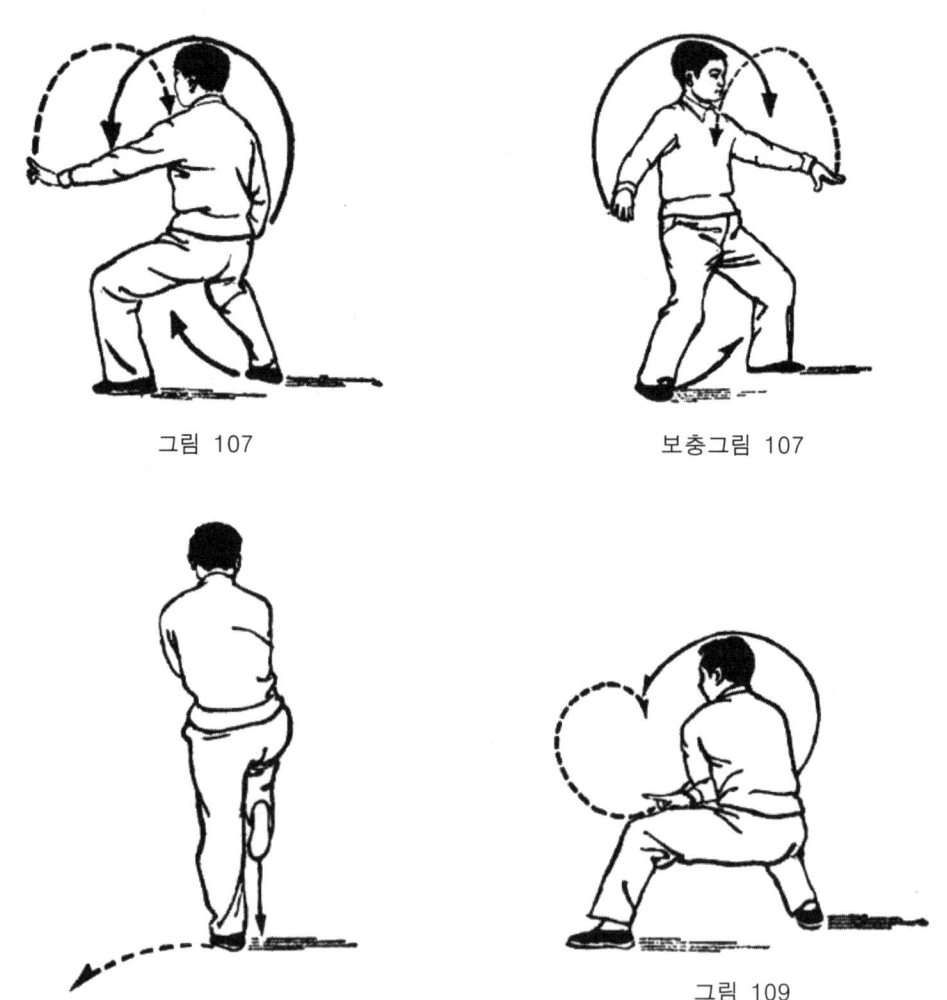

그림 107   보충그림 107

그림 108   그림 109

요점

제14식 「엄수굉추」 요점과 같다.

제29식 육봉사폐(六封四閉)

동작 1

몸을 좌(左)로 조금 돌리며 중심(重心)을 뒤로 조금 이동한다. 동시에 양손을 먼저 각각 원래 위치에서 팔을 돌려 하나의 작은 권(圈)을 휘두르며(이로써 동작을 이끌어 일으킨다), 곧 오른손이 크게 순전(順纏)하여 팔을 돌려 배 앞으로 리(攦)하여 오고, 왼손은 작은 역전(逆纏)하여 가슴 앞으로 붕(掤)하며, 양손이 합경(合勁)을 이룬다. (그림 110) 몸을 우(右)로 조금 돌리며 중심(重心)을 앞으로 이동하여 좌측 다리가 실(實)로 변한다. 동시에 오른손은 장(掌)으로 변하며 팔을 돌려 순전(順纏)에서 역전(逆纏)으로 바꾸고, 좌장(左掌)은 작게 역전(逆纏)하다 휘돌아 나가며 순전(順纏)으로 바뀌며, 양손이 합경하여 우측 위로 향해 호형(弧形)으로 밀어(擠) 나간다. (그림 111)

그림 110

그림 111

동작 2

몸을 좌(左)로 돌리며 중심(重心) 전부를 좌측 다리로 이동하고, 오른발을 앞으로 향해 들어올린다. 동시에 오른손은 순전(順纏)하며 위로 받쳐 올리고, 왼손은 역전(逆纏)

하며 팔을 돌려서 손등을 기울려 손목 관절을 굽혀 호형(弧形)으로 휘둘러 좌측 위로 향해 붕(掤)하며 다섯 손가락은 아래로 내려뜨린다. (그림 112) 몸을 계속하여 좌(左)로 조금 돌리며 오른발이 앞으로 1보 나간다. 동시에 양손은 순전(順纏)하다 장(掌)을 뒤집어 각각 양쪽 귀 옆에 위치하며 장심은 비스듬히 밖으로 향한다. (그림 19에 연결된다) 이하는 제4식「육봉사폐」동작 2 후반부의 설명과 같다. (그림 20)

그림 112

요점

제4식「육봉사폐」요점을 참고한다.

제30식 단편(單鞭)

동작과 요점 모두 제5식「단편」과 같다. (그림 21부터 25까지로 연결된 후 이어서 113에 연결된다)

그림 113

제31식 운수(運手)

동작 1

몸을 좌(左)로 돌리며 우측 무릎을 조금 펴나 곧게 펴지는 않고, 동시에 오른손의 구수(勾手)는 장(掌)으로 변하며 순전(順纏)하여 좌로 향해 호형(弧形)으로 위로 이동하여 우측 이마 앞에 이르고 장심(掌心)은 좌(左)로 향한다. 좌장(左掌)은 안으로부터 좌측 밖으로 향하여 순전(順纏)하며 조금 펴나 팔을 곧게 펴지는 않으며 장심은 아래로 향한다. (그림 114) 몸을 우(右)로 조금 돌리며 왼발을 우(右)로 향해 반보(半步) 접근하여 발끝이 땅에 닿고 우측 다리가 실(實)로 변한다. 동시에 우장(右掌)은 순전(順纏)

하다가 역전(逆纏)으로 바뀌어 우(右)로 향해 전개하며 장심은 아래로 향하다가 우(右)로 향하도록 바꾸고, 좌장(左掌)은 좌(左)에서 아래로 내려 배 앞을 지나 우(右)로 향해 순전(順纏)하며 몸 우측에 이르고 장심은 비스듬히 우측 위로 향한다. (그림 115)
몸을 좌(左)로 조금 돌리며 왼발을 좌(左)로 향해 옆으로 반보(半步) 벌린다. 동시에 오른손은 호형(弧形)으로 아래로 내려 장심이 아래로 향하며, 왼손은 순전(順纏)에서 역전(逆纏)으로 바뀌며 팔을 돌려 장(掌)을 뒤집어 장심(掌心)이 밖으로 향하며, 위로 향해 호형(弧形)으로 휘두른다. (그림 116)

그림 114 그림 115

그림 116

동작 2

중심(重心)을 좌측 다리로 이동하며 오른발이 왼발 뒤를 지나 좌(左 : 東)로 향해 살그머니 1보가 나가면서 몸을 우(右)로 조금 돌린다. 동시에 양손은 순전(順纏)하고[43]

---

43) 역자註 : 양손을 순전하는 것은 절질(折迭) 동작으로서 양손이 각각 작은 권(圈)을 그리는

좌장(左掌)은 팔을 돌리며 얼굴 앞을 지나 호형(弧形)으로 역전(逆纏)하며 좌(左)로 움직여 장심(掌心)이 좌(左)로 향하며, 우장(右掌)은 팔을 돌려 배 앞을 지나 호형(弧形)으로 좌(左)로 향해 순전(順纏)하며 휘둘러 올려 장(掌)을 뒤집어 장심(掌心)이 좌측 위로 향한다. (그림 117) 몸을 계속하여 우(右)로 조금 돌리며 왼발을 좌(左 : 東)로 향해 옆으로 1보 벌린다. 동시에 양손은 순전(順纏)하며, 좌장(左掌)은 팔을 돌려 좌(左)로부터 아래로 배 앞을 지나 우(右)로 향해 순전(順纏)하며 휘둘러 올려 장심은 비스듬히 우측 위로 향하고, 우장(右掌)은 팔을 돌려 역전(逆纏)으로 바뀌며 좌(左)로부터 위로 얼굴 앞을 지나 우(右)로 휘둘러 장심은 우(右)로 향한다. (그림 118) 중심(重心)을 점차 좌(左)로 이동하고 몸을 좌(左)로 조금 돌리며, 동시에 우장(右掌)은 호형(弧形)으로 아래로 이동하여 장심이 아래로 향하고, 좌장(左掌)은 순전(順纏)하며 팔을 돌려 장(掌)을 뒤집어 밖으로 향해 역전(逆纏)하면서 위로 이동한다. (그림 116에 이어진다)

　동작 3과 동작 4 모두 동작 2를 중복한다. (그림 117 · 118에 연결되고, 다시 그림 116 · 117 · 118에 연결된 후 그림 119에 연결된다.)

그림 117　　　　　　　　　그림 118　　　　　　　　　그림 119

요점

　(1) 이 권식은 "상하가 서로 호응하여 따르는(上下相隨)" 허실(虛實)에 반드시 주의해야 하며, 이러한 허실을 명백하게 표현해내었는지를 검사해야 한다. 이것은 곧 어느

동작이며 물론 이 양손 동작도 허리 척추가 동작을 이끌어 가야한다. 작은 권을 그리는 동작은 다음 동작에 자연스럽게 이어지면 된다. 이 동작은 생략하여도 무방하다.

한 손을 회전하여 위로 붕(掤)하여 허(虛)가 되었을 때, 중심(重心)이 곧 반드시 점점 이동하여 이 손 아래의 다리에 와서 이 다리가 곧 실(實)로 변하며, 그 후 위로 붕(掤)하는 동작을 마친 후 리(攦)하는 동작으로 바뀌면 이 다리는 곧 반드시 허(虛)로 바뀐다. 이처럼 하면 곧 양손의 허실과 양발의 허실을 몸 전체 상하의 허실 중에 통일하여, 몸의 어느 곳 모두 이 하나의 허(虛)와 하나의 실(實)이 형성되어{다리를 드는 독립식과 금나(擒拿)의 탈출 시는 제외} 의기(意氣)를 민첩하게 변환할 수 있어 원활한 흥취가 생긴다.

(2) 이 권식의 옆으로 보(步)가 나가는 것에 의하여 사타구니를 원활하게 벌리는 원당(圓襠)을 극히 쉽게 표현해낼 수 있다. 원당(圓襠)은 다리 부위 전사(纏絲)의 암경(暗勁)이 생기도록 하기 위해서 반드시 갖추어야 하는 형식이다. 정확하고 표준적인 원당(圓襠)은, 높이 서서 사타구니가 첨각(尖角)을 이루지 않아야 하며, 또한 낮게 서서 사타구니가 처져 흔들리지 않도록 하는 것이니, 사타구니가 첨각을 이루지 않고 흔들리지도 않는 상황하에서 동작을 진행하면 정확한 원당(圓襠)에 도달할 수 있다.

(3) 「운수(運手)」는 태극권 중 유일하게 쌍순전(雙順纏)이 쌍역전(雙逆纏)으로 바뀌는 대전사(大纏絲)를 단련하는 권식이다. 이 권식은 반드시 허리와 척추를 연합하여 하나가 됨을 충분히 표현해내어 둥근 차바퀴축의 작용을 이루니, 그 관건은 이것이 평면적으로 좌우 전사(纏絲)를 하는 것이 아니라, 안팎(裡外) 전사(纏絲)의 성분을 갖추고 또한 이것으로 동작을 이끌어 가는 데에 있다. 이러한 요구사항을 거쳐서 더 나아가 기(氣)가 긴밀하게 척배(脊背 : 등배)에 붙여졌는지의 여부와 허리가 마치 차축(車軸)처럼 원활한지 여부를 검사할 수 있다.

제32식 고탐마(高探馬)

동작 1

몸을 좌(左)로 돌리며 중심(重心)을 좌(左)로 이동하고,44) 오른발을 우측 앞쪽 방향(西南)으로 향해 반보(半步) 나간다. 동시에 왼손을 역전(逆纏)하며 거두어들여 가슴 앞에 이르고, 오른손은 순전(順纏)하며 배 앞을 지나 좌(左)로 향하여 합해 양팔이 가

---

44) 역자註 : 몸을 좌(左)로 회전할 때 왼발도 발꿈치를 축으로 하여 발끝을 좌로 돌린다. 다른 권식에서도 몸의 회전에 따라 발끝을 적절히 회전한다.

슴 앞에서 교차하며 오른팔이 밖에 있다. (그림 120) 양팔을 먼저 조금 합하여서 교차하는 권(圈)을 수축(收縮)하다가45), 곧 이어서 양손을 역전(逆纏)하며 각각 좌우로 향하여 전개하여 장심이 비스듬히 아래로 향하며, 중심(重心)은 양팔을 조금 합할 때 우(右)로 조금 이동하다가 양손을 전개할 때 다시 좌(左)로 이동한다. (그림 121)

그림 120

그림 121

동작 2

몸을 좌(左)로 돌리며 중심(重心)을 우측 다리로 이동한다. 동시에 오른손은 팔을 돌려 역전(逆纏)하며 우측 귀 옆에 이르고 장심(掌心)은 비스듬히 안으로 향하며,46) 왼손은 작게 순전(順纏)하며 우(右)로 향해 합하고 장심은 위로 향한다. (그림 122) 오른발 발꿈치를 축으로 삼아 몸을 계속하여 좌(左)로 돌리고, 중심(重心) 전부를 우측 다리로 이동하며, 왼발을 들어서 거두어 오른발 복사뼈 안쪽을 지나 뒤로(西) 향해 물러나서 발끝이 오른발 옆에서 땅에 닿으며, 양발의 거리는 어깨 넓이와 같다. 동시에 좌장(左掌)은 팔을 굽혀 역전(逆纏)하며 좌측 허리 옆으로 거두어들여 장심이 위로 향하고, 우장(右掌)은 순전(順纏)하며 앞으로 향해 밀어(推) 나가 장심이 밖으로 향한다. (그림 123·124, 보충그림 124는 정면도)

---

45) 역자註 : 양팔을 교차하여 합경(合勁)한 자세의 교차하는 권(圈)을 수축하는 동작은 팔로써 하는 것이 아니라 등배를 운용하여 권(圈)을 수축한다. 즉 팔을 움직이게 하지 말고 어깨의 견갑골을 밀어내어 권이 수축되게 하고, 전개할 때도 먼저 견갑골을 등 뒤의 중심으로 붙이는 듯이 하며 팔을 전개한다.
46) 역자註 : 오른손을 앞 동작의 기세에 따라 역전(逆纏)하며 휘두르다가 곧 순전(順纏)으로 바뀌어 돌아서 장심(掌心)이 귀로 향한다.

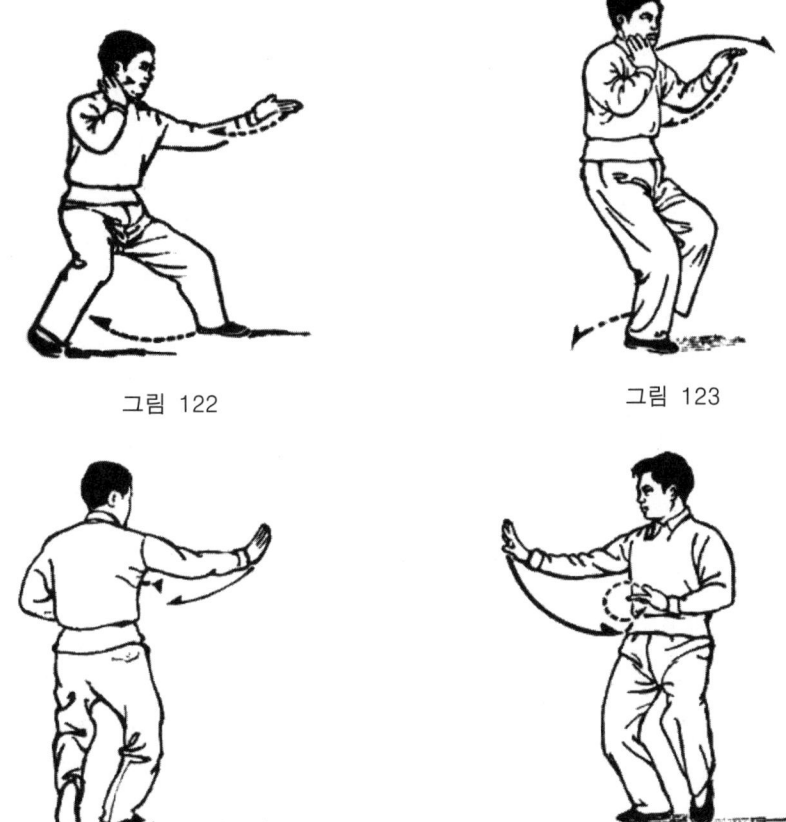

그림 122 그림 123

그림 124 보충그림 124

요점

(1) 동작 2의 후반부에서 우장(右掌)을 밀어 나가는 것과 좌장(左掌)을 안으로 거두어들이는 것 그리고 왼발이 물러나는 것은 모두 협조하여 일치되게 동작해야 한다.

(2) 이 권식은 「운수(運手)」의 쌍개(雙開)한 뒤를 계승하므로, 합개(合開) 동작을 할 때 "합하고자 하면 반드시 먼저 벌림을 내포하고, 벌리고자 하면 반드시 먼저 합함을 내포한다(意欲合必先寓開, 意欲開必先寓合)"는 요구사항에 반드시 주의해야 한다. 이것은 곧 합하기 전에 먼저 양 장근(掌根)을 아래로 조금 가라앉혀 다시 쌍합(雙合)하고, 합한 후 다시 벌리기 전에도 반드시 먼저 합권(合圈)을 조금 죄어 거두고 다시 좌우로 향해 쌍개(雙開)한다.

(3) 오른손이 하나의 작은 권(圈)을 돌아 우측 귀 옆으로 거두어 올 때 반드시 기첩

척배(氣貼脊背)하여 먼저 "경을 말아 감는다(捲勁)". 오직 충분히 말아 감아서 다시 방출해야만 비로소 일종의 회전하는 안경(按勁)을 방출할 수 있다.

(4) 이 권식에서 오른손이 높은 위치에서 앞으로 밀어 나갈 때 반드시 사방 주위 전체를 지탱하는 기세를 갖추어야 한다. 이 권식과 「사행요보(斜行拗步)」의 다른 점은, 「사행요보」의 오른손이 우측 귀 옆을 지나는 것은 좌우로 향해 나누어 벌리는 경(勁)이고, 이 권식은 전후로 벌리는 중에 합함을 내포하는 경(勁)이며, 또한 전사(纏絲)의 노선(路線) 중에 요철(凹凸)이 없고 내경(內勁)이 중단되는 결점이 없어야 한다.

제33식 우찰각(右擦脚)

동작 1

오른손이 작게 순전(順纏)하며 아래로 리(攦)하여 배 앞에 이르고 장심이 좌(左)로 향하며 손가락은 아래로 향하고, 왼손은 허리 곁에서부터 팔을 돌려 역전(逆纏)하여 가슴 앞에 이르며 장심이 위로 향한다. {그림 125, 보충그림 125는 정면도 : 그림 125 중의 자세는 보충그림 125의 후에 이미 우(右)로 붕(掤)하며 나가는 때이다} 몸을 우(右)로 조금 돌리며 중심(重心)은 여전히 우측 다리에 있고, 동시에 양손은 좌역전(左逆纏) 우순전(右順纏)하며 왼손이 오른팔 아랫팔뚝 내측(內側)에 다가가며, 오른팔은 앞을

그림 125

보충그림 125

그림 126

보충그림 126

향해 아랫팔뚝으로 붕(掤)하여 나가며 높이는 어깨와 수평이 된다.47)(그림 126, 보충그림 126은 북쪽에서 바라본 정면도)

동작 2

몸을 좌(左)로 조금 돌리며, 동시에 왼손은 역전(逆纏)하며 우(右)로부터 내려와 배 앞을 지나 좌(左)로 향해 전개하며 장심(掌心)은 우(右)로 향하고,48) 우장(右掌)은 순전(順纏)하며 조금 아래로 이동하고 장심은 아래로 향하며, 양팔을 전개한다. {이때 팔꿈치를 아래로 조금 가라앉혀 개중우합(開中寓合)이 된다} (그림 127, 보충그림 127은 정면도) 몸을 우(右)로 조금 돌리며 오른손은 팔을 돌려 순전(順纏)하며 안으로 향해 합하여 가슴 앞 좌측 방향에 이르고, 왼손은 좌(左)에서 위로 그리고 우(右)로 향해 호형(弧形)으로 휘둘러 오른팔 위에 이르러 양팔이 교차하며, 동시에 왼발은 오른발 앞을 지나 우(右)로 향해 옆으로 1보 나가서 발끝이 앞으로 향한다. (그림 128, 보충그림 128은 정면도)

---

47) 역자註 : 양손의 전사(纏絲)는 앞 권식의 전사 기세(氣勢)를 그대로 연결하여 좌역우순전(左逆右順纏)하나, 휘돌아 나간 뒤 전사를 전환하여 우장심(右掌心)이 밖으로 향하고 좌장심(左掌心)은 안으로 향한다. 이러한 전사는, 처음의 좌역우순전(左逆右順纏)은 축경(蓄勁)이라 할 수 있고 다음의 전사는 방경(放勁)이라 할 수 있다.

48) 역자註 : 왼손은 역전(逆纏)하며 좌(左)로 전개하다가 동작의 끝에는 순전(順纏)으로 전환하여 장심이 우(右)로 향한다.

그림 127 보충그림 127

그림 128 보충그림 128

동작 3

오른발은 발등을 팽팽하게 펴서 우측 앞쪽 위로 향해 차며, 동시에 양손은 순전(順纏)하며 위로 향해 얼굴 앞을 지나 좌우로 각각 전개하면서, 역전(逆纏)으로 바뀌며 장심(掌心)이 아래로 향하고, 우장(右掌)은 곧 역전(逆纏)하며 오른발 발등을 맞이하여 때리고(붙여 문지르듯 한다), 좌장(左掌)도 이어서 좌측 뒤쪽으로 향해 역전(逆纏)하며 내려친다. (그림 129, 보충그림 129는 정면도)49)

---

49) 역자註 : 그림 129와 보충그림 129의 오른발 자세가 다르게 그려져 있으나, 발등을 팽팽하게 편 그림 129의 자세를 취한다. 이 찰각 동작에서 발등과 오른손이 서로 맞이하며 때릴 때 소리가 나야 하며 이 소리로써 공력을 알 수 있다. 소리를 내는 요령은, ① 발과 손이 서로 주

그림 129

보충그림 129

요점

찰각(擦脚)의 주요 동작은 안에서 크게 쌍순전(雙順纏)하면서 벌리고, 크게 쌍순전(雙順纏)하며 합함으로 바뀐다. 양팔이 쌍합(雙合)할 때 좌측 다리가 가로 건너 나가서 허(虛)에서 실(實)로 변하고, 동시에 우측 다리가 허(虛)로 변하여 곧 오른발을 위로 차올린다. 이때 양팔이 곧 큰 쌍역전(雙逆纏)으로 바뀌어 좌우로 향해 치며, 이때 양손의 새끼손가락에 의식을 집중한다. 이러한 큰 순전(順纏)과 큰 역전(逆纏)의 찰각(擦脚) 과정 중에서 좌측 다리가 안정되게 독립(獨立)할 수 있는 관건은 위로 차는 오른발 발등을 곧게 펴는 작용상에 있다.

제34식 좌찰각(左擦脚)

동작 1

오른발을 거두어 우(右 : 東)로 향해 아래로 내리며 발끝을 밖으로 향하게 돌려 디뎌서 실(實)이 되고, 몸을 동시에 우(右)로 돌리면서 중심(重心)을 우측 다리로 이동하며,

---

동적으로 때려야 한다. 즉 발만 차올리고 손은 갖다 대기만 하는 것이 아니라 올려 차고 내려치는 동작이어야 한다. ② 발과 손이 올려 차고 내려치는 동작은 서로 접촉하기 바로 전에 손발 모두 촌경(寸勁)을 운용하여 서로의 폭발력을 배가(倍加)하여 맑고도 쟁쟁한 소리가 나야 한다. 이 권식의 경우 오른손이 순전(順纏)하다가 역전(逆纏)으로 바뀌면서 촌경(寸勁)을 운용하여 내려칠 수 있으며, 둔탁한 소리가 나지 않아야 한다. ③ 발과 손이 맞닥뜨리는 공간의 위치가 어긋나지 않도록 수련하며, 그 위치는 발을 차올리는 제일 높은 위치로서 통상적으로 이마 정도의 높이를 표준으로 삼는다.

왼발 발꿈치를 땅에서 떼어 들어올리고, 동시에 양손은 순전(順纏)하며 좌우로부터 아래로 가슴 앞을 향해 합하여 교차한다. {그림 130, 보충그림 130은 배면도(背面圖)} 몸을 우(右)로 조금 돌리며, 동시에 양손은 순전(順纏)하며 위로 향해 얼굴 앞을 지나 좌우(左右)로 향해 각각 전개하면서 역전(逆纏)으로 바뀌어 장심은 밖으로 향한다. (그림 131)

그림 130 보충그림 130 그림 131

동작 2

왼발은 발등을 팽팽하게 펴서 좌측 앞으로 향하여 위로 차며, 동시에 좌장(左掌)은 역전(逆纏)하면서 왼발 발등을 맞이하며 때리고(붙여 문지르듯 한다), 우장(右掌)도 이어서 우측 뒤로 향해 역전(逆纏)하며 아래로 내려친다. (그림 132)

그림 132

요점

(1) 합하고 전개하는 전환 시에 안정을 유지하려면, 중심(重心)을 우측 다리에 이동해 왔을 때 반드시 양손을 합경(合勁)함에 따라서 좌측 다리를 들어 일으켜야 한다. 또한 중심을 우(右)로 이동할 때 몸은 치우침 없이 곧고 바르게 세워야 한다.

(2) 양손을 좌우로 각각 전개할 때 좌측 다

리를 들어올리고, 다시 왼발을 위로 차올려 나간다. 차 나가는 방향은 좌측(左側)과 앞쪽의 중간이니, 즉 권로(拳路 : 권술의 진행노선 즉 東西를 잇는 노선)와 45도의 각을 이루면 적당하다.

제35식 등일근(蹬一根)

동작 1

왼발을 거두어들이면서 들어올리고, 오른발 발꿈치를 축으로 하여 몸을 좌측 뒤로 향해 135도 회전하며, 동시에 양손은 역전(逆纏)하며 가슴 앞으로 향해 교차한다. 몸을 회전하는 동시에 양 장(掌)은 권(拳)으로 변하여 역전(逆纏)하며 하나의 권(圈)을 그리며 돌아 가슴 앞에서 교차하여 합경(合勁)한다. (그림 133, 보충그림 133은 정면도)

그림 133   보충그림 133

동작 2

곧 이어서 왼발 발끝을 곧추 세워 일으켜 좌(左 : 西)로 향해 발꿈치로 차 나가며, 동시에 양 권(拳)을 들어올려 가슴 앞을 지나 좌우로 향하여 각각 발출하고 권심(拳心)은 아래로 향한다. (그림 134, 보충그림 134는 정면도)

그림 134   보충그림 134

요점

몸을 회전할 때 안정을 유지하려면, 몸을 돌릴 때 들어올린 왼발의 발등은 가능한 팽팽하게 펴서 발끝이 아래로 향하게 하며, 이로써 좌측 다리의 아래로 내려뜨린 중량을 경감시켜야 한다.50) 몸을 돌리는 것은 반드시 양팔이 쌍역전(雙逆纏)할 때의 관성(慣性)을 운용하여 몸을 이끌어 돌아가게 한다. 그러므로 이것을 또한 "괘수등각(掛樹蹬脚)"이라 부르기도 하니, 왜냐하면 양팔이 위에서 쌍역전(雙逆纏)하며 도는 것이 마치 양손이 나무에 걸려 있는 것과 같기 때문이다. 이 권식에서 또한 반드시 주의할 점은 "몸을 치우침 없이 바르게 세우고(立身中正)", "기를 단전으로 가라앉히며(氣沉丹田)" 그리고 "정수리의 경을 잃어버리지 않는(頂勁不丟)" 등의 요구사항이다.

제36식 전당요보(前蹚拗步)

동작 1

왼발을 거두어 들어올리고, 동시에 양 권(拳)은 장(掌)으로 변하며, 왼손은 순전(順纏)하며 호형(弧形)으로 움직여 가슴 앞에 이르고, 오른손은 미세하게 역전(逆纏)하며, 양 장심(掌心) 모두 우(右)로 향한다. (그림 135) 왼발 발끝을 밖으로 비스듬히 벌리며

---

50) 역자註 : 발등을 펴는 것은 또한 왼발에 의식을 잃지 않아 경(勁)을 잃지 않으며 축경(蓄勁)하는 작용이다. 이 자세에서 엄지발가락 끝까지 이완시키며 최대한 펴서, 발끝까지 전해지는 기감(氣感)을 양성한다.

좌(左 : 西南)로 향하도록 아래로 내리고 몸을 좌(左)로 돌린다.51) 동시에 왼손을 순전(順纏)하며 팔을 돌려 가슴 앞에 이르고 장심은 우측 앞쪽으로 향하고, 우장(右掌)은 역전(逆纏)하며 왼팔 아랫팔뚝 위로 와서 장심은 좌측 앞쪽으로 향하며, 양팔이 교차한다. (그림 136)

그림 135

그림 136

동작 2

제10식 「전당요보」 동작 2와 같으나, 다만 방향만 다르다. 제10식 중 오른발은 동남(東南) 비스듬한 방향으로 보(步)가 나가고, 이 권식의 오른발은 서북(西北) 비스듬한 방향으로 보가 나간다. (그림 137)

요점

제10식 「전당요보」와 같다.

그림 137

---

51) 역자註 : 중심(重心)을 좌측 다리로 옮긴다.

제37식 격지추(擊地捶)

그림 138

동작 1

몸을 우(右)로 돌리며 오른발 발끝을 밖으로 돌리면서 중심(重心)을 우측 다리로 이동하고, 왼발을 들어올려 오른발 복사뼈 안쪽을 지나 좌측 앞쪽 비스듬한 방향(西南)으로 향해 보(步)가 나가며, 곧 이어서 중심(重心)을 좌(左)로 이동한다. 동시에 좌장(左掌)이 순전(順纏)하며 좌(左)로부터 얼굴 앞을 지나 우(右)로 이동하며 권(拳)으로 변하고 권심(拳心)은 안으로 향하며, 우장(右掌)은 순전(順纏)에서 역전(逆纏)으로 바뀌며 우측 뒤로 향하여 호형(弧形)을 그리며 권(拳)으로 변하고 권심(拳心)은 앞쪽으로 향한다. (그림 138)

동작 2

몸을 좌(左)로 조금 돌리며, 동시에 우권(右拳)은 순전(順纏)하며 우측 귀 옆에 이르며 권심(拳心)이 안으로 향하고, 좌권(左拳)은 순전(順纏)하며 가슴 앞을 지나 내려가 좌측 아래로 향해 내려와 권심(拳心)이 위로 향한다. (그림 139, 보충그림 139) 몸을 계속하여 아래로 조금 앉히며 좌측 다리를 계속하여 굽혀 좌궁보(左弓步)가 된다. 동시에 좌권(左拳)은 역전(逆纏)하며52) 팔꿈치를 굽혀 좌측 위로 향해 들어올려 권심(拳心)이 아래로 향하며, 우권(右拳)은 역전(逆纏)하며 앞으로 향하여{밖에서 안으로 향하여 역전(逆纏)하여 하나의 작은 권(圈)으로 돌며} 아래로 내려치며 권심은 안으로 향한다. (그림 140, 보충그림 140은 정면도)

---

52) 역자註 : 좌권(左拳)은 역전(逆纏)하며 가슴 앞을 지나 내려가 좌측 아래로 가서 권심(拳心)이 아래로 향하고, 계속 역전하며 올라와 그림 140의 자세가 되기도 한다.

그림 139   보충그림 139

그림 140   보충그림 140

요점

(1) 이 권식의 중점은 아래로 굽어 숙이는 중에 "미려가 치우침 없이 곧고 바르며 정신이 정수리로 관통하는(尾閭正中神貫頂)"것이며, 오직 미려(尾閭)가 바르게 치우침 없이 유지되어야만 비로소 몸이 앞으로 기울지 않게 하고, 또한 미추(尾椎)가 아래로 누르기 때문에 전체 척추 관절이 관통하여 연결되게 할 수 있다. 오직 척골(脊骨)에 탄성이 충족해야만(앞에서 말한 三關大道가 개방되었을 경우) 곧 튕겨 일으킬 수 있어, 아무리 무겁게 압박해도 짓눌리지 않는다. 만약 미려(尾閭)가 기울어지면 곧 탄성을 잃게 되어, 엎어지면 다시 일으킬 수 없다.

(2) 아래로 숙이는 중에 정수리로 관통하는 경(勁)을 잃지 않으려면, 즉 양 권(拳)이 쌍순전(雙順纏)의 경(勁)으로 지면상(地面上)에서 서로 대응하여 하나의 권(圈)을 휘두르기 때문에 몸의 배면 등을 비비듯이 움직일 뿐만 아니라 또한 머리 정수리 위도 마찬가지로 하나의 작은 권(圈)으로 돈다. 그러므로 또한 "신선이 한 움큼으로 붙잡아 쥔다(神仙一把抓)"라고도 부른다. 이것은 곧 하나의 권(圈)을 돌아 움켜 쥔 후 권(拳)으로 변하며, 그 후 다시 지면상에서 하나의 권(圈)을 돌아 또한 아래로 향해 타격하니, 마치 지면의 흙을 파헤친 후 무엇을 심는 것과 같아서 또한 재추(栽捶)라고도 부른다.

제38식 번신이기각(翻身二起脚)

동작 1

몸을 우(右)로 돌리며 중심(重心)은 왼발에 있고, 우측 다리를 조금 펴지만 곧게 펴지는 않는다. 동시에 좌권(左拳)은 몸의 회전에 따라서 팔을 굽히며 조금 아래로 이동하고, 우권(右拳)은 팔을 돌리며 팔꿈치를 굽히고 손목을 굽혀 위로 들어올리며, 양 권심(拳心) 모두 안으로 향한다.53) (그림 141, 보충그림 141은 정면도) 왼발 발꿈치를 축으로 삼아 몸을 계속하여 우(右)로 돌리며, 오른발은 몸의 회전에 따라서 반보(半步) 거두어들여 발끝이 땅에 닿는다. (가슴이 동쪽을 향한다) 동시에 우권(右拳)은 순전(順

그림 141   보충그림 141

---

53) 역자註 : 우권(右拳)은 먼저 역전(逆纏)하며 올라오다 순전(順纏)으로 바뀌어 권심(拳心)이 안으로 향한다.

纏)하며 몸의 우(右)측 아래로 향해 내려오고 권심(拳心)은 위로 향하며, 좌권(左拳)은 역전(逆纏)하며 좌(左)로부터 앞으로 팔꿈치를 굽혀 위로 들어올리고 권심(拳心)은 안으로 향한다.54) (그림 142) 중심(重心)을 좌측 다리로 이동하며 좌측 다리를 아래로 내려 앉는다(좌측 다리의 탄성을 증강시킨다). 동시에 우권(右拳)은 팔을 돌려 역전(逆纏)하며 몸 뒤로부터 호형(弧形)으로 위로 들어올리고, 좌권(左拳)은 역전(逆纏)하며 가슴 앞을 지나 몸의 좌측 아래로 향하여 내린다. (그림 143)

그림 142 그림 143

동작 2

중심(重心)을 앞으로 이동하며 오른발 발꿈치를 땅에 내려딛어 실(實)로 변하고, 왼발은 발등을 팽팽하게 펴서 앞쪽 위로 향해 차올린다. 동시에 양 권(拳)은 장(掌)으로 변하여 역전(逆纏)하면서 오른손은 앞쪽 위로 향하고 왼손은 뒤쪽 아래로 향하여 호형(弧形)으로 휘두르며, 우장심(右掌心)은 앞으로 향하고 좌장심(左掌心)은 안쪽 아래로 향한다. (그림 144, 보충그림 144는 정면도) 왼발이 미처 땅에 내려오기 전에 오른발이 곧 땅을 박차고 뛰어오르며 앞쪽 위로 향해 발등을 팽팽하게 펴서 차올리고, 우장(右掌)은 곧 앞으로 향해 오른발 발등을 맞이하여 때리며, 곧 이어서 왼발이 땅에 내려오고, 좌장(左掌)은 우장(右掌)이 오른발 발등을 맞이하여 때릴 때, 좌(左)로 향해 수평으로 들어 올린다. (그림 145·146 : 보충그림 146은 정면도)

---

54) 역자註 : 좌권(左拳)은 역전(逆纏)에서 순전(順纏)으로 바뀌어 돌려 권심(拳心)이 안으로 향한다.

그림 144　　　　　　　　　　보충그림 144

그림 145　　　　그림 146　　　　보충그림 146

요점

이기각(二起脚)은 뛰어오르는 동작을 훈련하는 것이며, 좌우 양발이 서로 이어서 땅을 떠나 뛰어올라 차 나가는 것이므로 또한 척이기(踢二起)라고도 부른다. 진식태극권의 이기각은 네 종류의 연습법이 있으니, 수련자의 신체 강약과 목적에 의거하여 선택한다. 쉬운 것으로부터 어려운 순서대로 열거하면 다음과 같다.

(1) 한 차례 차는 것으로 두 차례 차는 것을 대신한다. 즉 다만 오른발을 위로 차고 우장(右掌)이 오른발 발등을 맞이하여 치며, 양발이 함께 공중에 떠오르는 과정이 없

다. 그러나 수련 시 여전히 양발을 일으켜 위로 들어올리려는 경(勁)은 갖추어야 한다.

(2) 위에서 말한 동작설명의 방법에 의거하여 수련을 진행한다. 그 특징은 전사권(纏絲圈)을 확대하여 크게 전개함으로써 몸의 뛰어오름과 양발을 차는 것을 도와준다.

(3) 동작을 감소하고 전사권(纏絲圈)을 축소하여 다만 한 권(圈)을 감으며 곧 양발이 서로 이어서 공중에 떠올라서 차올린다.

(4) 「격지추(擊地捶)」후에 곧 몸을 돌자마자 양발이 서로 이어서 공중에 떠올라 차올린다. 이것은 가장 간단한 방법이자 또한 가장 어려운 방법이다.

제39식 수두세(獸頭勢)
호심추(護心捶) 혹은 타호식(打虎式)이라 부르기도 한다

동작 1

오른발이 아래로 내려와 미처 착지하기 전에 왼발이 곧 뛰어오르며, 동시에 양손은 좌(左)로부터 올라가 우측 위로 향해 순전(順纏)하며 휘둘러 올린다. {양손은 경(勁)을 이끌어가는 기세를 갖추어야 하며, 몸을 이끌어 허공에 올려 마치 농구공을 던져 넣는 식으로 한다. 만약 몸이 비교적 허약한 사람이면 오른발을 먼저 땅에 내리고 왼발을 다시 들어올리며, 공중으로 뛰어오르는 과정의 동작을 하지 않아도 된다.} (그림 147 : 이 그림은 보충그림 146에서 연결된다. 그러므로 그림 147부터 151까지는 여전히 가슴이 동쪽으로 향해 동작을 진행해야 한다.) 곧 이어서 오른발을 땅에 내리고 우측 다리를 아래로 앉히며, 이어서 왼발이 좌측 뒤쪽 비스듬한 방향으로 향하여 가로질러 1보 나가 좌측 다리를 펴되 좌측 무릎은 조금 굽힌다. 몸을 동시에 우(右)로 돌리며, 양 장(掌)은 몸의 회전에 따라서 우측 앞쪽으로 향하여 아래로 내리고 장심은 우측 아래로 향한다. (그림 148) 몸을 좌(左)로 돌리며 중심(重心)을 좌(左)로 이동하여 좌측 다리를 굽히면서 우측 다리를 뻗어 펴되 무릎은 조금 굽힌다. 동시에 양 장(掌)은 권(拳)으로 변하여 팔을 돌려 좌역전(左逆纏) 우순전(右順纏)하며, 좌권(左拳)은 배 앞을 지나 좌측 위로 향하여 감아 돌아 권심(拳心)이 좌(左)로 향하고, 우권(右拳)은 우(右)로부터 감아 돌아서 가슴 앞에 이르고 권심(拳心)은 좌측 위로 향한다. {좌타호식(左打虎式)을 이룬다} {그림 149 : 양손의 장(掌)은 권(拳)으로 바뀌어야 한다}

그림 147   그림 148   그림 149

동작 2

몸을 우(右)로 조금 돌리며 오른발은 좌(左)로 향해 조금 이동하여 발끝이 땅에 닿고, 동시에 좌권(左拳)은 순전(順纏)하며 팔을 굽혀 안으로 거두어 머리와 수평이 되며, 우권(右拳)은 순전(順纏)하며 팔을 굽혀 안으로 거두어 가슴 앞에 이른다. (그림 150) 몸을 계속하여 우(右)로 조금 돌리며 좌측 다리를 아래로 앉히고, 오른발 발꿈치 안쪽을 지면에 붙여 우측 앞쪽(南쪽이지만 조금 東쪽에 치우침)으로 향해 땅을 가벼이 파듯이 뻗어나가 부보(仆步)가55) 된다. 동시에 양 권(拳)은 몸을 아래로 앉힘에 따라서 좌역전(左逆纏) 우순전(右順纏)하며 아래로 가라앉는다. (그림 151) 몸을 계속하여 우(右)로 조금 돌리며 중심(重心)을 우(右)로 이동하여 우측 다리를 굽힌다. 동시에 양손은 팔을 돌려 역전(逆纏)하며, 좌권(左拳)은 몸의 회전에 따라서 우(右)로 이동하여 권심(拳心)은 우측 뒤로 향하고, 우권(右拳)은 가슴 앞을 지나 아래로 감아서(纏) 우측 배 옆에 이르고 권심(拳心)은 안으로 향한다. (그림 152 : 이 그림에 보이는 자세는 정면이지만, 사실상 양발이 딛고 있는 곳은 여전히 그림 151의 원래 지점에서 아직 움직이지 않았다. 그림 152부터 154까지는 여전히 가슴이 동쪽으로 향해 동작을 진행한다.) 몸을 계속하여 우(右)로 조금 돌리며, 동시에 좌권(左拳)은 가슴 앞을 지나 우(右)로 향해 순전(順纏)하며 우측 허리 앞에 이르고 권심(拳心)은 안으로 향한다. 우권

---

55) 역자註 : 부보(仆步)는 궁보(弓步)보다 보폭을 조금 크게 벌리고 몸을 내린다.

(右拳)은 우(右)로부터 뒤로 올라가 팔을 돌리며 팔꿈치를 굽혀 역전(逆纏)하여 우측 귀 옆에 이르고 권심(拳心)은 아래로 향한다. (그림 153) 몸을 좌(左)로 돌리며 중심(重心)을 좌(左)로 조금 이동하여 좌측 무릎을 조금 굽힌다. 좌권(左拳)은 안으로 향하여 조금 거두어 배 앞에 이르고, 우권(右拳)은 팔을 돌리며 손목을 안으로 굽혀 앞을 향해 내밀어 나가며, 양 권심(拳心) 모두 안으로 향한다.(그림 154)

그림 150　　　　그림 151　　　　그림 152

그림 153　　　　그림 154

요점

(1) 이 권식은 안팎(裡外) 전사(纏絲)의 성분이 많아야 하며, 또한 안팎(裡外) 동작 중에 모든 관절이 관통하여 연결되어 온몸이 하나의 기세를 이루어야 한다. 앞의 권식들과 비교하면 이것은 진일보하여 연습할 필요가 있으며, 이 권식은 한 곳이 움직이기만 하면 전체가 함께 움직여야 하는 것을 명백하게 표현해내기가 쉽다.

(2) 안팎전사(裡外纏絲)의 성분이 많기 때문에 허리와 척추가 연합하여 동작을 이끌어 지휘하는 작용을 촉진하며, 그리고 동작을 주도하는 중에 또한 몸의 배면 등이 제일 선도적인 역할을 한다. (이것이 상대방의 힘을 이끌어 들여 무산시키는 주요 전사이다) 그러므로 이 권식은 태극권의 운경(運勁) 중에서 안팎(裡外)과 순역(順逆) 전사경(纏絲勁)을 단련하는 주요 형식의 하나이다.

(3) 이 권식 동작을 할 때 사타구니를 아래로 낮추어야 하며(그러나 무릎보다 더 낮지는 않다), 그리하면 허실을 변환할 때 회음(會陰)의 기(氣)가 미려(尾閭)로 치솟음을 특히 쉽게 느낄 수 있으니, 이것은 이 권식 내에서 표현되는 원당(圓襠)의 주된 추구 사항이다.

(4) 이 권식 중의 밖으로 순전(順纏)하는 붕경(掤勁)과 안으로 역전(逆纏)하는 리경(攦勁)은, 그 붕리(掤攦) 전사(纏絲)를 다양하게 변환할 때, 그 나선형 동작 모두가 피부(皮膚)56) 상에 도달할 수 있고 또한 내면에 결함이 없어야 하니, 이것은 말하자면 오직 피부 상에서 나선형이 되어야만 비로소 전사경의 견동작용(牽動作用)에 도달할 수 있다. {전사경이 피부면 상에 능히 도달하고 또한 결함이 없는지의 여부는 이 권식(拳式) 중에서 표현해내기가 가장 쉽다}

제40식 선풍각(旋風脚)

동작 1

몸을 좌(左)로 조금 돌리며 중심(重心)을 좌(左)로 이동하고, 좌측 다리를 조금 굽힌다. 동시에 왼손은 순전(順纏)하며 좌측 아래로 향해 뒤집어 내려 좌측 배 앞에 이르고 권심(拳心)은 위로 향한다. 오른손은 순전(順纏)하며 조금 우측 앞쪽으로 나가면서 뒤집어 배 앞에 이르고 권심(拳心)은 안쪽 위로 향한다. (그림 155 : 이 그림 중 양발이 앞 그림의 원래 지점에서 움직이지 않았고, 가슴은 여전히 동쪽으로 향하며, 가슴이 향하는 동쪽으로부터 이 권식의 동작을 시작한다.) 몸을 우(右)로 돌리며 중심(重心)을 우(右)로 이동하여 우궁보(右弓步)가 되고, 좌측 다리는 펴되 곧게 펴지는 않으며, 동시에 양 권(拳)은 장(掌)으로 변하며 역전(逆纏)하여 가슴 앞을 지나 우(右)로 향하여 전개한

---

56) 역자註 : 피부 상에 도달한다는 것은 몸의 내부에서부터 갖추어 동작하는 경(勁)이 몸의 외부까지 갖추어지는 것으로, 즉 온몸 전체가 한 기세를 갖추는 것이라 볼 수 있다.

다. (그림 156) 양손은 역전(逆纏)하며 우(右)로 향하다가 아래로 오며 우순전(右順纏) 좌역전(左逆纏)으로 변하며 위로 돌아, 좌장(左掌)은 배 앞을 지나 좌측 위로 향하여 호형(弧形)으로 휘둘러 머리와 수평이 되는 높이에 이르고 장심(掌心)은 밖으로 향하며, 우장(右掌)은 호형(弧形)으로 감아서 배 앞에 이르고 장심은 좌(左)로 향한다. 동시에 중심(重心)을 좌(左)로 이동하고 오른발을 앞으로 향하여 들어올린다. (그림 157)

그림 155   그림 156   그림 157

동작 2

오른발 발끝을 밖으로 비스듬히 벌려 앞으로 향해 반보(半步) 나가며 체중을 앞으로 이동하고, 몸을 우(右)로 돌리며, 이어서 왼발 발꿈치를 들어올린다. 오른발을 들어올려 보가 나갈 때 양손은 순전(順纏)하며 우장(右掌)은 앞으로 밀어나가고, 좌장(左掌)

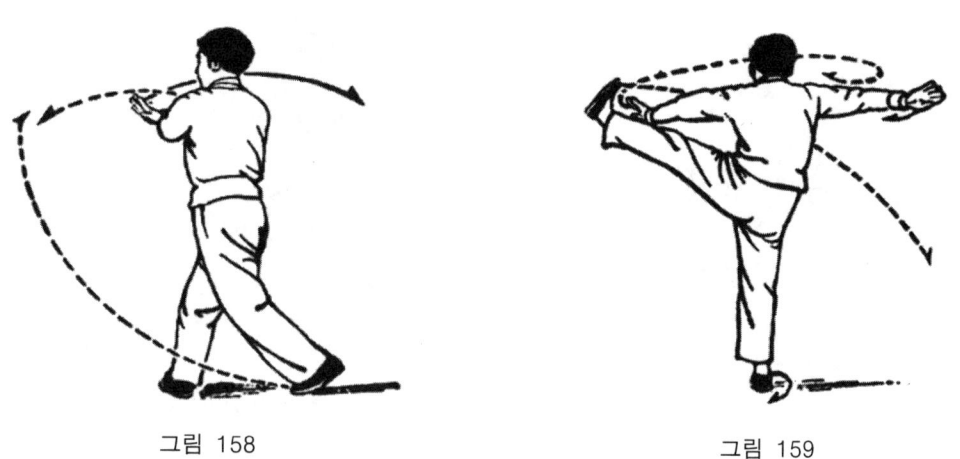

그림 158   그림 159

그림 160

은 얼굴 앞을 지나 우(右)로 향하여 호형(弧形)으로 휘둘러 아래로 내려서, 왼팔 아랫팔뚝이 오른팔 아랫팔뚝 위에 내려오며, 양팔이 교차하여 합경(合勁)하고, 몸을 우(右)로 돌리면서 우장(右掌)이 역전(逆纏)하여 양 장심(掌心) 모두 아래로 향한다. (그림 158) 양팔이 역전(逆纏)하며 각각 좌우로 향해 전개하여 양 장심(掌心) 모두 뒤로 향하는 동시에 왼발이 뒤쪽 아래로부터 위로 향해 휘감는 경(勁)으로써 호형(弧形)을 이루며 휘감아 돌면서, 왼발 안쪽과 좌장(左掌)을 서로 맞이하여 때린다. (그림 159 : 이때 가슴은 남쪽으로 향한다) 오른발 발꿈치를 축으로 하여 몸을 우측 뒤로 향하여 돌리며(180도 : 가슴이 북쪽으로 향한다), 몸의 회전에 따라서 동시에, 양손은 전개한 상태로부터 안으로 합하도록 바꾸어 가슴 앞으로 향하여 교차하여 왼팔이 위에 있고, 왼발도 몸의 회전에 따라서 위로부터 우측 뒤로 향하여 휘둘러 돌린다. (그림 160) 몸을 계속하여 조금 우(右)로 돌리며 왼발을 땅으로 내리고, 동시에 양손은 합경권(合勁圈)을 축소하며, 좌장심(左掌心)이 아래로 향하고, 우장심(右掌心)은 안으로 향한다. (그림 161, 보충그림 161은 정면도 : 보충그림 161의 정면도는 그림 160 뒤에 연결되며, 사실상 가슴은 북쪽으로 향한다. 그림 161부터는 이미 동작 설명 중의 방향과 서로 부합한다.)

그림 161

보충그림 161

요점

(1) 「선풍각(旋風脚)」은 한 발로 서 있고 한 발은 공중에 뜨는 소당퇴(掃襠腿)57) 경(勁)이며, 앞의 넉 장 그림은 회오리바람처럼 휩쓰는 경(勁) 앞의 개합(開合)이다. (그림 158부터 161까지로써 「선풍각」의 휩쓸듯 휘두르는 경(勁)을 완성한다)

(2) 그림 159는 「선풍각」의 휩쓸어 일으켜 휘두름을 나타내며, 좌장(左掌)과 왼발 안쪽을 부딪쳐 때린 후 몸을 돌리고, 몸을 돌리는 과정 중에 좌측 다리는 극히 조금 굽히며 곧게 펴지 않은 채 가로질러서 돌려야 하지만, 다리를 굽힌 채로 돌려오면 안 된다. 이것은 허리의 경(勁)과 오른손의 평형에 대한 훈련이며, 수련해 익히려면 시간을 어느 정도 필요로 한다.

(3) 진식태극권은 서로 다른 대상의 사람들에 적응하기 위해서 어떤 동작들은 쉽고 어려운 두 종류의 연습법으로 나눈다. 이 권식의 다른 한 종류의 연습법은(그림 158부터 시작하여) 먼저 우측 다리가 앞으로 반보 나가며 왼발 발꿈치를 들어올리고, 양손은 가슴 앞에서 교차하며, 이어서 왼발을 앞쪽 위로 향하여 차올리고(가로질러 휩쓸어 차는 것이 아니다), 찬 후에 무릎을 굽히며 다리를 거두어 몸을 돌려서 아래로 내린다. (다리를 곧게 펴서 가로질러 도는 것이 아니다) 좌측 다리가 내려와 실(實)이 된 후, 오른발을 들어올려 가로눕혀 발꿈치로 뻗어 차나간다. 그 다른 점은, 이 방법은 가로질러 휩쓸어 휘두르는 경(勁)을 없애, 왼발로 차올리고 오른발 발꿈치로 뻗어 차는 두 개의 동작으로 바뀐 점이다.

제41식 등일근(蹬一根)

동작 1

몸을 좌(左)로 조금 돌리며 중심(重心)을 좌로 조금 이동하고, 동시에 양 장심(掌心)이 앞으로 향하도록 뒤집으며 또한 교차권(交叉圈)을 수축(收縮)하고, 곧 이어서 양 장(掌)이 역전(逆纏)하며 배 앞을 지나 각각 좌우로 향하여 전개하며(의식을 양손의 새끼

---

57) 역자註 : 소당퇴는 소퇴(掃腿) 혹은 소당퇴(掃堂腿)라고 하며, 원래의 용법은 한쪽 다리를 굽혀 앉아서 발바닥 앞쪽이 지면에 닿아 축으로 삼고 다른 한쪽 다리는 펴서 발끝을 안으로 꺾어 들이고 발바닥을 땅에 붙여 이 다리를 앞이나 뒤로 360도 돌려 상대방을 걸어 넘어뜨리는 수법이다. 즉 상대방을 쓸어 내듯이 다리를 휘둘러 돌리는 용법이다.

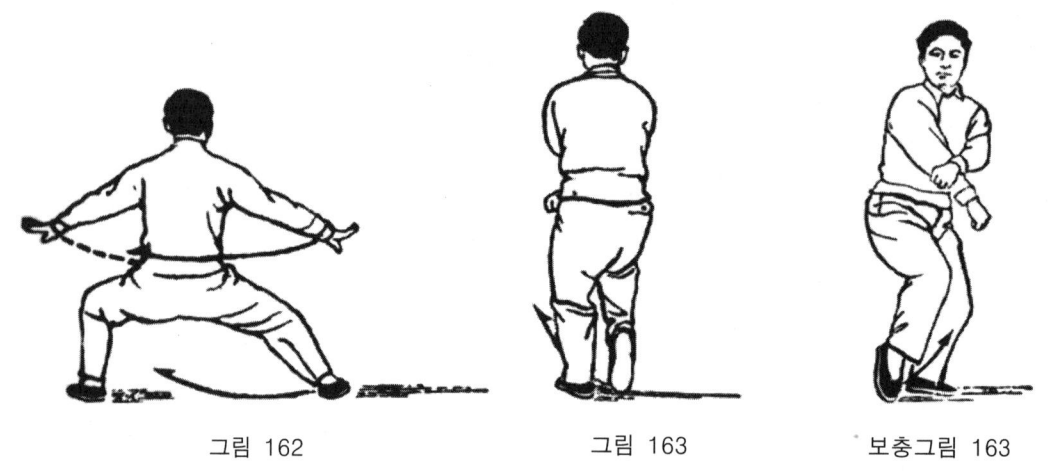

그림 162 그림 163 보충그림 163

손가락에 집중한다), 몸은 양손을 좌우로 전개할 때에 따라서 정면으로 돌아오며, 사타구니는 더욱 아래로 가라앉힌다. (그림 162) 몸을 좌(左)로 조금 돌리며 중심(重心)을 좌(左)로 이동하고, 오른발을 거두어들여 발끝이 왼발 옆에서 땅에 닿으며, 동시에 양장(掌)은 권(拳)으로 변하여 순전(順纏)하며 좌우(左右)로부터 내려와 배 앞으로 향해 합경(合勁)하여 양팔의 아랫팔뚝을 교차하며, 왼팔이 위로 오고 권심(拳心)은 모두 안쪽 아래로 향한다. (그림 163, 보충그림 163은 정면도) 몸을 계속하여 좌(左)로 조금 돌리며{전신의 붕경(掤勁)을 잃지 않는다}, 양팔은 교차권(交叉圈)을 축소하고{이로써 경(勁)을 축적한다}, 오른발을 들어올린다. (그림 164, 보충그림 164는 정면도)

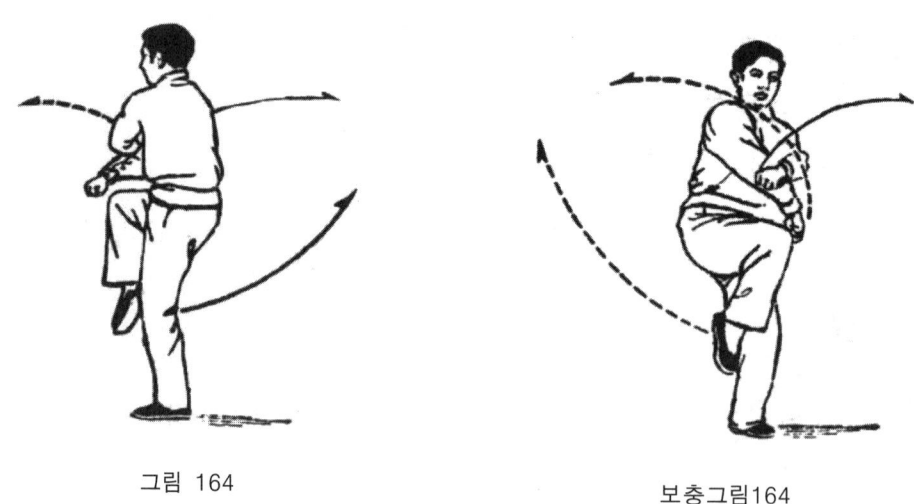

그림 164 보충그림164

178 진식태극권

동작 2

양 권(拳)은 순전(順纏)하며 각각 좌우로 향하여 발경(發勁)하며, 동시에 오른발은 발끝을 세워 발꿈치로 우측을 향하여 뻗어 차내며 발경(發勁)한다. (그림 165)

요점

이 권식과 제35식「등일근(蹬一根)」의 다른 점은, 앞 권식은 왼발을 뻗어 차고 이 권식은 오른발을 뻗어 차는 것이다. 이 동작을 하려면 뻗어 차기 전에 먼저 충분히 축경(蓄勁)을 잘 한 후 다시 발출해야 "축적한 후에 발출한다(蓄而後發)"는 원칙을 달성한다.

그림 165

제42식 엄수굉추(掩手肱捶)

동작 1

오른발은 무릎을 들어 거두어들이고 왼발로 독립(獨立)하며, 동시에 우권(右拳)은 순전(順纏)하며 아래로 내려 사타구니 앞에 오고, 좌권(左拳)은 순전(順纏)하며 조금 아래로 내린다. (그림 166) 왼발 발꿈치를 축으로 삼아 몸을 우(右 : 東)로 돌리며, 동시에 오른팔을 밖에서 안으로 돌려 순전(順纏)하며 사타구니 앞에서부터 올라가 몸의 회전에 따라서 우(右)로 향하여 호형(弧形)으로 휘둘러 아래로 뒤집으며 우측 다리 옆에 이르도록 오른팔을 아래로 내려뜨려 권심(拳心)은 위로 향하며, 좌권(左拳)은 팔을 돌려 역전(逆纏)하며 안쪽 아래로부터 바깥 위로 향하여 돌아서 왼팔 아랫팔뚝을 세우고 권심(拳心)은 안으로 향한다.58) (그림 167)

그림 166   그림 167

동작 2

양 권(拳)이 장(掌)으로 변하여 쌍순전(雙順纏)하여 가슴 앞에서 합하다가 쌍역전(雙逆纏)하며 아래로 내리고, 오른손이 왼손보다 조금 낮으며, 우측 다리는 여전히 들어 올린다.59) (그림 168) 양 장(掌)을 좌우로부터 위로 들어올리며 몸을 이끌어 뛰어오르고{마치 농구경기 중 양손으로 공을 바구니로 던지는 듯한 양손으로 인솔하는 경(勁)}, 오른발 발끝을 위로 들어올린다. (그림 169·170 : 이 두 장의 그림 중 몸을 이끌어 올린 후 여전히 그림 168의 방향과 같고, 이 두 장에 보이는 것은 그 정면과 측면이다.) 오른발 발바닥을 수평으로 하여 땅을 차서 진각(震脚)하고, 몸을 우(右)로 조금 돌리며, 왼발은 좌측 앞쪽(東北)으로 향하여 보(步)가 나가고, 양다리는 무릎을 굽혀 아래로 앉으며, 동시에 우장(右掌)은 권(拳)으로 변하여 역전(逆纏)하며 좌측 배 앞에 이르고, 좌장(左掌)은 역전(逆纏)하며 가슴 앞으로 향해 안으로 거두어 합하여 오른팔 팔꿈치 위에 위치하여 교차한다. (그림 171)

그림 168   그림 169   그림 170

---

58) 역자註 : 왼손은 역전(逆纏)하면서 휘둘러 올라와 몸의 회전에 따라 아랫팔뚝을 세우며 우(右)로 향할 때 순전(順纏)으로 바뀐다.

59) 역자註 : 이미 권(拳)이 장(掌)으로 바뀌었으나, 그림 168까지는 권(拳)을 그대로 유지하기도 한다.

동작 3

우권(右拳)은 팔을 돌려 순전(順纏)하며 우측 아래로 향하고, 좌장(左掌)은 역전(逆纏)하며 좌측 위로 향하여 호형(弧形)으로 전개하며, 우권심(右拳心)은 아래로 향하고 좌장심(左掌心)은 밖으로 향한다. (그림 52에 연결되며, 그림 51은 즉 그림 171의 자세이다.)

그림 171

동작 4

제14식「엄수굉추」동작 3·4와 같다. (그림 53·54에 연결된다)

요점

(1) 앞 권식에서 뻗어 차낸 뒤 우측 다리는 땅에 내리지 않는다. 양 권(拳)을 순전(順纏)한 후 거두어들임으로써 우측 다리를 함께 이끌어 움직여 거두어들이며, 거두어들이는 과정 중에 양 권(拳)은 좌권(左拳)은 앞으로 향하고 우권(右拳)은 뒤로 향해 좌우에서 몸쪽으로 향해 내리기 때문에, 거두어들이는 우측 다리와 독립한 좌측 다리가 안정되게 한다.

(2) 경(勁)을 정수리로 이끌어 올리고, 기세(氣勢)를 아래로 가라앉히며, 어깨와 팔꿈치를 아래로 내려뜨리고, 왼발을 견실하게 디뎌 안정되면 곧 자연히 독립식(獨立式)이 안정된다.

(3) 이 권식과 제14식「엄수굉추」의 중점은 모두 발경(發勁)에 있으나, 다만 연결동작이 다르다.

(4) 오른발을 찬 후 이 권식에서 몸을 돌려 양손이 상하로 뒤집어 돌면서 합경(合勁)하고(그림 167), 합한 후 양손이 나누어져 개경(開勁)이 되며(그림 168), 양손을 전개한 후 사이를 두지 않고 곧 이어서 위로 들어올려 양 장(掌)이 위로 물건을 받쳐 드는 듯한 것은 마치 농구공을 받쳐 들고 뛰어올라 바구니로 던져 넣는 것과 같으니, 이처럼 하면 몸을 이끌어 일으킬 수 있다.

제43식 소금타(小擒打)

동작 1

몸을 우(右)로 돌리며, 동시에 우권(右拳)이 장(掌)으로 변하여 크게 역전(逆纏)하며 팔꿈치를 굽히고 장심이 아래로 향하여 호구(虎口 : 엄지와 검지 사이)를 벌리고, 좌장(左掌)은 좌측 옆구리로부터 작게 역전(逆纏)하며 가슴 아래에 이른다. (그림 172, 보충그림 172는 북쪽에서 바라본 모습)

오른발 발끝을 밖으로 벌려 앞으로 향하여 보(步)가 나가고, 동시에 우장(右掌)은 앞으로 향하여 순전(順纏)하며 장(掌)을 뒤집어 장심이 위로 향하며, 좌장(左掌)은 순전

그림 172

보충그림 172

그림 173

보충그림 173

(順纏)하며 오른팔 아랫팔뚝 위에 교차하여 걸친다. (그림 173, 보충그림 173) 곧 바로 이어서 왼발이 앞으로 향하여 크게 1보 나가서 발끝을 안으로 조금 꺾어 돌려 부퇴(仆腿 : 좌측 다리를 아래로 내려 앉힘)가 되며, 동시에 양 장(掌)은 역전(逆纏)하며 장(掌)을 뒤집어서 우장(右掌)은 위로 향하고, 좌장(左掌)은 앞쪽 아래로 향해 나누어 전개하면서 장근(掌根)으로 돌연히 깎아 자르듯이 나간다. (그림 174 : 왼발 발끝을 안으로 꺾어 돌려서 그림 175처럼 되어야 한다)

그림 174

그림 175

동작 2

곧 바로 이어서 몸을 우(右)로 조금 돌리며, 동시에 우장(右掌)이 우측 위로부터 순전(順纏)하며 아래로 내려와 우측 옆구리 옆에 이르고 장심이 옆구리로 향하며, 좌장(左掌)은 순전(順纏)하며 아래로부터 위로 돌아 아랫팔뚝을 세워 장심이 앞쪽 위로 향한다. (그림 175) 중심(重心)을 좌(左)로 이동하여 좌측 다리를 굽히며 몸을 좌(左)로 조금 돌린

그림 176

다. 동시에 좌장(左掌)은 역전(逆纏)하며 팔을 돌려(얼굴 앞을 휘감아 돌아) 조금 내려 오고, 우장(右掌)은 순전(順纏)하며60) 좌(左)로 향해 양 장(掌)이 교차하며 안으로 합해서 좌(左 : 東)로 향하여 발경(發勁)한다.61) (그림 176)

---

60) 역자註 : 우장(右掌)은 위로부터 내려오며 순전(順纏)하여 우측 옆구리로 와서 좌측 앞으로 돌아나가 발경(發勁)하면서 역전(逆纏)으로 바뀐다.

요점

(1) 이 권식의 동작은 반드시 한 동작으로 연속하여 이어져서 추호도 멈춤이 없이 완성하니, 그 목적은 동작의 주요한 경(勁)에 따라서 그 경(勁)을 공급하여, 상대방에 버티어 저항하지 않고 순응하며, 양 장(掌)이 역전(逆纏)하며 각각 상대방을 깎아 자르듯이 떨쳐냄으로써 상대방으로부터 해방된다.

(2) 이 권식 최후의 동작은, 반드시 멈춤이 없는 동작과정 중에 중심(重心)을 좌(左)로 이동하여 좌측다리를 굽히며, 양 장(掌)이 합하여 동작의 마지막 지점에 이르러 교차하듯이 하여 돌연히 좌(左)로 향하여 가격하며, 이때 양 장(掌)의 장근(掌根)에 의식을 집중해야 한다.

(3) 이 권식은 좌우 두 부분의 동작으로 나누어지나, 도리어 통일되듯이 표현해내니, 그 목적은 전사(纏絲)의 나선형 동작을 운용하여 상대방이 의도하는 경(勁)에 순응하는 데에 있고, 쌍순전(雙順纏)의 수법과 쌍역전(雙逆纏)의 개경(開勁)으로부터 다시 쌍순전(雙順纏)의 합경(合勁)과 쌍역전(雙逆纏)의 발경(發勁)으로 바뀐다.

제44식 포두퇴산(抱頭推山)

동작 1

몸을 좌(左)로 조금 돌리며, 동시에 양 장(掌)이 권(拳)으로 변하여 우권(右拳)은 팔을 돌려 역전(逆纏)하며 앞쪽 아래로 향하여 뻗어 나가고 권심(拳心)이 아래로 향하며, 좌권(左拳)은 역전(逆纏)하며 좌(左)로부터 아래로 거두어들이면서 하나의 작은 권(圈)을 휘둘러 오른팔 위에 걸쳐서 합하고 권심(拳心)은 아래로 향하며, 중심(重心)은 여전히 좌측에 있어 좌측 다리를 굽힌다. (그림 177) 중심(重心)을 좌측 다리로 이동하며 왼발 발꿈치를 축으로 삼아 몸을 우측 뒤로 향하여 돌리면서[62] 오른발을 안으로 반보(半步) 거두어들여 발끝이 땅에 닿고, 동시에 양 권(拳)은 작게 순전(順纏)하여 가슴 앞에서 합경(合勁)하며, 양 권심(拳心) 모두 안쪽 위로 향한다. (그림 178) 양 권(拳)이

---

61) 역자註 : 이때 왼발 발끝을 발경과 동시에 밖으로 조금 돌린다. 오른손은 그림 174에서 위로부터 아래로 내려오는 동작에 연속하여 좌(左)로 향해 발경한다. 즉 왼손 동작의 얼굴 앞을 휘감아 도는 동작과 오른손이 우측 옆구리에 오는 동작이 거의 일치하여, 양손이 동시에 발경되도록 한다.

62) 역자註 : 왼발 발끝을 안쪽으로 돌려 협조한다.

장(掌)으로 변하여 쌍순전(雙順纏)하며 교차권(交叉圈)을 바짝 죄어 축소한 후 아래로 내리고, 곧 팔을 돌려 쌍역전(雙逆纏)하며 좌우로 향하여 나누어 벌리며, 바야흐로 동작의 마지막 시점에 이르러 쌍순전(雙順纏)으로 바뀌면서 손등으로 방경(放勁)하며, 양 장심이 서로 마주 대하고, 오른발 발끝은 여전히 땅에 닿아 있다. (그림 179)

그림 177   그림 178   그림 179

동작 2

몸을 좌(左)로 돌리며, 동시에 양 장(掌)은 몸의 회전에 따라서 좌(左)로 향하여 조금 이동하고, 양 팔꿈치를 아래로 가라앉히며 양 장(掌)은 곧 우순전(右順纏) 좌역전(左逆纏)하며 양쪽 귀 옆으로 거두어들여 장심(掌心)은 양쪽 뺨으로 향하고, 동시에 중심(重心)을 다시 좌(左)로 조금 이동하며, 여전히 오른발 발끝이 땅에 닿아 있다. (그림 180) 오른발을 앞으로 반보(半步) 나가며, 중심(重心)을 앞으로 이동함에 따라서 우측

그림 180   그림 181

제2장 진식태극권(陳式太極拳) 제1로 도해(圖解)   185

다리는 무릎을 굽혀 실(實)로 변하고, 몸을 우(右)로 돌리는 동시에 양 장(掌)은 양 뺨 옆에서부터 우(右)로 향하여 아래로 조금 내리며, 곧 몸의 회전에 따라서 쌍역전(雙逆纏)하며 앞으로 향해 밀어 나가고, 의식은 양 장(掌)의 새끼손가락에 집중하며 장심은 밖으로 향한다. (그림 181)

요점

(1) 이 권식의 요점은 쌍역전(雙逆纏)하며 벌린 후 쌍순전(雙順纏)으로 변하면서 동작의 마지막 지점에 도달하는 데에 있다. 양손의 손등을 사용하여 방경(放勁)하면서 벌리며 그리고 팔꿈치를 아래로 가라앉히고, 또한 팔꿈치를 가라앉힘에 의해 양 장(掌)을 돌려 양 귀 옆에 이르는 동작이 이 권식의 전반부 포두(抱頭: 머리를 감싸 안는)를 구성한다.

(2) 양 장(掌)을 합하여 앞으로 향해 누르는 안경(按勁) 수법은 이 제1로(第一路) 투로(套路) 중에서 그 경(勁)의 종류는 세 가지가 있다.

1. 「육봉사폐(六封四閉)」는 양손이 앞으로 향하여 상대방을 봉쇄함을 표현해내는 경(勁)이다.

2. 「쌍퇴수(雙推手)」는 양손이 앞으로 향하여 장근(掌根)으로 밀어 경(勁)을 발출해 나간다.

3. 「포두퇴산(抱頭推山)」은 양손을 앞으로 향하여 누르며(按) 경(勁)을 조금 축적하여 있고, 크게 보(步)를 벌려서 우측 무릎을 굽히고, 팔에는 신축(伸縮)됨이 없으며, 배면 등으로부터 경(勁)을 방출해 나간다.

(3) 이처럼 양 장(掌)이 앞으로 누르는(按) 형식과 내경(內勁)이 각기 다름은 이미 위에 말한 바와 같다. 그 외 퇴산(推山) 동작에서 경(勁)을 방출하는 동시에 또한 숨을 내쉼{쉬(噓) 소리를 낸다}으로써 장근(掌根)을 아래로 내려 앉히는 동작에 호응되게 하여 동시에 경(勁)을 방출해 나가야만 비로소 퇴산(推山) 동작의 밀어내는 경(勁)이 꼭 들어맞게 된다.

제45식 삼환장(三換掌)

동작 1

몸을 우(右)로 돌리며, 동시에 왼손은 순전(順纏)하며 장(掌)을 뒤집어 조금 앞으로 뻗어 장심이 위로 향하고, 오른손은 순전(順纏)하며 팔꿈치를 굽혀 안으로 거두어 왼팔 위쪽에 이르며, 동시에 이에 호응하여 좌측 무릎을 안으로 돌아 감고(纏), 우측 무릎을 밖으로 돌아 감는다.63) (그림 182) 몸을 좌(左)로 조금 돌리며, 동시에 우장(右掌)은 순전(順纏)하다 앞으로 향하여 역전(逆纏)으로 바뀌면서 장(掌)을 가로 눕혀 밀어 나가고,64) 좌장(左掌)은 순전(順纏)하며 팔꿈치를 굽혀 안으로 거두어 가슴 앞에 이르고 장심은 우측 위로 향하며, 동시에 이에 호응하여 우측 무릎을 안으로 돌려 감고 좌측 무릎을 밖으로 돌려 감는다. {제1차 환장(換掌)을 완성한다} (그림 183)

그림 182　　　　　　　　　　　　　그림 183

동작 2

몸을 다시 우(右)로 조금 돌리며, 동시에 좌장(左掌)은 가슴 앞을 지나 위로 순전(順纏)하며 앞으로 향하다가 역전(逆纏)으로 바뀌면서 "장(掌)을 가로 눕혀(橫掌)" 밀어 나가고, 우장(右掌)은 순전(順纏)하며 팔꿈치를 굽혀 안으로 거두어 가슴 앞에 이르며 장심은 좌측 위로 향한다. 동시에 이에 호응하여 우측 무릎을 밖으로 돌려 감고 좌측 무릎을 안으로 돌려 감는다. {제2차 환장(換掌)을 완성한다} (그림 184) 몸을 좌(左)로

---

63) 역자註 : 돌아 감는다는 것은 원문에는 감는다는 전(纏)으로 표현되어 있다. 이것은 무릎을 미세하게 조금 돌리는 것이며, 이것이 곧 다리의 전사(纏絲)이다.

64) 역자註 : 이러한 동작은 직선 동작이 아니고 호형(弧形) 즉 곡선 동작이며, 공방(功防)의 개념을 응용하여 이해하면 된다. 이러한 동작을 크게 하고 혹은 작게 하는 것은 숙련 정도에 따라 달리 할 수 있으나, 처음 배울 때는 비교적 크게 하는 것이 좋다.

조금 돌리며, 우측 무릎을 더욱 앞으로 굽히고, 동시에 우장(右掌)은 가슴 앞을 지나 위로 순전(順纏)하며 앞으로 향하다가 곧 역전(逆纏)으로 바뀌면서 "장(掌)을 가로 눕혀(橫掌)" 밀어 나가며, 좌장(左掌)은 팔을 돌려 순전(順纏)하며 아래로 내려서 장심이 비스듬히 안쪽 우(右)로 향하고, 동시에 이에 호응하여 좌측 무릎을 밖으로 돌려 감고 우측 무릎을 안으로 돌려 감는다. {제3차 환장(換掌)을 완성한다} (그림 185)

그림 184 　　　　　　　　　　그림 185

요점

(1) 이 권식은 보(步)을 움직이지 않는 상황하에 동작을 진행하고 또한 크게 벌리거나 크게 합함이 없이 다만 가슴 앞에서 매우 작은 범위 내에서 수법(手法)을 변환하며, 팔을 돌려서 거두어들이는 것은 순전(順纏)하고 전환하여 경(勁)을 밀어낼(推) 때는 역전(逆纏)하니, 이것이 환장(換掌)의 특징이다.

(2) 「삼환장(三換掌)」의 과정 중에, 가슴 앞의 이처럼 작은 범위 내에서도 "몸의 한 부분이 움직이기만 하면 전신이 함께 움직이는(一動無有不動)" 원칙을 달성할 뿐만 아니라, 또한 좌우가 전환하는 연결과정에서도 붕경(掤勁)상에 결함(缺陷)65)이 없어야 하니, 그 관건은 모두 가슴과 허리 부위의 운용에 있다.

(3) 「삼환장」의 첫째 환장(換掌)은 우장(右掌)으로 밀어 나가고, 둘째는 좌장(左掌)으로 밀어 나가며, 셋째는 여전히 우장(右掌)으로 밀어 나간다. 이것은 다리를 바꾸지 않는 상황하에서 세 차례의 전환을 이루는 것이다. 전환 시에 허리와 사타구니의 변환과 다리의 전사(纏絲) 회전에 의하여 허리와 사타구니 그리고 다리 부위 내경(內勁)의 허

---

65) 註 : 이 결함은 형(形)의 요철(凹凸)과 경(勁)의 끊어지고 이어짐을 말한다.

실(虛實)도 따라서 그 허실(虛實)이 세 차례 전환되게 하여, 여전히 "상하가 서로 호응하여 따르는(上下相隨)" 원칙에 부합되게 한다. 그러나 한쪽 다리로 전신을 지탱하기를 비교적 오래 하면 운동량이 비교적 커진다. 이 권식은 체육효과를 향상시킬 수 있을 뿐만 아니라, 또한 기격(技擊)의 화경(化勁 : 상대방의 힘을 변화시킴) 기능을 향상시킬 수 있다. {이것은 진발과(陳發科) 노사(老師)가 말년에 창작한 것이다}

제46식 육봉사폐(六封四閉)

동작은 제4식「육봉사폐」동작 2와 같다. (그림 17부터 20까지에 이어진다)
요점은 제4식「육봉사폐」요점을 참고한다.

제47식 단편(單鞭)

동작과 요점은 제5식「단편」과 같다. (그림 21부터 26까지에 이어진다)

제48식 전초(前招)

동작 1

몸을 좌(左)로 조금 돌리며, 중심(重心)을 좌(左)로 향하여 조금 이동한다. 동시에 오른손 구수(勾手)는 장(掌)으로 변하여 팔꿈치를 굽혀 팔을 돌려서 아랫팔뚝을 세우며 순전(順纏)하여 얼굴 앞에 이르고 장심(掌心)은 좌측 위로 향하며, 왼손은 역전(逆纏)하며 좌측 아래로 향하여 수평으로 누르고 장심은 아래로 향한다. (그림 186)

동작 2

중심(重心)을 우(右)로 이동하며 오른발 발꿈치를 축으로 하여 몸을 우(右)로 돌리며, 오른발 발끝을 밖으로 돌려 벌리고, 왼발을 들어올려 몸의 회전에 따라서 오른발로 향해 접근하여 발끝이 오른발 옆에서 땅에 닿는다. 동시에 오른손은 팔을 돌려 역전(逆纏)하며 장(掌)을 가로 눕혀 우(右)로 향하여 호형(弧形)으로 휘둘러 밖으로 전개하여 장심이 밖으로 향하고, 좌장(左掌)은 팔을 돌려 순전(順纏)하며 아래로 내려와 몸의 회전에 따라서 호형(弧形)으로 휘둘러 우(右)로 이동하여 장심(掌心)이 우(右)로 향한다. (그림 187)

그림 186   그림 187

요점

이 권식의 동작은 마치 장총(長銃)을 잡고 휘두르는 것처럼 양팔이 합경(合勁)한다. 단지 좌장(左掌)이 마치 총목을 잡은 것처럼 좌측 위로 향하여 이끌어 올리고, 우장(右掌)이 우측에서 좌측 위로 향하여 가로로 받쳐 마치 총신을 잡은 것과 같으며, 좌측 다리를 이끌어 일으켜 움직일 때 허리 우측의 피부는 당겨지고 좌측은 느슨해지니, 이것은 바로 허리 부위를 운용하여 수련자로 하여금 편안함을 느끼게 하는 하나의 특수동작이다.

제49식 후초(後招)

동작 1

왼발을 좌(左)로 향하여 옆으로 벌려 1보 나가며 중심(重心)을 곧 이어서 좌(左)로 이동하여 좌측 다리를 굽힌다. 동시에 왼손은 역전(逆纏)하며 팔을 돌려 좌측 위로 향하여 뒤집어 돌아 장심(掌心)이 밖으로 향하며, 우장(右掌)은 팔을 돌려 우(右)로부터 순전(順纏)하며 아래로 내려와 장심이 좌측 아래로 향한다. (그림 188)

동작 2

몸을 좌(左)로 돌리며 중심(重心)을 계속하여 좌(左)로 이동하고, 오른발을 왼발로 향해 접근하여 오른발 발끝이 왼발 앞에서 땅에 닿으며, 왼손은 역전(逆纏)하며 하나의 작은 권(圈)을 감는다.66) (그림 189)

그림 188   그림 189   그림 190

몸을 우(右)로 조금 돌리며, 동시에 우장(右掌)은 팔을 돌려 역전(逆纏)하며 호형(弧形)으로 휘둘러 위로 뒤집어 장심이 밖으로 향하고, 좌장(左掌)은 팔을 돌려 순전(順纏)하며 위로부터 아래로 호형(弧形)으로 휘둘러 우(右)로 이동하여, 양손이 우측에서 상하(上下)로 합경(合勁)한다. (그림 190)

요점

(1)「전초(前招)」의 요점은 우장(右掌)을 위로 받친(托) 후에 돌리는(轉) 것이며, 이 돌리는 경(勁)을 연습하여 허리 부위 우측의 기능을 향상시키고,「후초(後招)」는 즉 허리 부위 좌측의 기능을 향상시킨다. 그러므로 통합하여「전후초(前後招)」라 부르며, 합하여 하나의 권식이 될 수 있다.

(2)「전초(前招)」는「단편(單鞭)」후에 배열되어 있으므로,「전초(前招)」와「후초(後招)」를 연합하여 또한 사단편(斜單鞭)이라 부르니, 이것은「단편(單鞭)」후에 잇달아 하나의 비슷한 방식의「단편(單鞭)」을 하는 것을 나타낸다. 이것은 작은 신법(身法)을 운용하여 허리와 척추를 비비어 문지르듯 움직인다. 그 중점은 민첩하게 좌우를 변환하는 데에 있으므로, 수련자로 하여금 일종의 원활한 재미를 느끼게 한다.

---

66) 역자註 : 왼손이 작은 권(圈)으로 도는 것은 절질(折迭) 동작이다. 이때 오른손도 그림 188의 화살표처럼 같이 작은 권을 감는다.

제50식 야마분종(野馬分鬃)

동작 1

그림 191

왼손을 역전(逆纏)하며 팔을 돌려 가슴 앞을 지나 올라와 좌측 위로 향하여 뒤집어 돌아 장심이 좌(左)로 향하고, 오른손은 순전(順纏)하며 팔을 돌려 우(右)로부터 내려가 팔꿈치를 굽혀 좌(左)로 향하며 위로 받쳐서(上托) 장심이 비스듬히 안쪽 위로 향하여, 양손이 좌측에서 상하(上下)로 합경(合勁)하고, 중심(重心)은 여전히 좌측 다리에 있다. (그림 191) 몸을 아래로 조금 앉히고, 오른발을 조금 앞으로 향하여 발끝을 땅에서 떼어 들어올린다. 동시에 좌장(左掌)을 좌측 뒤로 향하여 역전(逆纏)하며 전개하여 장심이 밖으로 향하고, 우장(右掌)은 순전(順纏)하며 전개하여 기세(氣勢)에 편승하여 앞으로 받치며(托) 장심이 위로 향한다. (그림 192) 오른발이 앞으로 향해 보(步)가 나가며, 이에 따라 중심(重心)을 앞으로 이동하여 우측 다리를 굽혀 실(實)로 변한다. 동시에 오른손은 중심(重心)이 앞으로 이동하는 기세에 따라서 순전(順纏)하며 앞으로 받치고(托) 왼손은 역전(逆纏)하며 뒤로 향해 밖으로 지탱하며 어깨 높이가 되고 장심은 비스듬히 뒤쪽 아래로 향한다. (첫 번째 「야마분종」이 완성된다) (그림 193)

그림 192

그림 193

동작 2

몸을 좌(左)로 돌리며, 동시에 우장(右掌)은 팔꿈치를 굽히고 팔을 돌려 순전(順纏)하며 얼굴 앞에 이르고,67) 좌장(左掌)은 팔을 돌려 팔꿈치를 조금 굽혀 역전(逆纏)하여 좌측 아래로 향하여 누르며, 중심(重心)은 여전히 우측 다리에 있다. (그림 194) 오른발 발꿈치를 축으로 하여 발끝을 밖으로 돌려 벌리며 몸을 우(右)로 돌린다. 동시에 우장(右掌)은 팔을 돌려 역전(逆纏)하며 우측 위로 향하여 뒤집으며 밖으로 전개하여 장심이 앞쪽 아래로 향하고, 좌장(左掌)은 몸의 회전에 따라서 앞쪽을 향해 호형(弧形)으로 휘둘러 내려온다. (그림 195) 몸을 계속하여 우(右)로 돌리며, 오른발 발끝을 계속하여 밖으로 돌리면서 중심(重心) 전부를 우측 다리로 이동하고, 왼발을 앞으로 향하여 들어올린다. 동시에 우장(右掌)은 몸을 돌리는 기세(氣勢)에 따라서 역전(逆纏)하며 우측 뒤(東)로 향하여 호형(弧形)으로 휘둘러 가로(橫)로 전개하며, 좌장(左掌)은 조금 아래로 내리고 순전(順纏)하며 팔을 돌려 팔꿈치를 굽혀 앞으로 향하여 위로 받힌다(上托). (그림 196) 왼발이 앞으로 향하여 보(步)가 나가고, 이에 따라 중심(重心)을 앞으로 이동하여 좌측 다리를 굽혀 실(實)이 된다. 동시에 왼손은 중심(重心)을 앞으로 이동하는 기세(氣勢)에 따라서 순전(順纏)하며 앞으로 받치고(托) 오른손은 역전(逆纏)하며 뒤로 향해 밖으로 지탱하여 어깨 높이가 되고 장심은 비스듬히 뒤쪽 아래로 향한다. (두 번째 「야마분종」이 완성된다) (그림 197)

그림 194   그림 195

---

67) 역자註 : 우장(右掌)을 앞 동작의 기세에 따라 순전(順纏)하지만 곧 역전(逆纏)으로 바뀌어 그림 194에서는 장심(掌心)이 좌(左)로 향한다.

그림 196

그림 197

동작 3

 몸을 우(右)로 돌리며 중심(重心)을 좌(左)로 조금 이동하여 좌측 다리를 더욱 앞으로 굽히고, 동시에 좌장(左掌)은 몸을 돌리는 기세에 따라서 역전(逆纏)하며 장(掌)을 뒤집어 좌측 앞으로 향하여 눌러(按) 나가고, 우장(右掌)은 역전(逆纏)하며 우(右)로부터 호형(弧形)으로 휘둘러 가슴 앞으로 거두어들인다. (그림 198) 몸을 우(右)로 돌리면서 중심(重心)을 우(右)로 이동하여 우측 다리를 굽힌다. 동시에 좌장(左掌)은 팔을 돌려 순전(順纏)하며 가슴 앞을 지나 우(右)로 누르고(按), 우장(右掌)은 팔을 돌려 역전(逆纏)하며 우(右)로 향해 전개하여 장심이 우(右)로 향한다. (그림 199) 몸을 좌(左)로 조금 돌리며 중심(重心)을 좌(左)로 이동하여 좌측 다리를 굽힌다. 동시에 우장(右掌)은 순전(順纏)하며 아래로 내려와 우측 허리 앞에 이르고 장심이 좌측 앞으로 향하며, 좌장(左掌)은 가슴 앞을 지나 아래로 내려오다가 역전(逆纏)하며 팔꿈치를 굽혀 좌(左)로 향하여 들어올려 어깨 높이에 이르고 장심이 좌(左)로 향한다. (그림 200) 몸을 우(右)로 조금 돌리며 중심(重心)을 우(右)로 이동하여 우측 다리를 굽히고, 동시에 좌장(左掌)은 순전(順纏)하며 좌(左)로부터 아래로 돌아 배 앞에 이르며, 우장(右掌)은 우(右)로 향하여 역전(逆纏)하며 배 높이에 이르고, 양 장심(掌心) 모두 비스듬히 우측 뒤쪽 아래 방향으로 향한다. (그림 201) 몸을 좌(左)로 돌리며 왼발 발끝을 밖으로 돌려 벌리면서 중심(重心)을 좌(左)로 이동하여 좌측 다리를 굽힌다. 동시에 좌장(左掌)은 순전(順纏)하며 팔꿈치와 손목을 굽혀 가슴 앞을 지나 좌(左)로 향하여 호형(弧形)으로 휘둘러 붕(掤)하여 나가면서 장(掌)을 뒤집어 장심(掌心)이 안쪽 위로 향하고, 우장(右掌)은 우(右)로부터 얼굴 앞을 지나 좌(左)로 향하여 순전(順纏)하며 뻗어나가 장심은 앞쪽 아래로 향한다. (그림 202)

그림 198

그림 199

그림 200

그림 201

요점

(1) 「야마분종(野馬分鬃)」은 기(氣)가 사지(四肢)의 말단에까지 도달하게 하는 크게 펴는 신법(身法)이며, 마치 야생마가 아무런 구속 없이 내달리는 것과 같다. 이 권식에서 유일하게 요구하는 것은 목 아래에서 척추에 이르는 하나로 연결된 척추뼈 양쪽의 피부와 근육이 좌우로 나누어 벌리는 경(勁)의 의식을 갖추는 것이니, 마치 말이 말갈기를 나누어 벌리는 것과

그림 202

제2장 진식태극권(陳式太極拳) 제1로 도해(圖解)　195

같다. 왜냐하면 신체의 이 부위는 뽑아 올려 늘이기는 쉬우나 나누어 벌리기는 어렵기 때문이니, 동작의 폭이 극히 작아서 이것을 나누어 벌리기 어려우므로 좌우로 반복하여 연습해야 한다.

(2) 이 권식은 순역(順逆)의 큰 전사경(纏絲勁)을 가장 쉽게 표현해낸다. 이것은 몸을 치우침 없이 바르고 편안하게 세우고 사방 주위를 지탱하는 전제하에 모든 동작이 반드시 상대적으로 태극의 큰 전사경(大纏絲勁)을 표현해낸다. 양손은 이 손이 올라가면 저 손은 내려가고, 이 손이 내려가면 저 손은 올라가며, 이 손이 안으로 향하면 저 손은 밖으로 향하고, 이 손이 밖으로 향하면 저 손은 안으로 향하며, 이 손이 순전(順纏)하면 저 손은 역전(逆纏)하고, 이 손이 역전(逆纏)하면 저 손은 순전(順纏)하며, 벌리는 중에 합함이 내포되고, 합하는 중에 벌림이 내포되도록 전환하여 움직인다. 그러므로 이것은 태극의 대전사경(大纏絲勁)을 대표하는 한 예가 될 수 있다.

(3) 태극권은 모든 동작이 허리와 척추로써 주재(主宰)하여 움직여야 하므로, "기를 배면 등에 붙이는(氣貼脊背)" 것은 운동의 핵심이다. 그러나 배면 척추{예를 들어 목 부위의 7개 경추골(頸椎骨)}에 대하여는, 이것을 나누어 벌리고 또한 비비어 문지르듯이 움직이기가 가장 어려우므로, 이 권식은 곧 이러한 요구에 부합하기 위해 이 투로(套路) 중에 편성해 넣은 것이다.

제51식 육봉사폐(六封四閉)

동작은 제29식 「육봉사폐」의 동작 2와 같다. (그림 203, 그림 19·20에 연결된다)

요점
제4식의 요점을 참고한다.

제52식 단편(單鞭)

동작과 요점 모두 제5식 「단편」과 같다. (그림 21 ~ 26)

그림 203

제53식 쌍진각(雙震脚)

동작 1

몸을 좌(左)로 돌리며 중심(重心)을 좌(左)로 이동하고, 좌측 다리를 굽히며 우측 다리를 조금 펴지만 곧게 펴지는 않는다. 몸을 회전할 때에 따라서 오른손 구수(勾手)가 장(掌)으로 변하여 순전(順纏)하며 우(右)로부터 내려가 배 앞을 지나 좌(左)로 향하여 돌아서 좌측 옆구리 앞에 이르고 {내경(內勁)을 잃지 않고 또한 움츠려들지 않도록 주의한다} 장심이 좌(左)로 향하며, 왼손은 순전(順纏)하며 좌(左)로 향하여 뻗어 나가며 장심이 아래로 향한다. (그림 204) 몸을 우(右)로 돌리며 중심(重心)을 우(右)로 이동하여 우측 다리를 굽히고, 좌측 다리를 펴지만 곧게 펴지는 않는다. 동시에 우장(右掌)은 팔을 돌려 역전(逆纏)하며 좌측 옆구리 앞에서부터 올라와 얼굴 앞을 지나 우(右)로 향해 전개하여 장심이 앞으로 향하고, 좌장(左掌)은 팔을 돌려 순전(順纏)하며, 몸의 회전에 따라서 팔꿈치를 굽혀 조금 들어올려 장심이 위로 향한다. (그림 205)

그림 204　　　　　　　　　　　그림 205

동작 2

몸을 계속하여 우(右)로 돌리며, 왼발 발끝을 안으로 꺾어 돌리면서 중심(重心)을 뒤로 향해 이동하여 좌측 다리에 오고, 오른발을 조금 안으로 거두어들여서 발끝이 땅에 닿는다. 동시에 좌장(左掌)은 좌(左)로부터 얼굴 앞을 지나 역전(逆纏)하며 아래로 내려와 오른팔 팔꿈치 위에 이르고, 우장(右掌)은 팔을 돌려 순전(順纏)하며 우(右)로부터 내려와 앞쪽 위로 향해 걸어 올려(撩) 가슴 앞에 이른다. (그림 206) 양손이 가슴 앞에서 역전(逆纏)하며, 이 전사경(纏絲勁)으로써 전신을 이끌어 일으키며 우측 다리를 들어올리고, 왼발이 땅을 박차면서 뛰어오른다. (그림 207·208) 양발은 왼발이 먼저 내리고 오른발이 후에 아래로 내려오며{그러므로 또한 쌍락각(雙落脚)이라 부른다} 땅을 차서 진각(震脚)하되 왼발이 무겁고 오른발이 가벼우며, 양 장(掌)은 진각할 때에 따라서 아래로 누르며(按) 장심을 뒤집어 아래로 향한다. (그림 209)

그림 206   그림 207

그림 208   그림 209

요점

(1) 그림 207의 안으로 합하여 축경하는 것은 몸과 사지에 갖추어 있는 붕경(掤勁)의 탄성이 증강되게 하며, 반드시 양팔을 조금 펴서 합해 몸을 이끄는 경(勁)과 좌측 다리의 위로 뛰어오르는 경(勁)에 의지하여 몸과 사지를 이끌자마자 뛰어오르며, 그

후 자연스럽게 선후(先後)로 땅에 내려온다.

(2) 진각(震脚)의 작용은 이미 제2식 「금강도대」의 요점 3에 나와 있다. 그 외, 옛날에는 만약 어떤 사람이 다른 사람에 의해 점혈(點穴)이나 금나(擒拿)의 수법으로 부상을 당해 혼미해지거나 멍청해졌을 때, 정상상태로 회복시키기 위해 통상적으로 환자의 신체를 바로 세워 들어올려 땅위로 내려찧듯이 하면 그 진동에 의하여 어느 부위를 순환시켜 회복시킬 수 있었다.

제54식 옥녀천사(玉女穿梭)

동작 1

오른발을 조금 들어올리고, 오른손을 조금 들어올리며, 왼손은 가슴 앞에서 이에 호응하여 합경한다. (자세는 그림 206과 비슷하다) 오른발을 앞으로 향해 반보(半步) 뛰어나가고, 동시에 우장(右掌)은 앞으로 향해 수평으로 밀어(推) 발경(發勁)하며, 또한 왼발을 이끌어 움직여 앞으로 향해 큰 1보를 뛰어나가면서 몸을 이에 따라 우(右)로 돌리며, 좌장(左掌)도 이에 따라 앞으로 밀어 나간다. (양발이 공중에 떠오르는 동작과정은 그림 210과 같고, 만약 연로하거나 체력이 허약하면 공중에 떠오르는 동작을 하지 않을 수 있으니 보충그림 210과 같다.) 몸이 공중에 뜬 채 계속하여 우측 뒤로 향해 270도 회전하여, 왼발이 땅에 내려오고, 이어서 오른발도 몸의 회전에 따라서 우(右)로 향해 가로질러 가서 땅에 내려오며, 동시에 양손은 우역전(右逆纏) 좌순전(左順

그림 210

보충그림 210

纏)하여, 오른손은 우측 위로 향하고, 왼손은 좌측 아래로 향해 비스듬히 전개하여 개경(開勁)을 이룬다. (그림 211)

동작 2

몸을 좌(左)로 향하여 돌려 정면(南)을 바라보며, 좌측 무릎을 조금 굽히고, 양 장(掌)은 순전(順纏)하며 합하였다가 다시 역전(逆纏)하며 나누어 벌려, 오른손이 위로 가고 왼손이 아래로 간다. (그림 212)

그림 211   그림 212

요점

(1) 이 권식은 두 동작을 연합하여 한 동작으로 하며, 그 요점은 연이어서 3보가 나가는 데에 있다. 이것은 곧 오른발이 앞으로 반보(半步) 뛰어나가고 왼발이 앞으로 큰 1보 도약해 나가며 그리고 오른발이 또 가로건너 1보 나간다. 이 3보는 반드시 연이어서 완성한다. 마치 베틀의 북처럼 양 층의 씨줄 사이를 신속히 꿰뚫어가는 것과 같다. 이것은 명실상부한 천사경(穿梭勁)이며, 이후에 네 모서리로 향하여 뒤집어 도는 옥녀천사 권식으로 발전한 동작과는 서로 다르다.[68]

(2) 이 권식은 마치 일종의 특수한 삼단도약 멀리뛰기처럼 세 번 도약(跳躍)하는 보(步) 중에 몸을 회전하여 완성하는 것이다. 기격(技擊)상으로 말하자면 이것은 포위망

---

[68] 역자註 : 통상적인 옥녀천사 권식은 4우(四隅)의 각 방향으로 향하여 4차례 동작한다. 대개 한손으로 방어하여 걷어 올리며, 다른 한손으로 공격한다.

을 뚫어나갈 경우에 적용되며, 한편으로는 공격하며 한편으로는 수비하는 자세하에 뚫어 나가는 것이다.

(3) 만약 운동장소가 좁거나 혹은 연로하거나 체력이 약하거나 혹은 운동량을 감소하고자 하면 공중으로 뛰어올라 도약하는 동작을 삭제할 수 있어, 몸을 돌려 보가 나가는 연습방법으로 바꾼다.

제55식 란찰의(懶扎衣)

동작 1

중심(重心) 전부를 좌측 다리로 이동하며 오른발을 들어올려 거두어 발끝이 왼발 옆으로 와서 땅에 닿은 후, 곧 발꿈치를 땅에 붙여 우(右)로 향해 땅을 가벼이 파듯이 뻗어 나가고, 동시에 양손은 크게 벌린 자세로부터 호형(弧形)으로 휘둘러 쌍순전(雙順纏)하며 크게 합하도록 바뀐다. (그림 12에 연결된다)

동작 2

제3식「란찰의」동작 2와 같다. (그림 13·14에 연결된다)

요점

제3식「란찰의」요점과 같다.

제56식 육봉사폐(六封四閉)

동작과 요점 모두 제4식「육봉사폐」와 같다. (그림 15 ~ 20까지에 연결된다)

제57식 단편(單鞭)

동작과 요점 모두 제5식「단편」과 같다. (그림 21 ~ 25까지에 연결된 후, 그림 113에 연결된다.)

제58식 운수(運手)

동작과 요점 모두 제31식「운수」와 같다. (그림 114 ~ 119까지에 연결된다)

제59식 파각질차(擺脚跌叉)

동작 1

몸을 우(右)로 돌리며, 중심(重心)을 좌(左)로 이동하여 좌측 무릎을 굽히고, 동시에 양 장(掌)은 서로 연계(連繫)되어 우역전(右逆纏) 좌순전(左順纏)하며 우(右)로 향해 같은 높이로 이동하여 몸의 우측에 이르고, 높이는 어깨와 수평이 되며, 양 장심(掌心) 모두 우(右)로 향한다. (그림 213) 중심(重心) 전부를 좌측 다리로 이동하여 몸을 일으켜 세우며, 오른발을 들어 일으켜 좌(左)로부터 위로 가슴 앞을 지나 올라와 우(右)로 향하여 가로건너 돌려 차고, 동시에 양 장(掌)은 좌역전(左逆纏) 우순전(右順纏)하며 우측 어깨 옆에서 좌(左)로 향하여 좌장(左掌)이 앞서고 우장(右掌)이 그 뒤로 가로질러 와서 오른발 발등 바깥쪽을 맞이하여 때려서, 연속하여 치는 소리가 두 번 울리게 하며, 양 장심(掌心) 모두 좌(左)로 향한다. (그림 214)

그림 213

그림 214

동작 2

양 장(掌)이 발등을 때린 후 권(拳)으로 변하여, 왼손은 안으로 역전(逆纏)하여 좌(左)로부터 내려와 가슴 앞을 지나 우(右)로 향하여 호형(弧形)으로 휘두르고, 오른손은 밖으로 순전(順纏)하며 아래로 내려와 배 앞에 이르러, 양팔이 합경(合勁)하여 가슴 앞에서 교차하며 좌권(左拳)이 오른팔 위에 놓이고, 오른발은 가로건너 돌려 찬 후 우(右)로부터 아래로 내려와 왼발 옆에 땅을 차 내리며 진각(震脚)하여 전신의 기(氣)를 아래로 가라앉히며, 왼발 발꿈치를 조금 들어올린다. (그림 215 : 왼발 발꿈치는 조금 들려 있어야 한다) 우측 다리는 무릎을 굽혀 아래로 내려앉고, 왼발은 발끝을 세워 일으켜 발꿈치를 땅에 붙여 좌(左)로 향하여 가볍게 땅을 파듯이 뻗어 나가며, 우측 무릎을 안으로 꺾어 돌리고 과(胯)를 이완하며 사타구니를 합경(合勁)하여 아래로 내려앉으며, 둔부와 우측 무릎 안쪽 그리고 좌측 다리의 뒷면을 함께 땅에 붙인다. 동시에 우권(右拳)은 팔을 돌려 역전(逆纏)하며 얼굴 앞을 지나 올라와 우(右)로 향하며 호형(弧形)으로 휘둘러 들어올리며 권심(拳心)은 비스듬히 우측 위로 향하고, 좌권(左拳)은 순전(順纏)하며 오른팔 안쪽을 지나 내려가 왼발이 뻗어 나감에 따라서 앞으로 뻗으며 권심(拳心)이 위로 향한다. (그림 216) 몸을 앞으로 향하여 일으키며 우측 다리를 뻗어 펴면서 좌측 다리를 굽혀 좌궁보(左弓步)가 된다. 동시에 좌권(左拳)은 권면(拳面 : 주먹 앞부분)을 앞쪽 위로 향하여 솟구치며 권심(拳心)이 안으로 향하고, 우권(右拳)은 팔을 돌려 순전(順纏)하며 아래로 내려와 우측 과(胯) 옆으로 온다. (그림 217)

그림 215　　　　　　　　　그림 216　　　　　　　　　그림 217

요점

(1) 이 권식은 파각(擺脚)과 질차(跌叉) 두 단계로 나누어진다. 파각(擺脚) 단계에서 발을 돌려 찰 때, 보기에는 마치 양손이 가서 발을 때리는 것 같으나, 사실상 반드시

손과 발이 서로 간에 맞이하여 가격해야 하며, 오른발을 밖으로 돌려 아래로 내려올 때 몸은 여전히 반드시 치우침 없이 곧고 바르며, 진각(震脚) 시에 반드시 아래로 가라앉히는 경(勁)이 완정(完整)해야 한다. 질차(跌叉) 단계는 그 기격작용(技擊作用)에 의거하여 말하자면, 이것은 신중치 못하여 넘어지는 경우를 미리 방비하는 것으로, 둔부를 이용하여 아래로 가라앉아 땅에 닿았다가 튕겨 일으킬 수 있으니, 즉 오른발로 지탱하여 몸을 일으키며 좌권(左拳)을 위로 솟구쳐(이 둘은 반드시 동시에 일치되게 동작한다) 뛰어 오르듯이 일어나, 불리한 중에 승리를 취하는 효과를 얻는다.

(2) 이 권식은 비교적 하기 어려우나, 어려서부터 권술을 배운 사람은 쉽게 할 수 있다. 연로하거나 몸이 허약한 등의 여러 다른 대상의 사람들에 적합하기 위해서, 그리고 시멘트 바닥 위에서나 혹은 양복바지를 입고서 연습할 때 적합하기 위해서, 이 권식도 "파각하세(擺脚下勢)"로 바꿀 수 있다. 즉 발을 돌려 찬 후 다음 단계의 질차(跌叉)를 취소하고, 우측 다리는 무릎을 굽혀 내려앉으며 좌측 다리를 앞으로 향해 뻗어 나가 부보(仆步)가 되고, 이어서 그림 218의 동작을 한다.[69]

제60식 좌우금계독립(左右金雞獨立)

동작 1

중심(重心) 전부를 좌측 다리로 이동하며 몸을 좌(左)로 조금 돌리면서 좌측 다리를 일으켜 서며 무릎은 조금 굽히고, 우측 다리를 들어올려 오른발 발등을 곧게 펴서 발끝이 아래로 향한다. 동시에 양 권(拳)은 순전(順纏)하며 좌권(左拳)은 좌측 앞에서 내려오고, 우권(右拳)은 우측 뒤로부터 앞으로 향하여 올라가 양 권(拳)이 가슴 앞에서 교차하여 지나가며, 우측 다리를 장차 들어올리려고 할 때에 양 권(拳)이 장(掌)으로 변하여 오른손은 순전(順纏)하며 우측 가슴 앞에서부터 위로 받치며(托), 왼손은 역전(逆纏)하며 아래로 누른다(按). (그림 222와 같으나, 다만 좌우만 서로 상반된다) 우측

---

[69] 역자註 : 그림 216은 초보자들이 하기에는 어려운 자세이므로 통상적으로는 오른발은 그림 215의 위치에 두고 몸을 내려 앉히며 우측 무릎은 세운 채 왼발은 발끝을 세워 앞으로 뻗어나가 몸을 통상적인 부보(仆步)보다 더 내려 앉혀 거의 땅에 닿을 정도가 되며 양손은 그림 216과 같이 한다. 이 자세와 그림 216의 차이는 우측 무릎을 세우는 것과 우측 무릎 안쪽을 땅에 내려붙이는 것의 차이이다. 어느 방식을 취하든 상체를 치우침 없이 곧고 바르게 세우도록 항상 점검하여 교정한다.

다리를 들어올리는 때에 따라서 우장(右掌)은 우측 위로 향하여 역전(逆纏)하며 올라가고, 좌장(左掌)은 좌측 아래로 향해 역전(逆纏)하며 전개하여「좌식 금계독립(左式金雞獨立)」이 이루어진다. (그림 218)

동작 2

좌측 다리를 조금 굽혀 축경(蓄勁)하였다가 곧 뛰어올라 양발이 공중에 떠

그림 218   그림 219

오르며, 곧 이어서 양발은 왼발을 먼저 내리고 오른발을 후에 아래로 내려오며 땅을 내려차서 진각(震脚)하고{왼발이 무겁고 오른발이 가볍게 진각하여 쌍(雙)으로 발을 내린다} 양 무릎은 조금 굽히며, 우장(右掌)은 오른발이 아래로 내려오는 때에 따라서 내려와 누르며(按) 우측 과(胯) 앞에 이르고, 좌장(左掌)도 좌측 과(胯) 앞으로 향하여 아래로 누른다. (그림 219) 몸을 우(右)로 조금 돌리다가 다시 좌(左)로 향하여 돌리며, 오른발을 우(右:南)로 향하여 옆으로 큰 1보를 벌리고, 좌측 다리는 무릎을 굽혀 아래로 앉는다. 양 장(掌)은 몸을 우(右)로 조금 돌릴 때에 따라서 우(右)로부터 위로 들어올리니, 즉 오른발이 우(右)로 보(步)를 벌리고 몸을 좌(左)로 돌릴 때에 따라서 가슴 앞을 지나 좌(左)로 향하여 좌역전(左逆纏) 우순전(右順纏)하며 크게 휘감아 돌아

그림 220

그림 221

어깨 높이와 같게 올려서 양 장심이 모두 좌(左)로 향한다. (그림 220) 중심(重心)을 우(右)로 이동하고 왼발을 우(右)로 향해 접근하여 발끝이 오른발 옆에서 땅에 닿으며 우측 다리가 실(實)이 되고 좌측 다리가 허(虛)가 되며, 동시에 양 장(掌)은 순전(順纏)하며 각각 아래로 내려와 좌우 양 과(胯) 옆에 이른다. (그림 221)

동작 3

이어서 왼발은 발꿈치를 땅에 내려 밟으며 중심(重心)을 좌(左)로 이동하여 좌측 다리가 실(實)로 변하고, 곧 중심(重心)을 다시 우측 다리로 이동하여 우측 다리가 여전히 실(實)로 변하며, 왼발 발꿈치를 여전히 땅에서 떼어 들어올린다. 동시에 좌장(左掌)은 팔을 돌려 순전(順纏)하며 팔꿈치를 굽혀 위로 받치며(托), 우장(右掌)은 역전(逆纏)하며 우측에서 좌장에 호응하여 아래로 누른다(按). (그림 222) 곧 이어서 좌측 다리를 들어올리고, 이에 따라 좌장(左掌)은 좌측 위로 향하고, 우장(右掌)은 우측 아래로 향해 모두 역전(逆纏)하며 전개하여 「우식금계독립(右式金雞獨立)」이 된다. (그림 223)

그림 222

그림 223

요점

(1) 앞 권식의 질차(跌叉)에서 튀어 일어난 후(그림 217), 곧 이 권식을 위해 준비한다. 독립(獨立)을 잘 하기 위한 관건은, 들어올린 다리의 발등을 팽팽하게 펴서 발끝이 최대한 아래로 향하도록 진력하며, 이로써 다리의 매달린 지렛대작용의 중량을 경감시키고 또한 양팔을 상하좌우로 나누어 전개하여 대칭되게 끌어당겨 평형을 유지하는 데

에 있으니, 이처럼 하면 몸이 안정되게 할 수 있다.

(2) 첫째 「금계독립」에서 둘째 「금계독립」으로 경과하는 과정 중에 네 개의 자세(그림 219~222)가 있으니, 이로써 위치를 바꾸는 과정 중에 안정을 구하여 얻고, 그 후에 다시 두 번째 「금계독립」을 한다. 이처럼 하면 두 번째 독립(獨立)이 힘을 축적한 후에 발(發)하듯이 상하가 함께 발경(發勁)할 수 있어 전신에 붕경(掤勁)의 기세(氣勢)가 왕성하게 밖으로 드러난다.

(3) 앞 권식에서 질차(跌叉)하여 땅에 내려앉거나 혹은 이를 바꾸어 땅에 내려앉지 않는 하세(下勢)이거나를 막론하고, 모두 가장 낮은 자세로부터 분연히 떨쳐 일어나 가장 높은 독립(獨立) 권식에 도달하므로, 다리 부위의 탄성과 팔 부위의 들어올리는 경(勁)을 연습할 수 있으니, 이것이 이 권식의 특징이다. 또한 독립(獨立)자세를 이룰 때 정수리가 반드시 허공에 매달려 있는 듯이 이끌어 일으켜 정신을 진작하여, 기(氣)가 전신에 고루 퍼지게 하여 기세(氣勢)가 충만한 모습을 이룬다.

제61식 도권굉(倒捲肱)

동작 1

우측 다리 무릎을 굽혀 아래로 앉히며, 동시에 좌장(左掌)은 얼굴 앞을 지나 역전(逆纏)하며 내리고, 우장(右掌)은 우(右)로부터 올라가며 순전(順纏)하다가 역전(逆纏)으로70) 바뀌며 호형(弧形)으로 휘둘러 우측 뺨 옆에 이르고 장심은 비스듬히 좌측 앞으로 향한다. (그림 224) 이하는 제22식 「도권굉(倒捲肱)」 동작 1 중의 그림 87·88 설명과 같다. (그림 87·88에 연결되며, 보충그림 87과 88은 정면도)

그림 224

동작 2와 동작 3은 제22식 「도권굉(倒捲肱)」 동작 2·3과 같다. (그림 89 ~ 91까지에 연결되며, 다시 그림 88의 정면도에 연결된다.)

---

70) 역자註 : 순전(順纏)하다가 역전(逆纏)으로 바뀌는 것은 먼저 오른팔 팔꿈치를 들어올리면서 오른손을 중간 정도 높이까지 순전(順纏)하며 들어올리다가, 팔꿈치를 내리면서 손은 역전(逆纏)하며 얼굴로 올라가도록 바뀐다. 이 동작은 팔의 붕경(掤勁)을 잃지 않기 위해 팔꿈치로 동작을 이끌어 가는 것이며, 팔꿈치로 공격하는 수법일 수도 있다.

요점

제22식 「도권굉」 요점과 같다.

제62식 퇴보압주(退步壓肘)

동작과 요점 모두 제23식 「퇴보압주」와 같다. (그림 92 ~ 95까지에 연결된다)

제63식 중반(中盤)

동작과 요점 모두 제24식 「중반」과 같다. (그림 96 ~ 99까지에 연결된다)

제64식 백학양시(白鶴亮翅)

동작과 요점 모두 제25식 「백학양시」와 같다. (그림 100, 그림 31·32에 연결된다)

제65식 사행요보(斜行拗步)

동작과 요점 모두 제26식 「사행요보」와 같다. (그림 33 ~ 38까지에 연결된다)

제66식 섬통배(閃通背)

동작과 요점 모두 제27식 「섬통배」와 같다. (그림 101 ~ 106까지에 연결된다)

제67식 엄수굉추(掩手肱捶)

동작과 요점 모두 제28식 「엄수굉추」와 같다. (그림 107 ~ 109까지에 연결되고, 다시 그림 52 ~ 54까지에 연결된다)

제68식 육봉사폐(六封四閉)

동작과 요점 모두 제29식 「육봉사폐」와 같다. (그림 110 ~ 112까지에 연결되고, 다시 그림 19·20에 연결된다)

제69식 단편(單鞭)

동작과 요점 모두 제30식 「단편」과 같다. (그림 21 ~ 25까지에 연결된 후, 다시 그림 113에 연결된다)

제70식 운수(運手)

동작과 요점 모두 제31식 「운수」와 같다. (그림 114 ~ 119까지에 연결된다)

제71식 고탐마(高探馬)

동작과 요점 모두 제32식 「고탐마」와 같다. (그림 120 ~ 124까지에 연결된다)

제72식 십자파련(十字擺蓮)

동작 1

앞 권식 「고탐마(高探馬)」의 전개한 자세 후에 이어서, 왼발을 들어서 거두어 발끝이 오른발 옆에서 땅에 닿으며, 여전히 우측 다리가 실(實)이고 좌측 다리가 허(虛)이며, 동시에 양 장(掌)은 팔을 돌려 좌역전(左逆纏) 우순전(右順纏)하며 좌장(左掌)은 좌(左)로부터 올라가 우(右)로 향하고, 우장(右掌)은 우(右)로부터 내려가 좌(左)로 향하여 호형(弧形)으로 휘둘러, 양손은 가슴 앞에서 손목 부위가 교차한다. (그림 225) 오른발 발꿈치를 축으로 하여 몸을 우(右)로 돌리며 왼발의 발끝은 여전히 땅에 닿아 있고, 동시에 양손은 역전(逆纏)하며 교차권(交叉圈)을 축소해 왼손이 안에 있게 하여 양손이 합경(合勁)한다. (그림 226) 몸을 계속하여 우(右)로 돌리며, 우측 다리는 무릎을 굽혀 아래로 앉고, 왼발을 들어올려 좌측(東北)으로 향하여 큰 1보를 가로질러 나가서 중심(重心)을 좌(左)로 이동하여 좌측 다리를 굽히며, 동시에 양손은 역전(逆纏)하며 우장(右掌)은 우측 위로 향하고 좌장(左掌)은 좌측 아래로 향해 각각 전개하여 양 장심(掌心) 모두 밖으로 향한다. (그림 227)

그림 225 그림 226 그림 227

동작 2

몸을 좌(左)로 조금 돌리며 중심(重心)을 계속하여 좌(左)로 이동하여 좌측 다리를 굽힌다. 동시에 우장(右掌)은 순전(順纏)하며 팔을 돌려 우(右)로부터 내려와 배 앞을 지나 좌(左)로 향하여 감아 돌아 좌측 겨드랑이 아래에 이르고 장심은 뒤쪽 아래로 향하며, 좌장(左掌)은 순전(順纏)하며 팔을 돌리면서 팔꿈치를 굽혀 아랫팔뚝을 일으켜 세워 장심이 우측 위로 향한다. (그림 228) 몸을 우(右)로 조금 돌리며, 동시에 좌장(左掌)은 순전(順纏)하며 이마 앞을 지나 우(右)로 향하여 내려와 오른팔 위쪽에서 합하고 장심이 아래로 향하며, 오른손은 좌측 겨드랑이 아래에서 역전(逆纏)하며 장심을 돌려 아래로 향하고, 중심(重心)은 동시에 더욱 좌(左)로 향하여 이동한다. (그림 229)

그림 228 그림 229

동작 3

오른발을 들어올려 좌측 앞에서부터 올라가 우(右)로 향하여 밖으로 반권(半圈)을 휘둘러 차며, 동시에 좌장(左掌)은 역전(逆纏)하여 좌(左)로 향해 오른발 발등의 바깥쪽을 맞이하여 때린다. (그림 230) 왼발 발꿈치를 축으로 하여 몸을 우(右 : 西)로 돌리며, 동시에 양 장(掌)이 권(拳)으로 변하여 좌역전(左逆纏) 우순전(右順纏)하여, 우권(右拳)은 가슴 앞을 지나 우측 아래로 향하고, 좌권(左拳)은 팔을 돌려 팔꿈치를 굽혀서 좌(左)로부터 올라가 양 권(拳)이 함께 발경(發勁)하며, 우권(右拳)은 과(胯)와 수평이 되는 높이에 이르고 권심(拳心)이 위로 향하며, 좌권(左拳)은 머리보다 조금 높으며 권심(拳心)이 우(右)로 향한다.71) (그림 231)

그림 230　　　　　　　그림 231

요점

(1) 이 권식은 긴밀히 합했다가 크게 벌리며, 이때 기세(氣勢)가 아래로 가라앉아야 하고, 몸을 좌(左)로 돌릴 때 양팔이 반드시 서로 연결되어야 하며, 이것은 "합한 중에 전개함이 내포되는(合中寓開)"것이고, 이후 다시 벌리니 이것은 "전개한 중에 합함을 내포하는(開中寓合)"것이다.

(2) 좌장(左掌)이 오른발 발등의 바깥쪽을 교차하듯이 때리므로「십자파련(十字擺蓮)」이라 부른다. 때린 이후 좌권(左拳)을 위로 들어올리고, 우권(右拳)을 아래로 뒤집어

---

71) 역자註 : 좌권(左拳)은 역전(逆纏)하다가 발경(發勁) 시에 순전(順纏)하여 권심(拳心)이 우(右)로 향한다.

동시에 발경(發勁)하니, 이러한 발경(發勁)의 협조로써 몸을 회전한 후의 안정을 얻는다.

(3)「십자파련(十字擺蓮)」의 동작을 하면 항상 쾌적하고 배면 등에 열(熱)이 나는 것을 느끼게 되니, 이것은 기(氣)가 온몸에 퍼지도록 촉진하는 현상이다.

제73식 지당추(指襠捶)

동작 1

왼발을 조금 좌(左)로 향하여 뛰어오르고, 오른발은 원래 왼발이 딛고 있던 곳으로 향하여 아래로 내려오면서 땅을 내려차서 진각(震脚)하며, 몸을 우(右)로 돌리고 왼발을 좌측 앞쪽 비스듬한 방향(西南)으로 향해 보(步)가 나가며 중심(重心)을 점점 좌(左)로 이동한다. 오른발을 아래로 내려 진각(震脚)할 때에 따라서 좌권(左拳)은 순전(順纏)하며 팔을 돌려 가슴 우측에 이르고, 우권(右拳)은 순전(順纏)하며 우(右)로부터 올라와 좌(左)로 향하여 왼팔 아랫팔뚝 위로 내려오며, 왼발이 보(步)가 나갈 때에 따라서 몸을 우(右)로 돌림에 따라 좌권(左拳)은 역전(逆纏)하며 가슴 앞에서부터 우(右)로 돌아 올리며 팔꿈치를 굽혀 아랫팔뚝을 세워서 앞으로 향하여 아랫팔뚝으로써 조금 내밀어 버티며 권심(拳心)은 우(右)로 향하고, 우권(右拳)은 순전(順纏)하여 뒤집어 우측 과(胯) 옆에 이르고 권심(拳心)은 앞으로 향한다. (그림 232 갑)

그림 232 갑

그림 232 을

동작 2

몸을 우(右)로 조금 돌리며, 좌권(左拳)은 순전(順纏)으로 팔을 돌려 가슴 앞에서 아래로 내려오고, 우권(右拳)은 역전(逆纏)하며 팔을 돌려 우(右)로부터 올라가서 우측 귀 옆을 지나 가슴 앞으로 향하여 아래로 내려와 왼팔 안쪽 옆으로 와서 양손이 합경(合勁)한다. (그림 232 을·그림 233 : 그림 233은 측면도이며, 사실상 양발은 여전히 그림 232 중의 양발이 딛고 있는 원래 위치에서 움직이지 않았다.) 몸을 좌(左)로 돌리며 중심(重心)을 좌(左)로 이동하여 좌측 다리를 굽힌다. 동시에 좌권(左拳)은 순전(順纏)하며72) 팔을 돌려 좌측 옆구리 아래로 거두어들여서 권심(拳心)이 안으로 향하고, 우권(右拳)은 역전(逆纏)하며 팔을 돌려 좌측 앞쪽 아래 방향으로 향하여 가격해 나가며 발경(發勁)한다. (그림 234, 보충그림 234는 측면도)

그림 233　　　　　　　　　그림 234　　　　　　　　　보충그림 234

요점

(1) 이 권식은 의식을 집중하여 축경(蓄勁)하는 데에 중점을 둔다. 양 권(拳)이 가슴 앞에서 합경(合勁)할 때, 반드시 양 과(胯)는 크게 벌려서 사타구니가 원활하고 기(氣)를 몸의 배면 등에 붙인다. 이러한 종류의 자세에 처해 있을 때 또한 가장 쉽게 다섯 궁(弓), 즉 양손의 궁(弓) 양발의 궁(弓) 그리고 척배(脊背 : 등)의 궁(弓) 모두가 정확하게 갖추어졌는지의 여부를 검사할 수 있으니, 즉 다섯 궁(弓)의 궁배(弓背 : 활등) 상에 탄성(彈性)을 증강했는지의 여부, 즉 말하자면 다섯 궁(弓)의 궁배선상(弓背線上)에 팽팽하게 당겨진 현상이 있음을 느끼게 되었는지의 여부이다.

---

72) 역자註 : 좌권(左拳)이 순전(順纏)한다고 하나, 역전(逆纏)해야 권심(拳心)이 안으로 향한다. 양손의 전사는 수련자가 동작의 흐름과 경(勁)의 전후관계에 따라 연구하여 수련하기 바란다.

(2) 이 권식은 또한 과(胯)로써 타격(打擊)하는 것을 연습하기 위한 동작이며, 그 동력의 근원은 우측 과(胯)를 팽팽하게 당기는 데에 있고, 그리고 우권(右拳)의 경(勁)을 방출하여 나가서 상대방의 사타구니 내로 향한다.[73]

(3) 이 권식의 발경(發勁) 시에 외관상으로는 우(右)로 향해 비스듬하여 외형이 바르지 못한 듯하지만, 그러나 발경(發勁) 시의 내경(內勁)은, 왼손의 뒤로 향해 이끄는 위로 올리는 경(勁)은 허(虛)에 속하고, 상대방의 사타구니로 향하는 오른손이 아래로 가라앉는 경(勁)은 실(實)이며, 우측 다리는 허(虛)이다. 이러한 종류의 "상하가 서로 호응하여 따름(上下相隨)"에 의해 내경(內勁)이 평형을 이루도록 조정하여 "치우침 없이 곧고 바르게(中正)" 되니, 이것이 정확한 중정(中正)이며, 비록 외형상으로는 바르지 않은 듯하나 내경(內勁)은 오히려 여전히 중정(中正)하여 한쪽으로 치우치지 않는다.

제74식 백원헌과(白猿獻果)

동작 1

몸을 좌(左)로 조금 돌리며, 동시에 우권(右拳)은 역전(逆纏)하며 좌(左)로 향하여 좌측 허리 옆으로 거두어들이고, 좌권(左拳)은 좌측 옆구리 앞에서 역전(逆纏)하며 하나의 작은 권(圈)을 돌리면서 호응하여 양손이 합경하나 안으로 움츠려 들지는 않는다. (그림 235, 보충그림 235는 측면도) 몸을 우(右)로 돌리며 중심(重心)을 우(右)로 이동했다가 곧 여전히 좌(左)로 향하여 이동해 돌아온다. 동시에 양손은 역전(逆纏)하며 좌(左)로부터 앞으로 향해 이동하여 가슴 앞에 이르고 높이는 가슴과 수평이며, 중심을 좌측 다리로 이동하여 돌아올 때에 따라서 양 권(拳)은 안팎전사(裡外纏絲)로 변하며 합경(合勁)한다.[74] (그림 236, 보충그림 236은 측면도)

---

73) 역자註 : 과(胯)로써 타격한다는 것은, 우권(右拳)을 방출하는 것은 오른팔로써 가격하는 것이 아니라 과(胯 : 허리와 다리 사이) 즉 허리와 다리로부터 발출되어 나오도록 하는 것이다. 태극권은 손으로 하는 것이 아니라 몸으로 한다는 말은, 곧 좌우 과(胯)를 운용함을 말하며, 좌우 과(胯)는 항상 수평을 이루도록 자세를 교정해야 한다.

74) 역자註 : 안팎전사로 변하며 합경한다는 것은, 양팔이 좌(左)로 회전하기 시작하는 전환점에서 한차례 축경(蓄勁)하는 것이며, 좌우 권(拳)을 안팎으로 휘두른다.

그림 235　　　　　　　　　　보충그림 235

그림 236　　　　　　　　　　보충그림 236

동작 2

왼발 발꿈치를 축으로 하여 몸을 좌(左)로 돌리면서 우측 다리를 들어올려 오른발 발등을 팽팽하게 펴서 발끝이 아래로 향한다. 동시에 우권(右拳)은 순전(順纏)하며 팔을 돌려 우(右)로부터 내려가다가 우측 다리를 들어올릴 때에 따라서 선회하여 위로 치솟아, 높이는 눈과 수평이 되고 권심(拳心)은 안으로 향하며, 좌권(左拳)은 팔을 돌려 역전(逆纏)하며 하나의 권(圈)을 돌아 거두어들여 좌측 허리 옆에 위치한다. (그림 237)[75]

---

[75] 역자註 : 동작 2에서 우권(右拳)을 순전(順纏)하며 아래로 내려 선회하여 위로 치솟는 동작은, 동작 1 후반의 몸을 좌(左)로 돌리는 동작과 동시에 시작한다. 좌권이 역전(逆纏)하며 한 권(圈)을 도는 동작은 그림 236에 표시되지 않았으나, 앞에서 좌(左)로 최대한 역전(逆纏)하며

그림 237

요점

(1) 이 권식은 좌권(左拳)이 안으로 역전(逆纏)하고 우권(右拳)이 밖으로 순전(順纏)하므로 반드시 요철(凹凸)이 없이 몸이 기울지 않고 바르게 돌면서 올라가게 하며, 우권(右拳)을 순전(順纏)하여 얼굴 앞에 이르고 좌권(左拳)은 역전(逆纏)하여 허리에 이르도록 반드시 추호도 결함이 없이 완성하니, 이것이 이 권식의 중점이다.

(2) 이 권식은 쌍합(雙合) 후에 몸을 나선형으로 상승하는 것을 반드시 숙달해야 한다. 또한 좌측 허리 옆에 위치하는 왼손은 반드시 정확한 역전(逆纏)을 하고, 반드시 좌측 밖으로부터 감아 거두어 허리에 이르도록 하며, 이것 또한 좌측 다리가 치우침 없이 곧고 바르며 안정되게 서도록 하는 관건이다.

제75식 육봉사폐(六封四閉)

동작

몸을 좌(左)로 조금 돌리며, 오른발이 우측 앞으로 향해 보(步)가 나가고, 동시에 양권(拳)이 장(掌)으로 변하여 순전(順纏)하며76) 장(掌)을 뒤집어 각각 양쪽 귀 옆에 위치하며 장심이 비스듬히 밖으로 향한다. (그림 19에 연결된다) 이하는 제4식 「육봉사폐」 동작 2 후반부의 설명과 같다. (그림 20)

요점

제4식 「육봉사폐」의 요점을 참고한다.

제76식 단편(單鞭)

휘감아 돌아 좌측 밖으로 부터 돌아 거두어 허리로 오면서 순전(順纏)하여 권심이 위로 향한다. 이 동작은 왼팔을 최대한 전사시킬 수 있다.
76) 역자註 : 양 장(掌)은 순전(順纏)에서 역전(逆纏)으로 전환해야 양 장심(掌心)이 귀쪽으로 향한다.

동작과 요점 모두 제5식「단편」과 같다. (그림 21 ~ 26까지에 연결된다)

제77식 작지룡(雀地龍)

동작 1

몸을 좌(左)로 돌리며 좌측 다리를 앞으로 굽히고, 동시에 양손은 권(拳)으로 변하여 순전(順纏)하며, 우권(右拳)은 우(右)로부터 내려와 배 앞을 지나 좌측 위로 향해 걷어 올려(撩) 권심(拳心)이 위로 향하고, 좌권(左拳)은 우(右)로 향하여 우측 팔 위쪽에서 합하며 권심(拳心)이 안으로 향하고, 양손이 합경(合勁)한다. (그림 238) 중심(重心)을 우(右)로 이동하며 몸을 우(右)로 조금 돌리면서 우측 다리 무릎을 굽혀 아래로 앉으며, 동시에 양손은 우순전(右順纏) 좌역전(左逆纏)하며, 좌권(左拳)은 우측 팔 안쪽으로부터 좌(左)로 향하여 내려오고, 우권(右拳)은 좌측 팔 아랫팔뚝 바깥으로부터 우(右)로 향하여 올라가 각각 전개하여, 좌권(左拳)은 좌측 다리 무릎 위로 뻗고 권심(拳心)이 우측 위로 향하며, 우권(右拳)의 권심(拳心)도 우(右)측 위로 향한다.77) (그림 239)

그림 238   그림 239

동작 2

몸을 좌(左)로 조금 돌리며, 좌측 다리를 아래로 가라앉혀 부보(仆步)가 되고 우측 다리는 계속하여 아래로 앉으며, 좌권(左拳)은 앞으로 뻗어 좌측 발의 복사뼈 위에 이

---

77) 역자註 : 양손이 우순전(右順纏) 좌역전(左逆纏)하며 전개하기 시작하는 것은 양팔의 전사(纏絲)로써 축경(蓄勁)을 하는 것이라 볼 수 있고, 이 전사는 충분히 비틀어 감은 후에 우역전(右逆纏) 좌순전(左順纏)으로 바뀌어 양 권심(拳心)이 우측 위로 향한다.

르고 권심(拳心)이 위로 향하며, 우권(右拳)은 조금 아래로 가라앉고, 눈은 시선이 수평으로 앞쪽을 향한다. (그림 240) 왼발 발끝을 밖으로 돌려 벌리며, 몸을 앞으로 향해 일으키고, 우측 다리를 뻗어 펴고 좌측 다리를 굽혀 좌궁보(左弓步)가 된다. 동시에 좌권(左拳)은 권면(拳面 : 권의 앞면)을 앞쪽 위로 향하여 솟구쳐 올려 권심(拳心)이 안으로 향하고, 우권(右拳)은 순전(順纏)하며 팔을 돌려 아래로 내려와 우측 과(胯) 옆에 이른다. (그림 241)

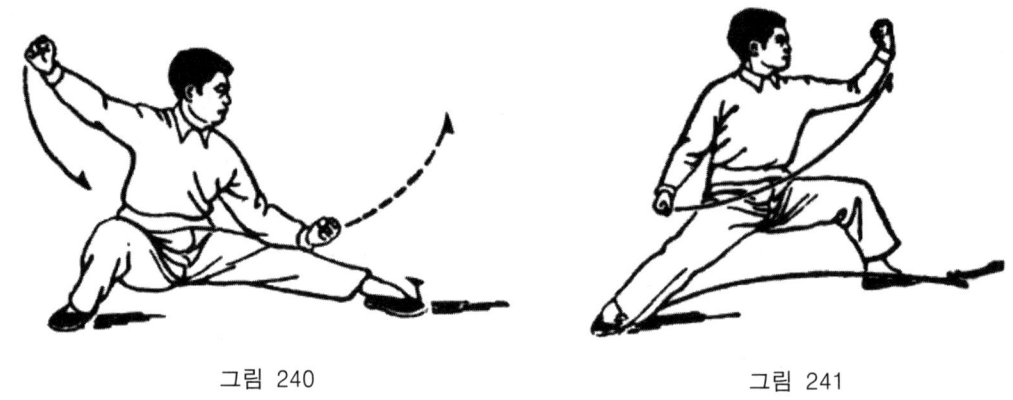

그림 240   그림 241

요점

(1) 이 권식과 질차(跌叉)의 다른 점은, 단지 상대방에 걸려 넘어지지 않고, 우권(右拳)이 팔을 돌리며 우(右)로 감아 올라갈 때 후면의 우측 다리를 지면에 붙이지 않는 것이나, 그러나 반드시 최대한 아래로 내려앉아야 하며, 기타 각 부분은 질차(跌叉)에서 요구하는 것과 같다.

(2) 이 권식은 질차(跌叉)와 마찬가지로 서로 다른 대상의 사람들에게 적합하기 위해 좌측 다리의 장딴지가 땅에 붙지 않도록 바꿀 수 있으며, 가능한 아래로 낮춘 자세 (그림 239)의 모습이 되도록 한다.[78]

---

[78] 역자註 : 이 권술의 그림들을 보면 상당히 낮은 자세에서 동작하는 초식이 많아 초보자가 취하기 어려우나, 공부(功夫)를 이루려면 먼저 당연히 낮은 자세로 수련해야 한다. 낮은 정도는 사타구니가 무릎 아래로 내려가지 않는 한도(仆步는 예외) 내에서 가능한 낮게 자세를 취하고 또한 "사타구니를 가능한 벌려서 펴야(圓襠)" 한다. 특히 몸의 중심(重心)을 이동하여 다리의 허실(虛實)을 변환할 때, 사타구니가 움직이는 동선은 수평으로 움직이지 않고 반드시 아래로 처지는 곡선 즉 큰 솥의 밑바닥처럼 아래로 굽은 곡선이 되도록 몸을 이동한다. 사타구니를 가능한 벌려 펴며 자세를 낮추고 다섯 발가락 모두가 가볍게 땅을 움켜쥐듯이 하여 수련하면 건강에 크게 도움이 됨은 주지의 사실이다. 이처럼 수련하면 대퇴부 안쪽의 근육을 단련하여 특

(3) 이 권식은 먼저 쌍합(雙合)의 권경(捲勁)을 하여, 말아 감은 후에 방출하며(원심력을 이용한다), 방출하여 최대한 벌리고 또한 최대한 낮게 되었을 때, 방출한 후 양손이 다시 합하는 구심력을 다시 이용하며, 경(勁)을 우권(右拳) 상으로 운용하여 몸을 이끌어 일으키는 작용이 일어나게 한다.

제78식 상보칠성(上步七星)

동작

왼발 발끝을 밖으로 돌리고 몸을 좌(左)로 돌리며, 중심(重心)을 앞으로 향해 중심(重心) 전부가 좌측 다리로 이동하고, 오른발이 앞으로 반보(半步) 나가서 발끝이 땅에 닿는다. 몸을 좌(左)로 회전함에 따라서 동시에 좌권(左拳)이 순전(順纏)하며 안으로 합하고, 우권(右拳)은 순전(順纏)하며, 우측 다리가 앞으로 나갈 때에 따라서 앞으로 향하여 왼손 손목 바깥을 지나 치솟아 올라 양 권(拳)의 손목 부위가 교차하며, 양 권심(拳心) 모두 안으로 향한다. 오른발이 앞으로 나가서 발끝이 땅에 닿을 때에 따라서 양 권(拳)은 손목 부위를 긴밀히 붙인 교차점을 축으로 하여 위로부터 안으로 돌아와 아래로 향하다가 앞으로 향해 하나의 작은 권(圈)을 돌린 후 앞으로 향해 장(掌)으로 변하며 지탱하듯이 조금 내민다. (그림 242 · 243)[79]

그림 242

그림 243

히 성(性) 기능을 개선한다고 알려져 있다.

79) 역자註 : 그림 242에서 오른손이 밖에 있고 그림 243에서 오른손이 안으로 오도록 하려면, 양 손목을 돌리며 안으로 거두어 올 때 양 손목이 맞닿은 부분을 그대로 붙인 채 돌려와 오른 손목이 위에 오고 왼 손목이 아래에 오며 양 권(拳)의 권심이 아래로 향하고 또한 양팔의 아랫팔뚝이 아래위로 거의 평행이 된 다음, 돌려서 앞으로 조금 나가면서 장(掌)으로 바꾼다.

요점

(1) 태극권의 매 한 권식(拳式)은 연습 시에 권식 모두 몸의 한 부분이 움직이면 몸 전체가 함께 움직여야 하며, 그리고 매 한 권식 중 또한 반드시 그 운동의 주요 부분이 있다. 이 권식은 곧 손목 부위가 주(主)가 되어, 손목에 대해 좋은 훈련이 된다. 기타 권식 중에서 당연히 손목 부위도 활동하며, 또한 이 권식 중에서 기타 부분도 활동하지만, 여기서는 다만 어느 부분이 위주인가를 가리켜 말하는 것이다.[80]

(2) 태극권에서 요구하는 바, "상대가 급하게 움직이면 나도 급하게 응하고, 상대가 느리게 움직이면 나도 느리게 따르며", 또한 반드시 상대에 가볍게 닿아 달라붙어 상대에 호응하여 따르며, 상대에 버티어 대항하거나 상대에 눌려 움츠려들거나 상대를 놓치지 않아야 하니, 이로 인해 서로 상대방을 붙잡는 경우가 비교적 많으며, 이 권식은 양손이 상대방에게 붙잡혔을 때 빠져나오는 일종의 전환법이다.

제79식 퇴보과호(退步跨虎)

동작 1

가슴 앞에서 여전히 손목 부위를 긴밀히 붙여있는 교차점을 축으로 하여 양 장(掌)을 앞으로 내렸다가 안으로 향하여 위로 올려 여전하게 뒤집어 돌려서 돌아오며, 양 장(掌)을 뒤집어 돌림에 따라서 동시에 왼발 발꿈치를 축으로 하여 몸을 우(右 : 南)로 돌리면서, 오른발을 뒤로 1보 후퇴한다. (그림 244) 양팔을 조금 합하여 교차권(交叉圈)을 바싹 죄어 축소한 후 양 장(掌)을 한번 진동하여 떨치고서 곧 좌우 아래로 향하여 나누어 벌리며, 양 장심(掌心) 모두 아래로 향한다. (그림 245)

동작 2

중심(重心)을 우(右)로 이동하고 왼발을 오른발로 향해 접근하여 발끝이 오른발 옆에서 땅에 닿으며, 동시에 양손은 우역전(右逆纏) 좌순전(左順纏)하며 우장(右掌)은 우

---

[80] 역자註 : 이 권술의 그림 중 손목 부위를 자세히 보면, 장(掌)이나 권(拳)의 손목 부위가 그 자세와 동작에 필요한 경(勁)을 이끌어 내기 위해 각각 다른 방향과 각도로 굽혀져 있다. 특히 권(拳)은 앞으로 내밀어 가격하는 경우를 제외하고 대부분의 경우는 손목이 안으로 조금 굽혀져 있으니, 수련자께서는 그림을 자세히 살펴 그 각도에 맞게 자세를 취해 손에 느껴지는 변화를 연구하기 바란다.

그림 244

그림 245

(右)로부터 올라와 얼굴 앞으로 향해 호형(弧形)으로 휘두르고, 좌장(左掌)은 좌(左)로부터 올라와 배 앞으로 향해 호형(弧形)으로 휘두르며, 양손을 상하(上下)로 합경(合勁)한다. (그림 246) 몸을 조금 아래로 앉히며, 동시에 양 장(掌)은 역전(逆纏)하며 팔을 돌려, 우장(右掌)은 우측 위로 향하고 좌장(左掌)은 좌측 아래로 향해 각각 전개하여, 우장심(右掌心)은 비스듬히 우측 위로 향하고 좌장심(左掌心)은 비스듬히 좌측 아래로 향하여 과호식(跨虎式)을 이룬다. (그림 247)

그림 246

그림 247

요점

(1) 이 권술의 투로(套路) 내에서 유일하게 연속하여 후퇴하는 권식은 「도권굉(倒捲肱)」이며, 1보 전진한 후 이어서 1보 후퇴하는 것은 오직 「퇴보과호(退步跨虎)」뿐이다. 앞 권식 「상보칠성(上步七星)」은 상대방의 경(勁)에 순응하여 앞으로 보(步)가 나가는

것이며, 이 권식 역시 상대방에 순응하여 퇴보하는 것이다. 이것은 일진일퇴(一進一退)하는 연습법이다.

(2) 앞 권식 「상보칠성(上步七星)」에서 양 손목을 위로부터 안으로 그리고 앞으로 뒤집어서 자연스럽게 열경(挒勁)을 갖추어 발출(發出)하며, 이 권식은 하나의 권(圈)으로 뒤집어 돌아온 후 돌연히 한번 진동하여 떨치니, 이것은 마치 수갑을 벗어나는 것과 같은 경(勁)이며, 그러한 뒤 좌우로 나누어 벌리고, 또한 기(氣)와 사타구니의 경(勁)은 반드시 아래로 가라앉힌다.

제80식 전신쌍파련(轉身雙擺蓮)

동작 1

오른발 발꿈치를 축으로 하여 몸을 우측 뒤로 향하여 180도 돌리면서, 왼발을 들어올려 몸의 회전에 따라서 우측 뒤로 향하여 휘돌려 간다. 동시에 우장(右掌)도 몸의 회전에 따라 같이 수평으로 180도 회전하면서 역전(逆纏)하여 장(掌)을 가로눕혀 우측 위에 이르고 장심(掌心)은 우(右)로 향하며, 좌장(左掌)은 순전(順纏)하며 우측 뒤로 향해 휩쓸듯이 돌아 올려 오른팔 팔꿈치 앞에 이르고 장심은 우(右)로 향한다. (그림 248 · 249)

그림 248   그림 249   그림 250

동작 2

왼발을 앞쪽 비스듬한 방향(西北)으로 향해 땅으로 보(步)를 내리고, 이어서 중심(重心)을 좌(左)로 이동해옴에 따라서 좌측 다리 무릎을 굽혀 아래로 앉으며, 동시에 몸을 우(右)로 돌리고, 동시에 양 장(掌)은 좌역전(左逆纏) 우순전(右順纏) 하며 우(右)로 부터 조금 아래로 내려온다. (그림 250) 중심(重心) 전부를 좌측 다리로 이동하고 몸을 일으켜 세우며 오른발을 들어올려 좌(左)로부터 위로 가슴 앞을 지나 올라가 우(右)로 향하여 가로질러 휘돌려 차며, 동시에 양 장(掌)은 좌역전(左逆纏) 우순전(右順纏)하며 우(右)로부터 좌(左)로 향하여 좌장(左掌)이 앞서고 우장(右掌)이 그 뒤를 이어 가로질러 가서 오른발 발등 바깥쪽을 맞이하여 때려서 연속하여 때리는 소리가 두 번 울리게 하며, 양 장심 모두 좌(左)로 향한다. (그림 214에 이어지며, 다만 방향이 다르니, 그림 중 자세의 가슴이 남쪽으로 향하나, 이 권식의 가슴은 동북(東北) 비스듬한 방향으로 향한다.)

요점

(1) 한쪽 다리로 독립하고 한쪽 다리를 들어올려 몸을 회전하는 동작은, 몸을 돌리는 과정 중에 안정되고 또한 몸 전체가 함께 움직임을 표현해내어야 한다. 그 관건은 양팔을 합한 후에 벌려서{합하는 동작은 쌍순전(雙順纏)하며, 전개하는 동작으로 바뀔 때는 쌍역전(雙逆纏)으로 변한다.} 전개하는 경(勁)에 의하여 몸을 이끌어 회전하는 데에 있으며, 이것은 쌍역전(雙逆纏)하여 좌우가 대칭되게 전개하는 평형작용에 의하여 신체가 안정되게 하는 것이다.

(2) 그 밖에, 안정을 얻으려면 또한 반드시 몸을 치우침 없이 곧고 바르게 세워야 한다. 몸을 곧고 바르게 서는 관건은 또한 정수리가 허공에 매달려 있는 듯이 경(勁)을 정수리로 허허(虛虛)롭게 이끌어 올리는 데에 있으며, 만약 경(勁)을 정수리로 가벼이 이끌어 올리지 못하고 조금이라도 치우쳐 편중되면 곧 안정될 수 없으니, 이것은 머리가 신체의 최상부에 있어 상부가 조금이라도 기울어지면 곧 하부 전신의 경사도(傾斜度)에 끼치는 영향이 매우 크기 때문이다. 그러므로 태극권의 모든 동작은 반드시 정수리가 허공에 가벼이 매달려 있는 듯하며, 이처럼 하면 머리가 아래로 누르는 중량을 감소할 뿐만 아니라 또한 기울어짐을 바로잡는 효과가 생길 수 있다.

제81식 당두포(當頭炮)

동작 1

밖으로 돌려 찬 후의 오른발이 우측 뒤쪽(南)으로 향하여 보(步)를 내리고, 동시에 양 장(掌)은 권(拳)으로 변하여 순전(順纏)하며 팔을 돌려 아래로 억누르다가 곧 앞쪽 위로 향하여 조금 치솟으며 양 권심(拳心)이 서로 마주 대하여 좌권(左拳)이 앞에 있고 우권(右拳)이 뒤에 위치하며, 권(拳)이 치솟음에 따라서 좌측 무릎을 앞으로 굽힌다. (그림 251)

그림 251 그림 252 그림 253

동작 2

중심(重心)을 뒤로 이동하며 우측 다리 무릎을 굽혀 아래로 앉아 실(實)로 변하고, 좌측 무릎을 조금 굽히며 몸을 우(右)로 돌리고, 동시에 양 권(拳)은 순전(順纏)하며 팔을 돌려 앞으로부터 내려와 안으로 향하다가 올라가는 호형(弧形)으로 휘둘러 안으로 거두어 우측 옆구리 옆에 오며, 좌권심(左拳心)은 안으로 향하고 우권심(右拳心)은 좌(左)로 향한다. (그림 252) 중심(重心)을 앞으로 이동하며 좌측 다리를 굽히고 우측 다리를 뻗어 펴서 좌궁보(左弓步)를 이루며, 몸을 좌(左)로 조금 돌리고, 동시에 양 권(拳)은 순전(順纏)하며 팔을 돌려 앞으로 향하여 두경(抖勁 : 경을 떨쳐낸다)하며 양 팔꿈치는 조금 굽히고, 좌권(左拳)은 팔을 조금 가로지게 하여 앞에 있고 좌권심(左拳心)이 안으로 향하며, 우권심(右拳心)은 좌(左)로 향한다. (그림 253)

요점

(1) 태극권의 전체 투로(套路)는 문상(文象)으로 시작하여 무상(武象)으로 끝나는 것이므로,81) 투로를 수련하여 「당두포(當頭炮)」이 권식에 이르렀을 때 곧 권(捲)·방(放)·축(蓄)·발(發)의 4 경(勁)을 기세가 드높이 올라 떨치듯이 표현해내어야 하며, 가능한 최선을 다하여 4 경(勁)을 발휘해 낸다.82)

(2) 이 권식은 태극경(太極勁)의 동적(動的)인 방면에 대하여 마지막으로 한 차례 반드시 검사해야 하니, 즉 감았다가(捲) 방출하는(放) 과정 중에 태극경(太極勁)의 전사경(纏絲勁)에서 벗어나 버렸는지의 여부와, 축적하여(蓄) 발출할(發) 때 그 뿌리(根 : 근본)가 발에 있는지의 여부, 또한 경(勁)이 발꿈치에서부터 양 권(拳)에까지 도달했는지의 여부를 검사한다.83)

(3) 이 권식의 발경(發勁)에서 운용하는 경(勁)은 두경(抖勁)이며, 두경(抖勁)은 짧은 거리에서 발출하는 열경(挒勁)의 일종이다. 두경(抖勁)은 반드시 마치 피부에 불똥이 닿은 것처럼 일종의 깜짝 놀란듯한 경(勁)을 표현해내어야 하며, 반드시 떨치며(抖) 나가야 한다.

제82식 금강도대(金剛搗碓)

동작 1

중심(重心)을 뒤로 이동하여, 우측 다리 무릎을 굽혀 아래로 앉아 우측 다리가 실(實)로 변하고, 몸을 우(右)로 돌리며, 동시에 양손은 좌역전(左逆纏) 우순전(右順纏)하며 우측 뒤로 향하여 전개하며 장심이 우측 뒤로 향하고 손가락을 활짝 펴서 연약하지

---

81) 역자註 : 문상(文象)은 내가권(內家拳)의 특징인 정(靜)적이고 느린 동작을 의미하고 무상(武象)은 동(動)적이고 빠른 발경(發勁)을 뜻하나, 이 두 용어가 무술의 일반적인 용어는 아니다.
82) 註 : "권(捲)"은 큰 권(大圈)에서 작은 권(小圈)으로 수축되는 것이며, 일반적으로 리경(攦勁)에 쓰이고 "주(走)" 중에 표현된다. 권(捲)하여 전사(纏絲)의 마지막 지점에 오면 곧 "축(蓄)"경(勁)이 이루어진다. 방(放)은 작은 권(小圈)에서 큰 권(大圈)으로 전개되는 것이며, 일반적으로 붕경(掤勁)에 쓰이고 "점(粘)" 중에 표현된다. 방(放)하여 상대방의 비어있는 곳에 이르면 곧 발경(發勁)이 이루어진다.
83) 역자註 : 이러한 검사는 수련의 가장 중요한 요소라 할 수 있으며, 수련자 제위는 동작 내용을 숙지한 후 매 자세마다 항상 이와 같은 검사를 거쳐 외면적인 교정과 동시에 또한 내면적인 교정을 하면 항상 새로운 경지를 체득하는 즐거움을 무궁하게 얻게 될 것이다.

않게 한다. (그림 4에 연결되며, 다만 왼발만 다르다. 그림 4 중의 왼발은 땅에서 떨어져 있으나, 이 권식의 왼발은 허(虛)인 상태로 지면에 디뎌있으며 방향도 다르니, 제2식 「금강도대」는 가슴이 남쪽으로 향하여 동작을 진행하나, 이 권식은 가슴이 북쪽으로 향하여 동작을 진행한다.)

동작 2

중심(重心)을 앞으로 이동하며, 동시에 양 장(掌)은 여전히 좌역전(左逆纏) 우순전(右順纏)하여 우측 뒤로 향해 계속하여 조금 전개하며 아래로 내린다. (그림 5에 연결되며, 다만 남북 방향만 상반된다.) 이후는 제2식 「금강도대(金剛搗碓)」의 동작 2 그림 6의 설명과 같다. (그림 6에 연결되며, 다만 남북 방향만 상반된다.)

동작 3

제2식 「금강도대(金剛搗碓)」의 동작 3과 같으나, 다만 방향만 다르니, 남북이 상반된다. (그림 7·8)

요점

진식제1로(陳式第一路) 태극권 투로(套路) 내의 제1 「금강도대」는 태극권의 다섯 쌍 순역전사(順逆纏絲)가 동작을 시작하는 중에 내포되어 있도록 표현해내며, 제2 「금강도대」는 제2세(勢)가 끝남을 나타내고, 제3 「금강도대」는 제5세(勢)가 끝남을 나타내며, 이 권식은 제4 「금강도대」로서 전체 투로(套路)가 끝남을 나타낸다. 그 요점은 제2식 「금강도대」의 요점과 같다.

제83식 수세(收勢)

동작

몸을 일으켜 서며 양 무릎은 조금 굽히고, 동시에 양손은 역전(逆纏)하며 분리되어 좌우 양측으로 향하여 아래로 늘어뜨리고 양 장심(掌心) 모두 뒤로 향하여 「예비식」의 자세로 회복한다. (그림 1로 연결된다)

요점

(1) 정태(靜態) 자세로 회복했을 때, 여전히 반드시「예비식」중의 각 요점에 의거하여 자세를 한 차례 검사해야 한다.

(2) 수련을 마친 후 자신의 호흡 빈도가 증가되는 정도에 근거하여 곧 연습 중에 이기운신(以氣運身 : 호흡과 조화되게 몸을 움직임)이 어떠하며 또한 호흡조절이 합당한지를 판단할 수 있다. 만약 숨이 가쁜 현상이 생기면 곧 동작과 호흡의 배합이 자연스러운지의 여부를 검사해야 한다.

(3) 진식제1로(陳式第一路) 태극권과 제2로(第二路) 포추(砲捶)는 가령 모두 남쪽을 바라보고서 연습을 시작하면 마지막「수세(收勢)」시에는 모두 북쪽을 바라보게 된다. 만약 제1로 혹은 제2로를 연속하여 두 차례 연습하거나, 혹은 제1로와 제2로를 이어서 연습하면 마지막「수세(收勢)」는 곧 원래대로 다시 남쪽으로 바라보게 된다.

제3장 진식태극권(陳式太極拳) 제2로 도해(圖解)

진식태극권 제2로 권식 명칭 순서

제1식 예비식(預備式)
제2식 금강도대(金剛搗碓)
제3식 란찰의(懶扎衣)
제4식 육봉사폐(六封四閉)
제5식 단편(單鞭)
제6식 반란주(搬攔肘)
제7식 호심추(護心捶)
제8식 요보사행(拗步斜行)
제9식 살요압주권(煞腰壓肘拳)
제10식 정람직입(井攬直入)
제11식 풍소매화(風掃梅花)
제12식 금강도대(金剛搗碓)
제13식 비신추(庇身捶)
제14식 별신추(撇身捶)
제15식 참수(斬手)
제16식 번화무수(翻花舞袖)
제17식 엄수굉추(掩手肱捶)
제18식 비보요란주(飛步拗鸞肘)
제19식 운수(運手)
제20식 고탐마(高探馬)
제21식 운수(運手)
제22식 고탐마(高探馬)
제23식 연주포(連珠炮)(1)
제24식 연주포(連珠炮)(2)

제25식 연주포(連珠炮)(3)
제26식 도기린(倒騎麟)
제27식 백사토신(白蛇吐信)(1)
제28식 백사토신(白蛇吐信)(2)
제29식 백사토신(白蛇吐信)(3)
제30식 해저번화(海底翻花)
제31식 엄수굉추(掩手肱捶)
제32식 전신육합(轉身六合)
제33식 좌과편포(左裹鞭炮)(1)
제34식 좌과편포(左裹鞭炮)(2)
제35식 우과편포(右裹鞭炮)(1)
제36식 우과편포(右裹鞭炮)(2)
제37식 수두세(獸頭勢)
제38식 벽가자(劈架子)
제39식 번화무수(翻花舞袖)
제40식 엄수굉추(掩手肱捶)
제41식 복호(伏虎)
제42식 말미홍(抹眉紅)
제43식 우황룡삼교수(右黃龍三攪水)
제44식 좌황룡삼교수(左黃龍三攪水)
제45식 좌등일근(左蹬一根)
제46식 우등일근(右蹬一根)
제47식 해저번화(海底翻花)
제48식 엄수굉추(掩手肱捶)

제49식 소당퇴(掃蹚腿)
제50식 엄수굉추(掩手肱捶)
제51식 좌충(左冲)
제52식 우충(右冲)
제53식 도삽(倒揷)
제54식 해저번화(海底翻花)
제55식 엄수굉추(掩手肱捶)
제56식 탈이굉(奪二肱)(1)
제57식 탈이굉(奪二肱)(2)
제58식 연환포(連環炮)
제59식 옥녀천사(玉女穿梭)
제60식 회두당문포(回頭當門炮)

제61식 옥녀천사(玉女穿梭)
제62식 회두당문포(回頭當門炮)
제63식 별신추(撇身捶)
제64식 요란주(拗鸞肘)
제65식 순란주(順鸞肘)
제66식 천심주(穿心肘)
제67식 와리포(窩裡炮)
제68식 정람직입(井攬直入)
제69식 풍소매화(風掃梅花)
제70식 금강도대(金剛搗碓)
제71식 수세(收勢)

진식태극권 제2로 (陳式太極拳 第二路)

진식태극권 제2로는 두 번째 가자(架子)이며, 속칭 "이투(二套)"라 하고, 또한 "포추(砲捶)"라고 부른다. 이 둘째 투로(套路)의 시작은 곧장 제1로의 제1「단편(單鞭)」까지와 같이 하니, 즉「예비식(豫備式)」부터「금강도대(金剛搗碓)」·「란찰의(懶扎衣)」·「육봉사폐(六封四閉)」그리고「단편(單鞭)」에 이르기까지의 다섯 가지 권식은 제1로와 완전히 같다. 이 다섯 권식을 중복하여 하는 이유는 먼저 몇 가지 유연(柔軟)한 권식을 하여 근골(筋骨)을 늘여 펴서 제2 투로(套路) 수련에서 요구하는 바에 적응하기 위함이다. 그러므로 제2로의 동작설명은 제1「단편(單鞭)」이후부터 시작한다. (가슴이 남쪽으로 향한다)「단편(單鞭)」이전의 네 가지 권식 동작 설명은 제1로에 상세히 나와 있으므로 여기서는 생략하며, 제1로의 그림 1부터 그림 26까지와 그 설명은 여기서 생략하고, 그 중의 그림 26이 곧 이 제2로의 그림 1이 된다. 도해(圖解)에 관한 설명도 제1로 도해와 같다.[1]

제6식 반란주(搬攔肘)
(가슴이 南으로 향한다)

동작

중심(重心)을 우(右)로 조금 이동하며, 동시에 오른손 구수(勾手)는 우측에서 작게 순전(順纏)하며 권(拳)으로 변하여 권심(拳心)이 위로 향하게 하며, 좌장(左掌)은 권(拳)으로 변하여 좌(左)로부터 내려와 역전(逆纏)하며 가슴 앞에 이르고, 곧이어서 중심(重心)을 좌(左)로 이동하며, 중심을 좌(左)로 이동할 때에 따라서 좌권(左拳)이 가슴

그림 1

---

[1] 역자註 : 역자의 견해로는, 제1로는 한 사람이 서술한 것이 아닌 것 같으며, 특히 이 제2로의 저자와 제1로의 저자가 다르게 느껴진다. 원문의 문체가 서로 차이가 있을 뿐만 아니라, 동작의 설명방식도 제1로와는 다르고 또한 생략된 부분과 명백한 오류도 많다. 그러나 이미 제1로를 연습했으면 이 제2로는 미루어 짐작할 수 있으며, 미비한 점은 역자가 보충하여 서술하거나 註를 첨가하여 설명하였다.

앞을 지나 좌(左)로 향하여 가로질러 옆으로 권안(拳眼 : 주먹 엄지와 검지 사이의 虎口부위)으로 가격하여 발경(發勁)하며, 우권(右拳)은 우(右)로부터 좌(左)로 향하여 또한 가로질러 권안(拳眼)으로 가격하여 발경(發勁)하며, 양손은 좌권심(左拳心)이 위로 향하고 우권심(右拳心)이 아래로 향한다.2) (그림 2) 중심(重心)을 우(右)로 이동하고, 중심(重心)을 우(右)로 이동할 때에 따라서 양손은 좌역전(左逆纏) 우순전(右順纏)하며 좌(左)로부터 우(右)로 향하여 가로질러 옆으로 권안(拳眼)으로 가격하며 발경(發勁)하여, 좌권심(左拳心)이 아래로 향하고 우권심(右拳心)이 위로 향한다. (그림 3)

그림 2   그림 3

요점

이 권식은 좌우로 두 차례 발경(發勁)하며, 반드시 곧 바로 연이어서 발경한다.「단편(單鞭)」으로부터 좌(左)로 향하여 발경하는 과정은 반드시 먼저 중심(重心)을 조금 우(右)로 이동한 후에 발경하여, 축적(蓄)한 후에 발출(發)하는 원칙을 달성한다. 발경할 때 중심(重心)의 이동과 양 권(拳)의 발경은 반드시 일치하여 경정(勁整 : 온몸의 경이 한 기세로서 완정하게 일체를 이룸)이 되도록 한다.3)

---

2) 역자註 : 처음 중심을 우(右)로 이동했을 때 오른손은 순전(順纏)하며 조금 거두어들이면서 아래로 호형(弧形)으로 돌아 조금 내려와 우권심(右拳心)이 위로 향하고, 이때 좌권(左拳)은 역전(逆纏)하며 배 앞으로 와서 권심(拳心)이 아래로 향하다가 중심을 좌(左)로 옮기면서 순전(順纏)하며 휘돌아 좌(左)로 올리면서 가슴 앞을 지나 발경하여 권심(拳心)이 위로 향하고, 우권(右拳)은 역전(逆纏)하며 휘돌아 감아올리며 좌권(左拳)과 동시에 좌(左)로 가격해 발경하여 권심이 아래로 향한다.
3) 역자註 : 포추(砲捶) 권술은 강(剛)을 위주로 하며 강(剛) 중에 유(柔)가 내포되도록 하되, 당연히 제1로를 수련하여 기초를 쌓은 후에 배워 익혀야만 동작이 뻣뻣하게 굳어지거나 위는 무

제7식 호심추(護心捶)
(가슴이 東北으로 향한다)

동작

중심(重心) 전부를 우측 다리로 이동하고, 왼발을 들어올리며, 몸을 좌(左)로 돌리고, 오른발이 땅을 박차서 뛰어오르며 곧 이어서 왼발이 땅에 내려오고, 오른발도 잇달아 좌측 앞쪽 비스듬한 방향(東南)으로 향하여 보(步)를 내린다. 몸의 회전에 따라서 동시에 좌권(左拳)은 역전(逆纏)하며 우측 안쪽으로 향해 조금 들어올리다가, 곧 몸의 회전에 따라서 좌측 뒤쪽 아래로 향해 호형(弧形)으로 휘둘러 순전(順纏)하며 좌측 허리 옆에 이르고 권심(拳心)은 비스듬히 우측 위로 향하며, 우권(右拳)은 먼저 역전(逆纏)하다가 후에 순전(順纏)하면서 몸의 회전에 따라서 우(右)로부터 올라가 우측 이마 앞 측면을 지나 좌(左)로 향하고, 오른발이 땅에 보(步)를 내리는데 따라서 동시에 아래로 가격한다.4) (그림 4) 좌권(左拳)은 순전(順纏)하며 좌(左)로 향해 들어올려 어깨 높이에 이르고, 우권(右拳)은 순전(順纏)하며 안으로 내리면서 거두어들인다. (그림 5) 좌권(左拳)은 좌(左)로부터 앞으로 와서 우권(右拳)의 바깥을 지나 아래로 향하다가 안으로 향하며, 우권(右拳)은 안에서부터 밖으로 향하여, 양 권(拳)이 가슴 앞에서 교차하며 지나고, 곧 이어서 양손이 순전(順纏)하여 좌권(左拳)은 안으로 거두어들이고, 우권(右

겹고 아래는 들떠 흔들리며 호흡이 헝클어져 숨이 가빠지는 등의 오류를 피할 수 있다. 제1로는 몸, 즉 허리로써 손을 이끌어 움직이며 운동속도가 느려 내기(內氣)의 운행과 동작의 결합을 주로 수련하고, 제2로 포추(砲捶)는 이러한 제1로의 기초 위에 손으로 경(勁)을 이끌어 몸이 따르며 보법(步法)이 활발하여 빠르고 강(剛)하여 맹렬한 기백(氣魄)을 갖추어야 한다. 이러한 기백은 진식태극권의 발경(發勁) 특징인 송(鬆)·활(活)·탄(彈)·두(抖)에서 나온다. 송(鬆)은 전신을 느슨히 이완하는 것이며, 활(活)은 원활(圓滑)하여 민첩함이며, 탄(彈)은 용수철같은 탄성력이며, 두(抖)는 이러한 탄성력이 폭발하는 형상으로서, 마치 전신의 힘을 일순간에 분발하여 털어내듯이 발경함을 가리킨다. 진발과(陳發科)의 아들 진조규(陳照奎)가 이러한 발경에 대해 말하기를, "권(拳)으로 발경할 때는 마치 나의 주먹이 필요가 없어져 내던져버리듯 하며, 팔로 발경할 때는 내 팔이 필요가 없어져 털어 내버리듯 한다", "노새가 땅에서 뒹굴다가 일어나 돌연히 전신을 부르르 떨며 가뿐하고 힘차게 몸의 흙먼지를 털어내는 것과 같다.", "팽팽하게 감긴 시계태엽이 돌연히 폭발하듯 풀려나오는 용수철 같은 경(勁)"으로 비유하였다.

4) 역자註 : 그림 3의 동작 화살표에는 표시가 없으나 중심(重心)을 우측 다리로 이동할 때 좌우 권(拳) 모두 역전(逆纏)하며 우측 안쪽으로 향해 조금 들어올리다가 곧 몸을 좌(左)로 회전함에 따라서 좌(左)로 휘감아 돌아나가면서 순전(順纏)으로 바뀌며 가격한다. 가격하는 방법은 왼팔 팔꿈치로 먼저 상대방의 가슴을 가격하거나, 우권(右拳)은 얼굴을 가격하거나 혹은 오른팔 아랫팔뚝으로 가격하거나 방어한다.

拳)은 손목 부위 근처의 권배(拳背 : 주먹등)로써 앞으로 향해 붕(掤)하여 나가며, 동시에 중심(重心)을 아래로 가라앉힌다. (그림 6)5)

그림 4   그림 5   그림 6

요점

태극권의 동작은, 대체로 그 권(圈)을 확대하려면 반드시 먼저 그 권(圈)을 축소하니, 이것은 붕경(掤勁)을 증강하기 위함이며, 그리하여 "기를 배면 등에 붙이는(氣貼脊背)"6) 조건하에 내경(內勁)을 관통하여 연결시켜 장근(掌根)에 도달하게 한다. 양손이 가슴 앞에서 안팎(裡外)·좌우(左右)·쌍역(雙逆) 전사(纏絲)를 하면서 방출하여 벌릴 때에 곧 오른손이 앞에 있고 왼손이 뒤에 있는 합경(合勁)작용을 형성하며, 마지막에는 ∞자(字)처럼 양 권(圈)이 가슴 앞에서 만나 합하여 이로써 가슴을 보호하고, 동시에 점차로 그 권(圈)을 축소하여, 활을 당긴 것과 같은 축경(蓄勁)을 형성하며, 이로써 붕경(掤勁)을 증강한다.

---

5) 역자註 : 그림 4에서는 중심(重心)이 우측 다리에 조금 편중하고, 그림 5에서는 중심(重心)이 좌측 다리에 조금 편중(偏重)하며, 그림 6에서는 우측 다리에 조금 편중(偏重)한다. 물론 이에 따라서 허리와 과(胯)도 미세하게 회전하여 온몸이 함께 움직여야 하는 원칙을 달성한다. 그림 5와 그림 6은 진발과(陳發科) 노년기의 자세 사진에서 그린 그림이므로 자세가 높으나, 그림 4처럼 낮은 자세를 취해야 한다. 진발과는 일반인들에게는 높은 자세로 가르쳤으나 자신의 아들인 진조규에게는 항상 매우 낮은 자세를 취하게 했다. 그림 6의 자세에서 양 권심(拳心)은 안으로 향하며, 동작 과정의 전사(纏絲)는 전후 자세를 추론하여 취하면 된다.

6) 역자註 : 기를 배면 등에 붙인다는 것은, 양팔의 동작이 등배를 비비듯 꿈틀거리는 데서 나오도록 등배에 기(氣)를 갖추어 있는 것이다. 이처럼 해야만 양팔의 경(勁)이 등배를 통하여 연결된다.

제8식 요보사행(拗步斜行)
   (가슴이 東으로 향하다가 東南으로 향한다)

동작

앞 권식에서 양 권(拳)이 가슴을 감싸 보호한 후에, 양 권(拳)이 장(掌)으로 바뀌면서 우순전(右順纏) 좌역전(左逆纏)하여 가슴 앞에서 서로 합한다. 이때 오른손이 위에 있고 왼손이 아래에 있으며 우장심(右掌心)이 좌(左)로 향하고 좌장심(左掌心)은 우(右)로 향한다. 이어서 여전히 우순전(右順纏) 좌역전(左逆纏)하며 양손을 좌우로 전개한다. (그림 7)[7] (그림 8) 이어서 오른손은 돌아 내려가고, 왼손은 돌아 올라가서 양 장심(掌心) 모두 아래로 향한다. (그림 9) 이어서 오른손이 또 위로 돌아 올라가고 왼손은 좌(左)로 돌아 가면서, 양 장(掌)은 합경(合勁)했다가 전개한다.[8] 동시에 몸을 조금 높이며 우측 다리를 들어올려서 좌측 다리로 독립하고, (그림 10) 양팔이 벌려져 개경(開勁)이 되었을 때, 오른발을 땅에 내려차서 진각(震脚)하며 실(實)로 변하고, 이어서 왼발을 동북(東北) 방향으로 향해 1보 돌아 나가며, 우장(右掌)은 역전(逆纏)하며 좌(左)로 휘돌아 몸 앞을 지나 우측 아래로 내린다. 동시에 좌장(左掌)은 역전(逆纏)하며 우(右)로 향해 올라와 호형(弧形)으로 휘둘러 돌아서 좌(左)로 향해 전개하며, 우장(右掌)은 마침 우측에서 순전(順纏)하며 위로 올라와 우측 귀 옆에 도달하면서, 곧 좌측 다리로 중심(中心)을 이동하기 시작한다. 이어서 우장(右掌)이 우측 귀 옆에서 좌(左)로 반권(半圈)을 돌아 다시 우측 앞으로 향해 역전(逆纏)하며 벌린다. 동시에 좌장(左掌)이 조금 우(右)로 향하여 역전(逆纏)한 후, 곧 좌(左)로 향하여 순전(順纏)하며 벌려서 쌍개경(雙開勁)을 이룬다.[9] 이때 가슴은 남(南)으로 향한다.[10] (그림 11)

---

[7] 역자註 : 원문에는 설명이 없으나, 양손을 좌우로 전개하기 시작하면서 이와 동시에 중심(重心)을 좌측 다리로 이동하며 오른발을 조금 거두어들여 발끝이 땅에 닿는다.
[8] 역자註 : 오른손은 가슴 앞을 휘돌아 올라가고, 왼손은 얼굴 앞을 걷어내는 듯이 하여 좌(左)로 휘돌아 간다. 이러한 동작은 앞 동작과 연결되어 하나의 권(圈)으로 휘두른다.
[9] 역자註 : 본문 설명에는 좌장(左掌)이 구수(勾手)로 변하는 과정이 빠져있으나, 제1로의 제8식처럼 구수(勾手)가 된다.
[10] 역자註 : 그림10의 동작 표시선에 따라 동작하면 제1로의 그림35의 자세가 되며, 여기서는 제1로의 그림36이 생략되었으므로, 이 초식은 제1로 제8식 「사행요보」를 참고하여 동작하면 된다.

그림 7 그림 8 그림 9

그림 10 그림 11

요점

이 권식에서 오른발을 땅에 내릴 때, 오른손을 벌리고(開) 왼손을 합하며(合), 이후에 왼손을 돌려 좌(左)측 밖으로 향해 벌릴 때 오른손을 또 우측 귀 옆으로 돌려와 합(合)이 된다. 왼손을 합하고 오른손을 벌리거나 왼손을 벌리고 오른손을 합하기 때문에 내기(內氣)가 선회하듯이 아래로 가라앉도록 촉진한다.

이 권식을 완성할 때 좌우 양 장(掌)을 동시에 쌍역전(雙逆纏)하여 전개하며, 전개하여 마지막에 가서는 또 쌍순전(雙順纏)하며 쌍합(雙合)한다. 쌍합(雙合) 시에 양손의 손가락은 반드시 위로 향하여 세워 일으키고, 동시에 양 팔꿈치의 내경(內勁) 또한 반드시 한번 합(合)한다. 이어서 즉각 "기를 단전으로 가라앉히고(氣沉丹田)" 중심(重心)도 동시에 오른발로 전환한다. 이 권식은 개합(開合)의 변환에 의하여 진각(震脚)과 좌우를 살피며 회전함을 호응시켜, 기(氣)가 아래로 내려가지 않을 수 없게 하므로, 이것은 행공(行功)으로 기를 수련하여 아래로 가라앉히는 일종의 기본 공부(功夫)이며, 또한 수련자로 하여금 마지막에 기침단전(氣沉丹田)을 가장 쉽게 느끼도록 하는 권식이다.

제9식 살요압주권(煞腰壓肘拳)
(가슴이 東南으로 향한다)

동작

앞 권식에서 양 장(掌)을 나누어 벌린 후, 우측의 우장(右掌)을 순전(順纏)하며 위로 향해 돌려갈 때 장(掌)이 권(拳)으로 변하여 아래로 내려와 우측 무릎 위에 위치하고, 동시에 좌장(左掌 : 사실상 勾手)은 좌측에서 작게 순전(順纏)하며 권(拳)이 되어 우측으로 휘둘러 몸 앞을 지나 내려와 다시 좌측 위로 올라가 우권(右拳)과 멀리서 상대하여 합경(合勁)한다. 사타구니를 아래로 가라앉혀서 낮

그림 12

게 활짝 벌리고, 발은 왼발이 실(實)이었다가 오른발이 실(實)로 변하며(즉 중심을 우측 다리로 조금 이동한다) 이때 가슴은 남(南)으로 향한다.11) (그림 12)

제10식 정람직입(井攬直入)
(가슴이 北으로 향한다)

동작

왼발을 들어올려 우(右)로 향하여 몸을 180도 돌리며 보(步)가 나가서 가슴이 북(北)으로 향한다. 좌권(左拳)이 장(掌)으로 변하며, 왼발이 이동함에 따라서 위로부터 가슴 앞쪽 아래로 향하여 비스듬히 내려와 좌측 허리 앞으로 누르며(按勁), 그 경(勁)을 장근(掌根)에 둔다. 동시에 우권(右拳)은 순전(順纏)하며 좌측 위로 휘둘러 올라와

---

11) 역자註 : 그림 11에 표시된 왼손의 동작 권(圈)은 처음 수련 시에는 조금 크게 휘두르며, 몸 앞쪽에서 휘두른다. 이 동작은 왼팔로써 가격하거나 상대방 공격을 걷어내며, 오른팔은 아랫팔뚝과 팔꿈치로 내리누르는 동작으로 할 수도 있다.

우측 아래로 내려갈 때 역시 장(掌)으로 변하며 뒤집어 돌아서 장심(掌心)이 위로 향하여 좌측 허리에 접근한다. 회전할 때 허리와 척추가 중심축이 되며, 이때 오른발이 실(實)이 된다. (그림 13)12)

그림 13

그림 14

제11식 풍소매화(風掃梅花)
(가슴이 南으로 향한다)

동작

앞 권식에서 왼손이 위에서 아래로 누르며 몸을 180도 회전한 후에 이어서, 왼손의 필사적으로 벗어나려는 경(勁)을 오른손으로 인계하여, 몸을 우(右)로 180도 회전하면서 오른손을 순전(順纏)하며 아래로부터 뒤쪽 위로 잡아채듯이(採) 하여 우측 위에 이르렀을 때 또 역전(逆纏)으로 바뀌며 전개한다. 동시에 왼손은 아래에서 역전(逆纏)하며 좌측 아래 방향으로 벌려서 쌍개경(雙開勁)을 형성한다. 이때 왼발이 실(實)이 되며 또한 회전의 중심축이 되고, 오른발은 몸을 우(右)로 회전함에 따라 가로질러 나가서 왼발의 서(西)편에 둔다. 이때 양손 모두 이미 쌍역전(雙逆纏)으로 변한다. (그림 14)

---

12) 역자註 : 좌측 허리 앞에서 좌장(左掌)과 우장(右掌)이 합경(合勁)할 때 발경(發勁)하여 떨친다. 이 초식 양손 동작의 기격작용(技擊作用)은 오른손은 상대방의 공격을 걷어내는 채나(採拿)수법이며, 왼손이 얼굴 앞을 지나는 과정은 왼손으로 상대방의 얼굴을 덮쳐 치는 복면장(撲面掌)수법으로 쓸 수 있다.

요점

제9식부터 제11식까지 세 권식의 작용은 그 주된 요점이 제8식「요보사행(拗步斜行)」쌍개(雙開)한 자세의 우장(右掌)에 있으니, 이 우장(右掌)이 이미 상대방에게 붙잡혔다고 가정하여, 먼저 한번 작게 순전(順纏)하며 장(掌)을 권(拳)으로 변하는 동시에, 잡아채는 상대방의 경(勁)에 곧 순응하여 손을 돌리면서 아래로 누르며 몸을 회전한다. 이것은 상대방에 순응하여 따름을 운용하여 상대로부터 벗어나는 기초이다. 몸을 회전할 때 좌장(左掌)의 아래로 누르는 경(勁)과 우장(右掌)의 위로 들어올리는 경(勁)을 동시에 운용하여, 좌우의 양손이 상하(上下)로 격렬하게 진동하듯(震) 떨어서(抖) 상대로부터 벗어난다. 이처럼 크게 몸을 회전하는 과정 중에 반드시 경(勁)이 침착(沉着)되게 하여 회전하며, 그 방법은 평평하게 회전하지 않고, 반드시 위에서 아래로{누르며(按) 합할 때} 다시 아래에서 위로{붕(掤)하며 벌릴 때} 회전시켜, 이로써 침착(沉着)된 중에 연속하여 벗어난다. 이러한 종류의 크게 몸을 돌리는 전사(纏絲)는 수련자로 하여금 가장 쉽게 "결함(缺陷)"・"요철(凹凸)" 그리고 "단속(斷續)"의 현상이 생기게 한다. 그러므로 만약 이러한 결점들을 피하고자 하면, 그 요점은 양팔이 서로 연결되어 붕경(掤勁)을 갖추는 것이며, 또한 허리와 척추를 운용하여 중심축으로 삼아 양팔을 붕(掤)한 상태로 회전시켜서, 활발하기가 마치 풍차(風車)와 같은 회전 관성력이 생기는 것이다. 회전 과정 중에 먼저 뒤쪽 아래로 향하여 180도 돌며 눌러서(按) 합경(合勁)하여 그 침착성(沉着性)을 증강하고, 동시에 멈추지 않고 다시 뒤쪽 위로 향하여 180도 돌며 붕(掤)하면서 개경(開勁)하여 360도의 큰 회전을 완성한다. 경(勁)의 종류별 운용상에 있어서 앞의 반원(半圓)은 왼손을 위주로 하여 회전하는 합경(合勁)이고, 뒤의 반원(半圓)은 오른손을 위주로 하여 회전하는 개경(開勁)이다. 이처럼 내경(內勁)이 부단히 밖으로 드러나고 또한 궁배(弓背)에 도달하게 하여 다시는 결함(缺陷) 등의 결점이 생기지 않게 한다.

제12식 금강도대(金剛搗碓)
(가슴이 南으로 향한다)

동작

앞 권식의 완성 시에 사용한 것은 좌우 쌍역전(雙逆纏)의 쌍개경(雙開勁)이다. 이 권식은 좌우 쌍역전의 개경(開勁)이 좌우 쌍순전(雙順纏)의 합경(合勁)으로 바뀌며, 기(氣)가 새끼손가락에 집중되게 한다.13) 이때 왼발이 실(實)이 된다. (그림 15) 합한 후 또 상하로 역전(逆纏)하며 나누어져,14) 오른손이 올라가고 왼손이 내려가서 동작의 마지막에 이르렀을 때, 우장(右掌)이 권(拳)으로 바뀌고 다시 위에서 순전(順纏)하며 내려오고, 동시에 좌장(左掌)은 역전(逆纏)하여 내려와 아랫배 앞에 이르고 장심이 위로 향하며,15) 동시에 우측 다리 무릎을 들어올린다. 마지막으로 우권(右拳)이 내려와 좌장심(左掌心) 내로 떨어지게 하여 합경(合勁)하며, 동시에 오른발도 아래로 차 내려서 진각(震脚)한다. (그림 16)

그림 15　　　　　　　　　그림 16

요점

몸을 360도 크게 회전한 후, 내기(內氣)가 온몸에 퍼져 충만한 후 다시 아래로 내려서 단전 내에 이르게 하고, 또한 아래로 내려찧듯이 다져서 더욱 충실하게 하니, 이것이 이 권식의 주요한 작용이다. 좌우로 벌리고 합하는 동작에서 전환하여 상하로 벌리고 합하며 또한 진각(震脚)에 의하여 기(氣)가 단전 내로 더욱 충실하게 다져질 수 있게 한다. 이러한 종류의 진각(震脚)은 가벼울 수도 있고 무거울 수도 있다. 그 주된 요점은 의식을 운용하여 기(氣)를 아래로 도달하게 할 수 있는가를 위주로 하는 것이지,

---

13) 역자註 : 동시에 오른발을 들어올려 앞으로 나가 발끝이 땅에 닿는다. 제1로 제2식과 같다.
14) 역자註 : 이때의 오른손 전사는 제1로 제2식 「금강도대」에서는 순전(順纏)이지만 다른 파의 이 동작은 역전(逆纏)으로 하기도 한다.
15) 역자註 : 좌장은 아랫배 앞에 내려와서 순전(順纏)하여 장심이 위로 향한다.

결코 진각(震脚)의 경중(輕重)에 있지 않다. 그러므로 진각의 소리를 검사하여 경(勁)이 완정한지의 여부를 측정하는 이외에, 또한 동(動)과 정(靜)이 서로 합일(合一)하는 공부(功夫)가 이루어져 일단 정(靜)하면 온몸이 정(靜)할 수 있는지의 여부를 반드시 살펴본다.

제13식 비신추(庇身捶)
(가슴이 南으로 향한다)

동작

앞 권식의 합경(合勁)으로부터, 양손 모두 아래로 향해 좌우로 역전(逆纏)하여 나누어 벌리며, 양손을 벌리는 동시에 우측 다리가 우(右)로 향하여 옆으로 반보(半步) 나가고, 양손을 다시 합하며, 이때 양손은 아래로부터 앞쪽 위로 향하여 계속하여 역전(逆纏)하여 최후에는 왼손을 오른손의 바깥에 두며 가슴 앞에서 합하고, 과(胯)를 벌리고 사타구니를 활짝 펴서 벌리며, 왼발이 허(虛)가 된다. (그림 17) 이러한 종류의 합했다가 벌리고 벌린 후 다시 합하는 것은 긴주(緊湊) 단계의 소개소합(小開小合 : 전개하고 합하는 동작의 크기가 작다)이다. 이어서 우장(右掌)은 우측 뒤로 향해 돌아 밖으로 향하여 역전(逆纏)하며 권(拳)으로 변하고,16) 좌장(左掌)은 좌측 아래로 향해 역전(逆纏)하며 역시 권(拳)으로 변한다. 이처럼 전개한 후에, 우권(右拳)은 아래로부터 우측 위로 향하여 역전(逆纏)하고 다시 머리 앞을 지나 좌(左)측으로 되돌아 온다.17) 좌권(左拳)이 역전(逆纏)하며 좌측 과(胯)에 도달하는 동시에 우권(右拳)은 돌연히 몸 위로 걸어 올리듯이 되돌며 우측 위로 향하여 팔꿈치의 경(肘勁)을 발출하며,18) 중심(重心)을 우(右)로 이동하여 우측 다리가 실(實)로 바뀌고, 전신(全身)은 이에 따라 우(右)로 향해 아래로 가라앉으며 사타구니도 이에 따라 낮게 내린다. (그림 18)19)

---

16) 역자註 : 이때 몸을 우(右)로 조금 돌리며 중심(重心)도 우측 다리로 조금 옮겨오고 우권(右拳)은 우측 뒤로 돌려서 위로 호형(弧形)으로 휘두른다. 우권(右拳)을 휘둘러 우측 뒤로 돌려서 위로 올리는 과정에 최대한 역전하며 팔을 돌린다.
17) 역자註 : 우권(右拳)이 아래로부터 우측 위로 향해 역전(逆纏)하고 다시 좌(左)로 향하여 팔꿈치를 내려 아랫팔뚝을 세워서 아랫팔뚝으로써 머리 앞을 방어하듯이 최대한 순전(順纏)하며 머리 좌측 앞으로 온다. 우권(右拳)이 순전(順纏)하며 좌(左)로 갈 때 몸을 좌로 조금 돌리며 중심(重心)을 좌측 다리로 조금 이동한다.
18) 역자註 : 이때 우권은 역전(逆纏)하며 팔꿈치를 위로 돌연히 올리며 발경한다.

그림 17   그림 18

요점

"가슴을 내밀지 않고 등을 팽팽하게 펴는(含胸拔背)" 전제하에 쌍역전사(雙逆纏絲)로써 그 권(圈)을 긴밀히 축소하며, 이로써 양팔의 붕경(掤勁) 내의 탄성을 증강하여 몸을 두루 감싸는 축경(蓄勁)작용을 일으킬 수 있다. 이것은 주로 오른손과 허리 척추를 단련하며, 큰 권(圈)을 작은 권(圈)으로 전환하여, 이로써 축경{蓄勁 : 내부에는 동시에 우(右)로 향하는 어깨의 고경(靠勁)을 갖춘다}을 증강하며, 최후에는 작은 권(圈)에서 더 나아가 권(圈)이 없어지며, 경(勁)을 팔꿈치 모서리로 관통시켜 연결해 간다. 그러므로 이것은 긴주(緊湊)운동의 권식이며, 쌍역전사(雙逆纏絲)하여 서로 합경된 상태하에 계속하여 쌍역전사(雙逆纏絲)하며 감아 회전해야 한다. 전사(纏絲)하며 회전하는 과정 중에 반드시 내경(內勁)에 결함(缺陷)이 없고 끊어졌다 이어짐이 없도록 한다. 그러므로 그 요점은 허리와 척추를 운용하여 중심축으로 삼는 데에 있으며, 오른손이 역전(逆纏)하며 회전하기 시작하여 얼굴 앞에 이르고 다시 역전(逆纏)하며 하나의 큰 권(圈)으로 휘두를 때 반드시 "모든 관절이 관통하여 연결됨(節節貫串)"을 표현해낸다. 다시 역전(逆纏)으로부터 순전(順纏)으로 바뀌며 그리고 돌연히 또 역전(逆纏)으로 바뀌어 바깥 우측 위로 향하여 주경(肘勁)을 발출할 때, 경(勁)이 발꿈치로부터 일어나 팔꿈치 모서리에서 나타나는 것이 드러나 보여야 한다.

---

19) 역자註 : 마지막 동작은 제1로의 제17식「배절고(背折靠)」동작이 포함된 것으로 볼 수 있다. 그림 18의 우권(右拳)은 권심(拳心)이 아래로 향하도록 그려졌으나, 제1로의「배절고」그림 68은 권심(拳心)이 위로 향하고 좌권(左拳)은 권심(拳心)이 아래로 향한다. 이처럼 유사한 자세에서 권심의 방향이 서로 다른 것은 수련에 도움이 될 것이다.

제14식 별신추(撇身捶)
   (가슴이 南으로 향하다가 東南으로 향한다)

동작

앞 권식에서 좌권(左拳)이 과(胯) 부위에 위치하고 오른팔 팔꿈치가 발경(發勁)할 때, 과(胯)에 위치한 좌권(左拳)이 돌연히 상대방에게 붙잡혔다고 가정하면, 이때 곧 상대방의 붙잡은 경(勁)에 순응하여 먼저 우순전(右順纏) 좌역전(左逆纏)하여 하나의 작은 권(圈)을 돌리면서 몸을 조금 우(右)로 향하여 돌려, 오른발이 실(實)이 되고, 이어서 곧 좌순전(左順纏) 우역전(右逆纏)하며 권배(拳背 : 주먹등)를 뒤집어 돌리면

그림 19

서, 열경(挒勁)으로써 좌측으로 향하여 반격해 나간다. 동시에 오른손은 작게 역전(逆纏)하며 우측 뒤로 향해 방경(放勁)하여 이로써 평형을 유지한다. {이것은 좌우로 벌리며 발경(發勁)하는 것이다} 그러나 발경(發勁)은 반드시 한 방향으로 집중해야 하며, 이 권식은 좌측 방향이 주(主)가 되고 우측 방향은 부(副)가 되므로, 우권(右拳)은 방경(放勁)에 속하고 좌권(左拳)이 발경(發勁)한다. 발경(發勁)할 때 좌측 다리가 실(實)이 되고 가슴은 동남(東南)으로 향한다. (그림 19)[20]

요점

왼손이 전사(纏絲)하여 좌측 과(胯) 부위에 와서 왼팔이 또 상대방에게 붙잡혔을 때, 상대방에 떨어지지도 않고 버티어 저항하지 않기 위해 상대의 잡아채는 경(勁)에 적응하여 상대방이 의도하는 경(勁)의 방향에 순응하여 따라서 좌(左)로 향하여 열경(挒勁)을 사용하여 가격해 나간다. 이것은 단도직입적으로 상대에게서 벗어나는 수법이다. 그러므로 이 권식은 좌권(左拳)으로 반격하는 것이 위주이나, 그러나 가격해 나가는

---

[20] 역자註 : 그림 18에서 그림 19의 과정 중에, 양 권(拳)이 허리 부근에서 작은 권(圈)을 도는 것은 이 권(圈)을 조금 크게 돌아도 되며, 우권(右拳)의 동작노선 화살표 방향은 권(圈)의 크기와 몸의 회전에 따라 조절하면서 방경(放勁)하면 된다. 이 작은 권을 도는 동작은 예를 들어 상대방의 팔을 휘감아 돌아 비켜내는 동작으로도 이해할 수 있다.

근원은 오히려 우측 위에서 순전(順纏)하며 회전하는 우권(右拳)에 있으니, 이처럼 하여 다시 내경(內勁)을 왼팔 중에 전사식(纏絲式)으로 집중해 간다.

제15식 참수(斬手)
(가슴이 東南으로 향하다가 北으로 향한다)

동작

이 권식은 앞의「별신추」권식에서 가격하는 중에 상대방으로부터 벗어나지 못했다고 가정하여, 곧 다시 상대방이 의도하는 경(勁)의 방향에 순응하여 오른발이 큰 걸음으로 건너뛰어 나가 진각(震脚)하며 착지하는 동시에 왼발이 물러나오며, 동시에 오른손은 순전(順纏)하며 장(掌)으로 변하여 우측 뒤로부터 위로 향하여 몸의 회전에 따라 뒤집어 회전하여 와서 왼손 위에서 서로 합하며, 상대방에게 붙잡혀 있는 왼손은 돌연히 위로 들어올리는 동시에 우장(右掌)은 수도(手刀)로써 아래로 자르듯이(斬) 쳐내려 왼손이 올라가고 오른손이 내려가 양손으로 대나무를 벌려 쪼개는 형세가 되며, 또한 오른발이 아래로 가라앉는 진각(震脚)으로써 이에 보조한다. 이것은 오른발이 뛰어나가 양손이 자신의 방원권(方圓圈 : 적정한 동작범위) 내에 처하게 하여, 양손과 한 발을 동시에 함께 사용하면서 가격하여 탈출하는 방법이다. 이때 가슴은 이미 북(北)쪽으로 향한다. (그림 20)[21]

그림 20

요점

이것은 왼손이 붙잡힌 것을 2차로 탈출하는 방법이다. 채경(採勁 : 잡아채는 경) 중에서 가장 흔히 쓰는 방법은, 상대방이 자신의 경(勁)에 쉽게 이어서 따르지 못하도록 하기 위해 아래로 향하여 압박하는 채(採)이며, 붙잡힌 사람으로 하여금 무릎을 꿇지 않을 수 없게 다그친다. 그러므로 손이 몸을 이끌어 보(步)가 나가면서 재빠르게 "오

---

21) 역자註 : 좌권(左拳)은 그림의 점선대로 동작하면서 장(掌)으로 변하여 배 앞에서 장심(掌心)이 위로 향하고, 우장(右掌)은 수도(手刀)로써 내리쳐 좌장(左掌) 위에서 합한다.

른손의 수도(手刀)로 참(斬)하고", "왼손을 재빠르게 들어올리며", 그리고 "진각(震脚)" 하는 등의 세 동작을 함께 시행하는 탈출방법을 채택하지 않을 수 없다. 그러므로 오른손의 경(勁)이 끊어지지 않는 전제하에 작게 순전(順纏)하며 회전함으로서 우측 다리가 보(步)를 나가고, 이로써 상대방에게 붙잡힌 왼손이 자신의 적정 동작범위 내에 처하게 하니, 이것은 가벼움으로써 무거움을 제압하는 기본방법이다. 보(步)가 나가기 전과 보(步)가 나간 후, 그리고 아래로 참(斬)할 때, 미려(尾閭)는 모두 반드시 곧고 바르게 유지하며, 또한 아래로 가격함으로 인해 미려(尾閭)가 앞으로 기울어지지 않아야 한다.22)

제16식 번화무수(翻花舞袖)
(가슴이 北으로 향하다가 南으로 향하며, 다시 東北으로 향한다)

동작

2차의 탈출 시도가 아직 성공하지 못했다고 가정하여, 즉 위로 들어올리고 아래로 참(斬)했으나 아직 상대방이 잡은 손을 떨쳐버릴 수가 없어, 곧 몸체의 뒤집어 돌리는 경(勁)으로써 진일보하여 탈출하려면, 이 또한 상대방의 위로 향한 저항에 순응하는 참경(斬勁)을 갑자기 솟구쳐 올리며, 왼손은 역전(逆纏)하며 위로 들어올려 머리 위를 지나 돌면서 동시에 몸을 좌(左)로 뒤집어 돌린다. 이것은 아래에서 위로 크게 몸을 돌리는 것이다. 몸을 뒤집어 돌리는 관성력(慣性力)은 왼손으로써 이끌어 주도한다. 이 때 오른손 역시 역전(逆纏)하며 아래에서 위로 가세하여 보조하고, 또한 쌍개경(雙開勁)을 운용하여 몸을 뛰어 일으키며 얼굴을 돌려온다. 동시에 왼발을 들어올리고, 또한 오른발을 이끌어 움직여 왼발에 따라서 위로 뛰어오른다. 이 한 동작은 양팔과 어깨의 고경(靠勁)을 함께 운용하여, 붙잡힌 손을 탈출하는 용법을 포함하고 있다. (그림 21 : 이 그림은 뛰어올라 몸을 회전하는 한 순간을 나타낸다) 이어서, 계속하여 위로부터 아래로 회전하는 과정 중에 왼손이 좌측에서 역전(逆纏)으로부터 순전(順纏)으로 바뀌면서 아래로 향하고, 왼발이 동시에 땅에 내려오며 진각(震脚)한다. 이것은 왼손과 왼발이 동시에 진행하는 동작이다. 왼발이 땅에 내려오고 오른발이 앞쪽 우측으로 향해 보(步)가 나가며, 동시에 우장(右掌)은 역전(逆纏)하며 뒤로부터 올라와 순전(順纏)으로

---

22) 역자註 : 미려(尾閭)를 곧고 바르게 유지하고 기울지 않아야 한다는 것은 곧 상반신의 백회(百會)와 회음(會陰)을 관통하는 수직선이 곧고 바르게 상반신을 유지하는 것을 말한다.

바뀌며 앞쪽 아래로 향하여 수도(手刀)를 사용하여 아래로 찍어 베듯이(砍) 한다. {감(砍)할 때는 제38식「벽가자(劈架子)」의 감경(砍勁)과 같다} 동시에 왼손은 권(拳)으로 변하여 순전(順纏)하며 좌측 뒤로 향해 부(副)가 되도록 가격해 나간다.[23] 이때 왼발이 실(實)이 된다. {그림 22 : 이 그림은 몸을 회전하여 땅에 내려와 우장(右掌)이 감(砍)할 때의 자세이다}

그림 21   그림 22

요점

앞 권식「참수(斬手)」탈출법의 특징은 쌍방의 팔이 모두 면전(面前)에 있어서 힘의 작용점이 쌍방에 대한 거리가 모두 같으나, 이 권식「변화무수」의 몸을 회전하는 것은 신법(身法)과 허리 척추의 회전작용을 운용하여 힘의 작용점의 거리가 돌연히 큰 차이가 나는 대비(對比)를 이루게 한다. (자신은 가깝고, 상대방은 멀다) 즉 탈출지점이 상대방으로부터 멀어지게 하고 자신으로부터는 가깝게 한다. 이러한 가깝고 먼 관계는 지렛대 원리상 힘이 커지고 작아지는 변화가 생기게 한다. 몸을 회전한 후 양발은 왼발이 먼저 땅에 내려와 진각(震脚)하고 오른발은 조금 후에 내려오며, 이처럼 하면 곧 허리를 축으로 삼아 회전하는 관성력을 증강시키고, 이로 인해 또한 오른손이 아래로 내려치는 감경(砍勁)을 증강시키니, 이것은 상대로부터 탈출하는 또 한 방법의 관건이다. 이러한 종류의 탈출은 오른손이 순전(順纏)하며 뒤집어 돌 때의 회전 관성력을 오른손의 수도(手刀)가 아래로 쳐내리는(砍) 동작으로써 인계해 받는 것이다. 또한 아래

---

23) 역자註 : 왼손이 부(副)가 되도록 가격한다는 것은 오른손이 수도(手刀)로 가격하는 것이 주(主)가 되고 왼손이 좌측 뒤쪽으로 권(拳)으로 가격하는 것이 부(副)가 되는 것이다.

로 감(砍)할 때 반드시 이완되고 또한 탄성이 있어야 하며, 이처럼 되어야 비로소 다음 권식에서 능히 민첩하게 뛰어오르도록 촉진할 수 있다. 이러한 종류의 탈출 또한 가벼움으로써 무거움을 제압하는 한 예이며, 한 수법으로 두 가지 용도에 활용하는 구체적 표현이니, 즉 탈출하는 중에 가격함이 내포되어 있고 가격하는 중에 탈출함이 내포된 두 가지 용법이다. 그러므로 이 권식의 주된 요점은 한 손이 탈출하고, 다른 손은 회전에 따라서 아래로 감(砍)하는 데에 있다.

제17식 엄수굉추(掩手肱捶)
(가슴이 東南으로 향하다가 東으로 향한다)

동작

이것은 축경(蓄勁)과 발경(發勁) 연습을 위주로 하는 권식이며, 제2로 포추권(砲捶拳) 내에서 대체로 특수한 권식 후에는 대부분 이 권식을 이용하여 연결한다. 이것은 제2로의 첫째 「엄수굉추」이다. 이 권식은 앞 권식에서 아래로 쳐서 베듯이 하는 감(砍)의 탄성경(彈性勁)을 빌려서 양손이 쌍순전(雙順纏)함으로써 몸을 일으켜 올리며[24] 동시에 좌우(左右) 다리의 전후(前後) 위치를 바꾸고, 이어서 오른발이 땅에 내려와 진각(震脚)하여 실(實)이 되고, 왼발은 보(步)가 앞(東北)으로 나가서 허(虛)가 된다. 동시에 쌍역전(雙逆纏)으로써 전신의 경(勁)을 축적하니, 양팔이 둥근 형태를 이룬 권(圈)을 축소하여 축경(蓄勁)을 증강한다. 이때 왼손이 위에 있고 오른손이 아래에 있으며, 오른발이 실(實)이 되고 왼발이 허(虛)가 된다. (그림 23) 이어서 발경(發勁)하며, 발경(發勁)하기에 앞서 오른손이 먼저 역전(逆纏)으로 작은 권(圈)을 감으며 허리 옆에 위치하고 권심(拳心)이 위로 향하며,[25] 동시에 왼손은 오른손에 상대되게 역전(逆纏)하여

---

[24] 역자註 : 이때 우장(右掌)은 권(拳)으로 변하며, 양팔의 동작은 제1로 제13식 「전당요보(前蹚拗步)」 다음의 제14식 「엄수굉추(掩手肱捶)」의 동작 1과 유사하다.

[25] 역자註 : 발경(發勁)하기 위한 양 권(拳)의 전사는 먼저 양 권(拳) 모두 역전(逆纏)하며 그림 23의 화살표처럼 좌우에서 먼저 각각 권(圈)을 돌며, 그 후 앞으로 나갈 때 순전(順纏)으로 바뀌며 좌권(左拳)을 다시 거두어들일 때 권심(拳心)이 위로 향하고, 우권(右拳)은 앞으로 나가 작은 권(圈)으로 휘감아 돌릴 때 권심(拳心)이 위로 향하며, 이것은 제1로의 제14식 「엄수굉추」 동작 4의 처음 동작에서 좌장심(左掌心)이 위로 향하고 우권심(右拳心)도 위로 향하는 동작과 유사하다. 그 후 좌권(左拳)을 역전(逆纏)하며 거두어들이면서 우권(右拳)을 역전하며 앞으로 발경한다.

권심(拳心)이 아래로 향하니, 이것은 좌측의 축경(蓄勁)이다. 오른손이 우측 허리 옆에 있을 때 오른손은 그 경(勁)을 아래로 가라앉히며, 침착(沈着)된 중에 여전히 역전(逆纏)하며 돌발적인 기세(氣勢)를 사용하여 경(勁)을 앞으로 향해 발출한다. 이때 권심(拳心)은 아래로 향한다. 동시에 왼손은 오른손과 상대되게 역전(逆纏)으로 바뀌어 권(拳)을 뒤로 향하여 방경(放勁)하여 거두어들여 좌측 허리 부위에 두며, 권심(拳心)은 아래로 향한다. 축경(蓄勁) 시에는 오른발이 실(實)이 되고, 발경(發勁) 시에는 왼발이 실(實)이 된다. (그림 24)

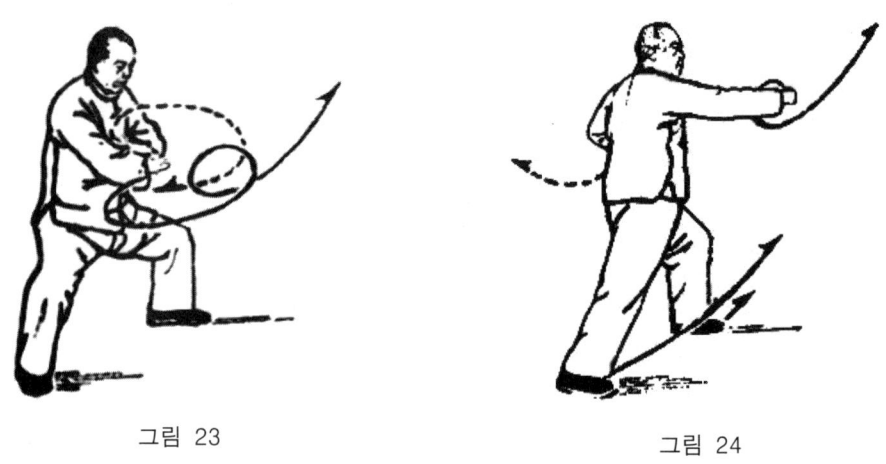

그림 23 　　　　　　　　　　　 그림 24

요점

이 권식은 제2로 포추(砲捶) 중에서 가장 많이(6차) 운용하는 권식이며, 그 요점은 "축경은 활을 당기는 것과 같이(蓄勁如開弓)" 연습하여 경(勁)을 강화하는 데에 있다. 이것은 함흉발배(含胸拔背)로써 이끌어 지휘하며, 양팔이 6 자(字) 형태의 합경(合勁)을 갖추게 한다. 발경(發勁)을 연습할 때, 마치 상대를 들어올렸다가 아래로 꺾어 누르는 듯한 발경이 되어야 한다. 그러므로 이 권식의 전반부는 반드시 활을 당긴 것처럼 하며 탄성을 증강시키고, 후반부는 화살이 발사되어 과녁에 깊이 파고드는 듯한 찬경(鑽勁)이 더욱 반드시 있어야 한다. 이것은 경(勁)이 길게 멀리 발출되도록 하는 구체적인 표현이다. 이러한 까닭에 발경(發勁)하기에 앞서 아래로 가라앉는 작은 권(圈)이 있어야 하며,26) 그리고 온몸을 이끌어 함께 움직이는 축경(蓄

---

26) 역자註 : 여기서 말하는 작은 권(圈)은 그림 23의 오른손 동작 표시선 중의 중간 부분 작은 권(圈)이다.

勁)과 발경(發勁) 두 가지가 합일되어야 하고, 전신을 함께 이끌어 움직이지 않는 직선적인 축경(蓄勁)이나 발경(發勁)을 단독으로 사용해서는 안 된다.

제18식 비보요란주(飛步拗鸞肘)
(가슴이 東으로 향하다가 北으로 향하고, 다시 南으로 향한다)

동작

앞 권식 「엄수굉추」의 발경(發勁) 후에, 양 권(拳)이 원래 위치에서 한번 작게 역전(逆纏)하여 전후(前後)로 합경(合勁)한다. 우권(右拳)을 역전(逆纏)하며 앞으로 향하고 좌권(左拳)을 역전(逆纏)하며 뒤로 향하여 전개할 때, 오른발을 이에 따라서 들어올리면서 앞으로 향하여 나는 듯이 빠른 걸음으로 뛰어올라 나가서 땅에 내려와 실(實)이 되며, 동시에 오른발을 회전의 중심축으로 삼아 왼발을 호형(弧形)으로 휘두르며 오른발을 건너오게 하여 오른발의 동(東)쪽에 위치시키도록 몸을 공중에 떠올려 좌(左)로 돌아 270도 회전한다.27) (그림 25) 이것은 앞 권식 「엄수굉추」에서 오른손이 경(勁)을 발출한 후 상대방에게 붙잡혀 거두어들일 여유가 없다고 가정했을 때 채택하는 권식이다. 상대방은 우권(右拳)이 발경(發勁)한 방향에 따라서 경(勁)을 잡아채려고 하며, 이러한 까닭에 곧 상대방에 연결하여 따라가 적응하지 않을 수 없어, 나는 듯이 빠른 걸음을 운용하여 상대의 잡아채는 경(勁)에 순응한다. 상대방에 순응하여 나는 듯이 빠

그림 25 그림 26

---

27) 역자註 : 이때 좌권(左拳)이 장(掌)으로 바뀐다.

그림 27

른 걸음으로 나가는 과정 중에 좌(左)로 향하여 자연스럽게 몸을 뒤집어 회전하며, 배절고경{背折靠勁 : 제1로 제17식 「배절고(背折靠)」에서 사용하는 몸의 배면 어깨를 사용하는 경(勁)}을 사용하여 붙잡힌 오른손을 탈출하고, 제1로 제54식 「옥녀천사(玉女穿梭)」와 유사하게 마찬가지로 뛰어오르며 보(步)가 나가지만 그 수법(手法)은 다르다. (그림 26)[28] 270도 회전하여 크게 몸을 돌린 후, 크게 몸을 돌린 배절고경(背折靠勁)으로는 붙잡힌 오른손을 여전히 탈출시킬 수 없다고 가정하여, 몸을 돌린 후 곧 양손이 쌍역전(雙逆纏)하며 연합하여 하나가 되어, 좌장심(左掌心)은 오른손을 잡고 있는 상대방의 손을 누르고, 양팔은 가로놓인 둥근 형태를 이루도록 오른팔 팔꿈치의 경(肘勁)으로써 앞으로 가격한다.[29] 이것은 한 수법을 두 가지 용도에 활용하는 것으로, 탈출하며 또한 진격(進擊)하는 것이다. 몸을 회전한 후 오른발이 실(實)이 되고, 주경(肘勁)을 발출할 때는 왼발이 실(實)이 된다. 동작이 완성된 「요란주(拗鸞肘)」는 (그림 27)과 같다.

요점

이것은 최후로 배절고경(背折靠勁)을 이용하여 붙잡힌 오른손을 탈출하는 방법이다. 몸을 회전하는 관계로 인해 또한 힘의 작용점의 거리가 자신에게 유리하게 큰 차이가 나는 대비(對比)를 돌연히 이루게 하며, 이것을 이용하여 가벼움으로써 무거움을 제압할 수 있으니, 이것은 탈출하고자 하지 않아도 저절로 탈출하는 권식이자 공격방법이다. 또한 이 권식이 앞의 몇 권식과 다른 점은 좌장(左掌)이 오른팔 팔꿈치 부위를 누

---

[28] 역자註 : 제1로의 「옥녀천사(玉女穿梭)」는 몸을 공중으로 뛰어올리며 몸을 우(右)로 회전하지만 이 권식은 몸을 좌(左)로 회전한다.

[29] 역자註 : 그림 27에서는 오른팔 팔꿈치를 앞으로 가격할 때 팔꿈치가 아래로 내려와 있으나 팔꿈치를 조금 들어올려서 가격하며, 동시에 좌장(左掌)이 오른팔 팔꿈치를 맞이하여 때려 소리를 낸다. 이 동작이 익숙해진 후에는 몸을 도약하며 회전하여 착지하려는 순간에 팔꿈치가 가격하니, 즉 공중에 떠올라 몸을 회전하여 오면서 이미 팔꿈치로 가격하는 동시에 착지한다. 달리 말하자면 온몸의 체중과 회전의 관성력 그리고 뛰어올라 나가는 관성력까지 모두 팔꿈치에 실어 가격한다.

르고 또한 몸의 배면 등과 팔꿈치가 연합하여 상대방을 옆으로 공격하는 것이다. 이것은 와서 붙잡은 상대방의 아랫팔뚝을 누르며, 이로써 상대방의 붙잡은 지점을 고정시켜 변환하지 못하게 하여, 상대방을 옆으로 뿌리쳐 내동댕이치는 일종의 특수한 권식이다. 그러므로 이것 또한 한 수법으로 두 가지 용도에 활용하는 것이다. 이것의 요점은 나는 듯이 빠른 걸음으로 나간 후에도 여전히 몸을 곧고 바르게 세워 땅에 내리는 데에 있다. 더욱이 반드시 주의할 점은 경(勁)을 발출한 후 여전히 반드시 양팔이 조금 굽혀져 경(勁)을 축적하여 여유가 있어야 하며, 그 손을 완전히 곧게 펴지는 않는다. 그러므로 반드시 나는 듯이 빠른 걸음을 운용하여 나감으로써 상대방이 의도하는 경(勁)에 적응해야 한다. 이것은 일련의 연속하는 탈출동작 중 최후의 탈출방법이며, 또한 제2로의 채열(採挒)수법 연습과 채열(採挒)수법을 탈출하는 예이다. 이 권식이 비록 주경(肘勁)으로써 앞으로 공격하지만 그 근원은 여전히 우측의 배절고경(背折靠勁)에 있다. 그러므로 그 요령은 반드시 몸을 치우침 없이 곧고 바르게 세우는 기초 위에 주경(肘勁)과 고경(靠勁)을 함께 운용하여 통일할 수 있는 데에 있다.

제19식 운수(運手)
(앞의 3 동작 : 가슴이 南으로 향한다)

동작

양손이 동시에 좌(左)로 가고, 다시 동시에 우(右)로 가며, 그 후 다시 좌(左)로 가는 운동이 세 개의 「운수(運手)」를 이루며, 제1로의 「운수(運手)」 운용과는 조금 다르다. 앞 권식 「요란주(拗鸞肘)」의 합경(合勁) 후에 중심(重心) 전부를 좌측 다리로 이동하고, 오른발을 앞으로 이동하여 양발이 가지런하도록 왼발 옆에서 발끝이 땅에 닿는다. 동시에 좌장(左掌)은 역전(逆纏)하며 좌(左)로 향하여 움직여 돌고, 우권(右拳)은 장(掌)으로 변하여 순전(順纏)하며 좌(左)로 이동한다. (그림 28) 이어서 중심(重心)을 우(右)로 이동하여 오른발은 발꿈치를 땅에 내려딛어 실(實)이 되고, 왼발은 발꿈치를 먼저 땅에서 들어올리며, 동시에 양손은 우역전(右逆纏) 좌순전(左順纏)하며 우장(右掌)이 얼굴 앞을 지나고, 좌장(左掌)은 배 앞을 지나 우(右)로 향하여 휘둘러 돌아간다. (그림 29) 이어서 왼발을 좌(左)로 향하여 옆으로 반보(半步) 벌리며, 중심(重心)을 점점 좌(左)로 이동하여 왼발이 실(實)이 되게 디디며, 오른발은 허(虛)로 변한다. 동시에 양손은 좌역전(左逆纏) 우순전(右順纏)하며 좌장(左掌)이 얼굴 앞을 지나고, 우장(右掌)이 배 앞을 지나 좌(左)로 향하여 휘둘러 돌아간다. (그림 30)

그림 28   그림 29   그림 30

요점

이 권식은 곡선을 완화시켜 움직이면서 좌순우역(左順右逆)과 우순좌역(右順左逆)의 전사(纏絲)를 바꾸고, 또한 보(步)를 움직이지 않으면서 다리를 들어올리고 내려야 하므로, 손발은 "상하가 서로 호응하여 따르도록(上下相隨)" 허실(虛實)을 구분한다. 제2로 포추(砲捶)가 앞의 몇 가지 뛰어오르는 힘든 권식을 경과하여 이 권식에 이르러 호흡과 운동을 조정할 수 있다. 그러므로 양손이 이러한 ∞ 자(字) 형태로 동작하면서 운동 속도가 느릴 수도 있고 빠를 수도 있으므로, 이것은 제2로가 자연스럽게 단락이 나누어지는 곳이다.

제20식 고탐마(高探馬)
     (가슴이 西로 향한다)

동작

앞 3개의 「운수(運手)」를 한 후에, 왼발 발꿈치를 축으로 삼아 몸을 우(右)로 돌리며, 오른발 발꿈치를 땅에서 들어올리고, 동시에 양손이 우역전(右逆纏) 좌순전(左順纏)하며 우장(右掌)은 얼굴 앞을 지나고, 좌장(左掌)은 배 앞을 지나 우(右)로 향하여 휘둘러 돌며, 좌장(左掌)을 휘둘러 돌아서 몸의 우측에 이를 때 장심(掌心)이 위로 향한다. (그림 31) 이어서 오른발을 들어올리며, 몸을 계속하여 우(右)로 조금 돌리고, 동시에 우장(右掌)은 순전(順纏)하며 좌장(左掌) 아래를 지나서 안으로 거두어들여 장심이 위로 향하고, 왼손은 역전(逆纏)하며 우장(右掌) 위를 지나서 앞으로 밀어내며 장심이 바깥 아래로 향한다. (그림 32)

그림 31   그림 32

제21식 운수(運手)
(뒤의 3 동작 : 가슴이 北으로 향한다)

동작

이어서 양손은 우역전(右逆纏) 좌순전(左順纏)하며, 오른손을 우측 앞으로 향하여 돌리고, 왼손을 가슴 앞으로 향하여 돌린다. 양손이 전환하는 동시에 몸은 왼발이 회전의 중심축이 되어 우(右)로 90도 회전한다. 동시에 오른발을 땅에 내려 진각(震脚)하며 실(實)로 변하고, 왼발은 좌(左 : 西)로 향하여 옆으로 1보 벌려서 먼저 발꿈치가 땅에 닿는다. (그림 33) 중심(重心)을 좌측 다리로 이동하며 왼발은 땅을 디뎌 실(實)이 되고 오른발을 좌(左)로 향하여 반보(半步) 옮겨 양발이 가지런하게 발끝이 먼저 땅에 닿는다. 동시에 양손은 좌역전(左逆纏) 우순전(右順纏)하며 좌장(左掌)이 얼굴 앞을 지나고, 우장(右掌)이 배 앞을 지나 좌(左)로 향하여 휘둘러 돈다. (그림 34) 이어서 오른발이 땅을 디뎌 실(實)이 되며, 왼발을 좌(左)로 향하여 옆으로 반보(半步) 벌리고, 동시에 양손은 우역전(右逆纏) 좌순전(左順纏)하며 우장(右掌)이 얼굴 앞을 지나고, 좌장(左掌)이 배 앞을 지나 우(右)로 향하여 휘둘러 돈다. (그림 35)

그림 33   그림 34   그림 35

要點

제2로 포추(砲捶) 중에 앞의 3개와 뒤의 3개「운수(運手)」가 있으며, 앞의 3개는 가슴이 남(南)으로 향하고 뒤의 3개는 가슴이 북(北)으로 향하며, 동작의 기본적인 요구사항과 작용은 모두 같다. 그러므로 이 권식의 요점에서「운수」동작은 다시 중복하여 말하지 않고, 다만 다리를 들어올려「고탐마(高探馬)」자세를 취한 후 우(右)로 회전하는 동작을 설명한다. 이 동작은 곡선이 완화되고 전사(纏絲)가 끊어지지 않으며 내경(內勁)이 관통하여 연결된 중에 몸을 회전해야 한다. 그러므로 몸을 회전하는 과정 중에 반드시 왼손을 거두어들여 가슴 앞에서 역전(逆纏)하는 하나의 작은 권(圈)을 돌아야 한다.30) 이 역전(逆纏)을 거쳐 이로써 몸을 옮기며, 몸과 전사(纏絲)를 허공에 뜬 듯이 변환해 갈 수 있다. 이처럼 하면 내경(內勁)이 끊어지지 않게 할 수 있을 뿐만 아니라 또한 내경(內勁)을 다음 동작 내로 관통하여 연결해 갈 수 있다. 그러므로 이 권식 또한 절절관천(節節貫串)을 연습하는 난도(難度)가 비교적 높은 동작이다.

진발과(陳發科)가 북경에 온 이후, 진식태극권을 대중화하기 위해 이 전환 과정에 몸을 쉽게 회전하도록「운수(運手)」와「고탐마(高探馬)」두 권식(拳式)을 첨가하였다. 그리하여 공중에서 급히 전환하며 관통하여 연결할 필요가 없어 동작하기가 쉽다.

---

30) 역자註 : 왼손을 역전(逆纏)하여 작은 권(圈)을 도는 것은 절질(折迭)동작이다. 왼손을 순전(順纏)하며 가슴 앞으로 거두어들여, 역전(逆纏)하며 작은 권(圈)을 돌면서 경(勁)을 잇고 운동 방향을 전환한다. 이 동작은 팔과 몸이 일체를 이루어 몸으로 동작한다.

제22식 고탐마(高探馬)
   (가슴이 北으로 향하다가 西北으로 향한다)

동작

앞 권식에서 팔을 우(右)로 돌려온 이후, 몸을 다시 좌(左)로 향하여 돌릴 때 중심(重心)을 좌측 다리로 옮기면서 오른발을 동북(東北) 방향으로 옮기며 몸을 아래로 조금 내리고, 동시에 양손은 먼저 쌍순전(雙順纏)하며 합하여(오른팔이 밖에 있다) 가슴 앞에서 교차하여 지나다가 다시 쌍역전(雙逆纏)하며 벌린다. 합할 때 왼발이 실(實)이 되고, (그림 36) 벌릴 때 오른발이 실(實)이 된다. (그림 37) 이것은 다음 권식을 연결하는 권식이며, 제1로 중의 백학양시(白鶴亮翅)와 같은 경(勁)이나, 다만 양손의 고저(高低)가 비교적 수평으로 나누어지고 양다리를 좀 크게 벌려서 사타구니를 편다.31)

그림 36   그림 37

요점

이것은 쌍순전(雙順纏)하며 합하고, 다시 쌍역전(雙逆纏)하며 벌리는 권식이며, 합한 후 전개하는 과정 중에 동작이 꺾어지는 모서리와 요철(凹凸)이 없어, 전사경(纏絲勁)이 궁배(弓背) 상에 운행되어야 한다.

또한 확대하여 전개하는 자세하에서 모든 관절을 관통하여 연결해 탄성을 증강하여

---

31) 역자註 : 진조규(陳照奎)가 전한 포추권(砲捶拳)에는 이 제22식「고탐마」권식에 제20식을 한 차례 한 후 그림 36과 그림 37에 이어진다. 그림 37이 제1로의「백학양시(白鶴亮翅)」와 같은 경(勁)이라는 것은「백학양시」자세처럼 온 사방 주위를 지탱하는 기세(氣勢)를 갖춘다는 뜻이다. 이 책에서 특별히 강조하지 않았으나, 어느 자세에서나 눈에 보이지 않는 뒷면에로 항상 귀를 열어두어 뒷면도 지탱하는 기세를 갖춘다.

단련하며, 이로써 붕경(掤勁)을 향상시킨다. 합할 때는 응당 양손의 엄지손가락에 의식을 집중하며 또한 왼손 손가락이 위주가 되고, 벌릴 때는 응당 양손의 새끼손가락에 의식을 집중하며 또한 오른손 손가락이 위주가 된다.

제23식 연주포(連珠炮) (1)
(가슴이 西北으로 향하다가 西로 향한다)

동작

앞 권식의 개경(開勁)으로부터 이 권식의 합경(合勁)에 이르는 과정은 쌍역전(雙逆纏)하며 합한다. 이때 오른손은 역전(逆纏)하며 가슴 우측에 이르고 장심(掌心)이 좌측 밖으로 향하며 왼손은 역전(逆纏)하여 가슴 앞에 이르고 장심(掌心)이 우측 밖으로 향하여, 양손이 가슴 앞에서 한차례 합경(合勁)한다. 이때 왼발이 실(實)이 되고 오른발이 허(虛)가 된다.32) 이어서 양손을 순전(順纏)하며 앞으로 붕(掤)하고, 동시에 오른발이 실(實)로 변하며,33) 양손이 쌍순전(雙順纏)으로 바뀌어 내려갈 때 왼발이 1보 후퇴하며 중심(重心)도 즉각 좌(左)로 이동하여 좌측 다리를 앉혀 실(實)이 된다. 양손을 아래로 내릴 때 전신이 축경(蓄勁)한 기세를 형성한다.34) 이어서 양손이 또 쌍역전(雙逆纏)으로 바뀌어 앞쪽 위로 향하여 말아 감아서 축경(蓄勁)하기 시작하며, 오른발이 실(實)로 변한다.35) 그 후 양손은 또 즉각 앞에서부터 좌측 뒤로 향하여 순전(順纏)하며 내려간다.36) 양손이 아래로 내려갈 때 다시 왼발이 실(實)로 변한다. 이것은 앞에서 한차례 축경(蓄勁)한 기초 위에 다시 한번 축경을 증가하는 것이다.37) (그림 38)

---

32) 역자註 : 이「연주포」권식은 제1로 제19식「쌍퇴수(雙推手)」권식의 변형이며, 그 기본구조는 같다. 다만 양손의 높낮이와 몸의 회전에 따른 다리의 이동이「쌍퇴수」는 우측 다리를 좌측 앞으로 옮기고,「연주포」는 좌측 다리를 좌측 뒤로 옮기는 점이 다르다. 양손을 쌍역전(雙逆纏)으로 합한다는 것은 앞 권식「고탐마」에서 쌍역전(雙逆纏)하며 전개하는 동작의 전환과정에서 먼저 쌍역전하며 합하기 시작하는 것을 말하며, 곧 쌍순전(雙順纏)으로 바뀌어 다음 동작을 이어간다.

33) 역자註 : 이때의 자세는 제1로의 그림 74와 유사한 자세이다. 그림 37의 양손 동작 표시선은 그 개략적인 운동 노선을 나타내지만, 양손을 앞으로 붕(掤)하는 이 동작과 이후의 몇 동작이 생략되었다.

34) 역자註 : 이때 제1로의 그림 75와 유사한 자세이다.

35) 역자註 : 이때 제1로의 그림 17과 유사한 자세이다.

36) 역자註 : 이때 제1로의 그림 76과 유사한 자세를 거친다.

마지막으로 양손은 쌍역전(雙逆纏)하며 열경(挒勁)을 발출한다. 이때 우장심(右掌心)이 밖으로 향하고, 좌장심(左掌心)은 아래로 향한다. 발경(發勁)하는 동시에 오른발이 앞으로 향하여 반보(半步) 나가고, 왼발 역시 이에 따라서 반보 뒤따라 나가며, 발꿈치가 땅을 깎아 파듯이 끌며 나가 소리를 낸다.38)(그림 39) 이것은 첫째 「연주포」 동작이며, 이 권식은 모두 3개의 「연주포」 동작이 있다.

그림 38   그림 39

요점

이 권식은 태극권에서 상대방의 동작범위 내로 진입하여 활동하기에 적합하도록 상대의 "틈을 벌리는(開門)" 수법이다. 그 특징은 양손을 주동적으로 회전하여 상대의 동작범위 내로 진입하는 권식이다. 이 권식의 수법은 마치 물을 부어가며 맷돌을 돌려 움직이는 것과 같으니, 왼손이 안에서 회전함으로써 가슴을 방어하고, 오른손이 밖에서 회전함으로써 앞으로 향하여 공격한다. 양손이 이처럼 내외(內外)가 결합하여, 끊이지 않고 왼손을 사용하여 물을 부으며, 오른손을 사용하여 맷돌을 돌리듯이 운동한다. 동시에 양발은 발꿈치로 끌듯이 나가는 보법으로 뒤따라 나간다. 비록 상대방에게 닿고자 하지 않아도 다만 회전하며 공격하는 오른팔의 한 부분이 상대방의 어느 한 지점에 접촉하면 곧 그 접촉한 지점을 상대방에 따라 붙여 가는 지점으로 삼아 연속하여 달라붙어서 다양하게 변화시킨다. 이 권식은 "몸으로써 나가고 물러나며(以身進退)" 민첩하

---

37) 역자註 : 이때 양손이 다시 올라와 그림 38의 자세가 되며, 제1로 「쌍퇴수」의 그림 78은 양손이 귀 옆으로 오나, 이 초식은 양손이 가슴 앞으로 온다.
38) 역자註 : 양손을 발경(發勁)할 때 몸을 우(右)로 돌려 가슴이 서쪽으로 향하나 조금 남쪽으로 치우치는 자세이며, 우장(右掌)은 가로눕혀 앞으로 향하며, 좌장(左掌)은 우장(右掌)보다 조금 낮게 앞쪽 아래로 향한다. 이때 양발 사이의 거리는 접근하여, 긴주(緊湊) 단계의 높은 자세를 취하나, 진조규가 전수한 권식은 보폭이 넓고 자세도 아주 낮다.

게 변환하는 중정신법(中正身法 : 몸자세를 곧고 바르게 세움)을 채용하여 객관적으로 변화에 적응하므로, 전환이 필요할 시에 모두 여유가 있고 또한 사방 온 주위를 충분히 지탱한다. 그 외, 앞 권식은 날개를 펼치듯 쌍개(雙開)하였기 때문에, 이 권식은 쌍개한 경(勁)을 먼저 반드시 말아 감아서 축경(蓄勁)한다. 이것은 축적한 후에 발출하기 위함이다. 또한 더욱 깔끔하게 발경(發勁)하기 위해, 발경하기 전에 권(圈)을 다시 축소하며, 이로써 그 탄성을 진일보하여 증강한 후에 침착(沉着)하게 경(勁)을 발출하여 나간다. 발경(發勁)할 때 비록 오른발이 실(實)이 되지만, 그러나 몸을 한쪽으로 너무 치우치지 않고 곧고 바르게 유지하기 위해 앞발의 실(實)과 뒷발의 허(虛)와의 차이가 크지 않아야 하며, 이로써 곧 신속히 회전하면서 앞으로 향하여 성큼 나갈 수 있다.

제24식 연주포(連珠炮) (2)
(가슴이 西로 향한다)

제25식 연주포(連珠炮) (3)
(가슴이 西로 향한다)

동작

두 번째와 세 번째의 「연주포」를 이어서 할 때, 오른손이 앞쪽 위로부터 순전(順纏)하며 가슴 앞으로 향하고, 왼손이 좌측 뒤쪽 아래로부터 순전(順纏)하며 오른손과 가슴 앞에서 합한다. 이때 좌측 다리를 앉혀서 또한 전신이 축경(蓄勁)을 이룬다. (그림 40) 이후는 그림 40에서 41에 이르는 동작이며, 첫째 「연주포」와 같다. (즉 그림 38에서 39에 이르는 동작과 같다)

그림 40   그림 41

요점

이 권식은 수련자의 수요에 따라서 연이어 몇번 더 하거나 혹은 이 권식만 전적으로 연습할 수 있으니, 그 동작은 앞의 몇개 「연주포」와 같다. 그러나 투로 전체가 끝났을 때 여전히 원래 위치로 회복해오기 위해서는, 이 권식을 몇번 더 했으면 곧 뒤에 나오는 「백사토신(白蛇吐信)」도 마찬가지로 몇번 더 하여서, 이 두 권식을 하는 횟수가 서로 같게 한다. 기타 요점은 첫째 「연주포」와 같다.

제26식 도기린(倒騎麟)
 (가슴이 西로 향하다가 東으로 향한다)

동작

앞 권식 「연주포」에서 세 차례 보(步)가 나간 후, 양 장(掌)이 서로 쌍합(雙合)하니, 먼저 좌장(左掌)을 역전(逆纏)하며 위로 돌려 가슴 앞으로 향하며 손가락을 세우고 장심이 우(右)로 향한다. 동시에 우장(右掌)은 순전(順纏)하여 돌아 왼팔 아랫팔뚝의 밖에서 보호하듯 감싸고, 중심(重心)을 앞으로 이동하여 우측 다리가 실(實)이 된다. (그림 42) 이어서 오른손이 역전(逆纏)하며 우측 뒤로 향하여 올라가고, 왼손은 역전(逆纏)하며 좌측 앞으로 향하여 내려간다. 동시에, 왼발을 들어올리고 양손을 나누어 벌리면서 오른발을 회전의 중심축으로 삼아 우(右)로 향하여 180도 돈다. (그림 43) 몸을 돌려서 동(東)쪽으로 향해 도달할 때, 벌린 자세를 합하면서 몸과 사지를 이끌어 돌려온다. 이때 오른손이 우측 아래에 있고, 장심이 안쪽 위로 향하며, 왼손은 좌측 위에

그림 42

그림 43

그림 44

있고 손가락을 세운다. 이때 좌측 다리는 몸의 회전에 따라서 돌려온 후 여전히 들어 올려져 있다. (그림 44)39)

요점

오른발을 축으로 삼아 왼발이 몸의 회전에 따라서 휘둘러 건너올 때, 상체는 여전히 앞으로 숙이거나 혹은 뒤로 기울지 않아야 한다. 왼발은 몸을 따라서 우측 뒤로 향하여 180도 돌면서 반대로 건너오기 때문에, 그 거꾸로 건너뛰는 뜻을 취하여 「도기린(倒騎麟)」이라 부른다.

제27식 백사토신(白蛇吐信) (1)
(가슴이 東으로 향한다)

동작

앞 권식에서 왼발을 휘둘러 건너온 후에, 곧 이어서 오른손이 앞으로 향하여 순전(順纏)하며 작은 권(圈)을 이루면서 손가락의 열경(挒勁)을 사용하여 가격해 나간다. 동시에 왼손은 뒤에서 여전히 역전(逆纏)하며 오른손에 호응하여 좌측 뒤로 향하여 함께 발경(發勁)한다.40) 이때 왼발이 앞으로 반보(半步) 나가서 땅에 내려와 실(實)이 되고,41) 오른발도 즉각 뒤따라 나가며 땅을 파듯이 끌면서 소리를 내어 첫째 「백사토신」의 열발경(挒發勁)을 완성한다. (그림 45) 이 권식은 사람들의 일상적 동작에 흔하지 않은 요보(拗步)42)

그림 45

---

39) 역자註 : 그림 43에서 좌측 다리는 조금 높게 올려 휘둘러 차기도 하며, 그림 44에서 오른손은 앞으로 올라와 좌측 가슴 아래에 오며, 왼손은 장심이 앞으로 향하거나 혹은 앞쪽 아래로 향하기도 한다.
40) 역자註 : 이때 왼손이 바로 좌측 뒤로 향하지 않고, 얼굴과 가슴을 방어하는 동작으로서 우측으로 권(圈)을 돌면서 좌측 뒤로 향한다.
41) 역자註 : 이 권식에서는 왼발이 반보 나가는 것이 단순히 보가 나가는 동작이지만, 왼발을 가로로 하여 족도(足刀)로써 상대방의 무릎이나 정강이를 가격하기도 한다.
42) 역자註 : 요보(拗步)는 만약 왼발이 앞으로 나갈 경우 오른손이 앞으로 나가고, 오른발이 앞으로 나갈 경우 왼손이 나가는 것을 말한다.

동작이며, 연습을 어느 정도 해야만 익숙하게 경(勁)을 갖출 수 있으므로, 혹은 이 권식만 따로 연습한다.

요점

이 권식 또한 일종의 상대방의 틈을 벌려 여는 수법이 될 수 있으니, 요보(拗步)로써 상대방의 동작범위 내로 진입하는 방식이며, 모두 몸으로써 진퇴(進退)하되 몸이 앞이나 뒤 혹은 옆으로 기울지 않아야만 상대방의 동작범위 내에서 다만 한 면만을 지탱할 수 있을 뿐인 결점이 생기는 것을 피할 수 있다. 전후좌우로 민첩하게 변환할 수 있도록 이 권식 내의 허실(虛實)의 구분은 「연주포(連珠炮)」와 같이 역시 허실의 차이가 작아야 하며,43) 이에 편승하여 상대방의 동작범위 내로 들어간 후 상대방에 닿게 되는 어느 부분이라도 곧 달라붙어 순응하여 따라가는 작용을 얻을 수 있으며, 서로 다른 점은 앞 권식 「연주포」는 순보(順步)이고 이 권식 「백사토신」은 요보(拗步)이다. (간혹 간단히 쉽게 하기 위해 둘째 「백사토신」을 「엄수굉추」로 바꾸어 한 후에 다시 셋째 「백사토신」을 하며, 이처럼 하면 비교적 쉽게 할 수 있다) 요보(拗步)가 앞으로 나가는 것을 연습할 때, 처음에는 조금 비틀거릴 수 있으므로 많이 연습해야 한다. 또한 이 권식은 짧은 거리의 축발경(蓄發勁)이므로 반드시 함흉발배(含胸拔背) 하여 척추가 동작을 이끌어 가서 모든 관절이 관통하여 연결되고, 또한 경(勁)이 척추로부터 발(發)하도록 한다. 이것은 전체 투로(套路) 중에서 "경이 척추로부터 발하는(勁由脊發)" 대표적인 동작이다. 만약 다만 양팔에 의해서만 굽히고 펴서 발출(發出)한다면 원칙에 맞지 않는다. 이 권식만 따로 전적으로 연습하면 더욱 좋을 것이다.

제28식 백사토신(白蛇吐信) (2)
(가슴이 東으로 향한다)

제29식 백사토신(白蛇吐信) (3)
(가슴이 東으로 향한다)

---

43) 註 : 허실(虛實)의 차이가 작다는 것은 양다리의 하중(荷重) 분배 비율을 가리켜 말하는 것이다. 가령 양다리에 100근의 하중이 실린다면, 한쪽 다리에 55근이 실리고 다른 다리에 45근이 실려서 조금 움직이기만 하면 곧 재빨리 허실을 변환할 수 있다. 그러므로 무공(武功)이 깊은 사람의 허실은 차이가 작고, 겉으로 드러나는 권(圈) 또한 작다.

동작

앞 권식「백사토신」의 축경(蓄勁)은「도기린(倒騎麟)」의 합한 기세(氣勢)를 벌려 전환한 후 다시 한번 합경(合勁)하여 이루어진 것이다. 그러나 이「백사토신(白蛇吐信)」의 축경은「백사토신」의 발경 후에 축경을 진행한 것이다. 이것은 두「백사토신」의 서로 다른 점이다. 이 권식을 시작할 때, 오른손이 앞에서 역전(逆纏)하며 축경(蓄勁)하여 가슴 앞에 이르고, 장심이 좌(左)로 향한다. 동시에 왼손이 좌측에서 역전(逆纏)하며 돌아 좌측 옆구리 옆에 도달한다. 축경(蓄勁)할 때 양팔이 합경(合勁)하고, 중심(重心)을 뒤로 이동하여 오른발이 실(實)이 되며, 왼발 발끝이 땅에 닿아 허(虛)가 된다.44) (그림 46) 이어서 우장(右掌)이 앞에서 순전(順纏)하며 작은 권(圈)을 돌면서 손가락의 열경(挒勁)을 사용하여 가격해 나간다. 동시에 좌장(左掌)은 뒤에서 역전(逆纏)하며 우장(右掌)에 호응하여 함께 발경(發勁)한다. 이때 왼발이 앞으로 반보(半步) 나가서 땅에 내려와 실(實)이 되고, 오른발은 즉각 뒤따라 나가며 땅을 파듯이 끌어서 소리가 나게 하여 둘째「백사토신」을 완성한다. (그림 47) 이 권식 또한 수련자의 수요에 따라「연주포」와 같은 횟수만큼 몇번 더 할 수 있다.

그림 46

그림 47

요점

첫째「백사토신」과 같다.

---

44) 역자註 : 이어서 오른손을 순전(順纏)하며 뒤집고, 왼손을 순전하며 휘둘러 올라 나가고 왼발을 올려서, 그림 46의 자세가 된다.

제30식 해저번화(海底翻花)
(가슴이 東으로 향하다가 西로 향한다)

동작

이것은 특수한 권식이다. 앞 권식에서 오른손이 앞으로 향하여 열경(挒勁)을 발출한 후, 곧 뒷면의 왼손과 쌍순전(雙順纏)하며 교차하여 합한다.45) 합한 후 우순전(右順纏) 좌역전(左逆纏)하는 쌍개경(雙開勁)으로써 몸을 우(右)로 향해 180도 회전한다. 이때 중심(重心)을 왼발로 옮겨서 독립자세가 된다. 몸을 서(西)쪽으로 향해 돌리는 과정 중에 좌우 손은 권(拳)으로 변하며, 우권(右拳)은 권배(拳背 : 주먹등)로써 아래쪽 뒤로 향해 가격하여 발경(發勁)하고 권심(拳心)이 앞으로 향한다. 좌권(左拳)은 위쪽 뒤로 향해 가격하여 발경(發勁)하고 권심(拳心)이 우(右)로 향한

그림 48

다. {그림 48 : 이전에 진발과(陳發科) 노사를 촬영할 때 모든 동작은 그 반면(反面)을 찍었기 때문에, 그림 48부터 마지막 그림에 이르기까지의 모든 그림에서 독자로 향한 면은 북(北)쪽으로 향하는 것이며, 몸의 배면이 독자로 향하면 남(南)쪽을 향하는 것이고, 독자로 향한 좌(左)측면은 동(東)으로 향한 것이고, 독자로 향한 우(右)측면은 서(西)로 향한 것이니, 이후 다시 설명하지 않는다.}

요점

이 권식은 팔꿈치 관절을 운용하여 움직이는 것이 위주가 된다. 좌권(左拳)이 뒤쪽 위로 향하고 우권(右拳)이 뒤쪽 아래로 향하여 상하(上下)로 가격하여 발경(發勁)하는 것은 뒤쪽으로 향한 흔치 않은 발경이며, 이것의 요점은 상하로 뒤를 향해 발경할 때 몸의 평형을 유지하는 데에 있다.46)

---

45) 역자註 : 그림 47에 표시된 양손의 동작 표시선에는 합하는 동작이 생략되었다. 진조규(陳照奎)가 전한 권식도 합하는 동작이 생략되어 그림 47의 동작선처럼 움직이나, 가슴 앞에서 양손이 교차하여 합하기도 한다.

46) 역자註 : 진씨(陳氏)의 옛날 권보(拳譜)에는「해저번화」권식이 없다. 진발과 노사가 전한 포추(砲捶) 권보에 처음 나오며, 또한 이 권식을「태산승기(泰山升氣)」라고도 불렀다. 이 권식은

제31식 엄수굉추(掩手肱捶)
(가슴이 西로 향한다)

동작

앞 권식에서 우측 다리를 들어올리고 양 권(拳)이 위아래에서 각각 뒤로 향하여 가격하는 발경(發勁) 후, 우권(右拳)은 순전(順纏)하며 조금 위로 들어올린 후 다시 순전(順纏)하며 아래로 가라앉고 권배(拳背)가 아래로 향하며, 오른발을 동시에 땅으로 내려차며 진각(震脚)한다. 동시에 좌권(左拳)은 우권(右拳)에 호응하여 역전(逆纏)하며 아래로 조금 가라앉은 후 곧 위로 들어올리며, 전신의 중심(重心)을 우측 다리의 진각(震脚)에 두고 왼발이 남서(南西)쪽으로 보(步)가 나간다. 우권(右拳)이 순전(順纏)하여 권심(拳心)이 또 위로 향할 때47) 또한 조금 아래로 경(勁)을 가라앉힌 후 다시 역전(順纏)으로 바뀔 때 경(勁)을 발출해 나간다. 이때 몸을 좌(左)로 조금 돌려 좌측 다리가 실(實)이 된다. 발경(發勁)해 나간 손은 여전히 반드시 여유를 남겨두어야 하며, 팔을 완전히 곧게 뻗지 않아야 한다. 동시에 역전(逆纏)하며 위로 들어올린 좌권(左拳)이 곧 순전(順纏)으로48) 바뀌며 뒤로 향하여 보조적으로 발경(發勁)해 나가며, 이로써 오른손과 왼손이 각각 주(主)와 빈(賓)이 되게 유지하여 쌍발경(雙發勁)한다. (그림 49)

그림 49

요점

제17식 「엄수굉추」와 같다.

이 투로에서 3차례 나오며, 완성된 자세는 같으나, 앞 권식에서 이 권식으로 전환되는 동작은 서로 다르다. 이 권식 명칭의 의미에 대해서는, 내경(內勁)이 휘감아 돌며 솟아 나오는 기세(氣勢)가 마치 사타구니(海底)에서 분출되어 나오는 파도의 물결과 같다는 뜻으로 해석하기도 한다.
47) 역자註 : 원문에는 우권(右拳)이 계속 순전(順纏)해 온 것으로 되어 있으나, 처음 아래에서 위로 올라올 때는 역전(逆纏)하고, 다시 올라와서 작은 하나의 권(圈)을 감아 내릴 때 다시 순전(順纏)하는 동작을 한다.
48) 역자註 : 제17식 「엄수굉추」에서 좌권(左拳)의 전사(纏絲)는 처음은 역전(逆纏)하다가 순전(順纏)으로 바뀌고 다시 역전(逆纏)하며 좌측 뒤로 거두어들이며 방경(放勁)한다. 즉 제1로의 제14식 「엄수굉추」와 유사하다.

제32식 전신육합(轉身六合)
(가슴이 西로 향하다가 北으로 향하고 南으로 돌려온다)

동작

앞 권식 「엄수굉추」의 전개한 자세로부터, 앞으로 발경(發勁)한 오른손을 순전(順纏)하며 좌측 어깨 앞으로 거두어들이고, 동시에 왼손은 역전(逆纏)하며 펴서 사타구니 앞에 이른다. 동시에 중심(重心)을 우(右)로 이동하며 몸을 우(右)로 돌리면서 오른발 발끝을 우(右)로 돌린다. (그림 50) 이어서 양 권(拳)을 좌우로 향하여 각각 전개한다. (그림 51) 이어서 중심(重心) 전부를 좌측 다리로 이동하여 왼발 발꿈치를 축으로 삼아 오른발을 들어올리면서 몸을 우측 뒤로 향하여 돌린다. 동시에 양 권(拳)을 배 앞에서 교차되게 합하며, 우권(右拳)이 안에 있고 양 권심(拳心) 모두 안으로 향한다. (그림 52)

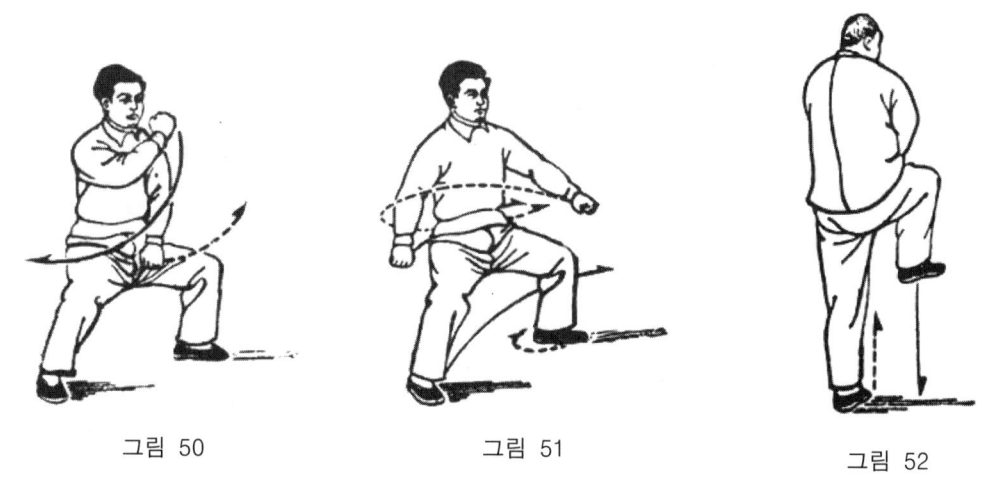

그림 50 그림 51 그림 52

제33식 좌과편포(左裹鞭炮) (1)
(가슴이 南으로 향한다)

동작

이어서 오른발을 땅에 내려 진각(震脚)하며 왼발을 들어올린다. (그림 53) 동시에 왼발이 좌(左)로 향하여 옆으로 1보 나가며, 양손은 쌍순전(雙順纏)으로 바뀌어 좌우 양쪽 바깥 조금 뒤로 향하여 열경(挒勁)을 발출한다. 이때 권심(拳心)이 앞쪽 위로 향하고, 발경할 때 왼손과 왼발이 위주가 된다. 이것은 과편(裹鞭) 혹은 과변(裹變) 중의 변세(變勢)이다. (그림 54)

그림 53   그림 54

요점

함흉발배(含胸拔背)의 의미는 "몸의 척추 배면(脊背)" 상하(上下)가 팽팽하게 당겨지는 것이다. 이 권식은 "휘감아 싸는(裹)" 관계로 인해 척배(脊背)의 상하좌우 4면 모두가 팽팽하게 당겨지므로, 이것은 "힘이 척추로부터 나오도록(力由脊發)" 연습하는 또 하나의 특수한 권식이며, 또한 제2로에서 옆으로 나가는 보법을 연습하는 권식이다. 이것은 일종의 무리지어 싸우는 방식의 보법이다. 다리와 팔이 교차할 때는 "과(裹)"가 되며, 이것은 다리의 축경(蓄勁)이다. 양다리를 벌려 "편(鞭)"이 될 때, 이것은 다리의 방경(放勁)이며, 수련자로 하여금 가볍게 몸을 옆으로 도약해 나가는 공부를 훈련시킬 수 있다. 이 권식의 요점은 발경(發勁)하기에 앞서 먼저 긴밀하게 휘감아 싸서 기세(氣勢)가 더욱 아래로 가라앉게 하며, 그 후 비로소 매우 시원스럽게 좌우로 경(勁)을 발출해 나갈 수 있어, 견강(堅剛)한 탄성을 갖추고 있음을 표현해 내는 것이다. 이처럼 연이어 축적하고 연이서 발출하기를 두 차례 한다. 또한 양손을 순전(順纏)하며 전개하다가 역전(逆纏)하며 합하여 과(裹)로 되었을 때가 바로 전신을 긴밀하게 휘감아 싸서 기(氣)를 몸의 배면 등에 붙여 충분한 축경(蓄勁)을 형성하는 때이며, 발을 땅으로 내려 진각(震脚)하자마자 즉각 좌우로 발경하는 "편(鞭)"이 된다.

266 진식태극권

제34식 좌과편포(左裹鞭炮) (2)
　　　(가슴이 南으로 향한다)

동작

「전신육합(轉身六合)」과 앞 권식「과편포(裹鞭炮)」에서 좌우로 발경(發勁)한 후, 양권(拳)이 다시 쌍역전(雙逆纏)으로 바뀌며 중심(重心)을 먼저 우(右)로 이동하여 오른발이 실(實)이 되게 한 후, 다시 양 권(拳)이 아랫배 앞에서 합하면서 중심(重心)을 좌(左)로 이동하고, 동시에 오른발을 들어올려 왼발의 좌변(左邊)에 내려놓으며 양 권(拳)과 양발이 교차되게 하여 휘감아 싼다. 이것 또한 하나의 "과(裹)"이다. (그림 55) 이때 양팔은 긴밀히 휘감아 싸며 침경(沉勁 : 아래로 가라앉는 경)을 갖추고 척배(脊背 : 배면 등) 또한 반드시 팽팽하게 당긴다. 이어서 양 권(拳)을 쌍순전(雙順纏)으로 바꾸며 좌우 양쪽 바깥 조금 뒤로 향하여 열경(挒勁)을 발출하는 동시에 왼발이 좌(左)로 향하여 옆으로 1보 나가며, 이것이 또한 하나의 "편(鞭)"이다. (그림 56) 이 권식 역시 필요에 의하여 몇번 더 연속하여 할 수 있다.

그림 55

그림 56

요점

이것은 물러나는 것이자 또한 공격하는 것이며, 다수를 상대로 싸우는 권식이다. 그 요점은, 옆으로 뛰어나가 아래로 내려올 때 들뜨지 않고 침착(沉着)함을 나타내어야 하며, 또한 한번 휘감아 싸고 한번 전개하는 과정 중에 경(勁)이 끊어지지 않도록 하며, 다수를 상대로 싸우므로 침범당할 빈틈이 없어야 하는 것이다. 그러므로 첫째 과편(裹鞭)

의 쌍개(雙開)하여 발경한 후의 연결점 상에 하나의 절질(折迭 : 접어 개키는) 동작을 함으로서, 내경(內勁)은 곡선을 완화하여 둘째 과편(裹鞭) 중으로 이어지게 할 수 있다.49)

제35식 우과편포(右裹鞭炮) (1)
(가슴이 南으로 향하다가 北으로 향한다)

동작

앞 권식 둘째 과편(裹鞭)의 쌍순전(雙順纏) 발경(發勁)은 쌍개경(雙開勁)이며, 벌린 후 다시 바깥 아래로 향하여 조금 쌍침경(雙沉勁 : 경을 조금 가라앉힘)하고, 양 권(拳) 모두 쌍역전(雙逆纏)으로 바뀌며 말아 감아 경(勁)을 축적하며 아랫배 앞에서 합하고, 동시에 중심(重心)을 우측 다리로 옮기면서 오른발 발꿈치를 회전의 중심축으로 삼아, 양 권(拳)이 쌍합(雙合)하는 경(勁)을 이용하여 왼팔은 권(圈)이 작고 오른팔은 권(圈)이 크게 돌면서 몸을 좌(左)로 향하며 이끌어 180도 돌리며, 왼발은 발바닥을 땅에 붙여 몸의 회전에 따라서 쓸어내듯이 반권(半圈)을 돈다. (그림 57) 이때 양 권(拳) 역시 쌍순전(雙順纏)으로 바뀌며 좌우 양측 조금 뒤로 향하여 열경(挒勁)을 발출한다. 발출할 때 왼손과 왼발이 위주가 되며, 몸을 돌린 후의 첫째 과편(裹鞭)을 이룬다. (그림 58)

그림 57　　　　　　　　　　그림 58

---

49) 역자註 : 절질(折迭) 동작은 먼저 몸을 우(右)로 이동하여 오른발이 실(實)이 될 때, 양 권(拳)을 순전(順纏)하며 아래로 조금 가라앉힌 후 다시 역전(逆纏)하며 몸의 중심(重心)을 좌(左)로 옮기며 양 권(拳)이 합하기 시작하는 동작으로 할 수 있다. 내경(內勁)은 곡선을 완화한다는 말은, 발경(發勁)은 모서리(方)가 생기는 것이므로 절질(折迭) 동작을 하여 곡선으로 모서리를 완화한다는 뜻이다.

요점

이 권식은 오른발이 회전의 중심축이 되며, 축경(蓄勁)의 "과(裹)" 기세를 이용하여 몸을 움직여 회전한다. 왼발은 몸의 회전에 따라서 가로지르며 반권(半圈)을 쓸어내듯이 돌며, 이 과정 중에 여전히 몸의 평온을 유지해야 하니, 이것은 몸이 회전하자마자 곧 "편(鞭)"하는 발경(發勁)이 깔끔하게 시원스러운지 혹은 시원스럽지 않은지의 중요한 조건이다. 기타 요점은 앞의 두 과편(裹鞭)과 같다.

제36식 우과편포(右裹鞭炮) (2)
(가슴이 北으로 향한다)

동작

이 권식은 몸을 회전하기 전의 둘째 과편(裹鞭)과 같으며, 다만 가슴이 이미 북면(北面)으로 향한다. (그림 59·60·61)

그림 59   그림 60   그림 61

요점

제34식과 같다.

제37식 수두세(獸頭勢)
(가슴이 北으로 향하다가 東北으로 향한다)

그림 62   그림 63

동작

앞 권식 과편(裹鞭)에서 양팔을 전개하며 발경(發勁)한 후, 중심(重心)을 좌측 다리로 옮기면서 왼발 발꿈치를 회전의 중심축으로 삼아 오른발을 우측 뒤로 향하여 왼발과 나란히 동일한 보폭을 유지한 채 호형(弧形)으로 90도 돌리면서 왼발 발끝을 오른발의 회전에 따라 같이 돌린다. 동시에 우권(右拳)을 역전(逆纏)하며 밖에서 안으로 호형(弧形)으로 휘둘러 돌아서 왼팔 팔꿈치 밑에 이르고 권심(拳心)이 안으로 향한다. 좌권(左拳)은 역전(逆纏)하며 바깥 아래로부터 안쪽 위로 일으켜 세워 권심(拳心)이 우(右)로 향하여 쌍합(雙合)의 기세를 이룬다. 이때 오른발이 실(實)이 된다. (그림 62)[50]
곧이어 일으켜 세운 왼팔을 다시 순전(順纏)하며 먼저 우측으로 향하여 가로질러 내려가서 우측으로부터 좌측 뒤로 향하여 빈(賓)이 되게 방경(放勁)하고 동시에 왼발이 좌측 뒤로 향하여 반(半)보 퇴보(退步)하며 여전히 우측 다리가 실(實)이 되고, 이에 호응하여 왼팔 팔꿈치 아래의 오른손을 돌려 앞으로 향해 팔을 가로눕혀 순전(順纏)하며 팔꿈치의 경(肘勁)을 발출한다. (그림 63)[51]

---

50) 역자註 : 그림 62의 자세는 진발과 노사가 노년기에 취한 높은 자세이나, 그림 61과 같은 보폭을 유지하려면 자세가 낮아야 한다. 좋은 공부(功夫)는 낮은 자세에서는 발휘하기 어려우나, 먼저 낮은 자세의 수련을 거쳐야만 높은 자세의 공부(功夫)도 이룰 수 있다.
51) 역자註 : 마지막에 오른팔을 가로눕혀 팔꿈치의 경(肘勁)을 발출하는 것은, 오른팔 아랫팔뚝으로 발출하되 팔꿈치가 주도하는 발경을 한다.

요점

이 권식을 시작할 때 왼팔을 일으켜 세워 우측으로 가로질러 내려쳐서 축경(蓄勁)의 자세를 형성하여 몸과 손의 내부에 붕경(掤勁)이 관통하여 충만해야 한다. 오른발이 우측 뒤로 향하여 호형(弧形)으로 반권(半圈)을 돌아서 보(步)를 비켜내는 것은 붕경(掤勁)이 관통하여 충만하도록 촉진할 수 있다. 이것은 "물러남이 곧 나아감이고(退卽是進)" "수비가 곧 공격(守卽是攻)"인 작용이다. 왜냐하면 일으켜 세운 왼팔이 가로질러 내려온 후 붕(掤)한 상태의 합경(合勁)을 증강시키고, 오른팔이 즉시 왼팔 위를 넘어가서 "팔꿈치 경(肘勁)"을 발출하니, 이것은 곧 소위 "뜻밖의 공격을 하여(出其不意)" 허를 찔러 공격하므로 상대방으로 하여금 쉽게 방어하지 못하게 한다. 이러한 종류의 아랫팔뚝을 가로지게 하여 팔꿈치 경(肘勁)을 발출하는 권식은, 뒤에 나오는 「탈이굉(奪二肱)」에서 마찬가지로 붕(掤)하는 발경(發勁)을 연습하는 권식을 제외하고는, 제2로 포추(砲捶) 중에 달리 붕발경(掤發勁)을 연습하는 권식이 다시없으므로, 반드시 자세히 연습해야 한다.{이것은 척계광(戚繼光) 권식 중에서 가려낸 것이라고 한다}52)

제38식 벽가자(劈架子)
(가슴이 東北으로 향하다가 東南으로 향한다)

동작

이 권식은 「수두세(獸頭勢)」의 붕발경(掤發勁) 후에 우권(右拳)이 아래로 향하다 다시 돌아서 올라가도록 작게 순전(順纏)한다. 동시에 좌권(左拳)은 위로 향하고 다시 돌아서 내려가도록 작게 역전(逆纏)한다. 양손을 서로 상대적으로 휘둘러서 좌권(左拳)이 내려가고 우권(右拳)이 올라오며 수직선을 이룰 때 오른발을 뛰어 올리며, 동시에 왼발이 앞으로 향하여 1보 나간다. 이때 양 권(拳) 모두 장(掌)으로 변하며 긴밀히 교차하며 쌍합(雙合)하고, 또한 사타구니를 활짝 펴서 아래로 가라앉히며, 내부에는 짧은

---

52) 역자註 : 척계광(戚繼光)의 기효신서(紀效新書) 권경(拳經) 제18세가 「수두세(獸頭勢)」이며, 그 결(訣)에 이르기를 "「수두세」는 마치 방패가 비집고 들어가는 것과 같으니(獸頭勢如牌挨進)"라고 하였으니 그 동작은 전진하는 것이지만, 이 제2로 포추(砲捶)에서는 후퇴하는 동작이다. 이 권식은 빠른 속도로 동작하며, 그림 62의 오른발과 그림 63의 왼발은 이동해 올 때 발꿈치를 들고 발끝이나 발끝부분을 땅에 붙여 돌려와서 손의 발경 시에 같이 발꿈치를 땅에 내려차 소리를 내며 손의 발경에 호응하기도 한다.

거리의 어깨 고경(肩靠勁)을 갖춘다.53) 이때 왼발이 실(實)이 된다. (그림 64·그림 65) 앞 동작은 축경(蓄勁) 중에 좌측 어깨의 고경(靠勁)을 발출하므로, 반드시 다시 축경할 필요는 없고, 다만 앞 권식의 축경을 방출하여 전개하면 곧 발경(發勁)이 된다. 이것은 왼손을 위쪽 바깥으로 향하여 순전(順纏)하며 발출하는 것이며, 태극권 중에서 유일하게 위로 가격하는 경(勁)이다. 가격하는 목표는 상대방의 아래턱이다. 이 권식은 주먹으로 치거나 혹은 장(掌)을 사용하거나 두 가지 모두 가능한 권식이며,54) 또한 오른손이 아래쪽 안으로 향하여 빈{賓 : 왼손이 주(主)가 되고 오른손이 부(副)가 된다} 이 되게 역전(逆纏)하며 뒤로 가격하는 권식이다. (그림 66)

그림 64　　　　　　　　그림 65　　　　　　　　그림 66

요점

이것은 앞 권식의 붕발경(掤發勁) 후에 축경(蓄勁)으로 바뀌며, 또한 축경 중에 방경(放勁)이 내포되어 있는 권식이다. 양손이 교차하며 보(步)가 나갈 때, 오른손이 좌측 위로 향하는 박면장{撲面掌 : 얼굴 정면을 장(掌)으로 덮쳐 가격함}의 열경(挒勁)과 좌측 어깨가 좌측 밖으로 향하는 견고경(肩靠勁)은 동시에 같이 사용해야 한다. 이 두 경(勁) 중에서 고경(靠勁)은 드러났다 숨었다 하며, 진실한 듯하다 거짓인 듯하는 것이 이 권식의 특징이다. 왜냐하면 대체로 견고경(肩靠勁)을 사용하여 발출할 때 머리 부

---

53) 역자註 : 어깨 고경(靠勁)을 갖춘다는 것은, 왼발이 앞으로 성큼 나갈 때 좌측 어깨로 상대방을 밀거나 튕겨내는 고경이 밖으로 드러나지는 않지만 안으로는 그 기세를 갖추어 있다는 뜻이다.
54) 역자註 : 이 권식 전체를 장(掌)을 사용하지 않고 권(拳)만으로 동작하기도 한다.

위가 가장 쉽게 상대방에 의해 제압당하기 때문이다. 그러므로 이 권식은 아주 짧은 근거리 내에서 동시에 박면장(撲面掌)을 사용하여 앞으로 가격하는 형세를 갖추게 되어 머리 부위에 대하여 보호작용을 일으킬 뿐만 아니라 또한 견고경(肩靠勁)의 부족한 점을 보조한다.

움츠린 자세로 축경(蓄勁)한 중에 고경(靠勁)을 사용하려면 안정된 중정경(中正勁 : 경을 치우침 없이 곧고 바르게 유지함)을 갖추어야 하며, 그리하여 만약 고경(靠勁)이 적중하지 못해 한 쪽으로 치우쳐 닿게 되면, 곧 팔꿈치로 가격하거나 손으로 짧게 치는(挒) 수법이 이미 축경되어 발출하기를 기다리므로, 때에 따라서 그 미치지 못함을 모두 보완할 수 있다.

그림 66은 우수(隅手)의 운용을 위주로 하는 수법의 하나이다. 이것은 붕발경(掤發勁)·장열경(掌挒勁) 그리고 견고경(肩靠勁)을 사용한 후에, 태극권에서 유일한 상격경(上擊勁 : 위로 가격하는 경)을 다시 첨가한 것이다. 이것은 연이어서 가격하는 발경(發勁)이며, 그 목적은 상대방을 가격하여 명중시키는 것이지 상대방을 발출해내는 것이 아니다. 그러나 상대방을 가격하여 아래턱에 명중시키면 마찬가지로 상대방이 넘어지게 될 가능성이 있다. 이것은 태극권 수법 중의 한 특수한 가격법이다. 동시에 앞의 권식에서 양손과 양발 모두 이미 충분히 축경(蓄勁)되었기 때문에, 이 권식의 위로 가격하는 요점은 그 경(勁)을 가라앉히는 중에 능히 더욱더 고도로 그 경(勁)을 집중하는 데에 있으며, 이처럼 되어야 비로소 위로 가격하여 발경(發勁)하는 동작이 견강(堅剛)하고 침착(沉着)한 내경(內勁)을 표현해낼 수 있다.

제39식 번화무수(翻花舞袖)
　　　　(가슴이 東南으로 향하다가 東北으로 향한다)

동작

이 권식은 앞 권식에서 그 경(勁)을 양분(兩分)하여 위로 가격한 후, 곧 아래로 가라앉는 신법(身法)으로 변한다. 동작하기 전에 반드시 한차례 침착(沉着)된 탄성경{彈性勁 : 탄성경은 즉 붕경(掤勁)을 가리킨다}을 다시 증강하고, 또한 정경(頂勁 : 정수리로 이끈 勁)으로써 선도하여 몸을 이끌어 일으킨다. 이것은 "위로 향하고자 의도하면

그림 67

반드시 먼저 아래에 그 뜻이 깃들어 있어야 하는 (意欲向上, 必先寓下)" 원칙이다. 그러므로 뒤쪽 아래로부터 앞쪽 위로 회전하는 의식을 집중하여 오른손을 이끌어 움직여 뒤쪽 아래로부터 역전(逆纏)하며 앞쪽 위로 향한다. 동시에 왼손은 앞에서 순전(順纏)하며 작은 권(圈)을 휘둘러 돌아 오른손에 호응하여 합경(合勁)한다.55) 이어서 오른손은 순전(順纏)으로 바뀌어 앞쪽 위로부터 앞쪽 아래로 향하여 수도(手刀)를 사용하여 아래로 찍어 베듯이(砍)하며, 마치 도끼로 장작을 패는 것과 같다. 찍어 벨(砍) 때 전신은 반드시 이완시켜서 탄성경을 사용해야 하며, 동시에 왼손은 좌측 뒤로 향하여 빈(賓)이 되게 가격한다.56) 양손이 우측 뒤로 향할 때 왼발을 들어올리고, 양손이 앞쪽 위에 도달할 때 왼발이 땅에 내려와서 실(實)이 되며, 동시에 오른발이 앞으로 향하여 1보 나간다.57) 오른손을 아래로 베듯이 쳐 내릴 때 오른손이 실(實)이 되고 오른발은 허(虛)가 된다. (그림 67)

요점

이 권식 또한 척계광(戚繼光)의 권식 내에서 선출해낸 것이다. 이것과 앞 권식은 다르다. 앞 권식은 아래에서 위로 공격하고, 이 권식은 위에서 아래로 찍어 패듯(砍) 한다. 아래로 감(砍)하기를 잘 하려면 먼저 반드시 가슴 앞에서 합경(合勁)한 후 몸과 손의 내경(內勁)을 연합(聯合)하며, 또한 권(圈)으로 휘둘러 돌린 후에 아래로 감(砍)한다. 이때 손발이 협조되어야 하며, 또한 기세(氣勢)를 갖추고 경(勁)을 갖추어 견강(堅剛)하게 "찍어 내려 침(砍)"을 표현해내어야 한다. 그러므로 양손은 반드시 큰 권(圈)

---

55) 역자註 : 이 권식을 처음 시작할 때 양손은 먼저 우측 뒤로 향하여 함께 휘돌아 나간다.
56) 역자주 : 이때 왼손은 순전(順纏)에서 역전(逆纏)으로 바뀐다.
57) 역자註 : 이때 물론 제16식과 같이 왼발이 진각(震脚)할 수도 있고 오른발을 내릴 때도 진각(震脚)하기도 한다. 무릇 발이 땅에 내려올 때 진각(震脚)하는지의 여부는 수련자가 임의로 선택할 수 있으므로 각자 취향에 따라 수련할 수 있다. 그러나 이 권식에서는 왼발이 진각(震脚)하지 않고, 오른손을 내려칠 때 오른손만 실(實)이 되고 오른발은 허(虛)가 되므로 진각하지 않으며, 이 방법은 그 나름대로 의미가 있다.

으로 휘둘러 돌려온 후 비로소 아래로 내려치기(下砍) 시작하니, 마치 큰 쇠망치를 잡고서 큰 권(圈)으로 휘두른 후에 내려치는 것과 같다. 이것은 제2로 포추(砲捶)에서 유일하게 권(圈)으로 휘둘러 회전하여 아래로 베듯이 내려치는 권식이다. 아래로 내려쳐 발경할 때 몸은 반드시 곧고 바르며 기울지 않아야 하고 또한 탄성(彈性)을 갖추어 이완시키니, 이것은 하나의 권(圈)으로 회전하는 관성력(慣性力)을 이용하여 이로써 내려치는 경(勁)을 증강시키는 구체적인 동작이며, 양손과 양다리가 동시에 함께 사용되어 최대한 협조되도록 한다.

제40식 엄수굉추(掩手肱捶)
　　(가슴이 東北으로 향하다가 東으로 향한다)

동작

이 권식은 「번화무수」 후에 이어지나, 제17식 「엄수굉추」와는 다르다. 이 권식은 반드시 정경(頂勁)으로써 선도하여 몸을 이끌어 일으키며, 우측 다리를 들어올려 좌측 다리와 평행하는 지점 상에 내리면서 진각(震脚)하여 실(實)이 되고, 동시에 좌측 다리를 앞으로 향하여 뻗어 1보 나가서 허(虛)가 된다. 이 권식은 뛰어오를 때 전후의 다리가 위치를 바꾸어야 한다. 몸을 이끌어 일으킬 때 오른손이 순전(順纏)하고 왼손이 역전(逆纏)하며 쌍합(雙合)하고, 우측 다리가 땅에 내려오는 동시에 양손은 쌍역전(雙逆纏)하며 나누어 벌리다가, 다시 축경(蓄勁)으로 전환한다.58) 이때 오른손은 장(掌)을 권(拳)으로 바꾸어 우측 허리 옆에 두며, 또한 그 경(勁)을 아래로 한 차례 가라앉힌 상태하에 우권(右拳)이 주(主)가 되게 경(勁)을 발출하여 나간다.59) 이때 왼손은 역전(逆纏)하며 뒤로 향하여 빈(賓)이 되게 방경(放勁)한다. (그림 68)

그림 68

---

58) 역자註 : 축경으로 전환할 때 양손은 순전(順纏)으로 바뀐다.
59) 역자註 : 발경할 때 우권(右拳)은 역전(逆纏)으로 바뀐다.

요점

「번화무수」권식에서 아래로 내려칠(下砍) 때 이완시켜 풀어지듯이 내려쳐서, 경(勁)을 사방주위로 확산하는 기세(氣勢)를 갖추게 하며, 이것은 마치 회(灰)를 담은 주머니가 땅에 떨어져 회(灰)가 사방으로 흩어지는 것과 같다. 이것은 이완시켜 전개하는 감경(砍勁)이므로, 다음 권식을 할 때 아래로 내려친(砍) 탄성을 이용하여 이로써 몸을 이끌어 일으키니, 이것은 마치 사방 주위의 경(勁)을 한 점(點)에 집중하여 이끌어 일으키는 것과 같다. 그리고 오른발이 땅에 내려와 진각(震脚)하고 왼발이 앞으로 뻗어 보(步)가 나갈 때에 이르러, 의식(意識)상으로 또한 경(勁)을 넓게 펼치려는 의도(意圖)가 있어야 한다. 이것은 이 권식이 응당 갖추어야 하는 신태(神態)이다.

제41식 복호(伏虎)
(가슴이 東으로 향하다가 東南으로 향한다)

동작

앞 권식에서 우권(右拳)이 발경한 후 역전(逆纏)하며 우권(右拳)을 거두어들이고, 동시에 왼손이 역전(逆纏)하며 권(拳)으로 변하여 좌측 앞으로 내린다. 우권(右拳)이 역전(逆纏)하며 뒤로 향할 때, 또한 몸을 우(右)로 조금 돌리며 뒤에 있는 오른발이 다시 뒤쪽 우측으로 향하여 반보(半步) 옮겨 벌려서 실(實)이 되고, 우권이 역전(逆纏)하며 우측 밖으로 향하여 큰 권(圈)을 휘두른 때에 이르러 다시 하나의 작은 권(圈)을 휘두르며60) 우권(右拳)이 좌측 이마 모서리에 도달할 때 「복호(伏虎)」의 권식이 완성된다. 동시에, 거두어들인 좌권(左拳)은 좌측 안으로 향하여 작은 권(圈)으로 돌아서 좌측 허리 옆에 이르렀을 때 좌측 허리 부위에 떠받쳐 지탱한다.61) 이때 오른발이 실(實)이 되고, 왼발은 허(虛)가 된다. (그림 69)62)

그림 69

60) 역자註 : 다시 하나의 작은 권(圈)을 휘두르는 것은 제13식 「비신추(庇身捶)」의 오른손 동작과 유사하며, 오른손의 전사(纏絲) 또한 제13식과 유사하나 마지막에는 우권심(右拳心)이 아래로 향한다.
61) 역자註 : 좌권(左拳)이 작은 권(圈)으로 돌아 좌측 허리 옆으로 올 때 순전(順纏)으로 바뀌어 권심(拳心)이 위로 향하며, 이 동작의 완성과 오른손 동작의 완성 시점이 일치한다.

요점

이 권식은 좌우전후(左右前後)와 상하(上下)에서 하나의 큰 권(大圈 : 大蓄勁)으로 휘두르며 회전할 때, 몸이 움직여 도는 중에 움직일수록 몸이 더 낮아지게 하며, 동시에 큰 권(圈)도 돌수록 더 작아진다. 이것은 몸이 나선형으로 아래로 내려가는 가장 명확한 한 예가 된다. 이 권식과 일반 권식이 다른 것은 전개한 자세하에 축경(蓄勁)을 형성하는 것이다. 왜냐하면 몸을 더욱 낮추어 움직여 돌수록 다리에 작용하는 축경(蓄勁)의 탄성 또한 더욱 커지기 때문이다. 이러한 종류의 축경(蓄勁)은 다음 권식에서 민첩하게 뛰어오르기 위한 탄력을 잘 준비하여 갖출 수 있으며, 이것은 제2로 포추에서 가장 낮은 자세의 권식이자 또한 다리의 전사(纏絲)가 손의 전사에 호응함이 가장 잘 드러나는 권식이다.

제42식 말미홍(抹眉紅)
(가슴이 東南으로 향하다가 北으로 향하고, 다시 南으로 향한다)

동작

앞 권식은 크게 축경(蓄勁)한 신법(身法)이고, 이 권식을 할 때는 곧 앞 권식의 신법(身法)이 충분히 축경된 상황하에서 크게 방출하는 신법이 된다. 척배(脊背)의 우측을 늘여 펴서 탄성이 충분한 기초 위에, 허리와 척추의 탄성이 회복되는 수축과정을 운용하여 이로써 오른손을 순전(順纏)하며 위로부터 호형(弧形)으로 휘둘러 아래로 향해 돌아서 앞으로 내던져 뿌리치듯이 휘두르고(甩)63) (앞 권식 「복호」에서 허리를 지탱하는 왼손이 상대방에게 붙잡혔다고 가정하여) 좌권(左拳)을 역전(逆纏)하며 아래쪽 뒤로부터 위로 향하여 하나의 완정한 권(圈)을 휘둘러 돌며, 우권(右拳)을 앞으로 향하여 뿌리쳐 휘두르는 원심력을 빌어서 몸을 이끌어 일으키고, 오른발 역시 이에 따라 앞으로 향하여 큰 1보를 뛰어나가며, 왼발도 뒤따라 나간다. 이때 양발은 땅에서 떨어져 있다. (그림 70)64) 뛰어오른 오른발이 땅에 내려와 실(實)이 되려고 할 때, 몸을 공중에서

---

62) 역자註 : 이 권식이 완성되었을 때의 자세는 아주 낮으며, 우권(右拳)이 좌측 이마 모서리에 도달하여 권심(拳心)이 아래로 향하고 좌권(左拳)이 좌측 허리 옆에서 권심(拳心)이 위로 향하나, 진조규가 전수한 권식에서는 우권이 우측 귀 옆에서 권심(拳心)이 아래로 향하고 좌권은 좌측 다리 무릎 안쪽 앞에서 권심(拳心)이 위로 향하도록 좌권을 앞으로 내밀어 있다.

63) 역자註 : 이때 우권(右拳)이 장(掌)으로 바뀐다.

좌(左)로 향하여 180도 회전시키고, 왼발을 오른발의 동(東)쪽에 놓는다. 이때 좌권(左拳) 역시 위로부터 역전(逆纏)하며 아래로 향해 허리에 위치한다.65) (그림 71) 뛰어나가서 몸을 회전하는 과정 중에 매우 자연스럽게 배절고경(背折靠勁)을 표현해내며, 이로써 붙잡힌 왼손을 뿌리쳐 거두어들여 허리에 위치시킨다.

그림 70   그림 71

요점

이 권식의 주된 요점은 앞 권식의 축경(蓄勁)에 근거한다. 뛰어나가기 전에 반드시 허리와 다리를 뒤로 조금 앉히며, 이로써 탄성경(彈性勁)을 증강한다. 그 후 축경(蓄勁)의 탄성을 빌어 몸이 앞쪽 위로 향하여 뛰어오르게 하며, 이것은 민첩하게 뛰어올라 쉽게 회전하는 관건이다. 몸을 회전할 때 반드시 몸을 곧고 바르게 유지해야만 배절고경(背折靠勁)을 안전하게 발출해 나갈 수 있고, 또한 탈출하고자 애쓰지 않아도 자연히 탈출할 수 있다.

제43식 우황룡삼교수(右黃龍三攪水)
(가슴이 南으로 향한다)

---

64) 역자註 : 그림 70의 오른손은 아래서 위로 휘둘러 쳐올리는 수법이므로 장심이 위로 향하고, 그 후 역전(逆纏)으로 바뀌어야 하며, 왼손은 뒤로 향해 권(圈)을 돌리고 있는 상태가 되어야 한다.

65) 역자註 : 좌권(左拳)의 위치와 자세는 그림 76과 77의 우권(右拳)을 참고한다.

동작

앞 권식에서 뛰어나가 몸을 회전한 후, 좌권(左拳)이 허리를 받치고, 이어서 오른손을 가슴 앞에서 순전(順纏)하며 권(圈)으로 휘두른다. 오른손을 아래로 향하여 권(圈)으로 휘두를 때 오른발을 이에 따라서 들어올려 거두어들여 허(虛)가 된다. (그림 72) 오른손을 위로 향하여 역전(逆纏)하며 권(圈)으로 휘두를 때, 오른발 또한 앞으로 나가서 땅에 내려와 실(實)이 되고, 왼발도 따라 나가서 발끝이 땅에 닿아 허(虛)가 되어 첫째 「교수(攪水 : 물을 휘젓는 듯한다)」가 완성된다. (그림 73)66) 이어서 계속하여 다시 두 차례 「교수(攪水)」동작을 한다. {그림 72·73에 이어지며, 그림 72로 될 때 왼발이 뒤로 조금 나가 땅을 디뎌 실(實)이 되고 동시에 오른발도 뒤로 나가 발끝이 땅에 닿는다. 다시 그림 72·73·74에 이어진다.}

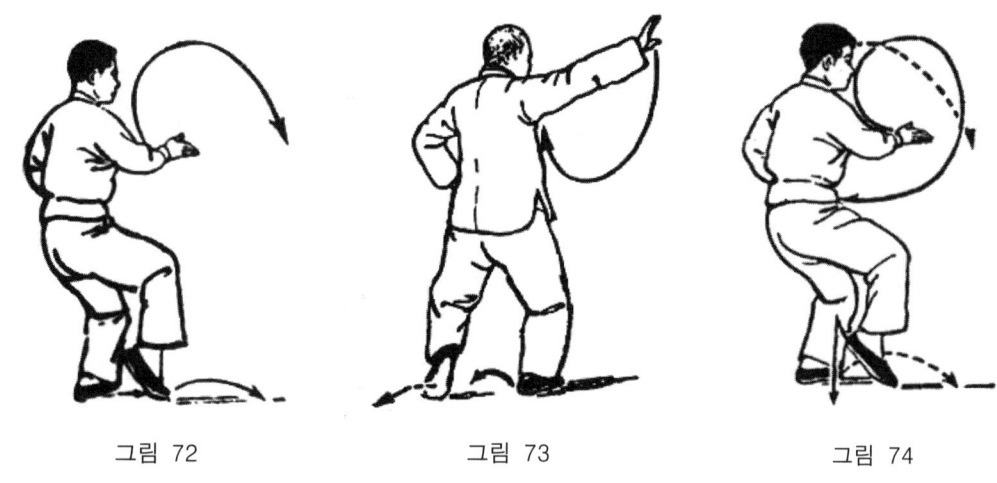

그림 72　　　　　　　그림 73　　　　　　　그림 74

요점

운동기능에 의거하여 말하자면, 권식(拳式)이 간단할수록 전신이 함께 움직이기가 어렵다. 이 권식은 다만 오른손 하나만 권(圈)으로 휘돌고 오른발이 호응하여 상하(上下)로 허실(虛實)을 나누어 운동을 진행하니, 이러한 동작은 비교적 간단한 것이다. 그러므로 이것은 전사경(纏絲勁)을 연습하여 모든 관절이 관통하여 연결되도록 하는 기본공(基本功)이다. 몸의 한 부분이 움직이기만 하면 전신이 함께 움직이도록 하려면,

---

66) 역자註 : 오른손이 권(圈)으로 돌 때 먼저 좌측 위로 향하여 올라가서 우측 앞으로 돌리니, 이것은 즉 얼굴과 가슴 앞을 방어하여 휘감아 저으면서 공격해 나간다. 무릇 모든 동작에 공방(攻防)의 개념을 적용한다.

그 요점은 여전히 허리와 척추가 전신을 이끌어 움직이고 또한 팔의 경(勁)을 이완하여 마치 채찍처럼 권(圈)으로 휘두르는 데에 있으니, 이러한 것이 이 권식을 잘 할 수 있는 관건이다.

이 권식이 바로 제2로의 두 번째 단(段)이 나누어지는 곳이며, 필요에 따라 몇 차례 더 반복하여 할 수 있다. 왜냐하면 「교수(攪水)」이전에는 일련의 비교적 격렬한 운동을 연속하여 진행하였으므로, 여기서는 어느 정도 휴식과 정비를 할 수 있다.

제44식 좌황룡삼교수(左黃龍三攪水)
　　　　(가슴이 南으로 향하다가 北으로 향한다)

동작

앞 권식에 이어서 몸을 돌려 왼손의 「교수(攪水)」로 바뀌어 권(圈)으로 휘두른다. 이 수법과 오른손의 「교수」동작은 기본적으로 서로 같으나, 그 다른 점은 좌우 손이 교체하며 몸을 돌릴 때 반드시 내경(內勁)이 끊어지지 않게 유지하는 것이다.

앞 권식에서 오른손이 아래로부터 좌(左)로 돌아 권(圈)으로 휘두를 때, 좌측 허리에 받쳐있던 좌권(左拳)이 장(掌)으로 변하여 역전(逆纏)하며 우측 위로 향하여 올라와 오른손을 맞이하여 왼손이 조금 아래에 있고 오른손이 조금 위에서 서로 합한다. 이때 오른발을 위로 조금 들어올려 허(虛)가 되고, 곧이어 양손이 교차할 때 즉각 쌍역전(雙逆纏)으로 변하며, 허리와 척추가 앞장서고 또한 오른손이 이끌어 움직여 몸을 돌려 우(右)로 향하여 180도 이끌어 회전한다. 동시에 오른발이 땅에 내려와 실(實)이 되고, 또한 회전의 중심축이 되며, 이에 따라서 왼발 역시 즉각 몸의 회전에 따라서 호형(弧形)으로 휘둘러 돌아 오른발의 서쪽에 위치시켜 몸이 회전하는 과정을 완성한다. 동시에 왼손은 역전(逆纏)에서 순전(順纏)으로 바뀌어 좌측 밖으로 향하여 권(圈)으로 휘둘러 돌고, 오른손은 작게 순전(順纏)하며 권(拳)으로 변한 후 우측 허리 옆에 위치한다. (그림 75) 이것은 「좌황

그림 75

룡삼교수」의 몸이 회전한 후의 기점(起點)이다. 이후는 「우황룡삼교수」와 마찬가지로 왼손이 아래로 향하여 돌 때 왼발을 반드시 들어올려 거두어들여 발끝이 땅에 닿아 허(虛)가 된다. (그림 76) 왼손이 위로 향하여 돌 때 왼발이 앞으로 나가 땅에 내려와 실(實)이 되며, 이때 오른발도 함께 나가 발끝이 닿아 허(虛)가 되어 첫째 「교수」가 완성된다. (그림 77) 이어서 다시 두 차례 「교수」동작을 한다. (그림 76·77에 연결되고 다시 그림 76·77·78에 연결된다)67)

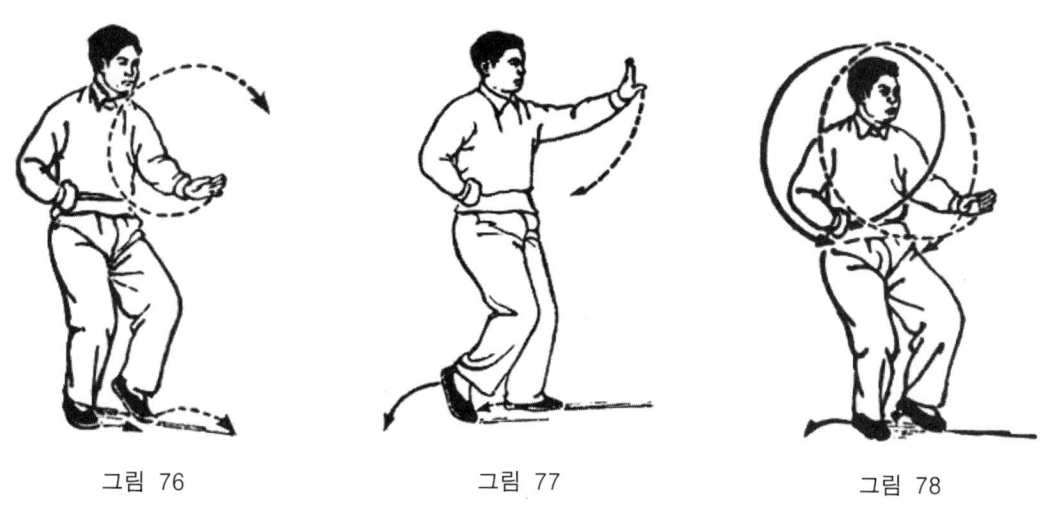

그림 76   그림 77   그림 78

요점

이 권식 자체의 요구사항은 「우황룡삼교수」와 같으나, 다만 특별히 주의할 점은 몸을 회전하여 손을 바꿀 때, 곡선이 완화되게 회전해야 할 뿐만 아니라 동시에 또한 한 기세(氣勢)로 관통하여 연결되어 단속(斷續 : 끊어졌다 다시 이어짐)과 요철(凹凸)이 생기지 않아야 하는 점이다. 그 관건은 왼손이 장(掌)으로 변하여 오른손과 서로 합할 때 양팔이 서로 연결되며, 다시 나누어 벌리며 휘두를 때 경(勁)이 곧 오른손으로부터 왼손으로 전환되어 갈 수 있는 데에 있다. 이 권식의 요점과 동작이 비록 앞 권식과 같으나, 왼손이 오른손과 같은 정도의 민첩함을 갖추게 하려면 이 권식을 몇 차례 혹

---

67) 역자註 : 이 초식처럼 간단한 동작일수록 허리가 동작을 이끌어 가도록 더욱 주의하며, 단순히 손의 동작이 아니라 몸 전체 즉 허리와 과(胯)를 사용하는 동작이 이루어지도록 한다. 이것은 온몸이 한 기세를 이루도록 몸의 어느 한 부분이라도 소홀함이 없이 모든 부분에 의식을 갖추어 있는 것이다. 특히 몸이 나가고 물러날 때 기세(氣勢)가 들떠 흔들리지 않도록 침경(沉勁)을 갖추어야 한다.

은 십 수 차례 더 할 수 있다. 이 권식을 할 때 오른발의 위치를 변하지 않고 원래 위치에서 몇 차례 더 하면 전체 투로의 구조에 영향을 미치지 않는다.

제45식 좌등일근(左蹬一根)
   (가슴이 北으로 향한다)

동작

앞 권식의「교수(攪水)」후에 왼팔을 순전(順纏)하며 안으로부터 밖으로 향하여 호형(弧形)으로 휘두를 때, 허리를 받치고 있는 우권(右拳)이 장(掌)으로 변하여 왼손에 상대되는 같은 기세(氣勢)로 서로 상대하며 또한 서로 나누어져 권(圈)을 휘둘러 돌고, 하나의 권(圈)을 돈 후 다시 아래로 향하여 돌 때 곧 쌍합경(雙合勁)을 이룬다. 이때 장심과 장심이 마주 대하고, 양손이 마주 대하는 거리가 어깨넓이보다 조금 좁게 하여 배 앞에 위치한다. 오른손이 돌아서 최후에 합할 때 왼발이 실(實)에서 허(虛)로 바뀐다.68) (그림 79) 양손이 멈추지 않고 권(圈)으로 휘두르는 상태하에 쌍순전(雙順纏)하며 긴밀히 합하면서, 양 장(掌)이 권(拳)으로 변하여 가슴 앞에서 교차한다. 이때 왼손이 밖에 있고 오른손이 안에 있으며, 동시에 좌측 다리를 들어올린다. (그림 80) 교차

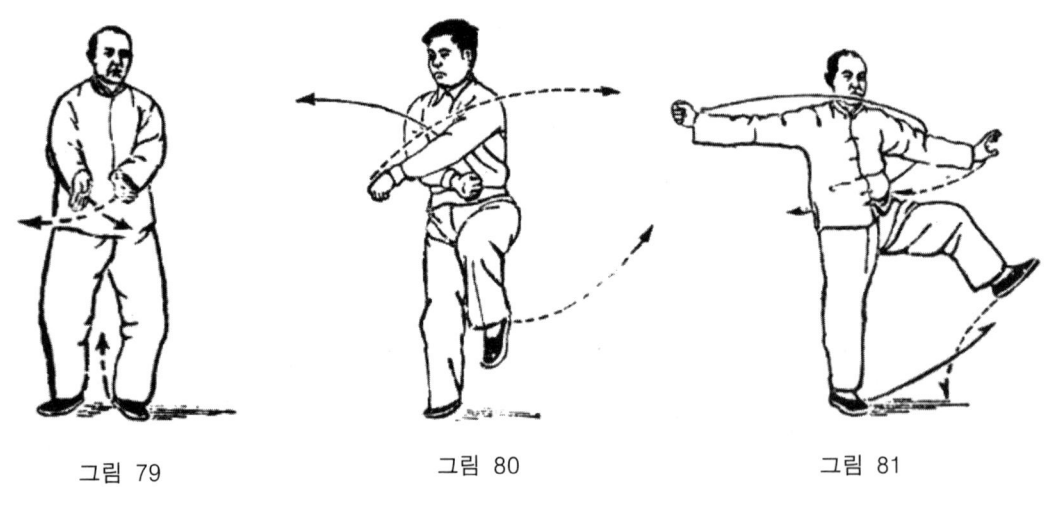

그림 79   그림 80   그림 81

---

68) 역자註 : 양손이 권(圈)으로 휘두르기 시작할 때 먼저 왼발 발꿈치가 내려와 왼발이 실(實)이 되고 오른발이 조금 뒤로 물러나며, 양손이 합경할 때 오른발이 실(實)로 되면서 왼발이 허(虛)로 바뀐다.

하는 동작의 마지막 지점에 도달한 후 양손과 왼발을 가능한 힘껏 좌우로 향하여 함께 발경(發勁)해 나간다. 이것은 오른발이 독립한 자세하에서 왼발을 차서 경(勁)을 발출해 나가는 것이다. 이때 왼손이 주(主)가 되고 오른손이 빈(賓)이 된다. (그림 81)

요점

이 권식의 탄경(彈勁)은69) 쌍합(雙合) 중에서 생겨난 쌍개경(雙開勁)이다. 왜냐하면 양손이 쌍합될 때 팔꿈치와 윗팔뚝에 쌍개경(雙開勁)이 내포되어 있기 때문이다.70) 또한 쌍합(雙合)될 때 양발을 조금 굽혀 "사타구니를 펴기(圓襠)" 때문에 다리에도 쌍개경(雙開勁)이 있게 된다. 이것은 양팔과 양다리 모두에 서로 연결되어 밖으로 향하는 붕경(掤勁)이 있음을 말하며, 이것은 발경(發勁)을 깔끔하게 할 수 있는 관건이다. 양손과 왼발을 함께 좌우 양측으로 향하여 나누어 발출할 때, 양손을 좌우로 발경하는 안정작용에 의하여, 경(勁)을 발출할 때 몸체가 안정될 수 있게 한다. 이러한 종류의 발경(發勁)은 관절 인대(靭帶)를 단련하여 그 탄성을 증강하는 좋은 방법이다.

제46식 우등일근(右蹬一根)
(가슴이 北으로 향하다가 南으로 향한다)

동작

앞 권식 「좌등일근」 후에, 양손이 역전(逆纏)하며 좌(左)로 향해 합하면서 몸을 이끌어 움직여 좌(左)로 돌려온다. 동시에 왼발을 땅에 내려 진각(震脚)하고 우측 다리를 들어올려, 좌측 다리로 독립하며, 양손은 우측 무릎 양측에서 합경(合勁)한다. (그림 82)71) 이어서 양손과 오른발을 가능한 힘껏 좌우로 향하여 함께 발경(發勁)해 나간다.

---

69) 역자주 : 탄경(彈勁)은 송탄경(鬆彈勁)을 말하며, 발경은 이완시켜 튕겨내 던지듯이 발출하는 것이다. 진가구(陳家溝)의 권술가 진백선(陳伯先)이 진조욱(陳照旭)에게 물었다. "이 권술은 어떻게 수련합니까?" 진조욱이 간단히 말하기를, "네 곳을 느슨히 이완한다(四塊放鬆)"라고 하였다. 네 곳은 양 어깨와 양 과(胯)를 말하며, 어깨를 이완시켜 손과 팔을 발출하고, 과(胯)를 이완시켜 발을 발출한다. 그리고 손발을 발출하는 것은 허리와 몸통전체, 달리 말하자면 허리와 다리 사이의 과(胯)로써 발출해야 한다. 권언(拳諺)에서 말하는 바, "움직이는 과정은 부드러워야 하고, 목표지점에 도달하면 강해야 한다. (運化要柔, 落點要剛)"는 것은 발경의 기본원리이다.
70) 역자주 : 팔꿈치와 윗팔뚝에 쌍개경(雙開勁)이 내포되어 있다는 것은, 곧이어 벌리는 동작을 할 때 팔꿈치와 윗팔뚝이 동작을 이끌어 간다는 의미이기도 하다.
71) 역자註 : 이때 오른팔이 밖에 있다.

이것은 왼발이 독립한 자세하에서 오른발을 차서 경(勁)을 발출해 나가는 것이며, 이때 오른손이 주(主)가 되고 왼손이 빈(賓)이 된다. (그림 83)

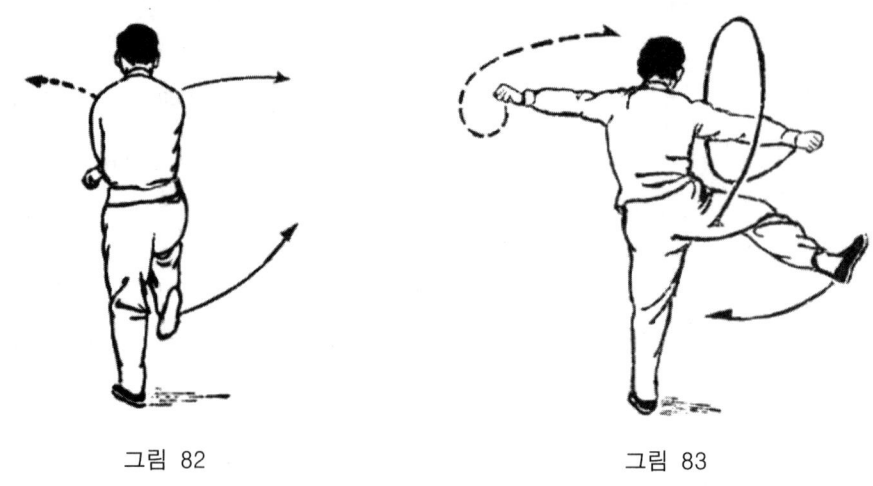

그림 82   그림 83

요점

이 권식은 좌측 다리를 들어올려서 좌(左)로 향하여 회전해 오는 것이며, 회전할 때 몸이 안정되게 돌아 움직이기가 쉽지 않다. 그 요점은 정수리를 위로 가벼이 들어올리고, 양손을 역전(逆纏)하며 상호간에 합경하여, 척배(脊背)가 팽팽하게 당겨지도록 하고, 왼발 발끝이 아래로 향하여 이로써 좌측 다리가 매달려 아래로 늘어뜨려진 중량을 경감시키는 데에 있다. 이것은 오른발을 차내기 전 몸을 돌릴 때 갖추어야 하는 축경(蓄勁) 자세이다. 왼발을 내려차 진각(震脚)한 후 즉시 우측 다리를 들어올려서 오른발과 양손을 함께 양측으로 향해 발출한다.

제47식 해저번화(海底翻花)
(가슴이 西로 향한다)

동작

제30식 「해저번화」와 같으며, 다만 몸을 돌리는 폭이 비교적 작고, 나머지는 모두 서로 같다. (그림 84)

그림 84   그림 85

제48식 엄수굉추(掩手肱捶)
(가슴이 西로 향한다)

동작

오른발을 내려 진각(震脚)하며 실(實)이 되고, 이때 오른손은 순전(順纏)하고 왼손은 역전(逆纏)한다. 왼손이 좌측 앞으로 향해 돌 때 왼발이 좌측 앞으로 향하여 1보 나간다. 우권(右拳)은 역전(逆纏)으로 바뀌며 발경(發勁)해 나가고, 좌권(左拳)은 역전(逆纏)하며 돈 후에 좌측 뒤로 향해 방경(放勁)하여 빈(賓)이 된다. (그림 85)

요점

제17식의 요점과 같다.

제49식 소당퇴(掃蹚腿)
{이 권식은 전경포(轉脛炮)라 부르기도 하며, 가슴이 西로 향하다가 北으로 향하고, 그 후 南으로 돌고 다시 北으로 향한다}

동작

「엄수굉추」의 발경 후에, 우권(右拳)을 앞에서 역전(逆纏)하며 거두어들이다가 다시 앞으로 향하여 하나의 권(圈)을 휘두르며, 왼손은 뒤에서 역전(逆纏)하며 앞으로 향하다가 다시 뒤로 향하여 하나의 권(圈)을 휘두른다. (그림 86)[72] 우권(右拳)을 순전(順

纏)하며 앞으로부터 거두어들여 우측 허리 앞에 이를 때 오른발이 땅을 차서 진각(震脚)하고, 이때 좌권(左拳)은 순전(順纏)하며 앞쪽 위로 향하여 들어올린다. (그림 87) 진각(震脚)한 뒤에 곧 이어서 오른발 발끝을 밖으로 꺾어 돌리며 우측 뒤로 향하여 반보(半步)보다 조금 작게 나가면서 회전의 관성력을 형성하여 몸을 우측 뒤로 향하여 280도 이끌어 돌리며 우측 다리를 아래로 앉히고, 왼발 역시 이에 따라서 부퇴(仆腿 : 우측 다리를 굽혀 아래로 앉고 좌측 다리는 편다)가 되어 호형(弧形)으로 280도 휩쓸어 돌며, 쓸어내듯이 돌아 오른발의 서남(西南)쪽에 이른다. (그림 88)

그림 86   그림 87   그림 88

요점

이 권식은 발이 휩쓸어 돌 때의 복사뼈가 가격하는 경(勁)을 연습하는 것이다. 좌측 다리를 안정되게 회전하여 하나의 완정한 권(圈)으로 휩쓸어 돌기 위하여, 반드시 마치 오른발이 지면에 뿌리가 내린 듯한 기세를 표현해내어야 한다. 또한 다리가 휩쓸어 도는 경(勁)을 증강하기 위하여, 반드시 오른발을 우측 뒤로 향하여 발끝을 꺾어 돌리며 보(步)가 조금 나가는 것을 이용하여, 이로써 몸과 다리를 이끌어 움직여 회전함으로써 회전의 관성력을 형성한다. 그리고 반드시 상하가 호응하여 일치되어야만 비로소 몸과 다리를 민첩하고 침착하게 회전시킬 수 있으니, 이것의 주된 요점은 이 동작의 전반부 반권(半圈)을 돌 때 자세가 높다가 낮게 바뀌고, 후반부 권(圈)을 돌 때는 곧 내경(內勁)이 또한 반드시 낮다가 다시 높게 바뀌며 그 후 땅으로 내려온다. 이 또한

---

72) 역자註 : 이때 왼발을 안으로 꺾어 돌리고, 몸도 우(右)로 돌려온다.

난도(難度)가 비교적 높은 동작이며, 다리를 수련하여 몸을 이끄는 운동으로서 다리 부위 근육이 늘어나고 증강되게 할 수 있다. 다리의 휩쓸어 도는 경(勁)을 증강하기 위해 이 동작만 전적으로 산수(散手 : 두 사람이 연습하는 약속대련)로서 연습할 수 있고, 또한 두 개의 360도 회전하는 「소당퇴(掃蹚腿)」를 할 수 있다.

제50식 엄수굉추(掩手肱捶)
　　　(가슴이 北으로 향하다가 東으로 향한다)

동작

앞 권식에서 280도 회전한 후, 양손이 가슴 앞에서 교차되어 합한다. (그림 89 갑) 이어서 양 권(拳)이 장(掌)으로 변하여 각각 좌우 양측으로 향하여 호형(弧形)으로 휘둘러 올라가 전개하며, 동시에 오른발을 들어올리고 왼발이 곧 땅을 박차며 뛰어오른다. (그림 89 을) 이어서 오른발이 서남(西南) 방향에 내려오고, 왼발이 따라서 동북(東北) 방향에 내려온다. 양손이 위로부터 쌍역전(雙逆纏)하여 가슴 앞에서 합하고, 다시 순전(順纏)하며 벌리고, 역전(順纏)하며 합한 후 우권(右拳)이 발경(發勁)해 나가고, 좌권(左拳)은 좌측 옆구리로 거두어들인다. (그림 90) 이 권식과 앞의 제17식이 다른 점은 다만 뛰어오르는 보(步)의 동작이 있는 점이고, 양발이 땅에 내려온 후는 기타 몇 개의 「엄수굉추」와 서로 같다.

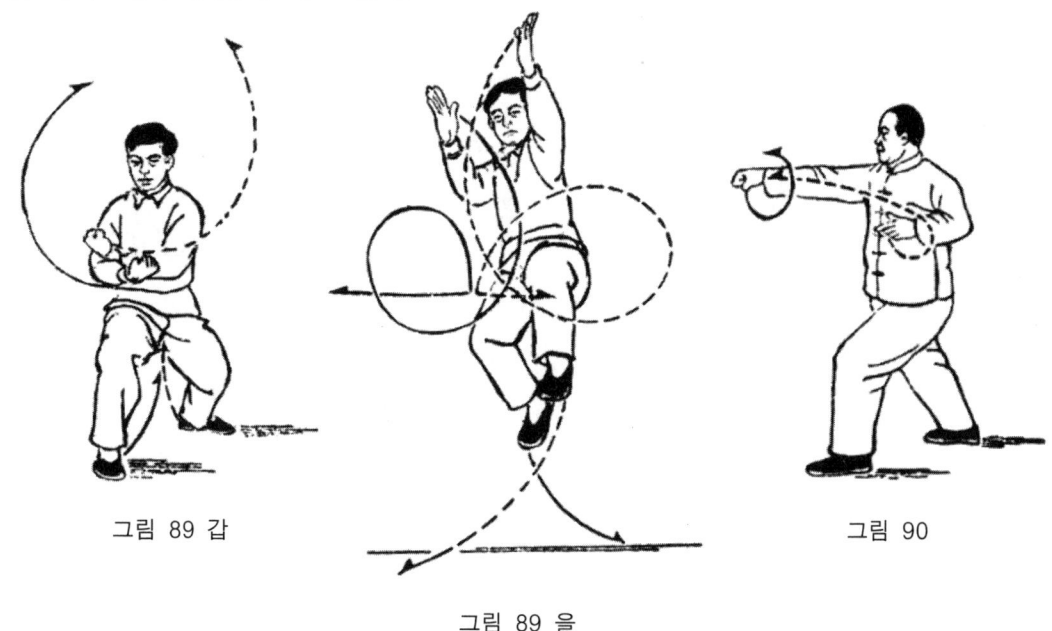

그림 89 갑　　　　　　　　　　　　　　　　그림 90

그림 89 을

요점

이것은 자세가 선회하며 마지막까지 올라갔을 때의 안정시키는 동작이며, 또한 몸을 크게 회전한 뒤를 이어서 일종의 나선형으로 상승하는 연습이다. 이러한 안정시키는 작용에 도달하려면「소당퇴(掃蹚腿)」가 끝났을 때 반드시 몸을 곧고 바르게 세워야 한다.

제51식 좌충(左冲)
(가슴이 東으로 향한다)

동작

이것은 좌측 다리가 앞에 있는 상태에서 동작을 시작하기 때문에「좌충(左冲)」이라 부른다. 앞 권식 「엄수굉추」의 발경(發勁) 후에 우권(右拳)을 순전(順纏)하며 거두어들이고, 좌권(左拳)을 역전(逆纏)하며 앞으로 향하여 뻗어나가서 양 권(拳)이 합경(合勁)하며 서로 마주 대한다. (그림 91) 이어서 앞으로 뻗은 왼손과 오른손이 함께 아래로 가라앉아 우측 옆구리 옆으로 향하여 하나의 권(圈)으로 휘두르며 돌아서 뒤쪽 위에 도달할 때 왼발을 거두어들여 위로 들어올려 허(虛)가 된다. (그림 92) 양 권(拳)이 또 위로부터 아래로 돌아서 좌측 허리 옆에 도달할 때, 왼발을 땅에 내려 진각(震脚)한다. 양 권(拳)이 돌아서 앞쪽 아래에 도달할 때 오른발이 앞으로 나가고, 양 권(拳)이 돌아서 좌측 옆구리 옆에 도달한 후 그 경(勁)을 아래로 가라앉힌다. (그림 93) 이것은 솟구쳐 치기 위한 축경(蓄勁) 자세이다. 이어서 쌍역전(雙逆纏)하며 앞쪽 위로 향하여 두경(抖勁)을 발출한다. 양 권(拳)이 아래로 내려올 때는 뒤에 있는 왼발이 실(實)이 되고, 양 권(拳)이 앞으로 향하여 경(勁)을 떨쳐(抖) 나갈 때는 오른발이 실(實)이 된다. (그림 94)

요점

이 권식의 동작은 양 권(拳)을 우측으로부터 좌측으로 휘돌려 오면서, 두 개의 완정한 전후상하(前後上下)의 큰 권(圈)으로 휘두른다. 동작은 잇달아 연결되어 끊어지지 않아야 하고, 한 기세로 단숨에 해치워야 한다. 그러므로 반드시 회전의 관성력을 이용해야만 비로소 경(勁)이 최후의 두경(抖勁)에까지 관통하여 연결되게 할 수 있다. 만약 내경(內勁)이 중간에 끊어졌다 이어지면, 곧 그 경(勁)을 증강할 수 없다. 또한 이것은 두경(抖勁)을 연습하기 위해 필요한 권식이다. 처음 배울 때는 두 개의 큰 권(圈)을 휘두른 후 곧 두경(抖勁)을 발출하기 시작하고, 이후에는 점점 작게 휘둘러 점차 권(圈)을 감소하여, 최후에는 다만 의념(意念)을 발동(發動)하기만 하면 곧 마찬가지로 두경(抖勁)을 발출할 수 있다. 이것은 두경(抖勁)을 발출하는 가장 심오한 공부(功夫)이다.

그림 91

그림 92

그림 93

그림 94

제52식 우충(右冲)
　　　　(가슴이 東으로 향한다)

동작

　이것은 우측 다리가 앞에 있는 상태에서 동작을 시작하기 때문에 「우충(右冲)」이라 부른다. 이 권식은 먼저 우측 다리가 앞에 있고 최후에는 좌측 다리가 앞에 있도록 바꾼다. 양 권(拳)은 먼저 좌측 옆구리 옆으로부터 돌아서 우측 옆구리 옆에 이르며, 두 개의 큰 권(圈)으로 휘두른 후 경(勁)을 떨쳐 나간다. 이 두 가지 사항은 이 권식과 앞 권식이 바로 상반되므로, 이 권식의 동작 노선과 앞 권식은 대칭된다. (그림 95·96·97)

그림 95　　　　　그림 96　　　　　그림 97

요점

「좌충」과 같다.

제53식 도삽(倒揷)
　　　　(가슴이 東으로 향하다가 東北으로 향한다)

동작

　앞 권식에서 쌍두경(雙抖勁)을 발출한 후 오른손이 상대방에게 붙잡혔다고 가정하여 {이러한 종류의 채경(採勁)은, 붙잡힌 사람으로 하여금 항상 아래로 무릎 꿇게 할 수 있다}, 상대방에 닿아 붙여 따라가 떨어지지 않고 상대방에 버티어 저항하지 않기 위해 오른손이 곧 역전(逆纏)하며 아래로 따르고, 오른손과 왼손이 서로 합하도록 한다. 합할 때 왼손이 상대방의 붙잡은 손 아래를 받쳐주고73) 또한 오른손은 아래로 눌러 초보적인 탈출을 한다. 이때 오른손이 아래로 향하여 실(實)이 되고, 오른발이 앞으로 보(步)가 나가서 허(虛)가 되며, 왼발과 나란히 서서 발끝이 땅에 닿는다. 이처럼 양손이 자신의 몸 상하(上下)에 접근하여 "합한 중에 탈출하니(合中解脫)", 이것 또한 가벼움으로써 무거움을 제압하는 한 예이다. (그림 98)

그림 98

그림 99

제54식 해저번화(海底翻花)
(가슴이 東으로 향한다)

동작

만약 앞 권식「도삽」에서 상대로부터 벗어나지 못하면, 곧 다시 아래로 가라앉은 후 돌연히 몸을 늘여 펴며 양손을 상하(上下)로 함께 전개한다. 이것은 기첩척배{氣貼脊背 : 기(氣)를 몸 배면에 붙인다. 즉 몸 배면에 기운을 모은다}하고 경(勁)을 정수리로 이끌어 몸을 일으키면서 두 번째 탈출을 시도하는, "합하는 중에 탈출한(合中解脫)" 후의 "벌리는 중에 탈출하는(開中解脫)" 방법이다. 벌리면서 탈출하는 동시에 오른손은 순전(順纏)하며 우측 위로 향하다 다시 우측 아래로 돌고, 왼손은 역전(逆纏)하며 좌측 아래로 향하다 다시 좌측 위로 돌며,74) 전신을 늘여 펴며 왼발로 독립하여 오른

---

73) 역자註 : 왼손은 권(拳)이 장(掌)으로 변한다.

발을 들어올린다. (발을 차기 위한 준비이다) 좌권(左拳)은 머리 정수리 좌측으로 향하여 올라가 방경(放勁)하며 권심(拳心)이 우(右)로 향하고, 우권(右拳)은 우측 허리 옆으로 향해 내려가 방경(放勁)하여 권심(拳心)이 앞으로 향한다. 그 동작은 앞의 몇 개 「해저번화」와 같으나, 다만 이 권식은 극히 조금 몸을 돌리고, 앞의 몇 권식은 몸을 돌리는 폭이 비교적 크다. (그림 99)

요점

태극권은 아래로 향하여 잡아채는 채경(採勁)을 많이 사용하며, 이를 빌어서 상대방이 쉽게 연수(連隨 : 상대방의 경에 이어 붙여 따라감)를 운용하여 탈출하지 못하게 한다. 이를 위해 오른손이 역전(逆纏)하며 아래로 향하고 오른발이 앞으로 나가며, 왼손은 나의 손을 붙잡은 상대방의 손 아래로 받쳐주며 들어간다.「도삽(倒揷)」의 오른발이 앞으로 나가는 까닭에, 설사 자신의 양손이 자신의 활동범위 중심에 접근하더라도, 이로부터 상대방에게 작용하는 힘을 더욱 증가시키고 동시에 자신의 작용력은 더욱 감소시켜서, 하나는 크고 하나는 작게 되어 이 또한 가벼움으로써 무거움을 제압하는 본보기이며, 자신이 기세를 얻게 된다. 이러한 종류의 위에서 누르고 아래에서 받쳐주는 탈출은 초보적인 탈출방식이다. 만약 여전히 탈출할 수 없으면 상대방과 버티며 저항하게 되므로, 응당 그 버티며 저항하는 경(勁)에 순응하여 곧 그 노선을 거꾸로 하여 움직이니, 왼손을 상대방의 붙잡은 손 위에서 돌려 왼손이 아래로 베듯이 쳐내리고 오른손을 위로 들어올려 제15식「참수(斬手)」와 같게 한다. 동시에 왼발을 땅에 붙인 채 진각(震脚)하듯 다리를 펴서 온몸을 늘여 펴며 일으켜 세우고, 양손은 그 경(勁)을 벌려 전개한다. 이것은 변환된 탈출형식이며, 해저(海底) 부위 즉 사타구니에서 쌍개(雙開) 쌍합(雙合)하여 뒤집어 돌아 변환함을 말하며, 또한 가격하여 발경(發勁)하면서 동시에 탈출하므로 한 초식(招式)을 두 가지 용도로 쓰는 수법이다.

제55식 엄수굉추(掩手肱捶)
　　　　(가슴이 東으로 향한다)

---

74) 역자註 : 왼손이 올라갈 때 권(拳)으로 변한다.

동작

제31식과 같다. (그림 100)75)

요점

제31식과 같다.

제56식 탈이굉(奪二肱) (1)
(가슴이 東으로 향하다가 南으로 향한다)

그림 100

동작

앞 권식「엄수굉추」의 발경(發勁) 후, 먼저 양손을 조금 벌리면서 곧 이어 좌권(左拳)이 역전(逆纏)하고 우권(右拳)이 순전(順纏)하여 우측으로부터 돌아와서 합경한다. 이때 우권(右拳)이 아래쪽 바깥에 있고, 좌권(左拳)이 위쪽 안에 있으며,76) 동시에 오른발을 반보 따라 나가서 왼발에 접근시킨다. 그 후 양 권(拳)이 쌍순전(雙順纏)으로 바뀌며 우권(右拳)을 위로 향하여 거두어들여 가슴 명치에 이르고, 좌권(左拳)은 아래로 가라앉아 좌측 무릎 앞에 이르며, 동시에 왼발이 앞으로 향하여 반보 나간다. (그림 101) 이어서 중심(重心)을 앞으로 이동하여 왼발이 실(實)이 되고, 동시에 양손이 합경

그림 101

그림 102

---

75) 역자註 : 왼손은 권(拳)인 상태를 유지한다.
76) 역자註 : 그림 100의 좌권(左拳) 동작 표시선에는 표시되지 않았으나, 먼저 좌권이 좌측 어깨 앞을 지나 가슴 앞으로 오고 우권(右拳)은 거두어들여 배 앞으로 온다.

하는 기세에 의하여 왼발이 축이 되어 몸을 우(右)로 향하여 180도 회전하며, 뒤에 있는 오른발을 동시에 들어올려 우측 뒤로 향하여 퇴보(退步)한다. {옆으로 반(半)보 이동한다} 몸을 회전하는 과정 중에 양 권(拳)은 계속하여 가슴 앞에서 안팎으로 함께 뒤집어 합경(合勁)하며 순전(順纏)한다. 즉 회전하여 몸이 서(西)쪽으로 향할 때 우권(右拳)은 마침 안쪽 앞에 있고, 좌권(左拳)은 바깥쪽 앞 아래에 있다. 이어서 우권(右拳)이 안으로부터 아래로 향하여 돌아 밖으로 나가서 다시 위로 향하여 돌아서 안으로 올 때, 오른발을 이에 따라서 들어올려 발끝을 지면에 붙여서 거두어들이고, 양팔이 합경(合勁)한다.77) 이때 우권(右拳)은 밖에서 굽혀 있고, 좌권(左拳)은 안에서 굽혀있다.(그림 102) 앞에서 설명한 이 동작은 축경(蓄勁)이며, 이후의 동작은 축적한 후에 발출하는 발경(發勁)이다. 이것은 양 권(拳)이 충분한 붕경(掤勁)을 갖추어 둘러 싸는 듯한 상태하에, 우권(右拳)을 조금 위로 들어올려 돌아서 좌권(左拳)의 안쪽에 도달한 후 곧 아래로 향하여 경(勁)을 가라앉힌다.78) 동시에 오른발을 진각(震脚)하고 지면에

그림 103

붙여서 땅을 파듯이 뻗어나가며, 상하(上下)가 서로 호응하여 뻗어나가 상대방의 중심 가까이에 도달할 때 오른팔을 가로눕혀 아랫팔뚝으로 경(勁)을 발출해 나가고, 동시에 좌권(左拳)은 역전(逆纏)하며 좌측 뒤로 향하여 방경(放勁)한다. 이것은 오른손과 오른발이 동시에 같이 나가는 특수한 동작이며, 또한 자세상으로 "상하가 서로 호응하여 따르는(上下相隨)" 것이다. 발경(發勁)할 때 왼발이 실(實)이 된다. (그림 103)79)

---

77) 역자註 :오른발이 옆으로 반(半)보 이동하며 그림 101의 양손 동작을 시작하여 권(圈)을 돌려, 양손을 거두어 오는 동시에 오른발을 같이 거두어 들인다. 제 57식을 참고한다.
78) 역자註 : 우권(右拳)을 위로 들어올리면서 좌권(左拳) 앞을 돌아 안쪽 아래로 내리는 동시에 좌권을 위로 조금 올려 양손이 상하로 동작한다. 이것은 한 수법이자 또한 축경(蓄勁)이 될 수 있다. 제 57식을 참고한다.
79) 역자註 : 오른발이 나갈 때 왼발도 조금 따라 나가서 호응한다. 발경할 때 왼발에 체중이 실려 있어 실(實)이 되나, 진조규가 전한 권식과 기타 명인이 전수한 권식에서는 오른발이 실(實)이 된다. 그러나 왼발이 여전히 실(實)이 되는 자세는 그 나름대로 수련하고자 하는 목적이 있다.

요점

 이 권식의 요점은 합경(合勁) 중에 몸을 회전하는 것이며, 앞의 권식들이 개경(開勁) 중에 몸을 회전하는 것과는 다르다. 그러므로 이것은 이 권식에서 연습하는 주요 내용이다. 이 권식은 뒤에서 습격당할 경우를 가정하여 곧 몸을 돌려서 이러한 습격을 무력화시키고, 또한 몸의 회전을 이용하여 축경(蓄勁)을 증강시켜 다음 권식이 능히 더욱 깔끔하게 발경(發勁)되게 하니, 이것은 이 권식의 특수한 작용이다. 몸이 회전하는 과정 중에 "미려가 치우침 없이 곧고 바르며(尾閭中正)" "정신이 정수리로 관통하도록(神貫頂)" 유지해야 하며, 이것은 곧 정경(頂勁)을 잃지 않고 미려(尾閭)가 기울지 않는 것이다.

 몸이 회전한 후 오른팔을 가로눕혀 합경(合勁)할 때, 가령 앞에 있는 오른팔 손목관절이 상대방에게 붙잡혔다고 가정하면, 이때 곧 별도로 탈출할 방법을 구할 필요 없이 우권(右拳)과 오른발이 동시에 곧장 떨치면서(震) 앞으로 향하여 오른발은 땅을 파듯이 나가고 오른팔은 아랫팔뚝을 가로눕혀 붕경(掤勁)을 발출해 나간다. {붕경(掤勁)은 용수철 같은 경(勁)이며, 태극권 8경(八勁)의 첫째 기본으로서 일종의 방어적인 경(勁)이다. 만약 붕발경(掤發勁 : 掤하여 발경함)을 적절하게 사용할 수 있으면, 곧 한 수법을 두 가지 용도로 쓰는 것과 같으며, 이러한 종류의 공격은 다만 손을 한번 떨치기만(抖) 하면 곧 발출할 수 있으므로, 그 공격 거리는 짧으나 효과는 큰 가장 간편한 발경이다.} 이것 또한 한 수법으로 탈출과 공격을 동시에 하는 두 가지 용도를 갖는 연합작용이다. 이것의 요점은 반드시 "몸의 중심(重心)이 적정 위치를 벗어나지 않으며(中土不離位)" 그리고 "몸으로써 나가고 물러나는(以身進退)"80) 전제하에서 탈출해야 하고 또한 상대방의 동작범위 내로 진입하여 격발(擊發)하는 수법이며, 더욱이 붕경(掤勁)을 격발(擊發)에 사용하니, 이것은 한 수법이 두 가지 용도를 갖는 가장 간단명료한 수법이다.

---

80) 註 : "몸의 중심(重心)이 적정 위치를 벗어나지 않는다(中土不離位)"와 "몸으로써 나가고 물러난다(以身進退)"는 것은, 손과 발이 선후(先後)로 연결되어져 전진할 때 마치 큰 깃발을 꼿꼿이 세워 기울지 않게 이동하는 것과 같아야 한다는 뜻이다.

제57식 탈이굉(奪二肱) (2)
(가슴이 南으로 향하다가 西로 향하고, 다시 南으로 향한다)

동작

그림 104

앞 권식의 붕발경(掤發勁) 후에, 가령 아직 상대로부터 탈출하지 못했다고 가정하면, 곧 계속하여 두 번째 「탈이굉」을 해야 하므로 응당 인(人) 자(字) 형태로 보(步)가 나가야 한다. 이것은 상대방에 연이어 따라서 계속하여 앞으로 2보(步) 나가는 동작이며, 투로(套路) 내에서 드물게 보이는 것이므로 하나의 동작으로 삼아 연습한다. 이 동작을 시작할 때 우권(右拳)을 순전(順纏)하며 위쪽 안으로 향하여 거두어들이고, 동시에 좌권(左拳)은 아래쪽 바깥으로부터 위로 향하며, 왼발이 이에 따라서 1보 좇아 나간다. (그림 104) 좌권(左拳)이 오른팔 바깥쪽에 이르러 다시 위로 향하여 "힘을 쓰고(用勁)"[81], 오른팔은 좌권(左拳)의 안쪽에서 아래로 향해 돌면서 힘을 쓰며, 양손이 자신의 몸에 가까이 접근하여 상하(上下)로 경(勁)이 마주 대할 때, 상대방에게 붙잡혔던 오른팔은 이미 탈출한다. 탈출하는 동시에 또한 오른발이 나가니, 이것 또한 오른팔을 장차 붕(掤)하여 발경(發勁)하기 위한 축경(蓄勁)의 준비를 잘 하는 것이다. 앞 동작에서 좌보(左步)가 나간 후에 계속하여 두 번째 우보(右步)가 나가며, 이것은 인(人) 자로 보(步)가 나가는 마지막 1보이다. 양 권(拳)은 마치 풍차(風車)처럼 가슴 앞에서 안팎으로 서로 뒤집어 큰 권(圈)으로 돈다. 이 동작은 우권(右拳)이 앞으로 향하여 올라가다가 안으로 향하여 순전(順纏)해 올 때, 오른발을 반보(半步) 거두어들여 발끝이 땅에 닿는다. (그림 105) 이어서 우권(右拳)이 명치 앞에서 아래로 향하여 침경(沉勁)하며 그리고 좌권(左拳)이 위로 향하여 호응하여, 상대방에게 붙잡힌 오른손이 두 번째로 탈출한다. 동시에 오른발을 아래로 진각(震脚)하고, 또한 그 기세를 타서 땅을 파듯이 하며 뻗어 나간다. 동시에 우권(右拳)은 팔뚝을 가로눕혀 앞으로 향해 붕경(掤勁)을 발출해 나간다. (그림 106)

---

81) 역자註 : "힘을 쓰는(用勁)" 것은, 이 동작이 단순히 팔이 움직이는 것이 아니라 이 동작에 경(勁)을 갖추어 하나의 수법으로 쓰는 것을 말한다.

그림 105 　　　　　　　　　　　그림 106

요점

만약 앞 권식에서 붕발경(掤發勁)을 사용하였으나 붙잡힌 오른손을 탈출시킬 수 없으면, 상대방에 버티어 저항하지 않기 위하여 곧 반드시 상대방에 연이어서 따르거나 끌려서 계속하여 보(步)가 나간다. 그러므로 이 권식의 중요한 연습내용은 연속하여 앞으로 2보 나가되 여전히 경(勁)이 끊어지지 않게 하여, 언제든지 탈출할 수 있고 또한 공격할 수 있는 기세(氣勢)를 갖추는 것이다. 그 요점은 양팔이 서로 연결된 채로 양 권(拳)이 동작을 진행하는 중에 상하(上下)를 바꾸며 움직이는 것이며, 이로써 척배(脊背)를 비벼 문지르듯이 움직여 붙잡힌 오른손이 벗어나게 한다.

첫째 「탈이굉」에 의하여 아직 탈출할 수 없었기 때문에, 곧 반드시 상대방의 경(勁)에 순응하여 상대방이 후퇴하는 데 따라서 밀어 움직이는(推動) 과정 중에 탈출하면서 공격하여 경(勁)을 붕출(掤出)해 나간다. 이것은 밀어 움직이는 것과 탈출하는 것이 통일된 작용이다. 그러므로 이것은 좌보(左步)가 나가든지 혹은 우보(右步)가 나가든지를 막론하고, 모두 반드시 척배(脊背)를 돌려서 움직여 나간다. 이것은 붕발경(掤發勁)을 방출할 때 척배(脊背)의 축경(蓄勁)이 마치 활시위를 떠나는 것처럼 경(勁)을 방출케 할 수 있는지의 여부를 결정짓는 관건이다.

제58식 연환포(連環炮)
(가슴이 西로 향한다)

동작 1

앞 권식에서 오른손을 붕(掤)하여 발경(發勁)한 후, 좌측 뒤에서 축경(蓄勁)된 좌권(左拳)이 곧 마치 활시위를 떠나는 것처럼 떨치면서 가격해 나가며, 동시에 우권(右拳)은 순전(順纏)하며 거두어들여 우측 옆구리 옆에 둔다. 가격해 나갈 때 좌측 다리가 실(實)이 된다. (그림 107)

동작 2

동작 1은 좌권(左拳)의 두경(抖勁)이고 동작 2는 우권(右拳)의 두경(抖勁)이며, 이 둘은 기본상 서로 같으나, 그 다른 점은 척배(脊背)의 유동(揉動 : 비비듯 꿈틀거려 움직임)이다. 좌권(左拳)을 순전(順纏)하며 거두어들여 가슴 앞에 위치하는 동시에, 우권(右拳)이 곧 마치 찢어 파들어 가듯이 발출해 나간다. 우권(右拳)이 발출해 나갈 때 우측 다리가 허(虛)가 된다. (그림 108)[82]

그림 107   그림 108   그림 109

---

[82] 역자註 : 팔다리의 허실(虛實)은 상하가 일허일실(一虛一實)이 되게 할 수도 있다. 다른 문파의 이 권식은 동작 1에서 우측 다리가 실(實)이 되어 좌권(左拳)으로 가격하고 동작 2에서도 우측 다리가 실(實)이 된다. 또 한 가지 방식은 앞 권식의 우권(右拳)의 붕발경(掤發勁) 시에 우측 다리가 실(實)이 되고, 이 권식의 동작 1에서 좌권(左拳)을 발경할 때 좌측 다리가 실(實)이 되며, 동작 2에서 우권(右拳)을 발경할 때 우측 다리가 실(實)이 되기도 한다.

동작 3

동작 1과 같다. (그림 109)

요점

제51식과 52식의 충추(沖捶)는 쌍권(雙拳)이 발출하는 두경(抖勁)이고, 이 권식은 한 권(拳)이 각각 발출하는 두경(抖勁)이다. 그 요점은 몸과 사지를 이완시킨 후 돌연히 밖으로 향하여 떨치는(抖) 데 있고, 이것은 짧은 거리의 열경(挒勁)이다. 발출한 후 여전히 그 팔은 반드시 조금 굽혀져 경(勁)이 축적되어야 하며, 굽혀 축적하는 정도는 다시 발경(發勁)할 수 있는 정도로써 기준을 삼는다.

동작 2에서 경(勁)을 사용하는 방법은 마치 목수가 송곳으로 구멍을 파 들어가는 것과 같고, 연이어 가격해 나가는 작용을 갖추며, 이것은 허리와 척추 그리고 양팔의 탄성(彈性)을 단련하는 특수한 권식이다.

제59식 옥녀천사(玉女穿梭)
(가슴이 西로 향하다가 北으로 향하고, 다시 東으로 향한다)

동작

앞 권식의 발경(發勁) 후에 좌권(左拳)이 상대방에게 붙잡혔다고 가정하여, 곧 좌권(左拳)을 안으로 조금 거두어들이다가 곧 뻗어 나가며, 또한 왼발이 나는 듯이 뛰어올라 나간다. (그림 110) 동시에 오른발을 이에 따라 나가며, 몸을 우(右)로 향하여 180도 이끌

그림 110

그림 111

어 돌아 오른발을 왼발의 서측(西側)에 놓고, 이로써 왼손이 붙잡힌 데서 탈출한다. 또한 몸의 회전에 의하여 배절고경(背折靠勁)으로써 상대방을 가격한다. 동시에 양 권(拳)이 가슴 앞에서 쌍역전(雙逆纏)하며 아래로 누르며 합경(合勁)한다. (그림 111)

제60식 회두당문포(回頭當門炮)
(가슴이 東으로 향한다)

그림 112

동작

앞 권식으로부터 몸을 전환할 때는 왼발이 실(實)이고, 아래로 억누를83) 때는 오른발이 실(實)이다. 이어서 양 권(拳)이 쌍순전(雙順纏)하며 앞쪽 위로 향하여 경(勁)을 떨쳐(抖) 나가며, 이때는 왼발이 실(實)이 된다.84) (그림 112)

요점

태극권의 배절고경(背折靠勁)은 모두 상대방에 "연이어서 따르기(連隨)" 위함과 관련이 있고, 이것은 부득이하여 사용하는 경(勁)이며, 수월하게 이 신법(身法)을 채택하여 공격한다. 왜냐하면 「옥녀천사」의 몸이 날아올라 상대방에 연이어 따르는 과정 중에 몸을 돌리는 고경(靠勁)을 운용하기 때문에, 붙잡힌 손을 탈출할 수 있을 뿐만 아니라 또한 급히 「회두당문포」 권식을 사용하여 상대방을 공격할 수 있다. 이것은 탈출시키고 공격하는 두 가지 용법의 가장 간편한 방법이므로, 몸을 회전하는 과정 중에 항상 배절고경(背折靠勁)을 채용하여 이로써 탈출한다. 「옥녀천사」의 나는 듯이 보(步)가 나가며 몸을 회전하고 또한 고경(靠勁)으로써 상대방을 공격하니, 이것 또한 위에서 말한 원칙을 운용하는 또 한 예이다. 그 요점은, 뛰어 나가기 전에 우측 다리를 눌러 앉혀 그 경(勁)을 가라앉히고(沉), 그 후 다시 왼발이 뛰어올라 앞으로 향해 보(步)가 나간다. "수{隨 : 상대방의 경(勁)에 순응하여 따라감}"의 과정 중에 더욱이 반드시

---

83) 역자註 : 억누르는(挫) 동작은 그림 111에서 양 권(拳)이 역전(逆纏)하며 아래로 내려와 몸 쪽으로 휘둘러 오는 동작이며, 이때 몸을 우(右)로 조금 돌린다.

84) 역자註 : 양 권을 발경(發勁)해 나갈 때 동시에 몸을 좌(左)로 조금 돌린다.

몸을 곧고 바르게 유지하도록 주의하며, 이것은 고경(靠勁)을 운용하는 데 필요한 조건이다. 이어서 다시 양 권(拳)이 순전(順纏)하며 두경(抖勁)을 발출해 나간다.

제61식 옥녀천사(玉女穿梭)
(가슴이 東으로 향하다가 北으로 향하며, 다시 西로 향한다)

동작

이 권식과 앞의 「옥녀천사」모두 몸을 날려서 뛰어나가는 권식이며, 또한 뛰어나가며 몸을 회전하는 과정 중에 배절고경(背折靠勁)을 운용하여 공격하며 탈출한다. 그 다른 점은 앞 권식은 좌권(左拳)이 상대방에게 붙잡혔으므로 우(右)로 향하여 몸을 회전하는 좌측 어깨의 배절고경(背折靠勁)을 사용하고, 이 권식은 우권(右拳)이 붙잡혔으므로 좌(左)로 향하여 몸을 회전하는 우측 어깨의 배절고경(背折靠勁)을 사용한다. 좌측 회전과 우측 회전의 배절고경(背折靠勁)은 같이 수련해야 한다.

앞 권식에서 발경 후에 우권(右拳)이 상대방에게 붙잡혔다고 가정하여 우권(右拳)을 조금 거두었다가 곧 뻗어 나가며, 좌권(左拳)을 동시에 거두어들여 허리 부위에 오고, 동시에 오른발 역시 즉각 앞으로 향하여 뛰어올라 큰 1보 나간다. (그림 113) 이어서 왼발이 이에 따라서 나가고, 몸을 좌(左)로 향하여 180도 이끌어 돌리며, 왼발을 오른발의 동측(東側)에 위치시키고, 이로써 붙잡힌 오른손이 탈출한다. (그림 114)

그림 113

그림 114

제62식 회두당문포(回頭當門炮)
(가슴이 西로 향한다)

그림 115

동작

앞 권식에서 몸을 회전하며 땅에 내려온 후, 양 권(拳)을 뒤쪽 아래로 향해 역전(逆纏)하며 경(勁)을 한 차례 가라앉히고, 곧바로 우측 앞쪽 위로 향하여 두경(抖勁)을 발출해 나간다. 경(勁)을 가라앉힐 때 왼발이 실(實)이 되고, 발경(發勁)할 때 오른발이 실(實)이 된다. (그림 115)

요점

제60식과 같다.

제63식 별신추(撇身捶)
(가슴이 西로 향하다가 南으로 향한다)

동작

앞 권식에서 오른발이 앞에 있고 왼발이 뒤에 있으며, 양 권(拳)이 쌍순전(雙順纏)하며 앞으로 향하여 경(勁)을 발출한 후, 양팔을 서로 연결하여 기세(氣勢)를 조금 함축(含蓄)한다. 좌측 뒤로부터 습격(襲擊)당하는 상황을 가정하여, 양 권(拳)이 앞에서 쌍순전(雙順纏)하여 하나의 작은 권(圈)으로 도니, 왼손을 돌려서 가슴 앞에 이르고 오른손은 우측 위에서 합경(合勁)하며, 동시에 왼발을 북동쪽으로 이동하여 가슴이 남(南)으로 향하도록 몸을 좌(左)로 돌린다. (그림 116) 양 권(拳)이 다시 우(右)로 향하여 돌 때[85] 그 경(勁)을 쌍개(雙開)하니, 곧 좌권(左拳)을 순전(順纏)하며 좌측 뒤로 향하여 권배(拳背)로 쳐내며 발경(發勁)해 나간다. 동시

---

[85] 역자註 : 양 권(拳)이 다시 우(右)로 향하여 돈다는 것은, 좌권(左拳)을 좌(左)로 발경하기 전에 양 권(拳)을 극히 조금 우(右)로 돌리며 작은 권(圈)을 돌아 전개하는 것이며, 이것은 제14식 「별신추」자세 전의 그림 18에서 양 권(拳)의 동작선 중간의 작은 권(圈) 동작과 같은 의미이다.

에 우권(右拳)은 역전(逆纏)하며 우측 뒤로 향하여 방경(放勁)하고, 중심(重心)을 좌측 다리로 이동하여 실(實)이 된다. 발경(發勁)할 때 좌권(左拳)이 주(主)가 되고 우권(右拳)은 빈(賓)이 된다.(그림 117)

그림 116   그림 117

요점

이 권식은 앞 권식에서 양 권(拳)이 우측 앞쪽으로 향하여 두경(抖勁)을 발출해 나간 후, 홀연히 좌측에서 습격당할 가능성이 있음을 발견하여 취하는 권식이다. 고개를 돌려 보자마자 곧 매우 자연스럽게 좌권(左拳)의 권배(拳背)를 이용하여 뒤집어 쳐내며 발경(發勁)해 나간다. 이 가격 동작을 잘 하려면, 그 요점은 사타구니를 아래로 가라앉히는 기초 위에, 마치 아랫배 앞에서 하나의 작은 권(圈)을 한차례 돌리는 것처럼 한 후[86], 곧 허리와 척추로써 동작을 이끌어 원심력을 운용하여 좌권(左拳) 주먹등을 휘둘러 내던지듯이 나간다.

제64식 요란주(拗鸞肘)
(가슴이 南으로 향하다가 北으로 향한다)

동작

앞 권식에서 좌권(左拳)이 좌측 뒤로 향하여 경(勁)을 발출해 나간 후, 좌권(左拳)이 또 상대방에게 붙잡혔다고 가정하여, 곧 추호도 머뭇거리지 않고 양 권(拳)을 한차례 침

---

86) 역자註 : 이 권식의 양 권(拳) 동작은, 그림 115에서 117까지의 과정 중에 권(圈)을 모서리가 생기지 않도록 휘두른다.

경(沉勁)한 후 쌍역전(雙逆纏)으로 바뀌며 양 윗팔뚝이 합경(合勁)한다. 동시에 몸을 이끌어 좌(左)로 향하여 180도 회전하며, 오른발 역시 따라서 큰 1보 나가 왼발의 동측(東側)에 도달하고, 좌권(左拳)은 장(掌)으로 변하여 상대방의 붙잡은 아랫팔뚝을 누르며{즉 자신의 우권(右拳) 위에 놓는다}, 양팔이 둥근 형태로 합하여 하나의 팔처럼 되고, 좌장(左掌) 내에서 누르고 있는 우권(右拳)을 회전의 중심으로 삼아 오른팔 아랫팔뚝으로써 역전(逆纏)하며 가슴 우측으로 향하여 주경(肘勁)을 발출한다. 동시에 좌장(左掌) 역시 우권(右拳)이 돌아 움직임에 따라서 위로 뒤집어 장심(掌心)이 위로 향하고 왼발이 실(實)이 된다. (그림 118)

그림 118

요점

앞 권식의 발경(發勁) 후 좌권(左拳)이 상대방에게 붙잡히면, 버티어 저항하지 않기 위해 곧 몸을 회전하여 큰 1보가 나가서 상대방이 붙잡은 지점을 누르며 회전의 중심축으로 삼아 앞으로 향하여 주경(肘勁)을 발출하지 않을 수 없다. 이것은 근접한 거리의 주경(肘勁)이며, 또한 붙잡힌 것을 탈출하는 간편한 방법이다. 장(掌)을 사용하여 상대방의 붙잡은 손 위를 누르며, 또한 이것을 중심으로 삼아 상대방의 붙잡은 손이 쉽게 변환하지 못하게 하고, 다시 오른팔 팔꿈치를 가로눕혀 우(右)로 향하여 가격한다. 이것은 격렬한 가격방법이며, 즉 탈출하고자 하지 않아도 저절로 탈출하는 권식이다.

제65식 순란주(順鸞肘)
(가슴이 北으로 향한다)

동작

이것은 앞 권식 「요란주」에서 팔꿈치를 가로눕혀 가슴 앞에서 우(右)로 향하여 가격해 나간 후, 만약 아직 붙잡힌 손을 탈출시킬 수 없으면 곧 계속하여 상대의 경(勁)에 순응하여 자신의 양손을 나누어 벌리며, 오른팔 팔꿈치 모서리를 사용하여 역전(逆纏)

하고 왼팔 팔꿈치 모서리를 사용하여 순전(順纏)하며 작은 권(圈)으로 돌아 아래로 향하여 발경(發勁)한다. 오른발이 우측 앞에서 허(虛)가 되어 있으므로 곧 매우 자연스럽게 발바닥을 지면에 붙여서 땅을 파듯이 뻗어 나가고, 왼발이 뒤에서 이에 따라 앞으로 나간다. (그림 119)

제66식 천심주(穿心肘)
     (가슴이 北으로 향한다)

그림 119

동작

　이 권식은 앞 권식「순란주」의 양 팔꿈치가 아래로 가라앉으며 발경(發勁)한 후에 이어서, 좌권(左拳)으로 가슴을 보호하고 오른팔 팔꿈치 모서리를 사용하여 역전(逆纏)하며 하나의 작은 권(圈)으로 돌아 우측(右側)으로 향하여 보법(步法)을 전개하며 가격해 나간다. 오른발을 지면에 붙여 파듯이 나가고, 왼발이 뒤에서 잇따라 앞으로 나간다. 오른발은 허(虛)이다가, 주경(肘勁)을 발경할 때 오른발이 즉각 실(實)로 변한다. (그림 120)

그림 120

요점

　대체로 손과 팔이 방원권(方圓圈 : 동작의 적정한 활동 범위) 밖으로 벗어나면 곧 출우(出隅)라고 부르며, 방원권 내로 들어오면 곧 진우(進隅)라고 부른다. 출우(出隅)는 반드시 채경(採勁)과 열경(挒勁)을 사용하고, 진우(進隅)는 반드시 주경(肘勁)과 고경(靠勁)을 사용한다. 그러므로 주(肘)와 고(靠)의 사용은 마치 단병상접(短兵相接 : 짧은 병기로 맞대어 싸우는 백병전)과 같아 속전속결(速戰速決)하므로 주변을 되돌아 볼 여지가 없다. 이러한 까닭에 반드시 잇달아 사용할 수 있는 조치가 있어야만, 이로써 최후의 탈출을 할 수 있다. 이 권식은 곧 이러한 조치가 계속되는 것이다. 오른손이 여전히 탈출할 수 없을 때, 상대방의 경(勁)에 순응하여 오른발을 땅에 붙여서 파듯이 나가고, 오른팔 팔꿈치는 우(右)로 향하여 가격해 나가며, 동시에 왼발이 뒤따라 나가서 진각(震脚)하니, 이것은 마치 활시위가 당겨졌다 발사되는 것 같은 기세(氣勢)를 이루는 것이며, 가벼움으로써 무거움을 제압하고 잇달아 연속하여 팔꿈치로 가격하는 요점을 이룬다.87)

제67식 와리포(窩裡炮)
(가슴이 北으로 향한다)

동작

「별신추」에서 왼손이 상대방에게 붙잡힌 이후 계속 주경(肘勁)을 운용하여 잇달아 격발(擊發)하여 붙잡힌 왼손이 탈출하였고, 여기서는 이미 탈출한 후 곧 이어서 발경(發勁)하는 것이다. 이것은 양손이 우순전(右順纏) 좌역전(左逆纏)하며 가슴 앞에서 그 경(勁)을 쌍합(雙合)하고, 우권(右拳)이 아래쪽 안으로 오고 좌권(左拳)이 위쪽 밖으로 오며,88) 동시에 앞에 있는 오른발을 조금 거두어들여 기첩척배(氣貼脊背 : 기를 몸 배면에 집중한다)의 축경(蓄勁)자세를 형성한다. 이처럼 기세(氣勢)를 축적한 후 우권(右拳)을 즉각 밖으로 뒤집으며 권배(拳背)를 사용하여 우측 앞으로 향하여 가격해 나가고, 동시에 좌권(左拳)은 좌측 뒤로 향하여 역전(逆纏)하며 좌측 허리 옆에 이르도록 방경(放勁)하여 우권(右拳)의 격발(擊發)에 호응한다. 우권(右拳)을 앞으로 향하여

그림 121

---

87) 역자註 : 앞 권식「순란주」와 이 권식에서 진각(震脚)할 수도 있다.「순란주」에서 좌우 발 모두 발꿈치를 들어올려 발끝을 땅에 붙여 나가서 발꿈치를 내리며 진각(震脚)하기도 하며, 또한 암경(暗勁)을 아래로 가라앉으며 소리를 내지 않기도 하여 다리 힘을 증강시킨다. 이 권식에서도 같은 방식을 적용할 수 있다.

88) 역자註 : 우권(右拳)이 아래쪽 안으로 오고 좌권(左拳)이 위쪽 밖으로 오는 자세는 그림 120의 양손 동작 곡선에 따라서 우권(右拳)이 우측 위로 올라가서 다시 내려와 큰 권(圈)을 그리며 몸쪽으로 조금 거두어들이는 동작으로서 우권이 몸 가까이 아래에 있고, 좌권(左拳)은 우측 위로 올라가서 다시 좌측 허리로 거두어 오기 전에 우권(右拳)의 바깥 위쪽에 있는 자세이다. 이 자세를 취할 때 몸의 중심(重心)을 좌측 다리로 이동한다.

격발할 때 우측 다리를 누르면서(壓) 나가 중심(重心)을 앞으로 이동하고, 왼발 역시 이에 잇따라서 반보(半步) 나간다.89) (그림121)

요점

제63식「별신추」는 왼손의 권배(拳背)로 뒤집어 쳐내고, 이 권식은 오른손의 권배(拳背)로 뒤집어 쳐낸다. 이 권식의 요점은 앞 권식에서 발을 땅에 붙여 전진하여 상대방에 가까이 다가간 후에, 사타구니를 아래로 가라앉히고 원심력을 운용하는 동시에 팔꿈치를 아래로 내려서 중추(中樞)로 삼아 권배(拳背)를 이용하여 뒤집어 가격해 나가며, 오른발 역시 이에 따라서 발을 땅에 붙여 파듯이 전진한다. 발경(發勁)을 더욱 깔끔하게 하기 위해, 곧 양 권(拳)이 우순전(右順纏) 좌역전(左逆纏)하며 합경한 상태하에서, 권(圈)을 축소하여 이로써 축경(蓄勁)을 증강한 연후에 팔꿈치로써 몸을 이끌듯이 하여 우측 밖으로 향하여 뒤집어 가격하여 나간다. 이 권식은 몸의 한 부분이 움직이기만 하면 전신이 함께 움직이도록 요구하며, 이것은 오직 허리와 척추가 연합하는 기초 위에서 관성력을 운용하여야만 비로소 잘 될 수 있다.

제68식 정람직입(井攬直入)
(가슴이 北으로 향하다가 南으로 향한다)

동작

앞 권식에서 우권(右拳)을 발경한 후에 계속하여 우순전(右順纏) 좌역전(左逆纏)하며 가슴 앞에서 양 권(拳)이 합한 후, 양 권(拳)이 다시 우순전(右順纏) 좌역전(左逆纏) 하며 우(右)로 향하여 조금 쌍개경(雙開勁) 하며,90) 오른발을 회전의 중심축으로 삼아 몸을 우(右)로 향하여 180도 이끌어 돌리고, 왼발 역시 이에 따라서 호형(弧形)으로 돌

---

89) 역자註 : 우측 다리를 누르면서 나간다는 것은, 예를 들어 오른발이 상대방의 발등을 밟아 누르면서 나가거나 혹은 상대방의 앞정강이를 차서 짓밟아 누르면서 나가는 수법으로 응용할 수도 있다. 오른발이 나가서 진각하기도 하며, 왼발도 발끝을 땅에 붙여 잇따라 나가서 발꿈치로 진각하기도 한다.

90) 역자註 : 그림 121에 표시된 양손의 동작 곡선은 잘못 그려졌다. 이 권식은 제10식「정람직입(井攬直入)」과 같아야 한다. 양 권(拳)이 쌍개경(雙開勁)한 자세는, 제9식「살요압주권(煞腰壓肘拳)」에서 좌권(左拳)이 좌측 위에 있고 우권(右拳)이 우측 무릎 위에 있는 자세를 취하는 것이며, 그 후 그림 12에 표시된 양손의 동작 곡선에 따라 제10식과 같이 동작한다.

아 오른발의 동측(東側)에 도달한다. 몸을 돌려서 가슴이 남(南)으로 향할 때, 양 권(拳)은 가슴 앞에서 안팎 상하로 순전(順纏)하며 마치 풍차(風車) 식으로 팔을 굽혀 하나의 권(圈)으로 회전한다. 우권(右拳)을 안쪽 위로 향하여 뒤집을 때 오른발이 실(實)이 된다. (그림 122)91) 우권(右拳)을 바깥 아래로 향해 뒤집으며 좌권(左拳)을 안쪽 위로 뒤집을 때 왼발이 실(實)이 된다. (그림 123)92)

그림 122　　　　　　　　　　　그림 123

요점

이 권식의 요점은 기마식(騎馬式) 자세의93) 사타구니를 아래로 내리고 양 권(拳)이 붕경(掤勁)을 충분하게 갖추어 가슴 앞에서 뒤집어 돌아 하나의 상하안팎(上下裡外)의 순전권(順纏圈)을 이루며, 척배(脊背)를 비비어 문지르듯이 움직여 이로써 "기세가 척추로부터 나오는(氣由脊發)" 공부를 단련하는 것이다. 이 권식을 할 때 나란히 서있는 양다리도 안팎전사(裡外纏絲)로 돌아야 하며, 경(勁)이 발꿈치로부터 발생하여 주먹 끝에 도달하는 신태(神態)를 표현해내어야 한다. 이 권식은 동작을 교정하여 정확한 자세를 갖추어야 하는 권식이다.

---

91) 역자註 : 제10식에서는 이 권식이 완성될 때 양 권(拳)은 장(掌)으로 바뀌나, 이 제68식에서는 여전히 권(拳)으로 동작한다.
92) 역자註 : 우권(右拳)을 바깥 아래로 뒤집고 좌권(左拳)을 안쪽 위로 뒤집는 동작은 제10식에는 없으나, 여기서는 일종의 절질(折迭) 동작으로서 다음 권식에 경(勁)을 연결하기 위한 동작이다. 우권심(右拳心)이 아래로 향하고 좌권심(左拳心)이 위로 향한다.
93) 역자註 : 설명에는 다리가 기마식(騎馬式) 자세라고 하였으나 완전한 기마식 자세가 아니고 궁보(弓步) 자세와 기마 자세의 중간 형태이다.

제69식 풍소매화(風掃梅花)
(가슴이 南으로 향하다가 西로 향하며, 다시 北으로 향한다)

동작

양 권(拳)이 장(掌)으로 변하여 양 장(掌)을 우순전(右順纏) 좌역전(左逆纏)하며 상하(上下)로 벌렸다가 다시 가슴 앞에서 합한 후, 제11식「풍소매화」와 같으나, 방향만 다르다. (그림 124·125)

그림 124

그림 125

요점

이 권식과 제11식「풍소매화」는 기본상 서로 같으나, 이 권식은 북쪽으로 향해 제2로가 끝나도록 한다.

제70식 금강도대(金剛搗碓)
(가슴이 北으로 향한다)

동작과 요점 모두 제12식과 같으나 방향만 다르다.

제71식 수세(收勢)
(가슴이 北으로 향한다)

그림 126

동작

이 권식은 앞 권식「금강도대」후 곧 이어서 양손을 좌우로 나누어 벌리고, 쌍역전(雙逆纏)하며 양손을 가슴 앞에서 합하여 양손의 손가락이 닿은 후, 장심(掌心)이 아래로 향하고, 다시 양손을 역전(逆纏)하며 앞으로 향하여 나누어 내려서 대퇴부 양측에서 멈추며, 장심(掌心)이 뒤로 향하여「예비식」으로 회복한다. (제1로의 그림 1 참고)94)

요점

제2로도 마찬가지로 "문상(文象)"으로 시작하여 "무상(武象)"으로 끝나며, 남(南)쪽을 바라보고 시작하여 북(北)쪽을 바라보며 끝난다. 만약 제1로・제2로 두 투로(套路)를 연속하여 연습하지 않거나 혹은 제2로를 연속하여 두 차례 수련하지 않으면, 곧「금강도대」와「수세」이 두 권식을 첨가하도록 한다.95)

---

94) 역자註 : 양손을 좌우로 나누어 벌리는 동작은「금강도대(金剛搗碓)」의 마지막 자세에서 우권(右拳)을 장(掌)으로 펴면서 양손을 조금 역전(逆纏)하며 좌우로 벌리며, 좌우로 호형(弧形)으로 휘돌아 올라가며 계속 역전(逆纏)하여 양 장심(掌心)이 아래로 향하여 가슴 앞으로 와서 양손 손가락 끝이 맞닿은 후 다시 양손을 아래로 내리면서 분리하여 손끝이 앞으로 향하여 좌우 대퇴부 옆으로 와 손목을 펴서 장심(掌心)이 뒤로 향한다.

95) 역자註 : 무술 속담에 이르기를 "권술수련 후 산보를 충분히 하면, 늙어서 약방에 갈 필요가 없다(拳後走百步, 到老不用上藥鋪)"고 한다. 이것은 힘든 권술수련 후에 곧바로 앉아서 휴식하지 않도록 경계하는 말이다. 힘들게 수련한 후 곧 앉거나 누워 쉬면, 수련 중에 왕성히 순환하는 기혈(氣血)이 곧 정체(停滯)되어 몸에 해(害)를 끼친다고 옛 무술가들은 말했다. 현대의 이론으로 말하자면, 운동 중 체내에 생긴 활성산소(活性酸素)를 산보 중에 제거하는 효과가 있을 수도 있다.

제4장 진식 태극권 퇴수(推手)

진식 태극권의 두 사람이 하는 퇴수 방법은 원래 "갈수(搴手)" 혹은 "타수(打手)"라고 불렀으며, 이것은 태극권 문파가 명대(明代)의 무술기격 방법을 계승하여 발전시킨 일종의 기(技)를 겨루는 독창적인 운동이다. 이것은 "나(拿)・질(跌)・척타(擲打)"[1] 세 종류의 방법을 종합적으로 계승하여 발전시킨 것이며, 그러므로 원래의 기격성(技擊性)이 매우 강렬하다. 휘감아 돌아서 상대에 닿아 붙여 따라가는 것과 전사식(纏絲式)의 나선(螺旋)운동은 퇴수의 중심내용을 이루는 창조적인 성과이다. "태극의 음양에 따라 강유가 있는(太極兩儀, 有剛有柔)" 이론에 의하여, "강유가 서로 보완하며, 가벼움과 무거움을 겸비하여(剛柔相濟, 輕沉兼備)" 변화가 원활하고 탄성(彈性)과 인성(韌性 : 질긴 성질)이 풍부한 내경(內勁)으로써 퇴수를 주관한다.

진왕정(陳王庭)이 「권경총가(拳經總歌)」에서 말하기를 "굽히고 펴는 대로 놓아두나 상대는 이를 알지 못하니, 제고와 감아 도는 것은 내가 모두 주도한다.(縱放屈伸人莫知, 諸靠纏繞我皆依)"{"제고(諸靠)"는 두 사람이 팔을 서로 닿아서 "掤攦擠按採挒肘靠" 8종류의 수법과 그 8종류의 경(勁)을 운용하는 것을 가리킨다} 하니, 이 말은 퇴수의 특징과 방법을 개괄적으로 설명한 것이다. 「타수가(打手歌)」에서 말하는 "붕리제안을 반드시 성실하게 수련하면, 상하가 서로 호응하여 따르게 되어 상대가 침범하기 어렵고, 상대방이 큰 힘으로 나를 공격할지라도 나의 아주 작은 힘으로 상대방의 큰 힘을 물리친다(掤攦擠按須認眞, 上下相隨人難侵, 任人巨力來打我, 四兩化動八千斤)"는 것은 "제고(諸靠)"의 작용을 설명하며, 붕리제안(掤攦擠按)의 4수(手)로써 기본공부로 삼는 원칙을 말한다.

18세기 말엽에 이르러 산서(山西)의 왕종악(王宗岳)[2], 그리고 19세기 중・후반기에

---

[1] 역자註 : 나(拿)는 금나법(擒拿法)을 말하며, 인체관절이나 혈도(穴道) 혹은 급소 부위의 약점을 이용하여 상대방의 일부를 붙잡아 고통을 주어 전신을 제압하는 방법이다. 질(跌)은 솔질법(摔跌法)을 말하며, 손발이나 몸체를 이용하여 상대방을 자빠뜨려 내동댕이치는 방법이다. 척타(擲打)는 상대방을 내던져 내면서 가격하는 방법으로서 즉 발경(發勁)을 말한다.

[2] 역자註 : 왕종악(王宗岳)은 태극권론의 저자로 알려져 있으며, 태극권론은 후대의 태극권 이론에 절대적인 영향을 끼쳤다. 그러나 그의 실존여부는 증거가 없고, 날조된 인물일 가능성이 높다. 왕종악의 생존 연대와 관적은, 오직 무술사가인 당호(唐豪 : 1897~1959)가 북경의 유리창(琉璃廠) 시장에서 구입한 「음부창보(陰符槍譜)」와 「태극권경(太極拳經)」 합본 필사본에 무명씨가 지은 서문에 근거하여 청(淸) 건륭제 때의 산서(山西) 사람으로 알려져 있으나, 이것은 전

하북 영년(河北 永年)의 무우양(武禹襄)·이역여(李亦畬) 사제(師弟 : 武氏가 李氏의 스승) 두 사람 모두 태극권의 이론과 퇴수의 수련방법을 발휘하고, 또한 각자의 경험에 의거하여 총괄적인 태극권과 퇴수의 논문을 썼다. 그 권론(拳論)은 간략한 말 속에 뜻을 완비하여, 널리 전해져 근대 태극권과 퇴수 수련의 지도적인 이론이 되었고, 무(武)씨·이(李)씨와 같은 시대의 진가구(陳家溝)의 진중신(陳仲甡)과 그의 아들 진흠(陳鑫) 또한 진씨 가문 대대로 축적된 태극권과 퇴수 이론을 상세히 설명하였다.

퇴수(推手)의 일반적인 요지(要旨)

양식(楊式) 태극권이 성행하여 "갈수(擖手)" 혹은 "타수(打手)"를 "퇴수(推手)"로 부른 이래, "퇴수(推手)"는 이미 통속적인 명사가 되었다. 퇴수는 두 사람이 "손을 걸쳐서(搭手)" 서로 닿아 붙여 감아 돌며, 태극권의 운경(運勁)은 휘감아 돌리는 듯한 독특한 단련방법을 운용하고, "상대방에 닿아 붙여 연이어서 따르며, 상대를 놓치지도 않고 버티어 맞서지도 않고, 지나침도 모자람도 없고, 상대에 따라서 굽히거나 뻗는다(沾連粘隨, 不丢不頂, 無過不及, 隨屈就伸)"는 원칙에 근거하며, 붕리제안채열주고(掤攦擠按採挒肘靠) 8법(法)과 그 8종류의 경(勁)을 운용하여 전신의 피부 촉각과 체내감각의 예민함을 연습하고, 상대방 경력(勁力)의 대소(大小)·강유(剛柔)·허실(虛實)·장단(長短)·지속(遲速 : 느리고 빠름) 그리고 동향(動向)을 탐지하며, 지렛대 원리에 합치하는 접촉지점을 선택하여 기준 지점(支點)으로 삼고, 탄성과 마찰력의 견인작용(牽引作用)을 운용하며, "상대를 이끌어 들여 허탕치게 만들며(引進落空)"·"기세를 타서 상대의 힘을 빌리고(乘勢借力)"·"가벼움으로 무거움을 제압하는(以輕制重)" 기교를 발휘하고, "상대가 급하게 움직이면 나도 급하게 응대하고, 느리게 움직이면 나도 느리게 따르며

혀 근거가 없다.「음부창보(陰符槍譜)」서문에는 산우 왕선생(山右 王先生)이라고만 나타나 있으며, 산우(山右)는 태행산(太行山)의 우측이란 뜻으로 산서성(山西省)을 말하고 왕선생이 왕종악일 것으로 추측할 뿐이다. 진가구에는 태극권론이 원래 존재하지 않았으며, 물론 태극권이란 명칭도 존재하지 않았다. 왕종악이란 이름은 요재지이(聊齋志異) 무기편(武技篇) 후의 해설문에 "무당산 장삼풍(張三豊)이 내가(內家)이며, 삼풍 후에 관중(關中)사람 왕종(王宗)이……"라는 말에서 나왔다고 추정된다. 무술유파로 알려진 무당파는 전혀 실체가 없는 것이며, 20세기 초에 중국에서 무협소설이 본격적으로 등장하면서 만들어진 허구일 뿐이다. 장삼풍도 민간 설화속의 인물로서 무술과는 전혀 상관이 없고, 실존여부조차 의문인 이름일 뿐이다. 왕종악에 관한 내용은 당호가 구입했다고 주장하는 음부창보 서문에 나오는 산우 왕선생(山右 王先生)이란 이름뿐이지만, 그 후 모든 태극권 관련 문헌에 태극권론의 저자로서 기정사실화 되었다.

(動急則急應, 動緩則緩隨)"·"상대가 움직이지 않으면 나도 움직이지 않고, 상대가 움직이고자 하면 나는 먼저 움직이는(彼不動, 己不動, 彼微動, 己先動)" 전략전술을 습득하며, 상대방의 중심(重心)을 이끌어 이동시키고, 시간과 역점(力點)이 가장 알맞은 시기에 곧 "무거움으로 가벼움을 가격하고, 실(實)로써 허(虛)를 격파하도록(以重擊輕, 以實破虛)" 발경해 나간다. 이러한 종류의 발경은 "침착하고 이완되어 한 방향으로 집중해야 하고(沉着鬆靜, 專注一方)", 호형(弧形)으로 휘둘러 움직여 목표로 향해 곧게 앞으로 나가며, 안정되고 정확하기가 마치 화살을 쏠 때 활촉이 과녁 내에 깊이 들어가는 것과 같고, 기세를 타서 상대방을 깔끔하게 발출(發出)해 낸다. 총괄하여 말하면 능히 상대의 힘을 변화시키고 능히 발출할 수 있어야 하며, 화경(化勁 : 상대방의 힘을 변화시켜 상대의 의도를 무산시킴)은 느슨한 가운데 깨끗이 처리하고, 발경(發勁)은 시원스럽고 깔끔하게 한다. 이러한 기(技)를 겨루는 운동은 힘과 인내력을 훈련시킬 수 있고, 또한 민첩함과 기교(技巧) 그리고 속도(速度) 등 신체 자질을 훈련할 수 있다.

근대의 발전된 퇴수방법은 부상사고를 피하기 위해 조(抓)·나(拿)·솔(摔)·질(跌)·타(打) 등 방법의 사용을 제한하며, 그리하여 남녀노소 모두 수련할 수 있는 일종의 무술 운동이 되었다.

태극권 투로(套路 : 제1로와 제2로)의 연습은 원래 퇴수와 서로 도와서 효과를 올리며, 투로를 수련하여 익숙하고 세밀하여 자세가 곧고 바르며 원만하여 내외(內外)가 합일하고 허실(虛實)과 강유(剛柔)를 구비한 후 곧 퇴수의 기교를 충분히 발휘할 수 있다. 투로를 수련하는 동시에 또한 퇴수를 수련한다면, 투로를 수련하여 얻은 경(勁)의 종류를 상대와 대항하여 연습하는 퇴수 중에 실제로 운용할 수 있으며, 또한 태극권 투로 수련의 정확한 정도를 검사할 수 있어, 교정하기 편리하여 그 자세와 동작을 충실하게 한다. 퇴수 시합을 거행하면, 모종의 태극권 이론을 오해한 연습방법을 바로잡을 수 있고 퇴수에 대한 단편적인 이해를 바로잡을 수 있으니, 이로부터 태극권의 기술을 회복시키고 발전시킨다.

진식(陳式) 퇴수방법

진식퇴수의 기본 보법(步法)은 일진일퇴(一進一退)이며, 또한 연속하여 나가고 혹은 연속하여 후퇴할 수 있다. 수법(手法)은 붕리제안(掤攦擠按)을 4정수(四正手)라 부르고, 매 4수를 한 권{圈 : 이 한 권(圈)에 四正手가 모두 포함 되어 있음}으로 퇴수하면 즉 일진일퇴(一進一退)이며, 나가는(進) 것은 제안(擠按)이고, 물러나는(退) 것은 붕리(掤攦)이다. 4정수의 퇴수가 숙련된 후 채열주고(採挒肘靠)를 끼워 넣으니, 이것이 4우수(四隅手)이며, 또한 대리(大攦)·대고(大靠)라고 부른다. 기본 보법이 익숙해진 후 "산보(散步)" 퇴수를 수련할 수 있으니, 즉 방향에 구애받지 않는 동보(動步)이며, 또한 "난채화(亂踩花)"라고 부르는 것이다.

진식 퇴수를 할 때 갑(甲)이 만약 오른(왼)발이 앞에 있으면 을(乙)은 즉 왼(오른)발이 앞에 있으며, 상반신의 양손이 서로 밀게 하고 하반신의 앞 발 역시 서로 붙여 화(化)하여, 수족을 동시에 수련하여 촉각이 영민(靈敏)하게 한다. 대체로 보(步)가 나가는 방향의 앞발이 상대방의 앞발 내측(內側)에 딛는다. 쌍방의 앞발이 서로 기대어 붙으면, 이후에 발을 관리하여 사용하는 방법을 체득할 수 있어 질법(跌法 : 발을 걸어 상대를 넘어뜨리는 법) 기교를 발전시키는 기초훈련이 된다.

1. 4정(四正) 기본퇴수 : 붕리제안(掤攦擠按)

두 사람이 탑수(搭手)3)하기 전에 서로 마주 보고 서서, 곧고 바르며 편안하게 바로 선 자세를 갖춘다. 서로 마주 대하여 서는 거리는 쌍방의 양팔을 앞으로 향하여 수평으로 들어올렸을 때(주먹을 쥔 상태) 권면(拳面)이 서로 접촉하는 것으로 표준을 삼는다. 갑(甲)이 만약 오른(왼)발이 앞으로 나가면 을(乙)은 즉 왼(오른)발이 앞으로 나가서 궁보식(弓步式)이 되며, 그러나 중심(重心)은 양다리의 사이에 있어 진공(進攻) 시에 앞다리를 앉혀 실(實)이 되기 편리하며, 인화(引化)4) 시에는 뒷다리를 앉혀 실(實)

---

3) 역자註 : 탑수(搭手)는 두 사람이 손이나 팔을 서로 닿아 붙이는 것을 말한다. 상대방 동작이나 힘의 변화를 감지할 수 있도록 살짝 가볍게 닿아 촉각을 극히 예민하게 갖추며, 자신의 손과 팔은 내부에 붕경(掤勁)을 잃지 않고 갖추어 있어야 한다.
4) 역자註 : 인화(引化)는 상대방을 이끌어 들여 그 경(勁)을 변화시켜 상대방의 의도를 무산시키는 것이다.

이 되기 편리하다. 동시에 각자 오른(왼) 손을 앞으로 향하여 붕(掤)하여 나가니, 그 높이는 눈썹을 넘지 않고 장심(掌心)은 밖으로 향하며{장심이 밖으로 향하는 것은 채나(採拿)에 편리하기 위함이다}, 양 어깨는 느슨히 이완시키고, 팔꿈치는 아래로 처지게 하며, 손목관절 아래의 외측(外側)이 서로 달라붙어 붕(掤)한다. 무릇 탑수(搭手) 시에는 반드시 손과 팔이 이완되어 부드러워야 하지만, 그러나 주요 공방(攻防)을 하는 손의 접착지점은 반드시 의식으로써 경(勁)을 관통하여 붕(掤)해야 하며 연약(軟弱)하지 않아야 하니, 무우양(武禹襄)이 정확히 결론지어 말하기를 "동작을 시작하면 오로지 손에 먼저 힘을 모았다가, 즉각 이완시킨다(一擧動, 惟手先着力, 隨卽鬆開)"라고 한 바, 그가 가리키는 힘(力)은 곧 이완시켜서 탄성(彈性)과 인성(靭性:질긴 성질)을 갖춘 힘을 가리키며, 결코 힘을 무리하게 북돋운 졸력(拙力)이 아니다. 그러므로 이역여(李亦畬)가 「오자결(五字訣)」 "심정(心靜)" 항에서 말하기를, "상대방이 힘이 있으면 나도 역시 힘이 있어 내 힘이 앞서고, 상대방이 힘이 없으면 나도 역시 힘이 없으나5) 나의 의식이 여전히 앞선다(彼有力, 我亦有力, 我力在先, 彼無力, 我亦無力, 我意仍在先)"라고 했다. 진흠(陳鑫)이 말하기를, "힘이 있어서는 안 되며, 힘이 없어서도 안 되니, 이 둘을 절충할 뿐이다(不可有力, 亦不可無力, 折其中而已)"라고 하였다. 손목관절이 자신의 흉부 중심선으로 향하여 마주 대하며, 장심(掌心)이 안으로 향할 때 엄지손가락이 코끝으로 향하여 마주 대하고, 장심이 밖으로 향할 때는 새끼손가락이 코끝으로 향하여 마주 대하며, 동시에 왼(오른)손 손목관절 아래의 척골(尺骨)이 상대방 팔꿈치 관절 위의 상박(上膊) 부분에 가볍게 붙는다. {그림 1 : 쌍탑수(雙搭手)}6) 그 후 갑(甲)이나 을(乙) 중의 한 쪽이 주동적으로 진공(進攻)하며 안법(按法)을 사용하고 상대방은 붕법(掤法)을 사용하여 인화(引化)하며, 붕리제안(掤攦擠按)의 연습을 시작하여 계속 순환하며 끊이지 않고 이어진다.

---

5) 註 : 힘이 없으나 붕경(掤勁)은 잃어버리지 않는다.
6) 역자註 : 두 사람이 서로 탑수(搭手)한 자세이며, 두 사람이 서로 왼손 손목 아래 부위가 가볍게 닿아 붙으며, 오른손은 서로 상대방의 팔꿈치 부위에 닿아 있다. 이때 손바닥 전체가 팔꿈치의 윗부분을 덮을 수 있도록 해야만 상대방의 팔을 제어할 수 있다. 즉 손바닥이 상대방의 팔꿈치 모서리를 덮는 정도라면 부족하다 할 것이다. 쌍방이 손목 아래 부분을 같이 탑수(搭手)한 부분도 손목의 척골(尺骨) 아래부분이다.

(1) 붕경(掤勁)

몸과 사지를 "이완시켜 늘임으로서(放長)" 생기는 일종의 탄성(彈性)이며, 마치 활등(弓背)의 탄력이 잡아당겨서 생기는 활시위의 탄성과 같고 일종의 용수철 같은 경(勁)을 형성하니, 이를 붕경(掤勁)이라 부른다. 무릇 의식을 전신의 어느 부분에 집중하여 회전하듯이 앞으로 향하여 "이끌어 뻗는(引伸)"것(順纏絲) 모두가 붕경의 작용이다.

퇴수 중의 붕(掤)은 오른(왼)손으로써 상대방의 쌍안(雙按)을 붕(掤)하며, 상대방에 달라붙어 있는 지점을 축심(軸心)으로 삼아 선회하여 움직이고, "허리 척추가 동작을 주도하는(主宰于腰脊)" 축심(軸心)회전에 따라서 나선(螺旋)식으로 전사(纏絲)하여 곡선으로 휘두르는 운동을 채택하여 이로써 주화(走化)[7]하고, 또한 상대방의 장(掌)을 잡아채어서(採拿) 끌어들여 오며, 동시에 왼(오른)손의 척골(尺骨) 부위로써 상대방의 오른(왼)손 윗팔뚝을 가볍게 리(攦)하여 끌어들여 온다(引進). 채(採)와 리(攦)가 합하여 한 동작이 되며, 그 의도는 상대방이 몸을 안정되게 세우지 못하게 하는 데 있다.

몸을 점점 뒤로 앉히며, 동시에 과(胯)를 거두어들이고 허리를 돌리며 사타구니를 아래로 내리고 뒷발이 점차 실(實)로 변하고 앞발이 점차 허(虛)로 변하여 "아래로 몸을 앉히며 몸 밖으로 돌려내는(下蹋外輾)" 자세가 된다.[8] {그림 2 : 갑(甲)이 안(按)하고, 을(乙)이 붕(掤)한다.}

그림 1 　　　　　　　　　그림 2

---

7) 역자註 : 상대방의 강(剛)을 나의 부드러움(柔)으로 응수하는 것을 주(走) 또는 주화(走化)라고 하며, 상대방 힘의 경로를 변화시켜 허탕치게 이끄는 것이다.

8) 역자註 : "下塌外輾"이라고도 하며, 이것은 붕법(掤法)·리법(攦法)·안법(按法)·주법(肘法)·채법(採法)등의 수법 중에 항상 사용하는 경(勁)의 운용방법으로서, 먼저 허리를 내리면서 몸을 가라앉히고 다시 몸 밖으로 향해서 아래로 호형(弧形)을 이루어 다시 올라가는 경(勁)의 곡

(2) 리경(捋勁)

리경(捋勁) 또한 몸과 사지를 이완하여 늘이는 조건하에서 생기는 것이며, 몸과 사지가 안쪽 좌측 혹은 안쪽 우측으로 향하여 움직이고 또한 역전사(逆纏絲)의 나선형일 때 곧 리경(捋勁)이 생긴다. 나선형 운동인 관계로 인하여 접촉면을 확대하며, 이로 인해 마찰작용을 증대한다. 무릇 의식을 몸의 어느 부분에 집중하여 회전하듯이 뒤 혹은 좌(左) 혹은 우(右)로 향하여 주화(走化)하는 것은 모두 리경(捋勁)의 작용이다.

리경(捋勁)은 붕경(掤勁)의 반면(反面)이다. 퇴수 중에 상대방이 쌍안(雙按 : 양손으로 눌러옴)하고 내가 붕(掤)하여 화(化)하므로 상대방이 발경할 수 없어 곧 제(擠)로 변하여 다시 계속하여 진공(進攻)해올 때, 나는 여전히 점점 곡선으로 리(捋)하여 거두어들여 내 몸 가까이 좌(左)측 혹은 우(右)측으로 이끌어 들여서 상대방의 힘을 화(化)하여, 상대방으로 하여금 허탕치게 한다. {리(捋)하여 자신의 몸 가까이로 이끌어 들이는 것은, 곧 빈틈을 노출하여 상대방을 꾀어 깊숙이 들어오게 하는 것이나, 그러나 손은 반드시 붕(掤)한 상태를 유지하고 또한 리(捋)하여 거두어 올 때 자신의 팔을 자신의 몸에 붙이지 않도록 반드시 주의하여, "팔꿈치가 옆구리에 붙지 않고(肘不貼脇)" 팔꿈치가 몸 뒤로 향하여 이동하지 않게 하며, 그리하여 상대로부터 압박당해 경(勁)을 발출하여 반격할 수 없는 상태를 면해야 한다.}9) 리(捋)할 때 뒤쪽 다리를 앉혀 실

그림 3   그림 4

선 운동노선을 말한다. 즉 마치 연자방아의 연자매나 혹은 도로 포장할 때 땅을 다지는 롤러처럼 아래로 가라앉히는 힘과 굴러가는 운행을 합한 것과 같다.
9) 역자註 : 자신의 팔꿈치나 팔이 상대방에게 짓눌려 자신의 몸에 닿게 되면 화(化)할 여유 공간이 없어지므로 이것을 편(匾)이라고 한다.

그림 5

(實)이 되며, 허리를 돌리며 과(胯)를 내려서, 사타구니를 내려 보(步)가 아래로 딛으면서 밖으로 돌린다. {그림 3 : 갑(甲)이 제(擠)하고 을(乙)이 리(攦)한다. 그림 5 : 을(乙)이 제(擠)하고 갑(甲)이 리(攦)한다.}

(3) 제경(擠勁)

붕(掤)과 리(攦) 두 경(勁)은 4정수(四正手)의 주경(主勁)이고, 안(按)과 제(擠)는 붕리(掤攦)의 보조경(補助勁)이다. 간혹 붕경(掤勁)의 탄성이 부족할 때, 편병(區病)이10) 발생하는 것을 피하기 위해 양손이 교차하여 붕경(掤勁)을 증강하며, 양팔이 합하여 둥근 형태를 이루어 역학상(力學上)으로 합력(合力)이라 부른다. 이처럼 하면 곧 순조롭게 허실(虛實)을 서로 변환하여 발경(發勁)할 수 있으니, 이를 제경(擠勁)이라 부른다. 퇴수 중에 내가 쌍안(雙按)하고 상대방이 이를 붕(掤)하여 화(化)하는 동시에 리(攦)하여 이끌어 간 후 내가 이미 기세를 얻지 못했다고 느낄 때, 곧 앞에 나가있는 손{상대방에게 붕(掤)당하고 리(攦)당한 앞에 나가있는 손}을 변화시켜 팔꿈치를 굽히고 장심(掌心)이 비스듬히 바깥 아래로 향하거나 혹은 평원(平圓 : 손과 팔꿈치가 수평이 되어 둥근 형태를 취함)하여 앞으로 제(擠)하거나 혹은 입원(立圓 : 손이 아래에 있고 팔꿈치가 위에 있음)하여 앞으로 제(擠)하고, 뒤에 있는 손은 앞에 있는 손의 팔꿈치 관절의 아래에 붙이고 장심(掌心)이 밖으로 향하여 이로써 앞에 있는 손의 기세를 보조한다{뒤에 있는 손의 장(掌)이 비스듬히 앞쪽 위로 향하여, 상대방이 얼굴을 공격하는 것을 예방하는 방어수법이 되고, 또한 상대방의 손을 잡거나 혹은 리(攦)하거나 혹은 안(按)으로 변하기에 편리하여, 점차 상대방의 서 있는 자세가 불안정하게 만들며, 몸을 앞으로 앉혀서 앞발이 실(實)이 된다}.

---

10) 역자註 : 상대방이 눌러올 때 이를 붕(掤)하여 화(化)하지 못해 그대로 짓눌리는 것을 편병(區病) 즉 편(區)이 되는 결점이라고 한다.

(4) 안경(按勁)

안(按)은 장심(掌心)을 축심(軸心)으로 삼아 장(掌)이 사방 주위를 선회하며 압박하여 이로써 상대방의 빈틈을 찾고, 나의 장(掌)이 상대방의 손 위에 위치하여 우세를 지키도록 힘쓴다. 이처럼 하면 그 용도가 다양할 뿐만 아니라 그 세력범위도 커지며, 4정수(四正手)의 기타 세 가지 경(勁)으로 쉽게 전환되고, 또한 4우수(四隅手)의 채열(採挒) 두 경(勁)으로 쉽게 전환된다. 퇴수 중에 안(按)은 나의 양 장(掌)으로 상대방의 한 팔을 누르며(按), 또한 쌍안(雙按) 중에 허실(虛實)을 전환하고, 한 손은 상대의 손목을 장악하고 한 손은 팔꿈치를 장악하여 상대로 하여금 쉽게 변환하여 반격하지 못하게 한다. 어깨를 내리고 팔꿈치를 아래로 내려뜨리며 손목을 내려 앉혀 허허(虛虛)롭게 덮어 싸며, 졸력(拙力)을 사용하지 않고 경(勁)을 길게 늘이며 상대방의 몸으로 향해 앞으로 가볍게 눌러(按) 간다. 손에 가벼움(輕)과 침중함(沉)을 겸비하고, 양 장(掌)이 서로 허실을 바꾸면서 홀연히 숨었다가 홀연히 나타날 뿐만 아니라, 또한 한 장(掌)의 주위도 미세하게 허실을 변환한다.11) 장심(掌心)의 주위가 상대방의 팔위에서 선회하니, 즉 끊임없이 역점(力點)을 이동하며, 앞으로 누르는(按) 상상(想象)을 무수히 하여, 점점 상대방을 압박하여 몸을 안정되게 서지 못하도록 만들며, 나의 몸을 점점 앞으로 앉혀서 앞발이 실(實)이 된다. {그림 4 : 을(乙)이 안(按)하고 갑(甲)이 붕(掤)한다}

요컨대 붕리(掤攦) 두 경(勁)은 상대방의 경(勁)을 주화(走化)시키는 수법이며, 사타구니의 경(勁)은 아래로 내려야 하고, 사타구니와 보(步)는 아래로 내리면서 밖으로 돌리고12) 뒷다리를 앉혀 실(實)이 된다. 허리와 과(胯)가 중심(重心)을 변환할 때, 마찬가지로 반드시 어깨와 과(胯)가 수직이 되고 좌우 가슴과 좌우 배가 수직이 되도록 하며13), 몸을 앞으로 숙이거나 뒤로 자빠지거나 옆으로 기울이지 않고 시종 몸을 치우침

---

11) 역자註 : 우장(右掌)이나 좌장(左掌)의 허실(虛實)을 변환할 뿐만 아니라, 한 장(掌)의 좌우나 상하(上下)도 허실을 변환한다.
12) 역자註 : 사타구니와 보(步)를 아래로 내리면서 밖으로 돌리는(下蹋外輾) 것은 다리의 전사(纏絲)라고 할 수 있으니, 몸이 나가고 물러날 때 다리도 이에 따라서 선회하는 것을 말한다. 특히 보(步)가 움직이지 않는 정보퇴수(定步推手)에서 유의하여 적용시켜야 한다. 물론 태극권 각 문파(門派)마다 각기 수련방법이 다르나, 이러한 다리의 움직임은 곧 개합(開合)의 적용이라 할 수 있다. 양손에 개합(開合)이 있듯이 양다리에도 개합(開合)이 적용되어야 한다.
13) 역자註 : 어깨와 과(胯)가 수직이 된다는 것은, 퇴수는 손이나 팔로써 하는 것이 아니라 몸체로써 화(化)하거나 주(走)하는 것을 말하며, 몸체로써 나가고 물러나는(以身進退) 것을 말한다. 예를 들어 상대방의 공세를 화(化)할 때 팔로써 하지 않고 몸체를 돌려서 화(化)한다.

없이 곧고 바르게 세운 자세를 유지하고, 자신의 팔은 가볍고 민첩하며 유연해야 하나 붕경(掤勁)을 잃어서는 안 되며, 나의 경(勁)을 느슨히 이완시키지만 굴복당하지 않는 기세를 잃지 않는다. 그러므로 자신의 팔뚝과 팔꿈치가 절대로 자신의 몸에 붙어서는 안 되며, 회전하여 주화(走化)할 수 있는 여지는 남겨두어야 하고, 겨드랑이 역시 주먹 하나 정도가 들어갈 공간을 항상 남겨두며, 동시에 팔꿈치 모서리는 몸 뒤로 향하여 이동해서는 안 되며, 그리하여 상대로부터 압박당해 경(勁)을 발출하여 반격할 수 없게 됨을 면한다.14) 제안(擠按) 두 경(勁)은 나가면서 공격하는 수법이며, 앞 다리를 앞혀 실(實)이 되고, 손이 나가되 발끝을 너무 초과하지 않아야 하고, 팔꿈치를 아래로 내려뜨리고 시종 굽혀서 곧게 펴지 않으며, 어떠한 각도일지라도 어깨와 과(胯)가 수직을 이루도록 힘써서 좌우 가슴과 좌우 배가 수직이 되며, 몸이 숙이거나 자빠지거나 옆으로 기울지 않도록 반드시 "몸을 곧고 바르게 세운(立身中正)" 자세를 유지하여 "상하가 호응하여 한 가닥 선을 이루도록(上下一條線)" 한다.

2. 사우(四隅) 보조(輔助) 퇴수 : 채열주고(採挒肘靠)

(1) 채경(採勁)

채경과 제경(擠勁)은 상반된다. 제(擠)는 쌍합(雙合)이고 채(採)는 쌍분(雙分)이다. 그 모습은 마치 한 손으로 나무 가지를 잡고 다른 한 손으로 열매를 따는 것과 같다. 채경(採勁)은 금나(擒拿)의 기초이며, 금나술(擒拿術)은 채경(採勁)으로부터 발전해 나온 것이다. 그 주요 작용은 상대방 가장자리(隅 : 적정한 동작범위의 테두리)를 벗어나게 하거나 제한하여 상대방을 잡아당겨 움직이는 데 있다. 권론에서 말하기를 "하늘을 잡아채어 땅에 다가오니 서로 호응한다(採天靠地相應求)"라고 한다. 채(採)하는 방법은 장(掌)과 손가락으로 상대방 팔을 가벼이 잡아서 기세를 이용하고 상대의 힘을 빌려서 처음에는 가볍다가 돌연히 침중(沉重)하게 잡아채니, 그 속도는 빠르고 거리는 짧으며

---

14) 역자註 : 부득이 팔꿈치가 몸 뒤로 가야 될 경우에는 허리 즉 몸체를 대신 돌리도록 한다. 예를 들어 팔을 움직여서 주화(走化)할 수 있을 경우라도 허리를 움직여 팔의 움직임을 대신하도록 한다. 요컨대 가능한 팔을 움직이지 않고 항상 허리 즉 몸체를 돌려 움직여 퇴수 수련을 하도록 한다. 그러므로 심지어 어떤 사람들은 말하기를 팔을 움직이는 것은 태극권이 아니고 허리를 움직이는 것이 태극권이라고 한다. 물론 투로(套路)의 연습도 허리 즉 몸체를 위주로 동작한다.

목표지점은 정확하게, 맹렬한 힘으로 잡아채야 하며, 꽉 붙잡아 둔중하지 않아야 하고, 깜짝 놀라 전율케 하는 방법이며, 가장 쉽게 상대방의 발꿈치까지 끌어당겨 움직이나, 그러나 또한 상대방의 뇌신경을 쉽게 진동(震動)시키므로 이 수법은 경솔하게 사용해서는 안 되며, 공력(功力)이 상당한 사람끼리 서로 경(勁)의 운용이 타당한지 여부를 시험해 볼 수는 있다.

(2) 열경(挒勁)

열경의 특색은 손가락과 장(掌)의 끝부분을 운용하여 갑작스런 공격방식으로 가까운 거리 내에서 한 종류의 경(勁)을 떨쳐(抖) 나가며, 이것은 과거에 금나(擒拿) 내에서 혈(穴)을 막는 기초였다. 열(挒)은 주로 "떨치며 가격함(抖擊)"을 사용하며, 이것은 발경(發勁)이 아니다. 손이 목표 지점에 도달하였으나 발경(發勁)의 형세가 이미 변했을 때 항상 열(挒)을 사용하니, 발(發)하고자 하나 할 수 없으면 곧 열경(挒勁)으로 바꾸어 떨쳐 나간다. 예를 들어 열(挒)을 사용할 때 상대방이 이미 끌어 당겨졌음을 촉각으로 느끼면 곧 기세를 이용하여 발경(發勁)으로 바꿀 수 있다. 이러한 종류의 열경(挒勁)과 안경(按勁)은 운용범위가 비교적 넓은 수법에 같이 속한다. 열경(挒勁)은 떨치며 공격하는 주요 작용 외에 또한 리경(攦勁)과 상반되는 방향의 작용을 갖추어 있으니, 곡선으로 움직이며 즉시 화(化)하거나 즉시 가격하여 다만 방향만 상반된다. 리(攦)는 뒤로 향하거나 혹은 좌(左)로 혹은 우(右)로 향하여 리화(攦化)하는 것이고, 열(挒)은 곡선으로 조금 화(化)하다가 곧 앞쪽 비스듬한 각도로 향하여 돌면서 열(挒)하여 나가니 마치 포물선과 같다. 리(攦)는 상대방으로 하여금 내 몸의 뒤나 혹은 좌(左)로 혹은 우(右)로 향하여 기울어져 넘어지게 하고, 열(挒)은 상대방으로 하여금 그 자신의 좌우로 향하여 돈 후에 넘어지게 한다.

요컨대 열경(挒勁)과 채경(採勁)은 하나의 대립면(對立面)으로서, 채(採)의 과정 중에 장애(障碍)를 만나면 곧 열(挒)로 바뀔 수 있고, 열(挒)이 장애를 만나면 곧 거꾸로 바뀌어 상대방을 채(採)할 수 있다. 이것은 채열(採挒) 두 수법의 통일이며, 4정수(四正手)의 붕리(掤攦) 두 경(勁)과 같다. 그러나 채열(採挒)은 붕리(掤攦) 중에 통일되며, 이들 사이에서 붕리(掤攦)가 주(主)가 되고 채열(採挒)이 빈(賓)이 된다.

(3) 주경(肘勁)

주고(肘靠)와 채열(採挒)은 비록 같은 우수(隅手)이나, 그러나 채열(採挒)은 손이 방원권(方圓圈 : 적정한 동작범위) 밖을 벗어난 경우에 사용하고, 주고(肘靠)는 수법이 방원권의 내권(內圈 : 제2장의 그림 12 참조) 안으로 진입한 경우에 사용하며, 이것은 마찬가지로 가장자리를 벗어나는(出隅) 것에 속하므로, 예를 들면 채열(採挒)은 장병기(長兵器)의 접전이고 주고(肘靠)는 단병기(短兵器)를 사용하는 것이다. 퇴수 과정 중에 만약 몸을 숙이거나 기울여 권(圈)을 벗어나면 곧 채열(採挒)로써 이를 보완하고, 만약 뒤로 몸이 기울거나 짓눌려져 내권(內圈) 안으로 들어가면 곧 주고(肘靠)로써 대비한다.

주(肘)의 사용법은, 다른 한 팔이 앞으로 발(發)하는 팔꿈치의 팔뚝 위에 걸쳐서 한 팔꿈치가 양 팔꿈치의 사용으로 변하게 하니, 예를 들어 제2로 「요란주(拗鸞肘)」・「순란주(順鸞肘)」 등의 권식과 같이 곧 좌우로 공격해 나갈 수 있다.15) 주(肘)와 열(挒)의 사용은 모두 중간 정도 부위의 공격에 사용되며, 채(採)나 고(靠)와는 다르며, 이것은 예를 들면 장기(將棋) 중의 사(士)와 상(相)의 작용과 같다.16) 주(肘)로 가격하는 것은 팔꿈치 모서리 혹은 팔꿈치 주위 부분을 상대방의 몸에 긴밀히 붙여 가격해 나가며, 팔꿈치 모서리로 상대방의 가슴이나 옆구리를 가격하면 사람을 상하기 쉬우므로, 퇴수할 때 다만 상대방의 팔에 긴밀히 붙여서 주법(肘法)을 사용하여 방경(放勁)만 하도록 한다.

(4) 고경(靠勁)

무릇 몸의 어느 한 부분을 사용하여 두경(抖勁)의 "격렬한 탄력(震彈力)"으로 상대방을 가격하는 것은 모두 고경(靠勁)이다. 고경(靠勁)은 장기 중의 장수(將帥)가 친히 출전하는 것과 같으며, 위풍이 사방에 떨치고 기세가 사람을 압도하며, 또한 왼쪽이나 혹은 오른쪽의 어느 한 팔이 테두리를 벗어나고(出隅) 다른 한 팔이 미처 지원하지 못하여 부득이한 경우에 처할 때 비로소 신법(身法)을 운용하여 견고(肩靠 : 어깨의 고

---

15) 역자註 : 가격할 때 한 손을 가격하는 팔에 붙여 힘을 배가하여 가격하는 것을 말한다. 이러한 가격 방법은 예를 들어 가격하는 팔꿈치의 안쪽에 다른 팔의 손을 붙여 가격하거나 혹은 가격하는 팔의 주먹이나 손목에 다른 한 팔의 손바닥을 붙여 잡아 힘을 배가하는 경우 등이 있다.
16) 역자註 : 장기에서 사(士)와 상(相)이 궁(宮)을 벗어나지 않듯이 주(肘)와 열(挒)은 가격거리가 몸 가까이 일정 범위를 벗어나지 않는다.

경)로써 공격한다. 견고(肩靠)는 앞어깨·옆어깨·뒷어깨의 구별이 있다. 견고(肩靠)는 고(靠)하여 나갈 때 반드시 중심(重心)이 한쪽으로 치우치지 않도록 하고, 또한 상대방의 중심(重心)으로 조준하여 가격해 나가서, 허탕쳐 기세를 잃을 염려가 없게 한다. 견고(肩靠) 시에 반드시 사타구니의 경(勁)을 아래로 가라앉히고, 신법(身法)이 치우침 없이 곧고 바르며, 앞어깨나 옆어깨로 고(靠)하여 나갈 때 어깨 부위가 무릎 끝을 초과해서는 안 된다.

견고(肩靠) 이외에 또한 "칠촌고(七寸靠)"가 있다. 상대방에게 리(攦)당하여 앞으로 기울어 기세를 잃게 되었을 때, 곧 기세를 이용하여 보(步)가 나가서 상대의 가랑이 사이로 들어가며 몸을 앞으로 숙여 어깨를 사용하여 상대방의 아랫배를 쳐들어 올리듯이 밀어 넘어뜨린다(반드시 허리와 다리의 공력을 갖춘 사람만이 할 수 있다). 또한 "배절고(背折靠)"가 있으니, 즉 뛰어올라 몸을 되돌리면서 등(背)으로 가격해 나가는 것이며, 이것은 상대방에게 채(採)당하여 붙잡혀 있을 때 상대방의 버티는 힘에 순응하기 위해 하는 동작이며, 이 과정 중에 몸을 뒤로 돌려 붙잡힌 형세에서 자연스럽게 탈출하는 방법이다. 동시에 또한 공격할 기회를 얻을 수 있어, 몸을 솟구치는 중에 돌연히 되돌아 발경(發勁)하며, 이것은 한 수법을 두 가지 용도로 쓰는 것이다. 그러므로 이것을 배절고경(背折靠勁)이라 부른다. 고법(靠法)의 사용은 반드시 허리 다리 몸체가 기세를 이용하여 상대방의 몸과 사지에 달라붙어 상대방이 미동(微動)할 때를 기다려 곧 발경하며, 필요시에는 또한 반드시 보법(步法)이 따라 나가서 상대방의 지위를 침범하여 빼앗아야만 경(勁)을 시원스럽고 깔끔하게 방출할 수 있고 자신은 중심(重心)을 잃지 않는다.

팔꿈치로 가격하고 어깨로 고(靠)하는 것은 퇴수 중에 모두 기세를 타서 사용하는 것이다. 진씨 역대 권술가 중 특히 팔꿈치로 가격하고 어깨로 고(靠)하는 수법으로 이름난 사람들이 있었고, 일반적으로도 부득이하여 기세를 잃게 됨에 따라서 팔꿈치나 어깨를 쓰는 사람이 있다. 즉 대체로 손이 방원권(方圓圈) 내의 내권(內圈)으로 들어와서 기세를 잃었을 때 즉시 주법(肘法)을 사용하고, 주법(肘法)이 기세를 잃었을 때 곧 이어 어깨(肩)를 사용한다. 견고(肩靠)와 배절고(背折靠)의 사용은 모두 몸에 붙여 접근하여 공격하는 방법이다. 과(胯) 부위로써 상대방을 튕기며(彈) 가격하는 것도 고법(靠法)의 범위에 속한다. 이러한 종류의 몸으로 공격하는 방법은 몸이 호랑이 굴에 들어가는 것으로서 형세가 위험하고 동작 경로가 짧으니, 통상적으로 대담하고 무공에 정통한 무뢰한처럼 용감하게 상대방에 다가가는 것과 같다. 예를 들어 장기의 수(帥)가 친히 싸우는 것과 같아서 필경 위력은 있으나, 만약 운용이 잘못되면 즉각 위기에 빠지므로 이것은 정상적인 수법은 아니다. 태극권 퇴수는 8법(法)의 8경(勁)이 있고, 그 기본공부는 4정퇴수(四正推手)를 중시한다. 그러므로 「타수가(打手歌)」에 "붕리제안을 반드시 성실히 수련하면 상하가 서로 호응하여 상대방이 침범하기 어렵다(掤攦擠按須認眞, 上下相隨人難侵)"라고 하며, 이로부터 4정퇴수(四正推手)와 4우퇴수(四隅推手)의 주종관계를 알 수 있다.

그 외 또한 반드시 알아야 할 것은, 4정퇴수(四正推手) 중에서 붕리(掤攦) 두 경(勁)이 주(主)가 되는 것이다. 붕(掤)은 순전(順纏)이고 리(攦)는 역전(逆纏)이며, 역(逆)은 순(順)으로부터 나와 서로 반대되나 서로 보완하여 어울린다. 붕(掤) 리(攦)는 서로 모순되고 또한 통일되는 것이며, 나선형의 순전(順纏)은 원심력이 되고 나선형의 역전(逆纏)은 구심력이 된다.

진식(陳式) 퇴수의 두 가지 변천

진식 퇴수는 원래 나(拿)·질(跌)·척타(擲打 : 發勁)를 함께 사용하며, 기세를 이용하여 민첩하게 변화한다. 나법(拿法)은 원래 나맥(拿脈)·조근(抓筋)·반골(反骨)을 위주로 삼으나,17) 후에 부상사고를 피하기 위해 이미 가벼이 전수하지 않고 사용하지 않는다. 퇴수에서 나법(拿法)을 운용할 때 역시 적당한 선에서 그치고, 또한 상대방의 경로(勁路)를 잡는 것을 위주로 발전하여 "나는 순조롭고 상대방은 곤궁에 빠지는(我順人背)" 기(機 : 시기 : 時間)와 세(勢 : 자세 : 空間)를 포착하는 데 그친다. 공부가 심후한 사람은 일거수일투족이 원활하고 부드러우며 날렵하고 민첩하게 상대방의 경로(勁路)를 장악하니, 즉 상대방으로 하여금 기세(機勢)를 잃게 하여 전환할 방법이 없게 되면 곧 발경(發勁)할 수 있고, 혹은 조금 기다려 전환하도록 방임했다가 곧 전환에 순응하는 시점에서 발경하니, 이것은 상대의 경로(勁路)를 장악하는 고급 기술이다.

---

17) 역자註 : 나맥(拿脈)은 상대방의 동맥이나 혈(穴)을 잡아 기혈(氣穴)의 유통을 차단하는 것이며, 조근(抓筋)은 힘줄·근육다발·인대(靭帶)를 잡아 골격과 근육을 분리시키는 것이며, 반골(反骨)은 관절의 활동 방향과 반대로 꺾거나 비트는 수법이다.

진식 퇴수는 원래 퇴보(退步)에서 리경(擺勁)을 사용하여 상대방의 제경(擠勁) 혹은 고경(靠勁)을 무력화시킬 때, 몸을 아래로 낮게 앉히지만 신법(身法)은 여전히 곧고 바르게 세워 기울지 않고 앞발의 종아리가 땅에 닿도록 하고 발끝은 위로 치켜세우며 기세에 따라서 몸이 오르내린다18){앞발을 멀리 뻗어 나가므로 상대방 양발의 작용을 단속하는 작용을 일으킬 수 있으며, 질법(跌法)을 사용할 때 극히 정교함을 갖출 수 있게 한다}. 그러나 이처럼 낮은 자세는 오르내리고 왕래할 때마다 허리와 다리의 운동량이 극히 크므로, 어릴 때부터 수련하지 않으면 하기 어렵다. 현재 일반적으로 이처럼 낮게 몸을 내려 앉히지 않는 원칙을 채택하여 더욱 대중화에 적합토록 하였다.

태극권 퇴수는 음양(陰陽)을 겸비한다

중국의 고대 철학적 인식상 세상에 존재하는 두 종류의 서로 분리할 수 없으나 또한 서로 대항하는 힘이 곧 음(陰)과 양(陽)이다. 음양은 만물의 변화와 발전의 근원이며, 음양의 화합은 모순(矛盾) 대립(對立)의 전화(轉化)와 통일이다. 태극은 곧 음양 두 종류 힘을 포함하는 일종의 음양학설이다. 음양은 동정(動靜)·강유(剛柔)·허실(虛實)·경침(輕沉)·지속(遲速 : 느리고 빠름) 등 대립하는 사물을 대표하며, 대립하는 양 방면의 관계는 서로 의존하고 서로 제약(制約)하며 서로 필요로 하는 통일 관계이다.

태극권은 음양학설을 채용하여 이론의 기초로 삼아, 동정(動靜)·강유(剛柔)·허실(虛實)·경침(輕沉)·지속(遲速)을 겸비하도록 요구하며, 그리고 음양이 서로 분리되지 않고 음(陰)은 양(陽)으로써 주(主)로 삼고 양(陽)은 음(陰)으로써 근본을 삼아 강유(剛柔)가 각각 그 극도에 이르고 음양이 서로 보완하는 동경(懂勁)의 경지에 도달하며, 더 나아가 홀연히 음(陰)이 되고 홀연히 양(陽)이 되어 음양의 흔적을 찾을 수 없는 신명

---

18) 역자註 : 몸을 아래로 낮게 앉히는 것은 蹲身下坐라고 표현되며, 준(蹲)은 엉덩이를 땅에 닿지 않고 앉거나 웅크리고 앉는 것으로서 앞발의 종아리가 땅에 닿을 정도면 아주 낮게 앉는 것이며, 이때 그냥 주저앉는 것이 아니라 어느 순간에라도 튕겨 일어날 수 있는 기세(氣勢)를 갖추고 있어야 한다. 만약 이러한 기세를 갖추지 않고 그냥 낮게 앉는 것을 낙당(落襠)이라고 하며 물론 금기 사항이다. 이처럼 언제든지 몸을 일으킬 수 있는 기세를 갖추는 것은 곧 내경(內勁) 즉 다리의 붕경(掤勁)을 갖추어 있는 것이라 할 수 있다. 이처럼 몸을 낮게 앉히고 상반신을 곧고 바르게 세우려면 주저앉은 뒷발은 흔히 발꿈치를 들어올리고 발끝만 땅에 닿게 되니, 이것은 결국 발목이 굽어지는 정도가 부족한 때문이다. 물론 이때 뒷발의 발바닥 전체가 땅을 딛도록 수련해야 한다.

(神明：自由自在)의 단계에 도달한다. 그러므로 태극권과 퇴수를 수련할 때 강(剛)이나 혹은 유(柔)의 어느 한쪽에 치우쳐서는 안 되며, 음양(陰陽)을 겸비하여 서로 보완되어야 한다. 대체로 유(柔)에 치우치면 태극(太極)의 한 면만 얻게 되어 유권(柔拳)이라 부르니, 태극권이라 부를 수 없다. 강(剛)에 치우치면 다만 강권(剛拳)이라 부를 수 있으니, 이것 또한 태극권이라 부를 수 없다. 무릇 능히 유(柔)하고 능히 강(剛)하며, 가볍고 무거우며, 허실(虛實)을 겸비하고, 급히 응하고 느리게 따르며(急應緩隨), 동정(動靜)이 적당한 것이 비로소 완정한 태극권이다.

"지극히 유연한 후에 지극히 견강할 수 있고(極柔軟, 然後能極堅剛)", "무수히 제련하여 강철이 되듯이 경을 단련하니, 어떠한 견고함도 쳐부순다(運勁如百煉鋼, 無堅不摧)"는 「태극권론(太極拳論)」은, 태극권 수련이 반드시 유(柔)의 방면을 발전시켜 극도에 이르고 또한 반드시 강(剛)의 방면을 발전시켜 극도에 이르러, 강유(剛柔)가 각기 그 지극함에 이르러 서로 섞여 변화함을 정확히 설명하였다. 이것은 「주역(周易)」 계사(繫辭)에서 말하는 "변하여 움직이며 머물지 않고 6위(六位：六爻)에 두루 유행하며, 상하가 수시로 변하여 강유가 서로 바뀌니, 규칙을 삼을 수 없어 오직 변화에 적응할 따름이다(變動不居, 周流六虛, 上下無常, 剛柔相易, 不可爲典要, 唯變所適)"는 것과 같다. 태극권 퇴수의 기술을 향상시키려면 양강(陽剛)과 음유(陰柔)를 반드시 겸비해야만 비로소 최후에는 "상대의 경을 변화시킴은 여유있고 깨끗이 처리하며, 발경은 깔끔하여(化勁鬆淨, 發勁乾脆)" 능히 화(化)하고 능히 발(發)하는 전면적인 고급기술을 얻을 수 있다.

퇴수의 동작 요령

1. 신법(身法)

퇴수를 할 때 반드시 "몸은 곧고 바르게 세워 기울지 않고(立身中正)", "경(勁)을 정수리로 가벼이 이끌어 올리고(虛領頂勁)", "기는 단전으로 가라앉히며(氣沉丹田)", "미려는 한가운데에 바르게 위치하며(尾閭正中)"[19], "사타구니의 내경이 발까지 충만하게 하며(襠勁滿足)", "어깨를 내리고 팔꿈치를 내려뜨리며(沉肩墜肘)", "가슴을 내밀지 않

---

19) 역자註 : 미려(尾閭)는 저골(骶骨)과 미골(尾骨) 부위를 가리키며, 둔부가 기울지 않아야 저미골(骶尾骨)이 중앙에 바르게 위치한다.

고 등배를 뽑아 올리며(슴胸拔背 : 혹은 등을 팽팽하게 당기며)20)", "상하가 서로 호응하여 따르고(上下相隨)", 정수리의 백회혈(百會穴)과 사타구니 내의 회음혈(會陰穴)이 시종 수직선을 유지하며{상하가 한 가닥 선을 이룬다(上下一條線)}, 척추는 마디마다 이완시켜 내리며 또한 허허롭게 바로 맞추고, 허리 부위는 느슨히 이완시켜 곧게 세워 미미(微微)하게 돌리며, 맥이 빠져 축 쳐지거나 혹은 흔들거리지 않아야 한다. 신법(身法)은 어떠한 변환을 할 때에도 곧고 바르게 유지하여 능히 사면팔방 온 주위를 지탱하고, 척추관절과 가슴 등배의 늑골은 마디마다 이완시켜 내리며, 그리고 의식(意識)은 위로 향하여 되돌려 내경(內勁)이 사타구니 가운데로부터 위로 되돌아 등배와 척추에 이르니, 이것을 일컬어 "기를 등배에 붙이고(氣貼背)"·"힘은 척추로부터 발출하여(力由脊發)"·"허리가 동작을 주도하며(主宰于腰)"라고 한다. 앞으로 숙이거나 좌우로 기울거나 더욱이 뒤로 우러러보는 것을 기피하고, 손과 다리가 앞으로 갈 때 허리 척추의 명문혈(命門穴)이 뒤로 향하여 지탱하며, 사타구니의 경(勁)은 반드시 아래로 가라앉히니, 이처럼 퇴수(推手)에서 요구하는 것은 권술 수련에서도 일치되게 요구한다. 허리 척추의 명문혈(命門穴 : 後丹田)로써 전신의 평형을 조절하는 중심축으로 삼고, 또한 허리가 주재(主宰)하는 폭발력의 근원이 되니, 이것은 퇴수의 기교를 잘 수련하는 관건이다.

  신법(身法) 허실(虛實)의 변환은, 그 관건이 허리 척추의 명문혈(命門穴)로써 중심축으로 삼는 좌우 요극(腰隙 : 양 腎臟이 있는 부위)을 내면적으로 변환하는 데 있으며, 요극(腰隙)을 좌(左)로 향하여 이끌어 가면 즉 좌(左)가 실(實)이 되고 우(右)가 허(虛)가 되며, 요극(腰隙)을 우(右)로 향하여 이끌어 가면 즉 우(右)가 실(實)이 되고 좌(左)가 허(虛)가 되니, 허리 척추의 명문혈(命門穴)로써 축을 삼아 좌우 양 신장 부위를 끌어 변환하여 허실을 변화하는 것은 전신 총 허실의 근거가 되며, 이것이 곧 "움직임의 근원은 허리 척추이고(源動腰脊)", "안에서 움직여 상대방이 알지 못하게 하는(內動不令人知)" 비결이다.

  태극권은 위에서 설명한 신법(身法)을 갖추어, "첨연점수(沾·連·粘·隨 : 상대방에 가볍게 닿아 연결하여 붙여서 상대방의 경에 따른다)"를 운용하여 이로써 상대방을 놓치지 않고 버티지도 않으며 짓눌리지 않고 저항하지 않는 것을 원칙으로 하며, 상대방이 안(按)하면 나는 붕(掤)하고, 상대방이 제(擠)하면 나는 리(攦)하여, 오직 이 붕리

---

20) 역자註 : 함흉발배(슴胸拔背)는 가슴을 움츠리는 것이 아니라, 등배를 상하로 뽑아내면서 또한 양팔의 경(勁)이 등을 통하여 한 기세(氣勢)를 이루도록 등을 좌우로 팽팽하게 당기는 듯하여 양팔을 연결한다.

제안(掤攦擠按) 4정수(四正手)가 끝없이 순환하고, 더욱이 경(勁)의 종류별 차이를 반드시 분명하게 구별하여 규율에 따라 오래 연습하면 원만하고 유순(柔順)한 기초를 튼튼하게 다질 수 있다.

　태극권과 퇴수 모두 신법(身法)을 가장 중시하며, 신법(身法)이 단정해야만 상대방을 제압할 수 있고 또한 상대방에게 제압당하지 않는다. 신법이 어긋나면 도처에서 상대방에게 틈을 내주게 된다. 소위 "그 몸이 바르면 시키지 않아도 저절로 따르고, 그 몸이 바르지 못하면 비록 명령하더라도 따르지 않는다(身正, 不令而從, 其身不正, 雖令不從)"라는 것이 바로 이러한 이치이다. 태극권과 퇴수는 허정(虛靜)으로써 그 극치로 삼고, 신법이 곧고 바름으로써 기초로 삼으니, 허(虛)한즉 무엇이든 받아들여 담을 수 있고[21], 정(靜)한즉 응하지 못함이 없으며, 신법이 곧고 바르면 곧 온 사방 주위를 지탱할 수 있고 또한 온 주위로 전환할 수 있으며, 상하 4방으로 전환하여 이어감이 민첩하다. 그러므로 태극권과 퇴수의 전통적인 이론 모두 항상 몸이 치우침 없이 곧고 바르도록 강조한다. 진가구(陳家溝)의 유명한 권사 진장흥(陳長興 : 1771~1853 : 楊式 태극권의 창시자 楊露禪의 스승)은 몸을 항상 곧고 바르게 세우기로 유명하였으며, 당시 사람들은 그를 "패위대왕(牌位大王)"이라 불렀다. 진식(陳式) 권술가는 몸을 곧고 바르게 세움을 첫째 요지로 삼았으며, 진식(陳式)으로부터 직접 발전되어 나온 양식(楊式)과 무식(武式)의 권술가 또한 이 규정을 엄격히 준수하였으니, 그 원리의 연유를 연구할 가치가 있다.

2. 수법(手法)

　처음 퇴수를 배울 때 전사(纏絲)하며 회전하는 권(圈)이 넓고 커야 하며, 원만(圓滿)하고 유순(柔順)하도록 노력하고, 요철(凹凸)·결함(缺陷)·단속(斷續) 그리고 버티어 저항하는(頂抗) 곳이 없어야 하며, 동작은 빠르지 않고 느려야 하니, 동작이 빠르면 도처에서

---

21) 역자註 : 무술의 자세에서 허(虛)라고 하는 것은 아무것도 없이 빈 것이 아니라 어느 순간에라도 동작을 취하기 위해 비워둔 것이다. 예를 들어 손발의 허실(虛實)에서 허(虛)인 손이나 발은 언제든지 다른 무슨 동작을 취할 수 있도록 그러한 기세(氣勢)는 반드시 갖추어 있는 것이다. 그러므로 이 허(虛)는 아무것도 없는 것이 아니라 다른 무엇으로 변할 수 있는 가능성이다. 다만 태극권에서는 이 동작을 하지는 않되 기세(氣勢)는 갖추어 있는 것이며, 그러므로 "태극권은 반수(半手)만 한다"라고 하는 말은 바로 이러한 의미이다.

미끄러지듯 대충 지나가버리기 쉽다. 공부가 더욱 깊어진 후 점차 그 권(圈)을 축소하여 동작하며, 능히 느리고 능히 빨라서 "상대방이 급하게 움직이면 나도 급하게 대응하고, 느리게 움직이면 나도 느리게 따른다(動急則急應, 動緩則緩隨)"는 요구에 합치한다.

어깨관절은 시종 이완하여 부드럽고 원활하며 아래로 내리고, 팔꿈치는 시종 아래로 내려뜨리며, 의식을 집중한다. 나가며 공격하거나 이끌어 들여 화(化)할 때 팔은 시종 이완하여 부드러워야 하며, 의식을 사용하고 힘을 사용하지 않으면 곧 능히 민첩하여 정체됨이 없어, 상대방이 나의 동향을 쉽사리 알지 못하게 한다. 척추는 이완시켜 내리고 저골(骶骨 : 꽁무니 끝 뼈)에 조금 힘을 주며, 사타구니의 경(勁)을 아래로 내리면 자연히 안정되고 중후(重厚)하며 또한 민첩해진다.

상대방을 이끌어 들여 화(化)하거나 공격해 나가는 비결은 나의 내경(內勁)을 상대방이 모르게 하는 데 있으며, 의식이 상대방보다 앞서고 접촉지점을 중심축으로 삼아 회전하여 점차 "먼저 이끌어 들인 후에 나가고(先引後進)", "이끌어 들이면서 나가며(半引半進)", "이끌어 들이자마자 바로 나가는(卽引卽進)" 기교를 추구하여 얻는다. 소위 "양손이 도는 것은 마치 지문(指紋)처럼 나선형이고(兩手轉來似螺紋)", "팔은 그 뼈로써 돌게 하면, 곧 진정한 경(勁)으로써 이끌어 움직일 수 있다(胳膊令其骨轉, 方能以眞勁引動)"라고 하며, 상대방으로 하여금 "나가고자 하나 기세를 얻지 못하고, 물러서고자 하나 감행하지 못하게" 하는 것은 이끌어 들이고 나가는 것의 절묘한 경지이다. "먼저 이끌어 들인 후 나가는(先引後進)" 것은 곧 상대방으로부터 오는 경(勁)을 이끌어 화(化)하여 허탕치게 만든 후에 공격해 나가는 것이다. "이끌어 들이면서 나가는(半引半進)" 것은 곧 팔꿈치 위의 상박 부위는 조금 뒤로 물러나고 하단전(下丹田 : 아랫배)은 조금 앞으로 나가며, 팔꿈치 아래 손목과 장(掌)에 이르는 부위는 이에 따라 전진하니, 축적하며 숨을 들이쉬어(吸) 기세를 이루어 발출할 때 내쉰다(呼). "이끌어 들이자마자 곧 나가는(卽引卽進)" 것은 작은 권(圈)으로 돌리며 전환할 순간에 시원스럽게 곧바로 쏘아내며, 이것은 속여서 유인하는 듯하다가 돌려내는 것으로 역시 상대방의 경(勁)을 차단하는 방법이다.

태극권 투로(套路)와 퇴수는 같이 수련하여 수법(手法)·신법(身法)·보법(步法)·안법(眼法)을 교정한다. 나가면서 공격하고 물러서며 화(化)하여 상하가 서로 호응하여 따르는 것 모두 태극권의 단련요령에 합치하도록 하며, 규칙을 이해하여 규칙을 준수하고, 규칙에서 벗어나되 규칙에 합치하며, 원칙을 고수하고, 승부를 염두에 두지 않고, 함부로 졸력(拙力)을 쓰지 않으면 마침내 기교를 발전시킬 수 있다.

이완되고 정숙하며 가볍고 부드럽게 수련하기 시작하여 투로(套路)의 수련과 동일한 절차를 거치며, 수련을 오래하면 온몸이 하나가 되고, 이완되고 안정되며 가볍고 부드러움으로부터 점차 침착(沉着)되며, 양 어깨는 느슨하여 부드럽고 원활하며, 양 팔꿈치는 아래로 내려뜨리고, 앞의 손이 나가면 뒤의 손이 따르고, 한 손이 돌아오면 다른 손이 따르니, 양손이 도는 것은 나선형 회전과 같다. 양손으로 상대방의 양손을 구속하고 그 관절을 제압하여(손목관절은 끝 마디이고, 팔꿈치 관절은 중간 마디이며, 어깨 관절은 뿌리가 되는 마디이다) 임기응변하기 어렵게 한다. 그 중에 또한 금나(擒拿)의 기교가 있어, 상대에 붙여 따르니 도망하지 못하고, 손은 부드러운 것 같으나 부드럽지 않고, 강(剛)한 것 같으나 강하지 않으며, 겉은 솜처럼 부드러우나 안은 강철막대기 같으며, 이끌어 들여 허탕치게 하는 수법을 능히 운용할 수 있은 후에 방경(放勁)을 추구한다. 작은 권(圈)을 돌려나가는 전환점에서 시원스럽게 곧장 쏘아나가니, 권(圈)으로 슬쩍 도는 듯이 유인하여 번개처럼 맹렬히 나가는 그 빠름은 비할 바가 없다. 무릇 이러한 것 모두 내면의 의식을 운용하며 겉모습에 있지 않아서, 상대방의 경(勁)이 바야흐로 나의 표면에 다가오면 나의 의식은 이미 상대방의 뼛속으로 들어가니, 어디에서나 나의 의식이 상대방에 앞서면, 곧 상대방을 놓치거나 혹은 버티어 완강하게 부딪히지 않게 되고, 다만 혈기의 만용에만 의지하지 않게 되며, 또한 다만 날렵하고 민첩함만 추구하고 내경이 충만함을 추구하지 않는 잘못에 이르지 않게 된다.{상대방을 쥐락펴락 할 수 있는 전사경(纏絲勁)은 반드시 이러한 중에 그 오묘한 이치를 깨달아야 한다} 그 후 수련할수록 더욱 정밀하고 민첩해져 임기응변할 수 있고, 온몸이 경쾌하고 민첩하여 상대방이 어디에 접근하든 곧 그곳이 움직이게 되어 어디서든지 능히 곡선으로 부드럽게 화(化)하고, 어디서든지 능히 직선으로 강(剛)하게 발출(發出)하며, 굽은 중에 곧음을 추구하고 축적한 후 발출(發出)하니 축경(蓄勁)과 발경(發勁)을 마음대로 한다.

3. 보법(步法)

보(步)를 움직임은 날렵하며 민첩해야 하고, 양다리는 허실(虛實)을 구분해야 하며, 또한 허(虛) 중에 실(實)이 있고 실(實) 중에 허(虛)가 있어 허실이 서로 내재되어 있어 변화가 민첩하도록 한다. 양다리의 허실을 분명히 구분하는 관건은 양 과(胯 : 사타구니의 髖骨, 무명골) 관절을 변환하는 데 있으며, 양 과(胯) 관절의 변환은 요극(腰隙)을 변환하는 것과 서로 일치하니, 즉 보법(步法)은 신법(身法)의 변환에 따라서 변환해야 한다. 좌보(左步)가 나가고자 하면, 요극(腰隙)을 먼저 우(右)로 끌어서 실(實)이 되고 기(氣)를 우측 배로 가라앉히며 우측 과(胯) 관절을 이에 따라서 안으로 거두면서 아래로 가라앉혀 오른발이 실(實)이 된 후 왼발이 나가며, 그 반대 역시 마찬가지다.

　보법(步法)과 수법(手法)은 서로 호응하며 상하가 서로 따르게 한다. 소위 "위로는 양 팔뚝이 서로 연결되고, 아래로는 양다리가 서로 호응하여 따르며(上于兩膊相系, 下于兩腿相隨)" 또한 반드시 손과 발이 서로 당기며 서로 연결되는 의식을 갖춘다. 손과 발이 합하고, 팔꿈치와 무릎이 합하며, 어깨와 과(胯)가 합하는 외삼합(外三合)을 반드시 주의하여 상하가 완정하여 산란하지 않게 한다. 움직이면 반드시 보(步)가 나가되, "투삽(套挿)"으로 나가야 한다. 투(套)는 앞발이 상대방 앞발의 바깥쪽을 구속하는 것이고, 삽(挿)은 앞발이 상대방 보의 사타구니 사이로 끼어들어가는 것이다. 상대방을 봉쇄하고 끼어들어 압박하며 발이 나가고 어깨가 따라 나가니, 대리(大攦)와 대고(大靠)의 방법이{채열주고(採挒肘靠)의 4경을 적용한다} 곧 그 중에 있다.

　상대방의 보를 봉쇄하고 끼어들어 압박하는 것은 퇴수를 할 때 질법(跌法 : 발을 걸어 넘어뜨리는 수법)을 사용하여 하체가 상대방의 발을 구속하여 우세를 차지하는 방법이며, 무릎을 안으로 꺾거나 밖으로 돌리는 것은 용수철 같은 경(勁)으로써 상대방의 장보(椿步 : 자세를 취해 굳게 디디고 있는 보)를 뒤흔드는 작용을 일으키고, 또한 상대방이 무릎으로 나의 장보(椿步)를 뒤흔드는 것을 소화(消化)시키는 작용이 있다. 권론에서 말하기를 "권술 중에 반드시 질법(跌法)이 있어야 하며, 질법을 분명히 하지 못하면 몸만 헛되이 고생한다"라고 한다. 질법(跌法)은 진식 퇴수 중에 현재도 여전히 계속하여 보존되어 있다. 양다리의 허실(虛實)은 민첩하게 변환해야 하고, 또한 허리와 과(胯)를 아래로 내리고, 다리의 경(勁)을 충실하게 하여 감아 돌려서 마치 땅속 깊이 심듯이 아래로 내리며, 상대방의 공세를 화(化)할 때 장보(椿步)가 안정되도록 하여 상대방으로부터 압박당하거나 끌어당겨져 신법(身法)이 파괴되지 않도록 한다. 상대방에 붙여 화(化)한 후 반격할 때, 과(胯)가 먼저 아래로 가라앉았다가 곡선을 이루며 조금 위로 올라가 앞으로 향하여 압박해 나가며, 수법(手法)과 함께 나선형 동작이 서로 일치하면 경(勁)을 방출할 때 비로소 지면의 반작용력을 더욱 잘 이용할 수 있어, 경(勁)이 발꿈치에서 일어나게 하여 허리 부위에 집중하고 척추와 등배를 통하여 손가락에서 나타나게 할 수 있다. 퇴수 시에 의식이 연결되어야 하고 동작도 연결되어야 하며, 장차 방경(放勁)하고자 하면 보(步)가 반드시 암암리에 나가고, 보(步)가 나가서 승리하고 보가 물러나도 패하지 않으며, 몸과 손 그리고 보(步)는 상하(上下)가 서로 호응하여 따른다. 손이 나가고 몸이 나가지 않거나 몸과 손이 나가되 보(步)가 나가지 않으면, 상대방에 붙여 봉쇄할 수 없고 경(勁)을 방출하되 들떠서 가라앉지 못하여 연환(連環)되게 방경(放勁)할 수 없으며, 또한 상대방에게 쉽게 끌려 움직이게 된다. 방경(放勁) 시에 신(身)・수(手)・보(步)・안신(眼神 : 시선)은 반드시 함께 갖추어 동작되도록 하고, 무릎끝・발끝・코끝・손끝 그리고 안신(眼神)은 반드시 한 방향으로 정확히 겨냥하여 역점(力點)이 집중되도록 한다.

4. 안법(眼法)

각종 권법(拳法)은 안신(眼神)을 중요하게 여기니, 뇌(腦)에서 명령을 발하고 안신(眼神)이 명령을 전달하며, 정교한 곳은 모두 안법(眼法)에 의지하고, 나의 의식이 능히 상대방의 뼈 속으로 들어가는 것은 모두 안력(眼力)이 능히 상대방의 정황을 미리 알 수 있어, 소위 "한눈에 꿰뚫어 보는(一眼看透)"데 의지한다.22) 옛날의 권술가(拳術家)는 또한 "먼저 안법(眼法)으로 상대방을 굴복시킴"을 중시하였다. 경(勁)을 끌어들이거나 발출하는 변화는 의식이 먼저 앞서고 목광(目光) 또한 이에 따라서 변환하며, 몸과 손 그리고 보(步)는 목광(目光)의 동향에 따라서 변환한다. 장차 위로 향해 타격하려면 반드시 먼저 아래로 향하는 의식이 깃들어 있어야 하고, 목광(目光) 또한 반드시 먼저 조금 아래로 향해 본 후에 앞쪽 위로 향하여 곧바로 쏘아보면, 곧 발경의 동향(動向)이 정확하고 그 뜻이 멀리 미치며 경(勁)이 길게 나간다. 상대방의 경로(勁路)를 제압

---

22) 역자註 : 눈은 안신(眼神)과 목광(目光)으로 나눌 수 있으니, 안신(眼神)은 눈의 정신이라 할 수 있고, 목광(目光)은 시선이라 할 수 있다. 시선은 이쪽을 향해 보고 있으나 안신(眼神)은 저쪽에 두고 있는 경우에 이처럼 나눌 수 있을 것이다. 목광(目光)과 안신(眼神)을 다른 방향에 두고 있을 때 안신(眼神)이 저쪽으로 향하는 것을 고(顧)라고 한다. 물체를 보는 것은 두 눈이 초점을 맞추어서 3차원적인 인식을 하는 것이다. 그러나 전해오는 이야기에 의하면 옛날의 무술 고수들은 훈련을 통하여 좌우 두 눈이 독자적으로 각각 좌우를 보았다고 한다.

하려고 어느 손이 위주가 되면 곧 목광(目光)은 반드시 그곳을 본다. 목광(目光)은 결코 동향(動向)과 편차(偏差)가 있어서는 안 된다.

상대방을 방출해낸 후 목광(目光)이 여전히 반드시 앞을 주시하면, "상대방을 제압한 뒤 처음 접전을 시작하는 것과 같은 기세를 갖추며(一克如始戰)", "경은 끊어져도 의식은 끊어지지 않고(勁斷意不斷)", "신기가 끊어지지 않게 하며(神氣不令割斷)", "방경은 마치 깊숙이 파고들어가듯이 하는(放勁如入木三分)" 작용이 비로소 있게 된다. 안신(眼神)은 곧 반드시 몸의 주위 상하를 두루 살펴야(顧) 하므로, 목광(目光)은 마땅히 전념하여 집중하고, 안신(眼神)은 결코 멍하니 보고 있어서는 안 되며, 반드시 마치 쥐를 잡는 고양이의 안신(眼神)과 같아야 한다. 간혹 태극권의 정교함이 촉각의 영민함에 있다고 여겨서 안법(眼法)의 운용을 중요시 않거나, 심지어 머리를 돌려 시선은 옆을 보면서 전적으로 손에서 청경(聽勁)하고[23] 있음을 나타내기도 하는 바, 이것은 곧 태극권을 오해한 것이다. 시각(視覺)・청각(聽覺) 그리고 촉각(觸覺)은 반드시 유기적으로 함께 호응하는 것이지 괴리(乖離)되는 것이 아니다.

5. 첨연점수(沾連粘隨)

퇴수 시에 양손이 상대방에 "가볍게 닿아 연결하여 붙여서 따라갈(沾連粘隨)" 뿐만 아니라, 신법(身法)과 보법(步法) 또한 반드시 첨연점수(沾連粘隨)의 의식을 갖추어 앞서지도 뒤처지지도 않게 협동하여 동작한다. 이것은 동작상으로 "상하가 서로 호응하여 따르고(上下相隨)", "온몸이 하나가 됨(週身一家)"을 나타내는 것이다. 동작이 연결되고 의식도 연결되어 상대방의 움직임에 따라서 신축(伸縮)하고 진퇴(進退)하여, 능히 "놓치지 않고(不丟)"・"버티지 않으며(不頂)"・"짓눌리지 않고(不匾)"・"대항하지 않게(不抗)" 되면, 이것을 "동경(懂勁)"의 공부라고 부른다. 동경(懂勁)은 "나를 버리고 상대방을 따르는(捨己從人)"데서 나오며, 어디서든지 능히 객관적인 변화의 규율을 살펴 이해하고 이에 순응할 수 있다. 허실(虛實)에 있어서 능히 상하가 서로 호응하여 따르니, 즉 나가면서 공격하고 물러서며 화(化)하여 곧 나를 버리고 상대방에 따르며 자유자재로 원활히 도니, 비록 상대방에 따르나 여전히 "내가 주도하고(主宰於我)", 내

---

23) 역자註 : 청경(聽勁)은 경을 듣는다는 말 그대로 상대방 경을 탐지하는 것이며, 퇴수의 첫째 기본과정이다.

자세가 곧고 바르며 기울지 않으면 곧 능히 상대방을 제압하고 상대방에게 제압당하지 않는다. 이것은 수법(手法)·신법(身法) 그리고 보법(步法)이 첨연점수(沾連粘隨)에 도달하여 얻는 효용이다.

 화(化)를 운용하는 첫째 요점은 허리와 다리에 있고, 다음은 가슴에 있으며, 그 다음은 손에 있다. 그러므로 요점은 모두 가슴과 허리가 움직여 화(化)하는 데 있고, 기(機)와 세(勢)를 얻지 못하는 곳이 있으면 몸이 곧 산란해져 반드시 한쪽으로 기울게 되니 그 결점의 원인은 반드시 허리와 다리에서 찾아야 하며, 상하전후좌우(上下前後左右) 모두 이와 같다. 그 중 전사식(纏絲式) 나선형으로 굽히고 펴며 가고 오는 것은 "상대방을 이끌어들여 허탕치게 하며 합경하여 곧 발경(發勁)하는(引進落空合卽出)" 주요 작용이다. 손이 상대방에 붙여있는 지점에서 그 지탱면을 떠나지 않고, 이를 중심축으로 삼아 회전운동을 하여 자유자재로 원활히 돌 수 있으며, 상대방에 붙여 화(化)하는 중으로부터 상대방의 허실(虛實)을 미리 알 수 있다. 몸과 손이 상대방에 붙여있는 지점의 붕경(掤勁)작용은 곧 "물러나는 중에 물러나지 않는(讓中不讓)" 교묘한 작용이며, 상대방에 붙여 화(化)하는 중에 나의 기세(機勢)를 잃지 않게 한다. 방경(放勁) 시에 손이 발끝을 초과하지 않으면 경력(勁力)이 능히 깊이 침투할 수 있고, 자신의 몸도 중심(重心)을 잃지 않아 온 주위를 지탱하는 축적된 기세를 유지할 수 있으며, "도도히 끊이지 않게(滔滔不絶)" 되어 경(勁)이 중단되지 않아 또한 연환(連環)되게 방경(放勁)할 수 있다.

 진식(陳式) 퇴수는 상대방이 자신의 몸에 접촉하지 못하도록 하면서 자신은 능히 상대방의 중심(重心)을 장악하도록 요구하며, 또한 과감하게 상대방의 손이 자신의 몸에 접근해 붙도록 하여, 서로 거리를 두어 팔을 접촉해도 물론 처리할 방법이 있고 몸에 가까이 접근해도 역시 처리할 방법이 있도록 한다. 첨연점수(沾連粘隨)의 공부는 손에 있고 또한 몸에도 있다. 손을 접촉하여 조금 이끌어들여서 곧 발경(發勁)하는 것은 한 방법이며, 손을 접촉하여 이끌어 몸 가까이 오게 하여 받아들여 상대방을 제약(制約)하고서 타파(打破)한다. 몸으로써 상대방의 손을 받아들이니, 상대방의 한 손, 혹은 양손은 소용없는 지경에 놓이고, 자신의 손은 최대한 민첩히 변할 수 있으니, 이것 또한 한 방법이다. 상대방과 멀어도 두렵지 않고 가까워도 두렵지 않아, 능히 멀어지고 능히 가까워지며, 능히 축경하고 능히 발경하며, 능히 유(柔)하고 능히 강(剛)한즉 퇴수의 능력을 충분히 발휘한다.

퇴수를 수련하여 동경(懂勁)의 단계에 이르면, 경(勁)을 운용할 때 홀연히 숨겼다가 홀연히 나타내서, 있는 것 같으나 사실상 없고, 없는 것 같으나 사실상 있으며, 공부(功夫)가 심후한 사람은 상대방 경력(勁力)의 동향에 따라서 능히 붙여 따라감에 추호도 오차가 없다. 내경(內勁)은 은연중에 감화(感化)되고 의식(意識)은 상대방보다 앞서니, 상대방은 나를 모르고 나 홀로 상대방을 알며, 단지 상대방의 어느 곳에 접착한지에 따라서 곧 그곳으로 향하여 방경(放勁)한다. 느낌에 따라서 이에 응하니 자연히 붕리제안채열주고(掤攦擠按採挒肘靠) 등 8법(八法)의 8경(八勁)에 구애받지 않을 수 있으며, 이것은 첨연점수(沾連粘隨)로부터 동경(懂勁)단계에 도달하고, 더 나아가 상대방과 접촉하는 곳에서 원활하게 능히 화(化)하고 능히 발(發)하는 "자유자재의 경지에 도달한(階及神明)" 공부이다. 상대방이 강(剛)하게 오면 나는 유(柔)하게 응하며, 유(柔) 중에 강(剛)이 내포되어 있어 상대방이 방어하기 어렵게 만들고, 항상 영기(靈機 : 언제라도 임기응변할 수 있는 민첩한 기세)가 충만하여 어느 곳에서나 상대방에 밀접하게 붙여 점(粘)과 주(走)가 서로 호응하며, 의식은 상대방보다 앞서는 것으로써 총 원칙을 삼는다.

6. 몸은 다섯 개의 활(弓)을 갖추어 있다(一身備五弓)

진중신(陳仲甡)이 말하기를, "온몸이 세차게 흐르는 물처럼 유행(流行)하여 자연히 한 기세(氣勢)를 이룬다. 가볍기는 버들개지 같고 견고하기는 금석(金石)과 같다. 호랑이의 위엄에 비할 만큼 맹렬하고, 매가 날아오름에 비할 만큼 재빠르다. 움직임은 물이 흐르는 것과 같고, 정지함은 산과 같다. 그 비결은 움직임도 아니고 정지함도 아닌 사이에 있고, 정신은 이끌어들여 아직 발(發)하지 않은 사이에 있다". 무우양(武禹襄)이「태극권론(太極拳論)」에서 말하기를 "정지함은 마치 산과 같고, 움직임은 마치 강(江)과 같다"는 것은, 자세를 취해 있을 때 안정되어 침중(沉重)하며 잘 정리된 힘있는 자세를 일컬어 "고요함은 산과 같다(靜如山岳)"라고 하며, 정지한 중에 움직임을 미리 준비하는 기세를 갖추는 것을 일컬어 "정지함을 움직임과 같이 여긴다(視靜猶動)"라고 하며, 또한 "정신은 이끌어들여 아직 발경하지 않은 사이에 있다(精神在引而未發之際)"라고 한다. 소위 "움직임은 마치 강과 같다(動若江河)"라는 것은 동작 시에 마치 파도가 기복을 이루며 도도히 끊이지 않듯이 허실을 변환하며 민첩히 움직여 부단히 곡선을 이루며 주화(走化 : 상대방에 붙여 따라 나가거나 이끌어 들여와 허탕치게 하는 것)하고 부단히 곧게 나가 상대방에 붙여 압박하며, 그리고 변환하여 돌 때 여전히 온몸이 갖추어야 하는 규칙을 지키니, 이를 "움직임을 정지함과 같이 여긴다(視動猶靜)"고 하며, 또한 "그 비결은 정지함도 아니고 움직임도 아닌 어중간한 사이에 있다(消息在不卽不離之際)"고 한다. 소위 "정지한 중에 동작을 일으키니 그 움직임은 정지함과 같고, 상대방에 따라서 변화하니 참으로 신기하다"라는 것 모두 퇴수 시에 반드시 "정지함은 산과 같고, 움직임은 강과 같이" 온몸이 하나가 되어 "축경은 활을 당기는 것 같고 발경은 화살을 방출하는 듯(蓄勁如張弓, 發勁如放箭)" 해야 함을 설명한다. 진(陳)·무(武) 양 문파에 구전(口傳)되어 오는 비결 중에, 전신의 전체적인 경(勁)의 축발(蓄發)이 번갈아 변화하려면 "한 몸에 다섯 개의 활을 갖추어야 한다(一身備五弓)"라고 하며, 그 구체적인 조작방법 요령을 간략히 서술하면 다음과 같다.

한 몸에 다섯 개의 활을 갖춘다는 말은, 몸체가 하나의 활과 같고, 양손이 두 개의 활이며, 양발이 두 개의 활인 것을 가리킨다. 다섯 개의 활이 합쳐 하나가 되니 즉 전신의 전체적인 경(勁)이 되며, "정지하면 산과 같고, 움직이면 강과 같이" 능히 축경하고 능히 발경하여 도도히 끊이지 않는다.

신궁(身弓)은 허리로써 활 손잡이를 삼고, 배꼽 뒤 허리 척추의 명문혈(命門穴)에 시종 의식을 집중하며 가운데로 안정시켜, 치우쳐 기울거나 흔들리지 않게 한다. 방경(放勁) 시에 명문혈은 반드시 뒤로 향하여 지탱하고, 암문(闇門 : 頸椎 첫째 마디)과 미려골(尾閭骨)을 활의 양 끝으로 삼아 상하(上下) 대칭하여 움직이는 정도를 조절하고 그 축경(蓄勁)의 기세를 증강한다{무식태극권(武式太極拳)의 신궁(身弓)은 대추(大椎)로써 활 양 끝의 하나로 삼으니, "암문(闇門)"과 비교하면 그 움직이는 정도를 조절하는 것이 작다}. 신궁(身弓)을 갖추면 곧 허리 부위가 부드러우면서 질기고 바르게 안정되며 아래로 가라앉고, 위로는 "암문(闇門)"을 가벼이 세우고 대추(大椎)는 미미(微微)하게 일으켜 위로 들어올리는 의식을 갖고{즉 발배(拔背 : 등을 뽑아 올림)와 기첩척배(氣貼脊背)의 작용이다}, 아래로는 미려골(尾閭骨)을 앞으로 보내고 내경(內勁)은 위로 올리는 의식을 갖는다. 미려골(尾閭骨)을 앞으로 보내면 곧 둔부가 뒤로 튀어나오는 잘못이 없게 된다. 둔부는 또한 위로 띄워 올리는 의식을 가져야 하며, 그러한즉 내경(內

勁)이 사타구니 가운데로부터 위로 올라와 등배를 거쳐 정수리에 이르러 내려와 기(氣)가 단전(丹田)으로 내려오니, 이처럼 하여 시일이 오래되면 임독(任督) 두 맥이 자연히 연결되어 통한다.24)

   수궁(手弓)은 팔꿈치를 활 손잡이로 삼고, 팔꿈치 관절에 의식을 집중하여 아래로 침착(沉着)시켜 이완되어 일정한 방향을 갖도록 한다. 손목과 목 아래의 쇄골(鎖骨)이 활의 양 끝이 되며, 활의 양 끝을 반드시 고정시켜 전후(前後)로 대칭시킨다. 손은 이완시켜 부드럽고 민첩한 중에 "좌완(坐腕)"을 사용하여 고정시키며{장근(掌根)에 미미하게 힘을 주면서 아래로 가라앉히고, 손목 관절이 부드러우나 연약하지 않은 것을 일컬어 "좌완(坐腕)"이라고 한다}, 쇄골(鎖骨)은 의식을 사용하여 고정시켜서 치우쳐 편중되거나 흔들리지 않게 하고, 쇄골이 양손의 동향을 관장하며, 쇄골이 고정되어야 양손이 고정될 수 있다.

   족궁(足弓)은 무릎을 활 손잡이로 삼고, 과골(踝骨)과 발꿈치가 활의 양 끝이 된다. 족궁(足弓)이 갖추어지면 곧 무릎 관절이 힘이 있어 조금 앞으로 내밀어 지탱하고, 과골(踝骨)이 이완되어 가라앉으며 뒤로 지탱하고, 발꿈치는 아래로 가라앉고 경(勁)을 위로 올리면, 허리와 다리의 경(勁)이 자연히 서로 순조롭게 따르게 되니, 이것을 일컬어 "위가 있으면 반드시 아래가 있고, 앞이 있으면 반드시 뒤가 있고, 좌가 있으면 반드시 우가 있다(有上必有下, 有前必有後, 有左必有右)"라고 하며, 서로 반대되나 서로 호응하여 마주 당겨 대칭되므로, 자연히 경(勁)이 발꿈치에서 일어나고 허리에서 주재하여 척추와 등배를 통하여 손가락에 나타날 수 있다.

   5궁(弓)은 신궁(身弓)이 주(主)가 되고 수궁(手弓)과 족궁(足弓)이 보조하며, 허리를 축(軸)으로 삼아 위로는 양팔이 서로 연결되고 아래는 양다리가 서로 따르니, 상하가 서로 호응하여 따르게 되어 그 중간은 자연히 뒤따른다. 매 한 자세를 취할 때마다 5궁(弓)이 두루 갖추어지면, 온 주위를 지탱하는 축경(蓄勁)된 기세를 형성한다. 움직임의 원천은 허리와 척추이고, 온몸의 경(勁)이 완정한 일체를 이루면 곧 능히 "기회는

---

24) 역자註 : 미려골(尾閭骨)을 앞으로 보낸다는 것은, 예를 들어 마보(馬步)자세를 취했을 때 보통의 경우 둔부가 뒤로 조금 나오게 되나, 미려골(尾閭骨)을 조금 앞으로 보내면 둔부가 나오지 않게 되고 또한 아랫배가 들어가고 단전에 힘이 모이게 된다. 즉 이것은 골반의 아래 부분을 조금 앞으로 보내며 들어올리듯이 하여 척추 아래 부분과 둔부가 수직이 되도록 하는 것이며, 다른 문파에서는 이것을 원요(圓腰)라고 부르기도 한다. 보통의 경우 척추는 S字이므로 이처럼 미려골(尾閭骨)을 앞으로 보내서 수직으로 펴도록 한다.

내 마음대로 택하여 발경하고, 힘은 상대방으로부터 빌릴(機由己發, 力從人借)" 수 있으며, 곡선으로 주화(走化)하고 직선으로 발경하여 축경과 발경이 번갈으며 도도히 끊이지 않는다. 공부가 심오한 사람은 상대방과 접촉한 곳에서 자유자재하니, 단지 어느 곳인지에 따라서 곧 그곳에서부터 방경(放勁)한다.

5궁(弓)이 합하여 하나가 되는 것은 안팎의 총체적인 경(勁)을 구체적으로 규정하는 것이다. 권술 수련과 퇴수 모두 모든 동작 자세를 시작하면 곧 5궁(弓)을 갖추어야 한다. 5궁을 합하여 하나가 되면 곧 "정지함은 산과 같고, 움직임은 강과 같으며(靜如山岳 動若江河)", "몸을 세움은 반드시 치우침 없이 바르고 편안하여 능히 온 주위를 지탱할 수 있고(立身須中正安舒, 能八面支撑)", "경은 굽혀 축적하므로 여유가 있으며(勁以曲蓄而有餘)", "굽은 중에 곧음을 추구하고, 축경한 후에 발경한다(曲中求直, 蓄而後發)"는 기세가 곧 나타날 수 있다.

7. 발경(發勁)의 제합축(提合蓄)과 방개발(放開發)

퇴수의 연습은 먼저 붕리제안(掤攦擠按) 4정수(四正手)를 성실하게 연습하여 부드럽고 순조로우며 원만하여 온몸이 한 기세를 이루어야 하며, 먼저 부드럽게 화(化)하는 것을 배우고 그 후 발경을 추구한다. 발경은 가능한 상대방의 양발이 땅에서 떨어지게 하여 뒤로 향하여{또한 좌(左)나 우(右)로 향할 수도 있다} 위로 공중으로 떠올라 내던져져 나가게 하는 것이 좋다. 발경을 연습하는 단계에서 반드시 제방(提放 : 상대방을 끌어들이는 것과 방출하는 것)과 호흡(呼吸)이 결합하는 방법을 연구해야 하며, 숨을 들이마시며(吸) 충분히 축적(蓄)되도록 하고, 내쉬며(呼) 투철(透徹)하게 발출(發)되도록 한다. 충분히 들이마시면(吸) 이로써 그 교묘함이 나타나고, 투철하게 발출하면(發) 이로써 그 절묘함이 나타나며, 교묘히 축적(蓄)할 수 있어야 비로소 절묘하게 발출(發)할 수 있다.

숨을 들이마실(吸) 때 제(提)25)·합(合 : 자세를 합해 합경한다)·축(蓄) 하고, 내쉴(呼) 때 방(放)·개(開 : 자세를 전개하여 개경한다)·발(發) 한다. 평상시 반드시 혼자서 그리고 둘이서 제방(提放)의 방법을 연습한다. 혼자 연습할 때는 몇 개의 권식 자

---

25) 역자註 : 제(提)는 상대방을 끌어들이되, 끌어 올려 당기는 듯하여 상대방의 경(勁)이 들뜨게 하는 것이다.

세를 뽑아서 그 정면(正面)과 반면(反面 : 좌우를 바꾸어 연습함)을 연속하여 전적으로 축경(蓄勁)과 발경(發勁)을 연습하며, 가슴 어깨 등배 과(胯) 둔부 등 부위의 진탄력(震彈力 : 떨쳐 내는 탄력) 모두 반드시 개별적으로 연습하여 익숙해져, 다만 어느 부위의 진탄력(震彈力)이 필요하면 곧 그 부위에 진탄력(震彈力)이 있게 된다. 두 사람이 연습하는 것은 축발경(蓄發勁)의 정확한 정도를 연구하여 양성하는 방법이다. 경(勁)을 방출하는 것은 반드시 집중하여 맹렬하게 꿰뚫어 나가야 하며, 더욱이 반드시 빠르고(速) 가라앉아서(沉) 발경이 극히 예리하게 파고들도록 하며, 움직이는 폭은 짧을수록 좋고, 뜻(意 : 의식)은 멀리 미칠수록 좋으며, 경(勁)은 길수록 좋다. 집중한즉 한 방향에 전념하여 힘이 꿰뚫어 나가고, 빠른즉 기세를 탈 수 있어 기세를 잃지 않고, 가고자 하면 곧 가서 주저하는 결점을 범하지 않아 상대방이 쉽게 변화하지 못하고, 가라앉은(沉)즉 상대방의 힘을 제압하여 민활(敏活)하게 변화하지 못하게 하며, 동작의 폭이 짧은즉 일촉즉발(一觸卽發)하여 상대방이 미처 주화(走化)할 수 없어 이미 넘어져 나간다. 공부(功夫)가 뛰어난 사람은 상대방이 그 움직임을 보지 못했으나 이미 공중에 떠올라 내동댕이쳐 나가게 할 수 있다. 뜻(意)이 멀리 미치고 경(勁)이 긴즉 더욱 멀리 상대방을 방출시킨다. 공부가 심후한 사람은 움직임이 극히 작으나 상대방을 이끌어 당김은 극히 길고 발경은 극히 빠르며, 숨을 들이마신즉 자연스럽게 능히 상대방의 발꿈치를 들어올려 그 반작용력을 이용하여 그 중심(重心)을 이동시키며, 숨을 내쉰즉 능히 아래로 가라앉아 상대방을 깔끔하게 방출시켜 낸다. 숨을 들이마시며 상대방을 끌어당길(提) 때 기(氣)는 아랫배(下丹田 : 中極穴)로 가라앉히고, 내쉬며 상대방을 방출할(放) 때 기(氣)의 일부분은 내쉬며 배출하고, 일부분은 아랫배로 가라앉히며, 일부분은 배꼽부위(中丹田 : 神闕穴)로 이동하여, 숨을 내쉴 때 절반은 토하고 절반은 아래로 가라앉히며, 이처럼 해야만 비로소 여유가 있어 다하지 않고 도도히 끊이지 않는다. 상단전(上丹田 : 百會穴)은 시종 정경(頂勁)을 가벼이 이끌어 올리며, 이로써 숨을 들이마시며 상대방을 끌어당기고(吸提) 내쉬며 방출할(呼放) 때 몸이 곧고 바르게 세워진 자세를 유지한다.

  근대 태극권의 고수인 진발과(陳發科)·양징보(楊澄甫) 등은 상대방의 공세를 화(化)할 때 가볍고 부드러우며 원활하여 상대의 힘에 조금도 영향받지 않고 상대방으로 하여금 평형을 잃게 하여 공중에 떠올라 무중력상태인 느낌이 들게 하며, 경(勁)을 방출할 때 속도가 빠르고 공격지점이 정확하며 내경(內勁)이 충족하고 상대방에 접착한 지점에서 돌연히 발경(發勁)하므로, 상대방이 미처 느끼지 못하여 화(化)할 도리가 없어 곧장 공중에 떠올라 내동댕이쳐졌으니, 이것은 축경과 발경이 번갈아 변화하는 고급기교에 도달한 것이다.

8. 호흡과 방원(方圓) 강유(剛柔)

호흡을 바꾸면서 방원(方圓)을 변하고 강유(剛柔)를 번갈아 바꾼다. 상대방에 긴밀히 붙여서, 상대방의 공세를 받아들여 돌며 부드럽게 화(化)하는 것이 원(圓)이고, 적당한 시기(時機)와 위치(位置)를 잡아 강한 경(勁)으로 상대방을 공격하여 압박하는 것이 방(方)이며, 경(勁)을 감아 도는 것이 원(圓)이고, 발경하여 방출하는 것이 방(方)이다. 상대방에 붙여 따르는 경(勁)은 마치 아교풀로 붙은 것 같으며, 이 경(勁)은 나선형인 원심력과 구심력의 가속도(加速度)로부터 생기는 마찰(摩擦)에서 나온다. 상대방에 붙여 따르는 지점은 항상 상대방의 중심축(中心軸)으로 향하는 지점이 되도록 한다.[26]

순(順)회전은 원심력의 작용이고, 역(逆)회전은 구심력의 작용이다. 순(順)회전과 역(逆)회전이 교차하여 변화하는 것이 더욱 정밀하고 민첩할수록, "굽은 중에 곧음을 추구하고(屈中求直)" "축적한 후 발출한(蓄而後發)"즉 원(圓) 중에 방(方)이 있고 방(方) 중에 원(圓)이 있도록 운용함이 더욱 그 정묘(精妙)함을 나타낸다.「타수가(打手歌)」에서 말하는 "상대방을 이끌어 들여 허탕치게 하며, 합하다가 즉시 나가고, 첨연점수(沾連粘隨)하여 상대방을 놓치거나 맞서 버티지 않는다"라는 것은 호흡과 방원(方圓) 강유(剛柔)의 작용을 설명한다. 발경할 때는 굽은 중에 곧음을 추구하고, 겉으로는 방(方)이나 안으로는 원(圓)이며, 굽혀 축적하여 여유가 있어 도도히 끊이지 않으며, 숨을 내쉰즉 몸과 사지를 전개하여 방(方)이 되고, 숨을 들이마신즉 몸과 사지가 긴밀히 합하여 원(圓)이 되며, 방(方)에 이어서 곧 원(圓)이 되어 번갈아 바뀐다. 숨을 들이마신즉 제경(提勁 : 상대방을 끌어당김)하는 유(柔)가 되고, 숨을 내쉰즉 방경(放勁)하는 강(剛)이 된다. 가장 높은 단계에서 요구하는 것은 속전속결(速戰速決)이며, 그러므로

---

[26] 역자註 : 상대방에 붙여 따르는 지점에서 나의 경(勁)이 향하는 방향은 항상 상대방의 중심축(中心軸)으로 향하도록 방향을 유지해야만 언제라도 발경할 수 있고 또한 발경이 적중할 수 있다.

한번 호흡하여 승부를 즉각 판가름 내는 기술을 양성해야 한다. 진가(陳家)태극권을 전수받은 양가(楊家)태극권의 양반후(楊班侯)는 "한번 '흥'·'하' 소리 내는 사이에 승부가 즉각 판가름 난다(一哼一哈, 勝負立判)"라고 주장하였다. 따라서 호흡에 의하여 방원(方圓) 강유(剛柔) 상호 간의 변화에 영향을 미치게 되므로, 점차 호흡을 수련하여 극히 자연스럽게 되었을 때, 비록 힘을 쓰지 않으나 오히려 상대방을 끌어당겨 오게 하면 상대방이 오지 않을 수 없게 되고, 상대방을 방출하면 가지 않을 수 없게 할 수 있다. 자신을 버리고 상대방을 따르나 상대방을 쥐락펴락하는 것은 나에게 있고, 자신을 버리고 상대방을 따르나 여전히 내 마음대로 하며, 상대방을 쥐락펴락하는 것이 나에게 있음이 내 마음대로 하는 것이고, 내 마음대로 하나 여전히 상대방에 따른다. 이러한즉 능히 끊임없이 방(方)에서 원(圓)이 되고 원(圓)에서 방(方)이 되며, 그리하여 그 이치를 깨달아 체득(體得)하여 이로써 끝없이 대응한다. 내면의 성질은 강(剛)하면서 부드럽고(柔) 부드러우면서 강하며, 홀연히 부드럽다가 홀연히 강하고, 부드럽기도 하고 또한 강하기도 하여, 강유(剛柔)의 흔적을 찾을 수 없게 되고 방원(方圓)의 모습을 볼 수 없게 되니, 이것은 퇴수 중 절묘한 경지에 도달한 것이다.

진중신(陳仲牲)의 「영태극권(咏太極拳)」에서 말하기를, "동정(動靜)은 끝없이 기세에 따라 바뀌며, 상대방이 오는 대로 이끌어 들여 허공에 빠뜨리니, 만약 태극도(太極圖) 중에서 깨달아 얻지 못하면 어디서 신묘한 기지(機智)를 온몸에 두루 갖추겠는가(動靜無端隨勢轉, 引進落空任人來, 若非太極圖中得, 那有神機抱滿懷)". 공부가 이러한 자유자재의 경지에 도달하면 호흡이 자연히 동작과 합치되고 강유(剛柔)와 방원(方圓)을 겸비할 뿐만 아니라 또한 그 형적(形迹)을 찾을 수 없어, 혼연히 태극도(太極圖)의 둥근 형상을 이룬다.

9. 퇴수 중 내경(內勁)의 작용

내경(內勁)은 안으로 간직된 경(勁)이며(제1장을 참조할 것), 권술(拳術)에서 쓰는 고유명사이다. 이것은 "마음이 편안하고 몸이 안정되어(神舒體靜)" 이완되고 부드러운 중에 의식을 집중하여 단련해낸 일종의 탄경(彈勁)과 인경(靭勁 : 질긴 힘)이다. 부드러운(柔) 중에 강(剛)함이 있는 것이 탄경(彈勁)이고, 강한(剛) 중에 부드러움(柔)이 있는 것이 인경(靭勁)이다. 소위 "부드러운 중에 강함이 있으면 공격하여 파괴할 수 없고, 강한 중에 부드러움이 없으면 견고하다 할 수 없다"라는 것은 탄경(彈勁)과 인경(靭勁)의 특성과 그 대립적인 통일성을 변증법(辨證法)적으로 설명한다. 내경(內勁)은 정신을 집중하여 생성시켜 지혜롭게 감추어 운용하는 특징을 갖추어, 안으로 감추고 밖으로 드러나지 않으며, 상대방의 움직임에 따라서 부단히 그 방향을 바꾸어 상대방을 놓치거나 맞서 버티지 않도록 추호도 어긋남이 없게 하여, 내부의 움직임을 상대방이 모르게 하므로 "내경(內勁)"이라 부른다. 내경이 충만하면 탄성(彈性)과 인성(靭性)이 충족해진다. 이것은 태극권 투로(套路)와 퇴수가 서로 결합하여 수련해낸 일종의 독특한 경(勁)이다. 태극권 내경의 본질과 운행은, 의식(意識)으로 기(氣)를 운행시켜 가벼이 운동하며, 단전(丹田)에서 발원하여 골수(骨髓) 내로 운행하고 다시 근육과 피부로 운행하여 사지의 말단(양 손가락·양 발끝)에 집중하였다가 단전으로 복귀하며, 감아 돌면서 왕래하여 가볍고 민첩하며 원활하게 전환하면, 점차 일종의 흐느적거리는 것 같으나 침중(沈重)하고, 겉으로는 솜처럼 부드러우나 안으로는 강철막대 같은 일종의 내경이 생긴다. 공부가 깊어질수록 내경의 품질이 높아지니, 무우양(武禹襄)이 말한 바, "느슨한 것 같으나 느슨하지 않고, 바야흐로 펴려 하나 아직 펴지 않고(似鬆非鬆, 將展未展)", "기를 운행함은 원활하여 두루 미치지 않음이 없으며(行氣如九曲珠, 無微不到)", "경을 단련함은 마치 강철을 수없이 제련함과 같아서 어떠한 견고함도 쳐부순다(運勁如百煉鋼, 無堅不摧)".

　내경은 은연중에 자연히 나선형으로 회전하는 것이며, 마치 수은(水銀)처럼 그 흐름이 극히 빠르고, 외형상으로 보면 가볍고 민첩하나 들뜨지 않고, 침착하나 침체(沈滯)되지 않으며, 착 달라붙어 잘 굽어지는 기분이 풍부하다. 내경은 주로 투로(套路)의 권식(拳式)으로부터 단련해 나오는 것으로, 극히 침중(沈重)하고 또한 극히 허령(虛靈 : 힘없이 비어있는 듯하나 고도의 정신집중이 되어 있는 상태)한 일종의 질박(質朴)하고 중후(重厚)하며 민첩한 경(勁)이다. 퇴수를 할 때 만약 내경(內勁)이 없으면, 비록 몸에 5궁(弓)을 갖추고 호흡과 축발(蓄發)의 연계(聯系)를 습득했을지라도 여전히 상대방을 "끌어당기면 오지 않을 수 없고, 방출하여 내보내면 가지 않을 수 없도록" 할 수 없다. 진흠(陳鑫)이 말한 바, "단지 끌어당기기만 하고 가격하지 않아도, 기세에 따라 끌어서 들어오게 하여 상대방의 경(勁)을 떨리게(抖) 하니, 다리가 떨린즉 그 경(勁)이 저절로 흩어져 전신에 힘이 없어, 들어오려고 하나 기세를 얻지 못하고 물러가고자 하나 감히 물러나지 못하니, 이것이 '이끌어 들임(引進)'의 묘한 경지이다". 이러한 두경(抖勁)은 곧 충만한 내경(內勁)으로부터 나오며, 역시 태극권에서 감아 돌아 움직이는 데에 필요한 내경(內勁)임을 말하는 바, 이것은 퇴수의 실제 사용과 관계가 있는 것이다.

퇴수가 만약 단순히 촉각의 예민함에만 의지하고, 일종의 질박하고 중후하나 가볍고 민첩하며 "지극히 유연한 후에 지극히 견강(堅剛)할 수 있고(極柔軟, 然後能極堅剛)" "수없이 제련한 강철처럼 단련되어 아무리 견고해도 쳐부술 수 있는(運勁如百煉鋼, 無堅不摧)" 내경(內勁)이 결핍되면, 피동(被動)적이기만 하고 주동(主動)함이 없고, 마치 경병기(輕兵器)만 있고 중병기(重兵器)는 없는 것과 같아, 상대방을 끌어당겨 움직여 명쾌하게 방경(放勁)하기 어렵고, 또한 쉽게 상대방에게 끌려가게 된다.

태극권의 음(陰)으로서의 부드럽고 민첩함은 마치 온화한 바람과 가랑비 같으며, 양(陽)으로서의 강(剛)하고 침착함은 마치 천둥처럼 세차다. 이 둘을 겸비하여 같이 사용해야만 비로소 "태극의 음양처럼 부드러움도 있고 강함도 있는(太極兩儀, 有柔有剛)" 완전함을 얻는다. 양강(陽剛)과 음유(陰柔)가 융합하여 분별이 없어진즉 양의(兩儀 : 음양)는 여전히 태극에 복귀한다. 대체로 강함에 치우쳐 부드러움이 없으면 반드시 자빠져 넘어짐을 방비해야 하고, 부드러움에 치우쳐 강함이 없으면 강한 적을 상대하기 어렵다. 일거일동(一擧一動)은 가벼운 부드러움과 무거운 강함을 같이 발동하는 것이며, 어디에서나 능히 상대방의 중심(重心)을 제압할 수 있어 상대방이 평형을 잃게 하고, 어디에서나 능히 상대방의 방어점을 넘어 날렵하고 민첩하게 나가며 압박할 수 있어, 나의 손이 어디서 나오는지를 상대방이 모르게 하여 "손이 나가되 그 손이 보이지 않고, 손이 닿으면 도망할 수 없는(出手不見手, 手到不能走)" 경지에 도달하니, 이것이 바로 태극권의 묘수(妙手)이다. 내경(內勁)은 부드럽게 화(化)하고 강하게 발(發)하는 음양이 융합되어 일체를 이루어 큰 효용(效用)을 갖춘다. 진흠(陳鑫)이 말한 바, "만약 공부가 숙달되면, 그 크기로 말하면 바깥이 없는 큰 권(圈)으로부터 그 작기로 말하면 안이 없는 지경에 이르도록 만드니, 적을 만나지 않으면 그뿐이나 만약 강적을 만난즉 내경(內勁)이 돌연히 발출하여 마치 번개같이 빠른 맹렬한 바람이 썩은 나무등걸을 쳐부수는 것 같으니 누가 능히 감당하겠는가". 전사경(纏絲勁)의 첨연점수(沾連粘隨)는 만약 충족한 내경(內勁)이 없으면, 수법을 쓸지라도 위력이 없어 화(化)함도 나쁘고 발(發)함도 역시 나빠서, 상대방을 끌어당겨 움직일 수 없고 기(機)와 세(勢)를 얻어 상대방을 제압할 수 없으니, 상대방의 경(勁)을 화(化)하고자 한즉 상대방에게 짓눌려 신법(身法)이 파괴되기 쉽고, 이로 인해 기(機)와 세(勢)를 잃는 피동(被動) 국면에 처해 상대방에게 제압당한다. 진흠(陳鑫)이 말하는 바, "기(氣)가 중심 단전(丹田)에서 발(發)하지 않은즉 기(氣)가 그 근본이 없어 어지럽게 되니 반드시 패배한다. 내경(內勁)은 탐구하여 수련하지 않을 수 없으니, 만약 수련하여 내경을 얻으면 그 솜씨는 신묘하다".

　　내경(內勁)은 일정한 방향이 없는 것과 일정한 방향이 있는 것으로 나눈다. 일정한 방향이 없는 것은 원(圓)이고 일정한 방향이 있는 것은 방(方)이며, 이 둘은 번갈아 변하여 서로 그 근원이 되고, 강유(剛柔)가 함께 갖추어지나 전혀 흔적이 없으며 민첩하게 잘 변화한다. 그러나 반드시 이와 같은 방법이 올바르며 태극 음양의 강유(剛柔)와 허실(虛實)이 반드시 겸비되고, 이에 더하여 부단히 수련해야만 비로소 공부가 몸에 체득(體得)되어 점차 정묘함에 도달한다. 그저 빈말로만 "상대를 끌어들여 허공에 빠뜨리고" "4량의 힘으로 상대방 천근의 힘을 물리친다"라고 하면서 공부를 체득하지 않으면, 강유(剛柔)를 겸비할 수 없어 퇴수를 겨루어 이길 수 없다. 진흠(陳鑫)이 말한 바, "원활히 변화함이 고정된 형(形)이 없어 무궁하며, 무궁한 공부는 수없이 수련함에 있고, 서두르지 않아도 속히 그 진정한 주재자(主宰者 : 즉 內勁)를 얻을 수 있으니, 이처럼 되어야 비로소 태극권이라 부를 수 있다". 퇴수를 할 때 전사경(纏絲勁)의 첨연점수(沾連粘隨)로써 그 영혼으로 삼을 뿐만 아니라, 또한 반드시 강유(剛柔)를 겸비한 내경(內勁)으로써 지휘자로 삼는다. 전사경(纏絲勁) 내에 내경(內勁)이 관통하여 집중되면, 곧 "모든 법(法)을 모아서 하나로 할 수 있으며, 한 법(法)을 퍼뜨려 모든 법이 되게 할 수 있는(能滙萬法爲一, 能衍一法爲萬)" 작용이 생긴다. 법(法)을 만들고자 하면 수없이 많은 법이 있겠으나, 일일이 법을 만든다면 마치 하나의 열쇠가 하나의 자물쇠만 여는 것과 같다. 경(勁)이 바르게 관통하면 그 경(勁)은 강유(剛柔)를 겸비한 일종의 내경(內勁)이 되어, 이 하나의 내경으로 모든 동작에 관통하면 간단함으로써 번잡함을 지배하는 것이니, 마치 모든 자물쇠를 열 수 있는 열쇠를 가진 것과 같다. 그러므로 왕종악(王宗岳)이 말한 바, "비록 변화가 다양하나, 다만 그 이치는 일관된다". 변화가 다양한 것은 사용방법이며, 일관되는 이치는 "첨연점수(沾連粘隨)하여 상대방을 놓치지도 않고 맞서 버티지도 않는" 강유(剛柔)와 허실(虛實)을 겸비한 "이완되어 느슨한 것 같으나 느슨하지 않고(似鬆非鬆)" "상대방에 따라서 굽히고 펴는(就屈就伸)" 내경이다. 태극권은 내경에 중점을 두며, 이 하나의 내경을 얻으면 모든 것이 완성된다. 의료(醫療)적이거나 오락적인 퇴수는 내경을 추구할 필요가 없으나, 기(技)를 겨루는 퇴수는 반드시 내경을 추구해야 한다.

퇴수(推手)에 대한 「태극권론(太極拳論)」의 원칙

1. 태극권 퇴수 공부의 네 가지 기본 원칙

(1) 「태극권론」 중에 말하기를, "태극은 혼돈(混沌)에서 생겨나고, 동정(動靜)의 계기이며 음양의 근원이다. 움직인즉 나누어지고 정지한즉 합한다 (太極者, 無極而生, 動靜之機, 陰陽之母也, 動之則分, 靜之則合)".27) 태극은 대립하며 통일하는 상징이며 모든 동정(動靜)의 관건이다. 태극에서 음양이 생겨나오니, 예를 들어 순역(順逆)·유강(柔剛)·경침(輕沉)·원방(圓方)·허실(虛實)·개합(開合) 등이 모두 그러하다. 운동 시에 원심력과 구심력을 충분히 이용하므로, 움직인즉 나누어지고 정지한즉 합하며, 나누어져 양(陽)이 되고 합하여 음(陰)이 된다. 진흠(陳鑫)이 말한 바, "태극 양의(兩儀)는 천지(天地) 음양(陰陽)이고, 닫고 열며 움직임과 정지함 그리고 부드러움과 강함이다"라는 것은 곧 이러한 규율을 가리킨다. 이러한 모순은 퇴수의 전체 과정 중에 존재하며, 또한 매 한 동작 과정에 시종 관통하여 이어진다. 그러므로 퇴수의 첫째 기본원칙은 사물 운동의 모순법칙에 부합해야 하는 것이니, 즉 "모순(矛盾)과 개합(開合)"이다.

(2) 퇴수 시에 쌍방이 손을 걸쳐 닿아 대련하는 과정은 또한 부단히 모순이 발생하며 그리고 모순을 해결하는 과정이다. 「태극권론」 중에서 말하는 "지나침도 없고 모자람도 없이 상대방에 따라서 굽히거나 뻗는다(無過不及, 隨曲就伸)"라는 것은 동작이

---

27) 역자註 : "태극권론 중에 말하기를" 이후에 나오는 원문을 차례로 연결하면 전체 태극권론 원문이다. 이 태극권론은 무우양(武禹襄)의 형인 무징청(武澄淸)이 1850년대에 하남성(河南省) 무양현(舞陽縣)에 지현(知縣 : 관직명)으로 부임한 후, 북무도(北舞渡) 염점(鹽店)에서 우연히 얻었다고 하나, 이것은 사실이라 볼 수 없다. 무씨(武氏) 형제는 지방 명망가 자제로서 독서인인지라 학문이 있었기 때문에 권술(拳術)의 이치를 저술하면서 태극권이란 명칭을 처음으로 창안해 내었다. 20세기에 들어와 진가구 진씨 권술에도 태극권이란 명칭을 붙였으며, 그 이전에는 진씨 권술 제1로는 장권(長拳)이라 부르고 제2로는 포추권(砲捶拳)이라 불렀다.

반드시 다음 네 가지 사항에 부합해야 함을 가리킨다.

① 반드시 "지나치지 않는다(無過)" : 지나치지 않다는 것은 "첨경(沾勁)"이라 부르며, 지나친즉 "상대방에 버티는 결점(頂病)"이 된다.28)

② 반드시 "모자라지 않아 다다를 수 있어야 한다(能及)" : 능히 다다를 수 있는 것은 "점경(粘勁)"이라 부르며, 모자라는 것은 "상대방에게 짓눌리는 결점(匾病)"이 된다.29)

③ 반드시 "상대방에 따라 휘돌아 간다(隨曲)" : 상대방에 따라 휘돌아 가는 것은 "연경(連勁)"이라 부르며, 상대방에 따라 휘돌아 가지 않으면 "상대방을 놓치게 되는 결점(丟病)"이 된다.30)

④ 반드시 "상대방에 따라서 뻗는다(就伸)" : 상대방에 따르며 뻗는 것은 "수경(隨勁)"이라 부르며, 상대방보다 너무 빨리 뻗으면 "상대방에 대항하는 결점(抗病)"이 된다.31)

퇴수의 일체 과정 모두 반드시 "첨점연수(沾粘連隨)" 네 가지 공(功)이 있어야 하며, 그리하면 "정변주항(頂匾丟抗)" 네 가지 결점이 생기지 않는다. 진흠(陳鑫)이 말한 바, "첨연점수(沾連粘隨)하며, 정신을 집중하고, 몸을 민첩하게 움직이면, 더욱 더 완정(完整)해진다". 그러므로 둘째 기본원칙은 "첨점연수(沾粘連隨)"이다.

(3)「태극권론」중에 말하기를, "상대방의 강함에 나는 부드러움으로 응함을 주(走)라고 하며, 나는 순조롭고 상대방은 곤경에 처하게 하니 이것을 점(粘)이라 부른다. 상대방이 빠르게 움직인즉 나도 빠르게 반응하고, 상대방이 느리게 움직인즉 나도 느리게 따라간다. 비록 변화가 다양하나, 그 기본원리는 일관된다(人剛我柔謂之走, 我順人背謂之粘, 動急則急應, 動緩則緩隨, 雖變化萬端, 而理唯一貫)". 이것은 첨점연수(沾粘連隨) 네 가지 공(功)을 이루고 네 가지 결점을 피하기 위한 조치이다. 즉 상대방이 강하게 오면 나는 부드럽게 주(走)를 운용하여 끌어당긴다. 이것은 곧 피동(被動)적인 국면 하에서 상대방을 말아 감는 "권합(捲合)"을 운용하는 것이다. 또한 상대방의 경(勁)을

---

28) 역자註 : 상대방의 밀어오는 경력(勁力)보다 큰 경력으로 맞서면 버티는(頂) 것이므로 상대방 경력보다 지나쳐서는 안 된다.
29) 역자註 : 상대방의 밀어오는 경력(勁力)보다 모자라거나 늦을 경우 상대방에 짓눌려(匾) 버린다.
30) 역자註 : 상대방의 밀어오는 경력(勁力)을 나의 중심을 피하여 옆으로 곡선으로 돌려내며 상대방을 놓치지 않는다.
31) 역자註 : 상대방이 물러날 때 상대방에 따라서 뻗어 나가며, 상대방이 물러나기 전에 뻗어 나가면 저항하게 된다.

탐지하기 위해 순응하여 따르는 기세(機勢)와 경(勁)을 운용하며, 상대방이 곤경에 처한 배(背)가 되도록 압박하여, 나는 강하고 상대는 부드럽게 바뀌므로, "점(粘)"을 운용하여 압박한다. 상대방에 붙여서(粘) 갈 때, 상대방이 빠르게 움직인즉 나도 빠르게 이에 응하고, 느리게 움직인즉 나도 이에 느리게 따르며, 이처럼 하면 곧 네 가지 공(功)을 갖출 수 있어 네 가지 결점이 없어진다. 진흠(陳鑫)이 말한 바, "전후좌우(前後左右) 상하사방(上下四方)으로 민첩하게 전환하여 연결하며, 느리고 빠름이 동반하여 움직인다". 그러므로 셋째 기본원칙은 "급완점주(急緩粘走)"이다.

(4) 「태극권론」 중에 말하기를, "착법(着法)을32) 익숙하게 수련하여 점차 동경(懂勁)을 깨닫고, 동경(懂勁)으로부터 점차 자유자재함에 이른다. 그러나 오랜 동안 수련하지 않으면 환하게 깨달을 수 없다 (由着熟而漸悟懂勁, 由懂勁而階及神明, 然非用力之久, 不能豁然貫通焉)". 퇴수 중에 위의 세 가지 기본 원칙을 익숙하게 습득한 후, 곧 상대방의 경(勁)을 이해할 수 있어 상대방의 동향을 탐색할 수 있으니, 이것이 소위 동경(懂勁)이다. 이 경지에 이르면 손이 가서 닥치는 대로 대응할 수 있어 자동적인 "신명(神明 : 자유자재)"의 경지에 도달한다. 이것은 다년간 반복하여 탐구하며 이론을 연구하여 실천하면 최후에 환하게 깨달아지는 결과이다. 그러므로 넷째 기본원칙은 실천과 이론의 일치이다.

퇴수 공부의 네 가지 기본 원칙

기본 원칙	구체적인 실행방법
① 모순개합(矛盾開合)	동작은 벌린 중에 합함을 내포하고(開中寓合) 합한 중에 벌림을 내포하여(合中寓開), 이로써 모순대립의 통일에 도달한다.
② 첨점연수(沾粘連隨)	위로 들어 뽑아 올리고, 상대방에서 떨어지지 않으며, 자신을 버리나 상대방에서 떠나지 않고, 상대방이 가면 나도 응하여 따른다.

---

32) 역자註 : 착(着)은 초(招)와 같은 의미이며, 공격과 방어의 몇 가지 동작으로 연결된 한 수법이라 할 수 있다. 즉 착법(着法)은 초식(招式)과 같은 의미이다.

③ 급완점주(急緩粘走)	행동은 점(粘)이 곧 주(走)가 되게 하고, 주(走)가 곧 점(粘)이 되게 하며, 그리고 상대방이 빠르게 움직이면 나도 빠르게 응하고, 느리게 움직이면 느리게 따른다.
④ 실천과 이론이 일치한다	선배들의 경험을 연구하여 자신이 열심히 수련한 바와 서로 결합한다.

2. 어떻게 자신을 안배(安排)하여 네 가지 기본원칙을 운용하는가

「태극권론」중에 말하기를, "경(勁)을 정수리로 허허롭게 이끌어 올리고, 기(氣)는 단전으로 가라앉으며, 몸은 기울거나 흔들리지 않게 곧게 세우고, 경(勁)의 허실은 홀연히 숨었다가 홀연히 나타나며, 내 몸의 좌측에 상대방의 공격으로 중압감이 느껴지면 곧 좌측이 허(虛)로 변하고, 우측에 중압감이 느껴지면 곧 우측의 경(勁)을 숨겨 버린다. 상대방이 위로 공격하면 나는 곧 더 올라가고, 상대방이 아래로 공격하면 나는 곧 더 낮게 내려가며, 상대방이 진격해오면 나는 곧 뒤로 더 끌어당겨 오고, 상대방이 물러서면 나는 곧 더 압박하여 나간다. 상대방 경(勁)을 탐지함에 깃털 하나의 오차도 없고, 감각의 예민함은 파리도 내려앉을 수 없다. 상대방은 나를 모르고 나 홀로 상대방을 아니, 영웅이 가는 곳에 대적할 자 없음은 모두 이로부터 연유하여 도달하기 때문이다(虛領頂勁, 氣沉丹田, 不偏不倚, 忽隱忽現, 左重則左虛, 右重則右杳. 仰之則彌高, 俯之則彌深, 進之則愈長, 退之則愈促. 一羽不能加, 蠅虫不能落. 人不知我, 我獨知人, 英雄所向無敵, 蓋皆由此而及也)". 그러므로 네 가지 기본원칙을 운용하기 위해서는 반드시 위의 권론에 의거하여 아래에 열거하는 여섯 가지 사항을 잘 실행해야 한다.

(1) "정수리의 경(頂勁)"을 허허(虛虛)롭게 이끌어 일으킨즉 정신이 자연히 고취된다. 동시에 기(氣)는 단전으로 가라앉는다. 위로 이끌어 올리고 아래로 가라앉으므로 인해 몸이 늘어나게 하여 탄성이 생겨서 붕경(掤勁)이 이루어진다. 진흠(陳鑫)이 말한 바, "경로(勁路)를 따라 달라붙어 떨어지지 않고, 차분하게 움직여 허둥대지 않고, 피부와 관절 모든 곳을 전개하여 벌린다". 만약 딱딱하게 굳은 경(勁)이면 곧 붕경(掤勁)을 잃게 되며, 또한 다시 상대방에 닿아 붙여서 동경(懂勁)을 추구할 수 없다.

(2) 몸은 반드시 곧고 바르며 편안하게 세워 온 주위를 지탱하는 기세를 갖추며, 퇴수 시에 몸이 한쪽으로 치우치거나 혹은 상대방의 몸이나 손에 의지하지 않게 하며,

이로써 자신의 경(勁)이 상대방에게 탐지되지 않게 한다. 만약 한쪽으로 치우치면 곧 점주(粘走) 공부를 순조롭게 운용하기 어렵다.

(3) 신기(神氣)를 안으로 감춘즉 부드럽고 밖으로 드러낸즉 강(剛)한 전제하에서, 퇴수 시에 홀연히 숨었다가 홀연히 나타나는 강유(剛柔)의 변환작용이 있어야 하며, 이것이 바로 동경(懂勁)을 추구하는 과정 중에 끊임없이 경(勁)을 탐구하는 것이다.

(4) 퇴수 시에 양손은 허실이 있어야 하고, 양발도 허실이 있어야 하며, 한 손과 한 발 상하 역시 허실로 나누어, 어느 곳에서나 모두 이러한 일실일허(一實一虛)가 있어야 한다. 진흠(陳鑫)이 말한 바, "허실이 같이 있어 홀연히 드러내고 홀연히 감추며", "실(實) 중에 허(虛)가 있어 상대방과 내가 만나고, 허(虛) 중에 실(實)이 있으니 누가 그 중요한 기밀을 예측하겠는가". 허실의 전환을 익숙하게 수련한 후, 다만 한 손에 주의하면 나머지 한 손과 양발은 상하가 서로 따르는 까닭에 역시 따라서 자연히 민첩하게 변환할 수 있다. 그러므로 진흠(陳鑫)이 또한 말한 바, "예로부터 지극한 이치는 순환하니, 상하가 서로 호응하여 따르는 것은 헛되이 말만 해서는 안 된다". 이것은 상대방의 경(勁)을 탐색하여 화(化)하며 그리고 동경(懂勁)에 도달하는 공부의 기초이다.

(5) 상대방이 위로 오면 나는 높이 끌어당겨 상대방으로 하여금 높아서 오를 수 없는 느낌이 들어 중심(重心)을 잃게 하며, 상대방이 아래로 오면 나는 더욱 아래로 끌어당겨 마치 깊은 심연에 임하여 흔들리며 빠지는 느낌이 들게 한다. 상대방이 진격하여 압박하면 나는 더욱 끌어당겨 허공에 빠뜨려 상대방으로 하여금 길어서 미칠 수 없는 느낌이 들게 하며, 상대방이 물러나가면 나는 붙여서 압박하여 촉박한 느낌이 들게 한다. 이것은 첨연점수(沾連粘隨)의 화경(化勁)과 발경(發勁)에서 요구하는 바에 부합하는 것으로, 이처럼 하면 정변주항(頂匾丟抗) 네 가지 결점을 피할 수 있다.

(6) 퇴수 시에 정신을 반드시 제기(提起)해야만 온몸이 비로소 날렵하고 민첩하게 관통되어 연결될 수 있으며, 또한 가볍고 민첩하기가 "깃털 하나도 더할 수 없는" 민감함을 갖추어야 한다. 그리고 나선형으로 감아 돌듯이 부단히 변동해야 하고, 회전함은 "파리가 내려앉을 수 없는"[33] 기세(氣勢)를 이루어야 한다. 만약 동작이 둔중하여 민첩하지 못함을 나타내면 동경(懂勁)이 쉽지 않고, 만약 경(勁)의 운용에 전사(纏

---

33) 역자註 : 파리가 내려앉을 수 없다는 것은, 회전할 때 그러한 것이 아니라 파리의 무게를 느낄 정도의 예민한 감각을 갖춘다는 의미이다.

絲)가 없으면 곧 화경(化勁)을 잃게 되고, 또한 화(化)하면서 나가거나, 겉으로 화(化)하면서 암암리에 나가거나, 화(化)하자마자 곧 나가는 전사경(纏絲勁)의 기교를 잃게 된다. 화경(化勁)이 없으면 곧 서로 힘만을 겨루게 되어 태극권 방식의 퇴수가 되지 못한다. 능히 화(化)할 수는 있으나 발(發)할 수 없으면, 부드러울 수는 있으나 강(剛)할 수 없어, 강유(剛柔)가 서로 보완되지 못하니 모두 태극 음양(陰陽)을 완전하게 갖춘 것이 아니다. 위에 열거한 여섯 가지 공능(功能)을 갖추면 곧 퇴수의 네 가지 기본원칙을 관철할 수 있어 상대방의 경(勁)을 이해하고 또한 상대방이 자신의 경(勁)을 모르게 하는 공부에 도달하여, 겨루어서 패하지 않는다.

네 가지 기본원칙의 구체적 운용

	원칙	구체적 운용
1	허령정경(虛領頂勁) 기침단전(氣沉丹田)	반드시 정신을 제기(提起)하고 기(氣)는 아래로 향해 운행하며, 전신을 이완시켜 늘이는 전제하에 실현한다.
2	한쪽으로 치우치지 않고 기대지 않는다.(不偏不倚)	몸을 곧고 바르게 세워 온 주위를 지탱하며, 미려(尾閭)가 곧고 바르며, 정신은 정수리로 관통한다.
3	홀연히 숨었다가 홀연히 나타난다.	안으로 감춘즉 부드럽고(柔), 밖으로 드러낸즉 강(剛)하며, 홀연히 숨었다가 홀연히 드러내어 강유(剛柔)가 서로 보완한다.
4	좌측이 압박당하면 좌측이 허(虛)가 되고, 우측이 압박당하면 우측이 허(虛)가 된다.	양손과 양발이 허실로 나누어지고, 한 손과 한 발의 상하가 서로 호응하여 따르도록 허실을 나눈다.
5	상대방이 위로 오면 나는 더욱 올라가고, 아래로 오면 나는 더욱 내려가며, 상대방이 진격해오면 나는 더욱 뒤로 나가 길어지며, 물러나면 나는 더욱 압박한다.	좌측의 네 항목을 반드시 준수하여 진행하고, 결코 위배되지 않도록 한다. 이것은 첨점연수(沾粘連隨)의 방향을 형용한다.

6	깃털 하나도 더할 수 없고, 파리도 내려앉을 수 없다.	가볍고 민첩하기가 깃털 하나도 더할 수 없고, 회전함에 파리조차 내려앉을 수 없다.
7	상대방이 모르게 하고, 나는 상대방을 잘 알 수 있다.	점(粘)이 곧 주(走)이며, 주(走)가 곧 점(粘)이니, 상대방은 점(粘)인지 주(走)인지를 모른다. 상대방에 붙여서(粘) 끌어들이고, 주화(走化)하여 상대를 허공에 빠뜨리니, 점주(粘走)를 통하여 상대방을 안다.

3. 태극권 퇴수는 인력(人力)이 자연(自然)을 극복한다

「태극권론」중에 말하기를, "이러한 권법 기예는 기타 유파가 매우 많아, 비록 그 자세가 다른 바가 있으나, 대체로 모두 다 강한 사람이 약한 사람을 이기고 느린 사람이 빠른 사람에게 양보할 뿐이다. 힘있는 자가 힘없는 자를 때리고 손이 느린 자가 손이 빠른 자에게 지는 것은 모두 천부적인 자연의 본능이며, 힘의 규율을 배워 익혀서 하는 동작이 아닌 관계이다. 4량의 힘으로 천근의 힘을 물리친다는 말을 자세히 살펴보면, 힘으로 상대를 이기는 것이 아님이 명백하다. 칠·팔십세 된 노인이 여러 사람을 상대하여 막아내는 상황을 보면, 단순히 빠르기만 하다고 무슨 소용이 있는가(斯技旁門甚多, 雖勢有區別, 概不外乎壯欺弱, 慢讓快耳. 有力打無力, 手慢讓手快, 是皆先天自然之能, 非關學力而有爲也. 察四兩撥千斤之句, 顯非力勝. 觀耄耋能禦衆之形, 快何能爲)". 이로부터 태극권 퇴수는 힘을 겨루는 것이 아니고 기교를 겨루는 것임을 알 수 있다. "힘센 사람이 약한 사람을 이기고, 느린 사람이 빠른 사람에게 양보하는"것은 자연적 본능이지 기교의 공능(功能)이 아니다. 소위 기교란 것은 자연에 순응함으로서 자연을 극복하여, "약한 사람이 강한 사람을 이기고, 느린 사람이 빠른 사람을 이기는"것이다. 자연계 중의 지렛대 원리의 접촉점과 나선형으로 돌며 화(化)하는 원리는 곧 "4량의 힘으로 천근의 힘을 물리치는" 기능이 있다. 퇴수는 이러한 원리를 이용하여 모든 중력을 처리할 수 있으니, 이를 화경(化勁)이라 부른다. 화경(化勁) 공부가 있으면 곧 가벼움으로 무거움을 제압할 수 있으며, 동시에 태극권의 운경(運勁)은 원심력을 운용하며 또한 허리와 척추로써 중심축으로 삼아, 일체의 동작 모두 내권(內圈 : 적정 동작범위)에서 움직이게 한다. 내권(內圈)에서 움직이면 비록 "선속도(線速度)"는 비교적 느리지만, 여전히 외권(外圈)에서 움직이는 빠름을 능가할 수 있으니, 이것이 즉 "상대방보다 후에 발(發)하여 상대방보다 먼저 도달하는(後人發, 先人至)" 연유이며 또한 느림이 빠름을 이기는 관건이 여기에 있다.

4. 어떻게 쌍중병(雙重病)을 방지하는가

「태극권론」 중에 말하기를, "몸을 세움은 마치 천칭(天秤 : 대칭저울)처럼 바르며 기울지 않고, 활발하기는 마치 차바퀴처럼 원활하다. 상대방의 경(勁)과 자신의 경(勁) 중 어느 한쪽으로 치우쳐 가라앉은즉 상대방에 따르나, 만약 나도 힘을 써 저항하여 쌍중(雙重)이 되면 경로(勁路)가 정체되어 버린다. 다년간 힘들게 수련하였으나 화(化)함을 운용하지 못하는 사람을 볼 때마다 대개 스스로 상대방에게 제압당하니, 이것은 쌍중(雙重)의 결점을 깨닫지 못한 까닭이다(立如秤準, 活似車輪, 偏沉則隨, 雙重則滯. 每見數年純功不能運化者, 率自爲人制, 雙重之病未悟耳)". 소위 쌍중병(雙重病)이란 퇴수 과정 중에 쌍방이 서로 버티어 양보하지 않아 움직이지 않는 잘못된 상태이며, 이것은 자세상으로나 경(勁)의 종류별 차이에 의하여 버티어 저항함이 생겨나 형성된 것이다. 이 결점을 없애기 위해 몸과 사지는 반드시 "천칭(天秤)처럼 바르게 세우고", 보법(步法)은 반드시 "차바퀴처럼 원활해야" 한다. 천칭처럼 바르다는 것은, 머리는 마치 기준점 같이 바로 서고 허리는 저울대 같으며 양팔은 서로 연결되어 붕(掤)함이 마치 좌우의 저울접시처럼 받쳐 있어, 자신이 마치 하나의 수평의(水平儀)처럼 신법(身法)을 형성하게 하는 것이다. 이러한 신법으로 상대방에 접촉하여 탐지하면, 곧 상대방의 경중(輕重)·부침(浮沉)을 모두 명확하게 구별할 수 있다. 만약 나에게 치우쳐 가라앉으면 곧 주(走)하여 끌어당기고, 만약 상대방에게 치우쳐 가라앉으면 곧 점(粘)하여 따르니, 이것이 신법(身法)상 천칭처럼 바르게 서는 것의 기능이다. 상부의 양팔이 서로 연결되어 회전하고, 하부의 양다리가 서로 호응하여 따르며 변환함은, 마치 하나의 수평의(水平儀)가 구형(球形)의 차바퀴 위에 장치되어 있는 것과 같아서, 좌우 전후 상하로 회전할 수 있다. 보(步)는 몸의 회전에 따르고, 몸은 눈의 움직임에 따라서 눈과 몸이 서로 호응하여 따른즉 회전하며 나가고 물러남이 마음대로이니, 이것이 바로 보법상 차바퀴처럼 원활한 성과이다. 그러므로 능히 끌어당기고 능히 상대방에 따르는즉 신법(身法)과 보법(步法)이 곧 쌍중(雙重)의 결점을 피할 수 있다.

쌍중(雙重)의 결점을 방지하는 조치

천칭처럼 바르게 몸을 세운다	전신에 일정한 붕경(掤勁)을 갖추어 몸을 곧고 바르게 세워야만 비로소 마치 수평의(水平儀)와 같은 평형에 도달할 수 있다. 이러한 신법을 운용하여 상대방에 접촉하여 탐지하면 상대방 경(勁)의 경중(輕重) 부침(浮沉)을 모두 명확하게 구별할 수 있다.
차바퀴처럼 원활하다	허리 척추를 중심축으로 삼고 양팔이 서로 연결된 상태하에서 활동하는 관건은 상하의 허실이 서로 호응하여 따르는 데 있다. 차바퀴처럼 원활히 움직이는 것의 다른 한 작용은, 상대방이 나의 경(勁)을 이끌어 내고자 하면 나는 곧 순전(順纏)하여 주고, 만약 상대방이 경(勁)을 나에게 가해 올 때 곧 나는 역전(逆纏)하며 받아들인다.

5. 쌍중병(雙重病)을 모면하는 중 동경(懂勁)에 도달해야 한다

「태극권론」중에 말하기를, "이 결점을 피하고자 하면 반드시 음양의 이치를 알아야 한다. 점(粘)이 곧 주(走)이고, 주(走)가 곧 점(粘)이며, 음(陰)은 양(陽)을 떠나지 않고, 양(陽)은 음(陰)을 떠나지 않으며, 음양이 서로 보조하면 비로소 동경(懂勁)이라 할 수 있다(欲避此病, 須知陰陽. 粘卽是走, 走卽是粘, 陰不離陽, 陽不離陰, 陰陽相濟, 方爲懂勁)". 쌍중병(雙重病)을 방지하려면 경(勁)의 종류별에 따라서 대처해야 한다. 먼저 점(粘)이 곧 주(走)이고 주(走)가 곧 점(粘)인 도리를 반드시 이해해야 하며, 이로써 점주(粘走)의 통일에 도달한다. 점주(粘走)의 통일은 전사(纏絲)에서 나오며, 점주(粘走)를 통일하면 곧 수시로 번갈아 변할 수 있으며, 또한 점(粘)과 주(走)의 방향을 민첩하게 변환할 수 있다. 여기서 변경하는 일순간을 "청경(聽勁)"이라 부른다. 청경(聽勁)은 피부의 촉각과 신체 내부의 감각을 사용하여 상대방 경(勁)의 대소(大小)·장단(長短) 그리고 동향(動向)을 탐지하여 추측하는 것이다. 상대방이 조금 뒤쪽 좌측 혹은 뒤쪽 우측으로 향하면 곧 순전(順纏)의 점(粘)을 사용하고, 상대방이 조금 나의 좌측 혹은 우측으로 향하면 곧 역전(逆纏)의 주(走)를 사용한다. 이것은 "상대방이 움직이지 않으면 나도 움직이지 않고, 상대방이 조금 움직이려 하면 나는 먼저 움직인다(彼不動, 己不動, 彼微動, 己先動)"는 것이다. 점주(粘走)의 통일로부터 마침내 음양이 서로 보완되도록 하며, 첨점연수(沾粘連隨)로부터 마침내 동경(懂勁)의 공부를 얻게 된다. 이것은 쌍중(雙重)을 모면하기 위해 동경(懂勁)을 추구함으로서 얻는 교묘한 작용이다.

쌍중병(雙重病)을 방지하는 과정 중에 동경(懂勁)의 공부에 도달한다

어떻게 쌍중(雙重)을 모면하는가	어떻게 동경(懂勁)의 공부를 얻게 되는가
반드시 음양의 이치를 알아야 한다	상대방 동작의 경위와 경(勁)의 대소를 알고자 하면, 반드시 점주(粘走)의 통일을 이루어야 하며, 예를 들어 완속(緩速)·경침(輕沈)·강유(剛柔) 등은 동경(懂勁)의 기본방식이다.
점(粘)이 곧 주(走)이고, 주(走)가 곧 점(粘)이다.	이것은 퇴수의 핵심 관건이며, 거두어들이는 것이 곧 방출하는 것이고 방출하는 것이 곧 거두어들이는 것이라는 원칙을 구체적으로 나타낸다. 점주(粘走) 중에 마치 둥근 고리처럼 끝나는 곳이 없어야 한다. 만약 점주(粘走)가 상생(相生)할 수 없으면, 퇴수에 곧 진정한 동경(懂勁)이 있을 수 없다.
음(陰)이 양(陽)을 떠나지 않고, 양(陽)이 음(陰)을 떠나지 않는다.	점주(粘走)는 운동방식이고, 음양은 본질인 내용이다. 이것의 구체적인 표현은 느리고 빠름이 서로 번갈으며, 강유가 서로 보완하고, 방원(方圓)이 상생(相生)하며, 경침(輕沈)이 서로 바뀌고, 허실이 서로 호응하며, 개합(開合)이 서로 변환한다. 대체로 이러한 여러 종류들 모두 점(粘)이 곧 주(走)이고 주(走)가 곧 점(粘)인 구체적인 동작 중에 흡수되어 내재한다.

6. 동경(懂勁) 후의 신명(神明) 단계와 나를 버리고 상대방을 따르는 것의 경계선

「태극권론」중에 말하기를 "동경(懂勁) 후에 수련할수록 더욱 정교해지니, 마음에 새겨 면밀히 연구하여, 점차 마음 내키는 대로 따라서 운용하는 경지에 이른다. 본래 이것은 자기를 버리고 상대방을 따르는 것이나, 많은 사람들이 오해하여 가까운 데를 두고 멀리서 찾는다. 소위 털끝만한 실수가 큰 잘못을 초래하니, 배우는 사람은 상세히 구별하지 않으면 안 된다(懂勁後, 愈練愈精, 默識揣摩, 漸至從心所欲. 本是捨己從人, 多誤捨近求遠, 所謂差之毫釐, 謬之千里, 學者不可不詳辨焉)". 익숙하게 수련한 기초 위에 반드시 진일보하여 이론상의 연구를 하니, 객관적인 연마를 거쳐 주관적인 연구에 이르러 주관과 객관이 통일되도록 한다. 이론의 실천으로부터 수련하여 얻은 동력(動力)의 틀이 정해지면 점차 마음에 하고 싶은 대로 좇아 하니, 이로써 자동적인 "신명(神明 : 자유자재)"의 단계에 도달한다. 이것이 바로 퇴수의 가장 높은 공부이다. 이 단계에 이르면 또한 반드시 자기를 버리고 상대방에 따르는 것의 경계선을 확실히 구별해야 하며, 이로써 정확한 운용을 추구하여 달성한다. 퇴수는 자기를 버리고 상대방에 따라야 하며, 이것이 바로 첨점연수(沾粘連隨)가 생겨난 기본적인 이유이다. 그러나 상대방에 따르는 것은 반드시 지켜야 하는 한계가 있으니, 맹목적으로 따라서는 안 된다. 그 원칙은 가까운 데는 따르고 멀리는 따르지 않는 것이다. 멀어진즉 홀로 깊이 들어가니 자신이 방원(方圓 : 적정 동작범위)을 벗어나게 한다. 이것은 상대방에게 이를 이용하여 자신을 제압하게 하며, 상대방에게 주도권을 주는 것이다. 진흠(陳鑫)이 말한 바, "상대방이 만약 속여서 유혹하면 긴밀히 붙여서 추격해서는 안 되고, 만약 한계선을 넘게 되면 되돌아오기 어려운 기세가 되며, 일단 기세를 잃으면 후회해도 이미 늦다"라고 한다. 이것은 말하자면, 이 방면에서 차이가 비록 작으나, 그러나 최후의 득실은 오히려 관계가 매우 큰 것이다.

제5장 진식(陳式) 태극권 권론

　진흠(陳鑫 : 1849-1929)은 진식 태극권에 대하여 자세마다 이법(理法)과 경(勁)의 운용을 상세히 설명하여 많은 저작을 남겼으며, 그의 저작은 진씨(陳氏)가문 역대의 전문적인 가르침이 되었다. 그러나 진흠(陳鑫)이 설명한 이론은 각 편(篇)에 흩어져 있어 체계적이지 못하고 또한 집중되지도 않다. 저자는 평소에 태극권을 좋아하고 또한 그 이치를 추구하여, 진흠(陳鑫)의 권론을 종류별로 나누어 요약하니, 이로써 수련 시에 참고하고 면밀히 연구하기 편리코자 한다.[1]

　아래의 권론은 주로 진흠(陳鑫)이 지은「진씨태극권도설(陳氏太極拳圖說)」과 진적보(陳績甫)가 지은「진씨태극권회종(陳氏太極拳滙宗)」중 진흠(陳鑫)의 저작 부분에 근거한 것이다. 후자는 교정이 소홀하여 오자와 탈자가 비교적 많아,「태극진전(太極眞詮)」의 필사본에 근거하여 교정하였으므로 거의 틀림이 없을 것이다.

　태극권은 일·이백년 전에도 일종의 기격성(技擊性) 권술이었다. 그러므로 권론 중 많은 부분이 진식노가(陳式老架) 동작으로써 예로 삼아, 기격(技擊)적인 각도에서 출발하여 논술하였다. 이 책은 연구하기 편하도록 태극권 이론을 정리하였고, 특히 태극권

---

[1] 역자註 : 진흠(陳鑫)은 어릴 때 권술을 배운 후 청장년기에는 과거공부를 위해 권술을 수련하지 않았다. 그가 노년이 되었을 때, 진씨 권술에서 유래한 양(楊)씨 권술이 태극권이란 명칭으로 각광받아 크게 유행하는 것을 보고 발분하여, 진씨 권술에 정식으로 태극권이란 명칭을 붙여「진씨태극권도설(陳氏太極拳圖說)」을 지었다. 진씨 권술은 원래 장권(長拳)과 포추권(砲捶拳)으로 불렸으며, 양씨 권술도 처음에는 유권(柔拳)·면권(綿拳)·치유권(致柔拳) 등 여러 명칭으로 불리다가, 진씨 권술과 양씨 권술을 배운 무(武)씨 형제로부터 태극권이란 명칭이 나왔다. 무(武)씨 형제는 독서인이었으므로 태극권이란 명칭과 함께 태극권에 관한 이론인 태극권론도 처음으로 저술하였다. 진흠이 지은「진씨태극권도설」은 그가 말년에 심혈을 기울인 저작으로서 그 가치는 위대하나, 견강부회(牽强附會)하거나 쓸데없는 내용이 많다. 현재 유행하는 태극권 이론 중에는 태극권의 권술 원리가 마치 태극권에만 고유하며 다른 유파의 권술과 다른 것처럼 말하나, 다른 유파의 권술 원리도 태극권의 원리와 다를 바 없다. 권술에 이론이 필요하지만, 중국에서 근래 출판된 수많은 태극권 관련 서적 중에는 틀린 이론도 많고 이론을 위한 이론도 많아 맹신하지 말아야 한다. 공부(功夫)는 이론이 아니라 노력하여 스스로 체득(體得)하는 것이며, 권술은 공격과 방어를 위한 신체단련에서 출발한 것이지 이론에 의거하여 만들어낸 것이 결코 아니다. 무술 속담에 이르기를 "옛사람들은 무공이 좋았으나, 현대인들은 이론이 좋다(昔人功夫好, 今人理論好)"는 말은, 현대인들은 이론만 발달했음을 비꼬는 말이다.「총세가(總勢歌 : 일명 十三勢行功歌訣)」에서 말하기를 "기초를 익혀서 바른길로 인도하려면 반드시 직접 전수해야 하며, 공부는 중단 없이 꾸준히 하고, 그 방법은 스스로 수련하여 얻는다(入門引路須口授, 功夫無息法自修)"라고 하는 바, 기초를 바르게 익히는 것은 옛날처럼 직접 전수받지 않아도 현대의 발달된 전달매체를 통하여 가능하나, 궁극적인 수련방법은 자신이 스스로 추구하여 깨달아야 한다.

퇴수를 널리 보급하기 위하여 권론 역시 사정을 참작하여 골라 뽑았다.

진흠(陳鑫) 약전(略傳)

　진흠(陳鑫 : 1849-1929)은 자(字)가 품삼(品三)이고 하남(河南) 온현(溫縣) 진가구(陳家溝) 사람이다. 그의 조부(祖父) 진유항(陳有恒)과 숙조(叔祖) 진유본(陳有本)은 가문에 전해오는 태극권으로써 유명하였다. 진유본(陳有本)은 또한 진씨신가(陳氏新架)를 만들었다. 진흠의 부(父) 진중신(陳仲牲 : 1809-1871)과 숙부(叔父) 진계신(陳季牲 : 1809-1865)은 유항(有恒)이 중년에 동정호에 빠져 죽는 바람에 다시 숙부 유본(有本)에게서 권(拳)을 배웠다.

　중신(仲牲)은 기골이 장대하여 늠름하기가 남달랐고, 세살 때 무술을 익혔고 장성하여 동생 계신(季牲)과 같이 무상(武庠 : 府縣의 무술학교)에 들어갔다. 함동년간(咸同年間 : 咸豊과 同治시대를 말함. 1851-1874)에 진가구의 권술가(拳術家)들은 중신(仲牲)·계신(季牲) 그리고 진장흥(陳長興 : 1771-1853)과 그의 아들 경운(耕耘)의 공부(功夫)가 가장 좋다고 여겼으며, 중신(仲牲)은 능히 30근 중량의 철창(鐵槍)을 사용하여 싸울 수 있어 특히 무용(武勇)이 자자하였다. 진흠(陳鑫)과 그의 형 요(堯)는 부친으로부터 권을 배웠다. 요(堯)는 19세에 무상(武庠)에 들어갔고, 매년 만(萬) 번씩 권을 연습하였으며, 20년을 하루같이 매일 수련하여 그의 공부는 심후하였으나 체구가 작아서, 그를 모르는 사람은 그가 능히 무술을 하는지를 믿지 않았다. 그가 현(縣) 관아의 호위용사들과 싸운 적이 있는데, 연속하여 예닐곱 명을 공격하니 모두 땅바닥에 뻗어버리자 나머지 사람 모두 두려워하며 도망쳤다.

　진흠(陳鑫)은 어릴 때 부친으로부터 권(拳)을 익혀 권(拳)의 이법(理法)을 밝게 갖추었으므로, 태극권 역시 정교함이 절묘하였다. 부친의 명으로 독서하였으나 세공생(歲貢生 : 학업이 우수하여 추천받아 太學에 입학한 생원)에 그쳤으며, 만년에는 글을 배운 것을 상당히 후회하였다. 그는 형 요(堯)가 무술을 익혀 많은 성과를 얻었다고 여겨, 자신도 발분하여 책을 지었으니, 그 뜻은 특히 진씨(陳氏)가문 대대로 전해오는 태극권 이법(理法)을 깊이 설명하는 데 있다. 그의 저술은 「진씨가승(陳氏家乘)」5권·「안우헌시문집(安愚軒詩文集)」·「진씨태극권도설(陳氏太極拳圖說)」4권·「태극권인몽

입로(太極拳引蒙入路)」 1권 그리고 「삼삼권보(三三拳譜)」이다.

「진씨태극권도설」은 광서(光緒) 술신(戌申 : 1908)년부터 민국(民國) 기미(己未 : 1919)년까지 손수 베껴쓰고, 비록 추운 겨울이나 더운 여름에도 게을리 하지 않았다. 그 필사본은 전후하여 네 본(本)이 있으며, 진씨 대대로 축적된 수련경험을 깊이 설명하니, 장장 이·삼십만 자(字)로서 자세마다 상세히 그 착법(着法)·운경(運勁) 그리고 온몸의 규구(規矩)를 밝히고, 역리(易理 : 易經의 이치)로써 권리(拳理 : 권법의 이치)를 설명하며, 경락학설(經絡學說)을 인용하여 전사경(纏絲勁)의 핵심작용에 관통하여 연결되며, 내경(內勁)으로써 통솔함을 설명하였다. 진흠은 자식이 없었고, 늙어서 병이 들어 형의 아들 춘원(椿元)을 상남(湘南 : 湖南省)에 불러와 「진씨태극권도설」을 주며 말하기를, "만약 전할 만 하면 전하고, 그렇지 않으면 불태워 버려 다른 사람들을 망령되게 하지 말라"고 하였다. 민국(民國) 19년(1930년) 말 겨울에 당호(唐豪)[2]가 진자명(陳子明)과 함께 진가구에 가서 태극권 사료(史料)를 수집하면서 그 유고(遺稿)를 발견하여 수습하였다. 1931년 초봄에 하남(河南) 국술관(國術館) 관장 관백익(關百益)에게 그 책의 구입을 건의하여, 관(關)씨가 칠백원(元)을 마련하여 춘원(椿元)에게서 한 본(本)을 구입하여 개봉(開封)의 개명서국(開明書局)에 맡겨 민국 22년(1933년)에 선장(線裝) 네 책(冊)을 출판하였다. 진흠이 죽은 후 가세가 빈곤하여 영구를 방치한 채 수년간 매장하지 못하였으나, 춘원이 이 돈으로 장례를 치렀다. 1935년 진적보(陳績甫 : 照丕)가 지은 「진씨태극권회종」(南京版 2冊) 역시 이 도설을 채택해 넣었으나, 그러나 채택한 것이 다른 한 유고본(遺稿本)으로서, 내용이 다소 생략되고 문자도 간혹 다른 것이 있다. 「태극권인몽입로」는 「진씨태극권도설」의 요약본이며, 「삼삼권보」는 태극권의 이법(理法)으로써 「형의권보(形意拳譜)」를 수정한 것이며, 당호(唐豪)가 춘원(椿元)의 집에서 이 책을 살펴보았을 때 겨우 목록만 베끼도록 허락받아 비교해 보니, 수

---

[2] 역자註 : 당호(唐豪 : 1897 - 1959)는 태극권의 기원에 대해 의심을 품고 1929년 겨울에 진가구를 방문한 이래, 1932년까지 세 차례 방문하여 태극권에 관한 자료를 수집하였다. 또한 소림사와 무당산을 비롯하여 각지를 방문하여 자료를 구하여 중국 무술의 여러 분야에 관해 많은 저작을 남겼다. 그는 가정이 빈곤하여 독학으로 공부하며 육합권(六合拳)을 배웠고, 1927년에 일본으로 유학하여 잠시 공부하면서 유도 등의 일본 무술 풍토에 영향을 받아, 귀국 후 중국무술의 진상을 밝히며 비평한 무술사가라 할 수 있다. 그가 남긴 저작 중 태극권과 연관된 것은 少林武當考·王宗岳考·太極拳經研究·內家拳의 硏究·太極拳與內家拳·武當派武術及其史的研究·行健齋筆記 등이 있다. 그는 진왕정(陳王廷)이 태극권을 창시했다고 최초로 주장한 사람이며, 태극권의 여러 분야에 관하여 저술을 남겼으나, 그의 고증(考證)에는 허점이 많다.

정한 부분이 형의권 원보의 대략 10분지 3이었다고 한다. 춘원이 1949년에 죽은 후 진흠의 유고는 누구 손에 들어가 있는지 모른다. 진가구 진씨(陳氏) 9세 진왕정(陳王廷)이 태극권을 만든 이래 진씨가문 대대로 이 권술(拳術)을 익혀 고수가 배출되었으나 저술(著述)한 사람은 극히 적었다. 7대를 거쳐 진흠에 이르러 처음으로 문자기록을 중시하였다.

1. 태극권경보(太極拳經譜)

진흠(陳鑫)

태극 양의(兩儀)는 천지 음양이니, 닫고 열며 움직이고 정지하며 부드러움과 강함이다. 굽히고 펴며, 가고 오며, 나가고 물러나며, 생존하고 없어지며, 벌리고 합하며, 변함이 있고 변하지 않음도 있다. 허실이 함께 구비되니, 홀연히 나타나고 홀연히 숨음이 항상 순조롭게 교대로 이어지고, 상대방을 이끌어들임이 매우 확실하다. 혹은 거두어들이고 혹은 방출해 내며, 홀연히 늦추고 홀연히 당기니, 엇갈리며 변화하고, 억누르고자 하면 먼저 위로 올린다. 반드시 먼저 갖추어야 할 일은 조장하지 말고 잃어버리지도 않으며, 성실히 노력하여 오래되면 저절로 점차 먼저 갖추게 된다. 차고(盈:實) 비움(虛)은 형상이 있고(즉 자세에 따라서 허실을 나누고), 나가고 들어옴은 모서리가 없다. 상대방이 내가 오는 것을 모르게 하고, 가는 것을 지혜롭게 감춘다. 빈주(賓主: 즉 虛實)가 분명해야 하며, 중간을 취하면 불안하다. 경권(經權)3)을 서로 사용하며, 장점으로 단점을 보충한다. 신묘하게 변화하니 누가 무궁한 변화를 예측하겠는가. 상대방의 경로(勁路)를 따라 달라붙어 떨어지지 않고, 몸은 고요히 움직이며 허둥대지 않고, 피부와 관절 모두 펴서 벌린다. 앞서지도 뒤쳐지지도 않고, 받아들이고 내보냄이 서로 적당하며, 전후좌우상하 사방으로 민첩하게 전환하여 연결되며, 느리고 빠름이 서로 호응한다. 높이 들어올리거나 낮게 잡아채는 것을 원하는 대로 할 수 있고, 동작이 정체되지 않으며 또한 미끄러지듯 지나가지 않고, 태극의 이치에 따라 움직여 내가 상대방을 쥐락펴락하니, 천기(天機)가 활발하여 충만한 기(氣)를 유통시킨다. 못이기는 척 가장하며 승리하도록 가늠하니, 순조롭게 오게 하여 곤경에 빠뜨림을 상대방이 예

---

3) 역자註 : 경(經)은 상도(常道) 즉 태극권의 원칙(原則)을 뜻하며, 권(權)은 변통(變通) 즉 임기응변을 뜻한다.

측 못하게 한다. 때에 따라서 적절한 조치를 취하며, 그 중에 교묘한 수단이 감추어 있으니, 위로 움직이며 아래를 때리고, 절대로 한쪽에 치우치지 않는다. 이쪽에 주의를 끌게 하여 저쪽을 공격하며, 좌우 모두 위력을 나타내니, 겨울이 가고 여름이 오는 그 단서(端緖)를 누가 알겠는가. 예로부터 지극한 이치는 순환하니, 상하가 서로 호응하여 따르는 것은 헛되이 말만 해서는 안 되며, 순서에 따라 점차 더 나아가 자세히 연구하며 고생을 참고 수련하면 마침내 온몸이 재빠르게 되고, 감아 돌아 회전하며 형상에 얽매이지 않고 항상 원활하다. 정성을 다해 수련하여 지극함에 이르면, 극히 작은 동작도 역시 권(圈)으로 돌며, 해가 중천에 이르면 지기 시작하고 달이 차면 기울듯이 허실을 변화한다. 상대방이 만약 속여서 유혹하면 긴밀히 쫓아가면 안 되고, 만약 경계선을 넘으면 돌아오기 어려운 기세(氣勢)가 된다. 일단 기세를 잃게 되면 후회해도 이미 늦다. 나는 나의 영역을 지키며, 오만하지도 비굴하지도 않고, 모든 동작과정 중에 조금이라도 양보할 수 없으니, 만약 상대방에게 양보하면 내가 패하게 되므로, 서둘러 선두를 다투어 능히 위에 있고 아래에 처하지 않아, 조금이라도 우세를 점하며, 나는 형세(形勢)에 의거하여 승리하니, 혼자서 만인을 대적하여 물리친다. 첨연점수(沾連粘隨)하며 정신을 집중하고, 몸을 가볍고 민첩하게 움직이며, 동작은 더욱 완정하고 침중(沉重)하다. 세밀하게 빈틈없이 몸을 운용하여 경(勁)을 감추어 두고서 허점을 내보여 상대방을 속여 유혹하니, 다만 한번 전환하기만 하면 경(勁)을 계승하여 발휘할 기세를 얻어 상대방을 제압하기 어렵지 않다. 실(實) 중에 허(虛)가 있어 상대방과 내가 서로 만나고, 허(虛) 중에 실(實)이 있으니 그 중요한 기밀을 상대방이 예측 못한다. 상대방을 가로막지 않고 다투지 않으며, 상대방에 맞서 버티지 않고 머뭇거리지 않으며, 연약하지 않고 굳어 딱딱하지도 않으며, 상대방에서 떠나지 않고 휩쓸리지도 않으며, 별안간에 닥쳐오니 상대방은 어찌된 영문인지 모르고 다만 바람에 불려 넘어진 듯 느끼니, 그 넘어져 뒤집혀짐이 절묘하다. 이러한 경지는 말로 전하기 어려우나 형용하여 보자면, 손에 임기응변함이 있어 마땅히 가벼워야 한즉 가볍도록 어림짐작함이 치우치지 않고, 마땅히 무거워야 한즉 무거워서 마치 호랑이가 하산한 듯하다. 상대방이 오면 끌어당기고, 상대방이 가면 내가 나간다. 상대방이 오면 마땅히 그 힘을 정확히 탐지하고, 내가 나갈 때는 매우 빠르다. 상대방의 기세를 살피고 그 틈을 엿보아 틈을 타서 과감히 들어가며, 이 기회를 잃으면 다시 얻기 어려우니, 신묘한 경지를 여러분을 위해 지적하는 바이다. 신법(身法)에 대해 말하자면 원래 일정한 것이 없다. 그러나 비록 정해진 바가 없다고 말하지만 스스로 일정한 바가 있다. 수련자 자신이 신법을 사용함에 있어 어떻게 뒤바뀌든 간에, 서고 앉고 눕고 곧게 펴고 앞으로 숙이고 뒤로 우러러보니, 기습법(奇襲法)과 정공법(正攻法)이 서로 호응하며, 회전하고 옆으로 기울고 힘을 모아 뛰어오르는 모든 동작이 적당하여 중기(中氣 : 즉 內氣)를 방출하고 거두어들이니, 천변만화(千變萬化)함은 형용하기 어렵다. 기(氣 : 즉 現象)가 리(理 : 즉 本體)를 떠나지 않는다는 한마디 말로 표현할 수 있으며, 개합허실(開合虛實)이 곧 권경(拳經)이다. 열심히 수련하여 오래되면 환하게 관통하여 나날이 끊임없이 새롭게 진보하며, 저절로 신성함에 이르러 전혀 자취가 없고 빈손 같으나 잘 대처하니, 마치 귀신이 있어 내가 허령(虛靈)하도록 도와주는 것 같다. 어찌 알겠는가 나의 마음은 다만 경(敬 : 경건하게 정성을 다함) 하나만 지키는 것을.

2. 태극권권보(太極拳拳譜)

진흠(陳鑫)

중기(中氣)4)가 관통하여 충족하고 정신을 고취시키며, 적과 대진하여 싸울 때 먼저 나가지 않으며, 만약 부득이한 경우 시험삼아 살짝 끌어당기며, 고요히 움직이지 않음으로써 움직임을 기다리니, 요새처럼 나를 견고하게 한다. 당당한 진영(陣營)과 가지런히 늘어선 깃발처럼 사전에 방비하여 우환이 없게 하며, 상대방으로 하여금 몰래 끌어당기거나 진격해 오게 하여, 기습법(奇襲法)과 정공법(正攻法)이 서로 보완하여, 패한 체하며 속이다가 도리어 패색(敗色)을 뒤집어 공격한다. 끌어당기자마자 홀연히 곧 진격하니, 진격으로 전환함이 질풍 같으며, 진격하여 7할 정도에서 질풍 같은 속도가 갑자기 정지한다. 용병은 상대를 속이는 계책을 쓰므로 뒤로 침범함을 엄중히 방비하며, 전후좌우 모두 조심해야 한다. 보(步)가 나갈 때 재빨리 나가고, 곧게 나가지 않고 제멋대로 나가지 않으며, 발은 손의 움직임에 따르고, 원활하게 회전함이 신묘하다. 수족이 홀연히 위로 올라가고 홀연히 아래로 내려오며, 혹은 순전(順纏)하고 혹은 역전(逆纏)하여, 태양이 고루 비추듯이 상대방의 모든 공세를 환히 들여다보며, 내가 나가서

---

4) 註 : 음양(陰陽)이 조화된 원기(元氣)로서, 음(陰)과 양(陽) 어느 한 편으로 치우치지 않고 지나침도 모자람도 없는 내기(內氣).

상대방을 공격할 때 상대방이 방어하지 못하게 하며, 상대방이 만약 방어할 수 있으면 이것은 좋은 방법이 아니다. 장수가 적진에 임하면 신중하지 않은 곳이 없고, 적을 에워싸 함께 진격하여 적장을 베고 기를 뺏으니 패왕의 진면목이 이러하다. 태극의 지극한 이치는 한마디 말로 다하기 어려우나, 음양의 변화는 그 사람에게 맡겨져 있어, 조금만 잘못됨이 있어도(배우고 또한 깊이 생각하며, 반드시 실행하는 노력을 해야 한다) 묘리(妙理)를 찾기 어렵다. {권법은 경(勁)도 있고 권(權)도 있어 생기(生機 : 활기)가 무궁하며, 변화를 내 마음대로 하니 깊이 생각할 필요가 없다.}

3. 진흠(陳鑫) 태극권론의 종류별 어록(語錄)[5]

(1) 마음이 고요하고 몸이 바르며, 의식으로 몸을 움직인다. (心靜身正, 以意運動)

"수련장에 나서면 단정히 공손하게 서서 눈을 모으고 호흡을 가다듬는다. 양손은 아래로 내려뜨리고, 몸은 곧고 단정하며, 양발은 나란히 가지런하고, 마음속에 아무런 집착이 없어 생각하는 바가 없으며 경건하고 엄숙하다. 혼연히 원초적 혼돈처럼 무극(無極)의 모습이며, 그 형태는 이름 붙일 수 없어 무극(無極)이라 부르니, 그 형태를 상징하는 것이다."

"태극(太極)은 무극(無極)에서 생기고, 음양(陰陽)은 미미함에서 현저함에 이르도록 순환함이 끝이 없으니, 즉 그 끝없는 생명력이다.…… 수련장소에 나서면 수족은 비록 아직 움직이지 않으나 단정히 공손한 중에, 그 음양(陰陽) 개합(開合)의 기미(機微)와 허실(虛實)의 비결을 이미 가슴속에 갖추어 있다. 이때 한 뜻으로 정신을 집중하여 오로지 경건한 마음이며, 음양(陰陽) 개합(開合) 허실(虛實)은 아직 모습이 나타나지 않는다. 이때 이름 붙일 수 없으나, 또한 일러 태극(太極)이라 부른다. 이것을 말함은, 이로써 배우는 사람이 처음 수련장에 나설 때 먼저 마음을 비워 생각을 씻어 그 망령된 잡념을 없애 감정에 흐르지 않고 기세를 고요하게 하며, 이로써 움직임을 기다린다. 이처럼 한 후에 권술을 배울 수 있다."

"권술(拳術)을 태극(太極)이라 부르니, 실로 천기(天機)의 자연적인 운행이며, 음양의

---

[5] 註 : 여기에 나오는 어록(語錄)은 모두 진식노가자(陳式老架子) 연습의 방식과 방법에 근거하여 선출한 것이다. 그러나 신가자(新架子)를 연습할 때도 참고할 수 있으며, 또한 노가자(老架子)는 일반적으로 수련하기 어렵고 복잡한 것임을 증명할 수 있다.

자연적인 개합(開合)이다. 추호도 억지로 함이 없으며, 억지로 하는 것은 모두 태극의 자연적인 이치가 아니므로 태극권이라 부를 수 없다."

"정신은 안으로 축적함을 중히 여기며, 밖으로 그 예기(銳氣)를 드러내서는 안 된다."

"태화(太和)6)의 원기(元氣)가 고요함에 이를 때, 고요하지 않으면 움직임의 변화무쌍함이 나타나지 않는다."

"뽐내거나 방종하지 않고, 형세가 온화하고 위엄을 갖추니, 비록 무(武)를 익힌다고 말하지만 문(文)이 그 중에 있다."

"몸은 반드시 단정함으로써 그 근본을 삼는다."

"신법(身法)은 장중(莊重)하기 그지없고 정신은 안으로 거두어들이니, 그 비결은 바로 마음이 평온하고 태도가 온화하면 얻을 수 있다."

"신법(身法)이 바르다는 것은, 몸이 곧고 단정하여 기울어짐이 없이 허령(虛靈)하게 안으로 기세를 갖추어 있는 것이므로, 상대방이 밀어 넘어뜨려도 두렵지 않다."

"기울거나 기대지 않는 것은 거동에 대해 말하는 것이 아니라, 결국 정신이 자연스럽게 적당함을 얻는 것을 말한다."

"만약 몸을 앞으로 숙이거나 뒤로 우러르며 뻗고 움츠리는 방법을 겸비하면 규율이 비로소 완전히 합일되며, 오래 수련하여 익숙해지면 곧 오르내리고 나가거나 물러나며 회전함이 자유롭고, 경중(輕重)·허실(虛實)·강유(剛柔)를 함께 발휘한다."

"권술을 수련함은 원래 신법(身法)을 갖추는 것이며, 신법은 바른(正) 것과 기울어진(斜) 것이 있고, 곧은(直) 것과 굽은(曲) 것이 있고, 순조롭게 따르는(順) 것과 반대로 거스르는(逆) 것이 있고, 앞으로 치우치는 것과 뒤로 치우치는 것이 있고, 좌로 치우치는 것과 우로 치우치는 것이 있고, 위로 치우치는 것과 아래로 치우치는 것이 있고, 땅위에 앉는 것과 공중에서 나는 것이 있고, 묶어 구속하는 것과 나누어 분리하는 것이 있으니, 이러한 여러 신법들은 열거할 수 없으나, 모두 중기(中氣)로써 관통한다. 이것은 때에 따라서 마음속으로 이해하면 저절로 알 수 있다."

"몸이 비록 때로는 삐뚤어지나, 삐뚤어지는 중에 스스로 곧고 바름을 내포하며, 이러한 임기응변을 모르면 안 된다."

"권식(拳式) 자세의 중간에 때로는 신법(身法)이 삐뚤어지나, 이것 또한 곧고 바른

---

6) 역자註 : 음양(陰陽)의 두 기운이 서로 모순 되면서도 통일된 상태.

채로 치우치는 것이며, 한쪽으로 치우치는 중에 곧고 바름이 있어 진정한 뜻은 갖추고 있으며, 진정한 뜻이 있으면 상대방에 달라붙어 떨어지지 않는 뜻이 실현되니, 이것은 딱딱하게 굳어 버티며 다투는 강경한 권법 유파와는 다르다."

"마음속의 호연지기(浩然之氣)로써 전신에 유통시키며, 비록 때로는 몸이 기울어지나, 기우는 중에 스스로 곧고 바른 기세가 있어 이로써 지휘한다."

"신법은 원래 일정한 것이 없다. 정해진 바가 있거나 없는 것은 자신이 운용하기에 달렸고, 어떻게 뒤바뀌든 간에 서고 앉고 눕고 곧게 펴고 앞으로 숙이고 뒤로 우러러 보니, 일정한 신법과 변화된 신법이 서로 호응하며, 회전하고 옆으로 기울고 몸을 모으고 뛰어오르는 모든 신법이 적당하고 천변만화(千變萬化)하니 그 모습을 형용하기 어렵다."

"신법은 큰 신법으로 돌거나(轉關) 혹은 작은 신법으로 모서리를 지나는(過角) 것을 막론하고 민첩하게 움직이는 것이 중요하다."

"몸을 돌려 이동하는 법을 할 수 있으면, 신묘한 변화가 그 중에 있다."

"권술을 수련함에 마음이 주(主)이다."

"마음이 주(主)가 되고, 5관을 비롯한 온몸 모두 마음의 명령에 따른다."

"몸을 운용함은 마음에 있으니, 이것이 진정한 비결이다."

"음양이 조화된 원기(元氣)는 뜻(意)하는 바에 따르니, 뜻이 향하는 곳에 모든 주의력을 집중한다."

"동정(動靜)과 완급(緩急)은 마음에 따라서 운용한다."

"사지는 마음을 따라 움직이고, 오관(五官)과 온몸은 기꺼이 순종하며, 그리고 모두 건곤(乾坤 : 음양)의 정기(正氣)로써 운행해야 한다."

"마음에 아무것도 없으니 그 허령(虛靈)함이 지극하고, 마음에 집착함이 있기만 하면 곧 허(虛)하지도 령(靈)하지도 않으니, 오직 고요함을 유지하여 그 진실함을 양성하며, 이로써 동정(動靜)이 모두 적당함에 이르니, 변화를 예측 못한다."

"몸의 움직임을 지휘하는 것은 마음이다. 마음에 좌우로 바꾸어 몸을 운행하고자 하면 좌우 수족이 곧 바뀌어 운행하며, 마음에 전사경(纏絲勁)을 사용하여 순전(順纏)으로 돌고자 하면 좌우 손이 곧 전사경을 사용하여 순전으로 돌며, 마음으로 팔꿈치를 내려뜨리고 어깨를 누르고자 하면 팔꿈치가 곧 내려뜨려지고 어깨가 곧 눌려지며, 마음에 가슴과 배가 앞에서 합경(合勁)하고 허리의 경(勁)을 아래로 내리고 사타구니를 벌려 둥글게 하고자 하면, 곧 가슴을 앞으로 향하여 합하며 허리의 경(勁)을 아래로 내리고 사타구니를 곧 벌려 둥글게 하여 모두 뜻대로 되며, 마음에 양 무릎을 굽히고자 하면 양 무릎이 곧 굽혀지고, 오른발이 오른손에 따라서 운행되고 왼발이 왼손에 따라서 운행되며, 무릎과 좌우 발 모두 이에 따른다. 그렇지 않으면 결점이 많이 생겨나니, 이것은 온몸이 마음에 따를 수밖에 없는 이유이다. 그러므로 마음이 몸의 운행을 지휘한다고 내가 말하는 바이다."

"권술의 대략적인 개요는 이미 들어서 알고 있으나, 권술을 함에 그 신묘한 정조(情調)가 나타나지 않음은 무엇 때문인가? 이것은 평소대로 그 급히 이루고자 하는 마음으로 서두르기 때문이니, 맹자(孟子)가 말한 바, "일을 함에 있어서 갑자기 이루려 하지 않아야 한다. 마음으로는 잊지 않으며, 조장하지 말아야 한다(必有事焉而勿正, 心勿忘, 勿助長焉)"와 같다. 수련 장소에 임하면 먼저 그 경솔하고 당황하는 기운을 없애고, 마음을 맑게 하고 과도한 욕심을 없애, 감정에 흐르지 않고 기세를 고요하게 하여, 동작마다 규칙을 지켜 오랜 기간 수련하여 공부가 익숙해진 후, 경험을 축적하고 어려운 과정을 모두 거치면 즐거움이 찾아오니, 민활한 기분이 넘쳐 왕성하기 그지없고 마음에 느껴지는 격조가 있어, 권술을 함에 자연히 신묘한 정조(情調)가 나타난다. 이처럼 하는 것은 모두 사람의 노력으로 할 수 있는 것이나, 마음을 쓰지 않고 변화를 이루는 것은 수양에 달려 있으며, 오래 수련하면서 기다리면 자유자재한 경지를 얻는다."

"온몸이 민첩한 기세로 조화를 이루는 것은 모두 마음의 변화가 다양함에 의거하며, 마음을 쓰는 데서 마음을 쓰지 않고 자유자재함에 이르니, 가을 물의 맑음에서 태아(太阿 : 춘추시대의 寶劍)가 나옴과 같다."

"권술이 비록 무예(武藝)이나, 그 정도(正道 : 中庸의 道 : 한쪽으로 치우치지 않고 과하지도 모자라지도 않다)를 얻으면 가는 곳마다 적합지 않음이 없다."

(2) 개합허실(開合虛實)하며, 호흡이 자연스럽다. (開合虛實, 呼吸自然)

"개합허실(開合虛實)이 곧 권술의 원칙이다."

"내 몸이 본래 갖추어 있는 원기(元氣)로써 내 몸에 운행하니, 그 굽히고 펴며 가고 오며 거두어들이고 방출하며 잡았다가 놓아주는 모든 것이 다만 한번 벌리고(開) 한번 합(合)하는 것과 하나는 허(虛)이고 하나는 실(實)인 것에 지나지 않는다."

"동(動)과 정(靜)이 순환하니 어찌 틈이 있겠는가. 내가 말하는 바, 한번 움직이고 정지하며 한번 벌리고 합하는 것에 권술 중의 교묘함이 남김없이 들어있다."

"개합(開合)이 원래 정해진 바가 없고, 굽히고 뻗는 자세는 서로 연결된다. 태극은 음양으로 나누어져 신묘하게 변화함이 무궁하다."

"벌리고 합하며, 변함이 있고 변하지 않음도 있으며, 허실은 함께 갖추어져, 홀연히 나타나고 홀연히 감춘다."

"벌린 중에 합함이 있고, 합한 중에 벌림이 있으며, 허(虛) 중에 실(實)이 있고, 실(實) 중에 허(虛)가 있다."

"실(實) 중에 허(虛)가 있고, 허(虛) 중에 실(實)이 있으니, 태극의 자연적인 묘용(妙用)이 결실을 맺을 때에 이르러 비로소 그 이치의 정묘(精妙)함을 깨닫기 시작한다."

"온몸이 함께 합하여 한 덩어리가 되며, 신기(神氣)가 흐트러지지 않아 비로소 능히 한 기세로 유통하여 온몸을 보호한다."

"권술을 수련하여 혈기(血氣)를 조절하여 보양하며, 호흡은 그 자연스러움에 따른다.…… 조식(調息)은 끊어지지 않고 길게 이어지며, 견고하게 조절하여 안으로 지키는 조식법에 주의하며, 현관(玄關 : 道家에서 말하는 道에 들어가는 실마리, 혹은 단전(丹田)을 가리키기도 한다)에 의식을 집중한다.……가만히 운행하며, 묵묵히 정지하고, 오로지 생각으로 운행한다."

"머리가 곧고 눈은 수평으로 바라보며, 좌우 어깨가 합하고, 팔꿈치와 팔꿈치가 합하며, 손과 손이 합하고, 좌우 대퇴부 뿌리(즉 좌우 胯)가 합하며, 무릎과 무릎이 합하고, 발과 발이 합하며, 감정에 흐르지 않고 기(氣)를 고요하게 하니, 합한다고 말하는 것은 상하가 함께 합쳐 기(氣)가 단전으로 돌아오는 것이며, 합하는 방법은 모두 반대로 거슬러 감는 방법이다."

"벌린즉 전신을 모두 벌리고, 합한즉 전신을 모두 합한다."

"합할 때 기(氣)는 반드시 단전으로 돌아온다."

"합하는 것은 자세로서 합할 뿐만 아니라, 당연히 먼저 정신으로 합한다."

"합하는 것은 온몸의 정신이 합하는 것이며, 단지 사지(四肢)만 합하는 것이 아니다."

"벌리고 합함에 음양을 겸비하고, 사지는 서로 연결되고 관절은 벌어진다."

"마음을 비워야(虛) 하며, 마음을 비운즉 사지가 모두 비게 된다. 단전과 허리의 경(勁) 그리고 발바닥이 실(實)이 되어야 하며, 이 세 곳이 실(實)이 되기만 하면 곧 사지의 허(虛)가 모두 실(實)이 되니, 이것이 소위 허(虛)이면서 실(實)인 것이다."

"천지음양(天地陰陽)의 이치는 소멸(消) 성장(息)과 가득 차고(盈) 비는(虛) 것에 불과할 뿐이며, 그러므로 공자(孔子)는 이러한 소식영허(消息盈虛)를 숭상하였다. 태극권을 하는 것 또한 소식영허(消息盈虛)이다. 식(息)은 잠시 숨을 돌리는 것이며, 호흡하는 기(氣)이며, 생장(生長)하는 것이니, 그러므로 사람의 자식을 식(息)이라 부르는 것은 그 생겨남에 기(氣)가 미미(微微)하기 때문에 식(息)이라 부른다. 소(消)는 감(減)하는 것이며 물러나는(退) 것이다. 영(盈)은 중간이 충만한 것이고, 허(虛)는 중간이 비어 있는 것이다."

(3) 날렵하고 민첩하여 원활하게 돌며, 중기가 충만하다. (輕靈圓轉, 中氣貫足)

"능히 경건(敬虔)하고 능히 고요하면, 저절로 허령(虛靈)함을 갖추게 된다."

"심신(心身)은 무리한 기운을 사용해서는 안 되며, 가벼이 운동한다."

"대체로 마음이 비워지기만(虛) 하면 곧 온몸이 모두 허(虛)하고, 오로지 허(虛)한 즉 령(靈 : 靈活 즉 민첩함)하며, 영활함이 충분하면 이로써 적에 대응한다."

"권술을 수련하는 사람은 손이 극히 허(虛)하고 극히 령(靈)하여, 물체가 닿기만 하면 곧 알아차려서 즉각 기세에 따라서 대응할 수 있으며, 손뿐만 아니라 몸의 배면과 전신이 모두 허령(虛靈)하다."

"가고 오며 굽히고 뻗음이 마치 바람에 날리는 버드나무처럼 자연스러운 기세로 요동하여 활발하니, 추호도 정체되는 기세가 없다."

"허령(虛靈)한 마음으로 굳센(剛) 기(氣)를 양성한다."

"수족(手足)의 운동은 단지 하나의 권(圈 : 즉 곡선)으로 움직일 뿐이니, 결코 곧게 오고 곧게 가지 않는다."

"움직여 도는 권(圈)은 바른 것과 기울어진 것이 있으나, 하나의 권(圈)은 반드시 하나의 태극(太極)이다."

"상대방의 경로(勁路)에 따라서 달라붙어 조용히 움직이며 당황하지 않는다."

"발은 손의 움직임에 따라 원활하게 자유자재로 돌아 움직인다."

"형태에 얽매이지 않고 자세를 유사하게 갖추면 달처럼 둥글지 않겠는가? 정교하게 수련하여 그 극에 이르면 극히 작은 동작도 역시 권(圈)으로 돈다."

"권(圈)이란 것은 온몸으로 도는 것이지 단지 수족(手足)만 도는 것이 아니다. 수족(手足)은 겉으로 쉽게 드러나므로 손이 돈다고 말하는 것이다."

"더욱 작아져서 그 작음이 권(圈)이 없어질 때에 이르러 비로소 태극의 진실한 신묘함에 돌아간다."

"마음의 경(勁)이 발(發)하자마자 온몸의 근골(筋骨)이 모두 이에 따르며, 밖으로 나타나는 모습은 모두 내부에서 발(發)하는 바에 연유하므로 내경(內勁)이라 부른다."

"내경(內勁)은 한 마음(一心)에서 발(發)하여, 사지(四肢)의 골수에 유통되어 사지의 근육과 피부에 충만하다."

"정체되지 않고 그치지 않으며, 음양이 서로 괴리(乖離)되지 않고 한쪽으로 치우치지 않는 것이 곧 중기(中氣)이다."

"중기(中氣)가 충만하면 기세(氣勢)가 왕성해진다."

"중기(中氣)가 충족하면, 물체가 다가옴에 순응하여 그 물체가 나에게 해를 가할 수 없게 한다."

"권술가의 공부가 완성되면 능히 그 의지를 다스릴 수 있어 저절로 무리한 기세가 없어진다."

"중기(中氣)가 운행되어 손가락에 도달하면 비로소 충분히 운행되는 것이다."

"엄지발가락은 손에 기(氣)가 충족되게 운행된 후 손과 함께 합하며, 이때 비로소 굳건히 디뎌 밟을 수 있다."

"중기(中氣)는 척추 가운데로 관통한다."

"만약 이 진실한 비결을 알려면, 반드시 척추 등배 관절 중에서 찾아야 한다."

"중기(中氣)는 위로는 백회혈(百會穴)로부터 아래로는 장강혈(長強穴)에 관통하니, 마치 한 가닥 선으로 꿰뚫어 이루어진 것과 같다."

"그 모습은 정지한 것 같으나 그 뜻(意)은 정지하지 않고 점점 그 내경(內勁)을 충실히 하며, 반드시 경(勁)이 관절 중으로부터 근육과 피부 그리고 손가락에 이르도록 충만하며, 내경(內勁)이 매우 충족되면 곧 다음 자세의 기미(機微)가 자동적으로 이루어진다."

"한 기세(氣勢)로 운행하며 결코 멈추지 않고, 완전한 큰 기세가 온몸에 유통하니 막을 수 없다."

"오로지 온몸이 텅 비어 민첩함을 얻으면, 한 가닥 실 같은 중기(中氣)가 기세에 따라서 고양된다."

"정경(頂勁 : 마음의 中氣)을 이끌어 올리니, 정경(頂勁)은 백회혈(百會穴)에 있으며, 그 의식은 반드시 이끌어 있으면 되는 것으로 너무 과도하면 안 되니, 과도한즉 아래가 치올라 오고 위가 매달리게 되어 안정되게 설 수 없다. 이것은 온몸에 관련되어 중기(中氣)가 통하는 것이니 반드시 알아야 한다. 중기(中氣)가 위로는 백회(百會)로 통하고 아래로는 20개 척추관절에 통하니, 이곳이 통하기만 하면 상하 모두 통하여 전신의 기맥(氣脈)이 모두 통하며, 옆으로 기우는 폐단이 저절로 없어진다. 뇌(腦) 뒤의 두 가닥 근육은 중기(中氣)를 보좌하는 것이고, 두 근육 사이의 근육이 없는 곳이 바로 중기(中氣)가 상하로 유통하는 길이며, 아래로 유통하여 척추의 가운데로 21척추 관절에 이르러 그친다. 즉 전후 임독(任督) 두 맥(脈) 역시 모두 나의 중기(中氣)를 보좌하는 것이다.

중기(中氣)는 말하기 가장 어려우니, 곧 중기(中氣)가 유통하는 길 또한 말하기 가장 어렵다. 모습도 없고 소리도 없으므로 오랜 기간 수련하지 않으면 알 수가 없다. 그러므로 한쪽으로 치우치지 않고 기울지 않는다는 것은 그 외형적인 흔적을 말하는 것이 아니라, 바로 정신이 자연스럽게 그 가운데를 취함을 말하는 것이다. 즉 사지(四肢) 중에 운행하는 중기(中氣) 역시 이 중기(中氣)의 지류(支流)이지 별도로 한 중기(中氣)가 있는 것이 아니다. 이 중기(中氣)가 한쪽으로 치우치지 않으면 사지(四肢)의 중기(中氣) 모두 치우치지 않고, 비록 사지의 외형적인 모습이 한쪽으로 많이 치우친 자세를 나타낼지라도 몸과 사지 중에 유통되는 중기(中氣)는 스스로 치우치지 않으니, 이 의미는 점차 깨달아 알 수 있다."

"기(氣)는 오직 하나가 있으니, 그 부드럽고 강한 것이 중기(中氣)이며, 오로지 단단하기만 한 것은 무리한 기(氣)이다. 중기(中氣)의 작용은 치우치지 않고 의지하지 않으며 지나침도 없고 모자람도 없으니, 이것은 중기(中氣)의 용(用 : 작용)이지 중기(中氣)의 체(體 : 본체)가 아니다. 중기(中氣)의 체(體)는 곧 내 마음 중의 음양이 바르게 조화된 기(氣)이니, 즉 맹자(孟子)가 말한 바 도의(道義)에 합치하는 호연지기(浩然之氣)이다."

(4) 감아 돌며 운동하여, 경락(經絡)을 후련하게 풀어준다. (纏繞運動, 舒暢經絡)

"태극권 수련은 반드시 전사경(纏絲勁)을 알아야 하며, 전사(纏絲)는 중기(中氣)를 운용하는 방법이니, 이것을 이해하지 못하면 곧 권술을 이해하지 못한다."

"태극권은 전사법(纏絲法)이다. 나가면서 감고 물러나면서 감으며, 좌우로 감고 상하로 감으며, 안팎으로 감고 크고 작게 감으며, 순역(順逆)으로 감는다. 그리고 모든 수법이 끌어당기면서 감고 나가면서 감아야 하므로 개별적으로 한 동작만을 할 수는 없으며, 만약 각각 한 동작만을 하게 되면 음양(陰陽)이 서로 그 근원이 될 수가 없다."

"온몸 모두가 전사경(纏絲勁)이니, 대략 안으로 감고 밖으로 감는 모두가 움직임에 따라서 발(發)하며, 왼손이 앞에 있고 오른손이 뒤에 있거나 오른손이 앞에 있고 왼손이 뒤에 있어 순전(順纏)으로 합하며, 또한 좌측 안으로 합하고 우측 뒤에서 합하며, 또한 뒤로 뒤집는 경(勁)을 사용하여 배면으로 합하니, 각자 그 기세가 어떠한지에 따라서 자연스럽게 경(勁)을 운용한다. 그 경(勁)은 모두 마음에서 발(發)하여 관절에 들어가고, 밖으로는 근육과 피부에 도달하는 한 가닥의 경(勁)이지 몇 가닥의 경(勁)이 아니다. 즉 마음에서 발(發)하는 기(氣)는 그 바르게 조화됨을 얻은즉 중기(中氣)가 되며, 이를 양성한즉 호연지기(浩然之氣)가 된다."

"신기(神氣 : 정신)가 끊어지지 않도록 주의하니, 신기가 끊어지지 않으면 혈맥(血脈)은 자연히 유통한다."

"임맥(任脈)은 회음(會陰)에서 일어나 위로 올라와 배안을 거쳐 천돌(天突)에 이르고 렴천(廉泉)에서 그치며, 독맥(督脈) 역시 회음(會陰)으로부터 일어나 장강(長强)을 거쳐 척추를 따라 역행하여 올라가 백회(百會)에 이르러 아래로 내려가 인중(人中)에 이르러 그친다,…… 상반신의 임독맥(任督脈)은 배와 등배에 의거하여 말하며,…… 모두 가운데에 위치하여, 나눌 수 있고 합할 수도 있다. 나누면 이로써 음양이 분리되지 않음을 나타내고, 합하면 이로써 태초의 혼연일체처럼 사이가 없음을 나타낸다,…… 사람이 능히 임독맥(任督脈)을 밝혀 기(氣)를 운용하여 몸을 보전하고,…… 도인술(導引術)을 행하여 이로써 병을 없애고 수명을 늘리는 근본으로 삼는다. 권술 수련으로 혈기(血氣)를 조절하여 양성하며, 호흡은 그 자연스러움에 따르고, 잡념을 없애고 탁한 기운을 모두 없애 먼저 근본적인 기초를 굳건히 하며, 보고 듣는 것에 현혹되지 않고, 묵묵히 예기(銳氣)를 감추어, 조식(調息)은 끊어지지 않고 길게 이어지며, 이상의 사항을 굳건히 이행하고 내면을 지키며, 단전에 의식을 집중하여 오래 수련하면 어느 순간에 수중(水中)에서 불(火)이 발화하고 눈 속에서 꽃이 피듯이 좌우 신장(腎臟)이 마치 끓는 듯이 뜨겁고 방광(膀胱)은 마치 불타는 듯하여 진기(眞氣 : 즉 內氣·中氣)가 저절로 충족된다. 임독맥(任督脈)은 마치 차바퀴 같고, 사지(四肢)는 마치 산의 암석과 같다. 인위적인 생각이 없이 발(發)하니, 천기(天機)가 스스로 움직인다. 권술의 매 한 자세를 할 때마다 가벼이 운행하며 묵묵히 정지하니, 오로지 생각으로써 운행한즉 수화(水火)가 자연히 뒤섞여 융합한다.…… 10년을 수련한 이후 온몸이 혼돈(混沌)7)하고 그 허령(虛靈)함이 지극하여, 몸이 나인지 내가 몸인지를 모르고, 또한 신(神)이 기(氣)로부터 생기는지 기(氣)에 저절로 신(神)이 있는지를 모르며, 동작마다 법도에 들어맞고, 생각하지 않아도 이루어 얻고, 애쓰지 않아도 들어맞는다.…… 어찌된 까닭인지를 모르고서 그러하며, 또한 임맥(任脈)이 독맥(督脈)인지 독맥(督脈)이 임맥(任脈)인지를 모르고, 중기(中氣)가 어찌하여 중기(中氣)가 되는지 그 연유를 모른다. 시기(時機)를 택함이 모두 적합하여 자연히 손발이 박자가 맞고, 이것은 임독맥(任督脈)이 오르고 내리며 순행하고 역행하여 중기(中氣)를 보좌하여 공부(功夫)를 완성시키는 것을 말한다. 기(氣)가 움직임은 신장(腎臟)에서 생기고, 고요해지면(靜) 여전히 신장으로 돌아간다. 호흡은 진기(眞氣)의 출입이며, 모두 여기서 이루어진다.…… 요컨대 아무리 많은 말로 설명할지라도 모두 다 마음을 맑게 하고 욕심을 줄이는 것만 못하니, 그 본원(本原)을 배양하여 원기(元氣)를 양성하면, 몸의 근본이 강건해지며, 권술을 함에 저절로 상대방보다 한수 위로서 이기게 된다."

"경(勁)은 모두 마음에서 발(發)하고, 팔다리는 표면상으로는 감아 도는 것 같으며, 비스듬히 감고 순역(順逆)으로 감는 것이 원래 정해짐이 있으니, 지극한 인내심을 가지고 얕은 데서부터 깊게 자세히 연구한다. 연구하는 노력이 진실하여 오래 쌓이면, 어느 날 환하게 태극권에 통하게 되니, 사람 몸의 어느 곳이나 모두 태극이고 일동일정(一動一靜) 모두가 온통 태극과 같다."

"팔의 경(勁)은 마음에서부터 발(發)하여 어깨에 전하고 팔꿈치를 지나 손가락에 이르니, 이것은 순전법(順纏法 : 여기서 말하는 順纏 혹은 逆纏은 앞에서 나오는 팔다리

---

7) 역자註 : 천지가 개벽하기 이전의 원기(元氣)상태를 말하며, 분별하여 아는 바가 없는 모습을 말한다.

의 順逆纏과는 다른 의미이다)이다. 뼈로부터 근육과 피부에 이르고, 어깨로부터 손가락에 이르도록 나가는 경(勁)이다. 손가락으로부터 어깨에 이르는 역전법(逆纏法)은 들어오는 경이며, 끌어당겨 오니 적으로 하여금 나에게 접근케 한다."

"양다리의 경(勁)은 모두 엄지발가락으로부터 이끌어 일으켜 용천(湧泉)을 지나서 위로 감아 바깥 복사뼈를 지나, 안으로 향하여 감아 비스듬히 전하여 올라와 족삼리(足三里)를 지나고 무릎을 넘어 건너 혈해(血海)를 지나서 대퇴부의 뿌리에 이르니, 즉 양다리 사이의 사타구니라고 부르는 회음혈(會陰穴)이다. {대체로 양다리의 경(勁)이 마주쳐 결합하는 혈이며, 이곳은 다리 경(勁)의 귀착점이다. 허리 경(勁)은 조금 아래로 내리고 대퇴부 뿌리를 벌리면, 사타구니 경(勁)은 자연히 원활하다.} 경(勁)을 운행하여 발뒤꿈치가 땅에 딛고, 점차 발가락의 통곡(通谷)·대종(大鐘)·외비(外腓) 그리고 은백(隱白)·대돈(大敦)·려태(厲兌)에 이르도록 정확히 땅에 딛는다. {발가락과 발바닥은 땅을 파고들며, 용천혈(湧泉穴) 부위는 허(虛)인 상태가 되어야 하며, 용천이 허(虛)가 되지 않은즉 발가락이 제대로 힘을 쓸 수가 없다. 발의 앞뒤가 실(實)이 되고 중간은 허(虛)가 된다.}

(5) 상하가 서로 호응하여 따르고, 내외가 서로 합한다. (上下相隨, 內外相合)

"온몸은 반드시 상하(上下)가 서로 따르도록 하여 한 기세(氣勢)로 관통한다."

"내외(內外) 상하(上下)가 반드시 따르며, 그 경(勁)이 어긋나서는 안 된다."

"마음에서 명령을 내리고, 손에 명령을 전달하며, 눈으로 상대의 기색을 살핀다. 이러한 마음·손·눈 세 가지가 일치해야 하며, 하나라도 빠져서는 안 된다."

"상하의 손발이 각기 서로 호응하여 따르며, 뒤로 가고 앞으로 회전함에 머뭇거리지 않는다."

"앞서지도 뒤쳐지지도 않고 받아들이고 보냄이 서로 적당하며, 전후좌우 상하사방으로 돌아 연결함이 민첩하고, 느리고 빠름이 서로 교대한다."

"위의 손이 여하히 움직이면 아래의 발도 여하히 움직이니, 상하가 서로 따르며 자연히 손발이 맞는다."

"수법을 사용하는 것은 전부 손에 있으며, 손가락이 온몸의 운동을 이끌어 일으키고, 발이 손에 따르는 것이 특히 중요하다."

"몸 중간의 가슴과 배는 수족에 따라서 움직이며, 상하가 한 기세(氣勢)로 관통하고, 움직이면 모두 같이 움직이고 멈추면 모두 같이 멈춘다."

"머리를 두드리면 꼬리가 움직이도록 정신이 관통하고, 꼬리를 두드리면 머리가 움직이도록 맥락(脈絡)이 통하며, 가운데를 두드리면 머리와 꼬리가 움직이니, 상하사방이 마치 활을 당겨있는 것과 같다."

"태극권은 변화가 무궁하여 경(勁)을 사용하지 않음이 없고, 자세가 비록 서로 다르나 경(勁)은 하나로 돌아온다. 소위 하나라고 하는 것은 정수리로부터 발에 이르기까지의 내부에 있는 내장기관 근육 관절과 외부에 있는 피부 그리고 사지와 모든 뼈들이 서로 연결되어 하나가 되는 것이다. 이것을 깨뜨려도 벌어지지 않고, 부딪쳐도 흩어지지 않는다. 위가 움직이고자 하면 아래가 저절로 위를 따르며, 아래가 움직이고자 하면 위가 저절로 아래를 통솔하니, 아래위가 움직이고 중간 부분이 이에 응하며, 중간 부분이 움직이면 아래위가 이에 조화되고, 내외(內外)가 서로 연결되며, 전후(前後)가 서로 필요로 하니, 소위 하나로 관통한다는 것은 바로 이것을 말하는 것이다."

"마음과 몸은 억지로 무리하면 안 되며, 가만히 규칙대로 실행하여 그 자연스러운 기세를 따라서 운용한다. 손으로 팔꿈치를 이끌고 팔꿈치로 어깨를 이끌며, 아래는 발로써 무릎을 이끌고 무릎으로 고(股)를 이끈다. 그 요점은 전부 손가락과 발가락으로 이끌어 통솔하며 운행하는 데 있다. 만약 수족이 전부 기력을 사용하지 않고서 어떻게 운동하는지를 묻는다면, 손의 기(氣)는 겨우 어깨와 팔을 이끌어갈 뿐이며 과도해서는 안 되며, 과도한즉 민첩하지 못하고, 발에 이르러서는 손과 비교하여 조금 무거울 따름이다."

(6) 전후의 동작이 관통하여 이어지고, 전후의 기세가 서로 계승된다.
　　(着着貫串, 勢勢相承)

"권술은 나가고 물러남이 끊임이 없고, 신기(神氣)가 관통하여 이어져 결코 끊어지지 않는다."

"처음 배울 때 노력할 점은, 먼저 응당 지켜야 할 규칙에 따르고, 경위나 상태에 따라 변환하되 한 기(氣 : 氣勢)가 이어져야 한다."

"앞 동작과 뒤 동작이 한 기세로 계속 이어지고, 정신이 끊어지지 않게 한다."

"권술의 모든 것은 처음의 기세(起勢)에 있으니, 세(勢)를 일으켜 얻기만 하면 그 후는 세(勢)를 얻지 못함이 없다. 가령 상대방이 없이 혼자 가상적으로 움직여도 역시 연결하여 이어져 세(勢)를 얻어 기세(機勢)가 민첩하니, 그러므로 매 한 세(勢)의 모든 것은 일단 일으키는 데에 있다. 중요한 동작의 연결지점에서 저 세(勢)는 어떻게 내려가고 이 세(勢)는 어떻게 솟아오르는지를 반드시 세심하게 연구해야 한다. 또한 한 세(勢)가 끝날 때 어떻게 동작해야 충분히 만족할 만 한지를 반드시 생각하여 조그만 결점이라도 없게 한다. 신기(神氣)가 이미 족하면, 이 세(勢)가 정지할 수 있는 듯하면 다음 세(勢)의 기미가 이미 움직이며, 정지하고자 하나 또한 정지할 수 없으니, 대체로 그 정지하고자 하여 바야흐로 정지하려는 시기이며 또한 이미 다음 세(勢)를 일으키게 한 것이다. 그러므로 이 시기의 형편은 정지한 듯하나 정지하지 않고{정지하지 않은 것은 신(神)이 아직 부족한 것이다}, 정지하지 않으나 정지한 것이다{정지한다는 것은 다만 한 선(線)이며, 다음 세(勢)가 곧 일어난다}."

"태극권을 배움에 동작은 응당 세심하게 연구하며, 한 동작을 면밀히 연구하지 않은즉 이 동작의 기세(機勢)는 정리(情理)에 흐르게 되어 마침내 애매모호하게 된다. 앞 동작을 계승하고 다음 동작을 일으키는 곳을 더욱이 응당 주의하며, 이러한 곳을 주의하지 않은즉 동작의 경위나 상태가 올바르지 않고 전환하는 과정도 민첩하게 움직이지 못하며, 한 동작이 각자 따로 그 동작을 이루면 처음부터 끝까지 한 기세가 관통되게 할 수 없다. 한 기세로 관통할 수 없으면 곧 음양이 조화된 원기(元氣)를 양성할 방법을 찾기 어렵다."

"평소 권술을 하는 요점은 전부 동작을 일으키고 전환하는 데에 있으며, 소위 '기세를 얻고 유리한 상황을 다투며, 기략(機略)을 쓰는 것은 전환하는 과정에 있다'는 것은, 한 세(勢)의 손이 장차 움직이려 할 때 반드시 먼저 손이 어떻게 앞 세(勢)를 계승하여 신기(神氣)와 혈맥(血脈)이 끊어지지 않게 하며, 앞의 세(勢)를 계승한 후 반드시 손이 어떻게 기(機)와 세(勢)를 얻을지 생각하는 것이다. 동작의 경위나 상태가 올바르고 기세(機勢)를 얻으면, 전환과정이 자연히 민첩하게 움직인다. 능히 이처럼 되면, 다른 사람과 겨룰 때 자신은 능히 먼저 패하지 않는 위치에 서서 마음대로 지휘할 수 있다."

"매 한 세(勢)가 바야흐로 완성될 때, 그 형적은 마치 정지한 듯하나 기(氣)는 도리어 정지하지 않고, 반드시 내경(內勁)을 서서히 운행하여 아주 충족하도록 기다려서 다음 세(勢)의 기미가 움직이고 싶어서 분발할 때 비로소 앞 세(勢)와 다음 세(勢)가 꿰뚫어 통하고 중간에 끊어짐이 없이 한 기(氣)가 유행하니, 한 세(勢)만 이러할 뿐만 아니라 권술의 처음부터 끝까지 매 한 세(勢)의 마지막은 모두 이와 같다."

"앞 동작과 뒤 동작이 연결되는 곳은 세심하게 연구한다."

(7) 경(勁)을 정수리로 가벼이 이끌어 올리고, 기(氣)를 단전으로 가라앉힌다.
 　 (虛領頂勁, 氣沉丹田)

"문 : 권술 수련의 관건은 어디에 있는가? 답 : 백회혈(百會穴) 아래로 뇌의 뒤로부터 대추(大椎)를 통하여 장강(長强)에 이르는 데에 있으며, 그 움직이는 곳은 임독(任督) 두 맥(脈)에 있다."

"백회혈(百會穴)이 전신을 통솔한다."

"정경(頂勁)은 중기(中氣)가 머리 정수리로 치솟아 오르는 것이며, 위로 인도하지 않으면 곧 기(氣)가 아래로 처지고, 과도하게 이끌어 올리면 전신의 기(氣)가 모두 위에 있게 되어 발밑이 불안정하게 되며, 위로 잘못 매달리게 된즉 정수리 또한 굳어져, 비틀어 돌리는 것이 민첩하지 못해 둔한 모습이 드러나므로, 정경(頂勁)은 있는 듯 없는 듯하여 그 중간을 절충할 따름이다."

"권술은 오직 정경(頂勁)일 뿐이니, 정경(頂勁)을 잘 인도하면 온몸의 정신이 진작된다."

"정경(頂勁)의 중기(中氣)는 올바른 기질(氣質)이며, 마음속 생각으로 이끌어 일으키면 곧 정수리로 운행해 올라간다. 중기(中氣)가 자연스레 이끌려 일어나는 것은 어떤 물(物) : 實質)이 있어 이로써 중기를 끌어올리는 것이 아니라 생각으로 끌어올리는 것이다."

"권술은 처음부터 끝까지 정경(頂勁)을 결코 잃어버리지 않으며, 정경(頂勁)을 잃기만 하면 사지(四肢)가 마치 의지하여 붙을 데가 없고 또한 정신이 없는 것과 같으므로, 반드시 이끌어 올려서 온몸의 강령(綱領)으로 삼는다."

"경(勁)을 정수리로 이끌어 올리고, 정수리가 하늘로 향해 열려진 듯이 마음으로 생각하며, 너무 무리하게 기(氣 : 기운)를 써서는 안 된다."

"경(勁)을 정수리로 인도함에 기울어진 중에도 바름이 내포되고, 무릎을 벌리고 경(勁)을 합하여 사타구니는 반달처럼 둥글다."

"중기(中氣)는 위로는 백회혈(百會穴)로부터 아래로는 장강혈(長强穴)에 이르도록 관통하여 마치 한 가닥 선이 꿰뚫어진 것과 같다."

"정경(頂勁)을 이끌어 일으키는 것은 뇌(腦) 뒤쪽 정수리 사이의 두 근육(목 뒤쪽 좌우의 머리로 올라가는 근육을 말함)을 억지로 강화시킴을 말하는 것이 아니라, 이것은 곧 중기(中氣)를 위로 끌어올리는 것이며, 마치 의식적인 것 같고 또한 무의식적인 것 같으며, 가볍지 않고 무겁지도 않으며, 마치 있는 것 같고 마치 없는 것 같으며, 마음속의 순간적인 민첩한 경(勁)이 정수리 뒤로 집중하며, 너무 끌어올려서는 안 되고 또한 미치지 못해도 안 되며, 너무 끌어올린즉 위로 매달리게 되고, 미치지 못한즉 기(氣)가 가슴속에 머무르게 되어 아래로 하강하기 어려우니, 이것이 정경(頂勁)의 방식이다."

"정경(頂勁)을 위로 인도하고, 탁한 기(氣)는 아래로 내리며, 중기(中氣)는 축적하여 단전으로 들어간다."

"사람의 몸은 허리로써 중간 경계로 삼으니, 기(氣)가 아래위로 유통하므로 그 중간은 허리로써 경계로 삼는다."

"백회혈이 전신을 통솔하고, 청기(淸氣)가 상승하고 탁기(濁氣)가 하강해야 한다. 청기(淸氣)는 어떻게 상승하는가? 마음을 가라앉히고 감정에 사로잡히지 않아야 하며, 탁기(濁氣)는 하강하여 발에 이른다. 한 세(勢)가 이미 완성되면 상체의 청기(淸氣)는 모두 단전으로 돌아오게 하니, 무릇 심기(心氣)가 내려가기만 하면 곧 전체의 기(氣)는 모두 내려간다."

"온몸의 경(勁)이 밖으로 발(發)하는 것은 모두 단전에서 발(發)하고, 안으로 거두어들이는 것은 모두 단전에 거두어들이며, 그러나 모두 마음으로써 지휘하여 어느 곳에서나 음양이 조화된 원기(元氣)의 기상을 나타낸다."

"기(氣)가 단전으로 돌아오고, 위는 허(虛)이고 아래는 실(實)이 되며, 중기(中氣)는 가운데에 머물며 안에 허령(虛靈)함을 품는다."

"세(勢)가 이미 이루어지고 마음이 가라앉아 온화하면 중기(中氣)는 단전으로 돌아온다."

"단전의 기(氣)가 다섯 곳(사지와 몸통)으로 나누어지나 사실상 한 기(氣)가 관통하며, 상하가 무너지면 안 되고 하나가 되어야 한다. 심기(心氣)가 인도하기만 하면 단전의 기(氣)가 위로 가며, 6할이 심(心)에 이르고 다시 둘로 나뉘어 3할은 위로 가서 좌측 어깨에 이르고 3할은 위로 가서 우측 어깨에 이르며, 모두 어깨 관절 중으로 관통하여 좌우 손가락에 도달하며, 그 관절 중에 있는 것을 중기(中氣)라고 부르고 근육과 피부에 나타나는 모습은 전사경(纏絲勁)이라 부르며, 그 나머지 4할은 좌우 대퇴로 각기 2할씩 나누어지며 모두 관절 중으로 관통하여 좌우 발가락에 이른다."

"중기(中氣)가 단전에 돌아간다는 말에 집착하여 구애받을 필요가 없으니, 단지 기(氣)가 배꼽 밑 아랫배로 하강하게 할 뿐이다. 만약 이것을 세밀히 연구하자면, 단전은 기(氣)의 원천이 아닌데 어찌하여 이곳으로 돌아간다고 말하는가? 이것은 대강의 뜻을 간략히 말한 것에 불과하니, 만약 그 원천을 규명하면, 온몸의 원기(元氣)는 모두 신(腎)에서 나오니 신수(腎水)가 충족한즉 기(氣)가 저절로 왕성하고, 위(胃)에서 양성하니 위(胃)가 그 양성함을 얻은즉 기(氣)가 역시 왕성해지며, 간(肝)에 저장하여 간기(肝氣)가 움직이면 역기(逆氣)가 사방으로 넘쳐 기(氣)가 평정을 얻지 못한다. 마음을 수양하여 망령된 잡념이 없은즉 마음이 평온하여 기(氣)가 저절로 조화된다. 폐(肺)는 소리를 주관하나, 사실상 마음으로써 소리 내니, 심기(心機)가 어디로 가면 입에서 소리를 낼 필요가 없이 마음이 먼저 알려준다. 담(膽)에서 왕성하니, 담(膽)이 앞서지 않아도 기(氣)가 역시 따른다. 비(脾 : 지라)로 운행하니, 이 경로는 기(氣)가 많고 혈(血)이 적으며, 소리를 들은즉 움직이고 움직인즉 운화(運化)하여 마지않고, 마음이 움직이자마자 비(脾)가 곧 움직인다. 대장(大腸)으로써 보좌하니, 대장은 기(氣)가 많고 혈(血)이 적으며 도(道)를 전달하는 기관이다. 또한 소장(小腸)으로써 도우니, 소장은 앞으로는 배꼽 위에 있고 뒤로는 척추에 다가붙어 있으며, 불결한 찌꺼기를 남기지 않아 탁기(濁氣)를 없애고 청기(淸氣)가 나온다. 이상의 경락(經絡)은 모두 권술에 유익하므로 이를 언급하였다. 신(腎)에 대해 말하자면, 신(腎)은 몸을 강하게 하는 기관으로서 기교(技巧)가 나오며, 이 경맥(經脈)은 혈(血)이 적고 기(氣)가 많으며, 의지에 의하여 정(精)을 저장하고 정신이 머무르는 생명의 근원이다. 신(腎)은 두 개가 있으며, 하나마다 두 곳으로 이어지니, 하나는 심(心)에 연결되고 하나는 올라가 뇌(腦)로 통하며, 기(氣)가 생기는 것은 사실상 이곳에서 시작하여 결국은 반드시 이곳으로 돌아온다. 명문(命門)은 사실상 양 신(腎) 사이의 기(氣)가 출입하는 문이므로 명문(命門)이라 부른다."

"명맥(命脈 : 生命과 血脈 즉 생명의 근원)은 신(腎)이며, 중기(中氣)가 유래하는 곳이다. 움직인즉 나가고 정지한즉 들어온다. 일정하며 또한 일정하지 않으니, 항상 세(勢)가 변화하므로 음양(陰陽) 두 기(氣)의 변화 역시 일정하지 않다."

"신(腎)에서 나가고 신(腎)으로 들어오는 것이 진정한 비결이다."

"과호세(跨虎勢)의 자세는 허리 위 등배의 백호(魄戶) 고맹(膏盲)이 옆구리 앞으로 합하고, 가슴 앞 좌우 옆구리의 제1행(行) 연액(淵液) 대포(大包)는 삼초(三焦)에 속하고, 2행(行) 첩근(輒筋) 일월(日月) 역시 소양삼초(少陽三焦)에 속하고, 3행(行) 운문(雲門) 중부(中府) 식두(食竇) 흉향(胸鄕)은 폐(肺)와 비(脾)에 속하고, 4행(行) 궐음(厥陰) 기문(期門) 천지(天池)는 간담(肝膽)에 속하고, 5행(行) 양명(陽明) 대장(大腸) 결분(缺盆) 기호(氣戶) 양문(梁門) 관문(關門)은 장위(腸胃)에 속하고, 제6행(行) 소음(少陰) 수부(腧府) 신장(神藏) 유문(幽門) 통곡(通谷)은 심신(心腎)에 속하고, 가운데 1행(行)은 화개(華蓋) 자궁(紫宮) 옥당(玉堂) 전중(膻中) 중정(中庭) 구미(鳩尾)이다. 좌우 옆구리는 연액(淵液) 대포(大包)로부터 유문(幽門) 통곡(通谷) 양쪽에 이르러 모두 옥당(玉堂) 전중(膻中)으로 향하여 합하며, 좌우 각 옆구리 모두 서로 호응하니, 이것이 좌우 옆구리와 허리 위의 방식이다. 허리 아래는 좌우의 기충(氣冲) 유도(維道) 모두 기해(氣海) 관원(關元) 중극(中極)으로 향하여 합하니, 이것은 좌우 옆구리 아래의 방식이다."

"섬통배(閃通背)는 어떻게 하는가? 중기(中氣)가 심(心)으로부터 하강하여 배꼽을 지나 단전(丹田)에 도달하고, 다시 단전으로부터 임맥(任脈)을 역행하여 올라와 배꼽을 지나고, 상완(上腕) 화개(華蓋) 천돌(天突) 염천(廉泉)을 지나 승장(承漿 : 아래 입술)에 이르며, 독맥(督脈)에 연결되어 역행하여 수구(水溝) 인중(人中) 소료(素髎 : 코끝)를 지나고, 신정(神庭) 상성(上星) 로회(顱會) 전정(前頂)을 지나 백회(百會)에 이르며, 하강하여 후정(後頂) 강문(強門) 뇌호(腦戶) 풍부(風府) 아문(啞門) 대추(大椎) 도도(陶道) 신주(身柱) 신도(神道) 영대(靈臺) 지양(至陽) 근서(筋緖) 척중(脊中) 현추(懸樞) 명문(命門) 양관(陽關) 요유(腰兪)를 지나 장강(長強)에 이르며, 다시 회음(會陰)에 이르러 다한다. 중기(中氣)가 백회(百會)로부터 내려와 장강(長強) 회음(會陰)에 통하니, 이것을 통배(通背)라고 일컫는다. 섬(閃)은 상대방이 나의 허리 뒤를 양손으로 꼭 껴안을 경우 앞면의 허리가 앞으로 향하여 맹렬하게 굽히면서 머리와 어깨가 아래로 향하여 내려가고 후면의 장강(長強)과 환도(環跳 : 즉 대퇴의 바깥 뼈)가 위로 향해 힘을 쓰며 상대방의 아랫배를 위로 끌어올려 위로 향해 뒤집으면 상대방이 저절로 손을 풀어 벌리고 나의 머리 위로부터 순식간에 앞으로 나자빠져 내 앞에 넘어져 뒹구니, 이것을 섬통배(閃通背)라 일컫는다."

"통배(通背)는 어떻게 하는가? 머리와 어깨가 아래로 향하여 숙일 때, 엉덩이를 위로 향하여 끌어올린즉 독맥(督脈)이 장강혈(長强穴)로부터 역행하여 올라가 백회(百會)로 통하고 인중(人中)에 이르며, 임맥(任脈)이 이어받아 아래로 가서 단전(丹田)에 이르니, 이것은 양(陽)을 이끌어 음(陰)으로 들어가 한 바퀴 도는 것이다. 오른손은 사타구니로부터 건너 올리며, 임맥(任脈)이 곧 단전으로부터 역행하여 올라와 승장혈(承漿穴)에 이르고, 오른손은 몸에 따라서 역(逆)으로 돌아 아래에 도달하며, 독맥(督脈)은 인중(人中)으로부터 역행하여 후정(後頂)을 지나 대추(大椎)를 거쳐 순행(順行)하여 내려가 다시 장강(長强)에 이르니, 이것은 음(陰)으로부터 양(陽)에 다가붙어 다시 한 바퀴 도는 것이다. 오른발이 물러나 왼발의 뒤에 도달할 때 오른손은 아래로부터 건너 올라와 위에 도달하며, 곧 독맥(督脈)이 또한 장강(長强)으로부터 역행하여 올라와 이미 정수리의 백회(百會)에 이른다. 이것은 독맥(督脈)이 위로 이미 반 바퀴를 운행하였고, 다음 권식(拳式)인 연수추(演手捶)에서 합할 때 곧 독맥(督脈)이 백회(百會)로부터 내려가 인중혈(人中穴)에 이르며, 임맥(任脈)이 승장혈(承漿穴)로부터 내려가 단전(丹田)에 이르니, 이것은 세 바퀴 도는 것이다. 통배(通背) 권식은 독맥(督脈)의 상하로 왕래하여 등배를 세 차례 지나니, 이것을 통배(通背)라고 일컫는다. 오른손이 머리에서 사타구니에 이르는 것은 순전법(順纏法)이고, 사타구니에서 건너 올라와 몸을 돌아 지나서 손이 아래에 이르고 다시 아래에서 건너 올라와 뒤쪽 위에 도달하여 다음 권식 연수추(演手捶)에 이르는 것은 모두 역전법(逆纏法)이다."

"연수추(演手捶) 권식은 오른발이 뒤에서 힘을 써서 박차니, 경(勁)은 발뒤꿈치로부터 역행하여 올라가 위중(委中)에 이르고, 다시 위로 가서 의사(意舍) 혼문(魂門) 신당(神堂) 고맹(膏盲) 백호(魄戶)를 지나서 견옹(肩顒)에 이르고 다시 견옹(肩顒)에서 내려가 소해(小海)로 들어가서 수삼리(手三里)로 나누어 들어가 합곡(合谷 : 검지) 중저(中渚 : 약지) 완골(腕骨 : 새끼손가락)로 내려가서 넷째 손가락의 셋째 마디에 이른다. 오른발의 경(勁)은 역전법(逆纏法)을 사용하며, 아래서부터 역전(逆纏)하여 올라가 회음(會陰)에 이르고, 비스듬히 의사(意舍)로 들어가서 곧장 견옹(肩顒)에 이르며, 다시 역전법(逆纏法)을 사용하여 추두(捶頭)에 이르고 손등이 위로 향하여 합경(合勁)한다. 독맥(督脈)이 역행하여 올라가니, 장강(長强)에서 올라가 백회(百會)를 지나 내려가 인중(人中)에 이르고, 임맥(任脈)이 승장(承漿)에서 이어받아 내려가 단전(丹田)으로 들어가 전후로 한 바퀴 돌아 우권(右拳)의 경(勁)을 보조한다. 그리고 정경(頂勁)을 인도하는 것 또한 전부 이러한 독맥(督脈)에 의거한다. 우측 무릎은 우측 앞 안쪽으로 향하여 합경(合勁)한다. 가슴 가운데는 허(虛)가 되어야 하며, 오직 허(虛)한즉 민첩하고 경(勁)은 앞으로 향하여 합한다. 허리의 경(勁)은 아래로 가고 엉덩이는 위로 향하여 뒤집는 듯하니,8) 즉 전면의 기해(氣海) 단전(丹田) 그리고 사타구니 가운데가 자연히 앞으로 향하여 합경(合勁)하며, 사타구니가 합경하지 않은즉 하체와 발바닥 모두 안정되지 못하고, 허(虛)하지 않은즉 좌우로 회전함이 민첩하지 못하므로 반드시 앞으로 향하여 합경해야 하며, 동시에 허(虛)하면서 원활해야 한다. 연수추(演手捶)는 오관(五官)과 전신의 경(勁) 모두를 치는 동작에 집중하므로 이 동작을 하는 사람은 앞으로 너무 나가기 쉬우며, 앞으로 너무 과도하게 나가려고 욕심내면 좌우로 쉽게 젖혀질뿐만 아니라 좌우로 회전함이 민첩하지 못하여 실패하기 쉬움을 알지 못하니, 그러므로 기꺼이 조금 못 미칠지언정 결코 조금도 경계선을 넘어서는 안 되며, 이것은 제아무리 강한 활을 쏘아도 그 화살이 끝에 가서는 얇은 비단도 뚫지 못하는 것과 같은 이치로서 너무 과도한 연고이니, 수련자는 이를 경계해야 한다.

(8) 가슴을 내밀지 않고 등배를 뽑아 올리며, 어깨를 내리고 팔꿈치를 내려뜨린다. (含胸拔背, 沉肩墜肘)

"가슴은 경(勁)을 함유하며, 또한 허(虛)가 되어야 한다."

"가슴은 둥근 종처럼 허(虛)하며 함축해야 한다."

"가슴은 절하는 것처럼 앞으로 향하여 조금 구부리고, 온 주위를 포용한다."

"중간의 가슴과 배는 천돌혈(天突穴)부터 배꼽 아래의 음교(陰交) 기해(氣海) 석문(石門) 관원(關元)에 이르도록 마치 절하는 모습처럼 굽히니, 이것이 가슴을 함축한다고 일컫는 것이며 합경(合勁)하는 것이고, 허(虛)가 되어야 한다."

"마음이 평안하고 태도가 침착하며, 난폭한 기운이 가슴 중에 채워지지 않게 한다."

"가슴은 함축되어야 하고, 기(氣)는 단전으로 하강하며, 난폭한 기운이 위에 머무르지 않는다."

"가슴의 들뜬 기(氣)를 발바닥으로 내려놓으며, 만약 이것이 불가능하면 또한 당연

---

8) 역자註 : 엉덩이를 앞쪽 위로 극히 조금 들어올리는 것을 말한다.

히 단전으로 내려놓는다."

"가슴 부위는 이완시키며, 가슴이 이완되면 온몸이 편안하고 후련하니, 이러한 이완시키는 마음이 있어서는 안 되며 또한 없어서도 안 된다. 화개(華蓋)로부터 석문(石門)까지 허허(虛虛)롭게 함축하며, 들뜬 기(氣)가 가슴 중에 제멋대로 움직여서는 안 된다."

"가슴 역시 손에 따라서 권(圈)으로 돈다."

"권술 움직임의 모든 것은 손이 인도하는 데에 있고, 동작 전환의 모든 것은 어깨를 이완시키는 데에 있으며, 오래 수련한즉 어깨의 관절이 저절로 벌어지니 억지로 할 수는 없고, 좌우 어깨가 이완되어 내리지 않은즉 동작의 전환이 민첩하지 않다. 그리고 어깨를 이완시키는 것은 어깨를 아래로 떨어뜨리는 것이 아니라, 어깨 관절을 벌린즉 어깨가 자연히 이완되어 내려간다."

"어깨가 아래로 주저앉아 버리면 자세를 일으킬 수 없다."

"권(圈)으로 도는 주요 관건은 모두 어깨에 있으므로, 어깨 관절은 마땅히 벌려져야 한다."

"팔은 마치 어깨에 걸려 있는 것과 같다."

"견옹(肩顒) 견정(肩井) 결돌(抉突) 모두 이완시켜 내린다."

"어깨와 팔 관절은 벌려야 하며, 처음에는 벌어지지 않더라도 억지로 관절을 벌리면 안 되고, 공부(功夫)가 미흡하여 저절로 벌어지지 않을 때 마음으로는 이미 벌어졌다고 말하나 결국 아직 벌어지지 않으니, 반드시 오랜 기간 열심히 수련하여 자연히 벌릴 수 있으면 비로소 벌렸다고 간주한다. 이곳이 벌어지기만 하면, 팔이 가고 오며 굽히고 뻗는 모두가 마치 바람에 날리는 수양버들 같아 자연스런 기세(機勢)가 출렁이며, 활발하여 추호도 정체되는 기미(機微)가 없음은 모두 여기에 관련된다. 이것은 팔의 중요 요점이며 민첩하게 움직이는 관건이므로 반드시 알아야 한다."

"양 어깨는 항상 이완시켜 내려야 하며, 솟아오른 자세가 발견되면 곧 이완시켜 내린다. 그러나 부득이 위로 솟을 경우 그 위로 솟아오르는 대로 따르다가 솟아오름이 끝나면 곧 이완시킨다. 이완시키지 않은즉 팔 전체의 전환이 민첩하지 못하다. 그러므로 마땅히 솟아올라야 하는즉 솟아오르고, 마땅히 이완시켜야 하는즉 이완시킨다. 매 한 자세가 끝나면 가슴을 앞으로 향하여 합하고, 양 어깨는 피차 서로 호응한다."

"어깨를 숙여 다가가니 견고한 담장도 쳐부순다."

"양 팔꿈치는 당연히 아래로 가라앉으며, 가라앉지 않은즉 어깨가 위로 올라가므로 동작하기가 불편하다."

"팔꿈치는 아래로 향한다.…… 무릎과 팔꿈치는 상하(上下)에서 서로 호응한다."

"팔꿈치는 전후 좌우 상하에서 호응하여 합경(合勁)한다."

(9) 부드러움을 운용하여 강함을 이루고, 강함과 부드러움이 서로 보조한다.
　　(運柔成剛, 剛柔相濟)

"권술은 코로써 중간 경계로 삼으니, 왼손은 좌측 반신(半身)을 관장하고 오른손은 우측 반신(半身)을 관장하며, 발은 손에 따라서 움직인다. 심신(心身)은 억지로 무리하면 안 되고 가벼이 운동하며, 손으로써 팔꿈치를 인도하고 팔꿈치로써 팔을 인도하며, 손 중의 기(氣)가 겨우 손과 팔을 이끌어 일으킬 뿐이고 지나쳐서는 안 되며, 지나친즉 굳어 단단해지는 결점에 빠진다. 상체의 손이 여하히 운동하면 하체 역시 이에 따르고, 상하(上下)가 서로 호응하여 따르면 중간은 자연히 모두 따르니, 이것이 한 기(氣)가 관통하는 것이다. 사타구니의 경(勁)은 벌려야 하고 허(虛)가 되어야 하며, 사타구니가 벌어지면 자연히 기(氣)가 발동한다."

"피부 관절 어디든지 모두 벌린다."

"강하고자 하면 먼저 부드러워야 하고, 위로 올리고자 하면 먼저 억누른다."

"세상 사람들은 모르고서 모두 태극권을 유술(柔術)로 여긴다. 열심히 수없이 수련하여 강함에서 부드러움으로 돌아오고, 부드러움에서 지극히 강함에 이르며, 강유(剛柔)의 흔적이 나타나지 않음은 더욱더 모른다. 단지 그 외양만을 보면 부드러운 듯하므로 부드러움으로써 이름을 붙이나, 부드럽다는 것은 강함에 상대하여 말하는 것이다. 이것은 예(藝)이니, 부드럽다고 말할 수 없고 또한 강하다고 말할 수 없으며, 단지 태극(太極)이라고 부를 수 있을 뿐이다. 태극(太極)은 강유(剛柔)를 동시에 갖추어 일체를 이루며 흔적이 없음을 말하는 것이다. 그 수련할 바가 많으므로 그것을 이루기가 어렵다."

"음양(陰陽)은 서로 그 근원이 되므로 둘로 나눌 수 없다."

"강함을 제압하기는 쉬우나 부드러움을 제압하기는 어렵다."

"부드러움이 능히 강함을 제압하며, 물러남으로써 나감으로 삼는 것은 곤(坤)의 도(道)이며, 곤(坤)이 건(乾)과 교차하니, 건(乾)은 강함이다. 곤(坤)이 지극히 부드럽게 움직여 또한 강함이 된다. 태극권은 외면상 부드러운 듯하나, 사실상 지극히 강한 것이다."

"권술은 부드러움으로 강함을 제압하니, 이로 인해 적중한다."

"권술에 어찌 기(氣)를 사용하지 않겠는가? 기(氣)를 사용하지 않은즉 온몸이 어떻게 운동하는가? 단지 그 지극히 크고 강한 기(氣)에 근거하니, 기(氣)는 줄곧 양성하여도 해로움이 없다."

"음양의 변화는 반드시 중봉(中峰: 혹은 中鋒: 書藝에서 筆力이 중앙에 집중하는 것을 말함)으로써 운용해야 하며, 중봉(中峰)은 치우치거나 기울지 않는 것이니 즉 내 마음의 중기(中氣)이며, 소위 호연지기(浩然之氣)이다."

"이러한 기(氣)는 수족(手足) 중에 유통하며, 강하지 않고 부드럽지 않아 저절로 온화하다."

"일체를 이루어 세차게 유행하니 자연히 한 기(氣)가 되고, 가볍기는 솜털 같고 견고하기는 금석(金石)과 같으며, 호랑이의 위세에 비길 만큼 맹렬하고 매가 날아오름에 비할 만큼 빠르며, 움직임은 물이 흐르는 것과 같고 정지함은 산이 서있는 것 같다."

"허령(虛靈)한 마음으로써 강하고 바른 기(氣)를 양성한다."

"가슴속에 조화된 원기(元氣)가 넘치니 온몸에 두루 충실하고, 지극히 부드럽고 지극히 강하니 실로 건(乾)의 강건함과 곤(坤)의 유순한 덕을 갖춘다. 그 고요함(靜) 중에 음양이 있으나 그 흔적을 찾을 수 없고, 그 움직임(動)은 보기에는 지극히 부드러운 듯하나 사실상 지극히 강하고, 보기에는 지극히 강하나 사실상 지극히 부드러워 강유(剛柔)를 모두 갖추니, 이것을 일컬어 음양합덕(陰陽合德)이라 한다."

"움직임은 부드러운 듯하나 실은 강하고, 정신은 안으로 감추고 드러내지 않으니, 이것이 높은 경지이다."

"곤(坤)은 지극히 부드러우나, 움직이면 강하다."

"유순(柔順)함은 강직(剛直)함으로써 보조한다."

"건(乾)은 강하고 곤(坤)은 부드러우며 음양을 함께 운용하고, 치우치지 않고 기울지 않으며 지나치지 않고 모자라지 않는다."

"오래 수련하여 익숙해지면 곧 오르내리며 나가고 물러나며 회전함이 자유롭고, 경중(輕重) 허실(虛實) 강유(剛柔)가 함께 발휘된다."

"상대방이 사면에서 공격해 와도, 이 몸 전부 허령(虛靈)함에 의지하니, 오관(五官)과 전신은 염두에 두어 주의하지 않는 바가 없다.…… 상대방이 제아무리 교활할지라도 나는 강유(剛柔)를 본래부터 갖추어 있다."

"강유(剛柔)가 나누어지며 또한 발휘하여 사용함에 구별이 있다. 사지(四肢)에 발동하여 기세(氣勢)가 밖으로 나타나며, 안으로 고요하고 무거움을 간직하니 곧 강한 기세이고, 기(氣)가 안으로 모이고 밖으로는 가볍고 온화함을 나타냄은 부드러운 기세이다. 강함을 사용함에 부드러움이 없어서는 안 되니, 부드러움이 없은즉 감아 도는 것이 빠르지 못하다. 부드러움을 사용함에 강함이 없어서는 안 되니, 강함이 없은즉 상대방을 다그쳐 압박하여 이기지 못한다. 강함과 부드러움이 서로 보완한즉 점(粘) 첨(沾) 연(連) 수(隨) 등(騰) 섬(閃) 두(抖) 공(空) 붕(掤) 리(攦) 제(擠) 안(按) 모두 그 자연스러움을 얻는다. 강함과 부드러움은 과도하게 치우쳐 사용해서는 안 되니, 더구나 무술에서 어찌 소홀할 수 있는가?"

(10) 먼저 느리게 연습하고 후에 빠르게 연습하며, 빠르다가 다시 느리게 연습한다.
(先慢後快, 快而復慢)

"시작하여 마칠 때까지 반드시 천천히 운행하여 느릴 수 있는 한 될수록 느리게 하며, 충분히 느릴 수 있으면 곧 충분히 민첩할 수 있으니, 오직 충분히 민첩할 수 있는 상황에서만 상대방이 나를 따라올 수 없어 오히려 나의 기술이 기이하게 되니, 이것은 사람의 당연한 마음이나, 이것은 먼저 느리게 수련하여 얻는 효과인 줄을 모른다."

"매 한 동작 중에 오관(五官)과 전신은 그 자연스러운 기세에 순응하여 음양오행(陰陽五行)의 기(氣)를 그 중에 운행하니, 소위 움직인즉 양(陽)이 생기고 고요한즉 음(陰)이 생기며 동(動)과 정(靜)이 서로 그 근원이 되는 것으로, 소위 양(陽) 중에 음(陰)이 있고 음(陰) 중에 양(陽)이 있다. 이것이 곧 태극권의 본래 모습이다."

"태극권 수련의 절차는 세 단계의 공부가 있으니, 첫째는 배울 때 마땅히 느려야 하나 둔하지 않아야 하고, 둘째는 익힌 후에 빨라야 하나 혼란스러워서는 안 되며, 셋째는 빠르다가 다시 느려지니 이것은 부드러워지는 것이며, 부드러움이 오래되면 강함이 저절로 그 중에 있으니, 이것은 '강함과 부드러움이 서로 보조하는(剛柔相濟)' 것이다. (이것은 陳復元이 한 말이다)"

(11) 피하다가 돌진하고 뛰어 오르며, 홀연히 올라가고 홀연히 내려간다.
　　　(竄奔跳躍, 忽上忽下)
　"청룡출수(靑龍出水)는 곧게 나가고 평평하게 내보내는 수법이며, 왼발이 오른발에 따라서 앞으로 향하여 날아오르고, 사타구니 가운데의 회음(會陰) 장강(長强)의 경(勁)은 정경(頂勁)을 따라서 위로 들어올리며, 앞으로 솟구쳐 나감은 마치 민첩한 고양이가 쥐를 잡는 듯이 정신을 완전히 집중하니, 허(虛)이면서 령(靈 : 靈活하다. 즉 예민하고 민첩함을 말함)하다."
　"지당추(指襠捶) 다음에 곧 이어 청룡출수(靑龍出水) 권식이 나오며, 이 두 권식 사이의 연결동작은 먼저 우측 어깨를 느슨히 내려서 우측 반신(半身)도 이에 따라서 같이 내리고, 발을 내렸다 다시 올려서 앞으로 향하여 솟으며, 발이 아직 위로 솟아오르지 않았을 때에 오른손이 마치 채찍의 술처럼 앞으로 향해 쳐내어 공격하려면, 먼저 뒤로 향하여 거두어들인 연후에 뒤로부터 위로 뒤집어 앞으로 향하여 하나의 큰 권(圈)으로 돌아 공격해 나가며 몸 역시 이에 따라 앞으로 나간다.…… 우측 반신(半身) 모두 우측으로 도는 경(勁)을 사용하며, 오른손은 전사경(纏絲勁)을 사용하여 겨드랑이에서 위로 운행하여 안으로부터 밖으로 향하여 비스듬히 감아서 손가락에 이른다. 오른발 역시 전사경을 운용하여 순전(順纏)하며 대퇴부의 뿌리에 이르고, 올라가서 질변(桎邊)과 서로 만나 함께 올라가 부분(附分)에 이르고 나누어져 겨드랑이에 이르고 비스듬히 감아서 손가락에 이른다. 왼손과 왼발은 반드시 거꾸로 도는 경(勁)을 운용한 후에 비로소 오른손과 오른발이 권(圈)으로 도는 데 따라서 앞으로 나간다. 본래 전부가 마음에서 유래하니 심경(心勁)을 일으키자마자 위의 정경(頂勁)을 이끌어 유지하고, 중간의 단전경(丹田勁)을 발출하며, 위로 올라가 우측 반신(半身)에 편중하고, 아래의 양발은 오른발이 뛰어오르는 방법을 운용하여 오른발 발바닥으로 힘써 박차 오른다. 아직 박차 오르기 전에는 전부가 축경(蓄勁)이니 정신을 집중하고 그 기(氣)를 집결하며, 바야흐로 솟아오르고자 할 때 오로지 앞으로 향하여 경(勁)이 돌진하여 곧 바로 앞으로 나가며, 오른손이 회전을 이끌고 앞으로 나감도 이끄니, 마치 새매가 메추리를 덮치고 매가 토끼를 덮치는 것과 같이 그 뜻을 모으고 그 정신을 집중하여, 그 나아감이 빠르고 그 기세는 확고하다. 옥녀천사(玉女穿梭)는 몸이 평평하게 나아가는 방법인 바, 이 또한 수평으로 나감이 멀수록 좋으며, 모든 동작이 자신의 힘에 근거하여 이루어지도록 하고, 반드시 유유자적한 기상을 갖추며, 긴장된 기세를 드러내지 않아야 한다."

"그 내경(內勁)은 가장 멀리에서 발원하니, 복삼(僕參)에서 역행하여 올라가 몸의 배면을 지나 부분(附分)에 이르고 오른손 손가락에 이른다."

"옥녀천사(玉女穿梭)는 순조롭게 돌아 수평으로 나가는 방법이다…… 앞으로 나감은 바람 같고 …… 수법·보법·전법(轉法)은 빠를수록 좋고 …… 위는 비록 손에 의지하나 아래는 더욱 발에 의지하여, 발의 빠름으로써 더욱이 손의 빠른 능력이 드러나게 한다. …… 자세가 시작하여 끝날 때까지 우측 손발이 비록 순전법(順纏法)이나 온몸은 모두 거꾸로 도는 경(勁)이며, 계속하여 쫓아나가니 모두 보(步)가 나가는 것이다. 내경(內勁)은 정경(頂勁)에서부터 다섯 발가락에 이르기까지 방법은 모두 앞과 같이 시종 오른손과 오른발이 위주이고 왼손과 왼발이 이를 보좌한다. 오른손이 순조롭게 돌고 왼손은 반드시 거꾸로 돌며, 전사경(纏絲勁)이 곧 도(道)이니 잠시라도 이를 떠날 수 없다. 오른손은 큰 권(圈)으로 돌아야 하나, 수련을 오래하면 자연히 이 권(圈)은 작아야 좋다."

"이 자세는 크게 도는 신법(身法)이며, 앞의 야마분종(野馬分鬃)을 계승하여 오른손이 아래에 있는 기세를 틈타서 조금도 멈추지 않고 곧 오른손은 전사경(纏絲勁)을 운용하여 아래에서 위로 붙잡으며, 도중에 비스듬히 바람처럼 빠르게 동쪽으로 향해가며 손가락은 마치 쇠망치 같으니, 역시 전부 오른발에 의지하여 뒤에서 오른손에 따르며, 또한 순전사경(順纏絲勁)을 운용하여 위로 오르는 기세에 따르고, 크게 펼치는 신법(身法)으로 힘을 다하여 동쪽으로 향해 연속하여 크게 3보(步) 나가야만 비로소 충분히 대략 8·9척(尺) 정도의 큰 권(圈)이 된다. 특히 정경(頂勁)을 잘 이끌어 올리고 사타구니의 경(襠勁)은 꽉 차지 않아야 하며, 몸은 오른손에 따라서 마치 독수리가 질풍처럼 나가는 듯하여 가로막을 수 없으며, 보(步)는 내려와 땅에 닫자마자 곧 일으킨다."

"옥녀천사(玉女穿梭) 권식이 완성되면 마치 람찰의(攬擦衣)와 비슷하나 사실상 크게 다르다. 람찰의 권식은 몸이 돌아 움직이지 않고 전적으로 그 오른손과 오른발을 운영하여 그 기세는 편안하고 그 정신은 고요하다. 옥녀천사는 연이어 몸을 돌려 손발을 이끌어 움직여 몸을 방어하고 적을 제어하며 또한 빠름으로써 능사로 삼으니, 그 기세는 맹렬하고 그 정신은 바쁘므로 평소에 진실한 수련이 없으면 상황에 임하여 그 기(氣)가 상하 전체에 관통하기를 완전하게 할 수 없다."

"상대방을 끌어당겼다가 공격으로 바뀌어 겹쳐진 포위망을 벗어남은 마치 직녀(織女)가 베틀을 가지고 노는 것 같으며, 그 몸이 곧게 나감은 비할 바 없이 빠르니 오로지 정신으로 운행함은 예로부터 드문 일이다."

"이기퇴(二起腿)는 위로 뛰어오르는 방법이다.…… 이기(二起)는 좌우 양발이 서로 잇달아 함께 땅을 떠나 4·5척(尺) 뛰어오르므로 척이기(踢二起)라고 부른다.…… 반드시 왼발이 먼저 힘껏 맹렬하게 올려 차고, 그 후 오른발이 높게 차기 시작하며 발등은 평평해야 한다. 이기(二起)는 오로지 온몸이 솟아오르는 방법을 사용하며, 신법(身法)은 심경(心勁)을 위로 들어올리자마자 전신의 정신이 진작되어 모두 공중으로 솟아 뛰어오르니, 오른발이 능히 머리 정수리보다 높아야 한다. 몸은 정경(頂勁)에 따라서 힘껏 위로 솟아 높이 오를수록 좋으며, 정수리보다 높게 솟아오르려면 몸이 가볍고 힘이 세지 않으면 안 된다. 상반신이 위로 향해 솟아오르면 하반신은 더욱 힘껏 이에 따라서 위로 솟아올라야 하며, 그 솟아오르는 방법은 반드시 좌우의 발이 힘껏 먼저 아래로 박차서, 발이 박차는 것이 무거울수록 몸을 더욱 높이 일으킬 수 있다."

"심경(心勁)을 이끌어 일으키자마자 오관(五官)과 전신이 모두 이에 따라서 일어난다."

"중기(中氣)를 끌어올리니 힘이 강하고, 잇달아 양발을 일으켜 위로 날아오른다."

"질차(跌岔)란 무엇인가? 몸이 공중에서 아래로 떨어져 양다리가 나누어 벌려지는 것이 질차이다. 좌측 다리를 전개하고 우측 다리를 굽히는 것은 단질차(單跌岔)이며, 쌍질차(双跌岔)는 솟아오르는 방법을 사용하지 않으면 일어날 수 없으니, 단질차(單跌岔)처럼 다만 왼발 발꿈치를 앞으로 향해 합하는 것과는 다르게, 우측 무릎을 밖으로 향해 벌리고 오른발 발꿈치를 힘껏 뒤집기만 하면 곧 따라 일으키거나 따라 내려옴이 비교적 쉬우므로, 이를 이용하면 역시 승리를 거둘 수 있으므로 오늘날의 권술가들 모두 이처럼 하니 우선 이에 따른다."

"위를 놀래게 하고 아래를 공격함을 반드시 기억하고, 왼발이 땅에 붙어 박차니 저절로 유리하다."

"어깨나 팔꿈치가 적을 격파할 수 있는 것이 아니라, 발로 박차서 적을 넘어뜨린다."

"적의 포위를 벗어남은 곧 한번 박차는 중에 있으니, 크게 노력하지 않으면 한 번의 발길질로 적을 이길 수 없다."

"등일근(蹬一跟)은 내가 왼발로 상대방을 차고 상대방은 오른손으로 나의 발을 잡아 비틀어 내가 고통을 느껴 땅에 엎어지거나 혹은 내 발을 들어올려 넘어뜨려 공격하려 하므로, 나는 곧 기세에 순응하여 거꾸로 돌면서 양손이 땅을 짚고 오른발은 좌측 다리가 거꾸로 움직이는 데에 따라서 올라가 나의 왼발을 잡은 상대방 오른손을 풀어지게 하여 벗어난다. 혹은 상대방이 나의 왼발을 잡으면 나는 오른발로 상대방의 오른 팔꿈치나 손목을 차서 벗어난다."

"야마분종(野馬分鬃) 자세는 양손이 땅을 잡고 마치 나는 듯이 돌며, 몸 가운데의 한 가닥 선이 관통하여 곧고 바르다. 양손이 땅을 스치며 올라가고, 상하의 온몸 모두 능히 방어할 수 있으며, 중기(中氣)는 위의 백회혈(百會穴)에서 아래의 장강혈(長强穴)로 관통하여 마치 한 가닥 선으로 꿰뚫어진다. 양손은 마치 두 개의 동그라미처럼 서로 상하가 바뀌며 선회하니, 그 강함은 꺾이지 않고 그 예리함은 비할 바 없으며 그 회전함에 틈이 없으므로 능히 상대방을 제어할 수 있다."

"포지금(鋪地錦: 즉 雀地龍)과 질차(跌岔)는 서로 호응하니, 질차는 공중에서 내려와 오른발이 금속성 소리를 내며 땅을 차 이로써 상대방의 발을 차고, 왼발은 상대방의 정강이뼈를 차서 그 용맹함을 격파할 수 있으며, 오른손은 팔을 전개하며 땅을 잡아 올라오고, 왼손은 앞으로 내질러 상대방의 가슴을 밀어낸다. 포지금(鋪地錦)은 즉 넓적 다리가 뒤로 앉아 상대방의 무릎을 앉히고, 오른손은 주먹을 쥐어 굽혀 앞으로 공격하려는 의도가 있으며, 좌측 다리를 전개하는 것은, 만약 상대를 이기지 못한 경우에 양손이 우측으로 향해 땅을 짚고 소당편(掃堂鞭 : 즉 掃堂腿)을 사용하여 다수의 상대방 정강이 아래를 휩쓸어내니 곧 난처함이 저절로 해결된다. 같은 종류의 권식으로써 서로 호응함이 이와 같으며, 또한 금계독립(金鷄獨立)과 서로 호응한다. 금계독립은 좌측 다리를 세워 일으키고 포지금은 좌측다리를 가로 눕히며, 금계독립은 우측 무릎으로 상대방을 공격하니 이 또한 우측 무릎을 굽힌다. 금계독립의 왼손은 아래로 늘어뜨리고 오른팔은 위로 뻗으며, 포지금은 오른손을 굽히고 왼손은 위로 향해 치솟으므로 이로써 상하가 서로 호응한다. 또한 이기각(二起脚)과 서로 호응하니, 이기각은 몸이 허공에 날아오르나 포지금은 즉 몸이 지면에 내려오므로 또한 상하로 호응한다."

"전후 좌우 상하 사방으로 회전하여 이어짐이 민첩하고, 느리고 빠름이 서로 번갈으며, 높이 오르거나 낮게 취하거나 원하는 대로 이루어진다.…… 위로 움직이며 아래를 때리나 결코 치우쳐서는 안 되며, 이쪽에 주의를 끌게 하여 저쪽의 허점을 치니 좌우로 위력을 떨친다.…… 이리저리 상하가 바뀌고, 앉거나 서고 눕거나 엎드리고, 앞으로 숙이거나 뒤로 우러르며, 기습(奇襲)과 정공법(正攻法)이 번갈으고, 회전하거나 옆으로 기대고, 움츠리거나 뛰어오름이 모두 적합하다."

"발은 손에 따라서 움직이고, 원활히 회전함이 자유자재하며, 홀연히 올라가고 홀연히 내려가며, 혹은 순조롭고 혹은 거스른다."

"도권굉(倒捲肱)은 물러나면서 좌우로 피하고, 백학양시(白鶴亮翅)는 우측을 당기면서 좌측을 공격하며 또한 위로 당기면서 아래로 공격하는 방법이다. 누슬요보(摟膝拗步)는 육봉(六封 : 상하 전후 좌우 모두를 봉쇄한다) 사피(四避 : 동서남북 사방 모두 상대방이 공격할 틈을 주지 않는다)이다. 섬통배(閃通背)는 먼저 피한 다음에 재빠르게 진격하는 방법이다. 람찰의(攬擦衣)와 단편(單鞭) 모두 끌어당겼다가 진격하는 방법이다. 운수(運手)는 좌우로 끌어당겼다가 진격하는 방법이다. 고탐마(高探馬)는 왼팔의 배절주(背折肘) 방법이다. 좌우삽각(左右揷脚)은 하체가 앞으로 나가 사타구니를 공격하는 방법이며, 중단편(中單鞭)은 좌우 상하 수족이 함께 공격하는 방법이다. 격지추(擊地捶)는 아래로 공격하는 방법이고, 몸을 뒤로 하는 동시에 상대방이 미끄러져 자빠지게 하는 방법이며, 그 비결은 양 허리의 가운데 양 신장 사이의 명문(命門)으로써 상체와 하체의 중심축으로 삼는 것이니, 중심축 상하 모두가 거꾸로 도는 경(勁)이며, 몸이 측면을 당겨서 기울이니 우측 뒤 옆구리가 위로 향하고 좌측 뒤 옆구리가 아래로 향하며, 사타구니의 경(勁)을 아래로 내리고 발은 안정되게 디디며, 배후에서 습격을 당할 경우 몸이 곧 비틀어 도니 빠를수록 좋으며, 능히 족법(足法)을 사용한즉 상대방이 저절로 미끄러져 자빠진다. 이기각(二起脚)으로 차는 것과 한 발로 차는 것 그리고 등일근(蹬一跟)은 거꾸로 도는 큰 회전의 신법(身法)이며, 또한 양발로써 위로 공격하는 방법이다(손을 발로 삼아 사용하고, 발을 손으로 삼아 사용한다). 연수추(演手捶)와 소금타(小擒打)는 위와 아래에서 앞으로 공격하는 방법이다. 포두퇴산(抱頭推山)은 거꾸로 돌아(몸을 말한다) 나가며 미는 방법이다. 단편(單鞭)은 순조롭게 돌아(역시 몸을 말한다) 좌우로 끌어당겨 공격하는 방법이다.

이상의 여러 권세(拳勢)는 한 사람이 여러 사람을 대적하는 전법이다. 적을 피하는 방법에 이르러서는 상하 양 옆을 벗어나지 않으니, 어느 면이 위태로우면 먼저 그 방면의 포위망을 풀고, 한꺼번에 공격해오면 중기(中氣)를 발동하여 곧 한꺼번에 모두 흩어버리니, 이는 수련을 쌓지 않으면 불가능하다."9)

(12) 강유가 모두 소멸하고, 오로지 정신이 충만하여 운행한다.
    (剛柔俱泯, 一片神行)

"수련을 오래하면 강(剛)을 변화시켜 유(柔)가 되며, 유(柔)를 수련하여 강(剛)이 되면 강유(剛柔)가 조화되니 비로소 음양(陰陽)이 나타난다. 그러므로 이 권술은 강(剛)이라 이름 지을 수 없고 또한 유(柔)로써 이름 지을 수 없으니, 다만 태극의 이름 없음으로써 이름 짓는다."

"그 고요함(靜)에 이르면 음양(陰陽)이 존재하는 흔적을 볼 수 없고, 그 움직임에 이르면 보기에는 지극히 부드러운 것 같으나 사실상 지극히 강하며, 보기에는 지극히 강하나 사실상 지극히 부드럽다. 강함과 부드러움이 서로 운용되나 그 단서는 찾을 수 없다."

"태극의 이치는 순환되니, 오래 수련하면 그 중에 정밀한 뜻이 있고, 동정(動靜)이 모두 치우치지 않으며…… 개합(開合)이 원래 정해짐이 없이 활발하고, 굽히고 펴는 자세가 서로 연결되나 일정함이 있다. 태극이 음양으로 나눠지나 신묘한 변화는 일정한 규칙이 없고, 천지(天地)를 근원으로 삼아 부드러움과 강함이 바뀌고 끊임없이 생성하며 기습과 정공법이 심상치 않다. 건곤(乾坤)은 마치 풀무와 같은 동력의 원천이고 태극은 하나의 큰 주머니이니, 가득 차고 비우며 소멸하고 생장하는 이치가 모두 그 중에 감추어 있다. 끝에 이르러 다시 시작하고, 한 기세로 운행하며 느슨하다가 팽팽하며, 형(形)이 있음에서 흔적 없음에로 돌아가니 대상과 나를 서로 잊는다."

"지극히 자연스러운즉 권술을 함이 모두 천기(天機)의 움직임에 따르고, 스스로 그러하지 않고서도 저절로 그러하며, 활발한 태극의 원래 모습이 모두 내 몸으로부터 나타난다."

---

9) 註 : 이상에서 언급한 각 권식은 모두 진식노가(陳式老架) 권식이며, 진흠(陳鑫)이 지은 「陳式太極拳圖說」에서 요약한 것이니 참고하기 바란다.

"지극히 허령(虛靈)하니, 일거일동 모두가 태극의 둥근 모습이다."

"원활히 회전함이 자유자재하며 하나의 큰 기세로 유행하여 결코 정체되는 기미가 없으며, 매 한 자세가 완성되면 여전히 일체를 이룬 태극의 기상으로 돌아오니, 결코 찾을 수 있는 흔적이 없고 가리킬 수 있는 단서(端緖)가 없다."

"권술을 수련하여 더욱 익숙해지면 미리 동작을 계획할 필요 없이 자유자재로 변화하며, 곰곰이 생각하지 않고 뜻하는 바에 따라 움직이면 저절로 법도(法度)에 맞아 추측할 수 없으니, 기(技)가 이에 이르면 진실로 신기(神技)로다! 태극의 이치는 단서가 없이 발생하고, 흔적이 없이 이루어지며, 시작이 없고 끝이 없이 생동(生動)한다."

"내 몸의 운행이 혹은 높고 혹은 낮으며, 혹은 거꾸로이고 혹은 바르며, 그리고 홀연히 느리다가 홀연히 빠르고, 홀연히 숨었다가 홀연히 나타나며, 혹은 크게 벌리다가 크게 합하며, 홀연히 때로는 움직이다가 때로는 정지하니, 시종 온통 영기(靈氣 : 예민하고 민첩한 기세)가 충만하여, 진실로 마치 매가 날고 고기가 뛰노는 듯 변화하는 기미(機微)가 활발하다. 권술을 감상할 줄 아는 사람은 듣고 보는 수족(手足)의 움직임으로부터가 아니라, 반드시 그 형적(形迹) 사이의 것으로부터 깊이 아름다움을 감상한다. 그러므로 배우는 사람은 반드시 먼저 그 이치를 연구하며, 이치를 깨달은즉 기세(氣勢)가 저절로 생동하고 민첩하니, 이것은 기세(氣勢)가 스스로 능히 생동하여 민첩한 것이 아니라, 사실상 이치가 기세를 생동하여 민첩하게 만드는 것이다. 이것을 알고 난 후에 내경(內勁)을 더불어 말할 수 있다. 그러나 안에서 밖으로 발(發)하는 것으로써 내경(內勁)을 삼는다면, 이것은 그 이론이 아직 얕은 것이다."

"몸의 내면을 바르게 갖추어 그 모습이 밖으로 드러나면 천변만화함이 저절로 무궁하여 높은 경지에 오르고, 그 이법(理法)이 정밀하여 온몸이 경쾌하여 민첩하니 좌우로 수법을 발휘하여 끊임없이 대응한다."

"정신은 경건하고, 자태는 장중하며, 기상(氣象)은 웅혼(雄渾)하고, 정신을 한마음으로 집중하여 삼라만상을 갖추어 고요하여 흔들림이 없음은 마치 어리석은 사람 같으나, 그 누가 알겠는가 음양(陰陽)이 이 몸에 결합해 있는 것을! 사면팔방 모두 상대방이 접근하기 어려우니, 가령 용맹이 뛰어난 사람이 돌연히 침입하여도 자빠지고 엎어지니 그 신묘함은 헤아릴 수 없고, 더욱이 물러나려도 물러나기 어렵고 들어오려도 들어오기 어려우니, 마치 둥근 돌 위에서 불안하게 서 있는 것 같이 참으로 위험하나,

후회해도 굴러 떨어짐은 면키 어렵다. 달리 비결이 있는 것이 아니라 다만 공부가 숙련되어 개(開)와 합(合)이 번갈으는 것이다."

"발로 차고 주먹으로 치는 것은 질이 낮은 권술이고, 뛰어난 솜씨는 온몸이 혼연일체가 되어, 사방에 적으로 에워싸여도 이 몸의 움직임이 끊임없이 이어지기를 다한다. 내 몸은 태극이 아닌 곳이 없고, 마음을 쓰지 않아도 변화가 원활하여, 어디에 맞닥뜨리면 그 곳을 공격할 수 있으니, 나 역시 그 오묘함을 모른다."

"한 기세(氣勢)로 선회함이 스스로 멈춤이 없고, 음양의 정기(正氣)가 충만하니, 형상이 있음을 배웠으나 흔적이 없어지니, 비로소 현묘(玄妙)함이 하늘의 조화임을 안다."

(13) 근본을 배양하고, 부지런히 배워 힘써 연습한다.(培養本元, 勤學苦練)

"마음은 몸의 주인이고 신(腎)은 생명의 근원이다. 반드시 마음을 맑게 하고 욕심을 적게 가지며 그 근본 되는 바탕을 배양하여 손상이 없게 한다. 근본이 견고한 후 가지와 잎이 무성하니, 만사를 이룰 수 있다."

"수련은 자신의 능력에 따라 운동하며, 그 횟수는 한 번도 좋고 열 번도 가능하니 횟수에 구애받지 않고 있는 힘을 다하여 운동하여, 힘이 없어지면 억지로 운동할 필요가 없이 자연스러움에 따르면 된다."

"매 한 권세(拳勢)는 흔히 수천마디 말로도 그 오묘함을 다할 수 없으나, 일단 직접 경험해 보면 쉽게 느껴지지만 정작 어려운 것은 노력하는 것이며, 더욱 어려운 것은 오랜 동안 노력하는 것이다. 속담에 '권술을 만 번을 하면 신묘한 이치가 절로 드러난다'는 말은 사실이다."

"주먹을 휘두르는 데 원래 정해진 격식이 없다.…… 평상시 권술수련은 정해진 규칙을 지키지 않을 수 없고, 또한 정해진 규칙에 구속 받아서도 안 되며, 수련자가 능히 그 내경(內勁)을 잘 운용할 수 있는가에 따른다. 형식은 간혹 주변 환경에 제한을 받으나, 그 주위 환경에 따라 고려하여 운용하면 된다."

"권술의 처음부터 끝까지 꾀하는 바는 모두 형(形 : 形式)이 있는 권술이나, 오직 형(形)이 있음으로부터 형(形)이 없음에 이르고, 마음을 다스려 마침내 마음이 없어진 후에야 권술을 말할 수 있다. 권술은 내 마음에 있으며, 내 마음 중에 천기(天機)가 흐르면 활발히 닿는 곳 모두 권술이 되니, 세상에서 주먹질을 권술로 여기는 것과는 비할 수 없다. 이것은 평생을 해도 끝이 없는 기예로서, 지식상으로 어려운 것이 아니라 실행하기에 어려운 것이다. 도모하는 권세(拳勢) 모두 태극 중의 자연적인 기미(機微)이고,…… 변화하여 뒤섞임이 무궁하므로 평생토록 실행하여도 다할 수 없다."

"권술 수련에 공력(功力)이 이미 갖추어져도 단정하고 공손히 엄숙하며 정성을 다하여 감히 자만하지 않는다.…… 뽐내지 않고 온화한 태도를 지녀, 비록 무(武)를 익힌다고 말하나 문(文)이 그 중에 있다."

"맹자(孟子)가 말하기를 '거장(巨匠)이 남을 가르칠 때 반드시 규구(規矩)에 의한다'라고 하니, 규구는 방원(方圓)의 표준이다. 이로써 남을 가르치는 것은 거장(巨匠)이 할 수 있는 바이나, 그 교묘한 재주는 거장이 가르칠 수 없고 오직 배우는 사람에 달렸다. 만약 교묘한 재주에 이르면, 이것은 규구를 준수하나 규구에 얽매이지 않고, 규구를 벗어나지만 저절로 규구에 들어맞는다. 그리고 자만해서는 안 되니, 속담에 이르기를 '하늘 밖에 또 하늘이 있으니, 자만한즉 손해를 자초한다'."

4. 신체 13 부위에 관한 진흠(陳鑫)의 어록[10]

(1) 머리

"정수리로 경(勁)을 과도하게 이끌어 올리면 위로 들어올리게 되고, 이끌어 올리지 않은즉 주저앉는다."

(2) 눈

"정신은 눈에 있고, 마음이 움직인즉 눈에 전달되어 어긋남이 없다."

"몸의 움직임은 마음으로부터 의거하며, 정신은 눈에서 드러나므로 눈은 마음을 전달하는 기관이다. 그러므로 눈은 곁눈질을 하지 않아 마음이 흐트러지지 않게 한다."

"안신(眼神)은 특히 중요하니, 당연히 주된 손의 운행에 따르며, 곁눈질을 해서는 안 되니, 곁눈질을 한즉 정신이 흩어져 그 뜻 역시 전념할 수 없다."

"손과 눈은 민첩해야 하나, 경솔히 움직여서는 안 된다."

"안신(眼神)은 주된 손의 가운데 손가락을 주시하고, 곁눈질 하지 않는다."

---

10) 註 : 정수리, 어깨, 팔꿈치, 가슴, 과(胯), 무릎 등 여섯 항목은 이미 앞에 나오므로 달리 수록하지 않았다.

"눈은 앞에 있는 손의 가운데 손가락을 쳐다보며, 가운데 손가락이 목표 지점을 향하므로 반드시 이곳을 주시하되, 곁눈질하여 분산되어 집중함이 없으면 안 된다. 사람이 몸을 운용하는 것은 전부 마음에 있고 정신을 전하는 것은 전부 눈에 있으므로 반드시 정신을 집중하여 주시한다. 란찰의(懶扎衣) 권세(拳勢)는 오른손이 위주이고 왼손이 보조하여, 오른손에서 경(勁)이 발단하므로 눈은 반드시 오른손을 주시하며, 눈은 오른손에 따라서 움직여 오른손이 정지할 때까지 반드시 오른손 가운데 손가락 손끝을 주시하고, 다섯 손가락 안쪽의 도톰한 부위에 힘을 주며, 이곳은 앞뒤의 손이 움직임을 마친 후의 귀착점이므로 반드시 힘을 주어야 한다. 이때 손의 운동은 정지한 것 같으나 그 운동의 민첩한 기세는 사실상 정지하지 않으며, 일단 정지하면 그 기세가 멈추어 다음 권세와 틈이 생긴다. 이것은 즉 천지의 음양이 운행하여 멈춤이 없으니, 내 몸의 음양이 멈추어서는 안 된다. 오직 멈춤이 없어야 기(氣)가 운행할수록 충실해지며, 운행하여 충분히 만족한즉 다음 권세(拳勢)가 발기(發起)하니, 이것은 즉 음(陰)이 지극하면 양(陽)이 생성하고 양(陽)이 지극하면 음(陰)이 생성한다는 뜻이다."

"눈은 능히 안광(眼光)을 사방으로 내뿜는다."

"눈은 수평으로 앞을 보며, 안광은 또한 사방으로 내뿜는다."

"눈은 좌우를 돌보아야 하며, 빨라야 한다."

"보지 않고 듣지 않는 듯 외부에 의하여 동요되지 않고, 묵묵히 광채(光彩)를 간직하여 품는다."

(3) 귀

"귀는 몸 뒤와 좌우를 듣는다."

"귀는 몸 뒤쪽을 들어 적의 흉계를 방비한다."

"적이 오면 반드시 먼저 바람(風)이 있으니, 급하게 오면 그 바람이 크고 느리게 오면 그 바람이 미약하며, 가령 바람이 없어도 반드시 먼저 조짐이 있고, 적이 앞에 있으면 눈으로 보고, 혹은 좌우나 뒤에 있은즉 먼저 조짐이 있으며,…… 오직 귀에 의지하여 듣고 마음으로 방비한다."

"귀는 좌우와 몸 뒤를 들어, 예측할 수 없는 침범을 우려하며, 적이 뒤에서 공격해 오면 반드시 먼저 소리가 있으니 그 소리를 들을 수 있다. 소리가 있으면 소리가 없는 것과는 다르므로, 마음을 안정시켜 기세가 고요하면 귀는 자연히 밝아진다."

(4) 코 · 입

"호흡은 그 자연스러움에 따른다."

"조식(調息)은 끊임없이 이어진다."

"마음과 조식은 서로 긴밀하게 의지한다."

"권술은 코를 중간 경계로 삼는다."

"입술을 가볍게 닫고, 혀끝은 위턱(윗잇몸)에 가볍게 떠받친다."

(5) 목

"목은 곧게 세우되 무리하게 굳어서는 안 된다."

"목은 단정하게 세워 우뚝하게 버티는 듯하며, 전후좌우로 기울지 않는다."

"목은 영활(靈活:민첩하게 원활함)해야 하며, 영활한즉 좌우로 돌아 움직이기 쉽다."

(6) 손

"마음으로 손을 운행하며, 기세에 따라서 둥글게 돈다."

"손을 위로 올릴 때 허리와 사타구니는 함께 아래로 내리며, 상체의 움직임은 의식을 갖추어 활동하고, 상체 또한 생기가 없으면 안 된다."

"손을 올려 둥글게 돌 때, 손가락의 둥글게 도는 동작과 팔의 전사경(纏絲勁)은 한 가닥의 경(勁)이니, 둘로 나누어진 것으로 여겨서는 안 된다."

"경(勁)은 손가락 안쪽 도톰한 부위로 운행해 온다."

"눈은 가운데 손가락 손끝을 보고, 가운데 손가락은 코끝에 맞추어 마주한다."

"가운데 손가락은 코끝을 표적으로 삼고, 전사경(纏絲勁)을 사용하여 어깨로부터 감아서 손에 도달하며, 중기(中氣)가 운행되어 가운데 손가락에 이르러야 운행이 충분하다. 가운데 손가락에 경(勁)이 도달하면 나머지 손가락의 경(勁)도 도달한다. 경(勁)을 부드럽게 유지하며, 조금이라도 굳은 기(氣)를 남겨두어서는 안 된다."

"손으로 물건을 운반할 경우 반드시 강기(剛氣)가 그 중에 운행된다."

"손은 마치 붉게 달아오른 용광로에서 나오는 쇠처럼 사람들이 감히 만지지 못한다."

(7) 주먹

"물러날 때 손을 거두어들이고, 상대방을 가격할 때 주먹이 된다."

"주먹 힘은 마치 바람 같고 또한 우레 같다."

"공격은 마치 천둥의 벼락소리에 귀를 막을 틈이 없는 것과 같다."

"몸을 접근하여 팔꿈치를 굽혀 힘껏 가격하고, 상대가 멀어지면 팔을 편다."

"온몸의 모든 힘을 사용하여 경(勁)으로써 타격하며, 경솔함이 드러나지 않아야 법도에 맞는다.…… 경(勁)은 뒷발의 발꿈치로부터 장딴지를 거쳐 척추를 따라 위로 운행하여 어깨와 팔에 이르도록 연결되며, 팔뚝 배면(背面)으로부터 돌아서 손등에 이르도록 운행하므로 경(勁)을 갖추어 타격함에 힘이 있다. 그러나 비록 경(勁)이 발꿈치로부터 일어나지만 그 운용은 본래 마음에 있으니, 심기(心機)가 움직이기만 하면 중기(中氣)가 곧 단전으로부터 발출하여 손에 이르며, 온몸의 모든 힘이 여기에 모두 모인다. 상대방을 공격함은 상대방과의 멀고 가까움을 봐서, 멀면 팔을 전개하여 상대방에 이를 수 있고, 가까운 즉 팔을 전개할 수 없으므로 팔꿈치를 굽혀 합경(合勁)하여 타격하며, 지극히 안으로 함축하여 겉으로는 전혀 그 형적이 나타나지 않으나 가격당한 사람은 곧 넘어지니, 이는 최상의 무공이다. 대체로 멀리 가격하기가 쉽고 가까이 가격하기는 어려우므로 많은 노력을 해야 이처럼 할 수 있다."

"내경(內勁)은 단전에서 내려가 사타구니를 거친 후, 다시 장강(長强)에서 거슬러 올라 백회(百會)에 이르고, 아래로 내려가 어깨에 이르러 앞으로 나가 주먹에 이르며, 온몸의 정신이 모두 주먹에 모여야 비로소 힘이 있다. 좌우의 발은 마치 산이 땅위에 있듯이 침착하고 중후하게 땅에 디뎌서 흔들리지 않아야 힘이 있다."

"주먹에는 오로지 온몸에 흐르는 충만한 기(氣)만 있으며, 이러한 기세(氣勢)는 막지 못한다."

(8) 배

"허리의 경(勁)을 아래로 내리고 척추 제일 아래 뼈를 앞쪽 위로 조금 올리면, 아랫배는 자연히 경(勁)을 합하게 된다."

"가슴과 배는 크게 넓혀 앞으로 향해 합하여, 중기(中氣)가 관통하고 상하(上下)에 정신을 집중하면, 실로 늠름한 기상이 있다. 이처럼 오래 수련하면 경지에 이르며, 자연히 그 신묘한 정황을 안다. 즉 그 경지에 이르면 다만 마음으로만 이해할 수 있고, 말로 전할 수는 없다."

"호흡을 가다듬어 끊임없이 이어지고, 기(氣)를 안으로 지켜 견고하게 하며, 호흡의 출입에 의식을 집중한다. 수련을 오래 한즉 어느 순간에 물 속에서 불이 일어나고 눈 속에 꽃이 피듯 양 신장이 마치 끓는 듯 뜨겁고 방광이 불타는 듯하여 진기(眞氣)가 저절로 충족된다."

(9) 허리

"허리는 신체 상하(上下)가 연결되어 전환하는 중요 부위로서, 연약(軟弱)해서는 안 되며 또한 굳어서도 안 되니 그 중간을 취한다."

"허리는 상체와 하체의 관건이며, 허리 이상의 기(氣)가 위로 올라가고 허리 이하의 기(氣)가 아래로 내려가서 마치 상하 양쪽으로 치달리는 기세 같으나, 사실상 한 기세(氣勢)로 관통하며, 함께 운행하여도 상충(相衝)하지 않는다."

"허리의 경(勁)은 내려가야 하며, 견실(堅實)해야 한다."

"허리의 경(勁)은 튼튼해야 하며 연약하면 안 된다."

"허리의 경(勁)은 아래로 내린다. 허리는 상하가 관련되는 곳이므로, 경(勁)을 내리지 않은즉 상체의 기(氣)가 떠오르고 발이 안정되지 않는다."

"허리의 경(勁)은 아래로 내려야 하며, 경(勁)을 내려가게 하려면 양 무릎을 벌리고 사타구니는 합하여서 둥글고 또한 허(虛)가 되면 자연히 하체는 허(虛)하고 령(靈:예민하여 민첩함)하며 안정되어, 흔들어도 영향 받지 않는다."

"허리를 비틀어 돌리면 상체는 자연히 돌아가서 하체와 서로 호응하니, 이것은 허리가 온몸의 중추(中樞)이기 때문이다."

"허리 부위는 허(虛)가 되어야 하며, 허(虛)인즉 상하체 모두 령(靈)하다."

"허리의 경(勁)을 아래로 내리지 않으면 기(氣)가 단전으로 집중할 수 없고, 기(氣)가 단전으로 집중되지 않은즉 중극(中極)·회음(會陰)이 경망하게 들뜨므로 가슴속에 순조롭지 못한 무리한 기(氣)가 가득 차게 되어, 곧 몸 뒷면의 도도(陶道)·신주(身柱)·영대(靈臺)에도 무리한 기(氣)가 가득 들어차서 몸의 앞면과 뒷면 모두 둔하다. 대체로 앞으로 숙여 합하지 않고 뒤로 젖히지 않으니, 앞으로 향하여 숙인즉 사타구니의 경(勁)이 들뜨고 발밑이 안정되지 않아 상체 또한 둔하게 된다."

"그 비결은 양쪽 허리 가운데 양 신장의 사이 명문(命門)으로써 상체와 하체의 요충지로 삼는 것이다."

(10) 척추・등배

"척추는 좌우 몸의 관건이다."

"안에서 밖으로 서서히 돌며, 중기(中氣)는 척추 중에 관통한다."

"만약 진정한 비결을 원한다면, 반드시 척추 관절에서 찾아야 한다."

"척추는 중기(中氣)를 운용하여 관통한다."

"등배를 아래로 내리며 편안히 전개하면 정수리와 사타구니의 경(勁)이 충족하다."

(11) 사타구니(襠 : 살)와 둔부(臀部)

"음낭 양쪽을 살이라 부르고, 살은 둥글고 비어 있어야 하며, 가랑이를 오므려서는 안 된다."

"사타구니는 둥글게 벌려야 하며, 둥근즉 안정된다."

"양다리 대퇴부의 뿌리는 벌려야 하며, 벌리는 것은 크게 벌리거나 작게 벌리는 것이 관건이 아니고, 극히 미세하게 조금 벌리는 것도 마음에 벌리는 의식이 있으면 사타구니가 곧 벌어진 것이다. 사타구니를 벌리지 못하는 사람은 다리가 비록 석자 넓이로 갈라져도 의식에 벌림이 없으면 여전히 벌리지 않은 것이니, 배우는 사람은 세심하게 연구한다."

"사타구니는 당연히 벌리지 않을 수 없으니, 그리하여 회음(會陰)이 허(虛)가 되고, 아랫배는 실(實)이 되어야 한다."

"사타구니는 둥글게 되도록 고의로 벌리면서 허허(虛虛)롭게 양 가랑이가 합하며,…… (자세가 정지해 있을 때 좌우 발의) 전사경(纏絲勁) 방법은 발가락으로부터 안에서 밖으로 위로 올라가 비스듬히 감아서 다리의 뿌리(즉 胯)에 이르고 회음(會陰)에 도달하며, …… 회음(會陰)에 이르도록 합하지 못한즉 당경(襠勁:사타구니의 경)이 없고 또한 둥글게 벌릴 수 없으므로, 이 전사경은 없어서는 안 된다."

"허리의 경(勁)을 내리고 척추 꽁무니를 미세하게 뒤집어 일으키면(즉 아래 허리를 곧게 세우면), 당경(襠勁)은 자연히 합해진다."

"사타구니는 특히 허(虛)가 되어야 하며, 허(虛)인즉 회전함이 모두 원활하다."

"하반신이 안정되어야 상반신도 원활히 움직인다."

"몸 뒤 둔부를 뒤집어 일으켜야 하며, 앞쪽 사타구니를 합하면 뒤쪽 둔부는 자연히 뒤집어 일으켜진다."

"척추 꽁지뼈와 환도(環跳 : 둔부의 가장자리에 있는 穴)를 떠받쳐 일으키면서 안쪽의 다리 뿌리(즉 胯)를 벌리면 사타구니는 자연히 벌어지고, 양 무릎을 합하면 사타구니는 자연히 둥글어진다."

"가운데 사타구니는 벌려서 둥글며 허(虛)가 되어야 하며, 인(人)자 형태로 갈라져서는 안 된다."

"비골(髀骨: 대퇴골 : 무명골)을 앞으로 들어올리지 않으면 앞면의 사타구니는 경(勁)이 합해지지 않는다."

"척추 꼬리뼈 양쪽의 둔부를 앞쪽 위로 들어올려야 하며, 들어올리지 않으면 앞면의 사타구니는 합해지지 않고, 옆구리를 이완시켜 허리로 내리며, 허리의 경(勁)을 반드시 아래로 내리지 않으면 무릎과 발에 힘이 없다. 척추 꼬리뼈·환도(環跳)·안쪽의 뼈를 안으로 합하며, 합하지 않으면 양 대퇴부는 분산되어 버린다."

"정경(頂勁)을 과도하게 이끌어 올린즉 위로 치올려 매달리고, 이끌어 세우지 않은즉 무너지므로, 이와 같으면 허리의 경(勁)이나 사타구니의 경(勁)을 내릴 수 없어 몸이 자신의 뜻대로 되지 않는다."

"사타구니와 허리의 경(勁)은 모두 잘 내렸으나 엉덩이를 앞쪽 위로 들어올리지 않으면 앞쪽 사타구니가 합해지지 않을 뿐만 아니라 상체 또한 모두 일체를 이루어 합경(合勁)할 수 없고, 상체와 하체가 일체를 이루어 합경(合勁)하지 않으면 발바닥에 힘이 없어 외부의 어떤 충격이라도 나를 자빠뜨릴 수 있다."

(12) 발

"무궁한 변화를 내가 운용하려면, 하체의 양발이 뿌리내려 기초가 안정되어야 한다."

"연수추(演手捶) 자세는 좌우 발이 땅 위에 솟은 산처럼 중후하게 딛고, 흔들 수 없어야 힘이 있게 된다."

"발이 굳건히 안정되면 몸이 흔들리지 않는다."

"전후좌우로 경(勁)을 골고루 적당히 조화되도록 운용하면 자연히 안정되게 설 수 있다."

"발의 허실(虛實)은 손에 따르니, 손이 허(虛)이면 발도 허(虛)이고 손이 실(實)이면 발도 실(實)이다."

"실(實)인 발의 발바닥은 앞뒤 모두 힘을 주며 수평으로 땅을 밟되, 용천혈(湧泉穴)은 허(虛)가 되어야 한다."

"상체는 손에 따르고 하체는 발에 따르며, 발이 빨라야 손의 빠른 기능이 더욱 잘 발휘된다."

"신(腎)에 뜻(志)을 감추고, 발로써 그 뜻을 따르며 또한 회전에 따라간다."

"발은 손을 따라 운행하며 회전을 마음대로 한다."

"엄지발가락은 손에 기(氣)가 충족된 후에 손과 함께 합하며, 이때 비로소 안정되게 밟을 수 있다."

"상대방을 끌어들여 공격하는 기술은 손발을 행사하는 중에 있다."

"손발의 움직임은 단지 권(圈)일 뿐이며, 결코 곧게 오고 곧게 가는 것은 없다."

"가슴 횡격막의 들뜬 기(氣)를 발 아래로 내려놓는다."

"경(勁)이 발꿈치로부터 일어나지만, 그 운용은 본래 마음에 있다."

"마음에서 한 점 영기(靈氣:정신)가 일어나 위로는 하늘로 들어가고 아래로는 땅으로 들어가니, 이 기(氣)가 손발 중에 운행 되어 강(剛)하지 않고 유(柔)하지 않아 저절로 온화하다."

"운수(運手)는 양발이 번갈아 교체하며 돌아 기(機:민첩한 기세)가 멈추어 머무름이 없으니, 왼발을 옆으로 1보 벌리고 오른발도 따라서 옆으로 1보 벌리나, 오른발이 왼발 옆에 이를 즈음에 다시 위로부터 5·6촌(寸) 정도 거두어 돌아서 땅에 내려오며, 이처럼 발의 운행은 곧게 보(步)가 나가지 않는다. 왼발이 보(步)를 벌릴 때마다 오른발이 따라가는 것 모두가 이와 같다.…… 가령 오른손이 기세에 따라 한 권(圈)을 돌면, 앞의 반권(半圈) 중에는 기(氣)가 겨드랑이 안쪽에서 밖으로 향하여 비스듬히 감아 돌아 손가락에 이르고, 뒤의 반권(半圈)은 밖에서 거두어 돌아와 경(勁)이 밖에서 비스듬

제5장 진식(陳式) 태극권 권론 401

히 감아 돌아 겨드랑이에 이르며, 왼손 또한 이와 같다. 발은 가령 오른발이 앞의 반권(半圈)을 돌면서 다리의 뿌리 내로부터 밖으로 향하여 감아 돌아 발가락에 이르고, 거두어 돌아오는 것은 밖에서 안으로 향하여 감아 돌아 사타구니에 이르며, 왼발 또한 이와 같다."

"발을 디뎌 나가는 것은 마치 앞에 깊은 연못이 있는 듯하여, 발을 거두어들이고자 하면 곧 거두어들이도록 지극히 허(虛)하고 지극히 령(靈)하다."

"발의 운행은 결코 곧게 나가지 않고 감아 돌며, 또한 손에 따라서 운행할 수 있고 나선형의 전사경(纏絲勁)을 잃지 않는다."

"발을 무겁게 박찰수록 몸을 더욱 높이 일으킨다."

"발을 차기만 하면 반드시 적을 넘어뜨린다."

"발은 상대방이 좌(左)로 오면 좌로 전개하고 우(右)로 오면 우로 전개한다. 발을 차서 앞을 방어하고, 들어올려 뒤를 방어하며, 발을 쳐들어 올림은 번개처럼 빠르다. 무릇 적이 나의 하체로 침범하면 발의 사용이 효과가 크니, 발의 효용은 참으로 크다."

"장차 발을 차려고 할 때, 살펴보아 찰 수 있으면 차고 찰 수 없으면 차지 않으며, 발차기를 함부로 사용하면 안 된다. 즉 틈탈 기회가 생기면 차되, 극히 빠르게 차는 것이 중요하며 느리지 않아야 한다. 급소를 차는 것이 중요하며, 엉덩이나 넓적다리 같은 살집이 많아 아프지 않은 곳은 차지 않는다."

"발로 차고 주먹으로 치는 것은 저급한 권술이니, 교묘한 수법은 어디서나 구별이 있어 안다."

"온몸이 주가 되어 움직이나 사실상 보(步)로써 운행하니, 보(步)는 곧 온몸의 근본 기초이자 운동의 중추이다.…… 두드려 치는 것으로써 기세를 말하나, 그 요점은 보(步)이다. 활기(活氣)가 있고 없음은 보(步)에 달려있고, 민첩하고 않음 또한 보(步)에 달려있으니, 보(步)의 효용은 참으로 크다."

(13) 골절(骨節 : 관절)

"골절은 이완시켜 벌린다."

"전신의 피부와 골절 모두 벌려서 편다."

"온 전신을 함께 합경(合勁)하며, 또한 온몸의 골절 각 부위들 끼리 서로 호응하여 합경하니, 예를 들어 손과 발이 서로 합경하는 것이다."

"합경(合勁)은 온몸이 함께 합해야 좋으며, 온몸의 골절은 예를 들어 좌우 팔꿈치와 좌우 어깨처럼 상하의 각 부위 명목(名目)이 서로 합치되는 것은 각자 모두 따라서 합한다."

"손과 발·팔꿈치와 무릎·어깨와 과(胯)·상하(上下)·좌우(左右)·전후(前後)는 운행하며 회전하거나 자세를 멈추었을 때도 역시 각자 호응하여 마주 일치하며, 벌린즉 모두 벌리고, 합한즉 모두 합한다."

"골절은 대응하여 맞추어야 하며, 대응하여 맞추지 않은즉 힘이 없다."

"골절은 일제히 소리를 낸다."

5. 갈수(擖手 : 推手) 권론

(1) 갈수론(擖手論)

"첨연점수(沾連粘隨)는 정신을 집중하고 몸을 허령(虛靈)하게 운행하며 더욱 정중(整重)하게 자세를 갖춘다.…… 세밀하고 적절하게 중요 부위에 힘을 버티어 준다."

"상대방에 가까이 하지도 않고 멀리 하지도 않으며, 달라붙지도 않고 이탈하지도 않으며, 결정적인 중요한 대목에 들어맞도록 세심하게 탐구한다."

"강(剛)과 유(柔)를 함께 운용하며, 어느 한쪽으로 치우지지 않아 지나치지 않고 모자라지도 않는다."

"상대방보다 앞서지 않고 뒤떨어지지도 않으며, 맞이하고 보냄이 합당하고, 전후좌우(前後左右) 상하사방(上下四方)으로 연결함이 민첩하며, 느리고 빠름이 동반한다."

"정신으로써 상대방이 오는 것을 알며, 지혜로써 내가 갈 바를 감춘다."

"양손을 전환함은 마치 나선형 무늬와 같고, 한 손은 위에 있고 한 손은 아래에 있어 매우 균등하니 모두 태극의 이치에 의거하여 4량(兩)의 작은 힘으로 상대방 8천근의 힘을 물리친다."

"중기(中氣)가 관통하여 충족하고, 결코 먼저 들어가지 않으며, 슬쩍 상대방을 끌어들이는 듯하다가 정(靜)으로써 동(動)을 기다린다."

"합하고 벌리며 움직이고 고요하며, 부드러움과 강함이 있고, 굽히고 펴면서 가고 오며, 나가고 물러나며 드러냈다 숨긴다. 벌리고 합함이 번갈으며, 변화가 있고 변하지 않음도 있으며, 허(虛)와 실(實)이 함께 갖추어져 홀연히 드러났다 홀연히 감춘다. 강건함과 유순함이 반반씩 차지하며, 상대방을 끌어들임이 정교하며, 거두어들이거나 방출해내며, 홀연히 느슨하다가 홀연히 팽팽해진다."

"안으로는 성실하게 검토하며, 밖으로는 유순(柔順)한 기세로 상대방의 진입을 끌어당기니, 이것은 강기(剛氣)가 부드러움 중에 숨어있는 것이다."

"내가 적에게 대응하는 것은 순전히 일단의 화기(和氣)로써 상대방을 끌어당겨 들어오게 하는 것이다."

"굳어 딱딱한 기운을 행사해서는 안 되며, 너무 연약해서도 안 되니, 그 중간을 절충할 뿐이다."

"끌어당기는 듯하면서 들어가고, 끌어당기는 듯도 하고 들어가는 듯도 하며, 끌어당기고 바로 들어가며, 끌어당김으로써 들어간다. 이처럼 음양(陰陽)을 함께 운용하니, 이것이 소위 도(道)는 두 가지 일을 한꺼번에 행해도 상충되지 않는다는 것이다. 음양이 조화되지 않으면 마음이 움직이자마자 손이 곧 도달할 수 없고, 그 빠르기는 이보다 더 빠를 수 없다."

"끌어당기면서 들어가는 방법은, 팔꿈치는 위로 상대방을 끌어당김으로써 들어오게 하고, 손은 경(勁)을 내림으로써 앞으로 향해 들어가며, 팔 배면(背面)은 양(陽)이고 안쪽은 음(陰)이 되어 곧 양(陽)은 끌어당기고 음(陰)은 들어가는 방법이니, 서로가 그 근원이 되지 않으면 불가능하다."

"손이 끌어당기는 경(勁)을 운용하여 상대방의 손을 당겨 벌리는 것은 반드시 전사경(纏絲勁)을 사용하여 끌어당겨서, 상대방의 서 있는 발이 안정되지 못하게 한다."

"내뻗는 중에 굽힘이 내포되어 있는 것을 누가 알겠는가. 굽힘 중에 내뻗음이 내포된 것을 아는 사람이 드물다."

"서서히 끌어당기거나 들어가는 것을 상대방이 알게 해서는 안 되며, 점차로 머물러 그 뜻이 절로 깊어지니, 우(右)측이 실(實)이고 좌(左)측이 허(虛)가 되어 공격하는 기세를 감추며, 위로 들어올리면서 아래를 때리니 상대방을 쥐락펴락함이 내포되어 있다"

"먼저 끌어당기고 후에 들어가니 어느 누가 알겠는가. 태극의 순환은 한 권(圈)으로 둥글다."

"상대방을 끌어당겨 들여서 허공에 빠뜨리는 것이 가장 우선이다."

"적이 손으로 공격해오면 나는 손으로써 끌어당기면서 바로 때리니, 이미 끌어당겨 온 후에 공격하는 것이 아니며, 이로부터 음양(陰陽)이 서로 그 근원이 되는 사실을 족히 증명한다."

"끌어당기거나 들어가는 경(勁)은 말로 표현할 수 없고, 음(陰)과 양(陽)이 번갈으는 것은 손에서 살펴야 하며, 억누르고자 하면 먼저 위로 올리는 것이 진실한 이치이니, 상대방을 공격하는 것은 선수(先手)를 쓰는 데에 있지 않다."

"두 사람이 겨루면 나는 나의 영역을 지켜 비굴하지 않고 자만하지도 않으며, 전체 과정 중에 조금도 양보해서는 안 되니, 만약 상대방에 양보하면 내가 패한다. 물러서지 않는 기세를 서둘러 갖추어 위에 처할 수는 있으나 아래에 처해서는 안 되며, 조금이라도 우세를 점(占)하여 나의 형세가 유리하게 한다."

"상대방이 오면 그 경(勁)을 정확히 파악하고, 내가 나가는 것은 극히 빨라야 한다."

"지극히 빠르며, 달라붙어 휘감아 돈다."

"힘은 빠르게 발출하고 기회는 신속히 파악하며, 느린즉 실패하고, 빠른즉 기세를 얻는다."

"들어가는 것은 마치 세찬 바람이 상대방을 날려버리고 번갯불이 번쩍이는 듯 빠를수록 좋다."

"수법(手法)을 발출함은 빨라야 하며, 빠르지 않은즉 느려서 일을 그르치고, 공격은 매서워야 하며, 매섭지 않은즉 쓸모가 없다."

"기세는 마치 손으로 산을 밀어 넘어뜨리려는 듯하며,…… 정경(頂勁)을 잘 이끌어 올리고, 허리의 경(勁)은 아래로 내리며, 사타구니의 경(勁)은 둥글게 벌리고, 발바닥은 힘을 주어 땅을 밟으며, 어깨의 힘을 손바닥으로 운용해 오고, 온몸의 힘을 모두 좌우 손에 집중하며, 상대방을 밀어낼 때 그 힘은 지극히 빨라서, 설사 밀어 넘어뜨리지 못하더라도 역시 몇 걸음 뒤로 물러나게 할 수 있다."

"상대방이 와서 나를 탐색하며 허술히 나를 놓아두지 않으니, 내가 상대방을 탐색하며 어찌 상대를 허술히 놓아두겠는가? 필연코 전신의 힘을 운용하여 산이라도 밀어 넘어뜨리려는 기세로 밀어낸다."

"몸의 힘을 반드시 합하며, 더욱이 반드시 마음을 척배(脊背)에 둔다."

"단지 기(氣)로써만 큰 힘을 쓰는 것이 아니라, 사실상 치우침 없이 바른 원기(元氣)로써 운행하여 압박하니 상대방이 물러나지 않을 수 없게 하며, 끌어들여 공격하는 기술로써 손발을 운행하니 상대방이 내 몸에 다가올 수 없게 한다."

"마음과 손과 눈과 발이 한 기세를 이루면, 적이 나에게 붙잡힘은 이미 정해진 일이다."

"부드러움 중에 강함이 내포되면 막아내기 어렵다."

"유인하여 함정에 빠뜨리려면 다만 한번 돌기만 하면 된다."

"돌연히 전환하니 상대방이 알지 못한다."

"끌어당기다가 공격으로 전환하며,…… 오직 정신으로 운행한다."

"강(剛)하려면 먼저 유(柔)하며, 들어올리려면 먼저 억누르니, 음양(陰陽)이 조화된 원기(元氣)가 가득하게 잠복해 있다."

"중기(中氣)가 마음에서 운행되어 발휘되면 비할 수 없이 강하다. 하물며 바람처럼 들어가니 그 빠름은 누가 대적할 수 있는가? 몸뚱이는 상대방과 같으나 그 몸을 쓰는 방법이 나는 다를 뿐이다. 달리 방법이 있는 것이 아니라 다만 중기(中氣)가 충족되게 할 뿐이다."

"오직 온몸의 변화무쌍함에 의거하며, 한 가닥의 중기(中氣)가 기세에 따라 떨친다."

"권(拳)은 권(權:무게를 달다·계량하다·가늠하다)이다. 그러므로 가늠하여 그 가볍고 무거움을 아는 것이다. 그러나 그 이치는 사실상 태극(太極)에 근거하며, 그 운용은 양 주먹(拳)에 남김없이 갖추어 있고, 또한 사람의 몸은 온몸 상하 모두가 태극이니, 즉 온몸 상하 모두가 권(拳)이므로, 주먹만으로써 권(拳)으로 간주해서는 안 된다."

"안력(眼力)과 수법(手法)에 신법(身法)을 겸하여 갖추면, 어느 곳에 붙여 있든 그곳을 공격한다."

"정신을 모아 온몸이 강건하니, 하늘과 땅을 바꾸어 놓을 듯한 엄청난 능력이 손안에 있다."

"수련을 오래한즉 예민하고 재빠르며, 그 예민하고 재빠름은 비할 바 없고, 상대방과 접촉하면 곧 알아차려 자연히 반응이 있으며, 가까이하지도 않고 멀리하지도 않으며 첨연점수(沾連粘隨)하여, 상대방은 마치 파리가 아교풀 위에 내려앉아 날개가 있어도 날기 어려운 듯하니, 그 중의 묘(妙)함은 지극히 미세(微細)하다."

"만약 공부(功夫)가 숙련되면, 그 크기는 바깥이 없는 권(圈)으로부터, 그 작음은 안이 없는 경지에 이르니, 적과 조우(遭遇)하지 않으면 그만이지만, 만약 강한 적을 만난 즉 내경(內勁)이 돌연히 발출되어 마치 갑작스러운 번개처럼 세찬 바람이 썩은 나무를 꺾는 듯하니, 누가 감당할 수 있겠는가!"

"상대방을 쥐락펴락하는 전사경(纏絲勁)은 반드시 이 안에서 적절한 기회를 만나야 한다."

"권술을 함에 전사경(纏絲勁)은 무슨 작용을 하는가? 대체로 상대방과 완강하게 곧장 접촉하면 상대방은 쉽게 피하거나 떠나가 버리니, 오직 부드럽게 접촉함으로써 상대방은 그 유연함을 얕보아 마음에 두려움이 없고, 두렵지 않으므로 피하지 않으며, 오직 그 유연한 전사법(纏絲法)으로써 접촉하니, 상대방 몸에 붙여 있지 않으면 그만이지만 만약 상대방 몸에 붙여 있은즉 상대방은 피할 수 없고, 피한즉 손이 따라가서 마치 아교풀이 물건을 단단하게 붙여 물건은 당연히 피할 수 없는 것과 같으며, 떨어지려한즉 전사법으로 그 윗팔뚝에 달라붙어 마치 거미가 실로써 파리를 휘감는 듯하며, 또한 마치 이미 조여진 나사못처럼 억지로 뽑으려 해도 뽑을 수 없는 것과 같다. 그러므로 상대방 윗팔뚝에 붙이지 않으면 그만이지만 만약 이미 붙여 있으면, 곧 나는 전사법(纏絲法)으로써 그 근육을 비틀고, 전사법을 쓰면서 휘감고(繞) 닿아 접촉하며(沾) 잇닿아 연결하고(連) 달라 붙이며(粘) 상대방에 따라가서(隨), 상대방이 들어오려도 들어올 수 없게 하니, 들어온즉 함정으로 다가와 들어오고, 물러나려도 물러날 수 없으니, 물러난즉 내가 공격할까 두려워 감히 억지로 떠나가지 못한다. 이 전사경(纏絲勁)은 권술 중에서 가장 중요한 비결이다."

"무공(武功)이 완성되면, 상대방이 어떻게 공격해오든 공격하는 대로 응수하며, 생각할 필요가 없이 자연적으로 방법이 있다.…… 상대방과 어느 곳에 접촉해 있으면 곧 그곳을 끌어당겨 공격하니(이것이 무공의 진면목이나, 참으로 어려운 것이다), 시기(時機)와 조치(措置) 모두가 적절하나 어찌된 영문인지 모르고, 정녕 생각하지 않아도 얻고 애쓰지 않아도 들어맞는다."

"먼저 합하면 합함으로써 가격하고, 후에 벌리면 벌림으로써 가격하니, 손발은 권(圈)으로 돌고 있지 않는 때가 없으므로, 즉 상대방을 가격하지 않는 경우가 없고,…… 내가 어찌 마음에 생각하여 상대를 가격하겠는가! 내 주먹이 저절로 가격하니 나는 하는 일이 없다. 권술이 이에 이르면 공부가 절반 이상 이루어졌다."

(2) 갈수(擖手) 16항목

① 겨루어 비교한다 (較 : 겨루어 높고 낮음을 가린다.)
② 접촉한다 (接 : 두 사람의 손이 서로 닿는다.)
③ 가볍게 닿아 접촉한다 (沾 : 손과 손이 서로 가볍게 닿아, 마치 젖은 옷이 살짝 닿는 듯하다.)
④ 달라붙는다 (粘 : 아교풀처럼 달라붙으니, 상대방이 이미 내 손에 닿아 있으면 떠나갈 수 없다.)
⑤ 상황에 따른다 (因 : 상대방이 오는 상황에 따른다.)
⑥ 의거한다 (依 : 나는 상대방의 몸에 전적으로 의지한다.)
⑦ 계속하여 이어간다 (連 : 손과 손이 서로 접하여 연이어 간다.)
⑧ 상대방에 맡겨 따른다 (隨 : 상대방의 기세에 따라서 들어가거나 물러난다.)
⑨ 끌어당긴다 (引 : 상대방을 유혹하여 오게 하며, 끌어당겨 나에게 접근시킨다.)
⑩ 들어간다 (進 : 상대방으로 하여금 앞으로 들어오게 하며, 도망가지 못하게 한다.)
⑪ 낙착한다 (落 : 처마 끝에서 빗물이 땅에 떨어지는 듯하며, 또한 잎이 땅에 떨어지는 듯한다.)
⑫ 비운다 (空 : 상대방이 와서 내 몸을 공격하고자 하면 텅 빈 곳으로 빠뜨린다.)
⑬ 획득한다 {得 : 나는 기(機:시간)와 세(勢:공간)를 얻는다.}
⑭ 가격한다 {打 : 기세(機勢)가 가격할 만 하면 기회를 틈타 가격한다.}
⑮ 빠르다 {疾 : 극히 빠르며, 조금이라도 지연(遲延)되면 가격할 수 없으니, 기(機)는 극히 빨라야 한다.}
⑯ 판단하여 결단한다 (斷 : 결단을 내리며, 머뭇거리면 곧 기회를 잃게 되어, 이때를 지나면 가격할 수 없다.)

(3) 갈수(擖手)의 36가지 결점

① 빼낸다 (抽 : 들어가려 하나 기세를 얻지 못하고, 자신이 장차 패할 것을 알아 몸을 빼내 거두어들이려 한다.)
② 빠져 도망친다 (拔 : 몸을 뽑아나가 거두어 도망친다.)
③ 가려 막는다 (遮 : 손으로 상대방을 가려 막는다.)

④ 지탱하여 막는다 (架 : 팔로써 상대방 손을 지탱하여 막는다.)

⑤ 톡톡 친다 (搕打 : 물체로써 물체를 톡톡 치듯이 때린다.)

⑥ 격렬하게 부딪친다 (猛撞 : 돌연히 부딪쳐 가고 경솔하게 오며, 용기와 힘에 의지하여 앞으로 세게 부딪치니, 이것은 자연스럽게 나오는 것이 아니라 경솔하게 승리를 취하려는 것이다.)

⑦ 살짝 피한다 (躱閃 : 몸으로써 상대방 손을 피하며, 언뜻 거짓·동작을 취하여 상대방을 넘어뜨리려 한다.)

⑧ 침범하여 욕보인다 (侵凌 : 상대방의 구역 내로 들어가서 압박한다.)

⑨ 내려친다 (掣 : 칼로 물체를 베듯이 친다.)

⑩ 껴안는다 (摟 : 손으로 상대방 몸을 껴안는다.)

⑪ 덮어 누른다 (揖 : 손으로 덮어 내려간다.)

⑫ 비벼 문지른다 (搓 : 양손으로 서로 비비듯이 문지르며, 손과 팔꿈치로 상대방을 비벼 문지른다.)

⑬ 속여서 압박한다 (欺壓 : 상대방을 속여 내 손으로 상대방 손을 무리하게 압박한다.)

⑭ 손이나 발을 걸어 올린다 (掛 : 손바닥으로 상대방을 걸거나 혹은 발을 굽혀 상대방을 건다.)

⑮ 갈라져 떨어진다 (離 : 상대방이 나를 공격할까 두려워 상대방 몸에서 떠나간다.)

⑯ 슬쩍 거짓 동작을 취한다 (閃賺 : 거짓 동작을 취하는 것은 상대방을 속여 우롱하여 때리는 것이다.)

⑰ 옆으로 밀어 제친다 (撥 : 나의 손을 써서 상대방을 억지로 옆으로 제친다.)

⑱ 밀어낸다 (推 : 손으로 어느 한쪽으로 밀어 나간다.)

⑲ 처리하기 어려워 곤란하다 (艱澁 : 손이 숙달되지 않아 원활하지 않다.)

⑳ 서투르다 (生硬 : 뚝심만 믿고서 상대방을 공격하며, 미숙하면서 이기려고 한다.)

㉑ 배제한다 (排 : 한쪽은 배척해 버린다.)

㉒ 가로막는다 (擋 : 상대방을 끌어당길 수 없으면 손으로 무리하게 가로막는다.)

㉓ 버틴다 (挺 : 억지로 버티어 지탱한다.)

㉔ 제멋대로 군림한다 (霸 : 힘으로 사람을 굴복시키는 패자처럼 힘만으로 군림한다.)

㉕ 손을 놓아 빼낸다 (騰 : 가령 오른손이 상대방과 접촉하고, 다시 왼손으로 상대방의 손을 막고서 오른손을 빼내어 상대방을 공격한다.)

㉖ 손으로 틀어쥔다 (拿 : 가령 상대방의 관절을 역으로 잡아 쥔다.)

㉗ 고지식하다 {直 : 너무 솔직하여 구성진 곡절(曲折)의 의도가 없다.}

㉘ 소박하다 (實 : 너무 성실하여 소박하므로 상대방에게 속는다.)

㉙ 구속한다 (勾 : 발을 걸어 가두어 구속한다.)

㉚ 쳐들어 올린다 (挑 : 아래에서 위로 쳐들어 올린다.)

㉛ 버팅긴다 {掤 : 무리한 기운으로 상대방의 손을 막으니, 중기(中氣)로써 상대방 손을 받아들이는 것이 아니다.}

㉜ 저항한다 (抵 : 무리하게 힘을 써서 상대방에 저항한다.)

㉝ 구르듯이 간다 (滾 : 자신이 부상당할까 두려워 한쪽으로 떠나가며, 또한 둥근 물체가 굴러가는 듯한다.)

㉞ 가령 내가 막대기의 한쪽 끝을 누르면 막대기의 다른 한쪽 끝이 나를 치듯이, 내가 상대편 어느 한쪽을 밀면 상대방은 반대편 쪽으로 돌아 나를 친다.

㉟ 슬그머니 몰래 때린다 (偷打 : 슬그머니 상대방을 때리며, 상대방의 방비가 없는 곳을 몰래 때린다.)

㊱ 마음이 흐트러진다 (心攤 : 마음이 흐트러진 사람은 그 기술로 상대방을 때릴 수 없으니, 가령 마음이 다른 일을 생각하며 상대방을 때리면 반드시 실패한다.)

이상의 36가지 결점은 혹은 전부 범하는 사람이 있고, 혹은 네댓 가지 혹은 한두 가지를 범하는 사람이 있으나, 범하는 항목이 있으면 모두 숙련된 사람이 아니다. 수련하여 숙련되면 무슨 결점을 막론하고 일절 범하지 않으니, 음양(陰陽)이 조화된 원기(元氣)가 도리에 맞기 때문이다. 그러면 갈수(搚手)는 어떻게 하는가? 상대방이 손을 내밀어 오면, 나는 손으로 끌어당겨 들어오게 하여, 상대방 손이 세(勢)를 얻어 공격하지 못하게 하니, 이것을 주(走)라 부르며, 주(走)는 인(引 : 끌어당김)의 다른 이름이다. 이미 인(引)이라 부르면서 어찌 또한 주(走)라 이름 짓는가? 인(引)은 상대방을 유인하여 들어오게 하고, 주(走)는 상대방이 오면 나는 가서 상대방과 버티어 대립하지 않으니, 이것을 주(走)라 부른다. 그러나 주(走) 중에 자연히 끌어들이는 경(勁)을 띠고 있으니(공부가 정통한 사람은 끌어당겨 들어오게 하니 감히 들어오지 않을 수 없어, 들어온즉 나는 순조롭고 상대방은 곤경에 처해 내가 쥐락펴락한다), 이것이 권술의 비결이며, 수련을 오래하지 않으면 불가능하다.

(4) 갈수가(擖手歌) 2수(首)

① 붕리제안(掤攦擠按)은 반드시 그 진면목을 분간해 알고, 상대방을 끌어들여 허공에 빠뜨리니 상대방이 침범하게 내버려 두며, 온몸이 서로 호응하여 따르니 적이 접근하기 어렵고, 나의 작은 힘으로 상대방 큰 힘을 변화시켜 물리친다.

② 위는 인후(咽喉)를 치며 아래는 샅을 치고, 중간의 양 옆구리 또한 조심하며, 하반신 양 정강이와 양 무릎, 그리고 머리 뒤의 일격은 치명적이다.

6. 진흠(陳鑫) 등 권론 단문선(短文選)

(1) 영태극권 (詠太極拳)

태극의 이치는 순환하며, 전해 온지 오래되고, 그 중에 정교한 뜻이 있어, 동정(動靜)이 모두 어김이 없다. 거두어 옴은 인(引)이라 이름 짓고, 방출함은 화살이 시위를 떠나듯 하며, 범과 표범이 깊은 산에 웅크린 듯, 교룡(蛟龍)이 깊은 못에 날 듯, 개합(開合)이 원래 정해짐이 없고(매우 활발하다), 굽히고 펴는 기세가 서로 이어진다(그러나 일정함이 있다). 태극이 음양(陰陽)으로 나뉨은, 신령한 용(龍)이 변하듯 자유자재하며, 천지(天地)를 부모로 삼아, 유(柔)와 강(剛)의 기세가 드높고, 끊임없이 이어지며, 기습(奇襲)과 정공법(正攻法)이 심상치 않다. 건곤(乾坤 : 天地)은 풀무와 같고, 태극은 큰 바람 자루이니, 가득 차고 텅 비는 기별은, 모두 이 중에 간직해 있다. 그 끝에 이르러 다시 처음부터 시작하니, 한 기세가 운행되어 느슨하다 팽팽하며, 형상이 있다가 그 자취가 없어지고, 물아(物我 : 대상과 나, 객체와 주체) 모두 서로 잊는다(道와 합일한다). 태극권 수련의 이치는, 노력이 가장 우선이고, 순서에 따르며 건너뛰지 않고, 사람이 노력을 다하면 자연히 천리(天理)에 합한다. 행하지 않는 빈말은 모두 소용없고, 실행만이 진정한 의미가 있다. 솔개가 하늘로 날아오르고, 물고기가 못에서 뛰어노는 듯 상하(上下) 모두 핍진(逼眞)하니, 수련자는 상세히 연구해야 한다. 만약 그 중의 뜻을 묻는다면, 그 도리(道理)는 오묘하니, 가고 옴은 밤낮이 바뀌는 듯, 해와 달이 빛나 밝고 둥글다. 진정한 비결을 깨달아 얻으면, 이것이 곧 태극권이니, 만사가 모두 이와 같고, 수련시간에만 달려있지는 않다. 원래의 진실함과 순박함으로 돌아가면, 바로 살아있는 신선이니, 언제 어디서나 나는 이를 얻어, 지극히 순박하여 저절로 신선이 된다(여전히 태극으로 돌아온다).

(2) 태극권 전사법 시 (太極拳 纏絲法 詩)

- 움직인즉 양(陽)이 생겨나고 고요한즉 음(陰)이 생겨나니, 움직였다 고요함은 서로 그 근원이 되어, 과연 환중(環中 : 시비 분별을 초월하여 무궁히 응용할 수 있는 절대 경지)을 깨달아 얻으니, 어떠한 동작이든 마음대로 천리(天理)를 드러낸다.
- 음양(陰陽)은 시작도 없고 끝도 없으니, 오고 가며 굽히고 폄에 하늘의 조화(造化)가 담겨있어, 이 중의 비결을 진실로 깊이 깨달으니, 원활하게 마음대로 천지의 원기(元氣)를 운행한다.
- 한차례 뚜렷하다 한차례 모호하니, 합하고 벌림이 이어짐은 이에 따르고, 이치의 깊은 뜻이 비로소 뚜렷하니, 신령(神靈)한 경지가 온통 드러난다.
- 높은 경지는 원래 끝이 없으나, 그 실마리는 작은 정성이 모인 것이니, 쉬지 않고 열심히 노력하여, 뜻을 모으고 정신을 집중한다. 응당 훌륭한 스승을 따르며, 또한 좋은 벗을 사귀어야 한다. 어디에서나 규구(規矩)를 따르며, 한 가닥 깨우침이 영혼을 밝혀, 한 층 한 층씩 깊어져, 각 층의 뜻은 무궁하다. 벌렸다가 합하니, 벌리고 합함이 차례로 서로 이어진다. 때로는 끌어당겨 들어와 이기니, 그만두려 해도 그만둘 수 없다. 때때로 익히고 노력을 더하면, 나날이 향상 발전하여, 일단 장애가 없어지면, 문득 크게 깨닫는다.

(3) 태극권 발몽 전사경론 (太極拳 發蒙 纏絲勁論)

진흠(陳鑫)

태극권은 전법(纏法)이다. 전법(纏法)은 나사못 모양처럼 피부 위에 운행하며, 평소 운동 시에 항상 이 경(勁)을 사용하므로, 상대방과 겨루면 자연히 이 경(勁)이 피부 위에 저도 모르게 운행되나, 오래 수련하지 않으면 이처럼 할 수 없다. 그 방법은, 진전

(進纏)·퇴전(退纏)·좌전(左纏)·우전(右纏)·상전(上纏)·하전(下纏)·리전(裡纏)·외전(外纏)·순전(順纏)·역전(逆纏)·대전(大纏)·소전(小纏)이 있다. 그러나 반드시 중기(中氣)로써 그 사이에 운행해야 하며, 끌어당기자 바로 들어가니, 모두 음양(陰陽)이 서로 그 근원이 되는 이치이다. 혹은 손을 부드럽게 하여 운행한다고 여기나, 손이 부드러우면 어떻게 상대방에 접하여 대응할 수 있는가? 만약 그 현상만으로 본다면, 굳어 딱딱한 잘못에 빠지지 않는 것 같으므로, 손을 부드럽게 한다고 여긴다. 그 온몸에 갖추는 규구(規矩)는, 정경(頂勁)은 위로 이끌어 올리고, 사타구니의 경(勁)은 아래로 내리며(둥글게 지탱하며 합해야만 한다), 양 어깨는 이완시켜 내리고, 양 팔꿈치는 가라앉혀 내리며, 양손은 합하고, 가슴은 앞으로 합하며, 눈은 옆을 보지 않고, 손으로써 앞에 있는 사람을 겨누며, 정수리는 내려앉아 기울어서는 안 되고, 마음을 가라앉히고 기(氣)를 고요히 하며, 양 무릎은 경(勁)을 합하고, 허리의 경(勁)을 아래로 내리며, 양발은 항상 걸어 가두는 경(勁)을 사용하여 반드시 전후의 발이 경(勁)을 합한다. 외면의 모습은 아름다우며, 경박한 기운을 띠어서는 안 되고, 조용하고 정숙한 기색이 충만하여, 전부가 우아한 품격이다. 손에 관해서는, 그 재량(裁量) 모두가 마음에 의거하며, 대상이 오면 순응하니, 진퇴(進退)·완급(緩急)·경중(輕重)이 자연스럽게 적합하다. 이 태극의 음양이 서로 완비되어 조금도 치우침이 없으니, 이것이 개합(開合)의 신묘한 작용이다. 그 도(道)를 행함이 어찌 얕고 적다 하겠는가!

(4) 태극권 퇴원해 (太極拳 推原解)

진흠(陳鑫)

권(拳)은 권(權)이다. 그러므로 대상을 가늠하여 그 경중(輕重)을 아는 것이다. 그러나 그 이치는 사실상 태극에 근거하며, 그 운용은 양 권(拳)에 남김없이 갖추어 있다. 또한 사람의 몸은 온몸 상하 모두가 태극이니, 즉 온몸 상하 모두가 권(拳)이므로, 주먹 하나만을 권(拳)으로 간주해서는 안 된다.

그 요점은 한 마음에 있으며, 마음은 경(敬 : 정성을 다함)을 중히 여기고, 또한 정(靜)을 중히 여기니, 능히 경(敬)하고 능히 정(靜)하면 저절로 허령(虛靈)함을 간직하며, 마음에 주재자가 있으면 온몸은 그 명령에 따른다. 움직인즉 양(陽)이 생겨나고, 정지한즉 음(陰)이 생겨나, 움직이고 정지함은 서로 그 근원이 된다. 맑은 기(氣)는 위로 오르고, 탁한 기(氣)는 아래로 내려가니, 백회(百會)·중극(中極)은 한 몸의 관건이다.

처음 배움에 부지런히 노력하여, 먼저 동작의 전후(前後) 관계와 전환을 곰곰이 속으로 탐구하며, 한 기세(氣勢)로 서로 호응하고, 손과 눈은 민첩하나 경거망동(輕擧妄動)해서는 안 된다. 그 기(氣)를 행사함은 지극히 크고 강(剛)하며, 줄곧 양성하여도 해로움이 없고, 천지간에 충만하며, 나의 뜻이 도(道)와 조화되어 맞도록, 그 뜻을 모아 실마리를 열어, 온몸에 가득 유행하니, 자연히 한 기세(氣勢)를 이룬다.

가볍기는 버들개지 같고, 굳세기는 금석(金石) 같으며, 호랑이의 위세에 비할 만큼 용맹하고, 날아오르는 매처럼 재빠르다. 움직임은 물이 흐르는 듯하고, 정지함은 산이 우뚝 서있는 듯하다. 들어감은 상대방이 미처 알지 못하게 하고, 물러남도 상대방이 영문을 모르게 빠르다.

권술의 이법(理法)은 정밀하므로, 조리 있게 순서대로 상세히 분석한다. 기세를 방출한즉 우주에 가득 차고, 휘감아 들인즉 은밀히 숨어 나타나지 않는다. 그 크기는 바깥이 없고, 그 작기는 안이 없다. 음양이 조화된 원기(元氣)는, 뜻대로 행사하며, 그 뜻이 향하는 곳에 모든 정신을 집중한다. 변화가 자유자재하여, 상대방이 추측할 수 없고, 그 운용은 마음에 있으니, 이것이 진정한 비결이다.

어느 한쪽으로 치우치지 않고, 지나침도 모자람도 없으며, 안으로는 몸을 닦고, 밖으로는 적을 제압한다. 그 시기에 임하여 알맞게 처리함은 평소에 충분히 수련하기 때문이다. 가까이 하지 않고 멀리 하지도 않으며, 달라붙지 않고 떨어지지도 않으며, 결정적인 순간을 정확히 들어맞히고, 세심하게 연구하여, 공력을 오래 쌓으면, 점차 높은 수준에 이른다.

(5) 태극권 체용 (太極拳 體用)

태극권 체 (太極拳 體)

태극권의 도(道)는 개합(開合) 두 글자에 모두 들어있으니, 음양(陰陽)이 번갈으는 것을 권(拳)이라 부르며, 그 묘한 점은 전부 서로가 그 근원이 되는 데 있다.

태극권 용 (太極拳 用)

권(拳)의 운행은 오직 유(柔)와 강(剛)이니, 상대방이 강(剛)으로 오면, 나는 유(柔)로써 가며, 상대방이 유(柔)로써 오면, 그 대응은 전부 상대방을 가늠하는 데 달려있다

(나의 손으로 상대방의 손을 가늠해, 저울로 물건을 다는 것 같고, 나의 마음으로 상대방 마음을 짐작하니, 그 오르내림과 느리고 빠름 혹은 도중에 기세를 변환할지를 헤아려 가늠한다). 강(剛) 중에 유(柔)를 내포함이 일반 사람들과 다르며, 유(柔) 중에 강(剛)을 내포하면 상대방이 막기 어렵다. 그 운용은 마음에 있으니, 자만하지 않고, 마음을 지켜서, 난폭하게 내버려두지 않으며, 임기응변(臨機應變)하니, 전혀 놀라 허둥대지 않는다.

(6) 태극권총론(太極拳總論)과 권경(拳經)

총론(總論)

음(陰)만 있고 양(陽)이 없으면 연약한 수(手)이고, 양(陽)만 있고 음(陰)이 없으면 굳어 딱딱한 수(手)이다. 음(陰)이 1할이고 양(陽)이 9할이면 지기만 하는 수(手)이고, 음(陰)이 2할이고 양(陽)이 8할이면 흐트러진 수(手)이며, 음(陰)이 3할이고 양(陽)이 7할이면 아직도 굳어 딱딱하게 느껴지고, 음(陰)이 4할이고 양(陽)이 6할이면 좋은 수(手)가 발휘되나, 오직 음(陰)이 5할이고 양(陽)도 5할이면 음양(陰陽)이 치우침이 없어 묘수(妙手)라고 부른다. 묘수(妙手)가 한번 발휘되면 곧 한 태극이니, 흔적 없이 텅 비어 무(無)로 돌아간다.

권경(拳經)

태극의 음양(陰陽)은 유(柔)와 강(剛)이며, 강(剛) 중에 유(柔)가 있고, 유(柔) 중에 강(剛)이 있어, 강유(剛柔)가 서로 도와 운행하며 변화함이 자유롭다.

(7) 진복원(陳復元)의 태극권론(太極拳論)

진자명(陳子明)

선친의 휘(諱:죽은 웃사람의 이름)는 복원(復元)이고 자(字:결혼한 성인을 이름 대신 부르는 호칭)는 욱초(旭初)이며, 처음에는 경운(耕雲) 공(公)에게 배웠고, 무공을 이룬 후 다시 중신(仲甡) 공(公)으로부터 신가(新架)를 익힌 고로 무공을 발휘하면 부드럽기는 솜 같고 굳세기는 강철 같았으며, 북부지방을 수십 년간 왕래하였으나 적수를 만나지 못했다. 자명(子明)은 어려서부터 곁에서 심부름하며 권법의 이치를 들어 익혔으며,

이에 기억나는 대로 한 두자 적어 본 편(篇)을 지으나, 견문이 좁아 그 만분의 일도 말하지 못하는 바이다.

개합(開合)과 음양(陰陽)

움직임은 양(陽)이고 정지함은 음(陰)이니, 움직였다 정지함이 곧 개합(開合)이며, 음(陰)이 양(陽)으로 변하면 개(開)가 되고, 양(陽)이 음(陰)으로 변하면 합(合)이니, 이것은 태극권 전체에 대하여 말하는 것이다. 운행하여 변화함으로써 말하자면, 왼손이 좌반신(左半身)을 이끌어 좌측 방향으로 향해 운행하여 변화하는 것은, 벌리는(開) 것이 태양(太陽)이고, 합하는(合) 것이 태음(太陰)이다. 오른손이 이에 따라서 벌리는 것이 소양(少陽)이고, 합하는 것이 소음(少陰)이며, 우측 또한 이와 같다. 강유(剛柔)는 곧 그 중에 포함되며, 그러므로 태극에서 양의(兩儀)가 생겨나고, 양의에서 사상(四象)이 생겨난다. 양의(兩儀)는 음양(陰陽)이고, 또한 곧 개합(開合)이다. 사상(四象)은 태양(太陽)·태음(太陰)·소양(少陽)·소음(少陰)이다. 음양개합(陰陽開合)은 서로 변화하여 생겨나니, 그 극치(極致)를 얻은즉 천지가 한 기운이며, 순환하여 끝이 없고, 그 변동은 헤아릴 수 없다. 그러므로 음양개합을 이해하지 못하는 사람은 강유동정(剛柔動靜)이 서로 호응하여 소용됨을 이해하지 못하여, 강(剛)에 치우치거나 유(柔)에 치우쳐 서로 도와 보완할 수 없은즉 태극권의 근본에서 멀리 떠나간다. 나의 스승 품삼선생(品三先生 : 陳鑫)도 말하기를 "권술 수련의 도(道)는 개합(開合) 두 글자에 모두 들어있으니, 음양(陰陽)이 번갈으는 것을 권(拳)이라 부르며, 그 묘한 점은 서로가 그 근원이 되는 것일 뿐이다". 또한 시(詩)를 지어 말하기를, "움직인즉 양(陽)이 생겨나고 정지하면 음(陰)이 생기니, 움직이고 정지함은 서로 그 근원이 되며, 도리를 깨달아 얻을 수 있으면, 이리저리 움직여도 마음대로 천리(天理)를 드러낸다", "음양(陰陽)은 시작도 없고 끝도 없으니, 가고 오며 굽히고 펴는 중에 하늘의 조화(造化)가 들어있어, 이 중의 비결을 진실로 깊이 깨달으니, 태극은 오직 환중(環中)에 있다".

운화전관(運化轉關)

운화(運化:운행하여 변화함)는 전관(轉關 : 관절을 전환시킴. 즉 관절을 부드럽고 원활하게 변화시킴)이 되도록 결정적인 역할을 하는 작용이며, 관(關)은 사람 몸의 혈(穴)과 관절(關節)이므로, 전관(轉關)은 또한 전절(轉節)이라고도 한다. 대체로 처음 배우는 사람은 졸력(拙力)을 훨씬 숭상하여서 민첩하고 원활한 경(勁)이 없기 때문에 운화(運化)로써 그 정체(停滯)된 기(氣)를 없애고, 전관(轉關)을 사용하여 허령(虛靈)에 도달하게 하니, 대개 허(虛)인즉 모으려 함이 있고, 령(靈)한즉 감응(感應)하려 함이 있으니, 허(虛)란 것은 집(集)이고 령(靈)이란 것은 감(感)이며, 집(集)은 정(靜)이고 감(感)은 동(動)이니, 오르내리고 회전하며 개합(開合)하는 변화는 이 운화전관(運化轉關)을 벗어날 수 없다. 소위 운화전관(運化轉關)이란 것은 즉 근육을 부드럽게 하고 관절을 원활하게 하여 결정적인 순간을 정확히 들어맞히니, 만약 이것을 모르면 곧 동정(動靜)의 허령(虛靈)함을 더불어 말할 대상이 못된다.

허실(虛實)

태극권 동(動)과 정(靜)의 순식간에도 반드시 허실(虛實)이 있으므로, 그 수련법 중의 전진·후퇴·좌(左)로 돌고 우(右)로 도는 것은, 발을 들어올림으로써 허(虛)가 되고, 발을 내려 실(實)이 되며, 좌(左)로 향한즉 좌(左)가 실(實)이고, 우(右)로 향한즉 우(右)가 실(實)이며, 전진한즉 뒤가 허(虛)이고, 후퇴한즉 앞이 허(虛)이다. 만약 허실(虛實)을 구분하지 않으면, 다리를 빼내어 발을 옮기는 데 반드시 결함이 생기므로, 세밀하게 탐구한다. 그러한즉 어느 한 곳은 당연히 그 한 곳의 허실(虛實)이 있으며, 수련시에 그러할 뿐만 아니라 상대방과 대적할 때도 역시 이와 같으니, 상대방이 허(虛)인즉 나는 실(實)이고, 상대방이 실(實)인즉 나는 허(虛)이며, 허(虛)인즉 실(實)이 되게 하고, 실(實)인즉 허(虛)가 되게 한다. 적과 조우하면 기회를 이용하되, 결코 정해진 방법에 구속받지 않으니, 이것이 그 요령을 얻는 것이다.

변화(變化)

변화는 한 수(手)의 변화가 있고, 한 착(着 : 招式)의 변화가 있으며, 한 세(勢)의 변화가 있다. 한 수(手)·한 착(着)·한 세(勢)를 막론하고, 그 변하여 능히 화(化)하는 것은 모두 간단한 데에서 점차 상세하고 세밀함에 이르는 것이다. 개합(開合)을 한 수(手)의 변화로 삼고, 전관(轉關)을 한 착(着)의 변화로 삼으니, 이것은 즉 위에서 아래로 전해 연결한다는 뜻이다. 오로지 신법(身法)·보법(步法)·긴밀한 회전·방향의 바뀜 등 모두가 한 세(勢)의 변화에 속한다. 개전(開展:권술 수련의 초기 단계에 자세와 동작을 크게 전개하는 단계)에서 긴주(繁湊 : 開展단계의 수련을 오래한 뒤에 동작과 자세가 축소되어 긴밀하고 빈틈없이 이어지는 단계)에 이르러, 결코 범위를 넘거나 그 순서를 멋대로 어지럽히지 않으면, 자연히 수(手)가 누적되어 착(着)이 되고, 착(着)이 합하여 세(勢)가 되며, 세(勢)가 연결되어 투(套)를 이룬다. 처음 수련하면 변화가 순조롭지 못한 느낌이 드는 듯하나, 오래 수련하여 공부(功夫)가 숙련되면 저절로 환히 깨달아, 운행하여 전환함이 자유로워, 무궁한 변화를 마음대로 한다.

수련의 단계

선현(先賢)이 말한 바, "물(物)에는 본말(本末)이 있으며, 사(事)에는 시종(始終)이 있으니, 그 선후(先後)를 알면 도(道)에 가깝다". 만약 얕고 깊은 차이나 선후(先後)의 순서가 없으면, 곧 근본을 잃는 것이니, 가르치는 사람의 기량이 제아무리 훌륭할지라도 배우는 사람은 반드시 무예가 남보다 뛰어날 수 없다. 그러므로 태극권술 수련의 순서는 3단계의 공부가 있다. 첫째, 배울 때는 동작이 응당 느려야 하나, 느리더라도 둔해서는 안 된다. 둘째, 익혀 익숙한 후에는 빠르나, 빨라도 혼란스러우면 안 된다. 셋째, 빠른 후에 다시 느려지며, 이것은 부드러워지기 위함이고, 부드럽게 오래 수련하면 강(剛)함이 저절로 그 중에 있어, 이것은 강유(剛柔)가 서로 도와 보완하는 것이다. 가르치는 사람은 반드시 이와 같이 가르치고, 배우는 사람 또한 이와 같이 배우면 거의 틀림이 없다.

태극권술 수련자는 원래 느리고 부드러울수록 좋게 여기고, 힘들여 기운을 써서는 안 되며, 또한 어느 때에 이르러 경(勁)을 전환할 수 있는지, 그리고 느리다가 어느 때에 이르러 빠르며 부드럽게 할 수 있는지, 어느 때에 이르러 강(剛)할 수 있는지를 반드시 알아야 한다. 이것은 가르치는 책임에 관계되는 바, 마땅히 그 처음 실마리에서부터 결말에 이르기까지 설명해주고, 이어서 방법을 시범하여 그 용도의 순서를 쉽게 알도록 하여 입문의 수단으로 삼는다. 만약 진도를 미리 정할 수 있으면, 사람에 따라서 시행하여, 배우는 사람으로 하여금 정신이 진작되고 흥취가 연이어 생겨나게 하여, 자연히 쉽게 입문하고 진보가 빠르다.

허리(腰)와 사타구니(襠)의 개합(開合)

태극권 수련자는 허리와 샅 양 부위의 요점에 대하여 알아야 하니, 벌리고(開) 합(合)하며 움직이고 정지함에, 허리와 사타구니가 각기 집중하며 또한 서로 호응함이 중요하므로, 명확하게 분석해야 한다.

허리의 요점은 녕요(擰腰 : 허리를 비튼다)·활요(活腰 : 허리가 원활하여 민첩하다)·탑요(塌腰 : 허리의 勁을 가라앉힌다)이다.

사타구니의 요점은 송당(鬆襠 : 사타구니를 이완시킨다)·합당(合襠 : 사타구니 양쪽의 勁을 합한다)·구당(扣襠 : 걸어 채워 잡아두듯이 사타구니에 경(勁)을 갖춘다) 이다. 허리를 비트는 녕요(擰腰) 시에 사타구니는 반드시 경(勁)을 갖추어 고정시키는 듯한 구당(扣襠)이 되어야 하며, 걸어 잡듯이 고정하지 않은즉 흐트러진다. 활요(活腰) 시에는 사타구니가 반드시 이완되어야 하며, 이완하지 않은즉 정체(停滯)된다. 허리의 경(勁)을 아래로 내리는 탑요(塌腰) 시에는 사타구니가 반드시 합해야 하며, 합하지 않은즉 들떠(浮) 버린다.

대체로 "허리의 경(勁)을 내리고 사타구니가 원활한(塌腰活襠)" 것은 축경(蓄勁)이고, "허리가 원활하고 사타구니를 이완시키는(活腰鬆襠)" 것은 경(勁)을 부드럽게 하는 것이다. 오직 경(勁)을 발출할 때는 반드시 "사타구니의 경(勁)을 걸어 닫는 듯하며 허리를 비튼다(扣襠擰腰)".

이것을 각 세(勢)와 초식(招式)으로 설명하면 다음과 같다. 권식(拳式) 중의 엄수추(掩手捶)·피신추(披身捶)·청룡출수(靑龍出水)·주저간권(肘底看拳)·섬통배(閃通背)·청룡희수(靑龍戲水)·이기식(二起式)·척일각(踢一脚)·등일근(蹬一跟)·소금나(小擒拿)·포두퇴산(抱頭推山)·전초(前招)·후초(後招)·야마분종(野馬分鬃)·옥녀천사(玉女穿梭)·파각질차(擺脚跌岔)·십자각(十字脚)·지당추(指襠捶)·청룡교수(靑龍攪水)·파각(擺脚)·당두포(當頭炮) 등은 모두 구당녕요(扣襠擰腰)에 속한다. 금강도대(金剛搗碓)·란찰의(懶扎衣)·단편(單鞭)·백학양시(白鶴亮翅)·루슬요보(摟膝拗步)와 수식(收式)·합식(合式) 등은 모두 송당활요(鬆襠活腰)에 속한다.

대체로 자세가 완성되었을 때 사타구니는 합해야 하며, 허리는 경(勁)을 아래로 가라앉힌다. 그 의미는 고요함을 갖추는 것인즉, 본 초식이 이미 멈추고 다음 초식이 아직 시작되지 않아 허령(虛靈)한 경(勁)을 그 중에 미리 축적하여, 움직인즉 반드시 변화하고 반드시 발휘되어 그 효과는 무한하다. 그 시간과 향하는 방향은 미리 정해서는 안 되며, 좌측에서 조우하면 좌로 응하고, 우측에서 조우하면 우로 응하니, 상하(上下)·전후(前後)·강유(剛柔)·완급(緩急)·경중(輕重) 모두가 이와 같다.

태극권의 권(圈)

부친으로부터 들은 바, 태극권 공부(功夫)는 권(圈)이 없어지는 것을 최고의 수준으로 여기며, 이것은 단번에 도달할 수 있는 것이 아니라 반드시 순서에 따라 한걸음씩 나아가야 하니, 큰 권(圈)으로부터 거두어 작은 권(圈)에 이르고, 작은 권(圈)을 거두어 권(圈)이 없어짐에 이르며, 또한 내경(內勁)으로써 그 통솔자로 삼아, 이어져 관통되어 변화하여 운용함이 신묘하니, 기(技)가 이에 이르면 형식상 헤아려 짐작할 도리가 없다.

(8) 태극권의 요점

진자명(陳子明)

내가 부친과 스승의 말씀을 엮어 태극권요의(太極拳要義) 3편을 지었으나, 처음 배우는 사람들이 그 요령을 얻지 못할까 염려되어, 번잡함을 꺼리지 않고 그 요점을 열거하니, 초보 연구자들이 참고토록 위함이다.

① 성질(性質) : 태극권의 성질은 나의 스승 품삼(品三)께서 말하기를 "강(剛) 중에 유(柔)가 내포되고 유(柔) 중에 강(剛)이 내포되어, 강유(剛柔)가 서로 도와 변화함이 자유롭다"라고 하였으나, 이것은 능숙해졌을 때의 공부(功夫)를 말한 것이다. 처음 배울 때는 응당 자연스럽게 부드러우며 원활함을 위주로 하며, 부드러우려면 이완시켜야 하고, 원활하려면 동작을 앞서 이끌어야 한다. 부드러우나 이완하지 않고 원활하나 동작을 앞서 이끌지 못한즉 부자연스러우니, 장래에 어찌 견강(堅剛)함에 이를 수 있겠는가.

② 방법(方法) : 태극권의 방법 중 가장 중요한 것은 "허실개합(虛實開合), 기락선전(起落旋轉 : 나선형으로 회전하며 오르내린다)" 8자이니, 처음 배움에 분명하게 분별해야 한다.

③ 순서(順序) : 태극권을 익히는 순서는 반드시 먼저 느리고 후에 빠르며, 빠른 후에 다시 느리고, 먼저 부드럽고(柔) 후에 강(剛)하며, 그러한 후에 강유(剛柔)가 비로소 서로 도와 보완할 수 있다.

④ 자세(姿勢) : 동작이 정지했을 때의 가식(架式)을 자세라고 부르며, 태극권 자세의 요점은 단지 손이 이끌고 눈이 따르며, 몸이 단정하고 보(步)가 안정되며, 양 어깨가 평평하고 몸이 합하며, 더욱이 정수리와 사타구니 양 부위의 경(勁)에 주의하여 경(勁)을 잃지 않도록 하니, 그렇지 않으면 반드시 위가 무겁고 아래가 가볍게 되어, 온몸이 비뚤어져 안정되게 서지 못하는 결점이 무수히 나타난다.

⑤ 동작(動作) : 태극권의 동정(動靜)과 자세를 취함은 순전히 자연스러움에 맡겨두며, 변화가 활발하여 민첩하고, 순환이 끝이 없으니, 그 허실개합(虛實開合)과 오르내리며 빙 돌아 회전함을 알려면 모두 원형(圓形) 중으로부터 알아낸다. 대체로 초보 입문 시에는 큰 권(圈)으로써 방법을 삼아, 처음에는 근육을 부드럽게 하고 관절을 원활하게 하며, 나아가서는 동작의 시기가 정확히 들어맞아야 한다. 배우는 사람은 이에 대해 정확히 이해하여 몸으로 실행하고 마음으로 음미하며, 아침저녁으로 노력하여 정밀하게 추구하면 진보가 절로 빠르다.

⑥ 호흡(呼吸) : 호흡하여 숨을 가다듬으면 폐를 충분히 발달시키므로, 만약 아침에 호흡 후에 권술을 연습하거나 혹은 권술수련 시에 상당한 정도의 호흡을 하여, 그 동정(動靜)에 따라서 숨을 내보내고 받아들여 가다듬은즉 근육과 폐 부위가 반드시 동시에 발육하여, 폐가 약해서 생기는 질환이 절로 없어진다.

⑦ 정신(精神) : 태극권의 정신은 허령(虛靈)으로써 극치로 삼으며, 처음 익히는 사람은 당연히 이 경지에 도달할 수 없으나, 열거한 요점들을 지킬 수 있어 오랫동안 끝까지 해내면 절로 이룰 수 있다.

⑧ 온몸이 서로 호응하여 따른다(周身相隨) : 사지와 온몸 전체가 협동하여 동작하는 것을 말하며, 태극권은 어느 한 곳이 움직이기만 하면 움직이지 않는 곳이 없고, 어느 한 곳이 정지하기만 하면 정지하지 않는 곳이 없다.

⑨ 변저(變著)와 전세(轉勢) : 태극권의 변저와 전세는 원래 한 사항에 대한 두 종류의 해석이다. 1) 앞의 저(著 : 招式 혹은 着이라고도 함)가 이미 멈추고 다음 저(著)가 아직 시작되지 않은 그 중간의 동작이 한 세(勢)를 이루는 것을 변저라고 부르니, 예를 들어 란찰의(懶扎衣) 다음에 연습하는 우합식(右合式), 또한 루슬요보(摟膝拗步) 다음에 연습하는 우수식(右收式), 야마분종(野馬分鬃)·옥녀천사(玉女穿梭) 앞의 2개 좌수식(左收式) 같은 것이 모두 변저(變著)이다. 2) 한 저(著)가 멈추고 다음 저(著)를 시

작하려고 하는 중간의 한 동작을 전세(轉勢)라고 부르니, 예를 들어 단편(單鞭) 다음의 좌(左)로 회전하는 동작이나, 또한 엄수추(掩手捶) 다음의 우(右)로 회전하는 등의 동작 모두 전세(轉勢)에 속하니, 모두 반드시 분명하게 분별해야 한다.

⑩ 몸으로 동작하며 마음으로 음미한다(身作心維) : 속담에 이르기를 "입으로 낭송하면서 마음으로 음미한다(口誦心維)"라고 하는 바, 독서가 이와 같은데 하물며 무술을 익힘에야! 그러므로 몸은 동작하고 마음은 생각하며 음미하니, 실습(實習)은 사람으로 하여금 가장 쉽게 진보시키는 방법이다. 태극권의 몸으로 동작하고 마음으로 음미하는 것은 가장 중요한 것이며, 몸은 마땅히 그 원활함을 동작하여 나타내고, 마음은 마땅히 그 허령(虛靈)함을 유지하면서 음미해야 한다.

⑪ 욕심내지 않고 경거망동하지 않는다(無貪無妄) : 태극권을 익힘에 가장 꺼리는 것은 욕심이 많은 것이며, 더욱이 경거망동을 경계하니, 대저 동작의 운용과 자세 모두 반드시 그 정확함을 추구해야만 수련을 이룬 후 대체로 결점이 생기지 않아 정진(精進)하기 쉽고, 만약 욕심내고 경솔하면 성과를 거두기 어렵다. 이러한 폐단은 처음 배우는 경우 십중팔구는 면하기 어려우니 반드시 주의한다.

{이상의 두 편(7과 8)은 陳子明이 지은 「陳氏世傳太極拳術 : 1932년 上海版」에서 발췌하였다}

(이상의 拳論은 顧留馨이 골라 뽑아 정리하였다)

역자후기

역자가 이 권술을 해보니, 수련하면 과연 무공을 얻겠다는 확신이 들었다. 각 초식(招式)의 자세와 동작들은 몸과 마음을 잘 훈련시키며 기격성(技擊性) 또한 탁월하여, 가히 상승무공(上乘武功)이라 부를 만 하다.

진발과(陳發科:1887-1957)는 성품이 소박하고 말수가 적었으며, 신의(信義)가 있었고 무덕(武德)을 중시하였다. 명리(名利)를 추구하지 않아 그의 권술을 선전하지 않았으므로 널리 전하지는 않았다. 당시에 유행하던 부드럽고 느린 동작의 태극권과는 그 풍격(風格)이나 난이도(難易度)가 다르기 때문이기도 할 것이다. 그의 권술은 신법(身法)이나 수법(手法)이 양식(楊式)태극권과는 사뭇 다르고, 그의 발경(發勁)은 비할 바 없이 신속하고 민첩하였다.

그의 아들 진조규(陳照奎:1928-1981) 대에는 비교적 많이 전하였으나, 이 권술과 진조규가 전한 권술은 조금 다르다. 진발과의 권술은 태극권의 원래 모습을 엿볼 수 있는 가장 정통성을 지닌 권술임을 중국 무술계가 공인하는 바, 중국에서 발행된 진식태극권의 여러 책들이 이 권술을 그대로 전재(轉載)하거나 혹은 그림과 설명의 수사만 조금 바꾸어 펴내었다. 이 책의 저자 중 한 사람이자 진발과의 제자인 심가정(沈家楨)이 말하기를, 진발과는 조직적으로 그의 권술을 퍼뜨리는 데 능하지 못하여 그 명성이 드러나지 않았으나, 그의 권술은 장래에 드러날 것이라 하였다.

진식(陳式)태극권에서 유래한 양식(楊式) 오식(吳式) 손식(孫式) 무식(武式) 등의 다양한 태극권은 각기 독특한 자세와 동작을 발전시키면서, 진식(陳式)태극권이 갖추지 못한 것을 창안해 넣거나 혹은 진식(陳式)태극권이 갖춘 것을 잃기도 하였다. 진발과의 권술은 태극권 애호가들의 연구대상이 되기에 족하다. 자신이 수련하는 태극권과 비교 연구하면 많은 수확이 있을 것이다.

역자는 타이완(臺灣)에서 중국어와 태극권을 배웠다. 아침에 태극권 수련을 하여 땀을 흘리면, 근육은 피로하여 몸이 나른하면서도 종일 정신은 맑고 기력(氣力)은 온 몸에 충족하였다. 이러한 기분을 동호인들은 태극락(太極樂)이라 불렀다.

태극권은 평생을 함께 할 취미로 삼기에 적격이다. 힘이 약한 사람은 높은 자세로 느리게 하면 되고, 어려운 동작은 쉬운 동작으로 바꾸어 하면 된다. 노인들도 수월하게 할 수 있고, 젊은이가 힘들게 할 수도 있다. 운동 장소는 예로부터 소 한 마리가 누울 수 있는 넓이면 된다고 하였다. 운동 방법은 거울에 자세를 비추어 보면서 교정하며, 동작은 그 의미를 궁리하면 저절로 알게 된다. 궁리할수록 깨달아 발전이 있어 재미있고, 당연히 저절로 건강하다. 다만 급히 이루려는 욕심은 버려야 한다. 모쪼록 강호제현(江湖諸賢)들의 태극권 수련에 이 권술이 도움이 되기를 바란다.

金太德 拜上

<수련요령>

먼저 준비체조를 하여 온몸의 근육과 관절을 풀어준다. 이러한 준비체조는 공조(功操)라고 하며, 일반적인 스트레칭 운동으로 대신할 수도 있으나, 자세와 동작을 바르게 하려면 보형(步型)을 정확히 취해야 하며, 먼저 발목과 무릎 관절을 훈련시켜 강화해야 한다.

발목을 훈련시키는 손쉬운 방법은, 계단처럼 직각으로 튀어나온 모서리에 한 발의 발바닥의 용천혈(湧泉穴:발바닥의 앞쪽 3분의 1 지점)을 붙여 체중을 모두 실어 발목은 최대한 굽히고 무릎과 상반신은 곧게 세운다.

양발을 모아 붙여 몸을 곧고 바르게 세워 서서 양팔은 가슴 앞에 가벼이 포개어 모으고, 상반신은 곧게 세워 백회혈(百會穴)과 회음혈(會陰穴)이 수직을 이룬 자세를 유지하면서 발목과 무릎을 굽혀 최대한 아래로 내려앉는다. 이 자세는 발목과 무릎을 동시에 훈련할 수 있다. 권술 중의 초식 동작을 익힌 후에는 마보(馬步)나 궁보(弓步) 자세를 취해 좌우나 전후로 움직여 발목 무릎 과(胯)를 단련시킨다.

어느 태극권 문파를 막론하고 공통적인 공조(功操)는 허리를 굽히는 동작이다. 양발을 모아 붙이거나 혹은 어깨 넓이보다 넓게 벌려 서서 무릎을 곧게 편 자세를 유지한 채 상반신을 앞으로 숙여서, 양 손바닥이 지면에 가벼이 닿아 상반신을 최대한 좌우로 천천히 돌린다. 이 동작은 양 신장 사이의 명문(命門)을 자극하여 명문화(命門火)가 일어나 기(氣)로 변화한다고 알려져 있으며, 기력이 없을 때 이 동작을 충분히 하면 기력을 되찾을 수 있다. 이 동작을 한 후 상반신을 일으켜 세운 후 양손 손바닥을 허리 뒤에 받쳐서 상반신을 뒤로 힘껏 눕힌다.

그 외 척추를 좌우로 굽히거나 상체를 좌우로 돌리는 동작을 하며, 초식 동작을 익힌 후에는 적당한 초식 동작을 선택하여 반복연습 하여 공조(功操)에 대신할 수 있다.

권술 중의 초식 동작을 정확히 하려면 먼저 그 동작 자세의 주된 근육과 관절의 힘을 양성하고 동시에 기술도 양성해야 한다. 동작의 처음 자세를 취해 정지하여 머리끝에서 손끝 발끝까지 이론에 따라 점검하여 몸의 어느 부위라도 소홀함이 없도록 의식을 갖추고, 거울에 자세를 비추어 보아 교정한다. 이러한 정지된 자세의 수련을 참장(站樁)수련이라고 하며, 힘을 양성하고 자세를 교정할 수 있으며, 무공을 이루려면 반드시 필요한 수련이다.

초식의 동작이 어렵고 복잡할지라도, 동작을 세분하여 앞 자세 다음의 자세를 선택하여 이와 같은 참장(站樁)수련을 하여 필요한 힘과 정확한 자세를 갖추면, 그 후 이 자세들을 연결하면 동작은 저절로 익숙해진다.

자세는 수련을 오래 한 사람이라도 여전히 수시로 바로잡아야 한다. 자세의 외양뿐만 아니라 내부적인 단련은 무궁하다 할 수 있다. 특히 외견상 간단한 자세나 동작일수록 더욱 실용적일 수 있으며, 또한 중요한 의미가 있을 수 있다. 자세나 동작의 의미를 궁리하여 찾아내면 된다.

역자가 어느 중국 무술가에게 책을 통하여 권술을 제대로 배울 수 있는지를 물었다. 그가 답하기를, 책에 그 방법이 다 적혀있으나 다만 이해를 못할 뿐이라고 하였다.

권술은 하고 또 하면 그 이치가 저절로 드러난다.

진식태극권

판권 / 中國人民體育出版社

지은이 / 고류형, 심가정 편저

옮긴이 / 김태덕

펴낸이 / 김재성

펴낸곳 / 두무곡 출판사

편집디자인·인쇄 / 삼원애드

주소 / 서울 종로구 청운동 53-5번지

TEL / 723-3327   FAX / 723-6220

제1판 1쇄 발행 / 2005년 7월 15일

등록 / 제 1-3158호

ISBN 89-956935-0-9

값 18,000원

파본이나 잘못된 책은 바꿔 드립니다.